Quand de Gaulle libère Paris

Jean-François Muracciole

Quand de Gaulle libère Paris

Juin-août 1944

Récit d'une prise de pouvoir

Odile Jacob

3, rue Auguste-Comte, 75006 Paris

www.odilejacob.fr

ISBN : 978-2-7381-5066-0

Préambule

Depuis le 30 mai 1943, Charles de Gaulle est installé à Alger où, de concert avec le général Giraud, il copréside le Comité français de libération nationale (CFLN). Ce Gouvernement provisoire se retrouve à la tête de l'ensemble des territoires coloniaux français, à la fois ceux qui ont rallié précocement la France libre (l'Afrique équatoriale et le Cameroun, les possessions du Pacifique, les mandats du Levant, les îles de l'océan Indien) ou ceux qui, longtemps fidèles à Vichy (l'Afrique du Nord, l'Afrique occidentale, les Antilles, la Guyane), basculent dans le camp allié dans les mois qui suivent le débarquement anglo-américain en Afrique du Nord (Torch, novembre 1942). Seule l'Indochine demeure sous contrôle japonais, même si le drapeau français y flotte de manière formelle jusqu'en mars 1945. Tandis que Vichy sombre dans la satellisation du Reich, le CFLN doit gérer cet immense espace de 13 millions de kilomètres carrés, peuplé de 30 millions d'âmes, et conduire dans la guerre une armée de 400 000 hommes, entièrement rééquipée par les Américains. Surtout, il doit préparer la Libération du territoire métropolitain.

Pour ce faire, le CFLN se dote d'une structure qui ressemble de plus en plus à celle d'un État. Les « commissaires » (on n'ose pas encore parler de ministres) s'installent dans les bâtiments du lycée Fromentin d'Alger et sont soutenus par un Conseil d'État ([présidé par] René Cassin), une Cour de cassation ([avec, à sa tête,] Pierre Tissier), un secrétariat général du gouvernement ([dirigé par] Louis Joxe) et un état-major général de la Défense nationale ([commandé par] les généraux Béthouart, puis Juin). Le Gouvernement provisoire peut également s'appuyer sur le personnel des grandes administrations de l'Afrique du Nord – Algérie et Protectorat marocain –, sans compter les nombreux ralliements venus de France. Enfin, le CFLN dispose de représentations diplomatiques auprès d'une vingtaine de pays.

En novembre 1943, de Gaulle inaugure, au palais Carnot d'Alger, une Assemblée consultative provisoire. Assistant le gouvernement, elle est composée de parlementaires ayant refusé les pleins pouvoirs à Pétain le 10 mai 1940, des membres des conseils généraux et des délégations financières d'Algérie ainsi que de personnalités nommées par le Conseil national de la Résistance (CNR) et représentant les diverses expressions de la Résistance, partis politiques et syndicats compris. Dans la mesure où ses membres ne sont pas tous élus au suffrage universel, elle ne peut voter la loi, mais elle examine les projets d'ordonnance et, grâce à ses débats d'une grande qualité, elle contribue à la renaissance de la vie démocratique. Par une intense production de 400 décrets et ordonnances, le CFLN prépare l'administration de la France libérée tout en réfléchissant à l'avenir : le vote des femmes est établi par l'ordonnance du 21 avril 1944.

En France, sous la houlette du CNR, installé à Paris dans la clandestinité, et d'une Délégation générale, dirigée par Alexandre Parodi, « l'État clandestin » prépare méthodiquement la prise du pouvoir local par la nomination de commissaires de la République au plan régional et de préfets au plan départemental. Ils sont assistés par des organes collégiaux – comités départementaux et comités locaux de la Libération – qui représentent les diverses sensibilités de la Résistance. Sur le plan militaire, l'ensemble des forces clandestines est réuni, en février 1944, dans les Forces françaises de l'intérieur (FFI) dont le général Koenig prend le commandement suprême, à Londres, en mars. Le 3 juin, la transformation du CFLN en Gouvernement provisoire de la République française (GPRF) exprime clairement la volonté du gouvernement d'Alger d'exercer le pouvoir en France à la Libération.

Pourtant, difficultés et conflits ne manquent pas. Sur le plan politique, on assiste à la progressive marginalisation, puis à la disparition politique du général Giraud au profit de De Gaulle, seul président du Comité (novembre 1943). En France occupée, il faut compter avec l'autonomisation du CNR, qui entend jouer son rôle dans la partie, et avec la montée en puissance des communistes qui disposent de nombreux alliés au sein de la Résistance intérieure, jusqu'au sein du CNR, et qui contrôlent une partie de l'outil militaire clandestin. Il faut surtout compter avec la réticence des Alliés, surtout américains, à reconnaître le GPRF comme gouvernement légitime. La perspective d'une administration de la France par l'AMGOT (Allied Military Government of Occupied Territories), auquel l'Italie a été soumise à partir de 1943, n'a jamais été réellement une menace. En revanche, la reconnaissance plaine et entière du GPRF par les Trois Grands tarde à venir et la personnalité de De Gaulle continue à hérisser la Maison Blanche. Le conflit se focalise sur une série de points sensibles comme la monnaie (les Américains ont préparé une monnaie « française » qu'ils s'apprêtent à répandre en France), l'exercice du pouvoir local (des centaines d'officiers-administrateurs sont formés aux États-Unis).

Ces enjeux entremêlés sont au cœur du voyage qu'entreprend le général de Gaulle en quittant Alger, le 18 août 1944. Dans un pays aussi centralisé que la France, Paris ne pouvait être que la pièce maîtresse de cette grande partie d'échecs.

CHAPITRE 1

14 juin 1944

Tout commence à Bayeux

La visite qu'effectue le général de Gaulle dans la région de Bayeux, le 14 juin 1944, présente, à bien des égards, toutes les apparences d'une répétition générale de la marche vers Paris du 20 au 25 août 1944. Premier retour du Général sur le sol métropolitain depuis juin 1940 (si on fait exception de la Corse libérée en septembre 1943), cette journée marque en réalité le début de la découverte physique du général de Gaulle par les Français. Si l'historiographie a depuis longtemps souligné le caractère de test politique que revêt ce voyage pour celui qui, ce jour-là, de « voix » devient « visage », elle a moins insisté sur les gestes qu'il accomplit, les paroles qu'il prononce, les hommes qui l'accompagnent ou la nature de ses relations avec les chefs alliés qui commandent la plus grande opération amphibie de l'histoire.

Pour relater cette journée d'une rare densité, nous disposons d'une documentation variée. Eddy Florentin, dans sa monographie consacrée à *La Combattante*, le torpilleur qui transporte de Gaulle ce jour-là, a eu l'heureuse idée d'interroger, à la fin des années 1990, les survivants de l'équipage, à commencer par son commandant, André Patou, ainsi qu'une poignée d'acteurs locaux comme Raymond Triboulet[1]. De cette riche moisson de témoignages, il a tiré un récit vivant et précis, hélas trop peu exploité par les historiens et qui constitue le fil rouge de ce chapitre. Toutefois, le travail de Florentin souffre aussi de quelques faiblesses. En particulier, ses citations sont rarement référencées, ce qui fait que l'on ne sait pas toujours de quel témoin il tire telle ou telle information. Les archives étant presque muettes, nous compléterons son travail par la lecture de la presse normande des 15 et 16 juin, par celle des mémoires des acteurs qui accompagnent de Gaulle ce jour-là (Palewski, Boislambert, Béthouart, Coulet, Schumann) et par les travaux de divers autres historiens.

La préparation du voyage

Avant même le déplacement à Bayeux, le principe du voyage de De Gaulle en Grande-Bretagne a provoqué des remous au sein du Comité français de libération nationale (CFLN). L'invitation de Churchill à de Gaulle pour assister, depuis Londres, aux opérations du débarquement est parvenue à Alger le 31 mai. Le 2 juin, le Conseil des ministres est le théâtre d'un débat agité pour savoir s'il faut y répondre positivement. De Gaulle refuse une « mise en scène » destinée à faire avaliser de la « fausse monnaie », puis propose de mettre aux voix l'invitation ainsi que le changement de nom du CFLN en GPRF (Gouvernement provisoire de la République française). Il est mis en minorité puisque onze commissaires, dont André Le Troquer, le commissaire à l'administration des territoires libérés, se prononcent en faveur du voyage, cinq sont contre et trois s'abstiennent. De Gaulle menace de démissionner et met fin à la séance. Nouveau conseil le lendemain. De Gaulle annonce qu'il a vu Duff Cooper, le représentant britannique à Alger, qu'il a beaucoup réfléchi et que, finalement, il accepte l'invitation britannique, mais sans aucun membre du gouvernement pour ne pas donner l'impression de venir négocier. Le Troquer acquiesce sur le principe, mais propose à son tour de démissionner car, s'il ne se rend pas à Londres, son poste devient inutile. « De Gaulle proteste et me répond que "de toute façon j'aurais à remplir ma mission, et que s'il y avait du nouveau, il convoquerait à Londres les ministres choisis pour l'accompagner et dont je faisais partie". » De Gaulle finit par lâcher à Le Troquer : « Vous êtes trop bien avec les Alliés[2]. » De fait, pour son voyage londonien et, plus encore, pour l'escapade normande, de Gaulle n'entend s'entourer que de figures historiques de la France libre ou du général Béthouart, son vieux camarade de Saint-Cyr, dans lesquels il a toute confiance. À l'égard de Le Troquer, choisi comme commissaire du CFLN pour son appartenance à la SFIO (Section française de l'Internationale ouvrière), les relations ne seront jamais ni chaleureuses ni empreintes de confiance. Deux mois durant, de Gaulle multipliera les prétextes dilatoires pour empêcher son ministre des Territoires libérés de se rendre… dans lesdits territoires.

Le Général s'est posé à Londres, le 5 juin, à la demande expresse du Premier ministre britannique. Il est d'abord reçu par Eisenhower, et c'est à ce moment qu'il est réellement mis dans le secret du Débarquement alors que le CFLN a été tenu à distance de la préparation d'Overlord et qu'un « black-out » radio quasi total, imposé par l'obsession du secret, règne depuis des semaines entre Londres et Alger. Dans la nuit du 5 au 6 juin, alors que les premiers parachutistes américains et britanniques sautent sur la Normandie, éclate l'une des plus graves crises politiques entre de Gaulle et Churchill et, à distance, Roosevelt. Ulcéré d'être mis devant le fait accompli, de Gaulle refuse d'avaliser la déclaration aux Français qu'Eisenhower a déjà enregistrée et que la BBC doit diffuser au matin du D-Day. Dans ce texte, le commandant suprême se comporte en chef militaire tout-puissant, appelle les populations au calme et à l'obéissance et ignore totalement le Gouvernement provisoire de la République française et son président, Charles de Gaulle. Dans ces conditions, de Gaulle refuse tout net de parler à son tour à la radio le 6 juin. Il refuse même de signer l'ordre de départ des premiers officiers de la Mission militaire de liaison administrative (MMLA) qui doivent servir d'interface entre les forces alliées et l'administration française.

La crise atteint des sommets au petit matin du 6 juin au 10, Downing Street, au moment où la première vague s'élance à l'assaut des plages normandes. « Vous n'êtes pas la France », ou encore « Entre vous et le grand large, nous choisirons toujours le grand large », lance Churchill à la face de De Gaulle qui réplique par de semblables amabilités. Horrifié, Anthony Eden note dans ses carnets que jamais personne n'a parlé de façon aussi grossière à un Premier ministre britannique. L'affaire des discours pourrait paraître mineure, eu égard aux immenses enjeux du moment, si elle ne s'inscrivait pas dans le terrible bras de fer qui, depuis des mois, oppose le CFLN aux Alliés et dont l'enjeu est des plus simples : le pouvoir en France à la Libération. Eden et les responsables du Foreign Office, comme ils en ont l'habitude, s'emploient à faire retomber la tension. Personne ne souhaite aller à la rupture, et de Gaulle, le 6 juin, à 17 heures, après Eisenhower, parle finalement à la BBC. Les Français qui écoutent alors l'un des plus beaux discours de guerre du Général ne peuvent imaginer l'intensité de ces conflits. En l'entendant dans son bureau, entouré de ses ministres, Churchill verse même quelques larmes. À un ministre témoin des scènes de la nuit qui exprime sa surprise, Churchill réplique : « Eh bien, grand liard, vous n'avez donc pas de sensibilité ? »

De Gaulle n'est pas le premier dirigeant allié à se rendre dans la zone du Débarquement. Le 12 juin, Churchill rend visite à Montgomery en compagnie d'Alan Brooke, le chef d'état-major impérial, et du maréchal Smuts, Premier ministre d'Afrique du Sud et farouche antigaulliste. Monty les reçoit dans ses camions-bureaux, et Churchill fait alors la connaissance de « Rommel », l'épagneul de Montgomery[3]. Comme de Gaulle deux jours plus tard, Churchill effectue un bref aller-retour par voie de mer, l'atterrissage d'un avion sur des terrains improvisés et au milieu de la bataille étant jugé beaucoup trop dangereux.

Loin d'apaiser la situation, la visite de Churchill en Normandie crispe les esprits à Carlton Gardens, le siège de la France libre, comme le souligne Hettier de Boislambert : « Personne n'a jugé bon d'en aviser le général de Gaulle. Nous l'avons appris par un ami[4]. » Sans doute est-ce même le voyage de Churchill qui décide de Gaulle à se rendre à son tour en France. C'est en effet le 12 juin, vers 15 heures, au moment où Churchill rend visite à Montgomery, qu'à Carlton Gardens de Gaulle informe François Coulet, directeur des services du commissariat à l'Intérieur demeurés à Londres*, de son intention de se rendre le surlendemain à Bayeux. De Gaulle précise à Coulet qu'il l'accompagnera et qu'il restera en Normandie en tant que commissaire de la République pour les territoires libérés. Le commissaire régional désigné, Henri Bourdeau de Fontenay, est encore à Rouen, occupée par les Allemands, et ne peut se rendre dans la bande libérée. Il faut pourtant administrer au plus vite cette région et ne pas laisser les Alliés le faire à la place du GPRF.

Coulet en éprouve un légitime sentiment d'écrasement : « Et voilà qu'à l'heure où la France ligotée depuis quatre ans par les Allemands et Vichy allait changer de régime, c'était à lui [c'est-à-dire Coulet ; il emploie la troisième personne pour se désigner lui-même dans ses mémoires], simple secrétaire d'ambassade de 38 ans [...] qu'il incombait de gouverner,

* Le commissariat à l'Intérieur est dirigé, à Alger, par Emmanuel d'Astier de La Vigerie.

le premier, ce morceau de la Nation libérée. [...] [Il] constatait qu'il n'y avait pas de précédent. » Et ce, alors que rien n'est réglé avec les Anglo-Américains et que « cette nomination est un fait accompli fait dans leur dos, sinon contre eux ». Sans compter « une population normande dont il ne connaissait rien[5] » et au beau milieu d'un champ de bataille. Il est vrai que la charge est écrasante ; elle rappelle celle des représentants en mission de la Révolution. L'ordonnance du 10 janvier 1944 attribue aux commissaires régionaux de la République des pouvoirs exceptionnels qualifiés de « dispositions exorbitantes de la légalité traditionnelle ». Ils peuvent ainsi suspendre tous les textes législatifs et réglementaires, les sanctions pénales et les poursuites judiciaires (ce qui implique le droit de grâce), suspendre tout fonctionnaire, faire procéder à toute opération de police judiciaire, requérir toute personne et réquisitionner tout bien indispensable, dans le cadre de la loi du 11 juillet 1938[6]. Coulet se pose aussi la question sous l'angle moral : est-il légitime que ce soit lui qui devienne ce « superpréfet » investi de pouvoirs quasi absolus alors qu'il n'a pas porté les armes depuis quatre ans ? Il est vrai que de Gaulle a refusé toutes ses demandes de transfert vers des unités combattantes, l'estimant plus utile à ses côtés, alors qu'il accordait à d'autres cet honneur – ainsi Palewski, Chodron de Courcel, Closon ou Schumann. Peut-être par excès de modestie, Coulet arrange ainsi sa propre biographie. Diplomate de formation (il est en poste à Helsinki en juin 1940), il traverse l'Europe avec son épouse et s'engage, à Port-Saïd, dans le 1er bataillon d'infanterie de marine (6 août 1940), l'une des unités emblématiques des FFL (Forces françaises libres). Certes, au printemps 1941, il devient l'officier d'ordonnance du général de Gaulle. Mais, un an plus tard, au grade de capitaine, il prend le commandement de l'Infanterie française de l'air basée à Camberley. Il suit le très dur entraînement des troupes parachutistes, puis participe à diverses missions de combat en Afrique. En septembre 1943, sous les ordres du préfet Luizet (que nous retrouverons à Paris), il est nommé secrétaire général de la préfecture de Corse, le premier département français libéré. Autrement dit, l'homme qui s'apprête à prendre en main l'administration des territoires libérés, même s'il n'a que 38 ans, est loin d'avoir mené une « guerre de bureau ». Et sans doute de Gaulle l'a-t-il choisi, dans ce poste clé, pour cette raison.

Pour l'aider dans sa tâche écrasante, Coulet prie Claude Hettier de Boislambert de l'accompagner en France. Coulet est diplomate de carrière et ne connaît rien aux questions administratives qui sont du ressort de Boislambert à la tête de la Mission militaire de liaison administrative. La MMLA, tout en servant d'interface avec les forces alliées, a pour mission d'éviter l'établissement d'une administration militaire alliée en France libérée et d'installer les nouvelles instances politiques issues de la Résistance. Boislambert est l'homme de la situation. Il connaît mieux que personne la portion de Normandie libérée dans laquelle de Gaulle entend se rendre. Les Hettier sont de la grande bourgeoisie caennaise. Le père du futur conseiller du général de Gaulle a épousé une Boislambert qui a apporté en dot plusieurs propriétés des environs de Bayeux. En outre, Boislambert a effectué une toute première reconnaissance en Normandie, le 9 juin 1944, à l'occasion de laquelle il a retrouvé à l'état de ruine sa belle maison de Beauguillot, située à deux pas d'Utah Beach, au sud du Cotentin*.

Parmi les mille soucis matériels qui accablent Coulet, les aspects financiers ne sont pas les moindres. Dans la nuit du 13 au 14, il perçoit une lourde « cantine de fer bourrée de 25 millions de francs en billets de banque qu'il avait fallu compter et recompter[7] ». Discrétion oblige, Coulet effectue seul ce travail tout au long d'une nuit ponctuée de nombreuses alertes de bombardement, Londres subissant alors les premières attaques de V1 : « On aurait dit qu'une puissante motocyclette sillonnait le ciel ; puis le moteur calait brusquement et après quelques secondes d'un silence menaçant, une énorme explosion secouait les maisons et faisait trembler les vitres[8]. » Coulet évoque bien la somme de 25 millions

* « "De ma maison reste une partie des murs et du toit, mais elle est éventrée, étripée. Plus un meuble, plus un tuyau d'eau dans les murs [...]. Un jeune officier de paras américain active avec ses hommes un feu de portes et de fenêtres sur le dallage au milieu de la salle à manger. Nous nous chauffons quelques instants, puis je demande :
– Vous est-il passé par la tête que cette maison pouvait appartenir à quelqu'un ?
– Je n'y ai pas pensé une seconde.
– Et si je vous disais qu'elle est à moi ?
– *You're kidding.*
– Eh non, et pour vous le prouver, vous allez monter au premier étage."
[...] Je lui décris le papier des chambres...
"C'est vrai, je suis désolé. Il faut éteindre le feu.
– Non il fait trop froid. Réchauffons-nous encore un peu."
[...] Voici donc ma terre de Beauguillot d'où je suis parti vers Caen au moment de la mobilisation [de 1939]. Ma vie a tourné en cercle. » Claude Hettier de Boislambert, *Les Fers de l'Espoir*, Plon, 1994, p. 10.
Le domaine de Beauguillot, propriété de plus de 500 hectares appartenant aux Boislambert, a été classé réserve naturelle par l'État en 1980 et acquis par le Conservatoire du littoral en 1997. Il s'agit de l'une des plus belles réserves de biodiversité marine et terrestre de France. « Domaine de Beauguillot : un trésor du Cotentin », *Ouest-France*, 9 juillet 2014.

de francs, et de non 250 comme l'écrit Florentin par erreur, ce qui paraît infiniment plus vraisemblable. En effet, selon le convertisseur de monétaire de l'Insee[9], 25 millions de 1944 équivalent à un peu plus de 520 millions d'euros, valeur 2022, somme déjà énorme. On imagine mal Coulet parvenant à réunir à Londres, en moins de deux jours et en petites coupures, une somme équivalente à 5 milliards d'euros actuels !

Même réduite à environ 500 millions d'euros actuels, où Coulet a-t-il trouvé pareille somme ? Dans ses mémoires, il élude pudiquement la question que Philippe Oulmont nous aide à éclaircir. Le biographe de Pierre Denis, le grand argentier des premières heures de la France libre, précise que ces 25 millions de francs ne sont en réalité qu'une goutte d'eau dans l'océan des dépenses du Gouvernement provisoire. Au centre de toutes les opérations financières du CFLN, officielles ou plus discrètes, se trouve, depuis 1940, Pierre Denis *alias* « Rauzan ». Au printemps 1944, celui-ci occupe le poste d'attaché financier à Londres. Sa mission officielle est d'observer la politique financière britannique, ainsi que celles des différents gouvernements européens, et d'en faire rapport à son autorité de tutelle, le commissaire aux Finances du CFLN, Pierre Mendès France. En réalité, explique Oulmont, il a surtout pour mission de superviser le « budget B » du CFLN, c'est-à-dire l'ensemble des dépenses réalisées presque toujours en espèces, à partir de la Grande-Bretagne, pour répondre aux immenses besoins des missions en France du BCRA* et surtout de la Résistance intérieure. Pour cela, il a fallu s'entendre avec les Britanniques pour fabriquer en Grande-Bretagne, sous l'autorité de Denis, des montagnes de billets de banque français. Pour le seul dernier trimestre de 1944, Oulmont évalue ces envois à « des milliers de caisses de billets (210 millions de billets unitaires) pour 250 milliards de francs[10] ». Le recours massif à la « planche à billets » fut un des ressorts de la prise du pouvoir en France par le GPRF en 1944.

Ce 13 juin, l'urgence de la situation (il faut réunir la somme en vingt-quatre heures) et le secret qui entoure l'opération évoquent un film de gangsters et troublent Pierre Denis qui en a pourtant vu d'autres. Il s'en ouvre aux chefs du BCRA et du commissariat à l'Intérieur, Soustelle, Boris et Manuel, dans une lettre datée du 15 juin, citée par Oulmont, et dont le but est très clairement de se couvrir en cas d'enquête : « Je vous

* Bureau central de renseignement et d'action, le service secret de la France libre, créé par André Dewarin, *alias* le « colonel Passy ».

demande donc de saisir au plus tôt le CFLN de ces questions et je recommande que dès maintenant le Général soit mis au courant par vous de ce problème. [...] Vous vous rendez compte de la situation impossible où je me trouve lorsque je me vois obligé – en dehors de toute instruction et de la façon la plus irrégulière – d'arbitrer moi-même entre des besoins de divers ordres. [...] Au départ de M. Coulet, je lui ai remis, sous ma seule signature, un montant en billets de 23 millions et demi, plus 1 million sur l'ordre du général de Gaulle, et 24 millions en chèques. Je compte que personne ne me reprochera la décision que j'ai prise[11]. »

Dans l'équipée qui se prépare dans la précipitation, le moindre détail matériel a son importance. Quels billets choisir et comment transporter ces 25 millions de francs ? Si l'on veut écouler ces billets pour solder les premières dépenses des administrations libérées, il convient d'utiliser des coupures ayant cours en France sous l'Occupation. L'emploi de billets inconnus émis sous la signature de l'antenne de la Banque de France d'Alger aurait plutôt eu pour effet d'effrayer les paysans normands. Sous Vichy, les plus grosses coupures utilisées étaient les billets de 100 francs (« Descartes » type 1942) et de 500 francs (« Colbert » type 1943). Mais ces derniers étaient rares, et on a peine à croire qu'il y en ait eu beaucoup de disponibles à Londres. Même si les archives et les témoignages sont muets à cet égard, on peut imaginer que la somme a selon toute vraisemblance été réunie majoritairement en coupures de 100 francs « Sully », parfaitement imités par les ateliers monétaires britanniques. Ce billet ne posait aucun problème de confiance dans la mesure où il était encore largement en circulation en France, son remplacement par le « Descartes », à partir de mai 1942, ayant été progressif. Il ne perdit toute valeur légale et ne fut retiré du service que lors de la réforme monétaire de Mendès France, le 4 juin 1945. En outre, le « Sully » offrait l'immense avantage d'avoir été émis à compter du 19 mai 1939, ce qui présentait une garantie républicaine. Restait à transporter cette petite fortune. Si l'on part d'un poids actuel ordinaire d'environ 1 kilo le million d'euros en coupures de 100 euros, 25 millions de francs en coupures de 100 francs devaient peser environ 25 kilos et tenaient donc facilement dans cette mallette en fer que nous retrouverons sur la plage de Graye.

Pendant ce temps, l'amiral d'Argenlieu, commandant des FNFL* en Grande-Bretagne, négocie avec l'Amirauté britannique les aspects navals

* Forces navales françaises libres, la petite marine de la France libre.

du voyage. Le commander Pinks, officier de liaison britannique auprès des FNFL, sert d'intermédiaire. On établit une liste de douze noms incluant le capitaine Teyssot, aide de camp de De Gaulle, et Geoffroy de Courcel, son directeur adjoint du cabinet, que l'on revêt pour l'occasion d'un uniforme de commandant de cavalerie. Preuve que les Britanniques prennent l'affaire très au sérieux, la liste remonte à l'amiral Ramsay, commandant en chef de la Force navale du Débarquement, qui a sans doute d'autres préoccupations. Pinks informe en outre Coulet que Montgomery invite de Gaulle et deux de ses compagnons à déjeuner à son PC de Creully. Ne voyons aucune réticence de la part de Montgomery dans la limitation du nombre des invités : le commandant des forces terrestres d'Overlord vit dans une roulotte où il est peu commode de festoyer. On se met également d'accord sur l'emploi du torpilleur *La Combattante* des FNFL. Il est, en effet, impensable que de Gaulle mette le pied sur le sol français à partir d'un navire de sa Gracieuse Majesté.

La Combattante (ex-*HMS Haldon*) est un torpilleur britannique de la classe Hunt. Commandé le 28 juillet 1940 dans le cadre du programme naval d'urgence au chantier naval Fairfields Shipbuilding de Glasgow, et lancé le 27 avril 1942, le *Haldon* est cédé peu après aux FNFL sous le nom de *La Combattante.* Le navire prend part aux opérations d'Overlord offrant un appui-feu rapproché aux troupes débarquées à Courseulles-sur-Mer, dans le secteur de Juno Beach. Restant à 3 000 mètres de la plage, dans seulement 4 mètres d'eau, *La Combattante* tire sur les batteries côtières allemandes. Le 6 juin, avec un humour très britannique,

La Combattante (Fondation de la France libre).

son *sister-ship* le *HMS Venus* lui transmet par radio : « Heureux qu'un Français soit le premier à toucher le sol de France[12]. » *La Combattante* détruit plusieurs batteries, jusqu'à ce que les troupes commencent à débarquer sur la plage. Le 13 juin 1944, alors qu'il est encore en opération dans la Manche, le capitaine de corvette André Patou reçoit l'ordre de ramener immédiatement *La Combattante* au quai de King's Stairs, à Portsmouth*.

À Bayeux, Coulet pourra aussi compter sur la présence d'un tout premier agent français en la personne de Maurice Schumann. Depuis 1940, celui-ci demandait à participer à des opérations militaires, ce à quoi de Gaulle s'était toujours opposé, estimant indispensable la présence à Londres de son porte-parole. Le refus du Général s'efface à la veille du Débarquement. Le 28 mai, Koenig convoque Schumann à son PC de Londres, lui annonce que le Débarquement aura lieu en Normandie et qu'il va y être envoyé en mission. Pour ne pas attirer l'attention des services de renseignement allemands, Schumann enregistre par avance, dans la nuit du 2 au 3 juin, plusieurs de ses émissions quotidiennes. Elles seront diffusées les jours suivants, comme si de rien n'était, dans le programme « Les Français parlent aux Français », et Schumann aura le rare plaisir de s'entendre lui-même à la radio. Il est officiellement affecté à la 231e brigade d'infanterie de 5e division britannique, commandée par le général Alexander Stanier, un ancien de la Somme en 1918. Sa qualité de correspondant de guerre n'est qu'une couverture, les Alliés n'acceptant aucun officier français purement « politique » et non rattaché à un corps combattant. En réalité, Schumann a pour mission, en lien avec la Résistance locale, de s'assurer le contrôle des localités libérées dans la tête de pont. Porteur d'un uniforme français, le capitaine Schumann embarque sur un navire britannique dès le 4 et, le 6 juin au matin, il est de la seconde vague d'assaut avec l'infanterie britannique sur la plage d'Asnelles-sur-Mer (Gold Beach). Schumann : « Au soir du 6 juin, la tête de pont de la 5e division mesure 10 kilomètres sur 10, touche Bayeux et tient sous ses feux la route Bayeux-Caen. Les objectifs prévus sont cependant loin d'être atteints[13]. »

Dès l'après-midi du 6, Schumann prend contact avec « les responsables locaux de la Résistance, notamment Guillaume Mercader, son chef incontesté, et un peu plus tard l'avocat Raymond Triboulet[14] ». Le 7 juin,

* *La Combattante* sautera sur une mine sur la côte est de l'Angleterre le 24 février 1945.

dans sa jeep pilotée par « le fidèle Green », un sous-officier britannique, il arrive à Bayeux tout juste libéré par les Britanniques et miraculeusement intacte. Dès le 8 juin, dans l'après-midi, Schumann s'adresse à la population sur la place du Château. Raymond Triboulet a expliqué à quel point la Résistance locale a été prise au dépourvu par le cours des opérations militaires dans les jours qui ont suivi le Débarquement. En effet, contre toute attente, c'est Bayeux et non Caen qui est libéré : « C'est pourquoi nous avions prévu le préfet de Caen et Bourdeau de Fontenay comme commissaire de la République à Rouen. Mais nous n'avions pas prévu que Bayeux serait la seule ville intacte et libérée. J'ai donc essayé de "dégommer" le sous-préfet de Vichy. J'ai constitué un petit comité de Libération à Bayeux avec les résistants qui étaient conduits par le chanoine Quilici », l'organiste de la cathédrale[15]. Le lieutenant-colonel Chandon (représentant de la MMLA auprès du commandement Britannique) rejoint Schumann dans les jours qui suivent, et, le 12, les deux émissaires de Londres, aidés par Triboulet, sont en mesure d'installer dans l'arrondissement de Bayeux le premier comité local de Libération de France. « Sa première initiative est de faire placarder dans tout l'arrondissement une proclamation dans laquelle il se réclame de De Gaulle et demande l'exclusion des fonctionnaires ayant servi Vichy. Le sous-préfet est le premier visé[16]. » Ce dernier, Pierre Rochat, demeure néanmoins en place fort du soutien des Britanniques avec lesquels il a conclu un accord pragmatique de bonne entente.

Si on suit les récits de Coulet, de Béthouart ou de Boislambert, les Britanniques auraient été viscéralement réticents à l'équipée du général de Gaulle en France, cette réticence s'inscrivant dans leur répugnance à reconnaître la légitimité du Général. Boislambert explique ainsi toute la difficulté qu'il y a eue à organiser le voyage : « Les démarches ont été difficiles. Ce qui était facile pour Churchill est presque impossible quand il s'agit de De Gaulle. On évoque les risques du voyage. Comme si le Général n'en avait pas vu d'autres. Il faut retirer des opérations un navire de guerre[17]... » Le général Béthouart, à qui de Gaulle a lancé, le 24 mai, à Alger : « Je pars à Londres et je t'emmène* », confirme l'âpreté de ces

* Antoine Béthouart, *Cinq années d'espérance. Mémoires de guerre 1939-1945*, Plon, 1968, p. 241. De Gaulle, Béthouart et Juin sont de la même promotion de Saint-Cyr (« Fès », 1909), ce qui explique le tutoiement de rigueur entre eux, tutoiement qui a tant surpris nombre de cadres de la Résistance intérieure. Juin était le major de la promotion.

discussions. Les affrontements des 5 et 6 juin ont laissé des traces. « La tension entre nous et les Alliés durera longtemps. Churchill et de Gaulle ne se reverront que le 11 Novembre à Paris et l'atmosphère reste très pénible pendant tout notre séjour à Londres[18]. » Le 9 juin, Béthouart rencontre Bedell Smith, le chef d'état-major d'Eisenhower. Les deux hommes se sont connus aux États-Unis, puis à Alger, des liens d'estime sinon d'amitié se sont noués entre eux. Béthouart vient demander de l'armement alors que Bedell Smith attend l'envoi des officiers de liaison de la MMLA. Béthouart souhaite aussi faire cesser les bombardements aériens sur la Normandie (Livry-Level a transmis un terrible rapport le matin même). L'entrevue est aussi brève que glaciale, et Béthouart repart bredouille.

Il convient pourtant de nuancer cette vision et de préciser la nature exacte de la réticence britannique. Elle est de deux ordres. L'argument sécuritaire ne relève pas du simple prétexte, et ces voyages comportent une part de risque non négligeable : les 12 et 14 juin, l'armée allemande n'est jamais à plus de 30 kilomètres, soit à portée de canon, de Churchill ou de De Gaulle. Aujourd'hui, ce type de déplacement serait tout simplement impensable. Les autorités britanniques redoutent sérieusement une action allemande à Bayeux, ce qui explique le secret qui entoure l'opération. Churchill adresse un mot à Eden en ce sens : « Cela pourrait rendre impossible à de Gaulle d'organiser un meeting public ou un bain de foule dans les rues. Le général souhaite, sans nul doute, démontrer qu'il est le futur président de la République française ; je suggère qu'il se promène à pas lents à travers la ville, serre quelques mains, puis s'en retourne[19]. » La seconde réticence tient à la tribune que de Gaulle pourrait utiliser à l'occasion de ce bref voyage en France. Churchill s'en explique ainsi à Roosevelt : « [De Gaulle] ne prononcerait pas de discours en France, mais une déclaration que nous avons toujours la possibilité de censurer pourrait être faite à son retour. C'est de ma responsabilité[20]. » Même si on peut fortement douter que de Gaulle ait accepté de limiter son voyage à une simple déambulation muette suivie d'une déclaration publiée sous la censure à son retour en Grande-Bretagne, ces échanges épistolaires montrent que Churchill ne s'oppose pas au voyage (quoi de plus facile pour lui que de l'interdire ?), mais qu'il entend, dans le contexte très tendu de ses relations avec de Gaulle, assurer sa sécurité et limiter au maximum sa liberté de parole. Pas d'opposition de principe non plus chez les militaires : sitôt qu'il apprend le voyage de De Gaulle, Montgomery s'empresse de faire savoir qu'il l'invite à déjeuner dans sa roulotte. Et tout n'est pas négatif dans ces journées londoniennes. Le 10 juin, de Gaulle rencontre à son tour un Bedell Smith plus amène qu'avec Béthouart la veille et qui relance l'idée d'un voyage du président du GPRF aux États-Unis.

Nous retrouverons cette même logique à l'œuvre chez les Anglo-Américains, deux mois plus tard, lors du départ d'Alger pour la France : non pas, comme l'affirment à l'unisson de Gaulle et ses compagnons, empêcher le voyage, mais assurer la sécurité et contrôler les paroles et les actes du Général.

Le voyage du Général soulève également quelques remous à Alger. Certes, le 8 juin, par un télégramme envoyé à Londres, le GPRF, dont Henri Queuille exerce la présidence par intérim, assure de Gaulle de « son complet accord avec les positions que vous avez prises pour défendre l'indépendance et l'intérêt français[21] ». Un texte de protestation a même été rédigé par le gouvernement et transmis à de Gaulle, en particulier sur la question des billets de banque français émis aux États-Unis. Se pose, en outre, la question de la signature des décrets de nomination de François Coulet (commissaire des Territoires libérés) et de Pierre de Chevigné (chef de la région militaire libérée), ce dernier étant jusque-là chef d'état-major du général Koenig. Dans un télégramme du 12 juin, de Gaulle demande aux deux commissaires Diethelm (Guerre) et d'Astier de La Vigerie (Intérieur) – on notera l'oubli de Le Troquer – s'ils acceptent de faire diffuser immédiatement par voie de presse et de radio l'annonce des deux décrets de nomination. Il précise que Queuille peut les signer à sa place en vertu du décret du 8 juin 1944*. Le matin du 13 juin, à Alger, s'ouvre un long et délicat débat au sein du GPRF. Le Troquer : « Certains craignent que la décision demandée au conseil soit mal appréciée par les alliés[22]. » « S'agit-il d'une épreuve de force ? Y a-t-il accord officieux avec les Anglais et les Américains ? On ne sait, on hésite. [...] On décide finalement de publier », note Queuille dans *Journal*[23], avant de conclure : « Le 13 au matin le décret était signé. La radio d'Alger en diffusait la nouvelle le soir ; reprise par la BBC en français

---

* Le décret du 3 juin 1944 « relatif à l'exercice de la présidence du Gouvernement provisoire de la République française pendant l'absence du général de Gaulle » fut publié le 8 juin au *Journal officiel*. Voir Henri Queuille, *Journal de guerre. Londres Alger, avril 1943-juillet 1944*, présenté et annoté par Olivier Dard et Hervé Bastien, Plon-Fondation Charles-de-Gaulle, 1995, p. 323, note 83.

le 14[24]. » Sur ce, d'Astier prend la parole et demande que le commissaire aux Territoires libérés puisse se rendre à Londres accompagné du commissaire à l'Intérieur, c'est-à-dire lui-même. La motion est adoptée à l'unanimité, Capitant la soutient avec détermination de même que le communiste Billoux, Catroux, Giacobbi, Mendès France ou Diethelm. On en télégraphie le texte à de Gaulle qui ne répond pas. Le Troquer : « On en était ainsi arrivé à un véritable conflit entre de Gaulle et moi, conflit qui troublait le Comité devenu entre-temps, mais sans l'accord des Alliés, le Gouvernement provisoire de la République française[25]. » Le Troquer oublie, ou fait mine d'oublier, que c'est à la suite du vote d'une motion votée par l'Assemblée consultative provisoire, le 15 mai 1944, que cette décision fut prise à l'unanimité par le CFLN le 3 juin suivant. Le Troquer s'empresse d'aller trouver Queuille, Philip et Mayer pour les informer qu'il s'apprête à démissionner. Cette menace débloque en apparence les choses puisque de Gaulle répond enfin par l'affirmative depuis Londres par un nouveau télégramme : « Mais oui, Le Troquer va partir. » En fait, il va attendre encore deux mois.

La presse algéroise publia les décrets de nomination le 14 au matin, au moment où de Gaulle, insensible à la crise qui agitait le GPRF à Alger, voguait vers la Normandie. Autrement dit, la signature de ces mêmes décrets par de Gaulle à Bayeux, que rapporte Béthouart, premier acte officiel du Général sur le sol libéré, ne fut donc qu'une sorte de mise en scène symbolique, la nouvelle étant déjà connue de tous*. L'affirmation du pouvoir gaullien exigeait aussi la maîtrise de ces éléments de communication.

Le 13 juin, à peine rentré de Normandie, Churchill donne son feu vert. Battant le fer quand il est chaud et toujours soucieux d'apaiser les relations, Anthony Eden invite de Gaulle à dîner au Foreign Office, dîner auquel participent également des personnalités « raisonnables », Clement Attlee, le vice-Premier ministre britannique, et, côté français, le général Béthouart et le diplomate Paul Viénot. Se tournant tantôt vers Béthouart, tantôt vers Viénot, Eden prie les responsables français de convaincre de Gaulle d'écrire un mot de remerciement à Churchill. De Gaulle s'isole un moment avec Viénot, ce qui n'empêche pas les convives de l'entendre prononcer un « Non » très ferme. Pendant le repas, Eden reçoit un mot

* Pour autant, le décret de nomination de Coulet, antidaté au 6 juin, ne parut au *Journal officiel* que le 6 juillet.

de Churchill qui lui demande d'interdire le voyage si les vingt officiers de liaison de la MMLA prévus pour le départ vers la France embarquent avec des billets français portant la signature de la Banque de France à Alger (comme ceux que Coulet est parvenu à réunir à Londres en un temps record) et non avec les billets fabriqués aux États-Unis et destinés à l'AMGOT (de la « fausse monnaie », comme tempête de Gaulle depuis des semaines). Une fois de plus, Eden enterre l'affaire et ne dit mot aux Français du sulfureux papier du Premier ministre. La conversation peut alors courir sur les premiers V1 lancés sur Londres, sujet nettement plus prudent et plus consensuel[26].

En mer vers la France

Le 14, à 5 h 30, une voiture officielle britannique vient chercher de Gaulle au Connaught, l'hôtel où il a l'habitude de descendre depuis 1940. Entre-temps, la liste de ses compagnons de voyage s'est encore allongée et comporte désormais treize noms (en sus de De Gaulle) : Paul Viénot, l'ambassadeur de France en Grande-Bretagne ; les généraux Béthouart et Koenig, respectivement chef d'état-major de la Défense nationale et commandant des Forces françaises de l'intérieur ; le contre-amiral Alain Thierry d'Argenlieu, commandant des FNFL en Grande-Bretagne ; François Coulet, commissaire de la République pour les Territoires libérés ; Gaston Palewski, directeur de cabinet du général de Gaulle ; le colonel Billotte, secrétaire de l'état-major de la Défense nationale ; le commandant Hettier de Boislambert, chef de la MMLA ; le commandant Pierre Laroque, son adjoint à la MMLA ; le colonel de Chevigné, chargé d'établir l'armature territoriale de l'armée française dans les régions libérées ; le commandant Geoffroy Chodron de Courcel, directeur de cabinet adjoint de De Gaulle ; le capitaine Teyssot, aide de camp de De Gaulle ; le capitaine Gardet, correspondant de guerre naval français en Grande-Bretagne et qui livrera un précieux témoignage publié, à Londres, le mois suivant, dans le *Bulletin de la Marine française*. Et un très discret quatorzième passager, modestement vêtu d'un battle-dress, le deuxième classe Dubois. Celui que Coulet décrit comme un « haut fonctionnaire de la police qui avait pu passer en Angleterre après s'être distingué dans la Résistance* » est en réalité Louis Dubois, né en 1904 et commissaire de police à Nice au début de la guerre. Affilié au réseau Ajax, il est agent P2 du BCRA à partir de mai 1943. La mission à bord de ce mystérieux personnage n'est pas clairement identifiée, observe Coulet : veiller à la sécurité du Général ou à celle de la valise de fer pleine de billets ?

À une ou deux exceptions près, on retrouve dans cette escorte les « mamelouks » de De Gaulle, le gratin de la France libre de 1940. Peut-être y a-t-il une forme de récompense de la part du Général dans le choix de ces grognards de la première heure. Six voitures précédées de motards sirènes hurlantes prennent la direction de Portsmouth. Il y a des façons plus radicales d'empêcher un voyage. Curieusement, Chevigné évoque un départ la veille : « Embarqués le 13 juin au soir sur *La Combattante,* à Portsmouth, nous débarquâmes le 14 au matin à Arromanches-Courseulles, au milieu d'un régiment canadien[27] », ce qui est impossible à tous égards, *La Combattante* étant en opération toute la nuit. Sa mémoire lui fait manifestement défaut sur ce point.

Sur le quai de Porstmouth, le cortège est accueilli vers 8 heures par l'amiral d'Argenlieu et les hautes autorités navales de Portsmouth, le vice-amiral Charles Little en tête, sanglées dans leurs uniformes ; c'est bien un chef d'État que l'on vient ainsi honorer. Seul le commandant Patou n'est au courant de rien alors que *La Combattante* est revenue de mission dans la nuit : « Nous rentrons d'une patrouille nocturne, pas rasés, sales, de vrais loups de mer[28]. » Patou et ses hommes découvrent alors qu'ils vont devoir transporter de Gaulle ! Les marins sont fous de joie à la fois parce que c'est de Gaulle et parce que tout le monde comprend qu'on ne peut aller qu'en France. On hisse le pavillon personnel de De Gaulle.

« Je suppose, mon général, que vous désirez aller en France ? interroge le commandant Patou.

– Vous n'avez pas reçu d'ordre ? s'étonne de Gaulle.

– Non, mon général, mais cela n'a pas d'importance, car nous connaissons le chemin[29]. »

Si les Britanniques n'ont pas transmis la nouvelle à Patou, qui est littéralement cueilli à froid, c'est pour éviter que le message soit capté par

* Dubois contribua, avant de plonger dans la clandestinité, puis de gagner Londres, à faire évader plusieurs résistants comme Jacques Robert du réseau Ali. François Coulet, *Vertu des temps difficiles*, Plon, 1967, p. 227.

les Allemands et qu'une action militaire soit tentée contre lui. Nouvel indice qui confirme que la préoccupation sécuritaire est bien réelle et ne relève pas du prétexte visant à empêcher le voyage.

On embarque à 8 h 30. Florentin précise que les Britanniques poussent la délicatesse très loin. En effet, lorsqu'un navire de guerre entre ou sort du port de Portsmouth, la coutume veut qu'il salue l'antique *Victory* de Nelson qui est amarré dans le port. Or, ce matin, c'est le *Victory* qui salue *La Combattante*, privilège réservé aux navires transportant le roi d'Angleterre. Sur mer, ce n'est plus l'immense activité du D-Day « qui [fit] croire qu'ils rêvaient aux soldats allemands du mur de l'Atlantique ». Mais un intense trafic demeure sur la Manche, qui impose de lourdes contraintes de navigation : « Des transports remontaient vers le nord, vides ou ramenant les premiers blessés et les premiers prisonniers sous la protection de leurs ballons captifs. *La Combattante* les croisait, naviguant bord à bord avec d'autres navires chargés de troupes, survolée par des chasseurs et des bombardiers légers pendant qu'à plus haute altitude brillaient, escadre après escadre, les quadrimoteurs américains[30]. »

Les témoignages de marins recueillis par Florentin insistent tous sur la très forte impression que leur fit le général de Gaulle, dans sa longue redingote, les jumelles sur les yeux, scrutant l'apparition de la côte française. Abordable et courtois, il parle avec tout le monde à bord. Koenig, très simple et accessible, est toutefois celui qui rencontre le plus grand succès auprès de l'équipage. Boislambert, qui n'a pas du tout le pied marin et qui souffre du mal de mer (il serait beaucoup plus à son aise dans la chasse au buffle en Afrique), note dans ses mémoires que la mer est très agitée, alors qu'elle est d'huile par un temps magnifique. Par précaution, Patou administre néanmoins à ces marins d'occasion une « drogue, genre nautamine qui, non seulement empêche le mal de mer, mais encore a des effets euphorisants. Outre cela, la joie de revoir la France et un bon coup de rouge rendent l'atmosphère bientôt joyeuse[31] ». Palewski et Coulet insistent également sur la bonne humeur générale et en particulier sur celle de l'austère moine-soldat d'Argenlieu que personne n'avait jamais vu rire comme ce matin-là. Seul Coulet, assis sur la cantine contenant les 25 millions de francs, garde un semblant de sérieux.

Sitôt à bord, d'Argenlieu rend compte à de Gaulle de ses démarches des jours derniers et lui expose le programme de la journée en précisant imprudemment : « "Vous déjeunerez chez le général Montgomery." Pauvre d'Argenlieu. De Gaulle l'arrête tout net : "Je ne vais pas en France pour déjeuner chez Montgomery. Débrouillez-vous[32].” » En mer, Patou reçoit un nouveau télégramme britannique qui confirme le planning de D'Argenlieu : un lunch au PC de Montgomery, une visite du champ de bataille et un retour à 16 heures vers l'Angleterre. Autrement dit, ni visite des localités libérées ni discours. De Gaulle lit le texte et fait d'abord remarquer « d'une voix caverneuse » qu'il est rédigé en anglais, puis il conclut d'un « Non » définitif et précise : « Je pars sur ce bateau tranquillement, à la française. J'irai à terre comme je l'entends. J'y verrai qui je voudrai. Je ne viens pas voir les généraux anglais. Je viens voir les Français de France[33]. » Il décide alors qu'il déjeunera à bord, ce qui provoque la panique du médecin de *La Combattante*, Maurice Assouly, qui a aussi en charge la nourriture. D'Argenlieu est chargé de rédiger une réponse en forme de non-recevoir à l'Admiralty britannique qui est envoyée par radio à 9 h 23. Son message conclut que le général de Gaulle « n'envisage son départ de la côte normande qu'après avoir achevé son programme », ce qui laisse ouvert un très large spectre de possibilités. D'Argenlieu précise encore « [qu']après le repas à bord de *La Combattante*, le général de Gaulle sera ravi de rencontrer le général Montgomery qu'il souhaite déranger le moins possible[34] », formule de politesse censée adoucir le rejet de l'invitation à déjeuner du vainqueur d'El Alamein. Enfin, le message indique une heure d'arrivée sur la plage (13 heures) et réclame la présence de quatre jeeps (il y en aura cinq en définitive).

À 12 h 30, on aperçoit les côtes normandes. « Tous les yeux sont tournés vers le sud. Enfin, une ligne foncée apparaît à l'horizon : une forêt de mâts la hérisse. Au-dessus, des ballons captifs se balancent, tirent sur leurs câbles qui s'opposent aux attaques à basse altitude d'avions ennemis. Derrière, enfin, de plus en plus nette, la terre de France. Chacun sur la passerelle retient son souffle. De Gaulle, calme, silencieux, concentré, regarde avec intensité, sans un mot[35]. » Le déjeuner est rapidement servi au carré des officiers, puis, à 13 heures, *La Combattante* stoppe sur une mer couverte de navires de tous types. De Gaulle réunit alors l'équipage à la proue du navire et préside une première prise d'armes dans les eaux territoriales libérées. « Il remet au navire et à son commandant la Croix de guerre avec palme de bronze » et conclut : « *La Combattante* est désormais un bateau historique ! Vous entrez dans l'histoire avec lui[36] ! »

Le débarquement vers la plage de Graye, à l'ouest de la Seulles, sur le territoire de la commune de Courseulles-sur-Mer, est délicat. Les officiels français doivent d'abord gagner un chaland venu à couple de *La Combattante*, puis embarquer sur un *landing craft*, petit navire amphibie de débarquement, qui les conduit sur la plage en roulant sur le sable. Comme la suite de De Gaulle est importante, le *landing craft* à bord duquel a pris place le First Class Commodore sir Geoffrey Oliver, commandant la Force J*, doit faire deux allers-retours. Palewski, d'Argenlieu et Boislambert accompagnent de Gaulle dans la première rotation, Coulet, Chevigné, Billotte, Koenig et Courcel suivent dans la seconde. Le commodore Oliver, qui a dû recevoir de Portsmouth le changement de programme de De Gaulle, précise que, en raison du danger des vedettes lance-torpilles allemandes, le départ ne peut avoir lieu après 20 heures, ce qui suppose un retour sur la plage à 18 heures au plus tard. Sinon, il faudra dormir en France. Les Français accostent en même temps qu'un régiment canadien dont les soldats ne prêtent guère attention à eux.

À 13 h 40, Boislambert, aussitôt suivi par le quartier-maître photographe Guy Mas de *La Combattante*, saute à terre pour immortaliser les premiers pas du Général sur le sol de France. Boislambert rate ses photos (ce qu'il ne relate pas dans ses mémoires) tandis que Mas, plus expert, réussit les siennes. Montgomery a bien fait les choses et prévu un détachement de la Garde écossaise et des officiers de la Royal Navy pour rendre les honneurs à de Gaulle. Boislambert : « Parmi les officiers qui nous accueillent, et à côté d'un jeune homme très aimable, capitaine écossais, on nous présente un phénomène barbu, qui, suivi de son molosse, a fait débarquer ses gens au son de la cornemuse. Il fait du théâtre, mais il le fait bien[37] ! » Le lieutenant-colonel Chandon de la MMLA et Maurice Schumann, déguisé en correspondant de guerre, font également partie du comité d'accueil.

Le petit groupe est bientôt réuni sur la plage de Graye. Coulet : « Il est certain que tous ces Français vengés sentirent profondément la densité de l'instant. Ils firent quelques pas les yeux fixés au sol, levèrent la tête et parcoururent du regard la ligne des chalets bombardés, parurent respirer profondément comme pour retrouver des senteurs qui n'existaient qu'en France, mais personne ne parla et Dieu merci !, il n'y eut pas de mot historique[38]. »

---

* Il s'agit de la flotte britannique affectée au secteur de Juno Beach. Elle comporte une vingtaine de navires parmi lesquels deux canadiens et *La Combattante*. Eddy Florentin, *Les Rebelles de* La Combattante, *1939-1945*, Flammarion, 1999, p. 597.

La plage de Graye (Courseulles-sur-Mer). De Gaulle porte encore sur son uniforme le long manteau qu'il ne va pas tarder à retirer.

Les jeeps dépêchées par Montgomery attendent sur la plage. Un incident survient à propos de la mallette de Coulet, associée à de nombreux autres bagages. Un officier de *La Combattante* ne comprend pas pourquoi il faut à tout prix la débarquer alors que tout ce beau monde repart le soir même pour l'Angleterre. Le commander Pinks, l'officier de liaison britannique auprès des FNFL, s'est glissé à bord de *La Combattante.* Véritable chien de garde des Français, il a deviné qu'il s'agit des bagages de ceux qui vont rester en France (Coulet et Chevigné entre autres). Il soupçonne que la cantine de Coulet est pleine d'affiches de propagande, loin d'imaginer qu'elle est en réalité remplie de billets de banque[39]. Sur la plage, voici à présent qu'un officier de marine britannique, avisant la lourde et volumineuse cantine de fer, refuse d'embarquer pareil bagage dans les jeeps où quatre passagers ont déjà bien du mal à s'entasser. Le « deuxième classe » Dubois, qui ne parle pas un mot d'anglais, s'en mêle, le ton monte, et il faut l'intervention de Coulet, qui parle anglais, pour calmer les esprits : « On lui expliqua qu'elle contenait des documents destinés aux autorités locales[40]. » Comme il est impossible d'embarquer tous les bagages, il est entendu qu'ils resteront sur la plage jusqu'au soir pour être transportés à Bayeux à ce moment. C'est à ce point de l'histoire que, les témoignages des uns et des autres n'évoquant plus le sort de la cantine aux 25 millions, il faut faire preuve d'imagination. On a peine à croire que Coulet, qui ne voulait pas quitter sa cantine à bord de *La Combattante*, où le risque de vol était nul, puisse l'abandonner de façon désinvolte toute un après-midi sur une plage grouillante de soldats. Il faut donc en conclure que le commissaire Dubois est demeuré sur la plage de Graye à monter la garde. Sans doute était-ce sa mission principale en montant à bord de *La Combattante*.

De Gaulle part le premier. Sa jeep est conduite pas un jeune capitaine écossais qui « sort de sa poche un petit pavillon français [et] l'attache au pare-brise[41] ». Comme prévu, seuls Viénot et Béthouart, assis à l'arrière, accompagnent le Général qui s'installe à la place de commandement, à la droite du chauffeur. Le second groupe (Koenig, Coulet, Chevigné) embarque dans deux autres jeeps conduites par des soldats britanniques et fonce vers Bayeux pour y préparer l'arrivée du Général. L'officier de liaison dépêché par Montgomery rappelle à son tour qu'il faudra impérativement être de retour au plus tard à 17 heures.

Les véhicules ont du mal à se faufiler, dans le flot de l'intense circulation militaire, sur les petites routes normandes défoncées par les blindés. Pratiquement personne ne reconnaît de Gaulle ; certains le confondent logiquement avec Béthouart coiffé de son képi à quatre étoiles contre deux pour celui de De Gaulle : « [Les habitants] regardent sans comprendre, ne reconnaissant pas les uniformes français. Nous nous arrêtons, leur parlons. Ils s'exclament avec joie. L'un d'eux, hypnotisé par mes quatre étoiles, me dit : “C'est vous le général de Gaulle ?” Je mets un doigt sur ma bouche : “Mais non, c'est lui, là, devant moi.” L'homme regarde les deux étoiles du Général, manifestement stupéfait[42]. » On croise deux gendarmes à vélo. De Gaulle leur demande de filer à Bayeux prévenir la population qu'il prendra la parole à 16 heures dans la ville. Florentin précise que cette célèbre anecdote, rapportée par Richard Lamb qui a eu accès aux archives britanniques, est controversée : « Raymond Triboulet, non présent à Bayeux le 24 juin, questionné par nos soins [en 1995] en conteste, après enquête de la gendarmerie de Bayeux, la vraisemblance. Quant à Guillaume Mercader, ancien champion cycliste, que cette anecdote a le don d'irriter, il nous dit attendre toujours, cinquante ans après, que lui soit démontré qu'une bicyclette puisse aller plus vite qu'une jeep[43]. » La remarque est contestable dans la mesure où, en se rendant à Creully pour y retrouver Montgomery, de Gaulle et ses deux compagnons opèrent un détour, sans compter la durée de la visite.

Montgomery les attend au manoir de Creullet, toujours habité par ses propriétaires, au milieu d'un champ de bataille, comme si de rien n'était. La situation n'est pas si exceptionnelle ; il en allait de même de lord et lady Hottam lorsqu'ils hébergeaient Leclerc dans leur immense château de Dalton Hall, près de Hull, au printemps 1944[44]. À 14 h 30, de Gaulle est accueilli par la Garde écossaise qu'il passe en revue. Montgomery a disposé des camions en carré sur la pelouse du manoir Louis XIII. « Monty nous fait monter dans son camion-bureau. Sur la table, deux photographies : l'une d'Eisenhower dédicacée, l'autre de Rommel qui… ne l'est pas[45]. » À leurs pieds, l'épagneul Rommel attend des caresses. L'entrevue est cordiale, les deux hommes se connaissent depuis longtemps. Monty présente en détail l'état de la bataille, ne cachant pas les difficultés : on bute devant Caen. À la demande de Montgomery, de Gaulle accepte « de très bonne grâce » de dire quelques mots aux officiers et soldats de son état-major[46]. Dans ses *Mémoires de guerre*, de Gaulle évoque rapidement l'entrevue : « Chez le grand chef britannique, la prudence et la rigueur vont de pair avec l'ardeur et l'humour […]. À l'entendre, je me convaincs que, sous ses ordres, les choses iront vigoureusement, mais sans hâte ni témérité. Lui ayant exprimé ma confiance, je le laisse à ses affaires et m'en vais aux miennes, à Bayeux[47]. »

Par chance pour de Gaulle, le SHAEF (Supreme Heeadquarters Allied Expeditionary Force) a confié l'administration de la tête de pont libérée à Montgomery. Ce dernier, même s'il doit respecter les ordres qu'il reçoit de son supérieur Eisenhower, ne partage pas la prévention des Américains contre de Gaulle. En outre, il n'a rien à faire de la dimension politique de la question. Le 8 juin, Bayeux est libérée intacte et sans combat par les forces britanniques. Se considérant comme le serviteur de l'État, le sous-préfet Rochat se présente à elles et « déclar[e] avoir pour instructions de veiller au maintien de l'ordre, de faire observer une neutralité "correcte" vis-à-vis des armées étrangères ». Sourds aux protestations de la Résistance locale, les Britanniques acceptent cette proposition du préfet vichyste. Ce pragmatisme, qui s'inscrit dans la droite ligne de la théorie rooseveltienne des « autorités locales », est des plus inquiétants pour le

GPRF. Au cours des jours suivants, Rochat, « non content d'administrer à la perfection la ville de Bayeux, ravitailla l'armée en légumes frais, lait, œufs et fromage. Vichy continua donc ainsi une semaine après le jour “J” de régner en France libérée[48] ».

Aussi peut-on s'attendre au pire lorsque de Gaulle informe le général britannique qu'il laissera à Bayeux un commissaire de la République à la place du préfet Rochat. Contre toute attente, Montgomery ne soulève aucune objection. L'historien américain Milton Viorst explique la bienveillance de Montgomery par le fait qu'il a lu les rapports de l'Intelligence Service, qui soulignent unanimes que les Français sont détachés de Vichy et qu'ils attendent de Gaulle. Mais aussi parce que Montgomery, à la différence d'Eisenhower, ne raisonne qu'en militaire : le soutien de la population locale a bien plus d'importance à ses yeux, d'un point de vue opérationnel, que le sort d'un préfet français. Viorst conclut : « Montgomery fut enchanté de laisser à de Gaulle le soin d'administrer le territoire libéré[49]. »

Avant de prendre congé, de Gaulle, soulagé par cette première victoire, signe le livre d'or de Montgomery : « Au général Montgomery, l'ouvrier de la Victoire. 14 juin 44. C. de Gaulle[50]. »

De Gaulle, le général Béthouart, le capitaine Teyssot et Montgomery.

Le « plébiscite de Bayeux »

Pendant ce temps, à Bayeux, l'agitation bat son plein. À propos de l'étape de Bayeux, Eddy Florentin précise que son texte a été relu par Guillaume Mercader, témoin oculaire direct, qui conteste en bloc tous les autres récits de la visite présentés par les acteurs dans leurs mémoires. Nous verrons que ces divergences portent sur des points de détail, mais que leur accumulation finit par faire sens. Né en 1914, Mercader se destine d'abord à la carrière de cycliste professionnel et figure parmi les espoirs du cyclisme français à la veille de la guerre. Il s'engage dans la Légion étrangère en 1940, participe à la campagne de France, puis, une fois démobilisé, retourne à Bayeux où il tient une boutique de cycles. Il rejoint précocement la Résistance et devient l'un des responsables de l'Organisation civile et militaire (OCM) dans le Bessin. Après la libération de Bayeux par les troupes américaines, il prend la tête du comité local de Libération*.

À 13 heures, Guillaume Mercader reçoit la visite de Maurice Schumann accompagné de Boislambert qui l'informent de l'arrivée prochaine de De Gaulle et de son intention de s'adresser à la population : « Il vous incombe de préparer sa venue », tranche Schumann[51]. Très vite, on s'accorde sur une cérémonie en deux temps : la sous-préfecture pour les notabilités ; la place du Château pour la population avec une allocution du Général. Mercader mobilise deux voitures-radio qui sillonnent immédiatement la ville et ses environs proches pour appeler la population à se réunir à 16 heures sur la place. Il commande aussi au menuisier Mabire de préparer à la hâte une petite estrade tandis que son épouse et ses amies confectionnent des banderoles tricolores. « Monsieur Humel installe un micro branché sur deux batteries de voiture. Pour ma part, précise Mercader, je préviens l'évêque, le maire, le lieutenant de gendarmerie, le commissaire de police, le sous-préfet : se rendre à la sous-préfecture à 16 heures. Il me faut cavaler pour que tout soit prêt[52]. » Mercader a sans doute joué un rôle central dans la préparation de la

* Après la guerre, il dirige une équipe cycliste (il fait signer à Jacques Anquetil, un autre champion normand, son premier contrat professionnel) et préside aux destinées de *La Renaissance du Bessin*, le premier journal à paraître au grand jour dans la France libérée.

réception de De Gaulle, mais il convient de ne pas négliger l'action de Coulet et de Chevigné qui ont foncé vers Bayeux pour s'assurer de la sous-préfecture. Selon Chevigné, « le sous-préfet de Vichy, gendre d'un ministre de Laval, se déclara prêt à recevoir le général. Nous lui fîmes comprendre qu'il aurait intérêt à disparaître et à se faire oublier, après avoir toutefois décroché la photo de Pétain ; ce qu'il fit sans hésiter[53] ». De nouveau, le témoignage de Chevigné, rédigé en 1994, pose problème. Nous verrons que le renvoi du sous-préfet de Vichy s'est déroulé de façon assez différente. On notera cependant que Coulet et Chevigné songent immédiatement à associer l'Église aux manifestations qui se préparent. En revanche, Raymond Triboulet, qui sera le lendemain sous-préfet de Bayeux et dont la propriété est à quelques kilomètres, a raté l'événement : « Le 14 juin, je n'étais pas allé recevoir le général de Gaulle parce que je faisais une enquête auprès des moulins de la région pour connaître leurs stocks de blé[54]. » Cette somme de petits détails montre à quel point la longue préparation de la transition politique de Vichy vers la Résistance et de la prévention de l'AMGOT se révèle décisive. Il en ira de même partout où le général de Gaulle se présentera en août 1944.

Il est 15 h 30 quand de Gaulle parvient dans les faubourgs de Bayeux où il abandonne sa jeep pour marcher vers la sous-préfecture. Chevigné souligne avec raison le test décisif que représente la visite de Bayeux : « La tête de pont n'était qu'un mouchoir de poche, mais le premier contact du Général avec le peuple français était un test de première importance. Un accueil populaire tiède signifierait que de Gaulle ne ralliait qu'une faible partie de la population. Roosevelt en serait encouragé dans sa recherche d'un interlocuteur français quel qu'il soit, de Gaulle excepté[55]. » Raymond Triboulet, qui sera bientôt nommé par Coulet sous-préfet des communes libérées, insiste sur l'anxiété du Général : « Le général de Gaulle est arrivé le 14 juin 1944, en se demandant quel serait l'accueil de la population, il savait qu'on avait bombardé les villes, qu'il y avait des destructions et il était anxieux[56]. »

De Gaulle est accueilli au début de la rue Saint-Jean qui mène à la place du Château par le colonel Chandon, le chef du détachement de la MMLA auprès de l'armée américaine, qui était déjà présent sur la plage de Graye. Chandon mourra quelques semaines plus tard dans les combats de Bretagne après avoir, selon Boislambert, sauvé le Mont-Saint-Michel de la destruction*. D'Argenlieu, Koenig et Palewski sont arrivés les premiers et remontent déjà les rues de la vieille ville jusqu'à la place du Château dans une ambiance bon enfant. Koenig, tout sourire, a un bouquet de pivoines à la main. Le futur maréchal est d'ascendance alsacienne, mais il est aussi un peu normand. Né à Caen, il a passé toute sa jeunesse dans cette ville et a fait ses études secondaires au lycée Malherbe. De Gaulle et les autres membres de la délégation, en particulier Béthouart et Viénot qui l'ont accompagné chez Montgomery, suivent à peu près le même itinéraire. De longues clameurs se font entendre dans les rues, la population leur fait cortège. Le capitaine de gendarmerie et le commissaire de police, « tous deux en gants blancs[57] », écartent la foule pour permettre à de Gaulle de gagner la sous-préfecture.

En 1990, à l'occasion du vingt-cinquième anniversaire de la libération de la ville, le journal *Ouest-France* organisa la collecte de témoignages de Bayeusains ayant vécu la journée du 14 juin. En dépit des réserves méthodologiques inhérentes à ce type d'entreprise, force est de constater que tous insistent sur la folie collective qui accompagna la visite. Un exemple parmi d'autres, Alexis Lecointe, garçon coiffeur rue Saint-Martin : « On a vu passer une flopée de galonnés. Sur les trottoirs, une foule de Bayeusains. Et puis, tout d'un coup un cri : "Voilà de Gaulle ! C'est de Gaulle !" On ne l'avait jamais vu. On s'est penché. Tout le monde applaudissait, c'était la joie. Et puis, j'ai vu un grand bonhomme, immense, remonter la rue principale à pas lents[58]. » L'historien Jean Quellien, auteur d'une belle étude sur Bayeux en juin 1944, précise : « Les commerçants ferment boutique pour se joindre à la foule sans cesse grossissante qui acclame le Général et ses compagnons. Beaucoup se mêlent au cortège qui avance par les rues pavoisées, précédé de gamins hilares[59]. » Béthouart a également gardé un souvenir très fort de ce moment : « De Gaulle, à pied, fait une entrée triomphale sous les acclamations d'une foule enthousiaste. Le plébiscite a commencé à Bayeux et se reproduira dans toutes les villes de France libérée. » Boislambert est à l'unisson : « En vieux Normand, je suis étonné par cet enthousiasme presque méridional. Le Général,

* Chandon parvint à convaincre l'officier allemand qui commandait une petite garnison de se rendre face à des forces bien plus importantes que les siennes au risque de faire bombarder le chef-d'œuvre médiéval. Comme quoi, à l'été 1944, le comportement de Choltitz à Paris ne fut pas unique. Claude Hettier de Boislambert, *Les Fers de l'Espoir*, *op. cit.*, p. 445.

très ému, reçoit des bouquets, serre des mains[60]. » Chevigné ne dit pas autre chose : « Une vague d'enthousiasme, au contraire, prouverait qu'il était incontournable. Les Normands de Bayeux, Isigny et autres lieux n'hésitèrent pas un instant ; municipalités en tête, ils acclamèrent follement le chef de la France libre[61]. » Même le commander Pinks, véritable « œil de Churchill » qui suit de Gaulle à la trace, note dans son rapport : « Il est évident que le nom du général de Gaulle est fort connu de la population. Elle est heureuse de le voir. Les gens déferlent dans les rues de Bayeux par centaines et jettent des fleurs dans ses jeeps[62]. » De Gaulle, on peut le comprendre, décrit avec encore plus de lyrisme son entrée dans Bayeux : « À la vue du général de Gaulle, une espèce de stupeur saisit les habitants, qui ensuite éclatent en vivats ou bien fondent en larmes. Les enfants m'entourent. Les femmes sourient et sanglotent. Les hommes me tendent les mains. Nous allons ainsi, tous ensemble, bouleversés et fraternels, sentant la joie, la fierté, l'espérance nationales remonter du fond des abîmes[63]. » François Coulet, témoin oculaire direct, est plus réservé et presque ironique dans ses mémoires : « Un peu comme si [...] un dignitaire républicain très considéré était venu par un beau dimanche du temps de paix, inaugurer une foire-exposition[64]. » « Ambiance joyeuse sans être délirante », conclut Guillaume Piketty à l'image de nombreux historiens qui ont pris pour habitude de mettre en balance l'accueil chaleureux, mais tiède, de Bayeux et la véritable ferveur populaire d'Isigny deux heures plus tard[65].

Tout le monde converge vers la place du Château que Mercader, cité par Florentin, estime pleine de 12 000 à 15 000 personnes. L'estimation pose pour le moins problème. Bayeux comptait à peine 8 000 âmes au terme du recensement de 1936 (et tout juste 12 000 aujourd'hui). En 1936, l'arrondissement de Bayeux, avec ses 123 communes, rassemblait 45 000 habitants. Certes, deux voitures-radio ont ameuté les villages alentour. Mais elles n'ont tourné que deux heures et elles n'ont pu aller bien loin. Nous sommes en zone de guerre (les Allemands tiennent encore Caen, à moins de 30 kilomètres), les routes sont défoncées, l'essence est un produit de luxe, et les moyens de transport de l'époque, en zone rurale et en période de pic de l'activité agricole, sont des plus réduits.

Que conclure de tout cela ? Quel accueil Bayeux réserva-t-il à de Gaulle ? Il est délicat, à quatre-vingts ans de distance, de mesurer à partir de témoignages par essence subjectifs, et parfois orientés, ce que fut la joie d'une foule. Deux points peuvent néanmoins être établis. De tous les témoins oculaires, Coulet est le seul qui fasse percer son scepticisme. Or, nous le verrons plus loin, ses mémoires, publiés en 1967, au lendemain d'une guerre d'Algérie qui ébranla nombre de ses certitudes*, sont de bout en bout empreints d'un ton sarcastique, voire désabusé. Il rappelle ainsi que, lorsqu'il voulut faire chanter un *Te Deum* dans la cathédrale de Bayeux, le 18 juin 1944, jour anniversaire de l'Appel du général de Gaulle, cette date « n'évoquait pas grand-chose à la majorité de la population et même pas au président du comité local de Libération[66] », en l'occurrence Guillaume Mercader, ce dont on peut douter. On prendra donc son évocation « d'un dignitaire républicain venu inaugurer une foire-exposition » avec un peu de circonspection. En outre, les nombreuses photographies dont nous disposons révèlent une réelle ferveur et une authentique liesse populaire**.

De Gaulle entre dans Bayeux dans une jeep de l'US Army.

* Après avoir repris sa carrière de diplomate après la guerre (il est successivement ambassadeur de France à Helsinki, Téhéran et Belgrade), il se réengage en 1956, à 50 ans, et prend en Algérie le commandement des Commandos parachutistes de l'air (1956-1960). Promu au grade de colonel, il retourne à des fonctions civiles en 1960 en tant que directeur des Affaires politiques de la Délégation générale du gouvernement en Algérie. Irréprochable lors du putsch d'avril 1961 (il se cache pour éviter l'arrestation par les mutins), il ne peut empêcher la dissolution de ses Commandos parachutistes dont l'un (le CPA 40) a pris part au putsch. Il n'occupe plus de fonction de premier plan après 1962. Il décède en 1984.

** On peut en consulter une belle moisson aux archives départementales du Calvados sous la côte AD14 2FI/389.

Se frayant difficilement un passage à travers les rues de Bayeux, de Gaulle et son cortège gagnent la sous-préfecture où les attendent les notabilités de la ville. La sous-préfecture, installée dans un hôtel construit au début des années 1860, fait face à la place du Château, aujourd'hui place Charles-de-Gaulle. Ce vaste espace vert planté de tilleuls et orné d'une belle fontaine est établi sur l'emplacement de l'ancien château médiéval démoli en 1773. Mercader fait les présentations : le sous-préfet Rochat, le maire Me Dodeman, l'évêque Mgr Picaud, le commissaire Cervoti.

Le Général commence par s'enfermer avec le sous-préfet Rochat dans son cabinet. Les compagnons de voyage du Général patientent dans le grand salon, et la grogne monte. « J'entends une voix [que Béthouart ne nomme pas mais qui, dans le contexte, ne peut être que celle de Boislambert] qui dit : "C'est un peu fort. Qu'est-ce qu'il fait avec ce cochon-là ?" » C'est alors qu'éclate l'incident du portrait du maréchal Pétain que le sous-préfet a oublié de décrocher du mur du grand salon, même s'il a pris soin de retirer celui qui trônait sur son bureau avant d'y recevoir de Gaulle. La relation de l'incident est assez différente selon les témoins et mérite qu'on s'y arrête.

Boislambert, qui enrage de voir de Gaulle accorder autant d'importance à un préfet vichyste, la présente ainsi : « Nous sommes accueillis par un sous-préfet aimable et très embarrassé. Moins cependant qu'il ne le sera quelques minutes plus tard quand je repère, dans le salon de la sous-préfecture, un portrait du maréchal Pétain qu'une distraction ou un manque de temps a empêché de ranger. Ayant suivi la direction de mon regard et constaté l'oubli, je vois plusieurs personnes, sous-préfet en tête, arracher, clou compris, l'image du "chef de l'État"[67]. » La même scène, dans le souvenir de Mercader, est moins théâtrale : Boislambert a tout de suite repéré le portait du maréchal, il le décroche lui-même et le place au pied de la cheminée[68]. Chez Béthouart, au contraire, les détails ne manquent pas. À la sortie de De Gaulle et de Rochat du bureau, Boislambert, furieux, interpelle le préfet et lui demande ce que fait au mur le portrait du maréchal. « Le malheureux bredouille : "C'est un oubli", appelle l'appariteur pour le réparer : l'homme est trop petit. Alors, héroïque, le sous-préfet monte sur une chaise et décroche lui-même le portrait. » Et Béthouart de conclure ironiquement : « Les purs des purs respirent[69] », visant très clairement Boislambert et sans doute les autres Français libres de la première heure.

Il n'est pas très important de savoir, et sans doute ne le saura-t-on jamais, comment a été décroché le portrait du maréchal Pétain du grand salon de la sous-préfecture de Bayeux, ce 14 juin 1944, actant ainsi la mort politique de Vichy dans la première portion de terre française libérée. En revanche, les relations discordantes de l'incident, dont chacun comprend, en ce jour, l'immense portée symbolique, montrent que, jusque dans l'entourage le plus proche de De Gaulle, les fractures politiques franco-françaises sont loin d'être effacées. Boislambert fut fait prisonnier par les forces vichystes lors de l'affaire de Dakar et passa deux longues années dans les geôles du régime avant de s'en évader, en novembre 1942, et de reprendre le combat dans les rangs des FFL. Itinéraire sensiblement différent de celui de Béthouart qui commandait une demi-brigade de chasseurs alpins lors de l'expédition de Norvège au printemps 1940. Après le rapatriement en Angleterre, les destins divergent. Le colonel Koenig, qui commandait la 13e demi-brigade de Légion étrangère en Norvège, fait le choix, suivi par la grande majorité de ses légionnaires, de rejoindre de Gaulle. Béthouart, imité par la plupart des chasseurs alpins, choisit au contraire d'être rapatrié au Maroc d'où il espère reprendre le combat. Il n'en sera rien : il sert au Maroc dans l'armée d'armistice (il commande les subdivisions de Rabat et de Casablanca) tout en se liant au groupe qui, derrière le capitaine Beaufre et le commandant Faye, prépare le débarquement américain de novembre 1942. Il échoue dans sa tentative de convaincre Noguès de rallier les Alliés et est condamné à mort par une cour martiale vichyste. Libéré par la victoire anglo-américaine, il reprend enfin le combat dans les rangs de l'armée d'Afrique avant d'être nommé chef d'état-major de la Défense nationale en mai 1944 par de Gaulle. L'esprit de résistance du général Béthouart ne saurait être contesté. De Gaulle ne lui a jamais retiré son amitié et l'a fait Compagnon de la Libération. Pourtant, aux yeux des « purs des purs », son refus de rallier la France libre, en juin 1940, lui imprime une marque indélébile, source d'une irritation encore bien présente dans ses mémoires rédigés à la fin des années 1960.

Deux événements se produisent encore en ce début d'après-midi à la sous-préfecture de Bayeux, malheureusement l'un et l'autre rapportés par un seul des témoins présents.

Selon Béthouart, c'est à ce moment que de Gaulle signe les documents, tapés à la machine sur *La Combattante* le matin (ce point est confirmé par le récit de Florentin), et qui font de Coulet le commissaire de la République des Territoires libérés ; de Chevigné le chef de la région militaire ; et de Raymond Triboulet le nouveau sous-préfet de Bayeux[70]. Le long entretien de De Gaulle avec Rochat était donc celui d'un renvoi. Les nominations à ces postes, du moins pour ce qui est de Coulet et de Chevigné, n'ont rien de nouveau. On a même vu qu'elles ont été signées la veille, à Alger, par Henri Queuille et qu'elles ont été annoncées par la presse. Mais, si l'on en croit Béthouart, de Gaulle tient à mettre en scène, sur le sol français libéré, les nominations des deux personnages à qui incombe la mission fondamentale d'empêcher l'AMGOT. Au-delà du fameux « plébiscite de Bayeux », il s'agit là de l'acte politique fondamental de la journée du 14 juin.

Quelques instants plus tard, relate Coulet, de Gaulle accorde dans le salon de la préfecture une conférence de presse improvisée aux nombreux correspondants de guerre anglo-américains. La bousculade règne dans le salon, les journalistes jouent des coudes pour approcher de Gaulle. Coulet rapporte à cette occasion un savoureux mot d'esprit britannique. Un journaliste américain se plaignait amèrement à l'officier de presse britannique du petit nombre d'accréditations accordées par les Britanniques aux journalistes américains : « *Man, do you realize that this is going to be the most sensationnal event wich ever took place since the Crucifixion ?* » Ce à quoi l'officier britannique rétorqua : « *Oh, yes, rather but please remember : that was covered by four men only*[71] ! » Il ne reste aucune trace de cette conférence de presse ailleurs que dans les mémoires de Coulet. Toutefois, les photographies prises lors du discours qui va suivre, sur la place du Château, révèlent la présence de correspondants de presse en uniforme britannique prenant des notes à la volée.

Il est 16 heures quand de Gaulle et ses compagnons sortent de la préfecture. Sur la place du Château, l'estrade, les micros, les guirlandes tricolores sont en place. De Gaulle monte sur l'estrade. La fille de Mercader, âgée de 2 ans, lui offre un bouquet. « Un rayon de soleil perce alors la grisaille du ciel normand. Il traverse les feuillages et vient symboliquement entourer d'un halo de lumière la silhouette du Général[72]. »

De Gaulle quitte la sous-préfecture de Bayeux. À ses côtés, d'Argenlieu (qui a gardé ses jumelles de marine), derrière eux Koenig, Béthouart, Viénot, Chevigné et Boislambert.

Au micro, paraphrasant sa célèbre formule de la BBC entendue des centaines de fois depuis 1940 et en éliminant simplement l'apostrophe « Ici Londres », Maurice Schumann annonce de son inimitable voix aiguë :

« Les Français parlent aux Français. Honneur et patrie. Vous allez entendre le général de Gaulle :
[Le Général prend la parole.]
« "Nous sommes tous émus en nous retrouvant ensemble, dans l'une des premières villes libérées de la France métropolitaine, mais ce n'est pas le moment de parler d'émotion. Ce que le pays attend de vous, à l'arrière du front, c'est que vous continuiez le combat aujourd'hui, comme vous ne l'avez jamais cessé depuis le début de cette guerre et depuis juin 1940.
"Notre cri maintenant, comme toujours, est un cri de combat, parce que le chemin du combat est aussi le chemin de la liberté et le chemin de l'honneur.
"C'est la voix de la mère patrie. Nous continuerons à faire la guerre avec nos forces de terre, de mer et de l'air comme nous la faisons aujourd'hui en Italie, où nos soldats se sont couverts de gloire, comme ils le feront

demain en France métropolitaine. Notre Empire entièrement rassemblé autour de nous, fournit une aide énorme. Nous combattrons pour la France avec passion, mais aussi avec raison. Vous qui avez été sous la botte de l'ennemi et avez fait partie des groupes de Résistance, vous savez ce qu'est la guerre. C'est une guerre particulièrement dure, cette guerre clandestine, cette guerre sans armes. Je vous promets que nous continuerons la guerre jusqu'à ce que la souveraineté de chaque pouce du territoire français soit rétablie. Personne ne nous empêchera de le faire.

"Nous combattrons aux côtés des Alliés avec les Alliés comme un Allié. Et la victoire que nous remporterons sera la victoire de la liberté et la victoire de la France. Je vais vous demander de chanter avec moi notre hymne national, *La Marseillaise**." »

Isigny

Une *Marseillaise*, un dernier bain de foule et, vers 16 h 45, on repart. La jeep de De Gaulle, qui embarque à présent Schumann et Coulet, est conduite par le major Sanderson. Juste devant roule celle de Boislambert, Courcel et Viénot. Mais, dans l'enthousiasme de la foule de Bayeux, le cortège se désagrège, et les trois autres jeeps dans lesquelles se trouvent, entre autres, Béthouart, Koenig, Pinks et l'officier de liaison de Montgomery perdent le contact avec les deux premières.

Changement de programme ! Au lieu de retourner sagement vers la plage de Courseulles, où les militaires britanniques l'attendent au plus tard vers 17 h 30, de Gaulle décide de mettre le cap vers Isigny, à l'exact opposé. En effet, si Bayeux est située à peine à 20 kilomètres au sud-ouest de Courseulles, Creully (le PC de Montgomery) se trouvant à peu près à mi-chemin entre les deux localités, Isigny est tout à fait à l'ouest du département, à 33 kilomètres de Bayeux, trajet qui s'effectue aujourd'hui en 35 minutes. Ensuite, il faudra encore avaler 53 kilomètres (une heure de trajet dans la Normandie de juin 1944) pour retourner à Courseulles, sans compter un ultime détour par Grandcamp-les-Bains. Autrement dit, en quittant Bayeux un peu avant 17 heures, heure à laquelle il faudrait déjà être de retour sur la plage, de Gaulle ajoute

* Et que Malraux reprendra, le 4 septembre 1958, place de la République, en annonçant à son tour le général de Gaulle, venu présenter la nouvelle Constitution.

80 kilomètres et une bonne heure et demie de trajet à son programme, sans compter le temps des pauses. À partir de ce moment, le retour le soir même vers la Grande-Bretagne est condamné. En outre, le président du GPRF se retrouve seul, pendant plus de deux heures, en compagnie de Schumann, Coulet, Courcel et Boislambert (qui a son arme de service), les « purs de purs », aurait dit Béthouart, sans escorte ni liaison radio avec les Britanniques. Sur une photographie prise à Isigny, on aperçoit trois soldats britanniques membres de la Military Police. On peut imaginer qu'ils font partie de l'équipage des deux jeeps. Mais c'est bien peu pour assurer la sécurité à proximité immédiate des combats.

Dans les trois jeeps demeurées en arrière, les deux officiers britanniques, toujours aussi inquiets pour l'horaire, ne savent où aller. Faut-il retourner à Bayeux ? Ou gagner directement la plage de Courseulles comme cela est prévu ? C'est alors que Béthouart les informe que de Gaulle est en route pour Isigny et que son intention est ensuite de retourner à Bayeux pour y passer la nuit. On imagine la panique des Britanniques qui rappellent que de Gaulle, sur la plage, vers 13 heures, a indiqué qu'il rembarquerait le soir même. Ils rétorquent à Béthouart qu'il a sans doute mal compris, lequel explique qu'il « a entendu dire que quatorze chambres auraient été retenues pour la nuit à Bayeux[73] ». Nous suivons ici le récit de Florentin qui le tient du rapport Pinks. Mais le même Eddy Florentin précise que Mercader, qui est demeuré à Bayeux et n'est donc pas témoin de ce dialogue, « s'élève contre cette relation[74] ». Quant à Béthouart, il n'en dit rien dans ses mémoires, et aucun autre compagnon de voyage de De Gaulle (et de Gaulle lui-même) n'évoque l'hypothèse d'une nuit à Bayeux. Précisons encore, comme on le verra *infra*, que rien n'indique, dans le comportement du Général lors de l'après-midi du 14, qu'il ait eu l'intention de dormir à Bayeux ; au contraire, il décollera pour Alger le lendemain, à peine revenu à Londres. On peut donc considérer que l'hypothèse d'une nuit à Bayeux est soit inventée par Pinks, sans que l'on comprenne d'ailleurs bien pourquoi, soit le résultat d'une confusion entre Français et Britanniques qui ne parlent pas tous, tant s'en faut, la langue de l'autre.

Quoi qu'il en soit, nuit à Bayeux ou pas, les deux mentors britanniques ont perdu le général de Gaulle. Ils imposent alors aux trois jeeps qu'ils contrôlent le retour vers la plage de Courseulles. Le commander Pinks informe immédiatement sa hiérarchie « de l'intention – vraie ou fausse – du général de Gaulle de rester à Bayeux[75] ». Florentin ne le précise pas, mais on peut supposer que Pinks communique directement par radio, depuis la jeep, avec l'état-major de Montgomery, lequel transmet aussitôt l'information à Churchill qui suit ainsi, d'heure en heure, la pérégrination de De Gaulle. La réponse ne tarde pas, probablement venue du Foreign Office : « Le Général prend des libertés. Vous entraverez poliment les mouvements du général de Gaulle s'il ne se présentait pas 17 heures à Courseulles pour rembarquer[76]. »

Pendant ce temps, de Gaulle roule vers Isigny sans se préoccuper le moins du monde du *timing* britannique. On passe devant la petite ferme d'Aignerville, propriété de Jean Roger, plus connu sous son pseudonyme de Résistance, Jean Sainteny. Boislambert est quasiment sur ses terres, il connaît tout le monde, sa propriété dévastée de Beauguillot est à une quinzaine de kilomètres. « Et soudain, au bord de la route, je reconnais une silhouette. Ma voiture est en tête du cortège. Je la fais immédiatement arrêter et, devant le Général un peu stupéfait, nous tombons Lydie et moi dans les bras l'un de l'autre. Il s'agit de Lydie Sarraut, fille d'Albert Sarraut et femme de Jean Sainteny. J'amène Lydie pour la présenter. Le Général est extrêmement aimable, ainsi que tous les membres de l'expédition, amusés de cet incident et charmés par la beauté de leur interlocutrice*. » Un peu plus loin, voici l'abbé Lecoq, curé d'Isigny et résistant, qui rentre à pied dans sa ville. Sans façon, on se serre un peu plus et on lui trouve une place dans la jeep de Boislambert.

Vers 17 h 30, le petit cortège parvient à Isigny. La ville a été rasée aux deux tiers par les tirs croisés de la marine américaine et des batteries allemandes au matin du 8 juin. Isigny est une ville où l'on cherche encore les cadavres sous les décombres. La jeep de De Gaulle doit se faufiler entre les ruines au milieu d'une population qui dort dans les caves ou dans des cabanes. Pour une fois, les émissaires du Général n'ont pas pu prévenir les autorités locales, et rien n'est prévu pour sa réception. Certains habitants, en voyant le cortège arriver, pensent même que les Allemands sont revenus, les autres sont incrédules. Cette fois, au milieu des décombres, la rencontre avec la France est directe, improvisée, sans

* Claude Hettier de Boislambert, *Les Fers de l'Espoir*, *op. cit.*, p. 445. L'épisode fait contraste avec la cruauté de la guerre. Boislambert laisse entendre qu'elle faillit être violée par des Allemands, puis par des « conducteurs noirs [américains] de camions de ravitaillement qui l'avaient repérée » et qu'elle ne dut son salut « qu'à ses qualités de sportive éprouvée et à la vitesse de sa course ».

De Gaulle à Isigny.

aucun filtre. « Un rassemblement se forme au carrefour de la Grand-Rue et de la rue de la Mairie. Sur 300 mètres à la ronde, il n'y a que pans de murs, débris, pierres fumantes d'où émergent des drapeaux tricolores. Des canons passent, des chenillettes aussi. Les Allemands sont à 4 kilomètres. Le Général monte sur le socle d'un lampadaire détruit, prononce quelques mots et invite les auditeurs à chanter une *Marseillaise*[77] » que tous les témoins décrivent comme particulièrement poignante. Une photographie montre que ce très bref discours improvisé est prononcé devant le monument aux morts où trône une statue de « poilu » de la Grande Guerre :

> « Je suis très heureux de voir rassemblée ici la population chère et meurtrie de notre ville d'Isigny. Je sais quelles souffrances a traversées Isigny. Ce sont les souffrances que chaque parcelle de la France devra traverser avant d'atteindre la libération. Mais je sais, comme vous, que cette épreuve ne sera pas inutile. C'est grâce à cette épreuve que nous ferons l'unité et la grandeur de la France. Je veux qu'avec moi vous ayez au cœur un sentiment d'espérance, et que vous chantiez *La Marseillaise*[78]. »

Avant de quitter Isigny, très ému par l'ampleur des destructions, « le Général fait remettre par François Coulet 200 000 francs pour parer aux premiers besoins de la ville meurtrie[79] ». La générosité du Général n'est pas en cause, mais pose problème. La cantine aux millions de Coulet n'est-elle pas restée sur la plage de Courseulles ? Ou alors faut-il imaginer que Coulet, en prévision des dépenses de la journée, a opéré une première ponction avant de quitter *La Combattante* ?

Le cortège repart, et de Gaulle décide alors, au lieu de reprendre la grande route de Bayeux en sens inverse, de faire un nouveau détour par Grandcamp pour emprunter la route du bord de mer, ce qui démontre à nouveau qu'il n'a pas l'intention de dormir à Bayeux. Souhaite-t-il voir les plages du Débarquement ? Quel est alors son état d'esprit ? Les témoignages dont nous disposons nous incitent, prudemment, à deviner qu'il est partagé de sentiments complexes. La joie immense de retrouver la France, de parler aux Français, les notables de Bayeux comme les petites gens croisés au hasard des routes. Boislambert note : « Dans chaque village, le Général exige que l'on s'arrête et il s'adresse en quelques mots vibrants aux populations dont l'accueil est enthousiaste et confiant. Déjà là, comme tout au long de la marche triomphale vers Paris que nous allons vivre dans quelques semaines, pas un cri discordant, pas un mouvement qui ne soit à l'unisson[80]. » Peut-être aussi le frisson de la poudre, l'attrait du champ de bataille ; à Isigny, à quelques kilomètres des troupes allemandes, de Gaulle a vraiment pris des risques. Sur la route de Grandcamp, on fait encore une halte quand on aperçoit un curé « perché sur son cheval ».

> « Boislambert : "Je vais serrer la main de ce brave ecclésiastique et lui dire que le Général voudrait bien le rencontrer.
> – Merde alors, c'est le général de Gaulle ?
> – Ben oui, monsieur le curé, venez donc lui causer."
> Tout simple, tout bon enfant, l'homme ému s'en vient parler au Général pendant que je prends leur photo[81]. »

Sur cette photographie, on s'aperçoit que le Général, en prévision de la brise marine, a remis son long manteau, nouvel indice qui démontre qu'il n'a pas l'intention de dormir à Bayeux. À Grandcamp, cette fois, l'infatigable Schumann a eu le temps de prévenir le maire, probablement par téléphone depuis Isigny, voire depuis Bayeux si telle était déjà l'intention du Général. Mais, comme il n'a pas précisé d'horaire et que de Gaulle prend son temps, le maire et la majorité des habitants sont retournés à leurs occupations quand de Gaulle arrive vers 18 h 30. Son arrivée bat aussitôt le rappel des troupes : « À l'arrivée inopinée du Général, les pêcheurs quittent leur travail. La mairie rouvre précipitamment. Le Général et sa suite montent au premier étage, bavardent avec les employés, reviennent aux voitures. Le Général, monté sur une carriole, prononce quelques mots[82]. »

Les trois jeeps orphelines du Général arrivent à 17 h 30 sur la plage de Courseulles. En découvrant que de Gaulle est absent, les autorités militaires britanniques, qui ont en tête l'hypothèse d'une nuit à Bayeux, commencent à s'affoler. Où est-il ? Que fait-il ? Le commodore Oliver, commandant en chef des forces navales britanniques du secteur de Juno Beach, est très inquiet : au-delà de 19 h 30, avec la marée descendante, il sera impossible d'embarquer. Sans doute averti par Pinks ou par son propre officier de liaison, Montgomery est également préoccupé. Selon Florentin, il dépêche un capitaine de son état-major vers la plage, distante d'à peine 4 kilomètres, pour informer les Français qu'en aucun cas il ne permettrait à de Gaulle de dormir à Bayeux[83]. Enfin, il envoie des patrouilles à la recherche du Général.

De son côté, le commandant Patou a reçu à 16 h 30 des ordres stricts de l'amirauté britannique qui lui interdisent de lever l'ancre entre la tombée de la nuit et le lever du jour. Il est hors de question, pour les Britanniques, de courir le risque de voir le chef d'un gouvernement allié se retrouver au beau milieu d'un combat naval. Les vedettes rapides lance-torpilles allemandes, basées au Havre, sont encore menaçantes la nuit. De cette façon, à force de retards, de Gaulle ne dormira certes pas à Bayeux, mais à bord de *La Combattante*, dans les eaux territoriales françaises. Encore faut-il organiser à bord le couchage d'une délégation pléthorique, même délestée de Coulet, de Chevigné et de Laroque qui restent en France, ce qui n'est pas une mince affaire dans le modeste torpilleur de 1 500 tonnes : « À tout seigneur tout honneur : le Général bénéficiera de la chambre et du lit du commandant. Notre ambassadeur à Londres, Pierre Viénot, reçoit la chambre du second. L'amiral d'Argenlieu, léger tour de faveur dû à sa qualité de marin, celle du chef mécanicien. Koenig et Béthouart feront chambrée à l'infirmerie où les attendent deux excellents lits qui ne servent jamais. Palewski et les principaux colonels sont répartis dans les deux chambrées des enseignes et assimilés, ce qui fait six lits. Un général anglais survient qui demande passage après avoir appris que nous allons en Angleterre : on lui donnera, et ce ne sera que justice, la chambre du British Naval Liaison Officer[84]. »

Cela fait près de deux heures que l'on attend de Gaulle sur la plage. Le commodore Oliver est fou de rage. Les membres de la délégation commencent à embarquer par petits groupes sur *La Combattante*, reproduisant en sens inverse la délicate manœuvre de transbordement du matin. Béthouart refuse d'embarquer sans de Gaulle et reste à terre avec Viénot et Pinks. De guerre lasse, ils se retrouvent bientôt chez le garagiste de Courseulles, chef local de la Résistance, qui ameute bientôt la moitié du village. Béthouart : « En un quart d'heure, il organise une réception chez lui, sort des bouteilles bien cachées depuis quatre ans et nous buvons à la libération. J'entends toute l'histoire de l'occupation et de la Résistance, les drames, les luttes, les souffrances, puis la description du débarquement. [...] Tous ces hommes et ces femmes sont épanouis, pleins de gentillesse, de confiance et d'espoir. Ces deux heures passées à Courseulles libérée, dans cette atmosphère de fraternité française, resteront pour moi un des grands moments de la guerre[85]. »

Pinks est finalement prévenu par une estafette de Montgomery que de Gaulle est en route. Il arrive enfin, à 20 h 30, avec presque trois heures de retard. Mais, à présent, il faut attendre sur la plage le retour du *landing craft*, et il est 21 h 20 quand de Gaulle remet le pied sur *La Combattante*. D'Argenlieu voudrait partir au plus vite, mais Patou lui montre les ordres britanniques reçus à 16 h 30 et déclare ne pouvoir leur désobéir. De Gaulle en convient avec bonne humeur : « Nous n'avons plus qu'à attendre l'heure autorisée. On s'est fait des amis à Bayeux, ironise-t-il en se tournant vers Béthouart. Nous pourrons y prendre notre retraite ! » L'allusion de De Gaulle n'est pas claire. Il est peu probable qu'il songe au préfet Rochat. Sans doute titille-t-il son vieux camarade Béthouart à propos d'un événement de la journée dont il n'est pas resté de trace. Redevenu sérieux, de Gaulle livre à Béthouart le fond de sa pensée qui éclaire tout son comportement de la journée : « Tu vois, il fallait mettre les Alliés devant le fait accompli. Nos autorités nouvelles sont en place. Tu verras, ils ne diront rien[86]. »

Après le dîner, le commandant Patou invite de Gaulle à se rendre au carré des officiers : « Si le roi d'Angleterre venait à bord, il y descendrait fort certainement. Vous ne pouvez faire moins[87]. » De Gaulle s'exécute de bonne grâce. Les officiers de *La Combattante* ont préparé un spectacle pour le Général dans le plus pur style potache des jeunes officiers de marine : des numéros burlesques suivis d'une petite pièce de théâtre rédigée par les deux officiers de liaison britanniques, l'officier naval (Harold Ryan) et le terrien (Artillery Liaison Officer), chargé d'aider à régler les tirs d'artillerie contre la terre. L'enseigne de vaisseau Jacques Zang précise que, si Koenig et le « révérend père » (d'Argenlieu) rient aux larmes, « le Grand Charles ne se laisse pas arracher un seul sourire. Il s'en va à la fin de la séance, toujours bienveillant et courtois, mais aussi peu détendu qu'à son arrivée. De ce point de vue, la soirée ne put être considérée que comme un échec* ». Les membres de l'équipage qui ont livré leur témoignage à Florentin se perdent en conjectures sur cette distance gaullienne qui a tant désarçonné les volontaires qui se présentaient à Londres après avoir bravé mille dangers. Le commissaire Maurice Humbert précise : « En fait, on n'a jamais su si de Gaulle, au fond du carré, a ri ou pas, approuvé ou pas. En fin de soirée, le Général s'est levé et a lancé un sec : "Bonsoir, messieurs[88]." » Observons que Béthouart a conservé un tout autre souvenir : « L'équipage a organisé une soirée récréative. De Gaulle est très détendu[89]. »

La guerre reprend vite ses droits : une alerte aux chasseurs allemands sur la plage (le navire est à l'ancre à quelques encablures du rivage), puis un très violent bombardement anglais sur Le Havre, distant de 40 kilomètres à vol d'oiseau, de l'autre côté de l'estuaire de la Seine, et que de Gaulle, remonté sur la passerelle, observe à la jumelle.

À 5 h 30, *La Combattante* lève l'ancre et touche Portsmouth à 9 h 40. De Gaulle est à Londres le 15 vers midi et quitte la Grande-Bretagne par avion, dès le 16 au soir, par un nouveau vol de nuit. Mais, cette fois, dans le petit Lockheed, car Churchill n'a plus proposé son York personnel.

* Eddy Florentin, *Les Rebelles de* La Combattante, *op. cit.*, p. 615. Le récit de Florentin s'appuie ici sur les témoignages de Patou et de Zang. Ancien élève de l'École navale (promotion 1939), Jacques Zang s'évade de France par l'Espagne en décembre 1942. Emprisonné de longs mois dans les geôles franquistes, il parvient à gagner Gibraltar, puis la Grande-Bretagne (juillet 1943) où il s'engage aussitôt dans les FNFL. Il prendra sa retraite en 1976 au grade de contre-amiral.

Épilogue

Avant de quitter la France, de Gaulle laisse oralement ses instructions aux deux *missi dominici*, Coulet et Chevigné, et à leurs conseillers, Laroque, Courcel, le commissaire Dubois pour la police, à qui il confie la lourde mission d'organiser la prise du pouvoir en France. Ni Coulet, dans ses mémoires, ni Guillaume Piketty, le biographe de Chevigné, ne précisent où ces instructions leur furent délivrées. Selon toute vraisemblance, la scène dut se dérouler à la sous-préfecture de Bayeux au moment où de Gaulle signe leurs arrêtés de nomination. Cependant, la formulation utilisée par Boislambert dans ses mémoires laisse entendre que la scène ait pu se produire sur la plage de Courseulles, peu avant le rembarquement. On ne sait quelles furent les instructions données à Coulet, celles de Chevigné furent particulièrement claires : « Vous accompagnerez le premier échelon des forces alliées dans sa progression. Vous devez voir les fesses du dernier Allemand et immédiatement marquer fortement qu'il n'y a pas de vacance de l'autorité de la République française, dont vous serez le représentant. Je ne veux pas de colonels américains préfets, ni d'autorités françaises investies par acclamation sur la place publique. [...] Vous mettrez en place une organisation minimum des subdivisions militaires en choisissant des officiers dans les régions libérées. Ces officiers apporteront toute l'aide possible aux forces alliées, mais devront toujours marquer qu'ils relèvent du commandement français. Vous mobiliserez tout le personnel dont vous aurez besoin et recevrez des renforts de cadres de Londres et d'Alger[90]. » On aura noté la claire allusion aux « acclamations sur la place publique » organisées par le Parti communiste en Corse, en septembre 1943. Dans ce texte apparaissent d'évidence les deux spectres qu'il s'agit de conjurer et que nous retrouverons à Paris : l'AMGOT, sous quelque forme que ce soit ; l'insurrection incontrôlée qui offrirait le pouvoir à une faction.

La bonne humeur de De Gaulle, que souligne Béthouart, peut paraître justifiée. Lors de cette brève escapade normande, le président du GPRF a atteint ses objectifs. Bien sûr, il s'est fait acclamer par les Français, peut-être plus à Isigny qu'à Bayeux, mais peu importe. La première rencontre physique avec les Français s'est déroulée au-delà des espérances ; le « plébiscite », ou le « sacre populaire », a bien eu lieu, et de Gaulle peut à bon droit conclure dans ses *Mémoires de guerre* : « La preuve est faite. [...] Le peuple français a montré à qui il s'en remet du devoir de le conduire[91]. » Dans un style plus prudent, les services de renseignement britanniques ont également noté l'immense popularité du Général. En outre, à la sous-préfecture de Bayeux, de Gaulle s'est comporté, pour la première fois, en chef d'État sur le sol français, nommant les uns, révoquant les autres et coupant l'herbe sous le pied à l'AMGOT. Enfin, il laisse derrière lui des hommes de confiance et des équipes qui ne cesseront de se renforcer. Si la bataille du pouvoir est loin d'être gagnée, elle est bien engagée.

Tel est bien l'état d'esprit du général Béthouart : « Certes, il restera encore à faire reconnaître officiellement le fait accompli [c'est-à-dire l'installation de pouvoirs français en France] par un accord à négocier avec les Alliés, mais de Gaulle a pratiquement gagné[92]. » Dès l'après-midi du 15 juin, à Londres, Béthouart rencontre le général Marshall, le chef d'état-major de l'armée américaine, qui se déchaîne contre le refus d'envoyer les officiers de liaison, faisant planer la menace d'une sortie des Américains du conflit. Averti, de Gaulle demeure serein : « Les Américains sortir du conflit ? Allons donc ! » Toutefois, dans l'après-midi, devant Béthouart et Koenig, il signe l'ordre qui prescrit d'envoyer progressivement les officiers de liaison en France. Le 16, Béthouart revoit son ami Bedell Smith à qui il apprend la bonne nouvelle. Le chef d'état-major d'Eisenhower « pousse un soupir de soulagement tout en remettant l'affaire à sa place du point de vue du commandement militaire américain : "Enfin, ce n'est pas trop tôt. Et ce que nous pouvons nous f... de vos préfets et de vos maires !" » Et Béthouart de conclure : « Une page est tournée, la souveraineté nationale pratiquement assurée. Nous n'avons plus qu'à rentrer à Alger[93]. » Le 17 juin, le général McGee, chargé des questions psychologiques à l'état-major suprême, prend contact avec Boislambert et lui demande la liste des noms des officiers de liaison, ce qui est déjà un premier pas vers leur reconnaissance. Le même jour, le SHAEF reconnaît enfin l'autorité de Koenig sur l'ensemble des FFI. Il en est informé par Bedell Smith.

En Normandie, les choses ne traînent pas non plus. Dès le lendemain de la visite du général de Gaulle, François Coulet fait placarder dans toute la zone libérée une affiche annonçant sa prise du pouvoir. Le même jour, il remplace le sous-préfet vichyssois Pierre Rochat par le résistant Raymond Triboulet, secrétaire du comité départemental de la Libération du Calvados. Licencié en lettres classiques et en droit, Triboulet est issu d'une famille de notables du Bessin. Dans les années 1930, il s'investit dans le journalisme agricole et fonde *Le Cri du sol* qui tire à 100 000 exemplaires[94]. Propriétaire d'un grand domaine agricole à Sainte-Croix-Grand-Tonne, il rejoint dès 1941 les rangs du mouvement, Ceux de la Résistance. Sous le pseudonyme de « Loyal », il est chargé de la surveillance du dispositif allemand entre Caen et Bayeux. Comme il effectuait ses missions clandestines en *gentleman-farmer*, à bord d'un luxueux attelage anglais, son ami Maurice Schumann le surnommera le « résistant à la carriole ». Après le débarquement, il participe au comité de Libération de l'arrondissement de Bayeux qui s'installe, dès le 11 juin 1944, dans la salle à manger du logement canonial, mise à disposition par le chanoine Quilici. Excellent spécialiste des questions agricoles, Triboulet est chargé par Coulet de la redoutable tâche du ravitaillement des populations libérées. Le 14 juin 1944, tout à sa mission, il inspecte les moulins de la région et rate la visite du général de Gaulle. À partir du 16 juin 1944, il travaille sous l'autorité de François Coulet qui a installé ses bureaux dans le grand salon de la sous-préfecture de Bayeux, laissant à Raymond Triboulet le bureau de l'ancien sous-préfet Rochat. Les deux préfets ne se croiseront pas dans le cadre de la traditionnelle « transmission de consignes », même si Triboulet revêtira l'uniforme préfectoral abandonné par Rochat*.

Les hommes de Londres et d'Alger ne laissent rien au hasard et entreprennent une prise du pouvoir dans les règles. Jean Quellien résume ainsi la situation : « Des émissaires appartenant à la MMLA parcourent le Bessin en tous sens pour prendre contact avec les maires et leur transmettre les instructions nécessaires. Le Commissaire de la République

---

* Page d'accueil du site « Fidélité gaulliste Normandie », consultée le 5 octobre 2023 ; Raymond Triboulet, *Un ministre du Général*, Plon, 1985. Triboulet sera, après la guerre, l'une des grandes figures du gaullisme normand. Inspecteur dans la zone d'occupation française de Rhénanie-Palatinat, il est élu député républicain indépendant du Calvados en 1946, puis du RPF en 1951 et Républicain social en 1956. Ministre du gouvernement Edgar Faure (1955), il est constamment réélu député jusqu'en 1968, sous les diverses étiquettes gaullistes des années 1960, et est de nouveau ministre des gouvernements Debré et Pompidou (Anciens combattants et Coopération). Après vingt-sept années de mandat parlementaire ininterrompues, il quitte le palais Bourbon en 1973 pour l'assemblée parlementaire du Conseil de l'Europe, puis l'assemblée parlementaire des Communautés européennes où il siège jusqu'en 1989 en défendant les positions européennes du gaullisme traditionnel. Il décède en 2006.

prend en main les questions de ravitaillement et l'aide aux réfugiés, tout en se préoccupant de faire paraître un journal pour tenir informée la population. Ainsi naît, le 23 juin, *La Renaissance du Bessin*, "premier journal de la France libérée". Bref, il gouverne et les Alliés, après quelques démêlés, finissent par accepter cette situation[95]. »

Précisément, du côté des Alliés, la visite de Bayeux a contribué à faire bouger les lignes. Dans son rapport, Pinks, « l'œil de Churchill », a bien noté la popularité de De Gaulle et déploré la froideur des autorités militaires britanniques, uniquement préoccupées de tenir le *timing* de la journée : « L'allocution du Général est reçue avec enthousiasme. Il nous faut craindre pourtant que l'impression laissée sur le sol français par les autorités britanniques ne soit pas très heureuse. Peut-être parce que Montgomery n'attendait que trois invités et qu'il s'est retrouvé dans l'obligation d'organiser un accueil pour dix-neuf[96]. » Pinks évoque bien sûr l'accueil général réservé à de Gaulle et non la réception au PC de Montgomery où de Gaulle s'est présenté accompagné de seulement deux compagnons comme Montgomery l'avait prescrit. Cette remarque de Pinks sous-entend que Montgomery avait compris que la délégation française n'était formée que de trois personnes et qu'il dut donc préparer en catastrophe des moyens de transport et d'escorte pour une quinzaine.

Par-delà ces tracasseries protocolaires, il convient de garder à l'esprit deux éléments essentiels côté britannique. En premier lieu, l'obsession de la sécurité est bien réelle et ne relève pas du prétexte visant à entraver, voire à empêcher le voyage de De Gaulle. D'abord parce que la situation est objectivement très dangereuse sur terre comme sur mer. Lors de son propre voyage en Normandie, le 12 juin, Churchill, protégé par d'imposantes forces de sécurité, ne s'est pas exposé comme de Gaulle l'a fait le 14. En outre, quelles que soient les relations entre de Gaulle et les Alliés, ces derniers ne peuvent courir le risque que le Général soit tué sur le sol français. L'effet en serait désastreux auprès des opinions publiques anglo-saxonnes, et la disparition de De Gaulle créerait en France une situation politique explosive et des plus délicate à gérer.

Cela nous conduit au second point : aux yeux des militaires britanniques en juin (et américains en août), les déplacements de De Gaulle, si importants soient-ils, sont à replacer dans le cadre de préoccupations militaires autrement plus importantes. Même s'il ne laisse rien paraître lorsqu'il reçoit de Gaulle, Monty a bien d'autres soucis en tête : la veille, le 13 juin, sa vaillante 7e DB (les « Rats du désert ») a été très durement stoppée devant Caen. Les chars Cromwell britanniques, au blindage trop léger, se font étriller par les Tiger allemands du 1er Panzerkorps SS. Une cinquantaine de blindés britanniques sont détruits, et la prise de la ville, objectif majeur et prélude à une offensive vers la vallée de la Seine, s'éloigne. Le 19 juin, une terrible tempête endommage gravement le port artificiel d'Arromanches et freine un temps l'approvisionnement de la IIe armée britannique. Du 26 au 30 juin, l'offensive Epsom que Montgomery déclenche entre l'Orne et l'Odon est un échec cuisant autant dû au mauvais temps qui persiste qu'à la défense acharnée des Allemands. L'offensive Windsor, lancée le 4 juillet et confiée aux Canadiens, ne connaît pas plus de succès et échoue à enlever l'aérodrome de Carpiquet[97].

Dans ces conditions, selon l'historien américain Milton Viorst, le pragmatisme le plus épais règne dans les états-majors alliés en Normandie. Précisons que Viorst n'a rien d'un francophile acharné, encore moins d'un gaulliste militant. Le chapitre qu'il consacre aux relations Roosevelt-de Gaulle à l'été 1944 s'ouvre par cette rude mise en garde : « Tandis que les soldats britanniques et américains tombaient sur les plages normandes pour la libération de la France, de Gaulle demeurait à Londres, mesquin et querelleur[98]. » Rapports à l'appui, Viorst souligne le pragmatisme de Montgomery : « Les jours qui vont suivre montreront si Coulet et Triboulet sont capables de s'imposer et de gagner la confiance de la population en tant qu'autorités *de facto*. En attendant, nous les traitons comme tels ; la question de la “reconnaissance” a quitté la stratosphère des conversations diplomatiques et se règle sur place[99]. » Si la « solution de Gaulle » arrange Montgomery, elle ne déplaît pas non plus à Eisenhower. Selon Viorst, l'installation d'un pouvoir français à Bayeux ne viole pas vraiment la doctrine des « autorités locales » qui demeure la vision officielle des États-Unis : une nouvelle « autorité », gaulliste, s'est simplement substituée à une plus ancienne, vichyste. C'est ce qu'Eisenhower écrit dans un autre « Rapport au SHAEF », daté du 20 juin : « Il est actuellement impossible de définir de manière précise la situation de M. Coulet. Désigné par le général de Gaulle, il se trouve sous les ordres du général Koenig, lui-même subordonné au général Eisenhower. Le commandant en chef détient, par conséquent, l'autorité suprême sur l'administration civile du territoire libéré. Il nous faut accepter cette situation anormale et la rendre viable[100]. » Bel exemple de raisonnement casuistique, essentiellement destiné à amadouer Roosevelt : en réalité, Coulet ne dépend en rien de Koenig et donc encore moins d'Eisenhower. Bedell Smith enfonce le clou dans une lettre au général Hilldring, le conseiller des Affaires civiles de Marshall : « Coulet est le commissaire de la République nommé par de Gaulle. Il représente le Comité national de la Libération [*sic*] dans les territoires libérés. Il a toute autorité sur les autorités préfectorale et municipale. [...] Ses relations avec les états-majors alliés ont été satisfaisantes[101]. »

La position bienveillante de Montgomery et d'Eisenhower ressemble beaucoup à l'acceptation résignée d'une situation de fait qui ne heurte pas le haut commandement allié du moment qu'elle n'a pas de conséquences militaires fâcheuses. Les militaires alliés, aux prises avec une bataille qui est beaucoup plus mal engagée que prévu (à J + 45 on en est à peine à la situation prévue à J + 17), n'ont aucune envie de se mêler de ces affaires et d'entrer en conflit ouvert avec de Gaulle et la Résistance française. Il en faut plus, toutefois, pour convaincre le Président. Le secrétaire à la Défense Stimson en personne, le soir du 14 juin, passe en vain une heure au téléphone pour essayer de convaincre Roosevelt, persuadé que de Gaulle va s'effondrer, que d'autres figures politiques françaises vont apparaître, que ses appuis en Angleterre sont fragiles[102].

Le rapport de force évoluera sensiblement jusqu'au mois d'août 1944 au gré de divers événements politiques et militaires. Mais ce que révèlent ces échanges entre grands chefs alliés est que la position des militaires est infiniment plus pragmatique que celle des politiques. Ils montrent aussi que les services de renseignement alliés ont, dès le départ, pris la mesure de l'immense popularité de De Gaulle en France. Ces réalités et ces atouts seront toujours présents en août.

À sa descente d'avion à Alger, le 17 juin, de Gaulle est accueilli par une délégation au sein de laquelle se trouve Georges Gorse, un brillant professeur de lettres rallié à la France libre dès 1940 et, pour l'heure, membre de son cabinet : « À son retour à Alger, j'étais parmi ceux qui l'accueillaient à sa descente d'avion. Il me parut tout ragaillardi, frais et rose, bavardant gaiement avec ses ministres. Palewski, plus que jamais épanoui, faisait des mots. Il rapportait une rose de France. "Ce qui m'a le plus impressionné, me dit-il, ce ne sont pas les acclamations de Bayeux, mais ceci : dans la rue, un groupe s'avance, le Général marche en tête, suivi de toute une foule allant du même pas, sans prononcer une parole[103]." »

Laissons le mot de la fin – provisoire – aux Soviétiques. Le 2 juillet 1944, à Alger, Louis Joxe, secrétaire général du gouvernement, reçoit l'invitation à déjeuner pour le jour même de l'ambassadeur soviétique. Alexandre Bogomolov présente la singularité d'avoir représenté les intérêts de l'URSS auprès de la France, à Paris (1939-1940), à Vichy (jusqu'en juin 1941), puis à Londres auprès des gouvernements européens en exil, et enfin à Alger, à partir de novembre 1943, auprès du CFLN. Il revient à Paris, en qualité d'ambassadeur, en septembre 1944 et y restera en poste jusqu'en 1950. Le trajet est court, la représentation diplomatique des Soviets* fait face au Palais d'Été, une grande villa mauresque que de Gaulle a allouée aux services du secrétariat général du gouvernement.

« L'entrée en matière est vigoureuse :

– Coulet ! Pourrrrquoi Coulet ? Coulet… fasciste ! »

Joxe défend bien sûr avec vigueur la personne et les opinions parfaitement démocrates de Coulet. L'incident passé et le message transmis, la conversation se poursuit agréablement. Rentré dans son palais, Joxe se perd en conjectures. L'invitation de Bogomolov était de toute évidence sinon une menace, du moins une marque d'intérêt très prononcé pour les affaires françaises : « Que sait au juste Bogomolov ? Qui a intérêt à le tromper ainsi ? Une seule certitude demeure : il en sait plus que moi[104]. » Georges Gorse apporte un début d'éclaircissement. À la veille de reconnaître le GPRF, les Soviétiques s'interrogent en fait sur la fiabilité des personnalités entourant de Gaulle. Ils refusent Palewski comme ambassadeur à Moscou (« N'est-il pas polonais[105] ? »), puis leur méfiance se porte sur Coulet ; ils sondent alors Joxe et Gorse qui doivent s'employer à les rassurer.

* Elle n'a pas rang d'ambassade, la reconnaissance pleine et entière du GPRF comme gouvernement de la France n'étant pas encore proclamée par l'URSS.

CHAPITRE 2

Vendredi 18 août, samedi 19 août 1944

D'Alger à la Normandie

La mise en place des nouvelles autorités politiques en France

Entre le voyage éclair du Général à Bayeux, le 14 juin 1944, et son retour à Cherbourg le 20 août, le GPRF a tissé sa toile en France. Il dispose d'une armature politique à la tête de laquelle se trouve François Coulet, commissaire des Territoires libérés, et d'une autorité militaire en la personne de Pierre de Chevigné. Ces deux hommes de caractère sont épaulés par les officiers de la MMLA et par diverses personnalités gaullistes envoyées en mission, et ils peuvent compter sur les instances locales de la Résistance – comités départementaux et locaux de la Libération – dont la Délégation générale a préparé les listes. L'AMGOT, tel qu'il est pratiqué en Italie, n'est pas une réelle menace. Le 12 juillet 1944, au lendemain du voyage de De Gaulle aux États-Unis le State Department publie une déclaration qui reconnaît le GPRF comme qualifié pour « exercer l'administration de France[1] ». Pour autant, la question de la prise du pouvoir et de l'administration des territoires libérés demeure entière. Aussi convient-il de mettre les Alliés devant le fait accompli et d'installer partout, sur les talons des Allemands en retraite, des autorités civiles et militaires françaises ; d'animer et de canaliser l'insurrection ;

d'assurer le contact avec les forces alliées de façon à la fois à leur fournir toute l'aide possible et à éviter leur ingérence dans les affaires françaises ; enfin, d'administrer les territoires libérés, ce qui signifie organiser le ravitaillement des populations, assurer l'ordre, mettre en route l'épuration, coordonner l'effort de guerre, préserver l'outil économique et protéger le patrimoine culturel. Tâche immense pour une poignée d'hommes.

La MMLA et le « cirque Chevigné »

La MMLA est la cheville ouvrière de ce travail de fourmi. De Gaulle parlera de « cirque » pour décrire l'aspect très mélangé et bigarré de ses activités. Sous les ordres de Boislambert, qui est revenu en France dans les premiers jours de juillet, elle regroupera au total 856 officiers et 231 volontaires féminines sous l'autorité du commandant Claude de Rothschild, l'épouse du baron James de Rothschild*. Reconnue par le commandement allié, la Mission est rattachée aux corps de bataille et progresse avec les troupes. Dès qu'un territoire est libéré, elle prend contact avec les chefs de la Résistance intérieure et locaux et met en place une administration provisoire par des Français. Ainsi, le service de presse-radio, dirigé par le commissaire à la marine Leprêtre, a remis en marche tous les émetteurs des villes libérées. À Caen, l'hôpital militaire Robert-Lion (du nom du capitaine-médecin tué à Utah Beach le 6 juin 1944) a pratiqué plus de 500 interventions jusqu'au 2 septembre 1944 avec un personnel largement fourni par la mission. Le commandant Sibour coordonne les opérations de déminage avec ses cinq détachements « dès l'avance de quelques kilomètres en territoire libéré** ». Mieux encore, le colonel Boutet, chargé des transports, forme trente compagnies de 50 véhicules avec un effectif de 3 500 hommes : « Son

* La direction ses affaires civiles relève de Pierre Laroque, celle des affaires juridiques, de Burnay, les affaires financières, de M. Ardant. La section de police dépendait du commissaire à la marine Stefanini, la presse et la propagande, de Maurice Schumann assisté de Schmoll et Brilhac ; le ravitaillement, de l'intendant Pomirol ; la santé, du capitaine-médecin Zimmern ; les travaux publics, du capitaine Ruais ; les services postaux, du commandant Combaux ; l'industrie et le commerce, du capitaine Maillet. La liaison avec les armées américaines était sous l'autorité du colonel Chandon (tué au combat), puis du colonel Rotival. La liaison avec les Britanniques relevait du colonel Lyon.

** Claude Hettier de Boislambert, *Les Fers de l'Espoir*, *op. cit.*, p. 456. On verra plus loin qu'il s'agit d'une aide alimentaire d'urgence débloquée par Eisenhower, mais transportée par les Français de la MMLA.

coup d'éclat avait été d'amener 125 tonnes de beurre et quantité de vivres dans Paris, sur la trace des chars de Leclerc[2]. » Jean Marin note dans ses mémoires : « Depuis bientôt deux mois, la MMLA fonctionne sans à-coups dans les divers secteurs de son activité quasi universelle ; qui vont de la justice militaire à l'état civil, du ravitaillement des populations à la protection des monuments historiques et des vitraux anciens. Mais [elle] s'occupe aussi de problèmes concernant la presse, les journaux d'hier et de demain, des stations de radio régionales qu'il faut remettre en route et rendre aptes aussitôt à seconder l'information interalliée. En tous ces domaines, nous sommes associés à la Résistance qui nous aide et que nous aidons, de notre côté, à installer des comités provisoires de gestion municipale[3]. » Le tout est coordonné depuis Bayeux par François Coulet, commissaire de la République des Territoires libérés, qui se comporte en quasi-chef de gouvernement. « Coulet reçoit la visite de hautes personnalités tels Anthony Eden, ministre des Affaires étrangères de Sa Majesté, le vice-Premier ministre Clement Attlee ou le *speaker* de la Chambre des communes. Plusieurs commissaires de la République désignés viennent le consulter avant de prendre leurs fonctions : Charles Luizet à Paris, Michel Debré en Touraine... Pendant deux mois et demi, jusqu'à l'installation du GPRF et de son Président à Paris, Bayeux a bien été la capitale de la France libérée[4]. »

À côté ou, plus précisément, en avant de la MMLA, la Mission militaire commandée par Pierre de Chevigné, de son nom officiel la « Compagnie de QG n° 34 », a pour mission d'installer les commandants militaires régionaux désignés par le GPRF et d'éviter que les Alliés placent « des proconsuls militaires issus de leurs rangs[5] ». Guillaume Piketty, à qui l'on doit une récente et belle biographie de Chevigné, a jeté un regard neuf sur cette mission importante et méconnue de la Libération. Chevigné doit souvent surmonter des conflits avec les états-majors régionaux FFI qui ont tendance à désigner leurs propres chefs contre l'officier nommé par Londres ou par Alger, jugé coupé des réalités du terrain. À l'inverse, il doit parfois arbitrer des conflits de personne au sein de ces mêmes états-majors. Ainsi, à Rennes, il trouve un compromis : le général Deligne venu d'Alger prend pour adjoint le général Allard, responsable de l'AS Bretagne. À Angers (4e région militaire), l'officier désigné par Alger, le général Clouët des Pesruches, est absent, et Chevigné nomme le colonel Le Tacon pour le remplacer.

En réalité, l'objectif de la mission dépasse largement le simple cadre militaire. Il s'agit aussi de faciliter et d'appuyer la prise du pouvoir par les cadres politiques désignés par le GPRF.

« Dès que la population apercevait le premier soldat allié, elle se répandait dans les rues. Arrivait alors, le moins discrètement possible, mon cirque gaulliste qui prenait sa part des acclamations et mettait immédiatement la main sur la préfecture si nécessaire, la mairie, la gendarmerie, la Banque de France, etc., en proclamant haut et fort qu'il représentait l'autorité légale. [...] Il ne fut jamais contredit[6]. » Comprenons, bien sûr, pas contredit par les communistes. On établit en priorité la liaison radio avec Londres, puis avec les responsables alliés dans la région avec le plus de souplesse et de bonne volonté possible. On installe aussi une sécurité militaire et on s'assure de l'appui de la gendarmerie. La Mission Chevigné supervise également les camps d'internement des prisonniers de guerre et des personnalités suspectes de collaboration. Elle veille à la mise en place de tribunaux militaires et « n'oublie pas de décerner les citations et décorations nécessaires[7] ». Enfin, « avec des succès variables », Chevigné et son équipe s'efforcent d'amorcer le recrutement en faveur des forces françaises débarquées, le commando Kieffer, puis, à partir d'août, la 2e DB. À cet effet, la DB envoie à Chevigné, dans la seconde quinzaine de juillet, des officiers pour former une « commission itinérante de recrutement ». Mais, juge Piketty, le résultat sera médiocre, et on sera loin des 3 000 à 4 000 recrues qu'espérait Leclerc. Les hommes de Chevigné veillent encore à l'intendance et à la circulation, « procèdent aux réquisitions nécessaires » et rétablissent les PTT. Dans cette tâche herculéenne, le « cirque » Chevigné s'assure aussi du fonctionnement des hôpitaux dans ces régions rudement éprouvées par les combats et les bombardements. « L'ensemble est accompli à force d'improvisation et de débrouillardise, de volontariat et de décisions parfois à l'emporte-pièce dans l'ambiance très joyeuse, voire délirante, des premiers temps de la libération[8]. »

Le PC de Chevigné est d'abord installé à Bayeux, proche des PC anglais et américains. Début juillet, Chevigné s'installe dans l'arsenal Cherbourg (la ville a été libérée le 30 juin par les Américains). C'est là qu'il accueille, tout au long de juillet, les arrivées successives, par voie maritime, des généraux Koenig, Noiret et Valin et de l'amiral d'Argenlieu. À partir de la percée de fin juillet, le « cirque Chevigné » suit désormais le plus vite possible la progression des armées alliées. Ainsi, le 3 août, Chevigné quitte Cherbourg pour Rennes (de Gaulle emprun- tera le même itinéraire vingt jours plus tard) où il arrive le 4, à l'aube, accompagné de quelques officiers américains. À Rennes, il obtient des Américains que le bombardement prévu sur la ville pour faire tomber le bouchon allemand soit retardé de quelques heures, le temps de vérifier, accompagné par quelques officiers américains, que la ville est encore défendue par les Allemands. Chevigné apprend d'habitants de Rennes que les Allemands ont quitté la ville dans la nuit, ce qui évite *in extremis* le bombardement[9]. « En début de matinée, il déboule à l'hôtel de la préfecture dans une jeep conduite par un GI et sous les acclamations. Le 14, il est à Angers. Le 17, il fait mouvement vers Chartres *via* Le Mans. Le 19, il se trouve à Dreux. Le 20, il parvient à Orléans. Le 21, il fait son entrée dans Rambouillet[10]. » Pour autant, comme dans toutes les armées, le courant ne passe pas forcément entre les combattants et les officiers politiques. Raymond Dronne à Écouché, le 21 août 1944 : « Ils ne sont pas vraiment sympathiques. [...] Ils débarquent de Londres pour administrer les régions libérées. Ils commencent par me faire un cours politique et m'expliquent leur mission d'épurateurs et de purificateurs. Ils paraissent vexés quand je leur réponds que nous n'avons pas besoin de commissaires politiques [...] et qu'ils feraient œuvre plus utile en s'engageant dans une unité combattante[11]. »

Durant l'été, d'autres envoyés spéciaux viennent épauler les équipes de Boislambert et de Chevigné. Ainsi Jean Marin, l'ancien animateur de l'émission « Les Français parlent aux Français » sur la BBC*. En janvier 1944, à sa demande, Marin est versé à la 23e flottille lance-torpilles où a servi Philippe de Gaulle. Il y reste neuf mois avant d'être envoyé en Normandie où il arrive à « J + 15[12] ». Il prend contact avec le chef des FFI de Caen, Léonard Gille, et participe aux combats de rue dans Caen avec les Canadiens et des FFI.

---

* Journaliste de l'agence Havas, Yves Morvan, *alias* « Jean Marin », est affecté à Londres le 12 juin 1940 au service français de la BBC. Il entend l'appel du général de Gaulle le 18 juin depuis un couloir de la BBC. Il devient l'un des animateurs de l'émission « Ici la France » créée par la radio britannique. Il participa aussi à l'émission « Les Français parlent aux Français » où il assure, avec Michel Saint-Denis et Pierre Bourdan, l'analyse des événements politiques et militaires. À la Libération, il revient à la presse écrite, fonde un journal, *Les Nouvelles du matin*, avant de diriger l'Agence France-Presse de 1954 à 1975. Bernard Lachaise, « Jean Marin », *in* François Broche, Jean-François Muracciole (dir.), *Dictionnaire de la France libre*, Robert Laffont, « Bouquins », 2010.

On a vu que Maurice Schumann avait débarqué, le 6 juin 1944, avec la première vague à Gold Beach. Sous la couverture de correspondant de guerre, il aide en réalité Coulet à installer le premier pouvoir politique français en territoire libéré. On le retrouve début juillet à Caen dont on attend la chute et pour les mêmes raisons : installer un pouvoir français. Soumise à de terribles bombardements alliés, la ville subit un véritable martyre pendant un mois. La majeure partie de Caen est libérée à partir du 7 juillet, mais les Allemands tiendront certains faubourgs jusqu'au 19. Schumann participe aux derniers combats de Caen en compagnie de Jean Marin arrivé entre-temps de Londres. Les deux Français libres assurent, ici aussi, la transition politique.

La mise en place des nouvelles autorités politiques

À Caen, définitivement libérée le 20 juillet par les Anglo-Canadiens, les choses ne traînent pas. Dans une ville en ruines que les trois quarts de la population ont fuie et où on recherche 3 000 morts sous les décombres, les hommes de Londres installent séance tenante les nouvelles autorités. Pierre Daure, ancien recteur de l'université de Caen, limogé en raison de son hostilité aux Allemands, est le nouveau préfet du Calvados. L'attitude du recteur Daure sous l'Occupation a joué dans cette nomination, mais aussi des liens de fidélité familiale et professionnelle : Daure est le beau-frère de François Coulet dont le père avait été le premier recteur de Strasbourg redevenu français en 1918.

Après le succès de l'opération Cobra et la percée d'Avranches (fin juillet), la MMLA voit son horizon s'élargir brusquement. Avec l'offensive foudroyante des forces anglo-américaines, il faut désormais être sur tous les fronts à la fois, dans toutes les directions. Boislambert déménage alors son PC vers le sud de la Manche, puis décide de le rendre mobile. Plusieurs fois, il échappe à la mort sur les routes de Normandie ou de Bretagne. Il n'est pas inutile de s'arrêter sur l'installation de ces nouveaux pouvoirs dans des villes où le général de Gaulle s'apprête à faire étape dans sa marche vers Paris. Le succès final du Général est aussi la conséquence de cette somme de petites « libérations de Paris » avant Paris.

À Rennes, Marin et Boislambert, suivis de leur état-major, entrent dans la ville en même temps que les Américains, les armes à la main, au petit matin du 3 août. Comme de Gaulle, à Bayeux, l'avait prescrit à Coulet, ils collent littéralement « aux fesses des Allemands ». Pour Boislambert, la priorité est de sauver les patriotes enfermés dans la prison de la ville, ce qu'il n'a pas pu faire à Caen où les Allemands les ont fusillés avant de partir. Avec Marin, Fernandez et Gillou, deux autres membres de la MMLA, il fonce en avant des chars immobilisés par un embouteillage dû aux pannes d'essence. Une balle atterrit sur le montant du pare-brise de la Ford et lui envoie une volée d'éclats. « Un pansement sommaire. Pas question d'hôpital, j'ai mieux à faire[13]. » Il gardera ces éclats jusqu'à la fin de ses jours.

Jean Marin connaît Rennes comme sa poche, il y a passé son baccalauréat. Il emprunte une bicyclette pour aller plus vite, car sa jeep est bloquée par l'enchevêtrement des chars dans les petites rues. À 10 heures, aidé par Henri Fréville, il doit prendre possession de Radio-Bretagne, puis installer l'équipe résistante appelée à diriger le journal *Ouest-Éclair* qui ne va pas tarder à s'appeler *Ouest-France.* À 10 heures, au siège des PTT et devant un général américain botté et casqué, Marin prononce un petit discours devant les postiers et une foule importante réunie sur la place : « Au nom du gouvernement provisoire de la République française, nous prenons possession de la station de Radio-Bretagne. » Il déclare au général américain qu'au nom du GPRF il met cette station « à disposition du Commandement suprême des forces alliées pour le service de l'Alliance[14]. »

Pendant ce temps, Boislambert ne traîne pas. Sitôt la prison sous contrôle (elle est vide de prisonniers, les Allemands les ont transférés vers l'est), il se précipite à la préfecture où il installe, « dans l'enthousiasme[15] », le commissaire de la République pour la Bretagne, Victor Le Gorgeu*.

* Victor Pierre Le Gorgeu est médecin de l'infanterie coloniale (1904) et diplômé de l'Institut Pasteur (1905) après avoir fait toutes ses études au lycée de Brest. Il sert lors de la Première Guerre mondiale au 2e régiment d'infanterie coloniale avant de se lancer dans la politique en 1919. Il est membre des cabinets ministériels d'Albert Sarraut (1933) et de Camille Chautemps (1934). Au déclenchement de la Seconde Guerre mondiale, il est maire de Brest (1929-1941) et sénateur du Finistère (1930-1945). Il préside également le conseil d'administration de *La Dépêche de Brest.* Le 10 juillet 1940, Le Gorgeu vote contre l'attribution des pleins pouvoirs au maréchal Pétain. Il est révoqué par Vichy de sa fonction de maire le 31 décembre 1941 et se rapproche alors de l'Organisation civile et militaire (OCM) de Maxime Blocq-Mascart. En juin 1943, Victor Le Gorgeu est proposé comme préfet régional au Conseil national de la Résistance par l'OCM avec

De nouveau, les liens personnels ne sont pas à négliger : le père de Jean Marin connaissait intimement Le Gorgeu. Les deux plus proches collaborateurs de Le Gorgeu sont le nouveau préfet d'Ille-et-Vilaine, Bernard Cornut-Gentille, qui ne tardera pas à lui succéder, et son chef de cabinet, le sous-préfet Yvon Bourges. Le nouveau maire de Rennes, Yves Milon, professeur de géologie et résistant, complète le tableau. La foule massée sur la grande place de l'hôtel de ville acclame les nouvelles autorités. Dans son allocution, Le Gorgeu proclame la restauration de la République au nom du général de Gaulle. Sur le moment, aucun des responsables présents, pas même le très gaulliste Boislambert, n'y prête garde. Pourtant, Le Gorgeu vient de commettre une énorme gaffe politique. Ce sera le point cardinal du discours de De Gaulle à l'Hôtel de Ville de Paris, le 25 août au soir : la République n'a pas à être proclamée puisqu'elle n'a jamais cessé d'être. Il vaut mieux pour Le Gorgeu que les échos de ses paroles ne soient pas remontés jusqu'à Alger.

Comme à Bayeux en juin, le nouveau pouvoir prend également soin d'approcher l'archevêque, et futur cardinal, Émile Roques. De nouveau, les relations personnelles ne sont pas sans importance. Mgr Roques connaît la famille de Jean Marin et il se souvient que ce dernier a été élève des bons pères. Ce qui n'empêche pas l'évêque, fin politique, de faire comprendre à Marin quels furent ses sentiments sous l'Occupation : « À la fin de l'entretien, il me parlera de mon collège de Redon ; avec délicatesse, il me fera comprendre que son supérieur, dont j'ai été l'élève, n'a sans doute pas suivi, comme il aurait convenu, une bonne voie pendant la guerre[16]. » Mgr Clément Roques eut une attitude honorable durant la guerre. Il se distingua par la résistance qu'il opposa aux exigences de l'occupant en soustrayant ses séminaristes au STO (service du travail obligatoire) et en assurant la protection de juifs et de résistants. Cela lui valut la promotion au rang d'officier de la Légion d'honneur en 1958, après le retour du général de Gaulle au pouvoir, distinction loin d'être commune chez les prélats français de la période de la guerre.

Dans les jours qui suivent, Marin quitte Rennes en longeant la côte nord de la Bretagne, toujours derrière les forces américaines. Il passe

---

le soutien du mouvement Libération-Nord. Le 15 mai 1944, à trois semaines du débarquement en Normandie, il reçoit la consigne de se tenir à proximité de son futur poste de commissaire régional de la République pour la Bretagne. Victor Le Gorgeu se rend alors à Rennes et rassemble ses futurs préfets, quelques chefs militaires des FFI et plusieurs chefs de services régionaux.

par Douarnenez pour embrasser sa mère et sa grand-mère. Il découvre, épouvanté, une série de crimes de guerre allemands comme à Carhaix où dix jeunes sont pendus aux réverbères. Avec les bérets verts français de Kieffer, il pousse jusqu'à la limite de la poche de Brest où les Allemands se sont barricadés. Il croise aussi d'autres émissaires du GPRF, le colonel Passy à Mûr-de-Bretagne*, Lucien Neuwirth à Auray et le colonel Rémy, toujours présent là où il faut. Le 1er août, Marin se porte au-devant de la division Leclerc qui débarque dans le secteur d'Utah Beach, près de Carentan. Nous le retrouverons à Paris. D'autres renforts continuent à arriver au début du mois d'août à l'image du général Martial Valin. À l'été 1944, celui-ci cumule les fonctions de commandant des Forces aériennes françaises en Grande-Bretagne, de chef d'état-major général adjoint de l'armée de l'air (sous les ordres du général Bouscat) et de chef de la Mission de l'air à Londres. Malgré l'opposition formelle des autorités alliées, il participe, au sein des FAFL (Forces aériennes de la France livre), à plusieurs dangereuses missions de bombardement lors de la bataille de Normandie : ainsi, le 4 août 1944, il est mitrailleur de queue lors d'un raid sur la poche de Falaise[17]. Il atterrit à Bayeux, le 10 août, sur un terrain construit à la hâte par les Américains. Sa nouvelle mission est d'accompagner les armées alliées pour reprendre possession des aérodromes français[18]. Il finira par prendre la tête d'une colonne de FFI qu'il conduira jusque dans Paris, le 25 août, pour occuper la Cité de l'air de Balard.

À Avranches, « où la situation a été très troublée, aussi bien militairement que politiquement, il faut mettre en place un sous-préfet de combat. Maurice Kaouza est tout désigné pour cela[19] ». Fait prisonnier par la police de Vichy en compagnie de Boislambert à Dakar, le 25 septembre 1940, Kaouza est interné pendant deux ans à la prison de Clermont-Ferrand. Comme Boislambert, il réussit à s'évader à la fin de 1942 et, après un nouvel internement en Espagne, à rejoindre enfin Londres où il s'engage dans les FAFL. En septembre 1943, il est remarqué pour sa poigne et son activité par Charles Luizet, le préfet de Corse auprès de qui il a été détaché. Celui-ci pèse dans sa nomination comme sous-préfet d'Avranches en juin 1944. On le retrouvera auprès de Luizet lors de la libération de Paris. Après la guerre, il fera carrière,

* Le chef du BCRA a été envoyé en mission en Bretagne début août.

dans les rangs gaullistes, comme conseiller de Paris et conseiller de l'Union française[20].

À Nantes, la situation relève de l'imbroglio et révèle aussi les ratés de cette machine pourtant bien huilée. Lucie Aubrac a montré, dans ses mémoires, le mélange d'héroïsme, de débrouille et, en même temps, d'impérieuse nécessité républicaine, qui préside, dans la zone libérée, à l'installation des nouveaux pouvoirs.

Depuis l'été 1943, Lucie Aubrac vit dans la clandestinité avec son mari Raymond et leur fils de 3 ans. Finalement, le 8 février 1944, un avion la conduit à Londres où elle donne naissance, le 12 février 1944, à sa fille Catherine. Raymond gagne Alger et Lucie manque de le rejoindre quand le commissaire à l'Intérieur d'Astier de La Vigerie lui confie une mission : « Il s'agissait de participer à la mise en place des comités de la Libération dans les zones libérées. » Comme « il était impossible de rentrer avec une telle mission, exclusivement politique », sa couverture est un engagement dans le service de santé canadien. Elle débarque sur la plage d'Arromanches « fin juillet », en compagnie de Beauregard, et elle troque immédiatement son uniforme canadien pour « une petite robe à fleurs[21] ». Les deux émissaires de d'Astier rejoignent François Coulet à Bayeux. Sans que cela soit bien clair dans ses mémoires, Aubrac se voit confier par Coulet la mission d'installer le nouveau préfet de Nantes. La ville, à peine libérée, est encore bombardée par les Allemands retranchés dans le réduit de Saint-Nazaire, tandis que la IIIe armée de Patton se bat sur la Loire. Sous réserve d'inventaire, elle semble être la seule femme à qui une telle mission ait été confiée à la Libération. Elle quitte Bayeux avec une petite équipe dans deux voitures.

À Nantes, le 13 ou le 14 août, Lucie Aubrac se présente au préfet de Vichy, lui montre son ordre de mission et lui annonce sa destitution immédiate. « Il me répondit : "Mais je n'ai rien fait de mal." Du haut de mes 32 ans, avec ma petite robe et mes cheveux longs, je signifiais son renvoi à un préfet de Vichy ! Il m'a alors demandé : "Comment allez-vous me trouver un remplaçant ?" Je le rassurai : "Le secrétaire général de la préfecture est en rapport avec nous. Il prendra votre place." Je vis le préfet blêmir : "Mais ce n'est pas possible, je l'ai fiancé la semaine dernière à ma fille !" J'étais en train de provoquer un drame familial[22]. » Le secrétaire général avait poussé si loin le secret de son engagement résistant qu'Aubrac et Coulet ignoraient ses projets matrimoniaux. Terriblement gêné, le secrétaire général se rétracte. Pour autant, la situation n'est pas tenable : « Il fallait absolument installer un nouveau préfet, se rendre au monument aux morts et chanter *La Marseillaise* devant le drapeau tricolore débarrassé des insignes de Pétain[23]. » Le lendemain, elle décide de prendre l'avis, à Angers, de Michel Debré, le commissaire de la République pour la région du Val de Loire. Comme tout le monde refuse de lui prêter une voiture en raison des combats en cours sur la Loire (Debré lui interdit même de venir à Angers), Lucie Aubrac trouve un side-car et avale les 100 kilomètres qui séparent Nantes d'Angers.

Dans ses propres mémoires, Michel Debré, commissaire de la République d'une vaste région à cinq départements, parmi lesquels figure la Loire-Inférieure, n'a pas un mot sur la mission d'Aubrac à Nantes ; même silence de Coulet qui lui aurait confié cette mission, de Boislambert qui consacre pourtant de longues pages aux 230 volontaires féminines de la MMLA, et même de d'Astier de La Vigerie, qui serait à l'origine de la mission. La seule fois où Debré évoque la présence de Lucie Aubrac, c'est à l'occasion de sa rencontre avec de Gaulle, au Mans, le 22 août (voir *infra*). Il la présente comme une grande résistante, mais sans mission particulière : « [Lucie Aubrac] dont la renommée, dans le monde de la Résistance est, à juste titre, très grande [...] est députée de l'Assemblée consultative. Elle vient d'Alger[24] [Debré se trompe sur ce point : elle arrive de Londres]. » Debré livre avec force détails, et en en revendiquant tout le bénéfice, l'épilogue de l'affaire nantaise. Le 15 août, il quitte Angers de bon matin, avec son directeur de cabinet Tomasini, sans aucune escorte, pour aller prendre possession de la préfecture de Nantes. « J'arrive à la préfecture [...]. Le préfet se lève et m'invite à m'asseoir, ce que je ne fais pas. Je lui annonce qu'il n'est plus préfet car le gouvernement du général de Gaulle, qui est le gouvernement légitime, a désigné. [...] un nouveau titulaire de la fonction. Il doit donc quitter ce bureau où je vais m'installer en attendant le successeur que j'introniserai prochainement. Il sourit : son successeur désigné n'a-t-il pas refusé le poste ? [Il y a ici quiproquo : le préfet, deux fois révoqué en trois jours, songe à son futur gendre, alors que Debré a d'autres noms en tête.] Je lui réponds que l'affaire me regarde. J'ai tous pouvoirs, et c'est à moi de juger[25]. » Le préfet quitte son bureau, mais l'affaire n'est pas terminée car ce dernier est aussitôt allé trouver le commandement militaire américain de la ville. L'effet ne se fait pas attendre : « Sur ces entrefaites un colonel, américain s'annonce. Je ne doute pas de l'épreuve de force qu'il a préparée. [...] Il est casqué, en tenue de campagne [...]. Il me parle sur un ton dépourvu d'aménité et son discours est facile à résumer. Il est militaire. Il a des ordres. Il doit s'entendre avec l'autorité en place. » Les deux hommes s'expliquent, Debré ne cède pas : « Je lui demande s'il a entendu parler d'un général de Gaulle [...]. Il se lève, je lui adresse en anglais mes politesses de départ sans lui serrer la main. Avec la tranquille assurance que donnent le bon droit et le ton cassant de la jeunesse, je conclus : "Nous sommes en France et je représente le gouvernement légitime, celui du général de Gaulle[26]." »

Ces deux scènes appellent plusieurs commentaires. Ne négligeons pas les phénomènes de reconstruction inhérents à toute écriture mémorielle. Lorsque Michel Debré rédige ses mémoires, en 1984, il est un homme d'État, ancien Premier ministre, sans doute bien différent du tout jeune commissaire de la République de 32 ans en 1944. Il est possible que les scènes relatées se soient déroulées de manière un peu moins cassante. Cela étant, l'épisode en dit long aussi sur la théorie rooseveltienne des « autorités locales ». Le colonel américain, avant tout préoccupé par la sécurité de ses hommes et le calme de la population locale, muni d'ordres qui l'invitent à traiter avec l'autorité en place, sinon à installer ses propres hommes, n'a pas dû balancer longtemps entre un respectable préfet vichyste et ce jeune fonctionnaire sans doute rendu nerveux par l'importance de sa mission, qui arrive d'Angers, au beau milieu d'une zone de guerre, sans même une escorte. Ce type de scène a dû se produire dans nombre de villes, petites ou grandes, de la France libérée.

À la mi-août, au moment où de Gaulle décide de se rendre à Paris, dans toute la portion du territoire qui a été libérée (la Normandie, la Bretagne, les trois quarts des Pays de la Loire et une partie du Centre), les hommes et les femmes de la MMLA ou de la Mission Chevigné ont installé partout les nouveaux pouvoirs issus de la Résistance sans rencontrer de difficulté majeure ni de la part des Alliés, ni des instances de la Résistance intérieure et encore moins de populations qui, tout à leur joie, semblent passer d'un trait de Vichy à de Gaulle. En dépit d'une montagne de difficultés matérielles, les hommes de Londres ou d'Alger tiennent en main ces régions. De Gaulle ne débarque donc pas en *terra incognita* ; il pourra compter, à chacune des étapes de son périple vers

Paris – Cherbourg, Rennes, Laval, Le Mans, Chartres, Rambouillet – sur le soutien de solides et fidèles lieutenants.

Toutefois, une série de limites apparaissent. En premier lieu, les vrais maîtres de la situation demeurent les généraux alliés, Eisenhower en tête à qui Roosevelt a donné tous pouvoirs sous l'autorité de ses propres chefs, le général Marshall, chef d'état-major, et bien sûr lui-même. La relative bonne volonté manifestée jusque-là par les Américains et qui a conduit à laisser le GPRF installer partout ses pouvoirs est fragile et peut disparaître à tout moment, à la merci du moindre revers militaire ou du premier problème sécuritaire sérieux sur les arrières des forces. En outre, les hommes de De Gaulle ont en quelque sorte mangé leur pain blanc. Par l'effet de choix stratégiques qui n'ont rien à voir avec la situation politique française, les régions libérées correspondent à une France de l'Ouest globalement conservatrice, rurale, catholique, où l'empreinte légitimiste n'a pas totalement disparu et où, au sein même de la Résistance, l'influence communiste demeure faible. Il risque d'en aller tout autrement lorsque les forces débarquées vont libérer de grandes régions industrielles dans le Nord-Pas-de-Calais, à Paris ou plus tard dans l'Est. Rappelons qu'au terme du recensement de 1936 un actif français sur trois est un ouvrier (et un autre tiers est paysan). Enfin, derrière le visage vague et flou de la « Résistance », il manque encore la force de l'incarnation symbolique à ces nouveaux pouvoirs. La plupart des « hommes nouveaux » de la Résistance brusquement devenus maires, préfets ou commissaires de la République sont de parfaits inconnus pour l'immense majorité des Français. Cette incarnation, seul de Gaulle peut la réaliser et en un seul lieu : Paris.

La question du gouvernement révèle en définitive un immense paradoxe. Depuis le début de l'aventure commencée le 18 juin 1940, de Gaulle se bat pour être reconnu par les Alliés comme le chef du gouvernement de la France en guerre. En ce sens, la création du CFLN, en juin 1943, transformé un an plus tard en GPRF, est une étape décisive. Installé à Alger, en terre française, disposant des importantes administrations de l'Algérie coloniale et du ralliement d'hommes de qualité de plus en plus nombreux, le GPRF exerce effectivement l'administration d'immenses territoires aux quatre coins du monde et conduit des armées importantes dans la guerre. L'ultime voyage d'Alger vers Paris qu'entreprend de Gaulle le 18 août vise précisément à faire reconnaître par les Alliés l'autorité du GPRF sur la France. Et pourtant, ce même gouvernement demeure sur la touche. De Gaulle le conçoit davantage comme un élément de sa propre légitimation que comme un authentique partenaire. Durant tout le mois de juillet, les ministres qui devraient être chargés de l'administration du pays libéré (d'Astier à l'Intérieur, Le Troquer aux Territoires libérés) sont marginalisés et n'ont même pas le droit de se rendre en France. D'Astier n'arrache qu'un voyage éclair, le 13 juillet, et passe l'essentiel du mois de juillet à Londres. S'il parvient à peser sur les ultimes nominations des commissaires de la République (il impose son ami Aubrac à Marseille et Luizet à Paris, avec rang de préfet de police), il ne pèse en rien sur l'administration des territoires libérés. Quant à son collègue Le Troquer, qui met trois fois sa démission dans la balance, il doit attendre le 5 août 1944 pour pouvoir enfin poser le pied sur le sol métropolitain. Durant tout l'été, de Gaulle ne s'est appuyé que sur des hommes de confiance, souvent des Français libres de la première heure (Schumann, Coulet, Boislambert, Marin), à qui il a confié les rênes du pouvoir en France. Lorsqu'il quitte Alger, le 18 août, c'est de nouveau accompagné d'hommes de confiance (Palewski, Gorse, Juin) et sans aucun ministre du GPRF. Si, deux mois auparavant, lorsqu'il se rendait à Londres à l'invitation pressante de Churchill pour le Débarquement, cette attitude pouvait avoir un sens (montrer qu'il ne venait pas négocier), en revanche, à la mi-août, un tel ostracisme envers ses ministres ne peut avoir d'autre signification que d'organiser le sacre du seul Charles de Gaulle. Le CNR en fera lui aussi l'amère expérience à Paris. Dans la conception gaullienne du pouvoir, la légitimité ne se partage pas.

Derniers arrivés

Au début du mois d'août arrivent en France les derniers acteurs du drame parisien qui se profile.

Promu lieutenant-colonel en décembre 1941, Pierre Billotte devient, en mai 1942, chef de l'état-major particulier du général de Gaulle. Élevé au grade de colonel en décembre 1942, il est affecté à Alger, après la création du CFLN, au commissariat à la Guerre. Il est secrétaire du Comité militaire permanent, devenu Comité de défense nationale à Alger en mai 1943. Cette structure est l'équivalent du Conseil supérieur de la défense nationale de la IIIe République et fait donc de Billotte une sorte de secrétaire général de la Défense nationale*. À ce titre, Billotte accompagne de Gaulle lors de ses voyages officiels, notamment en Italie (juin 1944) et aux États-Unis (juillet 1944). En outre, le Comité coiffe l'état-major général de la Défense nationale à la tête duquel de Gaulle place deux de ses plus proches compagnons, successivement les généraux Béthouart et Juin. Ces deux anciens condisciples de De Gaulle à Saint-Cyr figurent dans le cercle très étroit des dirigeants civils ou militaires qui tutoient le Général.

Début juillet 1944, de Gaulle confie à Billotte le commandement de la force expéditionnaire C destinée à être parachutée, à la mi-août, dans le Massif central pour y mettre en œuvre le plan « Caïman ». Ce projet de *deception* par largages massifs de parachutistes dans le centre de la France avait pour but de tromper les Allemands en les obligeant à disperser leurs forces, d'aider la Résistance intérieure en lui fournissant des cadres militaires éprouvés et, bien sûr, de faciliter la prise du pouvoir en France par le GPRF[27]. Étant donné l'importance du projet, et par équivalence de grade avec les Alliés, la nomination de Billotte implique son élévation au grade de général. Par suite du refus américain, l'opération est annulée et il n'en reste, dans une dimension strictement française, que la grosse concentration maquisarde du mont Mouchet. Billotte demeure donc colonel et attend une affectation combattante quand Leclerc fait savoir, à la veille de son débarquement en France, qu'il est à la recherche d'un commandant en second de la 2e DB. Rongeant son frein à Alger dans une fonction importante, mais loin des combats, Billotte saute sur l'occasion et fait directement acte de candidature auprès de De Gaulle.

Le 29 juillet, le président du GPRF accepte la requête et présente à Billotte les choses à sa manière : « [Ce changement d'affectation aurait] effectivement [pu] être considéré en ce qui vous concerne comme une dégradation, [...] mais puisque vous me l'avez demandé avec tant d'insistance, je suppose que vous êtes content. [...] C'est bien le diable après Paris si je ne pouvais pas vous trouver une grande unité [...] à condition que vous soyez toujours vivant, bien entendu. Ne vous livrez donc pas à

* Le Conseil supérieur de la défense nationale a été créé par Clemenceau en 1906. Un secrétariat lui a été adjoint en 1920, devenu, en 1929, le Secrétariat général de la défense nationale.

vos excentricités habituelles. Il n'est pas permis à tout le monde de se faire tuer[28]. » De Gaulle ajoute que Leclerc lui fait des « scènes à tout casser » pour obtenir Billotte. Et comme Leclerc vient de renvoyer sèchement le colonel Malaguti, il propose en outre à Billotte le commandement du Groupement tactique V (GT V). Billotte conclut : « Le moyen de faire autrement quand on commande des Français libres, tous volontaires, tous cabochards et tous plus braves les uns que les autres ? Ce n'est qu'à ce prix qu'ils vous suivent... jusqu'en enfer[29]. » Certes, mais c'est oublier un peu vite que, sur les 17 000 combattants de la DB, suite à de nombreux retranchements et ajouts, on ne compte plus qu'environ 5 000 authentiques Français libres. À l'été 1944, les évadés de France par l'Espagne, les Français d'Algérie (parmi lesquels nombre de juifs sépharades), les fusiliers marins du RBFM (régiment blindé des fusiliers marins, dans les rangs duquel combat un certain Philippe de Gaulle) et les soldats des régiments de l'armée d'Afrique (où l'on retrouve environ 1 300 Nord-Africains) fournissent la grande majorité de l'effectif[30].

Élisabeth de Miribel n'est pas femme à demeurer à Alger quand la bataille fait rage en Normandie. Arrière-petite-fille du président Mac-Mahon, petite-fille du général de Miribel, elle est issue d'une famille de tradition catholique et militaire. Elle se porte volontaire dès le 3 septembre 1939 auprès du ministère des Affaires étrangères qui l'affecte à la Mission économique que dirige alors, à Londres, le diplomate-écrivain Paul Morand. Tout naturellement, elle se rallie à la France libre en juin 1940. Geoffroy de Courcel, un ami d'enfance et officier d'ordonnance de De Gaulle, la présente au Général dont elle devient la secrétaire. Le 18 juin 1940, c'est elle qui tape à la machine les versions successives de l'Appel. Elle travaille deux ans au secrétariat du Général avant d'être envoyée en mission au Québec, en 1942, jouer de ses liens avec les milieux catholiques pour sensibiliser à la cause de la France libre des Canadiens français majoritairement pétainistes. Elle est ensuite correspondante de guerre en Italie auprès du général de Monsabert. À la fin du mois de mai 1944, elle croise Leclerc de passage à Alger et le supplie de la prendre à la DB comme correspondante de guerre. Leclerc refuse, ne « voulant s'encombrer de journalistes, encore moins de femmes ». Mais, ajoute-t-il, « si vous réussissez à me rejoindre en France, alors je vous garde[31] ». Elle remue ciel et terre pour cela. Il faut d'abord convaincre l'organisme américain d'accréditation des journalistes. Celui-ci n'a prévu que six cartes de presse pour des Français, « ceux qui étaient estimés les plus objectifs, c'est-à-dire les moins gaullistes ». C'est finalement l'intervention personnelle de De Gaulle qui arrache la décision. Elle revêt alors l'uniforme des « Forces françaises féminines[32] », c'est-à-dire du corps des volontaires féminins. Le 30 juillet, elle quitte Alger pour Londres par avion. À l'hôtel Rubens, elle retrouve son vieil ami Maurice Schumann, revenu à Londres pour un bref séjour. Les deux amis décident de faire route ensemble vers la France. Le départ de Portsmouth, par bateau, a vraisemblablement lieu le 2 août. Schumann et Miribel gagnent aussitôt Bayeux, le passage obligé de tous les émissaires de Londres ou d'Alger pendant la bataille de Normandie. Le commissaire de la République Coulet leur prête une jeep avec laquelle ils partent à la recherche de Leclerc. Le récit de Miribel est relativement avare de dates, mais on peut penser qu'elle retrouve Leclerc à son PC de Fleuré, le 2 ou le 3 août au soir, en train d'avaler une ration K américaine. Leclerc est beau perdant : il lui affecte voiture et chauffeur, mais, « pour le logement, dit-il, débrouillez-vous ! Vous n'avez qu'à voir avec le curé[33] ». Élisabeth de Miribel est alors la seule correspondante de guerre au plus près de l'action, alors que ses collègues américains, Helen Kirkpatrick, Sonia Tomara, Ernest Hemingway, Perry Miller, ou français, comme Claude Dauphin, sont encore coincés à l'arrière, du côté de Rennes. Elle ne quittera plus la 2e DB jusqu'à Paris.

Dans les premiers jours d'août qui voient Le Troquer poser enfin le pied sur le sol français, un brillant équipage quitte Londres par les airs : Charles Luizet, Francis-Louis Closon et Lazare Rachline ont la lourde mission, à des titres divers, de faciliter la prise du pouvoir en France par le GPRF.

Luizet s'est rallié à la France libre dès le 18 juin 1940 depuis le Maroc. De Gaulle demande à ce saint-cyrien de 37 ans, administrateur de la zone française de Tanger, de demeurer à son poste. Tout en exerçant diverses responsabilités d'importance sous Vichy, il monte un réseau de renseignement qui sera longtemps le seul point d'appui du BCRA en Afrique du Nord. En novembre 1942, il participe activement aux tentatives de putsch qui doivent faciliter le débarquement anglo-américain en Algérie et au Maroc. Après la création du CFLN, de Gaulle le nomme secrétaire général de la police en Algérie avant d'en faire, en septembre 1943, le préfet de la Corse libérée où il s'oppose avec énergie aux tentatives communistes de prise du pouvoir au niveau municipal. En juin 1944, la Corse pacifiée, il est nommé commissaire de la République, à disposition du commissaire à l'Intérieur, et rejoint Londres. En juillet, il accompagne Emmanuel d'Astier de La Vigerie pour une courte visite en Normandie où il retrouve François Coulet à Bayeux. Les deux hommes se connaissent et s'apprécient : Coulet a été secrétaire général de la préfecture de Corse sous les ordres de Luizet de septembre 1943 à juin 1944. Quant à d'Astier, on se souvient qu'il use de toute son autorité pour obtenir de De Gaulle la nomination de Luizet comme préfet de police de Paris.

Le plus jeune des trois compagnons de voyage, Francis-Louis Closon (30 ans le 18 juin 1940), rallie lui aussi la France libre dès l'été 1940. Docteur en droit, haut fonctionnaire des Finances, il travaille à New York à la Mission d'achats française. D'abord directeur par intérim des Finances de la France combattante*, puis, en 1942, directeur au commissariat à l'Intérieur**, il effectue deux missions clandestines en France occupée. La seconde vise à préparer les comités départementaux de la Libération qui doivent se saisir du pouvoir à la Libération. En juillet 1944, il est nommé commissaire de la République pour le Nord-Pas-de-Calais. Sa troisième mission doit installer le préfet Luizet à Paris et préparer, en liaison avec la Délégation générale de Parodi, l'arrivée du général de Gaulle dans la capitale. Au sein de la Délégation, Closon sera plus particulièrement chargé de mener les négociations avec la Résistance parisienne. Quand la progression des forces alliées le permettra, il devra rejoindre son poste à Lille.

Le troisième passager, Lazare Rachline, est né en Russie en 1905. Fuyant les pogroms, sa famille émigre en France dès l'année suivante. Ingénieur des Arts et Métiers, il reprend la petite entreprise de literie de son père. En 1927, il participe à la fondation de la Ligue internationale contre l'antisémitisme (LICA***) dont il prend la présidence. Fait prisonnier en 1940, il s'évade de son stalag et rejoint rapidement les rangs

---

* Le 14 juillet 1942, pour affirmer son union avec la Résistance intérieure, la France libre prend le nom officiel de « France combattante ».

** Catholique pratiquant, Closon se lie, à Londres, avec diverses personnalités de tendance démocrate-chrétienne comme Élisabeth de Miribel ou Maurice Schumann, dont il devient l'ami et avec lesquels il participe à la rédaction du mensuel français libre *Volontaire pour la cité chrétienne.*

*** Qui deviendra la LICRA en 1979.

de la Résistance, d'abord à Libération-Sud, puis pour le compte du SOE (Special Operations Executive) britannique. Sous le pseudonyme de Lucien Rachet, il excelle dans toute une série d'actions clandestines audacieuses comme l'évasion du camp de Mauzac du 16 juillet 1942. En juillet 1943, les Britanniques décident de rapatrier Rachline qui est « grillé » en France et sous la menace de la Gestapo. Il s'évade par l'Espagne en compagnie de Marcel Bleustein-Blanchet, le futur fondateur de Publicis, fait trois mois de camp à Miranda et décide, à son arrivée en Grande-Bretagne, de rejoindre le BCRA gaulliste. En février 1944, à Alger, de Gaulle confie à « Socrate », nouveau pseudonyme de Rachline, la Mission « Clé » qui vise à réorganiser l'organigramme de la Résistance intérieure dans la perspective du Débarquement en évitant aussi bien l'AMGOT qu'une insurrection prématurée des communistes. De Gaulle résume ainsi sa mission : « En somme, vous allez être président du Conseil en France et constituer un gouvernement c'est-à-dire une mission plus grande et plus large – vous verrez les gens au coin des rues et non à l'Élysée ; vous êtes le général de Gaulle en France[34]. » On sait que nombre de volontaires de la France libre furent déçus, voire fâchés, par l'accueil souvent froid et distant du Général au point que Palewski, son directeur de cabinet, devait user des dernières ressources de la psychologie pour réconforter les malheureux qu'il récupérait à la sortie de l'épreuve. Voici comment Rachline rapporte leur entretien :

> « [...] R. – Dans tous mes rêves, je voulais continuer à combattre dans vos troupes, mais jamais je n'avais osé rêver être ainsi devant vous. C'est une grande émotion pour moi, mais je ne voudrais pas vous tromper étant donné qu'il s'agit d'une mission importante.
> DG. – La plus importante que j'ai donnée.
> R. – Je serai d'une extrême discrétion. Ne croyez pas que je cherche à ne pas partir, la plus petite mission m'eût comblé. Mais cette mission est si importante que je tiens à vous dire que je suis juif et socialiste.
> DG. – Que voulez-vous que ça me fasse ? Vous êtes français, ça me suffit.
> R. – J'aurais été gêné, si je ne vous l'avais pas dit*. »
> Au moment de se séparer, le Général se lève, l'accompagne et lui demande :

* Rachline est encore sous le coup de la remarque de René Mayer, commissaire du CFLN chargé des Communications, et lui-même de confession juive, qui lui a fait observer, quelques jours plus tôt, qu'il y a « trop de juifs » au commissariat à l'Intérieur.

« DG. – Rachet, vous êtes marié ?
R. – Oui, mon Général et j'ai trois enfants.
DG. – Où ?
R. – En France
DG. – Vous les verrez ?
R. – Pour la sécurité, non. »

Le Général lui serre chaleureusement la main en lui disant : « Revenez ».

« Rachet » résume ainsi ses impressions au terme de cette entrevue : « Si j'avais été à ce moment à un 6e étage et que de Gaulle m'eût dit : "Ouvrez la fenêtre et sautez, je n'aurais pas hésité une minute[35]." » Rachline est de retour à Londres le 1er juin 1944. Dès le lendemain, « réunion avec Boris et d'Astier pour savoir qui on nommerait préfet de police de Paris. Luizet avait été plus ou moins désigné par Alger, mais ce n'était pas définitif. D'Astier désirait que ce fût Rachet. Il refusa comme il refusa aussi d'être directeur de la Sûreté. "Je n'aime pas la police" donna-t-il pour explication. On lui proposa d'être commissaire de la République. Il refusa encore faisant remarquer qu'il avait déjà lui-même désigné les autres commissaires [dans le cadre de la Mission "Clé"*] ». D'Astier décide alors qu'il remplacera Roland Pré comme délégué militaire de zone nord : « Écoutez, puisque vous avez envie de vous faire tuer, vous partirez avec Closon et Luizet comme délégué de zone nord. » Ce sera la Mission « Urodonal ».

Le 2 août au soir, les trois hommes décollent de Londres dans un DC-3 Dakota britannique qui doit les déposer sur un terrain aménagé par les maquisards de l'Ain près d'Ambérieu. Ils devront ensuite remonter vers Paris par leurs propres moyens. « Luizet, Rachet et moi partions avec la même tranquillité de quasi-voyage d'affaires, nous bavardions des voies de retour vers Paris[36]. » Mais tout joue de malchance dans ce voyage. Le pilote ne parvient pas à repérer le signal lumineux au sol et doit mettre cap au sud pour se poser finalement à Bastia. L'étape forcée en Corse est éprouvante. Inquiet à l'idée de perdre des passagers aussi importants, le pilote britannique va sans doute au-delà des consignes qu'il

* « Témoignage de Lazare Rachline auprès du comité d'histoire de l'Occupation et de la Libération de la France », 1953, AN : 72 AJ 1911. La troisième personne employée dans le texte pour désigner Rachline procède de la retranscription de son témoignage devant le Comité d'histoire de la Seconde Guerre mondiale.

a reçues : « Comme le pilote avait des ordres très sévères les concernant, il les laisse toute la journée enfermés dans l'avion, les gardant avec une mitraillette. Ils étouffent. Pendant ce temps, il demande des ordres. On les fait ensuite descendre, et on les reçoit dans un monastère où ils rencontrent Bénouville et Louis Mangin. Bonne soirée[37]. » Le lendemain, on décolle pour Alger où Rachline est hébergé chez Jean Pierre-Bloch, député SFIO de l'Aisne avant la guerre, qui donne, ce soir-là, une grande réception. Prévenu de ces contretemps et estimant, un peu tard, qu'il n'est pas prudent de faire voyager ensemble trois agents de ce niveau, d'Astier décide que Rachline repartira seul en Corse où le Dakota l'attend pour le conduire, comme prévu, près d'Ambérieu. À son arrivée, le colonel Romans-Petit, le chef des maquis de l'Ain, organise une prise d'armes, et Rachline, délégué militaire du gouvernement, passe fièrement en revue les maquisards.

De leur côté, le 4 août, Luizet et Closon font un crochet par l'Italie. Ils se retrouvent bloqués près de Pise, sur une base américaine particulièrement morne, où ils perdent quatre jours d'attente interminable. Le 8 août, on repart, cette fois pour la Provence, à bord d'un autre Dakota, américain celui-là, qui paraît à Closon beaucoup trop lourd pour un atterrissage sur un terrain de fortune. Un gros orage d'été en décide autrement et impose le retour au point de départ. « Pour peu que la malchance continue nous arriverons à Paris après sa libération[38]. » Un nouveau départ est fixé, la nuit du 9 au 10 août, pour un champ de lavande de la région d'Apt. En pleine nuit, l'avion se pose mal, manque de se renverser, mais se rétablit par miracle sur cette piste épouvantable. Luizet et Closon sont récupérés par les hommes d'un maquis local pendant que l'avion parvient à redécoller. Le 14, départ pour Avignon, ville où Closon a passé une partie de sa jeunesse et qui subit les bombardements préparatoires du débarquement de Provence. Mais, à présent, il n'y a plus aucun train pour Paris. La France est en train de basculer dans le chaos de la guerre, et ce qui reste de ressources ferroviaires est réservé aux transports de la Wehrmacht. Limites du pouvoir clandestin : après avoir été enfermés dans un avion sous la garde d'une mitraillette anglaise, ce 14 août, le préfet de police de Paris et le commissaire de la République de la région Nord, bloqués sur un quai de gare, vont rater la libération de Paris. Finalement, un camionneur accepte de les conduire à Paris. Closon ne le précise pas dans ses mémoires, mais on peut imaginer qu'il dut sans doute piocher dans les fonds secrets pour l'en convaincre. Il faut encore trois jours de voyage sur des routes désertes, mais constamment coupées par des barrages et où seuls circulent les convois allemands pour gagner la capitale.

Le 17 août, enfin, deux semaines après leur départ de Londres, ils sont place de la Bastille juste avant le déclenchement de l'insurrection parisienne. Dès le 18, Luizet est présenté par Parodi aux chefs de la police parisienne et, le lendemain, il prend possession de la Préfecture de Police conquise par les policiers insurgés. Closon trouve le temps de dîner chez sa belle-famille et intègre aussitôt l'équipe de Parodi où il retrouve Laffon, Pré et Mons. Jeanne Boitel (la future Mme Morandat) assure le secrétariat. Après un voyage tout aussi mouvementé où il a manqué d'être fusillé par les Allemands puis par des FFI, Rachline parvient à son tour à Paris le 25 août, juste à temps pour participer aux derniers combats.

Avec des hommes de la trempe de Parodi, Luizet, Closon, Chaban ou Rachline installés à Paris à des postes clés, de Gaulle a mis tous les atouts dans son jeu. Closon qui n'a pas revu Paris depuis un an note : « La mode avait choisi pour la libération des jupes amples et colorées. Avenue de l'Opéra, toutes les femmes s'étaient donné rendez-vous pour un immense ballet qu'elles dansaient sur leurs vélos. Jamais elles n'ont été plus belles[39]. »

Alger-Cherbourg, un aller sans retour

« Lorsque la libération de Paris fut en vue, le général de Gaulle [...] décida d'aller directement en France sans passer par l'Angleterre, comme l'aurait voulu Churchill[40]. »

Au milieu du mois d'août, le tableau militaire se dégage nettement en Normandie et en Provence. Un peu avant le 15 août, de Gaulle décide de gagner la France au plus vite pour pousser les Alliés à foncer vers Paris. Dans un pays aussi centralisé que la France, la victoire définitive passe par Paris. Il faut entrer dans la ville avant que l'insurrection n'aille trop loin ou qu'une répression aveugle ne conduise à un désastre. Le souvenir de la Corse, où les communistes, à l'automne 1943, avaient fait élire par acclamation de nouveaux conseils municipaux, demeure bien présent à l'esprit de De Gaulle ou de Luizet. Échaudé par des années de conflit, le Général est également persuadé que les Américains sont prêts à toutes les manœuvres pour l'empêcher de prendre le pouvoir, y compris à traiter avec Vichy ou avec ses succédanés de la dernière heure. Tous les obstacles qu'il rencontre lui paraissent s'inscrire dans ce complot. Eisenhower avait reçu l'ordre de ne pas traiter avec Vichy en tant que tel, mais pourquoi pas avec des « autorités locales » qui émaneraient de lui pourvu qu'elles soient bien disposées. Les ultimes manœuvres de Laval à Paris confortent de Gaulle dans cette conviction. Il n'est pas loin de penser que Laval est soutenu par l'antenne européenne de l'OSS (Office of Special Service américain, ancêtre de la CIA) que son patron, William Donovan a installée à Berne. Même après la guerre son opinion n'a pas varié. Dans la série d'entretiens qu'il a donnés à Michel Tauriac, Philippe de Gaulle rapporte ces propos de son père : « Pour les Américains, [...] il s'agissait de retarder le plus possible mon arrivée à Paris. C'est pour cette raison, tu le sais, qu'ils ne m'ont pas donné le moyen de rejoindre la Normandie au plus vite. » C'est pour cela que de Gaulle aurait utilisé, son « Lokheed [*sic*] Harpoon [re-*sic*] non armé[41] » dont Philippe de Gaulle tient à préciser « qu'il fut acquis, en 1942, aux États-Unis afin de moins dépendre de la logistique alliée. [...] Il put ainsi aborder le front normand sans escorte, cela en pleine bataille[42] ! ».

Le voyage que de Gaulle effectue, du 18 au 20 août 1944, pour se rendre d'Alger en Normandie pourrait être un voyage banal comme de Gaulle ou les autres chefs d'État de la Seconde Guerre mondiale en ont effectué des centaines. Churchill et Roosevelt se rencontrent neuf fois entre 1941 et 1945. De Gaulle lui-même est un inlassable voyageur, passant son temps à inspecter le domaine impérial rallié à la France libre et les divers fronts où combattent les FFL. Comme le note Philippe Oulmont, « De Gaulle est un habitué des grands déplacements qui a dû passer, tout au long de la guerre, des centaines d'heures en transports[43]. » Le 12 octobre 1940, après une étape au Cameroun (Douala, Yaoundé) et alors qu'il se rend à Brazzaville, le Général échappe de peu à un grave accident en se posant en catastrophe à Fort-Lamy, au Tchad. Et pourtant, tout dans le voyage d'août 1944 pose problème. À la lecture des témoignages et des archives, rien n'est certain : ni la date de départ, ni le nombre des passagers accompagnant de Gaulle, ni la chronologie du voyage, ni les types d'avions utilisés et pas même le lieu d'atterrissage.

Ces éléments pourraient n'être que des détails à la lumière des immenses enjeux politiques du voyage. Ils en forment au contraire, nous semble-t-il, un élément constitutif.

Une histoire d'avions

Première difficulté : sur quel(s) avion(s) vole-t-on ? Selon la version dominante qui émerge des témoignages et des travaux historiques, de Gaulle refuse d'embarquer, au départ d'Alger, à bord de l'appareil que les Américains mettent à sa disposition, préférant son Lockheed Lodestar. Les incertitudes ne portent pas sur le fait lui-même, qui est attesté, mais plutôt sur les raisons qui poussent de Gaulle à adopter cette attitude. Le fond de l'affaire n'est pas la nationalité du constructeur (le Lockheed est aussi un appareil de fabrication américaine), mais la couleur des cocardes qui implique la nationalité de l'équipage et des mécaniciens qui ont préparé l'appareil.

Si l'on fait un bref retour en arrière, l'organisation pratique des derniers voyages du Général n'a pas soulevé de problèmes particuliers. Depuis 1942, de Gaulle vole dans un Lockheed Lodestar, acheté en 1942, et piloté par le fidèle Félix Raymond, l'ancien pilote de Leclerc en Afrique. Le 30 mai 1943, en provenance de Londres, c'est à bord de son Lodestar piloté par Raymond que de Gaulle atterrit à l'aérodrome militaire de Boufarik, près d'Alger, où il est accueilli par le général Giraud.

En janvier 1944, lors de la tournée africaine qui le conduit à Brazzaville, de Gaulle emprunte de nouveau son Lockheed. Une image rapide mais claire d'un film d'actualités de l'époque le montre à l'escale d'Abidjan[44]. Les 17 et 18 mai 1944, le général de Gaulle, accompagné d'André Diethelm, commissaire à la Guerre, du général de Lattre de Tassigny, commandant de l'armée B, et du général Béthouart, chef d'état-major de la Défense nationale, rend visite au Corps expéditionnaire français en Italie. À sa descente d'avion, sur l'aérodrome de Caserte, il est accueilli par les généraux Juin et Brosset. Il passe en revue des détachements du 1er régiment de fusiliers marins, de la 13e demi-brigade de la Légion étrangère et des bataillons de marche de la division. Comme le montrent les diverses photographies conservées par l'Établissement de communication et de production audiovisuelle de la défense (ECPAD), le vol Alger-Caserte a également été effectué en Lockheed Lodestar.

Tout change lorsqu'il s'agit de se rendre en Grande-Bretagne, le 3 juin 1944, à l'invitation de Churchill. En dépit des différends qui opposaient de Gaulle aux Alliés, Churchill tenait absolument à ce que de Gaulle fût présent en Grande-Bretagne au moment du Débarquement. Après s'être fait longtemps prier, y compris par les membres du Comité national français, de Gaulle décida de partir pour Londres, mais sans aucun commissaire pour bien montrer qu'il ne venait pas négocier. Il était toutefois accompagné par une suite relativement importante comprenant des membres de son cabinet (Palewski, Courcel, le capitaine Teyssot), deux chefs militaires, le général Béthouart et le colonel Billotte, secrétaire du Comité de la défense nationale, et deux « techniciens », Hervé Alphand, pour le cas où l'on évoquerait les questions monétaires, et Jacques Soustelle pour qu'il prenne langue avec les services secrets britanniques. Duff Cooper, le représentant du gouvernement britannique auprès du CFLN, est également du voyage. Un modèle de « suite » se met alors en place dont on retrouvera, peu ou prou, le format pour le voyage éclair à Bayeux du 14 juin suivant, pour le voyage aux États-Unis de juillet ou pour le dernier voyage vers Cherbourg le 18 août.

Pour faire plier de Gaulle, le Premier ministre britannique va jusqu'à dépêcher à Alger deux avions parmi lesquels « Ascalon », son avion personnel, dans lequel de Gaulle vola. Pour ses voyages officiels, Churchill utilisa d'abord un Consolidated B-24 II Liberator qui permettait de relier Londres au Caire avec une seule escale à Gibraltar. À partir de 1943, il adopta l'Avro York (nom de code « Ascalon ») avec lequel il se rendit aux États-Unis pour s'exprimer devant le Congrès en mai 1943 ou à Yalta en février 1945. Dérivé du bombardier Avro Lancaster, l'avion était pressurisé et équipé du radio-téléphone et de toutes les commodités, mais il n'était pas armé*.

C'est par souci de sécurité que les Britanniques dépêchent deux avions : en cas d'avarie on dispose ainsi d'un avion de remplacement et, en cas d'accident, en répartissant les personnalités, on évite de décapiter

* L'armée de l'air française en acheta quelques exemplaires, dont l'un servit d'avion personnel à de Gaulle en 1945. C'est ainsi à bord d'un York qu'il se rendit aux États-Unis pour son second voyage officiel en août 1945.

l'ensemble de l'architecture politico-militaire française. Le vol de nuit constitue un autre élément de sécurité, l'attaque par la chasse ennemie étant plus compliquée. « Bientôt de Gaulle me le confirme, Churchill lui a envoyé son avion personnel. Il le prendra avec Duff Cooper. Je partirai dans un autre appareil avec Palewski, Hervé Alphand, Soustelle, Billotte, Courcel, etc. Le lendemain matin, 4 juin, à 6 heures, les deux avions atterrissent à Croydon[45]. »

Un mois plus tard, du 6 au 11 juillet 1944, à l'invitation du président Roosevelt, de Gaulle se rend aux États-Unis. Quel avion emprunter pour un aussi long voyage ? Au grand désespoir de son entourage, de Gaulle souhaite voler dans son Lockheed à croix de Lorraine, piloté par un équipage français. Louis Joxe, secrétaire général du gouvernement, mais totalement incompétent en matière aéronautique, est discrètement envoyé inspecter le Lodestar habituel du Général, qui paraît bien modeste pour un tel voyage. « À la demande de tous, je tentai de dissuader le général ; sur ce, je me rendis au terrain d'aviation. En approchant de Maison Blanche, je trouvai l'avion en question, assez piteusement posé en travers de la route. Le vol d'essai, sans provoquer de catastrophe, n'était certes pas un coup de maître[46]. » De fait, l'autonomie du Lockheed est très insuffisante pour un vol transatlantique. C'est cette fois Roosevelt qui, imitant le geste de Churchill en juin, met à disposition de De Gaulle un Douglas DC-4 Skymaster. S'agit-il de l'avion personnel du président, *Sacred Cow* (vache sacrée), l'ancêtre d'*Air Force One** ? La documentation disponible ne permet pas de le dire. Mais il ne fait aucun doute que de Gaulle a bien volé dans un DC-4 avec un équipage américain pour se rendre aux États-Unis. Cela est attesté par l'historien américain Viorst, par le fait que ne figure aucun DC-4 dans les registres de l'armée de l'air avant août 1945** et tout simplement par les photographies de l'arrivée de De Gaulle à Washington sur lesquelles on distingue nettement la silhouette du Douglas DC-4 dans sa livrée américaine. Avec son autonomie de 3 300 kilomètres, le Skymaster est alors ce qui se fait de mieux

* Cet exemplaire unique était un C-54A-5-DO spécialement aménagé pour transporter 15 passagers et équipé d'un élévateur électrique puisqu'il était destiné aux déplacements du président lourdement handicapé.

** Lors de son second voyage aux États-Unis, en août 1945, de Gaulle arriva dans un York acheté en Grande-Bretagne et repartit dans le DC-4 que Truman lui offrit à titre personnel à cette occasion.

en matière de long-courrier avec le Constellation de Lockheed, pour l'heure réservé à des usages militaires. Le vol emprunte la route classique de l'Atlantique Sud, *via* Recife, les vols directs par l'Atlantique Nord demeurant encore limités aux appareils militaires. Comme il l'avait fait en partant pour Londres en juin, de Gaulle se rend aux États-Unis sans aucun ministre du GPRF. Le seul officiel qui l'accompagne est le général Béthouart, sans compter une poignée de conseillers. Il est accueilli sur le tarmac de l'aéroport par Henri Hoppenot, le représentant du GPRF aux États-Unis.

Autrement dit, même s'il préfère voler sur son Lodestar, Raymond aux commandes, de Gaulle n'a fait aucune difficulté pour se rendre en Grande-Bretagne et aux États-Unis sur des appareils étrangers, pilotés par des équipages non français et à des moments où les relations avec les Alliés n'étaient pas meilleures qu'à la mi-août 1944. Le refus d'embarquer à bord de l'avion proposé par les Américains est la réponse aux réticences anglo-saxonnes à l'encontre du voyage en France derrière lesquelles le Général ne peut s'empêcher de voir des manœuvres politiques.

À Alger, on se prépare à un éventuel départ du Général depuis le début du mois d'août. Le témoignage de René Joffrès, conservé au musée de la Libération de Paris, permet de suivre ces préparatifs. Élève ingénieur des Arts et Métiers à Aix-en-Provence, puis stagiaire à la Société nationale de construction aéronautique du Sud-Est (SNCASE), René Joffrès fabrique des faux papiers d'identité et participe à un réseau d'évasion vers l'Espagne. Quand la Gestapo menace le réseau, il s'évade de France par les Pyrénées au début de 1943 et est interné au camp de Lerida de mars à juillet 1943. Il finit par s'en évader, gagne Gibraltar et s'engage dans les Forces françaises libres. Les FAFL l'affectent au groupe du commandant Lionel de Marmier en Syrie, qui organise les lignes aériennes de la France libre au Proche-Orient. Pilote, ingénieur navigant, mécanicien, René Joffrès effectue aussi des missions de reconnaissance en Afrique. Affecté au printemps 1944 à l'état-major du général de Gaulle à Alger, il supervise la maintenance des avions Lockheed affectés au transport des personnalités dans un climat tendu, fait d'intrigues et de complots, qui témoigne de la difficulté à unifier Français libres et armée d'Afrique. Sans compter le personnel d'Air France qui prend tout le monde de haut.

Joffrès indique que, au début du mois de juin 1944, est créé à l'aéroport Maison Blanche d'Alger, sous les ordres de Marmier, un réseau central des transports militaires qui comprend six appareils Lockheed des lignes aériennes militaires (LAM). Cela « correspond à la création officieuse de moyens aériens disponibles pour toutes missions aériennes décidées par l'état-major particulier du général de Gaulle[47] ». Deux de ces appareils, directement destinés à l'usage du Général, sont alors « dotés de réservoirs supplémentaires dans la cabine passagers qui permettent un vol aller-retour au-dessus de la Méditerranée », soit environ 1 500 kilomètres. Une trappe de plancher est également installée « pour faciliter le largage en parachute[48] ». Le 3 juillet, on applique les bandes noires et blanches « identifiant les avions alliés survolant les zones de débarquement[49] » sur les deux Lodestar destinés à de Gaulle. En outre, un kit radio est spécialement installé à la villa des Glycines, la maison où de Gaulle a installé ses bureaux, sa résidence privée étant la villa des Oliviers*.

Le 27 juin 1944, premier incident d'une longue série, Félix Raymond est victime, à Alger, d'un grave accident de la circulation qui l'immobilise un long moment à l'hôpital. Lionel de Marmier, le chef du réseau central des transports militaires, le remplace au pied levé comme pilote du général de Gaulle. Mobilisé dans l'aviation en 1918, six victoires homologuées, Croix de guerre, Marmier se reconvertit en pilote civil durant l'entre-deux-guerres tout en participant à des courses automobiles. En 1936, il offre ses services de pilote à la République espagnole. Remobilisé en 1940 (avec une nouvelle victoire), il rallie la France libre dès juin 1940 et crée les LAM, embryon d'un moyen de transport lourd des FAFL. Il participera à la Mission Paris/Moscou en décembre 1944 : il pilotera l'avion qui ramènera de Gaulle d'URSS, Raymond, rétabli de son accident, ayant piloté à l'aller.

Un dernier point reste à éclaircir : quel avion les Américains ont-ils fourni ? Tous les témoignages (de Gaulle, Juin, Palewski, Gorse) évoquent sans ambiguïté la présence, à côté du Lockheed personnel de De Gaulle, d'un lourd bombardier Boeing B-17. Pourtant, les mémoires de l'ingénieur-mécanicien Joffrès sèment le trouble. Le 14 août, écrit-il,

* « De Gaulle avait pris pour résidence, sur les hauteurs d'El-Biar, la villa des Oliviers, une maison néomauresque, dont les jardins comportaient bien quelques oliviers mais qui tenait son nom, semble-t-il, de ses premiers propriétaires M. et Mme Olivier. J'eus à cœur, négociant avec le gouvernement algérien en 1963 la convention domaniale, de conserver cette villa pour y domicilier l'ambassadeur de France… Pour ses bureaux, le Général s'était installé dans la villa des Glycines. » Georges Gorse, *Je n'irai pas à mon enterrement*, Plon, 1992, p. 18.

la radio crache un message de l'attaché de l'US Air Force à Alger. Après décryptage, le message annonce la mise en place à Alger Maison Blanche d'un Douglas C-47 de l'US Air Force dont la « mission – confiée à un équipage américain – est d'assurer le retour en France du général de Gaulle ». Le C-47 Skytrain (ou Dakota pour les Britanniques) est la version militaire du bimoteur DC-3 de la firme Douglas, un appareil non armé et à l'autonomie nettement moindre que celle du B-17 (2 600 kilomètres contre 3 300). Montagne, l'un des responsables des LAM, se rend immédiatement au secrétariat du Général et revient avec une mention très claire : « Non » sur la fiche. La réponse est transmise à l'attaché américain, qui répond un peu plus tard en confirmant la mise à disposition d'un C-47 mais, cette fois, avec équipage français. « Nouveau refus du général de Gaulle suivi de l'ordre écrit, donné au colonel de Marmier, de rejoindre immédiatement la villa des Glycines. » Marmier ordonne alors à Joffrès de préparer les deux Lodestar immatriculés FC-BAD et FC-BAF[50]. On peut ne pas suivre Joffrès quand il explique que le refus très sec de De Gaulle de voler sur des avions anglo-américains remonte à avril 1943 quand le bombardier Wellington britannique, qu'il devait emprunter pour se rendre à Glasgow, a fait l'objet d'une tentative de sabotage*. En revanche, le message de l'attaché américain montre que les autorités américaines ont eu vent du projet de De Gaulle de se rendre en France avant le 14 août.

Selon Joffrès, le Dakota se pose à Maison Blanche le 14 août vers 17 heures et vient se ranger dans le hangar des deux avions de De Gaulle. En plaçant trop vite la cale métallique, Joffrès détériore le pneu du train avant droit de l'avion américain. « La colère du pilote américain s'accompagne à notre encontre de la menace d'un revolver dont il lève le cran de sûreté devant nous. Il faut l'intervention d'un membre de la délégation américaine à la Maison Blanche pour calmer les choses. Comble de malchance, il n'y a pas de pneu de rechange adéquat à Maison Blanche[51]. »

* « Le 21 avril 1943, un bombardier Wellington dans lequel de Gaulle a pris place pour aller de Londres à Glasgow ne parvient pas à décoller du terrain de Heston car ses volets ne répondaient pas aux sollicitations du pilote, le flying lieutenant Peter Loat. L'enquête menée par la Royal Air Force établira que les câbles de commande avaient été rongés par de l'acide. Si celui-ci avait agi moins vite ou si les câbles avaient été plus gros, ni vu ni connu, le vol se serait forcément mal passé », témoignage de René Joffrès, *op. cit.*, p. 114.

Le 17 août, de Gaulle confirme son refus poli, mais ferme, de l'offre américaine de mettre à sa disposition un B-17 en envoyant un télégramme personnel au général Eaker, le commandant des Forces aériennes américaines en Méditerranée.

> « Alger, le 17 août 1944,
> « Je vous remercie vivement de l'offre que vous voulez bien me faire de votre Fortress personnelle. Mais je compte utiliser le Lockheed Lodestar qui me sert habituellement.
> « Mes félicitations pour la grande action aérienne en cours sous votre commandement.
> Amitiés[52]. »

Dakota ou Flying Fortress ? Le C-47 et le B-17 étaient alors si familiers (et si différents) et les témoins tellement au fait des questions militaires qu'il est impossible d'imaginer qu'ils se soient tous trompés. De même, on ne voit pas pourquoi Joffrès inventerait la livraison d'un Dakota par les Américains. Il faut donc imaginer, avec toute la prudence qu'impose le demi-silence des sources, que les Américains ont d'abord livré un C-47, mais que l'impossibilité de le réparer à Alger les a conduits à dépêcher finalement un B-17. À rebours de l'accusation gaullienne, à peine voilée, de fausses pannes inventées par les Anglo-Américains pour retarder son arrivée en France, force est de constater que le premier retard provient d'une maladresse française. Selon l'historien américain Viorst, Eisenhower, qui tient à voir de Gaulle, met son B-17 personnel à sa disposition par souci de sécurité[53]. Le télégramme cité ci-dessus incite plutôt à penser que ce fut celui du général Eaker. Un compromis s'est donc finalement dégagé au dernier moment : de Gaulle volera dans son avion personnel, avec un équipage français, pour bien affirmer son indépendance au moment de rentrer en France. Mais, par souci de sécurité, les Américains dépêchent malgré tout, après l'épisode malheureux du DC-3, un B-17 à équipage américain à Alger. Éric Roussel précise que, comble de malchance, en se posant à Maison Blanche, ce B-17 endommage à son tour son train d'atterrissage, ce qui provoquera une série de retards tout au long du voyage.

Le B-17 Flying Fortress a été conçu pour effectuer des missions de bombardement à longue distance. L'avion dépêché par Eaker a été reconverti pour le transport de hautes autorités militaires. Toutefois, si la soute à bombes est vide, le B-17 demeure lourdement armé sur le plan défensif avec son radar actif, son plafond à plus de 11 000 mètres et ses quatre tourelles armées de mitrailleuses de 12,7 mm. Enfin, son autonomie de 3 500 kilomètres permet d'envisager un vol de nuit sans escale. Mais ses 16,4 tonnes à vide interdisent tout atterrissage sur des terrains sommairement aménagés. Ces éléments ne sont pas négligeables si l'on se souvient qu'à la différence des voyages précédents de Gaulle se rend dans une zone de guerre et qu'il est le premier chef politique à tenter un atterrissage dans la poche de France libérée.

À côté de ce « monstre », le Lockheed Lodestar dérivé de l'avion civil Electra développé par Lockheed dans les années 1930 est un avion de transport militaire léger aux performances assez médiocres*. Son autonomie limitée (2 600 kilomètres, même portée à 3 000 kilomètres par l'adjonction de réservoirs supplémentaires effectuée à Alger) oblige à deux ou trois étapes pour relier Alger à Cherbourg. Rappelons que si, à vol d'oiseau, Alger est distante de Cherbourg de 1 480 kilomètres et Gibraltar de 1 550 kilomètres, cela ne signifie pas grand-chose car l'Espagne étant neutre et interdite de survol militaire et la France occupée trop dangereuse pour être survolée, il faut opérer un large détour par le sud du Portugal, puis traverser le golfe de Gascogne, passer au large de Brest avant de s'engager dans la Manche, ce qui correspond à la limite de l'autonomie du Lodestar depuis Gibraltar. En outre, sa faible vitesse de croisière de 350 kilomètres par heure et son plafond limité à 7 000 mètres en font une proie facile pour d'éventuels chasseurs. La version achetée par la France libre est bien sûr non armée et dépourvue de tourelle dorsale et de radar. Enfin, son poids relativement important (8 tonnes dans la version d'origine, un peu plus après les bricolages d'Alger) lui interdit d'atterrir sur des terrains en herbe. En un mot, en choisissant de voler sur son Lodestar, de Gaulle prend un risque non négligeable, voire inconsidéré. On se souvient qu'il avait déjà agi de même en Normandie, le 14 juin, lorsqu'en faisant un détour par Grandcamp il s'était dangereusement rapproché des lignes allemandes. Il en ira de même durant tout son voyage vers Paris et jusque dans les rues de la capitale.

---

* Le bombardier léger Lockheed Hudson (Ventura pour les Britanniques) est très proche du Lodestar et dérive également de l'Electra.

Un Lockheed Lodestar.

De tout cela, que conclure ? Deux avions sont utilisés pour le retour de De Gaulle en France. Le Général vole dans le Lodestar familier avec Marmier aux commandes. Un autre avion, un bombardier B-17 endommagé lors de son atterrissage à Alger, embarque le reste de la délégation.

Blocage politique ou obsession sécuritaire ?

Le lecteur nous pardonnera ces détails techniques. Ils ont toute leur importance si l'on veut trancher la question de fond : les Anglo-Américains ont-ils voulu freiner, voire empêcher le départ de De Gaulle pour la France ? Dans ses *Mémoires de guerre*, de Gaulle ne laisse guère planer de doute, insinuant que ces réticences visaient à l'empêcher de se saisir du pouvoir en France. Les mémoires de Juin, de Gorse ou de Palewski, compagnons de voyage du Général, ne disent pas autre chose : « Le 18 août, de Gaulle partait pour la France, sans esprit de retour. [...] Durant le voyage vers la France les péripéties ne manquèrent pas. La "forteresse volante" que les Américains mettaient à sa disposition ayant été accidentée (premier épisode d'une série d'incidents qui paraissaient destinés à retarder son arrivée en France), de Gaulle prit d'abord son petit avion personnel, que pilotait Lionel de Marmier, pour gagner Casablanca où un autre appareil devait l'attendre. Je l'accompagnais[54]. » Les incidents qui se multiplient lors des escales de Casablanca et de Gibraltar conforteront de Gaulle dans cette certitude tout en accroissant son exaspération.

De fait, quand ils apprennent la décision de De Gaulle, sans doute le 13 août, les Américains et les Britanniques n'opposent pas de refus de principe, mais émettent des réserves fondées sur la sécurité. Si les Américains annoncent, dès le 14 août, l'envoi d'un Dakota à Alger, c'est bien qu'ils ne songent pas à empêcher le voyage. Le 15, Duff Cooper informe Eden de l'intention de De Gaulle de se rendre directement à Rennes. Impossible, répond Eden : compte tenu de l'état des terrains d'aviation, il vaudrait mieux Cherbourg qui dispose d'une piste en dur. Eden précise le fond de sa pensée : « [De Gaulle] ne doit pas commettre la folie d'exposer sa vie inutilement dans de telles conditions[55]. » Le 15 août, Eisenhower informe le SHAEF, à Londres, que de Gaulle compte se rendre à Rennes. Le lendemain, le Foreign Office lui fait savoir qu'il n'élève pas d'objection tout en faisant observer que le vol pourrait être dangereux[56].

Les réticences des Alliés relèvent bien plus de réelles préoccupations sécuritaires que de calculs politiques. De fait, les appareils des années 1940 sont d'une fiabilité médiocre, et les accidents ne sont pas rares. De Gaulle l'a lui-même expérimenté au Tchad en 1940. Stephen Ambrose, le biographe d'Eisenhower, rappelle que les accidents peuvent survenir aux plus grands chefs. Le 2 septembre 1944, Eisenhower est à Versailles et il doit se rendre à son PC de Jullouville, près de Granville, pour discuter avec Montgomery qui ne se déplace jamais, considérant que c'est au commandant en chef de venir à lui. Comme son B-25 Mitchell habituel connaît une panne de silencieux, il emprunte un L-5 pour se rendre de Versailles à Granville. Le Stinson L-5 Sentinel, surnommé la « jeep volante », est un minuscule avion biplace de liaison. Par malchance, l'avion est pris dans une tempête, se trouve à court d'essence et effectue un atterrissage en catastrophe sur la plage. Eisenhower sort alors de l'avion pour aider le pilote à le pousser. Glissant dans le sable, il se fait une grave entorse du genou. Un médecin venu de Londres le contraint à s'aliter et à porter un plâtre quelques jours. Il ne guérira jamais vraiment de cette blessure dont il gardera des séquelles toute sa vie[57]. La liste est longue, dans les années 1940, des accidents d'avion ayant entraîné la mort de chefs militaires importants : le 11 novembre 1941, de retour d'Afrique, l'avion du général Huntziger s'écrase contre le mont Aigoual ; le 30 décembre 1944, Lionel de Marmier, l'un des meilleurs pilotes de sa génération, trouve la mort à 47 ans en pilotant le Lodestar de De Gaulle qu'il ramène d'Alger vers la France ; le 28 novembre 1947, au cours d'une tournée d'inspection en Afrique du Nord, le général Leclerc meurt dans le crash de son B-25 Mitchell ; le 30 janvier 1948, le maréchal de l'air australien Arthur

Coningham, ancien chef de l'aviation tactique d'Overlord, disparaît en mer avec tous les autres passagers et membres d'équipage de l'avion de ligne sud-africain Avro Tudor IV, qui le conduisait des États-Unis à Lisbonne.

En outre, la Normandie est zone de guerre, et de Gaulle est le premier chef d'État à y tenter un atterrissage. Churchill et lui-même se sont rendus en Normandie, les 12 et 14 juin, mais par mer. La chasse allemande est certes étrillée, mais pas complètement anéantie. Billotte en sait quelque chose, qui manque de périr début août en allant rejoindre sa récente affectation à la 2e DB : « Je [...] bondis le 7 août dans le premier avion pour l'Angleterre, capote à Gibraltar, saute dans un autre avion, manque de peu une collision avec une fusée V1 à mon arrivée à Londres, reprends immédiatement un troisième avion [un vieux Wellington modèle 1939] pour Bayeux, croise un Messerschmitt qui flâne au-dessus de la Manche. [...] Le 8 août à midi, je peux me présenter à Leclerc[58]. » Et que dire du voyage épique de Luizet et Closon qui mettent deux semaines pour se rendre de Londres à Paris. Le souci sécuritaire est poussé à ce point que les Britanniques prévoient, à l'arrivée de l'avion de De Gaulle au-dessus de la Manche, un rendez-vous aérien avec une escadrille de chasseurs de la RAF pour l'escorter dans l'approche finale. Et si le général Eaker dépêche son B-17, c'est avant tout parce qu'il est lourdement armé.

Il est un dernier élément qu'il convient de rappeler et qui pèse lourd dans le souci sécuritaire des Britanniques. À la fin du mois de mai 1943, le général Sikorski, chef du gouvernement polonais en exil, partit inspecter les forces polonaises du Proche-Orient. Au retour de ce voyage, le 4 juillet 1943, son avion, un B-24 Liberator II, s'écrasa quelques secondes après son décollage de Gibraltar, avec pour seul survivant le pilote de l'avion, le capitaine tchèque Eduard Prchal. Parmi les victimes, outre Sikorski, figuraient également sa fille et le chef d'état-major polonais, le général Klimecki. Le contexte était autrement plus explosif que celui qui entourait les affaires françaises de l'été 1944. Au lendemain de la découverte par les Allemands des charniers de Katyń (11 avril 1943), Sikorski et son gouvernement annoncèrent qu'ils exigeaient l'envoi sur place d'experts de la Croix-Rouge, ce qui revenait à dénoncer la thèse de l'innocence soviétique aussitôt proclamée*. La riposte soviétique fut

* Le gouvernement soviétique ne reconnut sa responsabilité dans cet immense crime qu'en 1990, sous Gorbatchev.

immédiate et radicale : le 26 avril 1943, l'URSS annonçait qu'elle rompait ses relations diplomatiques avec le gouvernement de Sikorski installé à Londres depuis le printemps 1940*. La commission d'enquête britannique, immédiatement constituée, conclut à un accident, mais sans pouvoir en déterminer la cause. Le gouvernement polonais refusa ces conclusions et déclara poursuivre sa propre enquête, ce qui posait clairement la question d'un attentat. La présence sur le parking de l'aéroport de Gibraltar, au moment de l'accident, de l'avion de l'ambassadeur soviétique Ivan Maïski a alimenté, jusqu'à nos jours, les soupçons les plus divers. On imagine aisément que cet enchaînement d'événements, désastreux pour la Grande Alliance avec l'URSS, embarrassait au plus haut point les Britanniques**. Dans ces conditions, on peut comprendre qu'un an plus tard, et peut-être au même endroit, ils n'aient eu aucune envie d'endosser la responsabilité de la disparition du général de Gaulle.

Loin d'empêcher le départ du Général, les Anglo-Américains lui en offrent le support logistique, ce qu'ils auraient très bien pu ne pas faire. Si réticences il y a, elles portent surtout sur la sécurité d'un vol objectivement risqué et dangereux.

Reste une ultime interrogation, et non la moindre : quel jour de Gaulle a-t-il quitté Alger ? Tous les témoignages, à commencer par celui de De Gaulle lui-même, avancent la date du 18 août pour une arrivée en Normandie au matin du 20 août. Pourtant, les mémoires de Joffrès viennent de nouveau jeter le trouble. Ce dernier évoque très clairement un départ d'Alger le 15, et non le 18 août, et une arrivée le 18 au soir, et non le 20 au matin :

« Le 15 août, dès 8 heures, nous déposons le plan de vol au bureau du contrôle aérien d'Alger Maison Blanche pour le parcours Alger-Casablanca avec un équipage composé de colonel de Marmier, pilote – Thomas, mécanicien – Chaussat, radio. Passager : général de Gaulle.

« On termine le plein quand la voiture de De Gaulle arrive à 9 heures. [...] Après avoir salué l'équipage, le général de Gaulle pénètre après eux dans la cabine [...]. À 10 heures, le Lockheed FC-BAD décolle pour Casablanca[59]. »

* Après la défaite polonaise de 1939, ce gouvernement avait d'abord trouvé refuge en France.

** Et continue à les embarrasser car le secret militaire qui entoure les archives britanniques de l'affaire, qui aurait dû tomber en 2013, a été prolongé jusqu'en 2050.

Bien mieux : Joffrès reproduit dans ses mémoires le rapport de mission que Lionel de Marmier rédigea lors de son retour à Alger, le 29 août 1944. Hélas, Joffrès ne livre aucune référence d'archives et ne précise pas s'il reproduit *in extenso* le rapport de Marmier ou s'il en livre une transcription de mémoire :

« Au matin du 16 août 1944, alors que Chaussat dépose le plan de vol du FC-BAD pour relier Casablanca à Gibraltar, les Britanniques n'autorisent pas l'atterrissage à Gibraltar.
« Enfin, en début d'après-midi du 17 août, l'autorisation d'atterrir parvient et le FC-BAD se pose à Gibraltar.
« Après bien des démarches, le FC-BAD est autorisé le 18 août 1944 à prendre le départ pour l'Angleterre.
« En raison de l'activité aérienne au-dessus de la Manche, il est prévu un point de rencontre du FC-BAD avec un escadron de la Royal Air Force qui aura pour mission d'en assurer la sécurité sur le territoire français.
« C'est aux environs de 17 heures [donc le 18] que le FC-BAD se présente au rendez-vous aérien avec la RAF, dans la plage horaire prédéfinie. Les appels radio de Chaussat sur fréquence spéciale convenue se révèlent sans réponse.
« Le niveau de carburant atteint la limite : Marmier prend la décision de quitter la zone de rendez-vous et à très basse altitude gagne le rivage français pour atterrir sur l'aérodrome de la Loude à Sainte-Mère-Église[60]. »

Dans ces conditions, le voyage se serait donc déroulé ainsi :

15 août, vers 10 heures : Alger-Casablanca.

16 août : immobilisation à Casablanca par le refus britannique d'autoriser l'atterrissage à Gibraltar.

17 août : Casablanca-Gibraltar avec une arrivée dans l'après-midi.

18 août : autorisation de quitter Gibraltar pour la France ; après un rendez-vous raté avec la RAF, Marmier se pose en début de soirée à Sainte-Mère-Église.

Sans même parler du lieu d'atterrissage (Sainte-Mère-Église), sur lequel nous reviendrons, ni du rendez-vous avec la RAF prévu le matin et non le soir, cette séquence est en totale contradiction avec tous les témoignages dont nous disposons. Il est pourtant difficile d'imaginer que Marmier se soit trompé sur les dates en rédigeant son rapport dès le 29 août 1944. Reste à imaginer que l'erreur provient de Joffrès lui-même qui, en livrant en le rédigeant son témoignage, en 1978, aurait confondu les dates. Si elle était exacte, la version de Joffrès impliquerait un trou d'une journée dans la vie de De Gaulle, le 19 août, en Normandie. Observons enfin que les deux responsables qui viennent accueillir de Gaulle à sa descente d'avion, l'amiral d'Argenlieu et le général Koenig, n'en disent rien dans leurs mémoires*. Faute de documentation, leurs biographes respectifs n'en disent pas plus. Même si l'état des sources ne permet pas de trancher, nous suivrons les témoignages des acteurs du voyage en retenant une chronologie classique (départ le 18 et arrivée le 20) et en écartant l'hypothèse d'une « disparition » du Général lors de la journée du 19.

Une soirée chez le gouverneur

« Le 18 août, après-midi, je m'envolai d'Alger sur mon avion habituel dont Marmier était chef de bord[61]. » La presse algéroise ne dit pas un mot du départ du chef du gouvernement pour ne pas alerter les Allemands. Il n'est pas facile de déterminer avec exactitude la liste des compagnons de voyage du Général. Comme en juin, à Londres et à Bayeux, aucun ministre ne l'accompagne. En revanche font partie du voyage : le général Juin, chef d'état-major général de la Défense nationale ; Gaston Palewski, directeur du cabinet civil ; Georges Gorse, chef du cabinet adjoint et conseiller diplomatique ; le colonel Rancourt de Mimérand, chef du cabinet militaire ; le capitaine d'aviation Claude Guy, nouvel aide de camp. « Le général Juin et une partie de nos compagnons suivaient dans une forteresse volante que les Américains avaient tenu à nous prêter en alléguant que leur équipage connaissait très bien la route et le terrain d'aviation[62]. » On fait escale le 18 au soir à Casablanca. De Gaulle voudrait gagner immédiatement la Normandie, mais une avarie du B-17 contraint à passer la nuit à Casablanca.

On repart donc le lendemain matin, 19 août. Gabriel Puaux, le Résident général au Maroc, vient saluer de Gaulle et lui glisse : « Quel destin est le vôtre[63] ! » Imitant l'attitude de *L'Écho d'Alger* la veille, *Le Petit Marocain*, le principal journal de Casablanca, n'annonce pas le transit du Général par le Maroc. Pourtant, la nouvelle s'est vite répandue, et le départ s'effectue

* Le général Koenig n'a pas rédigé de mémoires, et ceux de d'Argenlieu s'achèvent à la fin de 1941.

au milieu d'une grande liesse populaire : « Une foule considérable faisait la haie le long des routes[64]. » En lisant les témoignages de Georges Gorse et du maréchal Juin, il semble que pour le trajet Casablanca-Gibraltar de Gaulle ait emprunté le B-17 et délaissé son Lodestar personnel qui suit toutefois l'avion américain par précaution. À Gibraltar, toujours pressé, de Gaulle voudrait de nouveau filer directement vers la Normandie, mais l'avarie du B-17 et la circulation aérienne alliée contraignent à une étape sur le Rocher où de Gaulle et sa suite sont invités à dîner, le soir du 19, par le gouverneur britannique et son épouse.

De Gaulle et ses compagnons se retrouvent à la table d'une des grandes familles de la *gentry* avec la touche de non-conformisme qui les caractérise. Le gouverneur de Gibraltar, le général sir Ralph Eastwood, est un grand soldat, membre du Distinguished Service Order (DSO) et titulaire de la Military Cross. Fils d'un colonel qui s'est illustré pendant la guerre des Boers, Eastwood a fait ses études à Eton, puis à Sandhurst. Il s'illustre à son tour pendant la Première Guerre, dans le Pacifique et aux Dardanelles. Durant l'entre-deux-guerres, le colonel Eastwood commande la prestigieuse école de Sandhurst. Promu général, il participe à la campagne de France, en 1940, à la tête d'une division d'infanterie avant de prendre le commandement de la Home Guard, puis de la région Nord. L'une de ses tantes est la célèbre compositrice et suffragette Ethel Smyth, grande amie de Viriginia Woolf. L'épouse du gouverneur, lady Eastwood, née Mabel Vivian Prideaux Temperley est, comme son mari, issue d'une famille aristocratique. Parfaitement francophone, elle sera nommée par le roi George VI, en 1945, *sister commander* de l'ordre des Hospitaliers de Saint-Jean de Jérusalem.

Georges Gorse a laissé une délicieuse relation de cette soirée qui voit monter l'exaspération du Général. Gorse se plaît à imaginer les tourments de l'épouse du gouverneur qui doit organiser ce repas au dernier moment, pour des hôtes prestigieux et réputés difficiles. « Il serait malséant de faire un repas trop copieux, de prétendre à la gastronomie. D'abord parce que dans les circonstances actuelles et avec les difficultés de ravitaillement ce serait déplacé. Ensuite parce que ce sont des Français et que tout effort en ce sens serait considéré comme ridicule : il faut les confirmer dans l'idée de l'infériorité de la cuisine anglaise. Mais il faut d'autre part que notre hospitalité soit digne, hâtive (ils sont pressés) mais affectueuse. Un menu affectueux[65]. » Et c'est sans compter la barrière de la langue même si, ce que ne dit pas Gorse, lui-même et Palewski parlent parfaitement la langue de Shakespeare et que de Gaulle et Juin ont appris à la maîtriser depuis 1940 : « Ce qui est difficile avec ces brillants causeurs de Français, c'est la conversation. Ils ne parlent jamais que français, et entre eux, très vite, de leurs propres affaires. » Mais, ce soir, les Français sont muets, « on remarque le bruit des couverts, cela crée une fausse note dans un dîner[66] ». L'épouse du gouverneur lance des regards aux domestiques hindous ; le silence est tel qu'on entend leurs pas sur le parquet. Heureusement, la salle à manger est installée dans un grand cloître Renaissance, ce qui alimente un peu la conversation. On remarque les blasons des Hospitaliers au plafond. « C'est une allusion », risque le gouverneur, et tout le monde rit sans que l'on sache très bien à quoi il est fait allusion. « Sans doute à la croix de Lorraine », finit par penser Gorse. De Gaulle, « le grand général en kaki », installé à droite de la maîtresse de maison, à l'anglaise, « parle encore moins que les autres et les autres ont tous l'air d'attendre qu'il parle ». L'épouse du gouverneur tente de détendre l'atmosphère :

« Avez-vous remarqué, Général, que votre nom est l'ancien nom de la France ?

– Oui, dit-il d'un ton las. »

Et l'on rit très peu.

De Gaulle est préoccupé, « cela se sent ». Le gouverneur vole au secours de son épouse et évoque Rome d'où revient le Général. On parle du pape. « Bien sûr il est catholique et pieux, mais [de Gaulle] fait un mot sur le pape. Les Français rient. Prudents, les Britanniques s'abstiennent. Les protestants se méfient quand on dit du mal du pape[67]. » L'ironie très française de Gorse cache peut-être un malentendu. Il n'est pas impossible, si on inverse les points de vue, que sir et lady Eastwood aient trouvé leurs hôtes d'un soir affreusement vulgaires. Le silence pesant de Gaston Palewski, qui connaît sur le bout des doigts les codes de la haute société britannique, est révélateur.

On passe au café. Tout traîne. La forteresse volante qui devait partir à 10 heures et demie n'est toujours pas prête. « Le mécanicien a quelques scrupules et demande encore une heure. » De Gaulle est furieux. Déjà retardé de vingt-quatre heures à Casablanca, il s'imagine que les Américains veulent l'empêcher d'arriver à temps. « À temps pour quoi[68] ? », remarque Gorse dans ses mémoires, comme pour suggérer qu'il ne croit pas vraiment à la thèse du complot. « Il se méfiait de l'escale de Gibraltar, il a d'ailleurs demandé que son avion le suive à tout hasard. [...] Et quelqu'un, au dessert, pour rire un peu, a parlé de Sikorski, ce général polonais dont l'avion, probablement saboté, s'est écrasé ici même. » On boit plusieurs cafés, les cigares sortent de leur boîte, on admire la baie d'Algésiras par la fenêtre. Pour faire passer le temps, la maîtresse de maison montre des photos de sa belle maison du Kent et de ses épagneuls. Puis des photos plus récentes de ses voyages de villégiature, à Chypre ou à Paphos. On fait semblant de s'y intéresser. En observant de Gaulle, sombre, absent et silencieux, Gorse l'imagine alors en train de feuilleter dans sa tête l'album de sa propre vie : « À la veille de remporter le prix d'un long effort, incertain de ce qui suivra le triomphe, il se trouve égal à lui-même et changé tout à la fois, tel qu'en lui-même enfin le temps, la passion, la réussite, l'espoir, le dégoût, la joie, la souffrance le changent[69]. »

« De guerre lasse, la femme du gouverneur de Gibraltar est allée faire préparer les chambres et revient avec un album ancien empli de photos de France. Au deuxième café, on est venu dire que l'avion ne peut décidément pas partir, qu'on va en faire venir un autre de Rome. Le gouverneur est aussi embarrassé qu'il l'avait prévu. D'autant que son hôte, ironique, a dit : "Je m'en doutais" et qu'il a décidé de partir quand même dans son avion personnel. "On peut couper tout droit", dit le pilote [Marmier], soudain intéressé, en volant très bas pour éviter la DCA, non ? [c'est-à-dire en traversant l'Espagne] On peut aussi faire le détour par la mer, mais naturellement en débarquant les bagages et quelques passagers[70]. » De Gaulle abonde en ce sens : « À Gibraltar, tandis que nous dînions chez le gouverneur, des officiers alliés vinrent dire que la "forteresse" n'était pas en état de repartir, que, mon propre Lockheed n'ayant aucun armement, il pourrait être imprudent d'aborder sans escorte le ciel de la Normandie, qu'en somme, il semblait raisonnable que je diffère mon départ. Sans mettre en doute la sincérité des motifs qui inspiraient cet avis, je jugeai bon de ne pas le suivre[71]. » Le général Juin confirme également la décision de De Gaulle de quitter Gibraltar le soir du 19 sans attendre la réparation du B-17 : « De sorte que de Gaulle, agacé, prit le parti de pousser sur le Cotentin avec son propre Lockheed qui avait suivi, quelque danger qu'il pût y avoir à s'aventurer avec un avion non armé sur les côtes bretonnes et normandes[72]. »

On prend hâtivement congé du gouverneur et de son épouse et on retourne aux avions. Sur la piste de Gibraltar, vers 23 heures, le groupe se scinde alors en deux. Comme il faut alléger au maximum le Lockheed pour lui permettre de gagner d'une traite la Normandie, de Gaulle monte à bord accompagné du seul Palewski et de l'équipage (Marmier aux commandes, le mécanicien Thomas, le radio Chaussat). Les autres – Juin, Gorse, Guy, Rancourt – partiront quand ils le pourront dans le B-17. Juin n'a pas tort de souligner l'énorme prise de risque de De Gaulle : voler seul, de nuit, vers une zone de guerre, dans un avion non armé et à la limite de son autonomie relève *a minima* de l'imprudence. On notera que de Gaulle a immédiatement relevé la proposition de son pilote Marmier, grand amateur d'émotions fortes, et que personne, dans sa suite, ne semble avoir fait d'objection. De Gaulle pense-t-il vraiment que l'urgence politique est telle qu'il faille, pour gagner une journée, prendre de tels risques ? Et que dire des autorités britanniques de Gibraltar, qui pourraient interdire le décollage, et qui laissent de Gaulle partir ainsi ?

Le plan de vol peut être ainsi reconstitué[73]. L'Espagne étant neutre, il est impossible de la survoler au risque de provoquer un énorme incident diplomatique en cas d'atterrissage forcé. Il faut donc contourner le cap Saint-Vincent, au sud du Portugal, puis virer au nord en longeant les côtes portugaises puis espagnoles. Comme le Lodestar n'a pas de radar, il doit ensuite longer à distance les côtés du golfe de Gascogne en visant le Finistère, tous feux éteints. Ce vol de nuit rocambolesque n'est sûrement pas de nature à déplaire à Lionel de Marmier et encore moins à Gaston Palewski. Au début de 1940, ce haut fonctionnaire de 39 ans, directeur de cabinet de Paul Reynaud, abandonne les palais de la République pour s'engager. Sans doute, dans cette belle nuit d'août, se remémore-t-il les missions au sein de la 34e escadre de bombardement de nuit au sein de laquelle il a fait toute la campagne de France : « Ce fut merveilleux de longer la côte de France dans la nuit. Le pilote nous indiquait : “Là, c'est Bordeaux, là, c'est La Rochelle*.” » À l'approche

* Gaston Palewski, *Mémoires d'action, 1924-1974*, Plon, 1988, p. 219. Palewski gagne Londres et s'engage dans la France libre en août 1940. En décembre, de Gaulle le nomme directeur des Affaires politiques, poste pas assez exposé à son goût. Entre février 1941 et septembre 1942, le lieutenant-colonel Palewski commande les FFL de l'Est africain et prend part à la campagne d'Éthiopie. De Gaulle le rappelle à Londres en septembre 1942, comme directeur de son cabinet civil, poste qu'il occupe pendant quatre ans, à Londres, à Alger, puis à Paris. Une relation étroite s'établit entre les deux hommes. Palewski partage la vie du Général, le seconde dans son action et son travail personnel. Ses talents de diplomate, son tact, son intuition, mais aussi un certain humour expliquent qu'il pouvait, dans certains cas, amortir les mouvements d'humeur du chef de la France libre.

des côtes anglaises, dans le secteur de Plymouth, il est prévu une escorte par la RAF. Mais, au petit matin, les choses se gâtent. Trois des quatre réservoirs de l'appareil sont vides, et dans le dernier il ne reste que de quoi assurer trente minutes de vol. Au point de rendez-vous avec la RAF, aucune escorte n'est en vue. De Gaulle et Palewski, manifestement peu angoissés par la situation, ont fini par s'endormir. Philippe de Gaulle confirme la placidité de son père : « Pas un instant, nous rapportera plus tard son pilote, Lionel de Marmier, il n'eut l'air de se soucier du danger que l'on courait. Il ne se tourna vers le hublot que lorsque la terre de France fut sous nos roues, à Maupertus, près de Cherbourg, réservoir presque à sec[74]. » Marmier se décide à réveiller le directeur de cabinet du Général pour le prévenir qu'aucun des avions d'escorte britanniques promis n'est présent. Que faire ? La réserve de carburant baisse dangereusement, et on arrive au point de non-retour pour un déroutement vers la Grande-Bretagne. Obliquer vers la France, c'est plonger vers une zone de combat sans escorte. Et aucune nouvelle non plus de la forteresse volante dans laquelle s'est embarqué Juin à Gibraltar. De Gaulle dort et c'est à Palewski de décider. « Quelle responsabilité si d'aventure un chasseur allemand nous abattait ! Que serait-il advenu de la France ? Je me disais : "Si je réveille le Général pour lui demander son avis, il me dira : 'Allez de l'avant !'" » Palewski prend le risque et ordonne à Marmier de foncer vers les côtes françaises. Maintenant, les réservoirs sont presque secs. L'avion vire en direction de la France au ras des flots avec moins de 100 mètres de visibilité. Un peu perdu, ne reconnaissant pas la côte, ni la plage qu'il survole, Marmier finit par apercevoir Cherbourg et le terrain de Maupertus*. Palewski note : « Cette demi-heure passée avant que l'on me signale Cherbourg fut la pire de mon existence[75]. »

À Gibraltar, Juin et Gorse ont fini eux aussi par partir. « Demeurés sur la piste, nous interrogeons le mécanicien de l'avion défaillant. Trop franc peut-être, il nous répond que nous pouvons nous embarquer sans trop de risques. Nous décollons à notre tour. La nuit est froide dans l'avion mal chauffé**. Assis sur les banquettes d'acier, nous faisons semblant de

---

* Site Internet « Le monde en guerre. Le forum de la Seconde Guerre mondiale ». L'un des rédacteurs du site indique que Marmier aurait montré la carte à de Gaulle qui, ajustant ses lunettes, aurait reconnu les environs de Cherbourg. Ce point est à prendre avec prudence, aucune mention n'en existant par ailleurs.

** D'autant plus que le B-17 vole à 11 000 mètres d'altitude.

dormir. Du coin de l'œil, j'aperçois Juin accroupi comme un Bédouin, empaqueté dans ses couvertures. Seules visibles les quatre étoiles de son képi. [...] Au lever du jour, nous survolons l'Angleterre. On est allé trop loin. "La radio est cassée" nous dit gentiment le mécanicien. Nous changeons de cap et retrouvons le chemin de Cherbourg[76]. » Ce que confirme Juin : « [La forteresse volante] prit le départ peu après le départ de l'avion de De Gaulle, mais, un orage ayant détruit sa radio sur l'océan, elle erra du côté de la Cornouailles dans les premières heures de la matinée et n'atterrit dans le Cotentin qu'avec plusieurs heures de retard sur de Gaulle[77]. » Gorse file vers Cherbourg où il arrive quand « [de Gaulle] est déjà sur le balcon de l'hôtel de ville chantant faux *La Marseillaise*[78] ». Pour une raison qui demeure obscure, le général Juin prend une autre voie et ne retrouve de Gaulle à Rennes que dans la soirée.

De ce voyage singulier, il reste à essayer de percer un dernier mystère : où de Gaulle a-t-il atterri ? Dans les *Mémoires de guerre*, il écrit : « Le dimanche 20 août, vers 8 heures, j'atterris à Maupertuis[79]. » Ce bout de phrase est repris depuis par la plupart des historiens. Cette localisation pose pourtant une série de problèmes quasi insolubles. Trois des compagnons de voyage du Général, Palewski, Juin et Gorse, ne parlent pas de Maupertuis, mais de Cherbourg, même si seul le premier d'entre eux était à bord du Lockheed. En outre, il n'existe pas de terrain d'aviation à Maupertuis, minuscule village de 145 habitants aujourd'hui. Certes, on peut imaginer que les Américains ont installé un terrain sommaire comme ils l'ont fait à Bayeux. Mais, outre le fait que les photographies aériennes consultables sur le site de l'IGN n'en laissent voir aucune trace quatre-vingts ans plus tard, c'est sans compter que le Lockheed, avec ses huit tonnes à vide, réclame une piste en dur. Enfin, la situation de Maupertuis pose problème : à 23 kilomètres au sud-ouest de Saint-Lô et à 24 kilomètres au sud-est de Coutances, le village est situé trop à l'intérieur des terres pour un avion qui est à l'extrême limite de ses réserves de carburant. Pourquoi Marmier serait-il parti à la recherche d'un terrain improbable à l'intérieur des terres ?

La position de Maupertuis soulève également une série de problèmes pour la chronologie de la journée du 20. Comme nous le verrons dans le chapitre suivant, voici ce que l'on sait d'à peu près certain de la journée de De Gaulle du 20 août : il se rend d'abord au QG d'Eisenhower, à Tournières, à 44 kilomètres au sud-ouest de Maupertuis, puis remonte à Cherbourg, tout à fait au nord du Cotentin, avant de remettre cap au sud dans l'après-midi par Coutances, Avranches et Fougères, et d'arriver à Rennes vers 20 heures. Le bilan kilométrique de la journée, avec un atterrissage à Maupertuis, est d'environ 410 kilomètres, représentant aujourd'hui un temps de parcours de 5 h 30, sur de bonnes routes, avec une voiture fiable et rapide et en dehors d'une zone de guerre*. Il est raisonnable, en tenant compte de l'état de la Normandie en août 1944, d'ajouter deux bonnes heures, soit environ 7 h 30 de voyage. Si l'on prend également en compte les temps d'arrêt d'au moins une heure à chaque étape (on a vu, le 14 juin, que de Gaulle aimait prendre son temps), cela ajoute au bas mot encore cinq heures au voyage. Tout cela est difficilement compatible avec une arrivée à Rennes vers 20 heures. Enfin, le B-17 de Juin et de Gorse, piloté par un équipage de l'US Air Force, n'a pu se poser qu'à Cherbourg étant donné sa taille et son poids. Pourquoi Marmier aurait-il établi un plan de vol différent ?

Si ce n'est pas à Maupertuis, où de Gaulle a-t-il atterri ? L'hypothèse d'un atterrissage à Cherbourg, clairement avancée dans les mémoires de Palewski, de Gorse et de Juin est confirmée par l'historien de la Normandie David Bellamy[80]. Il se trouve que l'aéroport de Cherbourg se nomme Maupertus. Il faudrait, dans ce cas, imaginer qu'une coquille, un malheureux « i » supplémentaire, s'est glissée dans la publication des *Mémoires de guerre* en 1954, coquille qui aurait aussitôt pris la dimension d'une vérité historique. L'aéroport de Cherbourg-Maupertus est situé sur les communes de Maupertus-sur-Mer et de Gonneville, à 11 kilomètres à l'est de Cherbourg, et présente toutes les garanties de sécurité pour un avion du type Lodestar. Un premier terrain d'aviation est né en 1937 sur le plateau de Gonneville. Il est utilisé à partir de 1939 par les marins de l'aéronavale avant que la Luftwaffe s'y installe. Les Allemands construisent des bâtiments, toujours visibles aujourd'hui, et surtout une piste goudronnée de 1 700 mètres sur 60 et une autre en herbe. Durant la guerre, la base abrite en permanence 3 800 hommes et plusieurs escadrilles qui bombardent l'Angleterre ou interceptent les bombardiers alliés. Lors de la prise de Cherbourg, l'aéroport souffre des

* Maupertuis-Tournières : 44 kilomètres (33 minutes) ; Tournières-Cherbourg : 141 kilomètres (1 h 52) ; Cherbourg-Coutances : 76 kilomètres (1 h 17) ; Coutances-Avranches : 55 kilomètres (50 minutes) ; Avranches-Fougères : 44 kilomètres (33 minutes) ; Fougères-Rennes : 52 kilomètres (38 minutes).

combats. Les Américains s'y installent dès la prise de la ville et reconstruisent aussitôt une piste bétonnée de 1 500 mètres*.

L'hypothèse de Cherbourg-Maupertus ne règle pas pour autant tous les problèmes. Si l'on reprend les étapes de la journée du 20, le bilan kilométrique s'élève alors à 450 kilomètres, 40 de plus qu'avec un atterrissage à Maupertuis, et le *timing* de la journée demeure tout aussi infernal. Nous verrons que la seule solution est l'emploi de l'avion pour effectuer l'aller-retour de Cherbourg au PC d'Eisenhower.

Le témoignage de René Joffrès, citant le rapport de mission de Lionel de Marmier, vient encore ajouter au trouble : « Le niveau de carburant atteint la limite : Marmier prend la décision de quitter la zone de rendez-vous et à très basse altitude gagne le rivage français pour atterrir sur l'aérodrome de la Loude à Sainte-Mère-Église[81]. » les Américains ont effectivement construit un petit terrain d'aviation à Sainte-Mère-Église, au lieu-dit La Londe (et non La Loude). Il s'agit d'ailleurs du premier aérodrome de l'US Army Air Corps en France, protégé par le 552nd Antiaircraft Artillery Regiment du Lt. Colonel Benjamin M. Warfield. Mais le terrain ne fut utilisé que du 12 juin au 25 juillet 1944. Et l'on retombe sur le problème de la piste en herbe incompatible avec les caractéristiques du Lodestar. Reste la question centrale : pourquoi Marmier aurait-il inventé un atterrissage à Sainte-Mère-Église ? On retrouve le mystère du très étrange rapport de mission de Marmier, incompatible en lieux et en dates avec tous les témoignages des acteurs.

De tout cela que retenir ? Il nous semble qu'en privilégiant les témoignages et les impératifs techniques (une piste en dur pour le Lodestar, les réservoirs à sec) l'hypothèse d'un atterrissage à Cherbourg-Maupertus peut être tenue pour certaine. Le fait est que, de bout en bout, ce qui ne devait être qu'un simple voyage en avion conserve une part d'inconnu.

* En 1962, l'OTAN fit de Maupertus une base stratégique. Une nouvelle tour de contrôle fut construite et la piste allongée à 2 440 mètres.

CHAPITRE 3

Dimanche 20 août, lundi 21 août 1944

De Cherbourg à Rennes

Le dimanche 20 août, vers 8 heures, de Gaulle est accueilli à sa descente d'avion par le général Koenig, le commissaire de la République François Coulet et un officier américain. Il ne sait pas grand-chose de la situation à Paris, et Koenig « n'en sait guère plus[1] ». Selon Juin : « [Koenig] dirigeait non sans difficulté [les FFI] du fait de la dispersion des bandes relevant d'obédiences différentes et faute de moyens de liaison[2]. » Koenig peut au moins annoncer au Général que l'insurrection est lancée : la Préfecture de Police a été occupée la veille, et la Résistance s'installe dans les mairies de Paris et de banlieue. L'ennemi semble réagir mollement mais des représailles sont possibles. Même encore très vagues, ces informations sont capitales et posent la question de l'envoi au plus vite de la 2e DB à la fois pour appuyer et pour contrôler cette insurrection. Aussi de Gaulle se rend-il d'abord au QG d'Eisenhower. On peut imaginer, comme le suggère la présence d'un officier américain à la descente de l'avion, que cette visite a été prévue dès le départ d'Alger et sans doute confirmée par radio depuis le Lockheed au petit matin.

Dimanche 20 août

Au PC d'Eisenhower

Le 20 août, le PC avancé d'Eisenhower en Normandie est en cours de déménagement et n'est pas aisé de reconstituer les pérégrinations de ce PC. Après le Débarquement, alors que l'essentiel des services du SHAEF demeure dans la banlieue de Londres, un premier PC avancé est installé, le 31 juillet, dans le village de Maisons, entre Port-en-Bessin et Bayeux. Maisons fut choisi en raison de sa proximité immédiate avec les pistes d'atterrissage de Longues et de Tour-en-Bessin, et pour sa position à mi-chemin entre les secteurs d'Omaha et de Gold. À partir du 5 août, un second PC avancé vit le jour au Planître, à 10 kilomètres à l'ouest de Caen. Toutefois, Eisenhower n'utilisa pas ces deux PC qui servirent essentiellement de camp de transit au personnel du SHAEF. Le premier PC qui accueillit de façon permanente le commandant en chef fut activé, le 7 août, à Tournières, petit village du Calvados situé à mi-chemin entre Saint-Lô et Bayeux. Sous le nom de code de CP21 « Shellburst » (éclat d'obus), ce PC disposait, sur le territoire de la commune voisine du Molay-Littry, d'un terrain d'atterrissage (nom de code ALG A-9) qui pouvait supporter des appareils de taille moyenne. La possibilité d'aménager un terrain d'aviation est devenue une donnée essentielle dans la localisation des PC avancés. En effet, imitant leurs collègues allemands confrontés à l'immensité du front de l'Est, les généraux américains ont pris l'habitude, en Afrique du Nord, de se déplacer en avion, chacun disposant d'appareils dédiés selon le grade, du petit Piper Cub à l'énorme B-17. Nous verrons que Leclerc, lors de ces journées décisives, passe son temps dans son Piper pour se rendre d'un PC à l'autre.

Après la percée d'Avranches, début août, le gros du SHAEF commence à être transféré de Londres au château de la Mare, à Jullouville, près de Granville. Cette grosse bâtisse en granit, au style éclectique, a été construite entre 1896 et 1907 par une parente de Christian Dior. En 1933, le domaine est racheté par la ville de Saint-Ouen qui désire y installer ses colonies de vacances. À cet effet, la ville fait bâtir de vastes bâtiments modernes qui permettent d'accueillir, de 1940 à 1944, un camp de villégiature de l'armée allemande, puis les 400 officiers et 7 000 personnels de grade et de statuts divers du SHAEF. Abandonnant le vaste domaine de la Mare aux services du SHAEF, Eisenhower loge d'abord dans une vaste caravane, au milieu du parc, avant de s'installer, du 19 août au 29 septembre, à Saint-Jean-le-Thomas, à 8 kilomètres de Jullouville, dans une belle maison normande appelée par un singulier hasard « Villa Montgommétry ». Toutefois, vers le 20 août, le commandant en chef partage encore son temps entre le SHAEF de Jullouville et son PC avancé de Tournières, et c'est bien dans ce modeste camp de tentes qu'il accueille de Gaulle, le matin du 20 août. Eisenhower, nomade malgré lui soumis à l'avancée des armées, demeure d'ailleurs peu de temps à Jullouville puisque, le 10 septembre, le SHAEF déménage à nouveau, cette fois à l'hôtel Trianon-Palace de Versailles. Et à peine commence-t-on à ouvrir les malles à Versailles que, le 19 septembre, Eisenhower fait déjà préparer un nouveau PC avancé au château des Dames de France, à Gueux, près de Reims. Pendant la bataille des Ardennes, le commandant en chef retournera toutefois à Versailles, où le gros du SHAEF était demeuré.

Tournières se trouvant à 80 kilomètres de Cherbourg, de Gaulle et Koenig doivent donc effectuer un aller-retour de 160 kilomètres dans la matinée pour être acclamés dans les rues de Cherbourg, peu avant midi, comme l'attestent de nombreuses sources. Étant donné l'état du réseau routier de cette partie de la Normandie au milieu du mois d'août 1944, ce *timing* est impossible à tenir. La seule solution raisonnable ne peut être à nouveau que l'emploi de l'avion*. Il faut donc imaginer que, sitôt posé à Cherbourg (Maupertus A-15 pour le codage de l'US Air Force), Marmier a demandé à refaire le plein. Cela fait, le Lockheed Lodestar a dû décoller vers 9 heures pour se poser une demi-heure plus tard au Molay-Littry où des jeeps attendaient les généraux français. Après la courte entrevue avec Eisenhower (une grosse demi-heure), de Gaulle et Koenig ont pu facilement être de retour à Cherbourg avant midi.

* L'atterrissage de De Gaulle, en provenance de Cherbourg, sur le terrain du Molay-Littry est attesté par le site http://sgmcaen.free.fr/eisenhower.htm. Créé par des passionnés d'histoire, ce site constitue une mine remarquable d'informations en s'efforçant de reconstituer, sur soixante-dix ans, l'emploi du temps d'Eisenhower.

Eisenhower recevant de Gaulle au PC de Tournières alors composé de tentes. Entre les deux généraux le capitaine Guy et, derrière eux, à demi masqué, le général Koenig.

Nous ne connaissons le contenu de la discussion entre les deux généraux que par les mémoires de De Gaulle. Eisenhower, pour sa part, ne dit pas un mot de son entrevue avec de Gaulle dans *Croisade en Europe*[3], publié en 1949, à un moment où, un peu comme de Gaulle en 1954, il connaît un creux dans son existence. Il n'est plus chef d'état-major de l'US Army depuis 1948 et occupe le poste honorifique, mais très peu consistant, de président de l'Université Columbia*. Il ne reviendra dans le grand bain qu'en octobre 1950 quand Truman le nommera commandant en chef des forces de l'OTAN. Dans ce livre très prudent et consensuel, les affaires françaises n'apparaissent presque pas et jamais sous leur jour politique. Dans le chapitre « La percée » (juillet-août 1944), Eisenhower ignore complètement de Gaulle (et l'ensemble des autres responsables français), mais consacre de longues pages à la rude discussion stratégique

* Belle revanche sur l'existence pour ce fils de pauvres qui dut travailler dans une laiterie, muni du simple diplôme de fin d'études secondaires du lycée d'Abilene, pour pouvoir payer ses études à l'Université de Kansas City.

qu'il poursuit durant toute la première quinzaine d'août avec Churchill qui voudrait renoncer à « Anvil » (débarquement en Provence) au profit d'un débarquement dans les Balkans. Il relate ensuite en détail les controverses stratégiques qui agitent ses généraux et dans lesquelles les rivalités de personnes sont loin d'être absentes avant de consacrer un chapitre entier à « La poursuite et la bataille du ravitaillement » (fin août/début septembre 1944). Telle est la vraie hiérarchie des soucis du commandant en chef en ce mois d'août 1944.

Dans *Croisade en Europe*, à propos de Paris, Eisenhower a manifestement pesé chaque mot autant pour prévenir les polémiques que pour justifier sa propre attitude. Il insiste sur son souci d'éviter les destructions dans la ville, en particulier par des bombardements aériens massifs : « Nous avons, dans la région parisienne, préféré attaquer les nœuds de communication plutôt que les têtes de ligne à l'intérieur même de la ville. [...] Dans le même esprit, nous voulions éviter de faire de Paris un champ de bataille. [...] Naturellement, nous n'étions pas au courant de la situation exacte de la population de Paris. À ce moment-là, nous économisions au maximum chaque goutte d'essence, chaque gramme de munitions pour les combats à venir [...] et j'espérais pouvoir différer la prise de la capitale[4]. » On notera le singulier aveu du commandant en chef d'une formidable coalition militaire, dotée de moyens de renseignements très importants, qui affirme « naturellement » n'avoir rien su de la situation qui régnait dans Paris. Nous verrons plus loin que la réalité est très différente.

Nous sommes donc condamnés à suivre, avec un œil critique, le récit livré par de Gaulle. Eisenhower commence par exposer à de Gaulle la situation militaire : la IIIe armée de Patton s'apprête à franchir la Seine (à Mantes et à Melun) tandis que la Ist US Army de Hodges achève de regrouper les forces allemandes en retraite dans la poche de Falaise. Sur le flanc gauche, à la tête du 21e groupe d'armées anglo-canadien, Montgomery progresse vers Rouen. « Mais, à droite, c'était le vide[5] », observe de Gaulle. Eisenhower prévoit d'y pousser Patton vers la Lorraine pour faire la soudure avec les armées débarquées en Provence (De Lattre et Patch sous les ordres de Devers). Paris sera contournée par le nord (Mantes) et par le sud (Melun) et tombera en temps voulu comme un fruit mûr, sans avoir à engager de combats urbains. De Gaulle commente en ces termes ce schéma stratégique : « Le plan du commandant en chef me parut tout à fait logique, sauf sur un point dont je me souciais fort : personne ne marchait sur Paris[6]. » De Gaulle s'en explique franchement avec Eisenhower et souligne ce qui constitue à ses yeux une contradiction de la stratégie d'ensemble : les armées alliées passent la Seine partout sauf à Paris, ce qui est d'autant plus étrange que la ville est le centre des communications nécessaires pour la suite des opérations. En outre, maintenir un éventuel point de fixation allemand sur ses arrières n'est guère prudent. Enfin, et surtout, Paris n'est pas un point quelconque sur la carte, et de Gaulle, qui vient parler en tant que chef du gouvernement français, fût-il provisoire et non pleinement reconnu, a son mot à dire : « Le sort de Paris intéresse de manière essentielle le Gouvernement français[7] » et pas seulement le commandant en chef. Il réclame donc de façon pressante l'envoi de troupes à Paris et suggère naturellement d'employer la 2e division blindée de Leclerc.

Selon de Gaulle, Eisenhower est « embarrassé » ; il a même le sentiment que le *Supreme Commander* pense comme lui, mais que, « pour des raisons qui n'étaient pas toutes d'ordre stratégique, il ne pouvait le faire encore[8] », ce qui est une claire allusion à un veto de Roosevelt. Eisenhower met en avant le risque de destructions et de pertes civiles occasionnées par une bataille urbaine. De Gaulle réplique en disant que l'argument tombe dès lors que l'insurrection est engagée : le risque de représailles allemandes est déjà fort. Le commandant en chef fait alors observer que l'insurrection a été engagée trop tôt : « Pourquoi, trop tôt [...] puisqu'à l'heure qu'il est vos forces atteignent la Seine[9] ? » Eisenhower conclut en expliquant que, s'il ne peut encore donner de date, il ordonnera rapidement à la division Leclerc de marcher sur Paris. Mais rien n'indique qu'il entende modifier ses plans. De Gaulle, qui n'a cessé de placer la discussion sur un plan politique, répond que la décision est « d'une telle importance nationale » qu'il est prêt à la prendre à son compte si le commandement allié tardait trop. La menace n'est même pas voilée et ouvrirait, si elle était appliquée, une très grave crise militaire et diplomatique. On ne peut toutefois négliger, dans l'attitude de De Gaulle, une part de « bluff » : il sait pertinemment que la 2e DB dépend du soutien américain absolument pour tout. Une division blindée au format américain de 1944 consomme 400 000 litres de carburant par jour. Où irait Leclerc sans ravitaillement ? Par cette menace, qui ne doit pas impressionner Eisenhower outre mesure, il use avant tout des armes en sa possession et cherche à établir un rapport de force du « faible au fort », sa stratégie constante depuis le 18 juin 1940.

L'entrevue est relativement brève (une grosse demi-heure) et même si elle demeure courtoise, de Gaulle en sort passablement irrité et inquiet. Il est persuadé, écrit-il dans ses Mémoires, que l'hésitation d'Eisenhower s'explique par le fait « que le commandement militaire se trouvait quelque peu entravé par le projet politique poursuivi par Laval, favorisé par Roosevelt, et qui exigeait que Paris fût tenu à l'abri des secousses[10] ». Cette grave accusation suggère clairement que Roosevelt soutient les manœuvres de Laval à Paris. En réalité, au moment où se déroule l'entrevue, les calculs de Laval se sont déjà écroulés suite à un refus ferme des Allemands et non, comme le suggère de Gaulle, parce que, en engageant le combat, la Résistance intérieure a mis fin à ce projet. Il est fort possible que le de Gaulle du matin du 20 août 1944, mal informé de la situation parisienne, ne le sache pas encore. Mais le de Gaulle mémorialiste de 1954 le sait. Peu importe, il ne dévie pas de son raisonnement : « Il fallait quelque temps pour que Washington consentît à l'admettre. » Aux yeux de De Gaulle, tout vient étayer sa thèse : depuis le 16 août, la 2e DB a été retirée de la IIIe armée de Patton et placée sous l'autorité du Ve corps d'armée du général Gerow, au sein de la Ire armée de Hodges. Elle combat autour d'Argentan, à 200 kilomètres de Paris, « comme si on redoutait qu'elle filât vers la tour Eiffel ». En outre, l'accord sur la coopération entre les armées alliées et l'administration française n'est toujours pas signé entre Eisenhower et Koenig. « Comment expliquer ce retard, sinon par une suprême intrigue [...] de la Maison Blanche[11] ? »

Sur ce point, les choses sont un peu plus compliquées. Il est vrai qu'à la mi-août la question de la reconnaissance de l'autorité du GPRF sur l'administration de la France n'est toujours pas officiellement réglée. Les Américains placent la question sur un plan strictement militaire, refusant de reconnaître l'autorité politique du GPRF. Les Français acceptent malgré tout de signer quand, le 14 août, Eisenhower fait remarquer que Koenig est d'un grade inférieur au sien. L'affaire est transmise au Pentagone. Le 16 août, le général Hilldring, conseiller des Affaires civiles de Marshall, télégraphie au SHAEF la décision de Washington : « Les Français vont crier, hurler et faire des histoires si quelqu'un d'autre qu'Eisenhower se présente la plume à la main[12]. » Eisenhower doit ravaler son orgueil et fixer la cérémonie au 22 août quand tombe le contrordre de Washington : on reporte *sine die*, Roosevelt a changé d'avis.

La conviction de De Gaulle est faite : Roosevelt ne souhaite pas le voir prendre le pouvoir à Paris et multiplie les embûches politiques (soutien aux manœuvres de Laval) ou militaires (transfert de la 2e DB à la Ire armée, en retrait dans la progression alliée). Est-ce le de Gaulle de 1954 ou celui de 1944 qui voit les choses ainsi ? Nous aurions tendance à penser, à la lecture de la documentation disponible, que cette conviction était celle du de Gaulle de 1944 et qu'elle s'est encore renforcée dix ans plus tard.

Les compagnons du Général partagent, peu ou prou, le même point de vue. Billotte est le plus incisif. « De Gaulle sortit furieux de son entretien avec Eisenhower ; celui-ci n'avait osé lui avouer qu'il lui fallait l'autorisation de Marshall, donc de Roosevelt ! Ce feu vert était presque un miracle quand on connaît la rigidité des plannings américains[13]. » Raisonnement d'ailleurs assez étrange : de Gaulle et Billotte se doutent bien qu'un changement majeur des plans d'opération remonte au moins à Marshall. Le général Juin, qui a atterri à Cherbourg plusieurs heures après de Gaulle, se rend lui aussi le plus vite possible au PC d'Eisenhower. Quand Juin arrive à Tournières, de Gaulle en est déjà reparti. Juin n'a probablement pas vu Eisenhower, occupé ailleurs, mais il discute un long moment avec les officiers de son état-major. Les bonnes relations nouées en Italie rendent sans doute le dialogue plus facile et moins protocolaire qu'avec de Gaulle. Juin apprend ainsi qu'on ne sait pas encore quand la 2e DB sera autorisée à marcher sur Paris. Pour autant, son opinion est faite : « Il ne faisait aucun doute que le Commandement suprême était encore suspendu à une décision de la Maison Blanche qui ne lui était pas encore parvenue et dépendait probablement elle-même du succès ou de l'échec de la manœuvre montée par Laval à Paris[14]. » Les mémoires de Juin sont publiés en 1960. On ne peut dire s'il s'aligne sur la *doxa* fixée par de Gaulle dans ses *Mémoires de guerre* en 1954 ou s'il livre son propre sentiment de 1944.

Tout autre est le point de vue des Anglo-Saxons. Anthony Eden, le secrétaire au Foreign Office, est également présent dans le Cotentin ces 20 et 21 août. « M. Eden est venu en Normandie et s'est entretenu avec le général Eisenhower et M. Coulet, commissaire du Gouvernement provisoire de la République pour les régions libérées[15]. » Sa visite était-elle prévue ou a-t-elle été organisée en apprenant que de Gaulle arrivait ? Quoi qu'il en soit, Eden et de Gaulle ne se croiseront pas. S'il ne nous reste rien de l'entrevue Eden-Coulet, nous sommes mieux informés du long entretien du ministre britannique avec Eisenhower qui a sans doute lieu dans l'après-midi du 20, après les visites de De Gaulle et de Juin. Manifestement, le plaidoyer de De Gaulle n'a pas convaincu Eisenhower. Dans une lettre-rapport destinée à Churchill et datée du 21 août, Eden note : « Chacun est dans le meilleur esprit et, bien entendu, plein de confiance. Eisenhower et Montgomery insistent sur le fait qu'ils ne changent pas leurs plans de campagne pour assurer la chute de Paris. Cela viendra, le moment venu, comme la consécration d'événements survenus ailleurs. Eisenhower a dit à de Gaulle qu'il ne pouvait être question que les Alliés envoient beaucoup de denrées alimentaires à Paris. Les opérations militaires doivent venir en premier et Paris devra être rationné. De Gaulle a accepté cela et Eisenhower rapporte qu'il est généralement dans un état d'esprit favorable, prêt à nous aider[16]. » Il est difficile d'imaginer malentendu aussi radical.

Pendant ce temps, Leclerc ne reste pas inactif. Le 16 août, il s'est rendu au PC de Patton, près du Mans, où il trouve également Bradley. Tout sourire, les généraux américains le rassurent : la 2e DB a bien vocation à entrer dans Paris. Très en verve, Patton se tourne vers le général Wood et lui déclare : « Vous voyez, Wood, eh bien ! il est encore plus emm… que vous[17]. » Mais les jours passent et, loin d'être envoyée vers Paris, la 2e DB est versée à la Ire armée de Hodges. Leclerc ne peut plus attendre. Il est informé de l'arrivée du général de Gaulle dès le matin du 20 août, sans doute par message radio de Koenig *via* Londres, et envoie aussitôt un officier de liaison à la recherche du Général. Selon son biographe André Martel, Leclerc connaît mal lui aussi la situation dans Paris, mais il sait que les Alliés veulent contourner la ville par le sud et par le nord. Ce plan vient encore d'être confirmé, la veille, par Bradley au capitaine Weil, l'officier de liaison de la 2e DB auprès du QG du groupe d'armées. Weil n'est guère optimiste : « À son retour, il nous dit que personne n'ira », note le capitaine Girard, l'officier d'ordonnance de Leclerc, dans ses carnets écrits sur le vif[18]. Pas découragé pour autant, ce 20 août, Leclerc se rend au PC de son supérieur, le général Gerow, commandant du Ve corps, pour qu'il l'autorise à marcher sur Paris. Il en revient, selon Girard, à moitié satisfait. Gerow comprend son point de vue : « Vous n'êtes pas seulement général de division, vous représentez l'armée française[19]. » Mais, pour autant, le plan ne change pas : « Cela ne dépend plus de moi. Adressez-vous au-dessus[20]. » Leclerc ne se le fait pas dire deux fois d'autant qu'il est invité à déjeuner par le général Hodges, le commandant de la Ire armée. À peine revenu de chez Gerow, il saute dans son Piper Cub et se rend au PC de Hodges. Le général Courtney Hodges, âgé de 57 ans, était aux yeux de Leclerc « le type du vieux soldat, appliqué, consciencieux, méticuleux[21] ». Hodges est courtois, le déjeuner, agréable, mais le discours ne varie pas : Leclerc doit prendre son mal en patience ; il ira à Paris en temps voulu. Girard résume ainsi le fond de l'incompréhension entre Leclerc et les Américains : leur sens « puritain » de la discipline les rend incapables de comprendre la position des Français. « Ils doivent continuer à prendre pour de l'indiscipline ce qui n'est que la conscience d'avoir à remplir une mission extra-militaire[22]. » Le soir, à 20 h 45, Gerow enfonce le clou par un message radio : il s'en tient au plan, Paris ne présente aucun intérêt et beaucoup d'inconvénients. Le même jour, les troupes britanniques font jonction avec les Américains, refermant définitivement la poche de Falaise. Pour Leclerc, c'en est trop : son action en Normandie est terminée, il ne pense plus qu'à la mission que de Gaulle lui a confiée en décembre 1943 à Alger.

À l'automne 1943, les généraux de Gaulle et Giraud, coprésidents du CFLN, ont obtenu des Alliés la participation d'une division française aux opérations du futur front de l'Ouest et, plus particulièrement, à la libération de Paris. Pour des raisons de *shipping*, les Alliés auraient préféré une division d'infanterie, infiniment plus facile à transporter, mais le choix se porte finalement sur la 2e DB du général Leclerc alors en formation au Maroc. Dès le début, pour de Gaulle, l'affaire est avant tout politique. Leclerc est l'un des chefs militaires dans lesquels il a une totale confiance et la mission de la 2e DB est parfaitement claire : restaurer l'autorité de l'État à Paris et assurer la prise du pouvoir par le seul organe légitime français, le CFLN, devenu en juin 1944 le GPRF. Le 15 décembre 1943, à Alger, de Gaulle reçoit le capitaine Alain de Boissieu, son futur gendre et, pour l'heure, l'un des adjoints de Leclerc. Il le charge de transmettre à Leclerc des instructions fondamentales. Une fois en France, Leclerc ne devra pas se laisser enfermer par le commandement allié dans des « missions tactiques ». Au contraire, il faudra « qu'il puisse se dégager pour une mission purement nationale et française, par exemple le rétablissement de l'autorité de l'État à Paris ». De Gaulle charge alors Boissieu de remettre à Leclerc une lettre secrète dactylographiée en un seul exemplaire qui nomme le chef de la 2e DB gouverneur militaire de Paris par intérim (le gouverneur désigné est Koenig, par ailleurs informé de la décision du président du CFLN). Désormais, Leclerc ne se sépare plus de la lettre qu'il conserve sur lui en permanence. Le 30 décembre, de Gaulle voit Eisenhower qui lui promet qu'il emploiera la 2e DB pour entrer dans Paris[23]. On comprend que Leclerc n'en puisse plus de ronger son frein à présent que la poche de Falaise se referme, que l'insurrection a débuté à Paris, que les éléments les plus avancés de la IIIe armée arrivent dans la grande banlieue de Paris alors que lui-même campe aux alentours d'Argentan, à 200 kilomètres de Paris. Sa colère dépasse d'ailleurs le seul problème de Paris. Il a le sentiment que la bataille dans son ensemble est mal conduite et que beaucoup de temps est perdu. À nouveau, Girard est un informateur précieux : « Avec les moyens dont [les Alliés] disposaient, [Leclerc] estime que leurs troupes auraient déjà pu atteindre la Champagne. Mais il n'y a pas de plan. [...] Il revient sur l'affaire de Falaise qui lui paraît significative. Tous les Allemands ont réussi à en sortir. Par manque de liaison entre les deux armées, le commandement a laissé filer 250 000 boches[24]. »

Cette double subordination – à de Gaulle en tant que chef du gouvernement français et à ses supérieurs américains dans le cadre du groupe d'armées – va conduire Leclerc à s'affranchir des règles élémentaires de la discipline militaire. L'esprit de la France libre, fondé sur une immense transgression, l'y préparait sans nul doute. Dès sa première entrevue avec Leclerc, le 8 août, rapporte Billotte, leur convergence de vue est totale. Selon celui qui vient se présenter à son nouveau « patron » en tant que commandant en second de la 2e DB, celle-ci continue « sur le plan de la discipline, de l'administration et de l'organisation » à ne relever que du Comité national français. De Gaulle « ne l'a confiée au commandement allié que pour les opérations, et encore à la condition expresse qu'elle soit en état de libérer Paris quand le moment serait venu ; mais il se réserve le droit de la retirer si elle est mal employée[25] ». Leclerc ne pense pas autrement, et Billotte retire de leur rencontre le sentiment d'une profonde identité de pensée : « Nous concluons que si nous sommes placés un jour devant des exigences contradictoires au point d'être inconciliables, nous n'hésiterons pas un instant à n'obéir qu'à de Gaulle quelles qu'en soient les conséquences[26]. »

La famille de Gaulle, entre Normandie et Bretagne

Après la douche écossaise de Tournières, de Gaulle souligne dans ses mémoires combien le réconforta, ce 20 août, l'accueil des populations. Les scènes de liesse de Cherbourg à Rennes, en passant par Coutances, Avranches et Fougères, sont les premiers éléments du sacre populaire. « Les maires prononçaient de martiales adresses qui s'achevaient en sanglots[27] » au milieu des ruines, précise-t-il encore.

Bien que de Gaulle se soit présenté lui-même comme un « petit Lillois de Paris », ses liens avec la Normandie et la Bretagne sont nombreux et profonds, si bien que ces régions qu'il sillonne du 20 au 22 août sont loin de lui être inconnues.

« D'après une tradition constante, notre famille serait originaire de Normandie », explique-t-il dans les *Mémoires de guerre*. Il se réfère à son père, le professeur d'histoire Henri de Gaulle, qui avait établi la généalogie de la famille en s'inspirant des travaux de son propre père, Julien-Philippe de Gaulle, un ancien élève de l'École des chartes[28]. Il serait ainsi possible de remonter jusqu'à un Richard de Gaulle, fieffé en Normandie par Philippe Auguste. Jean Lacouture rappelle aussi le précédent d'un Jean de Gaulle, du parti des Armagnacs, qui combattit à Azincourt pour la libération du royaume alors envahi par les Anglais[29]. David Bellamy précise que ces renseignements furent portés à la connaissance du général de Gaulle, en 1946, à l'occasion de son second voyage à Bayeux, par un professeur d'histoire de Saint-Lô, M. Patry[30]. Cette ascendance donnera la matière d'un savoureux passage d'une lettre à Claude Mauriac où semblent se confondre, par un vocabulaire volontairement anachronique, guerre de Cent Ans et Seconde Guerre mondiale. Jean de Gaulle, devenu gouverneur de Vire, défend la ville contre l'assaut des Anglais : « La résistance de la ville se prolonge jusqu'en 1914 et le nom du capitaine demeure si populaire parmi les gens du Bocage que lorsque s'organise contre les Anglais la résistance, on voit les maquisards de l'époque prendre son nom comme ralliement et s'intituler “compagnons de Gaulle”[31]. »

Une seconde attache, plus récente, voit une partie de la famille résider en Normandie. Ainsi, les parents du Général, Henri et Jeanne de

Gaulle, quittent Paris et la place Saint-François-Xavier en 1921, l'année du mariage du Général. Ils s'installent à Sainte-Adresse, près du Havre, chez leur fille Marie-Agnès qui a épousé Alfred Cailliau, un ingénieur des Mines. De Gaulle et son épouse viennent régulièrement à Sainte-Adresse où le Général prend soin de ses neveux. Henri de Gaulle meurt en mai 1932 et est enterré au cimetière de Sainte-Adresse. Après la guerre, de Gaulle ira régulièrement se recueillir sur la tombe de ses parents – sa dernière visite date de la Toussaint 1969. Il écrit à sa sœur une lettre datée du 26 décembre 1969 : « Il me faut te répéter combien j'ai été heureux en te voyant, de revoir ta maison qui nous fut toujours si accueillante et à laquelle tant de chers souvenirs restent attachés[32]. »

En outre, le frère cadet du Général, Pierre de Gaulle, réside près de Rouen, à Saint-Pierre-de-Manneville, au château des Étangs, la demeure familiale de son épouse Madeleine, née Delepouve. Charles et Yvonne de Gaulle leur rendent visite aussi souvent que le permettent les servitudes de la vie militaire. Durant la guerre, Marie-Agnès Cailliau et son mari trouvent refuge au château des Étangs, chez leur belle-sœur, avant d'être arrêtés en 1943 et déportés. Le Général reviendra à de nombreuses reprises au château des Étangs et, une ultime fois, pour l'enterrement de son frère Pierre, en décembre 1959.

De Gaulle retournera en Normandie lors de son grand « tour de France » de l'automne 1944, prenant le temps de visiter de petites bourgades comme Yerville, Bolbec, Goderville ou Bois-Guillaume. Partout, des foules considérables et enthousiastes l'accueillent. Malgré la dureté des temps, le souffle de la Libération n'est pas encore retombé. En traversant la Normandie et l'Ouest de la France, de Gaulle a tout le loisir d'observer les ravages de la guerre et l'inégal traitement subi par les villes et les campagnes. « Par contraste avec les cités écroulées, la campagne offrait un spectacle encourageant. Au mois d'août, en pleine bataille, on avait trouvé moyen de faire et de rentrer les récoltes. Bien que les villages et les fermes eussent beaucoup souffert et en dépit de tout ce qui faisait défaut aux exploitants, on pouvait voir partout des champs cultivés, le bétail soigné, aussi bien que possible. [...] Cette obstination au labeur de la paysannerie française éclaircissait les perspectives du ravitaillement et constituait pour l'avenir un élément essentiel du redressement[33]. »

La Bretagne, dont de Gaulle traverse la partie nord-ouest lors de la remontée vers Paris, ne lui est pas non plus inconnue. Son frère Xavier et sa seconde épouse, Armelle Chevallier-Chantepie, se sont installés à Rennes, en 1935, au 10, rue de Robien. Ils y demeurent jusqu'en 1938, quand ils déménagent à Loiron, dans la Mayenne toute proche, où Xavier, ingénieur des Mines de formation, vient d'être nommé percepteur après avoir passé le concours des impôts. Pendant ce temps, leur fille Geneviève (future Anthonioz-de Gaulle, entrée au Panthéon en mai 2015) poursuit des études d'histoire à la faculté des lettres de Rennes. En 1939, Xavier est mobilisé comme capitaine d'artillerie au camp de Coëtquidan et loue, non loin de là, un logement à Paimpont où sa mère Jeanne, âgée et malade, vient trouver refuge en mai 1940. Charles de Gaulle invite d'ailleurs son épouse Yvonne à en faire de même. Il lui écrit en ce sens le 5 juin : « Tu ne dois pas retourner à Colombey pour le moment. Il te faut trouver pour l'été une villégiature, par exemple en Bretagne, du côté de la tante Richard ou du côté de Paimpont, où se trouvent les Xavier, qui pourraient te rendre service[34]. » Yvonne de Gaulle trouvera finalement refuge à Carantec (Finistère), auprès de sa propre famille, les Vendroux. Les 12 et 15 juin, le Général, sous-secrétaire d'État à la Guerre dans le gouvernement Reynaud, inspecte la Bretagne pour étudier l'hypothèse d'un « réduit breton ». Accompagné de son aide de camp, le lieutenant de Courcel, il rend à cette occasion une dernière visite à sa mère, à Paimpont, avant de rejoindre son épouse et leurs deux filles, Anne et Élisabeth, à Carantec. Le 17 juin, devant l'avancée des troupes allemandes, le camp de Coëtquidan doit être évacué. Xavier de Gaulle, sa famille et sa mère quittent Paimpont dans un convoi pour échouer à Locminé (Morbihan). Xavier est arrêté par les Allemands et envoyé en captivité. Après l'armistice, sa famille et Jeanne de Gaulle retournent à Paimpont où la mère du Général décède le 16 juillet 1940. Elle est portée en terre provisoirement dans cette ville où le Général ne manquera pas de venir s'incliner le 21 août 1944. Son corps sera transféré à Sainte-Adresse, aux côtés de son mari, en novembre 1949, en présence du Général. « J'éprouve une vraie sérénité à la pensée que notre chère Maman repose désormais à Sainte-Adresse, auprès de Papa. [...] Que du haut du Ciel Maman veuille nous aider[35]. »

Cherbourg, un second Bayeux

« Le général de Gaulle est arrivé à Cherbourg annonce aujourd'hui Radio-Cherbourg. Le général de Gaulle a été reçu par le général Koenig, commandant en chef des Forces françaises de l'intérieur ; par le général Juin, chef d'état-major général et par l'amiral d'Argenlieu[36] », note le journaliste de *Ouest-France*. Comme il l'avait fait à Bayeux en juin, de Gaulle se rend d'abord à la préfecture, symbole de la restauration de l'État, où il est reçu par le sous-préfet Lucien Leviandier.

« Après un déjeuner intime à la préfecture, le général de Gaulle reçoit, à 14 heures, les fonctionnaires de Cherbourg et, à 14 h 30, au milieu des ovations de la foule, le général se rend à l'hôtel de ville[37]. » Un second rituel se met en place, qui se répétera dans toutes les villes traversées jusqu'à l'apothéose des Champs-Élysées : la déambulation à pied à travers les rues de la ville. À Bayeux, cette déambulation avait précédé l'arrivée à la préfecture, à Cherbourg elle lui succède. Dans tous les cas, les témoins insistent sur l'importance et la ferveur de la foule, confirmées par les photographies. « Tout le monde autour de moi criait, hurlait, pleurait et sanglotait », rapporte un témoin cité par David Bellamy. Le journaliste de *La Presse cherbourgeoise* écrit « qu'il est étonné par un tel enthousiasme, tout à fait inhabituel chez les Normands[38] ». On se souvient que le Normand Boislambert avait déjà exprimé la même surprise à Bayeux.

Accompagné de Koenig et de d'Argenlieu, de Gaulle parvient à l'hôtel de ville où il est accueilli par le sous-préfet Leviandier et Paul Renault, le maire de Cherbourg. « Dans le grand salon, où le buste de la République, banni par Vichy, a repris sa place, le conseil municipal est réuni[39]. » Après avoir présenté les membres du conseil, Renault prend la parole pour souhaiter la bienvenue au Général. Il rappelle le calme et la dignité dont la population a fait preuve pendant la longue occupation. « Les Cherbourgeois ont toujours eu confiance en vous, mon Général, et ils manifestaient sans cesse leur attachement à la République et à ses institutions[40]. » Devenu maire, Renault a été maintenu à son poste par Vichy. Peut-être est-ce pour cela que Gorse est un peu plus désabusé : « Cherbourg : un drapeau délavé à une fenêtre. Les gens acclament, comme partout ils acclameront ; ils attendent le miracle.

Les nouveaux notables viennent, se bousculent, ils veulent tous être au premier rang[41] » ?

De Gaulle se lève et prend à son tour la parole devant le conseil municipal. Il exprime sa joie de se trouver au sein de « cette belle et chère ville de Cherbourg, si éprouvée et où se manifeste la volonté de refaire ce qui a été détruit [...]. Nous referons Cherbourg plus grand et plus beau, et de même, nous referons la France[42] ».

Il se rend alors au balcon de l'hôtel de ville où « il est salué par une délirante ovation d'une foule d'environ 7 000 personnes qui entonne une vibrante *Marseillaise* que le général accompagne au micro[43] ». On imagine que d'Argenlieu, Palewski et Gorse, présents depuis le matin à Cherbourg, ont réglé les détails techniques avec les services municipaux.

> « Combien je suis ému et honoré de me retrouver dans Cherbourg libéré. Si la ville a été martyrisée, elle se trouve plus libre que jamais. Il y a une chose que nous ne devons jamais oublier, une chose vraiment immense, c'est le devoir envers la patrie.
> « Nous savons bien que le calvaire que nous subissons est la plus grande épreuve de notre Histoire. Nous savons de quels abîmes nous émergeons, et vers quels sommets nous voulons parvenir.
> « Nous sommes tous réunis dans une même volonté, la volonté de la grandeur française.
> « Il est bien inutile que je prolonge un discours qui ne peut avoir qu'une conclusion, une seule, celle que de toute notre âme nous pensons et nous disons : Vive la France ! »
> « Ces paroles sont accueillies par les cris de : "Vive de Gaulle !" Une ultime et émouvante ovation monte vers le perron de l'hôtel de ville[44] », conclut *Ouest-France*.

Le discours est bref, assez fade, sans envolée lyrique, si ce n'est l'évocation introductive de l'émotion du Général que l'on va retrouver au début de chacun de ses discours jusqu'à Paris. Pas de perspective d'avenir non plus, sinon strictement locale. De toute évidence, de Gaulle n'a guère préparé ce discours qu'il abrège volontairement. Il accuse sans doute la fatigue d'un voyage de trois jours achevé par une nuit presque sans sommeil et une difficile réunion, le matin même, avec Eisenhower. Et la journée est loin d'être finie.

Le général de Gaulle sur les marches de l'hôtel de ville de Cherbourg (20 août 1944), avec Lucien Leviandier et Paul Renault.

À travers la Normandie dévastée

Vers 15 heures, on reprend les voitures direction Rennes, 220 kilomètres plus au sud, par des routes impossibles au milieu de ce qui, quinze jours auparavant, était un champ de bataille. « Après un court séjour à Cherbourg, [...] le général de Gaulle est parti pour Rennes en automobile. L'accompagnaient : M. Palewski, chef du cabinet civil ; M. Gorse, chef de cabinet adjoint ; le colonel de Rancourt, chef du cabinet militaire ; le lieutenant Guy, aide de camp ; M. de Marmier, pilote du général. S'étaient également joints à l'escorte : le général Koenig, le commandant Messemer* ; M. Guillorget, le colonel de Bois-Lambert [*sic*][45]. » Boislambert, qui est partout à la fois, a donc trouvé le moyen de rejoindre le Général. Le voyage durera des heures car de Gaulle veut s'arrêter partout, se montrer, parler, prendre le pouls de la nation. On fera étape à Coutances, Avranches, Quettreville-sur-Sienne et Fougères. Les articles de *Ouest-France*, journal à peine issu des rangs

* Il s'agit de Pierre Messmer. En janvier 1944, le capitaine Messmer (et non le commandant comme l'indique le journaliste de *Ouest-France*) est affecté, à Londres, à l'état-major du général Koenig. Il débarque en août 1944 en Normandie et pilote vers Paris le convoi de l'état-major de Koenig. Il entre dans la capitale le 25 août en même temps que la 2e DB. Site de l'Ordre de la Libération.

de la Résistance et qui vient de succéder à *Ouest-Éclair*, sont empreints d'un bel enthousiasme patriotique : « Bien qu'en effet ce voyage n'eût été nullement annoncé, paysans et artisans que le repos dominical avait rassemblés dans les bourgs reconnaissaient le général de Gaulle, arrêtaient sa voiture, l'acclamaient, entonnaient *La Marseillaise* cependant que jeunes filles et enfants accouraient les bras chargés de fleurs[46]. »

Avec le recul du temps, Georges Gorse a bien su rendre le mélange d'accablement et de folle joie qui entoure la visite du Général à travers une Normandie dévastée par la guerre. « Saint-Sauveur, La Haye-du-Puits sont mortes. Sur Coutances flotte une odeur de cadavre. La moitié d'une maison, une chaise en équilibre au bord du vide. Une jambe sort des ruines : c'est un mannequin de tailleur. Le monument aux morts est d'une laideur intacte, une triste Victoire y baise au front un soldat misérable. La foule silencieuse trébuche par les rues mal déblayées, entend parmi les ruines des discours sur la grandeur ; mais elle est trop émue pour écouter et chercher à comprendre. À Quettreville, des gosses jouent sur un tank incendié. À Avranches, de vieilles femmes, tapies derrière leurs fenêtres, soulèvent leur rideau pour surveiller le cortège avec la même curiosité indiscrète qu'un voisin adultère. À Rennes, le Parlement écrase de sa splendeur passée les “corps constitués” du présent. [...] Sur les ovations, il pleut : où est la lumière d'Afrique ? Seul, il s'en va le soir à Paimpont saluer la tombe de sa mère[47]. » En réalité, de Gaulle se rendra à Paimpont le lendemain, 21 août.

Mais les choses sont complexes car à cet accablement, produit de la guerre totale, se mêle aussi la folle joie de la libération. « Dans Coutances meurtrie, l'entrevue entre le général et la délégation spéciale fut particulièrement émouvante. Répondant aux souhaits de bienvenue du maire, le général de Gaulle, debout au milieu des ruines, acclamé par une population harassée, endolorie, sans gîte et sans sécurité du lendemain, insista sur “la grandeur de la France qui ressurgira plus grande, plus forte, plus habitable”[48]. » Alors que la ville est encore interdite à la population civile et que seule la cathédrale demeure debout, la vie reprend*. Georges Gorse : « Coutances s'emplit d'une foule dense, venue on ne sait d'où crier sa joie.

* Coutances a été libérée, le 28 juillet, par la 4e division blindée américaine commandée par le général John S. Wood. La ville en ruines a été abandonnée par les parachutistes allemands du Fallschirmjäger-Regiment 6 (91e infanterie-division) et des éléments de la 2e Panzer-Division SS Das Reich.

Le maire présente avec fierté sa ville meurtrie : “Quand vous reviendrez, vous trouverez une ville neuve et plus belle.” [...] Et tandis qu'il se rend à pied vers la cathédrale, la foule le suit, trébuchant dans les rues mal déblayées, en silence, mais sans le lâcher d'un pas. [...] À Réal, le curé fait donner les cloches, la route est jonchée de fleurs. Qu'un embarras arrête la voiture, les enfants crient, appellent leurs mères : affolées, au risque de manquer le spectacle, elles se sauvent pour couper d'autres fleurs. À Avranches, c'est encore de grandeur qu'il parle, paradoxalement, partout où il y a des ruines[49]. » Élisabeth de Miribel, qui sillonne la Normandie à partir du 3 août, a laissé une saisissante description de la bataille, de la souffrance des soldats comme de celle des civils. Elle rend compte du même contraste : « Sur la route côtière, des fermes démolies, des avions calcinés, des cratères d'obus. Mais aussi des femmes, des enfants, des paysans rentrant la moisson. Ce mélange de guerre et de vie normale, je le retrouverai partout[50]. »

Avranches, bombardée les 7 et 8 juin 1944, a été libérée le 31 juillet après deux mois de féroce bataille dans le bocage. De Gaulle y est accueilli par le maire, Edmond Laquère, vétérinaire de son état, qui avait refusé de siéger au sein du conseil municipal sous Vichy et qui abandonnera la mairie un an plus tard. On ne trouve trace de la présence de Maurice Kaouza, le premier sous-préfet de Coutances libérée en juin 1944, ni dans les témoignages, ni dans la presse, ni sur les photographies. Sans doute est-il déjà à Paris, auprès de son « patron », le préfet de police Luizet. Une foule d'environ 400 personnes attend le Général qui, comme à Cherbourg, abandonne sa voiture à l'entrée de la ville, pour remonter à pied, au milieu de la foule, la rue de la Constitution jusqu'à la mairie.

Le long de cet itinéraire, au gré de ses étapes, le Général reçoit les autorités civiles et militaires : François Coulet qui a trouvé lui aussi le moyen de rejoindre le cortège, le préfet de la Manche, les généraux commandant les IIIe et XIe régions militaires, le colonel commandant la région M des FFI* et son état-major. Sans doute un peu optimiste, le journaliste de *Ouest-France* conclut son article : « Le général de Gaulle leur a donné des instructions en ce qui concerne les premiers problèmes posés par la reconstruction, le ravitaillement et le développement de l'effort de guerre[51]. »

---

* La région M (Le Mans) couvre la Normandie, la Bretagne et l'Anjou.

Avranches : le général de Gaulle, accompagné du maire Edmond Laquère. Derrière, on aperçoit les visages de Koenig, Guy, d'Argenlieu et Palewski. Au sol, les fleurs qu'évoquent tous les témoignages.

L'arrivée à Rennes

Vers 20 heures, le cortège parvient dans les faubourgs de Rennes, la première grande ville libérée que visite de Gaulle. Dans l'après-midi, le poste de Radio-Bretagne a été inauguré par Victor Le Gorgeu, le commissaire de la République pour la Bretagne. De brefs discours sont alors prononcés par Le Gorgeu, le doyen Milon, maire de Rennes, et Janton, le responsable du poste de radio. Dans ces trois discours, pas un mot, pas une allusion à de Gaulle ni au GPRF. Les responsables locaux savent-ils que le Général est en route vers Rennes ? Le seul qui évoque son nom est le général Martial Valin, le chef d'état-major adjoint de l'armée de l'air, en mission en France depuis début août. Il rend « hommage à la vaillance des soldats et marins bretons, s'embarquant de tous les ports et de toutes les criques pour rejoindre l'armée du général de Gaulle[52] ».

« Toujours sans annonce officielle, avertis comme par une sorte d'intuition, comme par le lointain écho d'une sonnerie "au garde-à-vous", des centaines et des centaines de Rennais ont laissé brûler leur dîner pour se grouper devant la préfecture [...]. Vers 20 h 30, des "jeep" américaines virent brusquement de la rue de Fougères vers le contour de la Motte. [...] Alors monte une immense clameur : “Vive de Gaulle ! Vive la France !”

« Devant la grille de l’hôtel de ville, le Général descend prestement de voiture ; il porte une sobre tenue kaki et un képi sans autre ornement que les deux étoiles du brigadier. Sa grande stature dominant la “Buick”, il salue d’un bon sourire la foule qui l’acclame[53]. »

L’article de *Ouest-France* révèle que les Américains ont fourni à la fois une escorte militaire et une très confortable voiture de standing qui ne peut venir que de l’état-major d’Eisenhower. On peut d’ailleurs imaginer que le *Supreme Commander* la lui a offerte le matin et que le capitaine Guy l’a conduite jusqu’à Cherbourg pendant que de Gaulle et Koenig repartaient en avion. Une fois encore, il y a des moyens plus efficaces pour entraver la progression de De Gaulle à travers la France libérée.

Comme cela commence à devenir une habitude, le Général se rend d’abord à la préfecture. Une section de la 12e compagnie FFI d’Ille-et-Vilaine, commandée par le capitaine Jubin, rend les honneurs et est félicitée par le Général*. Celui-ci est accueilli par Victor Le Gorgeu, Bernard Cornut-Gentille, préfet d’Ille-et-Vilaine, Yves Milon, maire de Rennes, Kerambrun, président du comité départemental de la Libération, et le général Allard, commandant la région militaire. André Le Troquer, commissaire aux Territoires libérés, est également présent et ne lâchera plus de Gaulle jusqu’à Paris. Les autorités accompagnent le Général dans les salons de la préfecture. Tandis que la foule, dehors, continue de l’acclamer, de Gaulle « fait une brève apparition au balcon de l’aile gauche. Lentement, comme à regret, la foule se disperse, s’enquérant de l’heure où demain elle pourra plus longuement acclamer le Libérateur de la France[54] ». On peut se demander si de Gaulle ne commet ainsi une petite erreur d’appréciation de la psychologie des foules. Ou bien il n’a pas encore saisi l’immense attente quasi thaumaturgique d’un peuple libéré – hypothèse peu probable après les précédents de Bayeux,

* Dans son livre de souvenirs, le capitaine Jubin se souvient que, pour l’arrivée du général de Gaulle à Rennes, « la première section aux ordres du lieutenant Leclerc était envoyée dans la capitale bretonne pour rendre les honneurs au général. Celui-ci le félicita personnellement pour la bonne présentation de la section ». Constant Jubin, *« Espère à vie »*, Éditions du Barrois, 1980, p. 90.

Cherbourg, Coutances, Avranches ou Fougères –, ou bien, épuisé par un interminable voyage et une journée d'une incroyable densité, de Gaulle préfère se réfugier à l'intérieur de la préfecture pour y dîner rapidement et enfin dormir.

Lundi 21 août

Rennes

Le matin du 21 août, de Gaulle est à Rennes. Comme cela se reproduira jusqu'à son entrée dans Paris, il doit partager son temps entre la gestion de la « grande politique » et les obligations locales qui sont celles finalement d'un chef de l'État visitant des provinces. Obligations bien sûr alourdies par le caractère extraordinaire de la situation et le renouvellement complet des autorités locales, préfectorales comme municipales. L'historiographie du gaullisme s'est focalisée sur l'enjeu parisien, délaissant ce mini « Tour de France », à la façon des souverains de l'Ancien Régime. Ce cheminement triomphal dans la France profonde est pourtant essentiel à au moins deux titres : d'une part, avant Paris, il s'agit d'autant de référendums populaires qui assoient la légitimité de l'homme du 18 Juin et, d'autre part, ces étapes lui permettent de roder et de parfaire les gestes qu'il accomplira lors du « cycle parisien » des 25 et 26 août.

Convaincre Eisenhower

Ce 21 août, à la préfecture de Rennes, de Gaulle commence par la grande politique. Pour appuyer la requête qu'il a présentée la veille à Eisenhower, il rédige une lettre à l'attention du commandant en chef, lettre qui lui sera remise par le général Koenig avec mission d'en expliquer, d'en commenter et d'en appuyer le contenu.

« Mon cher général, les informations que je reçois aujourd'hui de Paris me font penser qu'étant donné la disparition presque complète des forces de police et des forces allemandes à Paris et l'état d'extrême disette alimentaire qui y règne, de graves troubles sont à prévoir dans la capitale avant très peu de temps.
« Je crois qu'il est nécessaire de faire occuper Paris au plus tôt par les forces françaises et alliées, même s'il devait se produire quelques combats et quelques dégâts à l'intérieur de la ville.
« S'il se créait maintenant dans Paris une situation de désordre, il serait ensuite difficile de s'en rendre maître sans sérieux incidents, et cela pourrait même gêner les opérations militaires ultérieures. Je vous envoie le général Koenig, nommé gouverneur militaire de Paris et commandant de la région de Paris, pour étudier avec vous la question de l'occupation, au cas où, comme je vous le demande, vous décideriez d'y procéder sans délai[55]. »

On ne sait si ce texte fut écrit le 20 au soir, ce qui pourrait expliquer pourquoi de Gaulle n'entend pas s'éterniser au milieu de la foule rennaise, ou le matin du 21, reposé après la première vraie nuit de sommeil depuis trois jours. De toute évidence, de Gaulle a voulu laisser une trace écrite de la plaidoirie développée oralement la veille. Ses arguments sont habiles, mêlant raisons militaires (laisser la situation pourrir à Paris, c'est prendre le risque de retarder les opérations militaires), humanitaires (la population, au bord de la famine, pourrait subir une atroce répression) et surtout politiques : « une situation de désordre », comprenons une insurrection massive contrôlée par les communistes, est une hypothèse qui ne serait favorable ni au gouvernement français ni au haut commandement allié. Comme le note André Martel, « [...] en somme, de Gaulle fournit à Eisenhower la justification d'une décision que celui-ci est prêt à prendre : le risque de troubles gênant la suite des opérations[56] ». Éric Roussel y voit une habileté suprême : au moment où Varsovie subit son martyre, agiter la menace d'une terrible répression allemande à Paris revient à en faire porter à Eisenhower la responsabilité devant l'histoire[57]. Pour lui donner plus de poids, la lettre est portée au commandant en chef par le général Koenig, le prestigieux vainqueur de Bir Hakeim, que les Alliés estiment et apprécient.

Deux points de cette mission demeurent obscurs : quand a-t-elle lieu (le 21 dans l'après-midi ou le 22 au matin) et Juin accompagne-t-il Koenig ? N'espérons rien des mémoires d'Eisenhower : ils se désintéressent à peu près complètement des affaires françaises. S'appuyant sur les *Mémoires de guerre* de De Gaulle et les écrits de l'historien américain Alfred Chandler, nombre d'historiens français, tels Adrien Dansette ou Jean-Louis Crémieux-Brilhac, placent la remise de la lettre le 22, vers 8 heures du matin[58]. Dans le mot qu'il écrit à Leclerc, le 22 août vers midi, à Laval, de Gaulle note : « J'ai vu Eisenhower le 20, il m'a promis que vous alliez recevoir Paris comme direction. Le général Koenig est en ce moment auprès d'Eisenhower, ainsi que le général Juin. Ils sont au courant[59]. » Cette version est possible mais pose une série de problèmes. Un autre historien américain, Martin Blumenson, situe l'entrevue le 21 en fin de journée. Il précise même qu'Eisenhower commence à changer d'avis dans la soirée du 21 en partie par la lecture de la missive de De Gaulle. De forts arguments plaident en faveur de ce second scénario. Rennes n'est qu'à deux heures de route de Tournières : pourquoi de Gaulle et Koenig auraient-ils attendu une journée entière pour porter ce courrier à leurs yeux capital ? En outre, nous verrons plus loin que, le 22 août, Koenig embarque à Cherbourg pour Portsmouth et qu'il est à Londres en fin d'après-midi. Le long détour par Tournières rend très compliqué ce *timing*. Quant à la présence de Juin auprès de Koenig, elle est certifiée par de Gaulle et elle n'aurait rien d'absurde. Général d'armée depuis décembre 1942, Juin est le plus haut gradé du petit groupe de militaires qui entoure alors de Gaulle et le seul à être à égalité de grade avec Bradley, Montgomery ou Eisenhower. On a vu que ce dernier n'était pas insensible à ces marques de distinction militaire. En outre, depuis l'opération Torch et, plus encore, depuis la campagne d'Italie, ses relations sont excellentes avec la plupart des généraux américains qui portent en grande estime le vainqueur de Cassino. Et pourtant, la présence de Juin auprès de Koenig pose aussi problème. Dans ses mémoires, Juin affirme avoir filé vers Le Mans, à l'exact opposé géographique de Tournières, dès le soir du 21, « avec l'autorisation du général, pour essayer le lendemain d'avoir une rencontre avec mon ami le général Patton[60] ». Il ne peut être le 22 à la fois chez Patton et chez Eisenhower dont les QG sont alors distants de près de 300 kilomètres. Pour ne rien arranger, Juin bouscule allègrement la chronologie des 21, 22 et 23 août, sans doute par simple confusion en rédigeant ses mémoires vingt ans après les faits. Il ne dit pas un mot d'une visite avec Koenig au QG d'Eisenhower alors qu'il relate son premier passage, la veille, à ce même QG, qu'il décrit longuement sa visite du 23 au PC de Patton (voir *infra*) et qu'il relate une seconde visite au QG d'Eisenhower ce même 23 août.

Il est malheureusement impossible de trancher devant la rareté et la médiocrité des sources. La question est pourtant importante car, si la lettre de De Gaulle a bien été portée au PC d'Eisenhower dès le 21 au soir, comme le pense Blumenson, elle a davantage eu le temps de faire son effet sur le commandant en chef que si celui-ci en prend connaissance à la va-vite le matin du 22 alors qu'il attend Bradley (ou que celui-ci est déjà arrivé) pour une conférence capitale.

Quoi qu'il en soit, ce 21 août, avant de se rendre au PC d'Eisenhower, Koenig, en tant que gouverneur militaire de Paris et commandant de la région militaire de Paris, lance sur Radio-Bretagne un appel au calme à la population parisienne. Alors que l'insurrection entre dans sa phase la plus active à Paris, Jean-Louis Crémieux-Brilhac juge cet appel « totalement déphasé[61] ». Nouvelle preuve que de Gaulle et ses adjoints ne disposent encore que d'une information très lacunaire et en retard de plusieurs jours sur la situation qui règne dans la ville.

> « En prenant ce commandement, je n'ignore rien des conditions très difficiles dans lesquelles vit en ce moment la population de Paris et de la région parisienne.
> « Il convient donc que la population fasse preuve, plus que jamais, dans les jours prochains, des plus grandes qualités de discipline volontaire, afin que l'ordre soit maintenu dans tous les quartiers. Telle est la condition même d'un redressement rapide et efficace de la situation présente.
> « La population de la capitale et de la banlieue restera digne d'elle-même[62]. »

La situation à Paris : que sait de Gaulle ?

Mesurer le niveau d'information réel de De Gaulle sur l'évolution de la situation à Paris ou à Vichy est un enjeu historiographique à la fois essentiel et délicat. L'information parvient le plus souvent par bribes et toujours avec retard. Ainsi, c'est le 21, à Rennes, que de Gaulle apprend l'enlèvement de Pétain par les Allemands qui s'est produit la veille à

Vichy. Pour ce qui concerne les manœuvres de Laval à Paris, les *Mémoires de guerre*, en laissant entendre qu'elles sont la raison de l'attentisme des Américains, versent largement dans la reconstruction historique. Reprenons la chronologie. À partir du 7 août, cherchant une porte de sortie honorable au régime de Vichy et à lui-même, Laval imagine de convoquer les Chambres à Paris afin qu'elles désignent le nouveau chef du gouvernement. Ce que le Parlement a fait à Vichy le 10 juillet 1940, il peut le défaire à Paris en août 1944. Bien sûr, de Gaulle resterait sur la touche, et il faudrait trouver une sorte de « lieutenant général du royaume » capable de s'entendre avec les Américains. De son côté, à Vichy, Pétain a en tête un autre scénario : transmettre personnellement son pouvoir à de Gaulle à condition que celui-ci reconnaisse sa propre légitimé. Deux perspectives aussi inacceptables que dangereuses pour le Général.

Pour parfaire sa manœuvre, Laval a besoin de la présence à Paris des présidents des deux Chambres. « Monsieur Herriot semble l'homme nécessaire[63] », remarque de Gaulle avec ironie. Le 12 août, Laval va personnellement chercher Édouard Herriot, le président de la Chambre des députés, dans sa résidence surveillée de Maréville, près de Nancy. Le 12 au soir, les deux hommes sont à Paris. Parallèlement, Laval charge Blondeau, un haut fonctionnaire de la préfecture de Paris, de ramener de Grenoble Jules Jeanneney, le président du Sénat. Il n'est pas de notre propos d'entrer dans le détail de négociations où chacun, Laval, Herriot, Abetz, joue double, voire triple jeu. Observons toutefois que Laval, qui a besoin d'obtenir *a minima* la neutralité bienveillante des Américains, fait sonder Allen Dulles, le chef de l'antenne de l'OSS, installée à Genève. Prudent, Dulles se contente d'assurer que, si Laval faisait libérer Herriot, Roosevelt lui en tiendrait compte. De Gaulle laisse clairement entendre dans ses *Mémoires* qu'Allen Dulles aurait été l'intermédiaire entre le couple Laval-Herriot et Washington. L'historien américain Arthur Funk précise que Dulles a bien transmis à Washington les « déclarations d'un groupe dénommé Comité national des corps élus de la République[64] ». Laval appuyait en effet ses manœuvres sur les maires de la banlieue parisienne qu'il avait réunis le 11 août à Matignon. Funk indique que Donovan, le patron de l'OSS, envoya ce document au Congrès et à la Maison Blanche, mais, précise-t-il : « Il n'y a aucun indice que Washington ait fait autre chose que d'observer avec intérêt les manigances de Laval. Il faut mentionner que, pendant l'épisode Laval-Herriot (12-18 août), Roosevelt était à Hawaï pour des entretiens sur la stratégie dans le Pacifique, et ne fut de retour à Washington que le 16 août[65]. » Dans la documentation disponible, rien ne permet de dire que Dulles est allé plus loin et encore moins que Roosevelt a personnellement avalisé les manœuvres de Laval. Jean-Louis Crémieux-Brilhac conclut qu'il semble bien que les Américains ne les ont « ni inspirées ni encouragées[66] ».

Observons aussi que la Résistance parisienne est parfaitement au courant de ce qui se trame. Certains milieux résistants, sous la houlette du sous-préfet Yves Boyet, membre de l'organisation de résistance Honneur de la Police, envisagent même d'enlever Herriot. Bien mieux : en rencontrant Parodi et Bidault, le 15 août, André Enfière, qui est lié à Herriot, parvient à dissuader le délégué national en France du GPRF et le président du CNR de recourir à de telles extrémités. Dans le même temps, Périer de Féral, secrétaire général de la préfecture de la Seine et membre de l'ORA, une organisation de résistance bien implantée à Paris, convainc Blondeau de renoncer à aller chercher Jeanneney à Grenoble. Bien évidemment, tout cela est transmis à Alger. Parodi télégraphie le 8 août que Pétain aurait entamé des discussions avec les Américains et qu'on prépare l'Élysée pour l'y installer. Laval essaierait de pousser les Allemands à autoriser les parlementaires à siéger au palais Bourbon. Quelques jours plus tard, il précise que Laval ferait pression sur Herriot pour qu'il forme un gouvernement de transition. On peut même raisonnablement imaginer que la révélation de ces négociations est l'un des éléments qui décident de Gaulle à partir pour la France.

Mais les manœuvres de Laval s'écroulent avant même que de Gaulle n'ait quitté Alger. Dès le 16 août au soir, vers 22 heures, Herriot se voit signifier par le lieutenant Nosek qu'il doit repartir aussitôt pour Nancy sous bonne escorte. Le 17 août, après avoir déjeuné à Matignon avec Herriot et son épouse, Laval réunit un dernier et lugubre Conseil des ministres de l'État français avant que, vers minuit, au ministère des Travaux publics, les ministres de Vichy montent dans des voitures qui, sous forte escorte des SS, les conduisent à Belfort. Ils devaient y être rejoints par leurs collègues enlevés deux jours plus tard, à Vichy, dans des conditions similaires. Avant même que de Gaulle ne décolle d'Alger, le 18 en milieu de journée, tout est fini à Paris. Certes, il est possible qu'en quittant Alger de Gaulle ne dispose pas encore de cette information (le départ de Laval et des ministres de Vichy se déroule dans la nuit du 17 au 18). Il est en outre avéré que son information demeure des plus sommaire durant les deux jours de son voyage vers la France. Aucune source ne précise, par exemple, si, à l'escale de Gibraltar, il dispose d'un contact radio avec Alger ou Londres. Nous savons par René Joffrès qu'un « kit radio » a été installé à la villa des Glycines. Mais ce poste demeure-t-il en liaison radio avec le Lockheed durant le voyage ? Ce point n'est pas élucidé.

L'un des aspects les plus singuliers du voyage de De Gaulle vers Paris réside dans l'absence de moyen de communication. Le président du gouvernement est parti d'Alger sans opérateur radio ni poste portatif. Dans ces conditions, il ne peut communiquer pendant une longue semaine avec les ministres demeurés à Alger. Certes, il lui est possible de contacter par radio l'état-major de Koenig à Londres qui lui-même est en liaison avec Alger. L'existence de cette liaison est confirmée par Jacques Chaban-Delmas qui rappelle que, lors de son bref voyage à Londres, les 15 et 16 août, il rendait compte par radio des résultats de sa mission à de Gaulle, alors à Alger*. Mais, faute de poste portatif, de Gaulle dépend alors de l'équipement des préfectures, qui demeure très aléatoire. Nous verrons que même une fois à Paris ces problèmes ne seront pas résolus. Faute de moyen radio, de Gaulle ne peut pas non plus communiquer avec le commandement américain et même pas avec Leclerc qui n'est qu'à 150 kilomètres. Les deux hommes en seront réduits à recourir à l'antique procédé de messagers qui feront la navette entre eux en roulant comme des fous sur les routes de l'Ouest. De Gaulle ne disposera d'un contact radio permanent avec Leclerc qu'à partir du 24, à Rambouillet, et d'un lien téléphonique avec la Préfecture de Police que le 25, le matin de son entrée dans Paris. Un tel dénuement laisse perplexe. Certes, le GPRF est une structure modeste, et le risque d'interception des communications télégraphiques, téléphoniques ou radioélectriques est réel. Mais le chiffrage existe (de Gaulle le rappelle à Queuille dans un message du

* Francis Crémieux, *La Vérité sur la libération de Paris*, Messidor, 1984, p. 30. Francis Crémieux, journaliste de l'ORTF, anima une série d'émissions radiophoniques intitulées « La Résistance racontée par ceux qui l'ont faite. La libération de Paris », du 18 au 25 août 1964, à l'occasion du 20e anniversaire de la Libération. Il recueillit à cette occasion d'importants témoignages d'acteurs. Le tout fut réuni dans un ouvrage paru en 1984.

28 août*), et Leclerc dispose de jeeps radio qu'il installe devant la gare Montparnasse dès son arrivée à Paris. Pourquoi Leclerc ne lui a-t-il pas fourni une telle jeep ? On se souvient que les Britanniques disposaient de tels moyens pour « surveiller » de Gaulle lors de la journée du 14 juin à Bayeux. Cela étant, l'absence de moyen radio n'est pas l'apanage du Général. Pierre de Chevigné, chargé d'installer les nouvelles autorités militaires, est logé à la même enseigne durant tout l'été : « Dans la folle randonnée des mois de juillet et d'août [...], je n'avais pas les moyens de rendre compte régulièrement à Londres ou Alger. Mon silence confirmait que les instructions reçues étaient exécutées sans difficultés majeures. » Il ne dispose d'ailleurs même pas d'ordre de mission officiel, ce qui, on l'imagine, ne facilite pas les relations avec les forces alliées : « Le chef d'état-major général Noiret et le général Koenig me firent parvenir deux mois après le débarquement un ordre de mission et en informèrent le commandement allié[67]. »

L'historien demeure sans réponse devant cette carence des communications d'autant plus extravagante que le but du voyage de De Gaulle est des plus simple – prendre le pouvoir – et que la communication, dans cette optique, est une arme décisive.

Cependant, il est raisonnable d'imaginer que, lorsque Koenig et Coulet l'accueillent à la descente d'avion, le 20 au matin, deux jours après l'arrivée de Laval à Belfort, ils en informent le président du GRPF. La presse résistante parisienne publie des informations précises dans sa première livraison au grand jour, le 21 au matin, informations connues donc depuis la veille. Le *Franc-Tireur*, exemple parmi d'autres : « [Laval] qui n'a pas voulu emporter à Alger [...] la terre de Bordeaux s'est hâté d'emporter vers l'est un peu de l'asphalte de Paris[68]. » Autrement dit, en se rendant chez Eisenhower, de Gaulle a mille raisons d'être inquiet, mais certainement plus des manœuvres de Laval.

Dans les *Mémoires de guerre*, de Gaulle explique l'échec de Laval par l'absence de soutien de Pétain qui suit « une autre idée » (la passation de pouvoir directe à de Gaulle) et le veto de Hitler. Il ajoute également qu'Anatole de Monzie a signifié à Herriot que les assassinats récents de

* « Nous avons une délégation à Londres. Vous avez la communication chiffrée de cette délégation. J'ai moi-même pu prendre contact plusieurs fois avec elle », Charles de Gaulle, *Lettres, notes et carnets*, vol. 5 : *Juin 1943-mai 1945*, Plon, 1983, p. 299.

députés des deux bords (Jean Zay, Philippe Henriot) ont convaincu les parlementaires de ne pas venir siéger dans Paris. « Le 18 août*, Laval, Herriot et Abetz s'étaient fait leurs adieux en déjeunant ensemble à Matignon. [...] Ainsi tombait au néant la dernière combinaison de Laval. Jusqu'au bout, il avait soutenu une querelle dont nulle habileté ne pouvait empêcher qu'elle fût coupable[69]. » Suit une longue page très sévère sur Laval auquel de Gaulle concède au moins le désir de servir son pays. De nouveau, il est impossible de démêler dans ces pages l'analyse du mémorialiste d'après-guerre, travaillant sur documents, de la réalité des connaissances du de Gaulle de 1944. Ainsi, la petite pique antiparlementaire, qui souligne la couardise des députés, peut s'expliquer par la date de publication des *Mémoires*, en 1954, sous la très parlementaire et très antigaulliste IVe République. Retenons *a minima*, comme le confirment les mémoires de Juin[70], qu'à partir du 21 août, et certainement même dès le 20 au matin, de Gaulle est au moins soulagé d'un poids : Vichy est bien mort à Paris.

Pour autant, la situation dans la capitale reste assez confuse et elle est loin d'être rassurante. Le 20 août, Pierre Miné, le responsable du ravitaillement de Paris pour la Résistance**, envoie un de ses collaborateurs, Louis Riedinger, porter aux Alliés ou à de Gaulle un rapport très alarmant sur la situation alimentaire dans Paris. Riedinger parvient au Mans dans la journée du 20. C'est un dimanche : la préfecture est fermée, personne ne peut l'aider. Ce n'est que le lendemain matin qu'il rencontre Pierre Laroque à Rennes. Celui-ci le met en contact avec de Gaulle à qui il peut exposer la gravité de la situation du ravitaillement et les troubles très sérieux qui pourraient éclater dans Paris. Le rapport de Miné signale des cas de pillage de stocks et évoque le spectre de la famine, d'autant qu'il n'y a plus de police. De Gaulle aurait soupiré : « Les communistes ont déclenché une grève de la police, c'est une connerie[71]. »

---

* En réalité, ce repas a eu lieu le 17 à Matignon. Petite erreur dans la documentation pourtant très fiable qui a servi à la rédaction des *Mémoires de guerre*.

** L'inspecteur des Finances Pierre Miné rejoint la Résistance en 1941 tout en conservant de hautes responsabilités aux ministères du Ravitaillement, puis de l'Agriculture de Vichy (il est relevé de ses fonctions en janvier 1944). Sous le pseudonyme de « Pain », il est le responsable national du ravitaillement désigné par le CFLN en 1943. Il est secrétaire général du ministère du Ravitaillement d'abord à titre provisoire (28 août 1944), puis définitivement (6 septembre 1944), fonction qu'il occupe jusqu'en 1945.

La réception de ce rapport est confirmée par Palewski. Dans ses mémoires, Palewski saute tout le périple dans l'Ouest, du 20 au 23 août, comme s'il n'avait aucune importance à ses yeux, pour se focaliser sur la seule question de Paris en reprenant son récit à l'arrivée à Rambouillet le 23 au soir. Sans aucune précision de date ni de lieu, il affirme avoir reçu un rapport de Paris, dont il reconnaît lui-même le caractère très exagéré, et qui fait mention d'un risque du pillage des entrepôts de Nanterre par la population affamée. « Je fis tenir ce papier à l'état-major d'Eisenhower et je crois qu'il eut quelque poids dans la décision que prit celui-ci de ne plus attendre des instructions [de Washington] qui ne venaient pas et d'aller de l'avant[72]. » Et sans doute est-ce la synthèse de ce rapport faite à de Gaulle par son chef de cabinet, associée à son entrevue avec Riedinger, qui conduit le président du GPRF à envoyer, ce 21 août, un télégramme à Alger (par radio *via* Londres) à l'attention de Queuille et des membres du gouvernement : « L'esprit des populations est réellement magnifique. La grande question immédiate est celle de Paris. Les Allemands n'y ont laissé que quelques éléments militaires. La police française a disparu. L'administration de Vichy est impuissante. Certains éléments de la population ont commencé à piller les stocks de ravitaillement et les boutiques. Si les forces alliées n'occupent pas Paris à bref délai, des troubles graves peuvent se produire[73]. » On peut également supposer que Koenig, chargé par de Gaulle, ce même 21, de remettre et de commenter à Eisenhower la lettre qui le presse d'engager la 2e DB vers Paris, informe le commandant en chef de la situation dans la ville. Quant à savoir quelle fut l'influence sur Eisenhower de ce énième rapport, c'est une question qu'il est impossible de trancher.

Tout cela renforce encore de Gaulle dans l'idée qu'il faut agir au plus vite. L'ombre de Vichy évanouie, il demeure le risque énorme d'une « répression furieuse » et de la disette. Si ces deux facteurs se coalisent, le risque est grand que « la capitale devînt la proie de l'anarchie » au plus grand profit du Parti communiste. Il faut donc marcher au plus vite sur Paris.

Leclerc envoie Guillebon vers Paris

Élisabeth de Miribel a laissé un beau portrait de Leclerc en ces journées décisives de la mi-août. « Du 16 au 25 août, j'ai suivi Leclerc sans désemparer. Il me fait penser à Bayard. Mince, bien sanglé dans son uniforme, la badine à la main, il parle ferme et sec. Mais son regard clair, son sourire désarmant lui gagnent tous les cœurs. Le matin, très tôt, il entend la messe. Puis, on ne le voit plus de la journée[74] », ce qui signifie qu'il est constamment au plus près de l'action. Boissieu, pour sa part, souligne l'inquiétude croissante du général : « Depuis plusieurs jours, le général Leclerc faisait des projets[75]. » Devant le refus américain de l'envoyer vers Paris, plusieurs solutions se présentent à lui. Dans ses mémoires, Boissieu confirme que Leclerc « était bien décidé, avec ou sans ordre des Américains, à se lancer sur Paris, afin d'exécuter la mission que le général de Gaulle lui avait confiée dès Alger. Nous avons fait tous ces jours-ci des réserves de carburant et de munitions, me dit-il, nous pouvons aller jusqu'à la capitale[76] ». On peut douter qu'une solution aussi radicale ait été possible. Leclerc en convient lui-même, on le verra, dans la lettre qu'il adresse à de Gaulle le 21 août. D'ailleurs, au soir du 24 août, après avoir roulé une journée entière (le 23) et combattu durant une autre (le 24), la plupart des unités de la DB sont à court de carburant malgré deux ravitaillements complets effectués par les Américains. Et elles ne sont même pas encore entrées dans Paris où les attendent d'autres combats. En revanche, on peut imaginer que Leclerc espérait avec ses propres réserves de carburant forcer le mouvement, mettre les Américains devant le fait accompli et les contraindre à le ravitailler au risque de les placer dans une position très inconfortable sur le plan militaire et aux yeux des opinions publiques.

L'autre solution est « une reconnaissance en force sur Paris, sous le commandement de Guillebon, son sous-chef d'état-major[77] ». Le 21 août au matin, depuis son PC de Fleuré, au sud d'Argentan, à 175 kilomètres de Rennes, Leclerc appelle son commandant en second, le colonel Billotte. Il l'informe de la décision qu'il vient de prendre : devant le veto américain, il envoie Guillebon en éclaireur vers Paris, secondé par le commandant Morel-Deville, deux Français libres de la première heure. Billotte approuve mais conseille d'alerter de Gaulle. D'autant qu'il faut la division tout entière pour libérer Paris, « et cela, seul de Gaulle peut l'obtenir d'Eisenhower, lequel d'ailleurs ne peut rien faire sans l'accord de Marshall et de Roosevelt. Ni Gerow ni Bradley ne comprendront ; une telle décision d'ailleurs les dépasse[78] ». Billotte conseille également d'intervenir aussi auprès de Bradley, ce dont Leclerc convient.

Conscient de la grave insubordination dont il endosse la responsabilité, Leclerc soigne les détails. La mission de Guillebon est claire : « Prendre contact avec le commandement militaire de la Résistance dans Paris, si l'entrée dans la capitale était possible. Sinon reconnaître les défenses allemandes et tâter l'ennemi afin de déterminer les axes les moins bien défendus[79]. » Parti le 21 vers midi du PC de la DB à Fleuré, à 200 kilomètres de Paris, le détachement doit gagner Versailles par Maintenon, Rambouillet et Trappes. Officiellement, il s'agit d'éclairer la route, mais, au cas où les Alliés libéreraient Paris sans la 2e DB, Guillebon devra incarner la souveraineté française. À cet effet, Leclerc lui remet une lettre de commandement lui déléguant ses fonctions de gouverneur de Paris par intérim. En décembre 1943, à Alger, de Gaulle avait fait de même à l'attention de Leclerc en attendant l'arrivée de Koenig à Paris. Le 11 août, de Gaulle a confirmé cette délégation à Leclerc. Autre détail : le commandant Morel-Deville emporte avec lui l'étendard du régiment de marche des spahis marocains au cas où il entrerait dans Paris. Leclerc entend ainsi honorer cette unité qui a été de tous les combats depuis août 1940 et qui incarne, comme aucune autre, l'esprit de la France libre. Enfin, pour ne pas mettre les officiers de liaison américains (le commandant Loumiansky et le capitaine Plutschak) en situation délicate vis-à-vis de leur hiérarchie, Leclerc charge Alain de Boissieu, le chef de son escadron de protection, de les éloigner en leur faisant « visiter le champ de bataille[80] », le temps des préparatifs de Guillebon.

Le détachement Guillebon comprend 150 hommes répartis en un demi-escadron d'automitrailleuses sous les ordres du capitaine Bergamin, un escadron de chars légers (capitaine Martin-Siegfried) et une compagnie d'infanterie du régiment de marche du Tchad commandée par le capitaine Perceval. L'escapade qui se prépare n'est pas de nature à effrayer Perceval qui, en janvier 1942, avait réussi l'exploit de rallier à bicyclette le Nigeria britannique depuis le Dahomey pour rejoindre la France libre. Il trouvera la mort en Indochine en 1952. Sont réunis, au total, dix chars légers, deux pelotons de cinq automitrailleuses et deux sections d'infanterie sur dix transports de troupes.

Leclerc attend que Guillebon soit parti pour en informer sa hiérarchie : il envoie le capitaine Weil chez Bradley, le commandant du 12e groupe d'armées américain, sautant par-dessus ses commandants de corps d'armée et d'armée. « Il est parti comme un chien qu'on fouette, ce qui est explicable. Il vaudrait mieux que ce soit le général de Gaulle qui frappe sur la table plutôt que le général [Leclerc] », note Girard dans son *Journal*[81]. La remarque révèle par ailleurs qu'on ne sait pas, ce 21 août, au PC de Leclerc, que de Gaulle a vu Eisenhower la veille ; nouvelle preuve de l'énorme problème de communication qui entoure le voyage de De Gaulle. En revanche, Leclerc attendra le lendemain, le 22, pour envoyer un autre officier, Repiton-Préneuf, informer Gerow. Au dîner, Leclerc, qui redoute la colère du commandant du Ve corps, fait mille recommandations à son officier : « Il recommande à Repiton de bien réfléchir à ce qu'il dira et de bien préciser que cette initiative n'a pas de but politique. Le détachement est une sorte de précurseur[82]. » Comme on s'en doute, Gerow le prendra très mal : ajouter le mensonge (la mission de Guillebon est bien sûr politique) à l'insubordination n'est pas vraiment de nature à amadouer le commandant du Ve corps.

Le soir du 21, Leclerc rédige une longue lettre à l'attention de De Gaulle. Il commence par dresser un tableau de sa division après quinze jours d'opération en Normandie* avant de lui annoncer l'envoi du détachement Guillebon vers Versailles.

> « Mon général,
>
> « J'ai appris hier que vous avez débarqué à Cherbourg. Je lance donc un officier à votre recherche. Voilà la situation de la division à bâtons rompus, car je désire que Trévoux parte sans tarder : après une marche assez acrobatique d'Avranches au Mans, nous avons attaqué droit au nord et, en quatre jours, atteint l'Orne entre Écouché et Argentan.
>
> « [...]

---

* « Résultats en ce qui nous concerne. Pertes : 160 tués, 550 blessés environ. C'est peu, étant donné le grand nombre de combats. Le recomplètement est déjà fait.

« Au tableau, un minimum de 60 chars homologués ; véhicules, prisonniers et tués allemands très difficiles à estimer.

« Le moral de mes gens est des plus élevés et ils se sont bien comportés. Billotte et Langlade sont proposables pour général. Je ne vois aucun inconvénient à ce que vous les nommiez », Christine Levisse-Touzé, Julien Toureille, *Écrits de combat. Philippe Leclerc de Hauteclocque*, Sorbonne Université Presses, 2023, p. 535.

« Depuis huit jours, le commandement nous fait marquer le pas. On prend des décisions sensées et sages, mais généralement quatre ou cinq jours trop tard. On m'a donné l'assurance que l'objectif était Paris. Mais devant une telle paralysie, j'ai pris la décision suivante : Guillebon est envoyé avec un détachement léger, chars, automitrailleuses, infanterie, direction Versailles ce soir ou demain matin. Je ne peux malheureusement en faire de même pour le gros de ma division, pour des questions de ravitaillement en carburant et afin de ne pas violer ouvertement toutes les règles de subordination militaire.
Voilà, mon général ! J'espère que d'ici quelques jours, vous vous poserez à Paris[83]. »

De Gaulle ne recevra cette lettre, portée par le capitaine Trévoux*, que le lendemain, 22 août, lorsqu'il sera à Laval et il l'approuvera sans réserve. La décision de Leclerc relève de l'insubordination caractérisée et provoquera la fureur de son supérieur Gerow lorsqu'il l'apprendra. Gorse note avec humour : « Il faut être de la vieille France libre pour écrire à son chef qu'on est en état d'insubordination. Naturellement de Gaulle approuve[84]. » Dans la foulée, Leclerc réitère sa demande à Gerow visant à l'autoriser à marcher sur Paris. La demande est reçue, le 21 à 14 h 30, au QG du Ve corps et provoque, bien sûr, une nouvelle réponse négative de Gerow qui se borne à lui renvoyer sa directive concernant le Ve corps pour la journée du 21 août[85]. Billotte résume le problème de façon lapidaire tout en soulignant la tension extrême qui règne alors entre Leclerc et ses supérieurs : les Américains ne sont obnubilés que par les problèmes de logistique tandis que Montgomery, « c'était assez naturel pour un Anglais », ne pense qu'à s'emparer des rampes de lancement de V2 installées dans le Pas-de-Calais « et accessoirement à battre Bradley de vitesse ; la prise de Paris lui importait peu** ».

* « Le capitaine Trévoux (1905-1944), de son vrai nom Édouard Rasson, industriel, est affecté après une formation à l'école d'officier de Saumur au 31e dragon à Sedan. Capitaine de réserve, il travaille jusqu'en 1942 pour le réseau Étoile comme agent P1 sous le pseudonyme Robert Trévoux, puis, en avril 1944, il rejoint l'Angleterre et s'engage dans la 2e DB au bureau de la sécurité militaire du capitaine Bagneux. Outre des missions avec les civils, Leclerc le charge de missions spéciales. Le capitaine Trévoux tombe le 24 novembre 1944 à Saverne », Christine Levisse-Touzé, Julien Toureille, *ibid.*, p. 535.

** Pierre Billotte, *Le Temps des armes*, Plon, 1972, p. 311. Billotte commet ici une erreur : les rampes de lancement concernent les V1 et non les V2 qui sont d'authentiques missiles balistiques tirés à la verticale.

« *Rennes vibrant de la joie de sa libération a acclamé le général de Gaulle*[86] »

Il pleut à verse sur Rennes et la Bretagne, ce 21 août, et de Gaulle se doit aux obligations d'un chef du gouvernement visitant une province.

Dès 10 heures, comme la veille, il entame un véritable marathon de réceptions, de discours et de cérémonies. Le chef du gouvernement se fait présenter les personnalités locales par Victor Le Gorgeu, commissaire de la République pour la Bretagne, et Cornut-Gentille, nouveau préfet d'Ille-et-Vilaine : Mgr Roques, archevêque de Rennes ; Yves Milon, président de la délégation municipale ; le général Deligne, commandant la XIe région militaire ; M. Kerambrun, premier président de la cour d'appel ; M. Peyre, procureur général de la République ; les membres du comité départemental de la Libération conduits par leur président ; le corps universitaire ainsi que divers représentants de l'administration. Suit une liste d'autres notabilités : du président du tribunal civil aux responsables militaires et aux représentants des grands corps. Nous dispensons le lecteur de cette interminable énumération qui occupe presque une colonne de *Ouest-France* et qui court jusqu'à « Mme Martin, assistante sociale de la Résistance et M. de la Chesnais, délégué de la Croix-Rouge[87] ». Ces personnalités se groupent ensuite dans la salle du Conseil général « où le général de Gaulle leur adresse [...] une brève allocution, leur disant combien il comptait sur leur loyalisme et leur effort commun pour refaire la France[88] ».

Tout ce que Rennes compte de responsables administratifs, judiciaires, universitaires, militaires, économiques ou associatifs est donc réuni dans les salons de la préfecture. Les mêmes scènes se reproduiront, les 22 et 23 août, dans les autres préfectures que de Gaulle traversera, Laval, Le Mans ou Chartres. Nul doute que la liste a dû être établie à la hâte, la veille au soir, et que l'ensemble de ces notabilités ont été prévenues au dernier moment. De nouveau, comment ne pas songer aux rituels des « entrées royales » dans les « bonnes villes » de France de l'Ancien Régime ? Ces cérémonies marquent la prise du pouvoir à l'échelle régionale doublée d'une promesse d'allégeance. Tous ces fonctionnaires ont servi Vichy quatre ans durant, et de Gaulle a besoin d'eux pour faire tourner la machine administrative, seul moyen de prévenir les dérapages d'une insurrection incontrôlée. La leçon de la Corse a été bien retenue. En retour, les paroles du président du GPRF valent comme la garantie d'une absolution. Le pacte est ainsi conclu. Le pouvoir se prend à la fois par le sacre populaire dans la rue, le contrôle du pouvoir local grâce au travail de fourmi effectué par la Résistance et les agents de Londres, et par l'indispensable ralliement des chefs de la machine bureaucratique et économique. Au même moment, à Paris, les hommes de la Délégation générale, Morandat en tête, prennent d'assaut les ministères et y installent des secrétaires généraux provisoires. André Martel n'a pas tort de faire observer : « Les véritables léninistes ne sont pas là où on les croit[89]. »

Vers 11 heures, malgré la pluie ininterrompue, la foule ne cesse d'accourir et hésite entre la grande place de la Mairie – qui a encore pour nom « place du Maréchal-Pétain* » – et le square de la Motte, devant la préfecture, ne sachant dans lequel des deux lieux de pouvoir de Gaulle prendra la parole.

> « On attend l'heure H. Sans impatience d'ailleurs. N'a-t-on pas attendu quatre ans ? Chacun suit les mouvements qui animent la cour de la préfecture. Un peloton de gendarmes s'y aligne sur deux rangs. À la grille, des agents gantés de blanc.
> « Midi moins vingt.
> « Le voilà !
> « Non, c'est le général Koenig.
> « Est-ce bien exact ? On ne sait pas. En tout cas, ce n'est pas encore lui : de Gaulle. Car personne, à part les militaires, ne dit "le général".
> « Il ne va pas tarder. Les gendarmes ont mis l'arme à l'épaule. Une longue voiture noire pénètre dans la cour de la préfecture. [...] Midi moins dix. Le Général descend le perron et s'installe dans sa voiture. Les gendarmes rendent les honneurs. Déjà la voiture est sortie. Les acclamations fusent. « Vive de Gaulle[90] ! »

Alors, comprenant que de Gaulle se rend à l'hôtel de ville, la foule massée devant la préfecture s'élance, sous la pluie battante, pour couvrir

* Elle ne redeviendra « place de la Mairie », son appellation d'avant-guerre, que le 20 septembre. Mais le journaliste de *Ouest-France* a déjà opéré le changement de nom.

les 600 mètres qui séparent les deux lieux. Une foule immense s'agglomère ainsi sur les places jumelles de la Mairie et du Théâtre qui se font face. « Combien sont-ils là de Rennais qui veulent acclamer le général de Gaulle ? Vingt, vingt-cinq mille peut-être. Il en est partout, aux fenêtres et jusque sur le toit du théâtre [...]. Il faut tout le tact du service d'ordre que dirige en personne M. François Lepage, l'intendant de police, pour que les voitures de l'escorte puissent se frayer un passage à travers cette foule serrée au coude à coude. » Sans doute à cause de la pluie, de Gaulle renonce à sa déambulation à travers les rues et fait, cette fois, le déplacement en voiture. Arrivé place de la Mairie, il descend de la Buick fournie par Eisenhower et passe en revue le peloton de FFI qui lui rend les honneurs. Une première *Marseillaise* éclate. « Le général reste au garde-à-vous, impassible sous l'averse, la main au képi[91]. »

Le général de Gaulle saluant sur la place de la Mairie à Rennes.

Le doyen Milon, maire de Rennes, vient au-devant du général de Gaulle. « Une jeune employée municipale, Mlle Clément, qui fut à la mairie une entraîneuse à la Résistance, présente au général de Gaulle une opulente gerbe de fleurs, cravatée de tricolore, qu'il n'accepte que pour l'aller déposer lui-même au Panthéon rennais[92]. » Le Panthéon désigne une salle donnant dans le péristyle nord de l'hôtel de ville de Rennes et consacrée à la mémoire des morts pour la France originaires de Rennes, à commencer par les 936 morts de la Première Guerre mondiale. Silence recueilli dans la foule tandis qu'une trompette égrène les notes de la sonnerie aux morts. Yves Milon conduit alors le Général vers le cabinet du maire où lui sont présentés les membres de la délégation municipale. De Gaulle paraît ensuite au balcon soulevant une immense clameur de la foule. Il est rejoint par Le Gorgeu, Cornut-Gentille, Mgr Roques, Milon et Kerambrun tandis que les notabilités se pressent à présent dans les salons de l'hôtel de ville. De Gaulle demande alors à la foule de faire le calme et, « dans un silence que troublent, seuls, de temps à autre, les éclairs de magnésium des correspondants de guerre alliés, il parle d'une voix encore plus chaude que celle entendue à la radio. [...] Le Général a voulu volontairement que cette cérémonie soit sobre. Pas de musique, pas de flonflons. Le général reste un soldat[93] ».

> « Français, Françaises qui êtes ici, quelle émotion est la nôtre de nous retrouver rassemblés dans Rennes libérée, dans la Bretagne victorieuse où les guerriers allemands qui ont souillé son sol sont en train de disparaître comme morts ou comme prisonniers ; de nous trouver rassemblés sur un morceau du sol de la France, actuellement en route, enfin, pour la victoire, pour la liberté et pour la grandeur.
> « Combien de chagrins subis, combien de joies refoulées, combien d'espérances jamais détruites représentons-nous tous, frères et sœurs, Français, fils et filles d'une même mère, la Patrie commune, nous tous et nous toutes, pour arriver où nous voulons aller, c'est-à-dire pour arriver à remettre notre France à sa place en elle-même et au milieu des autres.
> « Notre devoir immédiat s'appelle encore, et pour quelque temps, la guerre. Nous avons à la terminer, à la terminer victorieusement. Nous sommes sur la route qui y conduit, et le but n'est pas encore atteint. Il nous reste des combats à soutenir. Nos armées qui mènent le combat en France, aussi bien celles qui viennent de l'Empire que celles qui sont sorties du sol national, nos armées ont encore des dangers à courir, des

lauriers à récolter, des combats à livrer, et nous tous et toutes, nous avons au fur et à mesure de notre marche en avant, à retrouver le grand pays dont nous sommes.

« Nous avons à le reconstruire, morceau par morceau, moralement, spirituellement et matériellement. Nous avons à redresser nos ruines et nous avons à rebâtir sur notre France un édifice neuf, plus beau, plus grand, plus habitable que ne l'était celui d'hier.

« Voilà notre tâche du présent ; voilà notre tâche de l'avenir. Il n'y a pas un Français, il n'y a pas une Française qui ne sente et qui ne sache qu'il a dans ce travail un grand devoir à remplir.

« Bien sûr, quelques malheureux, infiniment peu nombreux, qui se sont livrés à l'ennemi ou qui lui ont livré les nôtres, ceux-là connaissent déjà ou connaîtront la rigueur des lois. Mais l'immense majorité des Français et des Françaises ont été infiniment dignes de la France. Ce sont tous ceux-là qui doivent, pour la grande tâche, se rassembler, la main dans la main, fraternellement, tous ensemble, pour la grandeur et pour la liberté.

« En avant donc vers la victoire, en avant donc vers le renouveau, et pour exprimer cela mieux que personne ne peut le faire, nous allons, si vous le voulez bien, tous ensemble, du même cœur, dans une même pensée, chanter *La Marseillaise.* »

Une énorme *Marseillaise* retentit alors sur la place de la Mairie. Le Général regagne ensuite sa voiture.

Le discours de Rennes est nettement plus fourni et plus travaillé que celui qu'il a prononcé la veille à Cherbourg. On commence à y discerner nettement les traits du discours qu'il prononcera quatre jours plus à Paris et dont il semble chercher et tester la structure et les formules. Un schéma en deux parties se dessine. D'abord l'« émotion » de se retrouver entre Français après quatre années d'occupation, cette émotion qu'il dira ne pas vouloir feindre à Paris. Le rappel des souffrances, des peines, de l'espérance aussi jamais éteinte. Puis une seconde partie placée sous le signe du rassemblement et qui appelle à l'effort : l'effort de guerre dans l'immédiat, l'effort de la reconstruction dans un second temps.

Des différences apparaissent cependant. On notera, dans le discours de Rennes, l'attention portée aux femmes, qui sera beaucoup plus discrète à Paris. Faut-il y voir une allusion au vote des femmes, déjà entériné à Alger en avril et qui sera bientôt appliqué en France ? De même, l'épuration est annoncée, mais elle ne concernera qu'une poignée de misérables, le peuple français, dans son « immense majorité », ayant suivi le bon chemin. On notera aussi la discrétion de la question sociale, à peine suggérée à Rennes, comme à Coutances la veille, par la formule curieuse et presque maladroite d'une France « plus habitable » alors que le pays est couvert de ruines. En un mot, si le Général a déjà en tête l'esprit et la structure de son message, il cherche encore à en peaufiner la lettre. Le chef-d'œuvre de Paris se construit peu à peu sur les routes de l'Ouest de la France.

L'après-midi, de Gaulle quitte Rennes pour s'incliner devant la tombe de sa mère à Paimpont. Trois sections de la 12ᵉ compagnie des FFI d'Ille-et-Vilaine l'attendent, aux ordres du capitaine Jubin : « Dans l'après-midi, les 2ᵉ, 3ᵉ et 4ᵉ sections (Guibert, Jouchet et Correy) rendaient à leur tour les honneurs au Général venu à Paimpont se recueillir sur la tombe de sa mère. Dès que le Général fut à cinq cents mètres, les hommes qui n'avaient jamais fait de maniement d'armes ou alors très peu, prirent la position du "Présentez armes". Les autres manœuvrèrent à mon commandement. Avant que le Général n'arrivât dans la ligne droite menant au cimetière, je lançai un retentissant "Présentez armes !", la face était sauvée, il pleuvait à verse, la voiture du Général passa lentement. À l'entrée du cimetière, quatre gradés se tenaient au "Présentez armes". Ils avaient été triés sur le volet et avaient fière allure. Même scénario, dès que le Général s'éloigna de la tombe de sa mère. À sa sortie du cimetière, devant ces garçons habillés misérablement, à peine chaussés, mais raidis dans un "Présentez armes" impeccable, il lâcha ces quelques mots : "Merci mes enfants[94]." »

CHAPITRE 4

Mardi 22 août 1944

Eisenhower donne le feu vert

Le 22 août, de Gaulle quitte Rennes dans la matinée. Il est à Laval à midi et couche le soir au Mans. Le fait décisif de la journée est le revirement d'Eisenhower qui, en fin d'après-midi, change ses plans et envoie deux divisions vers Paris, parmi lesquelles la 2e DB. Cette décision est le fruit de l'intense activisme de De Gaulle et de ses collaborateurs, de la pression des émissaires venus de Paris, mais aussi de considérations propres au haut commandement américain.

Intenses pressions françaises sur Eisenhower

Depuis son retour en France, de Gaulle ne cesse d'activer tous les ressorts à sa disposition pour faire fléchir les Américains.

Le commissaire aux Affaires étrangères du GPRF, René Massigli, atterrit à Londres le 21 août, en provenance d'Alger. Il vient signer l'accord franco-britannique qui règle les relations entre les forces britanniques et le gouvernement français, accord formé de cinq mémorandums, qui consacre la quasi-reconnaissance du GPRF. L'accord doit être signé le 22, mais Washington bloque encore, et Eden demande de repousser la signature de quelques jours de façon à la faire coïncider avec celle de l'accord franco-américain. Massigli retourne au Foreign Office vers 15 heures pour convaincre Eden de fournir des armes aux insurgés et de marcher vers Paris. Eden répond prudemment qu'on s'en tient aux plans alliés. Démarche de toute façon inutile : à cette heure, la décision d'Eisenhower est déjà prise. Quant à Koenig, il a quitté de Gaulle, le matin à Rennes, pour se rendre à Cherbourg, puis, *via* Portsmouth, à Londres, d'où il pourra, bien mieux qu'à partir de « notre camp volant[1] », communiquer par radio avec les dirigeants de l'insurrection parisienne. Il est surtout chargé de finaliser avec le SHAEF l'accord franco-américain. Au moment où Massigli quitte Eden, Koenig débarque à Portsmouth. Encore sous le coup de son entrevue décevante avec Eisenhower, il a la joie d'apprendre que la 2e DB a reçu l'ordre de marcher sur Paris. Le soir, il est à Londres où on l'informe que la signature des accords est repoussée.

Dans la partie qui se joue, le général Leclerc dispose d'un atout maître : une division blindée en état de marche. Le détachement Guillebon a quitté la région d'Argentan le 21 dans l'après-midi. Sachant que Guillebon ne passerait pas inaperçu, Leclerc envoie le chef de son 2e Bureau, Repiton-Préneuf, prévenir Gerow. Mais il attend la matinée du 22 pour le faire, presque une journée après le départ de Guillebon qui est déjà aux alentours de Rambouillet. L'explication de Leclerc respire la mauvaise foi : l'insurrection parisienne exige un détachement avancé pour maintenir l'ordre jusqu'à l'arrivée du gros des forces régulières ; l'absence de Guillebon n'enlève rien à l'efficacité de la DB. Gerow le prend d'autant plus mal que, la veille, il a reçu un message de la IIIe armée qui lui demande ce que font des soldats français du côté de Senonches, en dehors de leur secteur. L'état-major du Ve corps appelle aussitôt par radio le PC de la DB. Par malchance, Gribius, le chef du bureau des opérations, ignorant que Guillebon était parti vers Paris, répond en toute bonne foi qu'il doit s'agir d'une erreur[2]. Ce 22 au matin, Repiton-Préneuf se présente devant Gerow pour l'informer de l'envoi, la veille, de Guillebon vers Paris. Gerow devient blême, il laisse en plan l'officier français et entre sous sa tente. Il en ressort quelques minutes plus tard avec une lettre comminatoire destinée à Leclerc : « Je voudrais qu'il soit bien clair que la 2e division blindée est sous mon commandement dans tous les cas et vous n'en utiliserez rien en dehors de l'exécution des missions qui lui seront assignées par ce quartier général[3]. » Et il donne l'ordre de rappeler Guillebon. Bien entendu, Leclerc n'en fait rien. Le commandant Weil qui revient, ce même matin, d'une mission similaire auprès du QG du groupe d'armées a été mieux traité sans que cela ne change rien sur le fond : de belles paroles et puis rien. « Bradley l'a reçu très gentiment et lui a répondu que tout allait très bien, qu'il fallait avoir un peu de patience et que nous irions à Paris puisqu'on avait dit que nous irions, et les premiers. Sur l'offre d'un whisky, Weil s'était retiré et avait refait ses 500 kilomètres en sens inverse*. »

Ces rebuffades convainquent Leclerc de prendre le taureau par les cornes. Emmenant avec lui Repiton-Préneuf, parfaitement anglophone, il saute dans son Piper et va, à son tour, trouver Bradley, le patron du groupe d'armées. Mais il fait chou blanc car, lorsqu'il atterrit près de Laval où se trouve désormais le PC avancé du 12ᵉ GA, Bradley est lui-même parti en avion au PC d'Eisenhower, à Tournières, où les deux généraux resteront en conférence toute la journée. Leclerc se doute que son sort se joue dans cette rencontre au sommet ; aussi décide-t-il d'attendre sur place le retour de Bradley. C'est d'ailleurs chez Bradley qu'il rencontre Roger Cocteau-Gallois, le chef d'état-major de Rol-Tanguy. Parti de Paris le 19, Cocteau n'est arrivé au PC de la IIIᵉ armée que le 22 à 1 heure du matin. Patton, le commandant de la IIIᵉ armée, qui ne s'occupe plus de Paris, l'a fait conduire chez Bradley.

Leclerc passe la journée à tourner en rond sur le terrain des avions de liaison. Enfin, quelques minutes avant l'heure fixée par le pilote pour pouvoir rentrer (le Piper ne peut atterrir de nuit), Bradley est de retour. L'heure de retour du général américain varie sensiblement d'un auteur à l'autre : le milieu d'après-midi selon Blumenson, ce qui paraît peu vraisemblable, vers 19 heures, selon Martel.

Au même moment, Guillebon est optimiste : parti la veille vers midi de Fleuré, son détachement a roulé à tombeau ouvert sur les routes de l'Ouest sans rencontrer la moindre opposition, et il bivouaque le soir aux environs d'Arpajon. Cette promenade militaire, associée à l'approche de Paris, excite tout le monde : « Après une nuit couchés dans le foin [nuit du 21 au 22], nous nous trouvons à Arpajon. Là, je reçois l'ordre de prévenir les sections d'être "nickel", car nous allons avoir l'honneur d'entrer dans Paris, qui, paraît-il, s'est débarrassé des Allemands. On ouvre les

* Christian Girard, *Journal de guerre, 1939-1945. Témoignage de l'aide de camp du général Leclerc de Hauteclocque*, L'Harmattan, 2000, p. 265. Girard exagère beaucoup à propos de ces « 500 kilomètres ». La distance aller-retour du PC de Leclerc (à Fleuré) au QG de Bradley (près de Laval) ne dépasse 300 kilomètres.

sacs, on sort la dernière chemise propre, on brique les visages comme on brique les véhicules. On sera fin prêt pour voir les Parisiennes[4]. » Mais, dans la journée, aux abords de Trappes, de Saclay et de Palaiseau, la guerre reprend ses droits, et Guillebon est brutalement stoppé par la vigueur des défenses allemandes. Le soir du 22, Guillebon et son détachement sont à Rambouillet avant d'entreprendre, le lendemain, de nouvelles patrouilles dans la banlieue ouest de Paris. L'avant-garde militaire y rejoint l'avant-garde politique. En effet, Chevigné et son « cirque », sur les semelles des soldats américains, sont à Dreux le 19 et campent, le 21 au soir, au château de Rambouillet, à un jet de pierre de Paris. À partir du 22, en attendant de Gaulle, Chevigné peaufine les modalités de l'investissement politique de la capitale. Guillaume Piketty dresse la liste minutieuse des éléments de la prise du pouvoir prévus par Chevigné : il installera dès que possible son PC au ministère de la Guerre tandis que « ses subordonnés s'assureront du concours des sapeurs-pompiers, de la police et de la Garde républicaine, vérifieront que le nouveau préfet de police est en place, et se rendront maîtres de la prison du Cherche-Midi tout en prenant les dispositions nécessaires afin qu'une cour martiale soit en mesure de siéger dans les vingt-quatre heures [Chevigné avait installé à Rennes, le 5 août, un premier tribunal de ce type]. Ils s'assureront aussi du concours de l'Imprimerie nationale (au cas où il faudrait diffuser des proclamations), de la Radio et du bon fonctionnement des PTT[5] ». Bref, comme partout depuis Bayeux, mais en plus grand, car il s'agit de Paris.

À partir de la journée du 22, Rambouillet devient le point de ralliement de tout ce que Londres et Alger peuvent jeter de cadres de la Résistance sur les routes, tous aimantés par Paris. Ainsi, Jean Marin et Maurice Schumann ont sauté dans le bon train en se joignant au détachement Guillebon. Le 22 au soir, ils parviennent dans la petite ville qui grouille d'une foule bigarrée. Marin note : « À Rambouillet, Ernest Hemingway est déjà à table, éclairé par une bougie, lorsque j'arrive à l'hôtel en face du château[6]. »

Si de Gaulle et les siens tentent par tous les moyens de convaincre les Alliés de marcher sur Paris, Alexandre Parodi et les chefs de la Résistance parisienne font exactement de même en envoyant une série d'émissaires. Comme la IIIe armée est en pointe vers l'est, la plupart d'entre eux tomberont d'abord sur Patton qui leur réservera un traitement très inégal. Plusieurs de ces équipes atteignent les lignes américaines les 22 et 23 août. Elles sont porteuses d'informations de qualité inégale et insistent sur la nécessité d'entrer au plus vite dans Paris. Il est difficile de mesurer leur influence dans la décision qu'Eisenhower s'apprête à prendre.

Le commandant Roger Cocteau, *alias* « Gallois », est le chef d'état-major du colonel Rol-Tanguy, le chef des FFI de la région parisienne. Ce fils de notaire et petit-fils d'armateur s'engage en 1940 au grade de capitaine dans l'arme blindée. Il rejoint très tôt la Résistance et combat dans le mouvement Ceux de la Résistance. Au printemps 1944, alors que les deux hommes sont en balance pour le poste de chef FFI régional, Cocteau s'efface devant Rol-Tanguy qui a le soutien des communistes et dont il devient le second. Dès le 17, Rol avait envoyé vers les Américains son chef du 2e Bureau, le commandant André Trutié de Varreux, mais celui-ci fut tué dans sa voiture à Morigny-Champigny par un bombardement de l'aviation alliée. Très inquiet de l'évolution de la situation militaire, Rol-Tanguy charge Cocteau, dans la journée du 20, de tenter sa chance à son tour. La mission que lui confie Rol-Tanguy comporte deux aspects : convaincre les Alliés de foncer vers Paris et, dans l'immédiat, procéder à des parachutages d'armes[7]. Jean Lacouture voit dans les démarches répétées de Rol-Tanguy le signe que les communistes ne cherchent pas à éviter l'arrivée des forces américaines dans la ville. Il suggère qu'ils doivent considérer que la situation est si grave qu'il faut assurer le coup, quitte à faire intervenir les Américains.

Le docteur Robert Monod, médecin-chef à l'hôpital Laennec, est l'un des responsables du comité médical de la Résistance. Disposant d'un laisser-passer médical, il offre sa voiture et se propose d'accompagner Cocteau. Les deux hommes quittent Paris dans l'après-midi du 20 en se dirigeant vers l'ouest. À Versailles, ils embarquent le jeune médecin Dominique Larret qui parle parfaitement allemand, ce qui, espère-t-on, facilitera le passage des barrages. Le soir, ils n'ont pu doubler Neauphle-le-Château où ils passent la nuit, sans dormir, chez un ami de Cocteau. Le lendemain, ils tournent en rond dans la grande banlieue, ne trouvant pas de point de passage, et se retrouvent à Corbeil, chez le commandant Georges, chef local FFI, qui leur conseille de changer de méthode et de carrément forcer un barrage ! Abandonnant le docteur Monod qui retourne à Paris, Georges et Cocteau montent alors dans une camionnette de boulanger qui embarque également deux gendarmes armés d'une mitraillette sur les marchepieds. Ils repartent vers l'ouest, et la méthode s'avère payante : à Pussay, près d'Étampes, un fermier leur indique qu'ils sont à cent mètres des lignes américaines. Un lieutenant américain embarque alors Cocteau dans une jeep qui file vers Chartres et, le 21, vers 22 heures, Cocteau parvient dans un PC américain où il est interrogé pendant quatre heures par un premier officier de renseignement qui finit par l'envoyer à Brou, au PC de Patton, où il arrive, le 22, vers 2 heures du matin.

Cocteau est alors interrogé par le lieutenant-colonel Robert (« Rip ») Powell, le représentant de la SF (Special Force, antenne de l'OSS) auprès de la IIIe armée. Méfiant comme un officier de renseignement, Powell l'interroge longuement en lui posant des questions pièges sur les chefs de la Résistance : « C'est ainsi que j'ai su que [...] le colonel Robert Powell avait toutes les fiches des résistants et avait pu savoir [...] qu'il n'était pas trompé et quelle était ma responsabilité[8]. » Arthur Funk précise que Cocteau fut également interrogé par le chef du G2 (service de renseignement) de la IIIe armée, le colonel Oscar Koch en personne[9]. À 2 h 30 du matin, pensant l'affaire suffisamment importante, Powell décide de réveiller Patton : « J'ai été conduit dans la tente d'un monsieur que j'ai vu arriver ébouriffé, la chemise ouverte, [...] ayant l'air d'avoir très sommeil. » Patton refroidit le pauvre Cocteau en lui annonçant que les Américains suivent des plans qui n'envisagent pas de libérer Paris, que le ravitaillement de la ville serait au-dessus de leurs moyens et que, si la Résistance a lancé l'insurrection, c'est à elle d'en assumer les conséquences : « Il n'y a pas de raison que nous venions à votre secours sous prétexte que vous avez commencé quelque chose[10]. » Très déçu, Cocteau demande alors au moins à voir Leclerc. Patton réplique que la 2e DB ne dépend plus de lui, mais qu'il va voir ce qu'il peut faire. Dix minutes plus tard, il revient en lui demandant s'il n'est pas trop fatigué pour faire un nouveau long voyage : « Absolument pas », répond un Cocteau ivre de sommeil. Sur quoi, Patton débouche une bouteille de champagne. Il est 3 h 30 du matin.

À 4 heures, Cocteau embarque dans un *command-car* qui file à présent vers Laval, au PC de Bradley, où il arrive vers 8 heures. On le laisse d'abord poireauter une bonne heure et demie, puis on l'amène « dans une immense pièce [...] d'un ravissant petit château, avec une belle pelouse, un beau jardin, très bien entretenu. Dans cette pièce, il y avait une quarantaine d'officiers supérieurs, plus galonnés les uns que les autres. Anglais et Américains. Je n'ai vu qu'un officier français, le colonel Lebel, officier de liaison à l'état-major du général Bradley[11] ». Cocteau ne le dit pas, mais Bradley est absent ; il est déjà parti au PC d'Eisenhower pour une réunion au sommet. Funk précise qu'en réalité Cocteau fut d'abord réceptionné par le colonel Kibler, officier des opérations du groupe d'armées. Sensible à l'argument selon lequel Choltitz serait prêt à se rendre à des troupes régulières, celui-ci le dirige vers le chef d'état-major du groupe d'armées, le général Sibert, qui a réuni une dizaine d'officiers d'état-major[12].

« Nous vous écoutons, monsieur », lâche froidement Sibert. Échaudé par son échec face à Patton, Cocteau, qui n'a pas dormi depuis quarante-huit heures, décide de changer de tactique et de dresser un tableau très enjolivé de la situation, expliquant qu'il n'y a pratiquement plus de forces allemandes à l'est de Pussay, que la Résistance a déjà fait l'essentiel du travail et que, si les Américains ne se décidaient pas à intervenir, un puissant sentiment antiaméricain naîtrait en France : « Les Américains ne veulent pas faire l'effort des quelques kilomètres qui leur manquent alors que nous leur offrons notre capitale en cadeau[13]. » Sibert lui demande sa parole d'officier que tout ce qu'il vient de dire est exact. Cocteau n'hésite pas.

Libéré par le staff de Bradley, Cocteau retrouve Lebel qui lui annonce que Leclerc, « convoqué dans la nuit », va arriver d'une minute à l'autre par avion. Vers 11 heures, le Piper Cub de Leclerc se pose. Face à Leclerc, Cocteau est d'abord incapable de parler. Est-ce l'émotion ? La fatigue qui retombe d'un coup ? « Mon garçon, pas d'émotion, pas d'émotion ; nous sommes pour le travail sérieux », le rudoie un peu Leclerc. Cocteau tombe des nues en apprenant les difficultés de Leclerc avec ses supérieurs américains. « "Mais, mon général, est-ce que votre division ne pourrait pas être dans quarante-huit heures sur Paris ?" Il s'est retourné et m'a dit : "Vous êtes vraiment un peu naïf pour être un officier. Est-ce que vous croyez qu'une division blindée se promène comme une compagnie de fantassins ? Je dépends des Américains pour mon ravitaillement et je ne puis le faire." »

Une longue attente commence. Après le déjeuner, un officier américain leur apprend que Bradley reviendra vers 16 heures et « examinera éventuellement la modification des plans ». « Nous arpentons le terrain de long en large et le général Leclerc était d'une nervosité extrême[14]. » L'avion de Bradley se pose finalement à 18 heures.

De Gaulle à Laval

Dans la matinée du 22 août, de Gaulle quitte Rennes en voiture. La suite qui l'accompagne comprend Gaston Palewski et Georges Gorse pour le cabinet, le capitaine Guy pour l'intendance et, semble-t-il, Pierre Laroque de la MMLA. Il est difficile de dire si Le Troquer, qui a rejoint de Gaulle à Rennes le 20 au soir, fait également partie du convoi ou s'il voyage de son côté. Le long de la RN 157, ils cheminent vers Le Mans, la destination du soir, avec une importante escale à Laval vers midi.

Comme toujours, de Gaulle entend s'arrêter partout où cela est possible, se montrer, parler, écouter, « sentir » les Français et recevoir d'eux les gages de sa légitimité. « Le lendemain la France sourit de toute sa campagne. Sur les routes, les gens arborent la joie d'être français. Voici un calvaire entouré de drapeaux. À Châteaubourg, la route est barrée par la foule, par les fleurs, par les drapeaux qu'agitent les paysans. On ne s'arrête pas, on fait de la peine à Châteaubourg. Mais Vitré est infranchissable. Il faut descendre, parler[15]. » Chaque étape est importante, et les Français ne comprendraient pas que de Gaulle ne s'arrête pas. Si le rituel, désormais bien rodé, est toujours peu ou prou le même pour de Gaulle, c'est une première pour les Français qui l'acclament. Chaque ville, chaque bourg mérite « son » discours de l'hôtel de ville et « sa » descente des Champs-Élysées. C'est aussi comme cela que de Gaulle, de « symbole » de la Résistance, devient l'incarnation de la Libération.

À Vitré, dès les premières heures de la matinée, plusieurs milliers de personnes se pressent vers la place Saint-Yves et la place de la Gare. « À 10 h 55 exactement, les voitures officielles arrivèrent. De la seconde sortit le général de Gaulle. M. Picard, président du Comité de Libération, le reçut. Ils se serrèrent longuement la main[16]. » Paul Picard présente au Général les personnalités locales. Même dans ce qui n'est qu'un gros bourg de 8 500 habitants, de Gaulle serre une à une les mains d'une foule de notables : « M. Noël, industriel, Mahé, lieutenant de gendarmerie, Le Gall, commissaire de police, Lecrocq, ingénieur des Travaux publics en retraite, Hochard, secrétaire général de la mairie » sans oublier « Dragou, chef de gare[17] ». Puis, comme cela est devenu une habitude, on se dirige à pied, au milieu de la foule, vers l'hôtel du Chêne vert, place de la Gare, le seul bâtiment qui dispose d'un beau balcon d'où l'on peut haranguer la foule. Le Général est reçu par Mme Louin, la propriétaire de l'établissement, qui a pris soin de faire disparaître le petit personnel. « Je ne l'ai pas vu. Mme Louin [...] l'a accueilli et conduit vers la terrasse au premier étage. On n'a pas pu l'approcher mais on était content tout de même, comme tout le monde » se souvient Éliane Martin[18]. « Le grand soldat qui ne désespéra jamais de la France, prononça quelques paroles que la foule applaudit avec un enthousiasme délirant[19]. » Alphonse Georgeault se souvient lui aussi : « On le voyait bien, on avait les yeux braqués sur un homme qu'on attendait depuis longtemps, qu'on avait entendu à la radio. [...] Le Général était immense. Je me souviens de son képi qui le rendait encore plus grand et surtout de sa voix, une voix autoritaire, cassante. Quand il a adressé quelques mots à la foule, il y a eu un grand silence[20]. » C'est déjà terminé. « Toujours accompagné de M. Picard, il descendit de la terrasse pour remonter dans sa voiture. La foule l'acclama et chanta *La Marseillaise*[21]. » La visite n'a pas duré plus d'une demi-heure, les reporters et les photographes ont déjà filé vers Laval, l'étape suivante, où la foule attend aussi depuis longtemps. Il eût été regrettable de ne pas s'arrêter à Vitré. Mme Martin, Mme Louis, M. Georgeault et tant d'autres s'en souviendront toute leur vie. De Gaulle donne sur les routes de France une magistrale leçon de politique.

Le général de Gaulle au balcon de l'hôtel du Chêne vert de Vitré. À sa gauche, Paul Picard.

Aux alentours de midi, le général de Gaulle est accueilli à Laval par Michel Debré, commissaire de la République de la région d'Angers, et par Robert Dupérier, un responsable syndicaliste de la Caisse des dépôts, désigné par Debré comme nouveau préfet de la Mayenne.

Dès la veille au soir, la nouvelle fuse dans les rues de Laval : le général de Gaulle sera, le lendemain, à Laval ! Michel Debré, pseudonyme « Jacquier » dans la Résistance, jeune maître des requêtes au Conseil d'État de 32 ans, est commissaire de la République d'une vaste région qui comprend cinq départements : le Maine-et-Loire, la Loire-Inférieure, la Mayenne, la Sarthe et l'Indre-et-Loire. Le 20 août, Debré part pour une longue tournée d'inspection de son domaine qui doit le conduire vers Nantes, Laval, Le Mans et jusqu'à Neuillé-Pont-Pierre où le nouveau préfet d'Indre-et-Loire, Paul-Robert Vivier, s'est installé en attendant le départ des Allemands de Tours. Le 21, Debré est à Laval où il assiste en compagnie du préfet Dupérier à une longue séance du comité départemental de Libération présidé par le Dr Mer. Le soir, il gagne Le Mans, chez le préfet Jean-Louis Costa, où il entame une seconde réunion du même type. Les institutions mises en place par le GPRF fonctionnent bien, pas l'ombre d'un officier administrateur américain à l'horizon. L'AMGOT, si tant est qu'il ait jamais été envisagé, s'est déjà évanoui. Au milieu de la séance, Tomasini, son chef de cabinet, lui apporte un courrier spécial : « "Le Général, venant de Rennes, sera à Laval demain." Le Général ? Une fraction de seconde j'hésite : "Quel général ? Est-ce le général de Gaulle ?" "Oui, de Gaulle !" Si proche encore de la vie clandestine, je n'en crois pas mes oreilles… Dans mon esprit, le général de Gaulle est lié à Londres, à Alger, à l'Olympe d'outre-mer dont le temps et l'espace me séparent[22]. » Debré retourne immédiatement à Laval où il arrive en début de soirée.

Le journaliste de *Ouest-France*, journal pourtant sorti des rangs de la Résistance, ne connaît pas encore Michel Debré et l'appelle « Jacquier », son pseudonyme de clandestinité. « M. Jacquier, commissaire de la République pour la région d'Angers, annonça lundi soir une grande nouvelle, qui suscita des vivats enthousiastes : la venue pour le lendemain du général de Gaulle à Laval. […] Le matin, dès 10 heures, les Lavallois guettaient l'arrivée de celui qui n'a jamais voulu abdiquer […]. Le Général a traversé ce matin notre cité meurtrie par la bataille et, à 11 h 35 exactement, entre deux sections de tirailleurs, sous les ordres d'un lieutenant, et une section de gendarmes commandée par l'adjudant-chef Giboteau, qui rendaient les honneurs, il a fait son entrée à la préfecture de la Mayenne, sur le seuil de laquelle l'accueillirent MM. Jacquier, commissaire de la République, et Robert Dupérier, préfet de la Mayenne[23]. »

De Gaulle se fait présenter par Debré les autorités locales, Robert Dupérier, le préfet de la Mayenne depuis juin 1944 ; Paul Mer, le président du comité départemental de la Libération et seul chirurgien exerçant alors à Laval. Il a été choisi par Debré et a pris la suite, dans la clandestinité, d'un autre médecin, le Dr Le Basser, arrêté et déporté. Le maire Adolphe Beck est également présent ainsi que les membres du comité départemental de la Libération et, comme à Rennes, une foule de responsables administratifs lavallois. « Présentation des corps constitués, *Te Deum* à la cathédrale, cérémonie au monument aux morts. La liesse populaire éclate, grave et profonde : toute la ville et les villages d'alentour sont là, les femmes présentant leurs enfants tendus à bout de bras, les hommes dans leur meilleur costume se découvrent, des petits drapeaux tricolores sont agités par la main des écoliers : une foule vivante et respectueuse, attirée comme par un aimant. Curiosité intense à l'égard d'un inconnu, gratitude immense envers l'homme de l'honneur affirmé et reconquis, foi dans le symbole de la liberté pour chacun et de la fierté pour la nation[24]. »

En sortant de la cathédrale, au milieu de la liesse populaire, on retourne à la préfecture où de Gaulle, comme il l'avait fait à Bayeux le 14 juin avec le préfet Rochat, s'enferme un long moment avec Debré dans le cabinet du préfet de la Mayenne. On ne sait si de Gaulle manifesta devant le tout jeune Michel Debré la surprise qui sera la sienne en découvrant, gare Montparnasse, Jacques Chaban-Delmas, son délégué militaire national, général de 29 ans qui en paraît 20. C'est à cette poignée de trentenaires – Debré a 32 ans, Schumann 33, Chevigné et Marin 35, Laroque 37, Coulet et Boislambert 38 – que de Gaulle a confié les clés de la France libérée et la charge d'éviter le protectorat américain. La Résistance fut aussi un immense renouvellement des élites.

De Gaulle veut comprendre ce pays qu'il n'a pas revu depuis quatre ans. Il interroge Debré sur l'état de la région. On parle de la poche de Saint-Nazaire. Debré pense que les Allemands se fortifient, mais qu'ils ne feront pas de sortie vers Nantes. Puis on passe à la politique, de Gaulle évoque le gouvernement qu'il va constituer. En réponse à une question, Debré avance les noms de certains de ses amis, Lacoste,

Teitgen. La discussion s'oriente bientôt vers les partis politiques, et de Gaulle évoque la participation des communistes. « Je comprends bien qu'il ne s'agit pas de demander mon avis sur une affaire déjà résolue, mais d'observer ma réaction. » Debré rappelle les incompréhensions qu'a suscitées, dans la région de l'Ouest dont il a la charge, la nomination de communistes dans le comité d'Alger ; il rappelle aussi que l'attitude des communistes en 1939 n'est pas oubliée. Bref, l'opinion sera partagée. Mais ce qui importe avant tout, poursuit Debré, c'est l'union de la Résistance et « la nécessité de faire en sorte que la force communiste soit du côté du redressement et non de la contestation[25] ». De Gaulle lui demande alors si ces réflexions proviennent de sa courte expérience de commissaire de la République ou de son engagement dans la Résistance. La guerre et l'Occupation ont à ce point bouleversé l'ordre des mérites que de Gaulle, sans aucune trace d'ironie dans sa question, écoute longuement l'avis de ce tout jeune maître des requêtes. Debré explique que dans la région d'Angers on ne voit pas d'un bon œil cette participation, mais que l'Ouest n'est pas la France. « Il faut penser à d'autres régions, à Paris[26] », conclut-il tel un vieux sage.

« Le chef du Gouvernement, après s'être entretenu avec le commissaire de la République et avec le préfet de la Mayenne, reçut les membres du comité départemental de la Résistance, les épouses de nos concitoyens prisonniers de la Gestapo et un certain nombre de personnalités[27]. »

De Gaulle trouve alors le temps de s'isoler un instant. La grande politique ne l'oublie pas. Le capitaine Trévoux, qui le cherche depuis la veille, lui apporte la lettre par laquelle Leclerc annonce l'envoi de Guillebon en éclaireur vers Paris. De Gaulle s'assoit à une table et rédige un bref message dans lequel il approuve sans réserve l'acte d'insubordination du chef de la 2e DB. Il apprend également de Trévoux que Gerow vient de blâmer Leclerc pour cette initiative et qu'il lui ordonne de rappeler Guillebon. De Gaulle ne le sait pas, mais, au même moment, à Tournières, Eisenhower et Bradley sont en train de décider du sort de Paris.

« J'approuve votre intention. Il faut avoir un élément au moins au contact de Paris sans délai.

« J'ai vu Eisenhower le 20, il m'a promis que vous alliez recevoir Paris comme direction.

« Le général Koenig est en ce moment auprès d'Eisenhower, ainsi que le général Juin. Ils sont au courant.
« Je coucherai ce soir au Mans et tâcherai de vous rencontrer demain[28]. »

On notera que de Gaulle amplifie quelque peu, dans sa réponse, les assurances très vagues qu'il a reçues d'Eisenhower deux jours auparavant. Trévoux repart aussitôt vers Fleuré, le PC de Leclerc, distant d'une grosse centaine de kilomètres.

Après un déjeuner à la préfecture, de Gaulle, comme il le fait dans toutes les villes traversées, décide de se rendre à pied à l'hôtel de ville. Il fait un petit détour de façon à se rendre compte des dégâts occasionnés par les bombardements. Le long de sa marche, il est acclamé par les Lavallois et d'innombrables personnes accourues des quatre coins du département. Sur la place du 11-Novembre, la foule se presse pour le saluer. « Les mains se tendent vers lui tandis que monte une immense clameur, auxquelles il répond d'un sourire qui éclaire son beau visage noble et grave », note avec lyrisme le journaliste de *Ouest-France*, sans doute le même que celui qui vient de « couvrir » sa visite à Vitré. Même Georges Gorse, qui nous a habitués à une plume plus ironique, se laisse gagner par la chaleur de l'accueil : « Laval : trois tronçons portés par trois hommes font un drapeau. Les soldats en veston [belle image pour décrire les FFI] font garde d'honneur. Il marche suivi de toute la ville. Une négresse en larmes, bousculant les barrages, le tire par la manche. Au détour d'une rue, c'est subitement un commando français. Des filets sur le casque, un garde-à-vous violent, et quels yeux ! C'est bien cela la France : laisser-aller, négligence, médiocrité trop souvent ; mais de temps à autre, par éclair, de ces choses uniques qu'elle seule peut donner[29]. »

Sur le seuil de la mairie, le Général est accueilli par Adolphe Beck, le maire de Laval, qui lui présente les membres de la délégation municipale. On monte à l'étage et de Gaulle s'adresse aux Lavallois depuis le balcon de l'hôtel de ville :

« Français, Françaises de Laval, quelle émotion nous ressentons tous de nous trouver rassemblés aujourd'hui en si grand nombre tous unis. [...] Vous voyez bien en vous voyant, vous entendez bien en vous entendant que rien n'a pu changer l'essence même de ce vieux, de ce grand, de ce noble pays qui s'appelle la France et dont nous sommes les fils résolus à lui frayer la voie vers son plus grand destin[30]. »

La foule entonne une vibrante *Marseillaise*. Puis c'est le retour du cortège à la préfecture, toujours à pied, sous les acclamations de la population. Un photographe immortalise la scène, sans flash, car les autorités redoutent que des armes y soient dissimulées. Ce qui n'empêche pas, de retour à la préfecture, deux fillettes de tromper la vigilance du service d'ordre. Elles voulaient offrir « une modeste gerbe de fleurs au général de Gaulle qui les embrasse. Le Général reprend ensuite la route vers Le Mans, et sur tout le parcours les Mayennais lui réservent le même accueil enthousiaste[31] ».

Eisenhower : position du problème

À trop se focaliser sur les questions franco-françaises et à interpréter ou surinterpréter la moindre décision d'Eisenhower, on en viendrait à oublier que la question française est loin d'être la seule qui accapare son esprit en ces journées des 20-21-22 août. Foch affirmait qu'il avait beaucoup moins d'admiration pour Napoléon depuis qu'il avait commandé une armée de coalition. Son *alter ego* de la Seconde Guerre mondiale doit consacrer une part importante de son temps à arbitrer le conflit permanent entre les éternels rivaux Montgomery, Bradley et Patton. À ce moment de la campagne, les forces débarquées sont organisées en deux groupes d'armées : à l'ouest, le long de la côte, le 21e groupe anglo-canadien, commandé par Montgomery, qui comprend la IIe armée britannique (général Dempsey) et la Ire armée canadienne (général Crerar) ; au sud et à l'ouest, tourné vers la terre, le 12e groupe américain de Bradley qui associe la Ire armée de Hodges et la IIIe de Patton. Au moment d'exploiter la fermeture de la poche de Falaise, Montgomery défend une double thèse : le maintien du commandement unique des forces terrestres (sous-entendu à son profit), et le lancement d'une offensive prioritaire vers les ports flamands, ce qui suppose qu'Eisenhower lui octroie, pour protéger ses flancs, une des deux armées américaines. Le 22 août, le jour même où Eisenhower et Bradley tranchent la question de Paris, Montgomery se rend par avion au PC de Bradley pour tenter de convaincre le chef du groupe d'armées américain. Bradley demeure très courtois, mais refuse. L'après-midi, Eisenhower lui signifie un refus définitif. Montgomery perd donc sur les deux plans : Bradley, le vrai vainqueur d'Avranches, a désormais les mains libres au sud à la tête des deux armées américaines qu'il est hors de question de dissocier.

L'affaire est intéressante à un autre titre. L'image d'un Eisenhower gestionnaire militaire, incapable de s'élever à la compréhension de la dimension politique des grandes questions, est une pure construction. S'il refuse à Montgomery de briser le groupe d'armées américain, c'est certes pour des raisons militaires (envelopper Paris par le nord et le sud afin de pousser vers l'est au plus vite), mais aussi pour des raisons politiques. D'ailleurs, Montgomery l'a parfaitement compris, comme il s'en explique, le 26 août, dans une lettre au lieutenant-général Archibald Nye, l'adjoint d'Alan Brooke à l'état-major impérial : « Je lui ai dit que je voulais une armée américaine d'au moins douze divisions pour accompagner l'avance du 21e groupe d'armées [anglo-canadien] sur son flanc. Il m'a répondu que, dans ce cas, le 12e groupe d'armées [américain] ne comprendrait plus qu'une seule armée, et que l'opinion publique américaine ne le tolérerait pas. [...] Il a répliqué que je devais comprendre que c'était une année électorale aux États-Unis : il ne pouvait pas prendre une décision qui mènerait inévitablement à un déplacement de voix susceptible de faire perdre le Président. [...] C'était là le fond de l'affaire[32]. »

Dans ces conditions, l'enjeu militaire de Paris est des plus médiocre. Même si chacun des trois corps d'armée de la IIIe armée serait capable de libérer Paris depuis la mi-août, les plans alliés excluent cette hypothèse « pour des raisons tactiques, logistiques et politiques[33] ». Les planificateurs du SHAEF (Supreme Heeadquarters Allied Expeditionary Force) estiment que les Allemands s'accrocheront à la ville autour de deux axes défensifs favorables, sur la Marne et sur l'Oise. Prendre Paris supposerait donc de livrer de durs combats de rue, le cauchemar de tout commandant en chef depuis Stalingrad. Hitler, qui l'a bien compris, a fait diffuser en clair son ordre du 22 août de destruction totale de la ville afin que chacun sache à quoi s'en tenir. Les Américains acceptent, à la limite, de soutenir à distance l'insurrection par voie aérienne. Même si le SHAEF a toujours répugné à armer les civils en milieu urbain et même s'il craint la DCA sur Paris, un parachutage d'armes est prévu pour le 22. Il est ajourné en raison du brouillard en Grande-Bretagne.

Nouvelle annulation, le lendemain, quand la BBC annonce par erreur la libération de la ville.

En outre, des combats dans Paris ne feraient que ralentir les opérations et accroîtraient encore le retard accumulé depuis le 6 juin. Le planning original prévoyait la prise des ports flamands à la mi-août. On en est très loin, et l'essentiel de la logistique continue à transiter par les ports artificiels de Normandie à la merci d'une tempête, comme celle qui a ravagé le port artificiel d'Arromanches, le 19 juin. La logistique demeure, à cette date, le problème principal d'Eisenhower et des officiers du SHAEF. Les états-majors combinés ont admis la distribution de vivres aux populations civiles à condition que cela ne gêne pas la progression des armées, et c'est d'ailleurs ce qui s'est produit depuis le 6 juin[34]. Mais, avec Paris, on change de dimension : il s'agit à présent de nourrir 3 millions d'habitants dans Paris et 3 de plus en banlieue. La Direction des affaires civiles du SHAEF estime, début août (preuve qu'on réfléchit à l'hypothèse), les besoins de Paris à 4 000 tonnes d'approvisionnement divers par jour, ce qui équivaut « à une marche motorisée de trois jours vers la frontière allemande[35] » de l'ensemble des forces débarquées. Autrement dit, dans la froide logique des planificateurs de guerre, chaque jour de ravitaillement de Paris fait perdre trois jours d'opération. Du côté britannique, Montgomery pense exactement de même. Le 21 août, il écrit au général sir Oliver Leese, son successeur à la tête de la VIIIe armée, qu'il pourrait libérer Paris, mais qu'il y renonce devant les perspectives de ravitaillement. Il préfère établir de solides positions sur la basse Seine.

Au respect du planning, très fort dans la culture militaire américaine, s'ajoute paradoxalement le contexte militaire très favorable qui suit la percée d'Avranches. Un véritable vent d'enthousiasme s'empare des états-majors alliés à partir de la mi-août. Il faut dire que tout va pour le mieux. Après la percée, les Américains progressent de 50 à 100 kilomètres par jour aussi bien dans l'ouest de la France que dans le sud où ils ont débarqué le 15 août. Le 17 août, ils prennent Chartres et Rambouillet, Mantes le 19, ils franchissent la Seine le 20 à Rolleboise, le même jour qu'ils atteignent Melun. Au même moment, la Roumanie s'effondre, les Allemands se retirent de Grèce, l'Armée rouge campe devant Varsovie. Le 23 août, le compte rendu journalier du Service de renseignement du Commandement suprême note : « Deux mois et demi de violents combats permettent d'entrevoir et presque d'atteindre la fin de la guerre en

Europe[36]. » À Londres, le comité mixte (*i.e.* anglo-américain) du renseignement estime que la situation stratégique des Allemands est à ce point détériorée qu'aucun rétablissement n'est plus possible. Quant à Patton, on l'a vu, il se fait fort de franchir la frontière allemande en dix jours avec trois corps d'armée, puis de se rendre à Berlin dès qu'on le voudrait. Le 22, Montgomery, qui a en tête ses propres arrière-pensées, note pour Eisenhower : « Je considère que nous avons maintenant atteint un stade où une vigoureuse poussée vers Berlin a toutes les chances de réussir et ainsi de terminer la guerre[37]. » À Washington, le général Marshall partage également cette euphorie. Il envoie un message à tous les commandants en chef au sujet du redéploiement des forces armées américaines dans le Pacifique, comme si la guerre en Europe pouvait être considérée comme terminée : « Bien que la cessation des hostilités puisse intervenir à tout moment, il est à présumer qu'elle interviendra en fait dans la période [comprise] entre le 1er septembre et le 1er novembre 1944*. »

Seul Eisenhower garde la tête froide, obsédé par la contrainte du ravitaillement. Le grand bond en avant des armées alliées après Avranches pose d'inextricables problèmes alors que les ports flamands sont loin d'être pris. Le 20 août, il déclare aux journalistes américains que les lignes sont tellement étirées que, « sur une bonne part du front, il n'est quasiment plus possible d'avancer davantage même contre une très faible opposition[38] ». C'est d'ailleurs la raison pour laquelle les projets emplis d'optimisme de Patton ne peuvent que rester lettre morte.

Et tout cela au moment où la désagrégation des troupes allemandes incite à pousser sans tarder l'offensive. En un mot, investir et nourrir Paris, c'est prendre le risque de gâcher l'occasion de finir la guerre au plus vite.

Enfin s'ajoutent à cela des arguments politiques. Blumenson rappelle que chez Eisenhower le scrupule démocratique rooseveltien n'est pas complètement éteint. Même s'il s'est bien gardé de le dire à de Gaulle le 20 août, le commandant en chef redoute « d'être mis dans l'embarras[39] » en permettant à de Gaulle d'entrer dans Paris. Qui prendra Paris y gouvernera. Faut-il faire ce cadeau à de Gaulle ? C'est-à-dire imposer aux Français un pouvoir dont ils ne voudraient peut-être pas ou qui

---

* Christian Girard, *Journal de guerre*, *op. cit.* Ambrose ne date pas ce message, mais le contexte permet de le situer clairement dans la troisième semaine d'août.

pourrait être contesté. Et qu'on ne compte pas sur Eisenhower pour jouer les arbitres en cas de troubles. Échaudé par les convulsions françaises de 1942-1943, à Alger, il ne veut plus se mêler de ces affaires. Ultime argument : la perspective de combats dans Paris est d'autant plus redoutée qu'elle impliquerait la destruction de l'inestimable patrimoine de la ville. Qui assumerait cela devant l'histoire ? Cette crainte n'est pas factice et elle constitue d'ailleurs l'une des raisons de l'attitude de Choltitz au même moment. Ambrose, le biographe d'Eisenhower, insiste sur ce point : « Eisenhower avait déjà donné des instructions rigoureuses interdisant les combats dans les quartiers où se trouvaient d'importants monuments historiques, expliquant qu'ils symbolisaient en grande partie ce pour quoi les Alliés se battaient[40]. »

Le SHAEF ne s'est jamais opposé à la prise de Paris ni à l'entrée dans la ville d'une unité française. Ce principe est retenu dès l'automne 1943, et le SHAEF entérine définitivement le choix de la 2e DB le 12 janvier 1944. Churchill a constamment poussé en ce sens. En avril 1944, alors que les Alliés rencontrent des difficultés logistiques pour transporter la 2e DB en Grande-Bretagne (il faut mobiliser au minimum 24 navires au détriment de la campagne d'Italie), Churchill écrit personnellement à Eisenhower : « S'il vous plaît [souligné dans le texte], prenez sur vos vastes ressources de transport les quelques véhicules nécessaires à la division Leclerc qui peut donner au retour des Français en France une véritable signification. » Eden pousse dans le même sens : « Il était important qu'une division française débarque au début de l'opération et que le peuple français sache que des troupes françaises étaient de retour et se battaient sur le sol de France[41]. » Mais la chute de Paris doit intervenir en temps voulu, comme un fruit mûr, et sans combats, à J + 120, soit début août selon le plan initial, perspective repoussée à fin septembre après les premiers déboires de la campagne de Normandie.

En un mot, les planificateurs concluent qu'il convient d'encercler la ville par le nord et par le sud, « puis d'attendre la capitulation inévitable de la garnison isolée[42] ».

Selon Martin Blumenson, qui estime, comme son collègue Ambrose, qu'Eisenhower a reçu la lettre de De Gaulle dès le soir du 21 août, le commandant en chef aurait commencé à évoluer lors de cette soirée. Eisenhower annote de sa main la lettre de De Gaulle à l'attention de son chef d'état-major, le général Bedell Smith. D'un historien à l'autre, on peut lire différentes versions de cette annotation. La plus sûre, car intégrale, est celle que livrent Chandler et Funk : « J'en ai parlé directement à Koenig [au moment où celui-ci lui a remis la lettre*]. Il semble maintenant que nous soyons comme obligés de marcher sur Paris. Bradley et son G2 pensent que nous pouvons et devons le faire**. » Dans ses mémoires, Eisenhower aura une formule encore plus explicite : « Les Forces françaises libres*** à l'intérieur de la ville me forcèrent la main[43]. » De fait, le SHAEF l'avait informé, le 16 août, qu'il n'avait aucune objection à l'entrée de De Gaulle dans Paris, que les Alliés étaient sur le point de reconnaître son gouvernement et qu'il était de plus en plus clair qu'il avait le soutien d'une très grande majorité des Français. Le général Redman, l'adjoint britannique de Koenig, plaide également en faveur de la libération immédiate de la capitale[44].

Le renseignement, nerf de la guerre

Quels sont les éléments qui ont provoqué le revirement du commandant en chef ? Comme très souvent à la guerre, parmi une pluralité de facteurs, domine le poids écrasant du renseignement.

La première source de renseignement dont disposent les Alliés résulte des informations transmises par les émissaires de Paris, du moins celles qui parviennent à Bradley et à Eisenhower avant le 22 août, c'est-à-dire essentiellement la mission Cocteau-Monod. Ces informations sont à la fois inquiétantes et rassurantes. Inquiétantes quand elles mentionnent la situation matérielle très préoccupante des Parisiens, et le risque d'un bain de sang au cas où les Allemands décideraient d'engager, comme à Varsovie au même moment, une répression de grande ampleur. Cocteau

---

* On notera qu'Eisenhower ne mentionne pas le nom de Juin, ce qui renforce encore l'hypothèse selon laquelle Juin n'accompagnait pas Koenig chez Eisenhower le 21 août.

** Arthur Funk, « Les services secrets alliés et la libération de Paris », *in* Christine Levisse-Touzé (dir.), *Paris 1944 : les enjeux de la libération*, actes de colloque (Paris, février 1994), Albin Michel, 1994, p. 229 ; Alfred D. Jr. Chandler *et al.*, *The Papers of Dwight David Eisenhower. The War Years*, 5 vol., Baltimore, John Hopkins, 1970, p. 2088. Ambrose propose une version un peu différente : « On dirait fort qu'on nous oblige à entrer dans Paris », Stephen E. Ambrose, *Eisenhower*, Flammarion, 1994, p. 193.

*** Cette expression malheureuse revient sans cesse sous sa plume pour désigner en fait les Forces françaises de l'intérieur (FFI), alors que les Forces françaises libres constituent la petite armée de la France libre qui se bat hors de France.

précise ainsi que la trêve est fragile et que les positions des résistants ne tiendraient pas longtemps si les Allemands s'engageaient dans cette voie. Rassurantes car elles dressent un tableau passablement optimiste de la situation militaire dans Paris : les FFI contrôlent presque toute la ville et les ponts ; l'essentiel des troupes allemandes est déjà parti ; les Allemands sont tellement faibles qu'ils ont besoin d'une trêve pour évacuer la ville sans avoir à se battre. En un mot, les troupes de Choltitz seraient incapables de résister à une armée puissante, mais encore assez fortes pour faire très mal aux FFI et à la population. Blumenson conclut de façon lapidaire en notant que l'ensemble de ces informations étaient « plausibles bien que fausses[45] ».

La seconde source dont dispose le commandant en chef repose sur ses propres services de renseignement.

Il existe quatre services alliés de renseignement et d'action spéciale : le SIS (Special Intelligence Service) et le SOE (Special Operations Executive) britanniques ; l'OSS américain ; la DGSS française (Direction générale des services spéciaux). La DGSS est le fruit de la laborieuse fusion de l'ancien BCRA gaulliste et des services de renseignement et de contre-espionnage de Vichy installés en Afrique du Nord. Même si Jacques Soustelle assure une coordination théorique de l'ensemble depuis Alger, les services français continuent à fonctionner autour de deux bureaux de renseignement et d'action, l'un à Alger – le BRA-Alger ou BRAA, l'autre à Londres, le BRA-Londres ou BRAL. Le SOE britannique est spécialisé dans le sabotage en territoire ennemi. Chacune de ces organisations est divisée en différents services : MI5/contre-espionnage, MI6/renseignement, MI9/évacuation-récupération pour l'Intelligence Service britannique ; OSS-IS/renseignement, OSS-SO/action pour l'OSS américain. En août 1944, l'OSS-SO, le SOE et théoriquement le BRAL sont dirigés par un état-major commun, le SFHQ (Special Forces Head-Quarter). Ces différents services font remonter leurs informations au niveau des « G2 » (service de renseignement) des armées et groupes d'armées par l'intermédiaire d'officiers de liaison. Au sein du 12e groupe de Bradley, les messages parviennent à l'unité OSS-Intelligence du colonel Joseph Haskell et de son adjoint le lieutenant-colonel Downs ; ce rôle est rempli à la IIIe armée par le colonel Vanderblue. Ils traitent et transmettent l'information aux G2 du 12e groupe, dirigé par le général Sibert, et à celui de la IIIe armée du colonel Oscar Koch.

Le SFHQ, quant à lui, ne s'occupe que de coordonner les actions de sabotage en Europe et spécialement en France dans le cadre d'Overlord. En tant que chef suprême des FFI, Koenig est membre du SFHQ et doit, en théorie, tout connaître de ces opérations, de même qu'il a accès à l'ensemble des messages des différents services. Il dispose de deux adjoints, un Américain, le colonel Haskell, et un Britannique, le colonel Redman. Au sein du SFHQ, les Américains sont en charge des opérations en avant du front (Haskell), les Britanniques, de ce qui est derrière (Redman). Au 12e groupe américain, le représentant du SFHQ est le colonel William Jackson et, à la IIIe armée de Patton, le lieutenant-colonel Powell. À l'état-major d'Eisenhower, le chef du G2 est le colonel Strong. Des officiers de liaison français désignés par Koenig sont également membres de ces détachements. Ils transmettent les ordres aux FFI et coordonnent les largages et parachutages depuis la base de Tempsford pour le SOE et de celle de Harrington pour l'OSS-SA.

Dans la mesure où Paris n'est pas la priorité du SHAEF, l'emprise des services de renseignement alliés dans la ville est assez limitée. En tentant de simplifier, grâce à Arthur Funk, ce monde aussi opaque que complexe, on peut estimer que les Alliés s'appuient, dans la ville ou à ses abords, sur trois sources principales.

Le seul domaine pour lequel Paris représente une priorité pour les services de renseignement est le contre-espionnage dans la mesure où sont regroupés dans la ville et sa banlieue, depuis 1940, l'essentiel des bureaux allemands d'occupation. Il y a là une masse énorme de documents que les Alliés ont tout intérêt à saisir avant que les Allemands n'aient le temps de les détruire ou de les déménager. À cet effet a été créé un service spécial anglo-américain, le SCI, dont les agents sont prêts à bondir dans Paris. L'une de ses unités (la T-Force) est installée à l'état-major du 12e groupe d'armées, prête à entrer d'urgence dans Paris munie du système de déchiffrement Isos. Grâce à un accord avec le colonel Paul Paillole, chef des services français de contre-espionnage, des agents français y sont également rattachés.

Dans Paris, le principal réseau de renseignement rattaché au MI6 britannique est le réseau Jade-Amicol, fondé par Philip Keun et alors dirigé par le colonel Claude Arnould. La centrale radio de Jade-Amicol émet depuis une cachette du couvent des Sœurs de la Sainte-Agonie dans le XIIIe arrondissement*.

Enfin, rappelle Funk, le programme Sussex, fruit d'une collaboration entre l'OSS-SI (colonel Francis Pickens Miller), le MI6 (commander Cohen) et le BCRA (Gilbert Renault, *alias* le « colonel Rémy » qui use ici du pseudonyme de « Roulier »), constitue une source très importante. Les Anglo-Américains fournissent le matériel (avions, radios), les Français, les contacts. Côté français, le principal relais est le commandant Vincent Soubestre, *alias* « Marcel », dont le PC est installé dans le café parisien de Marguerite Kiel, rue du Faubourg-Montmartre. Soubestre est assisté de Jeannette Guyot et d'un opérateur radio, Georges Lassalle, *alias* « Charles », qui émettra depuis Le Bourget jusqu'au 23 août. Funk indique que le colonel K. Strong considéra la source Sussex comme particulièrement performante. Début août, Sussex avait transmis plus de 700 messages[46].

Le colonel David Bruce en personne, le chef de l'OSS-Londres, est à Rambouillet depuis le 20 août, sur les talons de l'armée de Patton. Comme il est de règle dans le renseignement, il n'est pas au courant des plans du SHAEF qui d'ailleurs, à cette date, n'a pas encore décidé d'entrer dans Paris. Le 14, il note dans son journal : « Il semble qu'il n'y aura rien qui puisse arrêter notre rapide avance vers Paris si nous avons la sagesse de continuer à pousser et de ne laisser aucun répit à l'ennemi[47]. » Les chefs du renseignement ne sont pas sur la même longueur d'onde que leurs homologues militaires sans doute parce qu'ils mesurent, mieux que ces derniers, les immenses potentialités de Paris en termes de renseignement. Bruce recueille une masse importante d'informations par ses réseaux et auprès de civils et de prisonniers allemands. Quand, le 21 août, Guillebon parvient en éclaireur jusqu'à Nogent-le-Roi, à 15 kilomètres à l'ouest de Rambouillet, Bruce lui fournit un rapport sur la situation au nord et à l'est de la ville. Guillebon transmettra ce rapport à Repiton-Préneuf, le chef du 2e Bureau de la DB, quand Leclerc arrivera à son tour à Rambouillet, le 23.

* Le couvent était situé 122, rue de l'Èbre. Durant la Seconde Guerre mondiale, la prieure, mère Jean, sœur Marie-Vianney et huit autres religieuses assuraient la transmission de courriers pour Londres, camouflant dans le grenier de la sacristie des émetteurs-récepteurs qui assuraient les liaisons avec la capitale anglaise. Les « hôtes » provisoires du prieuré étaient des aviateurs anglais qui y transitaient avant de regagner leur pays par l'Espagne, ainsi que des familles juives.

Grâce à ce dispositif, les états-majors alliés ont reçu, tout le temps de l'insurrection parisienne, une énorme masse d'informations. Ces renseignements recoupent ceux que livrent les émissaires de Paris. L'état-major FFI de Londres apprend, dans la nuit du 21 au 22 août, les importants événements des 19 et 20 par le truchement des moyens radio dont disposent Chaban-Delmas et Parodi dans la ville. En substance : l'insurrection est lancée, la Préfecture de Police et l'Hôtel de Ville sont occupés, les premiers combats ont lieu, une trêve fragile est conclue dans la soirée du 19. Koenig étant en France auprès de De Gaulle, son chef d'état-major à Londres envoie aussitôt un officier en France pour alerter de Gaulle et Koenig et les persuader de marcher sur Paris. Cet officier ne parviendra pas à joindre de Gaulle, mais le général Redman, l'adjoint britannique de Koenig à l'état-major-FFI, part porter les mêmes informations au QG d'Eisenhower qu'il atteint le 22, vers 8 heures du matin, peu de temps avant l'arrivée de l'avion de Bradley[48].

Le général Sibert, le patron du G2 du XIIe corps, celui à qui Eisenhower fait allusion dans son annotation de la lettre de Gaulle, a réuni des informations convergentes. Sibert avait demandé, le 17 août, un rapport général à son détachement de l'OSS-SI qu'il reçoit le 20 et qu'il transmet au QG d'Eisenhower. Ces informations recoupent celles de Cocteau et de Redman sur l'état médiocre des forces allemandes et la faible détermination de Choltitz à se battre jusqu'au bout. Le service de Sibert en déduit que Choltitz serait disposé à évacuer Paris « à condition qu'il ne soit pas trop impliqué dans une bataille contre le soulèvement français[49] ». On peut donc espérer coordonner une entrée des Alliés dans la ville avec le retrait des Allemands avant la fin de la trêve, théoriquement prévue le 23 à midi.

Comme cela est fréquent en la matière, Eisenhower et Bradley disposent de renseignements à la fois convergents et d'inégale qualité : très bonne sur l'état du rapport de force militaire, médiocre sur les volontés de Choltitz (mais qui sait ce que veut réellement Choltitz ?) et franchement mauvaise sur la date d'expiration de la trêve. C'est ici sans doute que se situe la principale faille du renseignement américain. Une première trêve fragile est conclue pour évacuer les morts et les blessés, par l'intermédiaire du consul Nordling, entre le délégué général Parodi et Choltitz, le 19 août au soir, pour les seuls abords de la Préfecture de Police et de 20 h 55 à 21 h 50. Plus tard dans la soirée, on tombe d'accord pour élargir la trêve à l'ensemble des édifices occupés et pour la prolonger jusqu'au lendemain à 6 heures. Le 20 au matin, au terme de difficiles discussions, l'assemblée plénière du CNR, où ne siègent que six de ses quatorze membres, accepte le principe d'une prolongation de la trêve, mais pas au-delà de vingt-quatre heures, soit le 21 à 9 heures. Une délégation formée de Chaban-Delmas, Hamon et Pré est désignée pour aller négocier sur ces bases avec les Allemands au consulat de Suède. Vers midi, l'accord est conclu sur les conditions définies par le CNR et Parodi. Le 21 août, à 16 heures, nouvelle réunion du CNR, en présence de Parodi et de Chaban-Delmas. Malgré des accrochages très violents, en particulier entre Chaban-Delmas et Villon (pour le PCF), le CNR vote un compromis sur une proposition de Bidault : la trêve est prolongée, mais seulement jusqu'au lendemain, 22 août, à 16 heures. Elle n'ira pas si loin : le 22 au matin, à la Préfecture de Police, en présence de Chaban-Delmas, de Rol-Tanguy et de Kriegel, Parodi annonce la fin de la trêve, sans doute avant tout pour préserver l'union de la Résistance mise à très rude épreuve par cette affaire. Dans tous les cas, il n'a jamais été question d'une trêve s'achevant le 23, et on se demande comment ce faux renseignement a pu parvenir au commandement américain et comment il a pu y croire dur comme fer, au point d'aligner sur lui ses plans d'opération.

C'est donc sur la base de facteurs convergents, avant tout militaires et non politiques, qu'Eisenhower s'est décidé. Dans ses mémoires, il ne consacre à son revirement que trois lignes vagues et elliptiques, mais qui résument le sentiment des décideurs américains : « Lorsque les Forces françaises libres commencèrent leur insurrection dans Paris, il fut nécessaire de se porter rapidement à leur secours. Les renseignements nous portaient à croire qu'il n'y aurait pas de combats sérieux, et l'on pensait que l'entrée d'une ou de deux divisions suffirait à la libération de Paris[50]. » Si l'affaire est politique, Eisenhower, en chef militaire, n'a aucune raison de changer ses plans. En revanche, si on lui expose que le rapport de force est très favorable, qu'une intervention militaire permet d'éviter un bain de sang et de préserver les trésors culturels de la ville, que les Allemands sont prêts à évacuer Paris, que la perspective d'un combat urbain acharné est très faible, comment renoncer à l'immense prestige de rentrer dans la ville et de s'emparer de ses ponts si importants sur le plan militaire ? Encore Eisenhower : « Heureusement, le combat ne devait causer aucun dommage important à la ville. À notre point de vue, le plus clair de toutes ces heureuses circonstances fut que les ponts sur la Seine restaient intacts[51]. »

Le 22, Bradley achève de retourner un Eisenhower déjà aux trois quarts convaincu sur la base de cette somme de renseignements. « Nous pouvons et nous devons entrer » dans la ville, écrit Sibert, son chef du renseignement. Bradley lui lance même, sur le ton de la plaisanterie, que l'énorme masse de journalistes accrédités auprès de son QG formerait une armée suffisante pour prendre la ville « quand vous le voudrez » et cela nous « éviterait un tas d'ennuis* ». La décision est prise le 22 vers 16 heures. La ville doit tomber après le retrait des Allemands ou au terme de combats très limités. Eisenhower insiste une dernière fois devant Bradley : « Ni combats violents, ni bombardements, ni tirs d'artillerie dans la capitale[52]. » La conclusion d'Ambrose reflète très certainement le sentiment de toute l'armée américaine : « Eisenhower était vraiment pressé de tous les côtés, par de Gaulle, par Leclerc, par la Résistance et même par ses propres généraux. Paris avait un tel pouvoir d'attraction ! Les soldats étaient impatients d'entrer dans la ville et d'en goûter les plaisirs. Chaque chef de division, de corps et d'armée en Europe rêvait d'avoir l'honneur de libérer Paris[53]. » Sauf Montgomery.

Il reste à Eisenhower à informer ses supérieurs à Washington. Une fois Bradley parti, Eisenhower écrit à Marshall. La lettre est habile et passablement jésuite. Eisenhower commence par rappeler la thèse officielle : prendre Paris, c'est gaspiller du ravitaillement et donc du temps. Mais foncer vers les ports flamands en laissant une grosse poche de résistance allemande à Paris, sur ses arrières, est très dangereux. D'où l'argument ultime : si, en outre, la ville nous tombe entre les mains, nous n'aurons pas le choix.

« À cause de l'engagement d'approvisionnements supplémentaires qu'exigera l'occupation de Paris, il serait souhaitable, de ce point de vue, de retarder la prise de la ville jusqu'à ce que soit réglé le problème important qui est de détruire le reste des armées ennemies jusqu'à celles

---

* Omar Bradley, *A Soldier's Story*, Holt, 1957, p. 386. On lira avec prudence les mémoires du général Bradley. Peu à l'aise avec la plume, comme il en convenait lui-même, il laissa ses anciens adjoints rédiger le texte, se contentant de le superviser. Peu satisfait du résultat, il décida, des années plus tard, aidé par sa seconde épouse et le journaliste américain Clay Blair, d'entreprendre un second opus. Mais Bradley mourut avant l'achèvement du nouveau livre, paru en 1984 sous le titre *A General's Life*, et qui est beaucoup plus l'œuvre de Blair que de Bradley.

de la région du Pas-de-Calais comprises. Je ne crois pas que cela soit possible. Si l'ennemi essaie de conserver Paris avec une certaine puissance, cela constituera une menace perpétuelle sur notre flanc. S'il nous abandonne généreusement la place, elle tombe entre nos mains, que cela nous plaise ou non[54]. »

Au risque d'être schématique, on peut essayer de résumer ainsi la position américaine :

1) Les Américains ont admis depuis longtemps l'entrée de la 2e DB dans Paris. Promesse réitérée et confirmée en août à plusieurs reprises.
2) Ils n'entravent aucunement l'avancée de De Gaulle vers Paris. S'ils avaient voulu le faire, de Gaulle ne serait pas allé bien loin. De même, on ne trouve pas trace de collusion ou de soutien aux tentatives de Laval.
3) Leur plan est d'éviter Paris et d'attendre que la ville tombe comme un fruit mûr.
4) S'ils changent d'avis, c'est avant tout pour des raisons militaires et sur la base de renseignements convergents, mais loin d'être parfaits.

De Gaulle de Laval au Mans

Pendant que ces décisions fondamentales sont prises sans lui, de Gaulle continue son chemin sur les routes de l'ouest de la France. Vers 14 heures, il quitte Laval pour se diriger vers Le Mans. Comme toujours, il prend son temps et multiplie les étapes. Pour aller de Laval au Mans, au lieu de suivre en ligne droite la RN 12, il fait un détour assez important pour passer par Meslay-du-Maine et Sablé-sur-Sarthe. Aucune raison militaire n'oblige à ce détour, Sablé a été libérée dès le 8 août, et il n'y a plus l'ombre d'un Allemand à l'ouest de Rambouillet. Michel Debré accompagne de Gaulle et partage sa voiture. Partout, jusque dans le moindre village de cette France rurale, des hommes et des femmes sont groupés au bord de la route. Debré pense qu'ils ont été alertés par Radio-Londres, mais peut-être est-ce aussi l'effet du bouche-à-oreille. Et toujours, au milieu, « le maire du village en costume noir et chemise blanche ». Dans la voiture, on parle de divers sujets. De Gaulle interroge ainsi Debré sur son père, le grand médecin Robert Debré, et sur la jeunesse. « Puis suivent de longs silences. Le Général monte vers Paris[55]. »

À Sablé, de Gaulle est accueilli par une foule importante sur la place de la Mairie dont l'odonymie, comme celle de beaucoup de rues françaises en ces années, pose des problèmes délicats. Dès sa première séance du 9 août 1944, la délégation municipale mise en place par le capitaine Christian d'Hervé, très certainement investi par Chevigné, étudie la proposition du délégué Pilard de débaptiser la « place du Maréchal-Pétain ». Sitôt Vichy évanoui, les réflexes républicains reviennent vite. Le choix se fait le 14 août. Plusieurs propositions sont en balance : « place de la Liberté », « place du Général-de-Gaulle » ou le retour à l'ancien nom, qui est finalement préféré : « place de la Mairie ». À Sablé, note Gorse, « le Soldat inconnu porte un drapeau à croix de Lorraine ». Mais de Gaulle ne peut trop s'attarder, car « Le Mans est déchaîné, et pendant deux heures il appelle », insiste Gorse[56], ce qui démontre que le trajet de De Gaulle est suivi en direct par téléphone entre les préfectures.

Celui qui « appelle » depuis Le Mans n'est autre que Boislambert. Depuis plusieurs jours, le responsable de la MMLA sillonne en tous sens la France libérée pour y installer les nouveaux pouvoirs. « On ne voit partout que des véhicules abandonnés [par les Allemands], tandis que dans les villages où nous sommes accueillis avec un enthousiasme croissant au fur et à mesure que s'affirme la certitude de la victoire, on nous raconte le passage de nazis en retraite, poussant des voitures d'enfants ou tirant des charrettes à bras. Des jolies filles en robes légères nous lancent des fleurs. On regrette de ne pouvoir s'arrêter[57] ! » Ce 22 août, Boislambert est arrivé au Mans quelques heures avant de Gaulle et il y apprend l'arrivée imminente de ce dernier. Il a donc le temps, avec le préfet Costa, de peaufiner l'accueil du Général.

De Gaulle et sa suite parviennent au Mans vers 17 heures. La ville a été libérée le 8 août 1944. « Le Mans était à peu près intact ; des voitures y circulaient ; des restaurants étaient ouverts, des voix françaises, des promeneurs, montaient de la rue[58] », note Pierre Bourdan, l'animateur de l'émission *Les Français parlent aux Français* de Radio-Londres. Muni d'une carte de correspondant de guerre, Bourdan a fait la route en tête avec la 4e DI américaine du général Barton. « Parmi les journalistes, à l'hôtel, il n'était bruit que de l'avance des Français[59]. »

Comme à Rennes ou à Laval, l'enthousiasme de la population du Mans dépasse ce que l'on peut penser. Michel Debré : « La voiture se fraye difficilement un chemin dans une foule très dense. Par la fenêtre ouverte de la voiture, une femme se penche, jette une brassée de fleurs et crie : “Vive le maréchal !” À peine a-t-elle fait un pas en arrière qu'elle est tirée, happée par la foule et je la vois, la main sur la bouche, les yeux hagards, pâle de sa méprise. “Un maréchal ! Un général ! Comment voulez-vous qu'ils s'y retrouvent ?” Ma réponse fuse aussitôt : “Il n'y a cependant aucun problème[60].” » L'anecdote est fameuse et peut-être un peu trop belle pour être vraie. Elle montre toutefois l'absence quasi totale de mesure de sécurité, ce qui est la marque de cette pérégrination de Cherbourg à Notre-Dame de Paris.

De Gaulle se rend d'abord à la préfecture. À sa descente de voiture, il est accueilli par le nouveau préfet de la Sarthe, Jean-Louis Costa, auditeur à la Cour des comptes, tout récemment nommé par Debré, et par Henri Ledru, le président du comité départemental de la Libération, un syndicaliste CGT tendance confédérée et ancien militant du Mouvement Libération-Nord. Boislambert fait partie du comité d'accueil. Il livre au Général les informations qui lui parviennent de la 2e DB, mais pas encore celle du départ vers Paris. Boislambert fournit aussi quelques nouvelles de Paris grâce à « Jean Sainteny [qui] a trouvé le moyen, prenant une fois de plus des risques immenses, de sortir de Paris et de traverser les lignes jusqu'à nous ». Sainteny repartira dès le lendemain « pour établir les liaisons nécessaires avec Paris[61] ». Il est piloté, à moto, par Bernard de Billy, qui tient un bar, rue de Tilsitt, où les trois amis avaient l'habitude de se retrouver avant la guerre. Effrayé par l'absence de réelles mesures de sécurité qui entourent le Général, Boislambert propose d'accompagner le cortège jusqu'à Paris, ce qui est aussitôt accepté.

Dans la cohue de la préfecture du Mans, de Gaulle a un bref entretien avec Lucie Aubrac, députée à l'Assemblée consultative d'Alger. Arrivée en France à la fin du mois de juillet, elle a travaillé, sous les ordres de Coulet, à la mise en place des nouveaux pouvoirs dans les zones libérées. Pour l'heure, elle tente par tous les moyens de gagner Paris et de retrouver ses camarades insurgés. De Gaulle ne dit mot de cette entrevue dans les *Mémoires de guerre*, et sa relation est singulièrement différente selon qu'on lit Aubrac elle-même ou Debré. Dans *Cette exigeante liberté*, Lucie Aubrac n'y accorde que quelques lignes, sur un ton badin : « Nous étions à la mi-août*. Au Mans, tout le monde s'est

* Cette période des *Mémoires* de Lucie Aubrac, pourtant agrégée d'histoire, est très floue sur le plan chronologique.

retrouvé à la préfecture. J'ai croisé de Gaulle, salué par les acclamations enthousiastes d'une foule en liesse. Naïvement, je glissai au Général : "Il faudra faire attention, Général, vous risquez de devenir une vedette !" Il m'a regardée et m'a répondu : "C'est mon affaire, madame." Il a dû me trouver bien impertinente. Je le respectais pourtant[62]. » Debré n'est guère plus disert, mais il place la brève conversation sur un registre résolument politique, y dessinant en filigrane l'opposition entre l'homme du 18 Juin et la Résistance intérieure. Selon Debré, Lucie Aubrac vient faire part au Général de son inquiétude devant le ralliement massif à sa personne de personnalités qui ont servi Vichy. Elle s'inquiète en particulier du sort du programme du CNR et redoute déjà, non sans flair politique, de voir la Résistance, son esprit et ses hommes menacés. Le Debré des années 1980 (le premier volume de ses mémoires paraît en 1984) est d'ailleurs beaucoup plus sceptique que Lucie Aubrac, estimant que, dans ce programme, « l'idéologie érigée en doctrine d'action par la tactique communiste a pris une importance déraisonnable ». Ce n'était pourtant pas sa position lorsqu'il rédigeait, en 1944, avec Emmanuel Mönick et sous son pseudonyme résistant de Jacquier-Bruère, *Refaire la France, l'effort d'une génération.* « De Gaulle répond comme il se devait : nous sommes en guerre. Pour que les Alliés reconnaissent à la France la place qui lui revient dans la victoire, l'effort et l'union sont nécessaires[63]. » Premier accroc avec les représentants de la Résistance intérieure. Il y en aura un second, le lendemain, à Rambouillet, avec Philippe Viannay. Pour l'heure encore à fleurets mouchetés. Mais Paris se rapproche.

Une foule immense s'est massée place des Jacobins : « A-t-on jamais connu une telle montée de joies et d'espérances ?, note Michel Debré. A-t-on jamais observé une communion française plus fervente ? Une sorte d'unanimité exprime la profondeur de la reconnaissance d'une nation qui se sent renaître. La Libération fait éclater les cœurs[64]. »

Un petit mystère reste à éclaircir. Lorsqu'il arrive à Rennes, le 20 au soir, de Gaulle utilise une Buick américaine, sans doute un modèle Super Straight-8 qui était largement répandu chez les chefs de l'armée américaine durant la guerre. Au Mans, les photographies montrent qu'il roule dans une luxueuse Horch 830 décapotable qui le conduira, dans Paris, jusqu'au ministère de la Guerre. Certaines sources expliquent que cette voiture serait celle de Choltitz. Saisie par les FFI parisiens, elle aurait

Arrivée du Général au Mans dans la Horch 830 décapotable.

été ensuite offerte à de Gaulle par Rol-Tanguy. Mais les photographies ruinent cette belle légende : la Horch est bien présente au Mans le 22 août. D'où vient ce véhicule ? Faut-il imaginer une prise de guerre au détriment des forces d'occupation en déroute ? Et, surtout, pourquoi de Gaulle, qui, lors de la conférence d'Anfa, en janvier 1943, avait été choqué d'être transporté en Cadillac, accepte-t-il d'aussi bonne grâce que des voitures étrangères le conduisent à Paris ?

Le 22 au soir, de Gaulle dîne et couche à la préfecture du Mans. Grâce à Boislambert et par un message de Parodi, des informations lui parviennent de Paris, mais toujours avec un décalage temporel. C'est au Mans qu'il apprend que, le 20 au matin, l'Hôtel de Ville a été occupé, sous les ordres de Léo Hamon et de Roland Pré. De Gaulle apprend aussi que Parodi et Chaban-Delmas, ainsi que la majorité des membres du CNR, sont « prévenus par les agents américains et britanniques qu'il se passerait encore longtemps – des semaines leur disait-on – avant que les troupes alliées n'entrent dans la capitale[65] ». Considérant aussi le rapport de force (« 20 000 hommes, 80 chars, 60 canons, 60 avions », côté allemand) et voulant éviter la destruction des ponts et sauver les prisonniers politiques et militaires, ils ont conclu une trêve avec Choltitz par l'entremise de Nordling. « Cette nouvelle me fit, je dois le dire, une désagréable impression », écrit de Gaulle dans ses *Mémoires*, offrant ainsi une illustration parfaite de l'euphémisme[66].

La trêve ne peut que hérisser de Gaulle. « Acrobatique position que celle du général de Gaulle à ce moment-là, où il se trouve confronté à un problème dont les données sont multiples et dont le contrôle lui échappe en grande partie », note avec justesse Éric Roussel[67]. Il faut que Paris s'insurge pour accréditer l'idée d'une France résistante se libérant par elle-même. Mais il ne faut pas que l'insurrection porte les communistes au pouvoir, communistes qui contrôlent les principaux organes de l'insurrection parisienne. Pour résoudre cette équation à plusieurs inconnues, la seule solution est que la 2e DB entre désormais au plus vite dans Paris. Mais cette décision dépend d'Eisenhower que de Gaulle soupçonne d'être sous l'influence très hostile de Roosevelt.

Même s'il est court – à peine deux jours –, le décalage temporel est saisissant et révèle de nouveau la très médiocre information dont dispose de Gaulle lors de sa pérégrination dans l'Ouest. Il apprend ainsi l'existence d'une trêve au moment où elle n'existe déjà plus et quelques heures avant que Leclerc reçoive l'ordre de marcher sur Paris. Selon Jean Lacouture, c'est dans la soirée du 22, au Mans, que de Gaulle apprend qu'Eisenhower a changé ses plans et qu'il ordonne le mouvement vers Paris. Cela est possible, mais aucune source ne permet vraiment de savoir par quel biais et à quelle heure de Gaulle a appris la grande nouvelle. Il est raisonnable de penser que cette information capitale est parvenue à la préfecture du Mans dans la nuit du 22 au 23, au plus tard le matin du 23.

Si les Américains ne s'opposent plus à la prise immédiate de Paris, on ne peut pas dire non plus qu'ils se démènent pour en informer le président du Gouvernement provisoire de la République française. À vrai dire, c'est même le cadet de leurs soucis. Ils font la guerre, et tout le reste leur importe assez peu.

Foncer vers Paris

Selon Eisenhower, c'est Bradley qui a choisi la 2e DB pour entrer dans Paris : « Pour cet honneur, le général Bradley désigna la 2e division blindée du général Leclerc[68]. » Bradley le confirme, avec une pointe de perfidie, comme souvent dans ses mémoires à l'égard de Leclerc : « N'importe laquelle des divisions américaines aurait pu, plus facilement, envoyer des fers de lance dans notre marche sur Paris. Mais pour aider les Français dans leur reconquête de l'honneur, après quatre années d'occupation, j'ai choisi une armée française arborant le drapeau tricolore sur des Shermans[69]. » C'est oublier un peu vite que le SHAEF avait déjà pris cette décision. Comme l'écrit Blumenson, la décision est en fait liée à la « promesse » et à l'« évidence » du choix de la 2e DB[70]. Même Hodges avait déjà décidé que, s'il recevait l'ordre de libérer Paris, il inclurait la 2e DB[71].

Une fois la décision prise avec Eisenhower, Bradley saute dans son avion, déboule au QG de Hodges et explique le changement de plan au patron de la Ire armée. Quelles forces envoyer à Paris ? Hodges expose que le Ve corps a fini son travail à Argentan et qu'il est disponible. La meilleure solution, à ses yeux, est d'associer la 2e DB et la 4e DI américaine. Si on laisse de côté le cas spécifique de la 2e DB, les choix de Hodges répondent à la logique du mérite militaire. Le général Barton et la 4e DI se sont illustrés lors de la prise de Cherbourg. De la même façon, Hodges propose de confier le commandement de cette force au général Gerow pour l'honorer de son action à Utah Beach, le 6 juin 1944. Il propose également de lui associer comme adjoint le général Collins, le commandant du VIIe corps, que l'on entend remercier pour son rôle dans l'opération Cobra. Bradley accepte l'ensemble de ces propositions qui montrent que, au sein de l'armée américaine, chacun brûle de foncer vers Paris. Le Ve corps est aussitôt mis en alerte. On trouve Gerow et on lui demande de rejoindre immédiatement le QG de Hodges avec son état-major.

En fin d'après-midi, tout ce que la Ire armée compte de généraux se retrouve dans la salle des cartes de Hodges. Pendant ce temps, Leclerc fait les cent pas sur le train d'aviation du QG de Bradley, sans que personne ne songe à l'informer. « Les cartes étaient regroupées à la hâte, des ordres de départ étaient écrits à toute vitesse, les itinéraires et les allures de marche fixés, et des instructions soigneusement préparées à l'intention des Français "qui ont une façon désinvolte de faire à peu près ce qu'ils veulent, sans s'occuper des ordres"[72]. »

Il est prévu d'entrer dans Paris dès le lendemain après-midi. Le changement d'avis des Américains est décidément radical. Tout tourne autour de la nouvelle d'une trêve expirant le 23 à midi alors qu'elle est déjà

Les généraux Bradley, Gerow, Eisenhower et Collins.

morte. Eisenhower a été clair : « Aucune progression ne doit se faire dans Paris avant l'expiration de l'armistice et il ne faut entrer dans Paris que dans le cas où le niveau des combats serait tel qu'on puisse en triompher avec des forces légères[73]. » Une petite armée se met alors en branle comprenant, outre la 2e DB et la 4e DI américaine, un groupe de reconnaissance de cavalerie américain, une unité de renseignement du 12e GA et, en principe, un contingent britannique, ce que Montgomery refusera. Ces forces entreront dans la ville leurs drapeaux nationaux déployés, tandis que la 4e DI prendra les ponts de la Seine et de la Marne au sud de Paris. Leclerc libérera donc Paris, mais dans le strict cadre du plan américain.

Gerow est le chef de l'expédition. Il semble être l'homme de la situation dans la mesure où il a l'expérience des interactions du politique et du militaire : de 1936 à 1939, il a servi à la division du Plan militaire du War Department, avant d'en prendre la tête durant l'année 1941. « Il n'était donc pas étranger aux situations qui comportaient une interdépendance de la stratégie militaire et d'une politique nationale. Cependant, il n'avait pas été informé des considérations politiques qui s'y trouvaient impliquées, et ses instructions pour libérer Paris étaient de nature militaire », note Martin Blumenson[74]. Nous verrons toutefois, dans Paris, que les plus hautes qualités du général Gerow, certes un grand soldat, ne relevaient pas du domaine diplomatique.

Le plan d'opération étant prêt, Bradley remonte dans son avion et retourne à son QG, près de Laval. Vers 19 heures, il y trouve Leclerc qui l'attend depuis le matin et à qui il annonce la nouvelle : « Vous tombez bien. J'allais vous faire expédier l'ordre d'Eisenhower d'aller à Paris[75]. » Le commandant Cocteau, qui a passé l'après-midi à attendre en compagnie de Leclerc, précise, dans son témoignage radiophonique livré à Francis Crémieux, que Leclerc et Bradley ont d'abord un bref entretien, puis que le général américain lui fait signe d'approcher : « Une décision importante a été prise aujourd'hui. Nous sommes trois à en supporter les conséquences. D'abord moi, parce que c'est moi qui ai pris la décision ; deuxièmement le général Leclerc, car c'est lui qui va l'exécuter ; troisièmement vous-même, monsieur, car c'est sur vos indications et vos renseignements que cette décision a été prise. Au revoir, monsieur[76]. » Il n'est pas interdit de penser que, dans ce témoignage, Cocteau tire un peu la couverture à lui. On voit mal Bradley, à la tête d'un groupe d'armées d'un demi-million d'hommes, se mettre sur le même plan qu'un illustre inconnu débarqué sans crier gare à son QG et oublier Barton dans son énumération. Comme on l'a vu, la décision fut prise d'abord sur la base de renseignements américains. Avant de monter dans son Piper Cub, Leclerc « fait un moulinet avec sa canne, un moulinet de joie[77] ».

Leclerc atterrit à son QG de Fleuré vers 21 heures. « Sous les pommiers étonnamment calmes dans le soir, nous attendons son retour. Voici que nous nous portons d'instinct vers la silhouette indécise qui apparaît au bout du champ ; avant même que la jeep soit arrêtée, elle crie ses premiers ordres : "Gribius..., mouvement immédiat sur Paris[78] !" » Boissieu précise : « Il a le sourire des grands moments[79]. » Avant même d'avoir reçu les ordres américains, le capitaine Gribius, le chef des opérations de l'état-major de la DB, se met immédiatement au travail à la lumière des lampes à pétrole et des phares des véhicules : « En quelques heures sont rédigés et diffusés les messages qui, pour l'instant, ne prévoient qu'une marche administrative vers Rambouillet[80]. » Leclerc prend soin d'informer par des mots manuscrits ses principaux subordonnés, les colonels Billotte et Langlade. Ce faisant, il en profite pour informer Langlade de l'envoi de Guillebon, la veille, en éclaireur.

« Mon cher Langlade,

« J'ai eu l'assurance du Groupe d'armées que notre objectif était Paris. Néanmoins, pour parer à tout imprévu, j'ai envoyé hier un détachement

aux ordres de Guillebon comprenant un escadron de chars légers, 2 pelotons d'AM, 2 sections d'infanterie, direction Versailles avec pour mission de prendre contact et, si les Boches se replient, d'entrer dans Paris. Hier soir, il était à Nogent-le-Roi.
Amitiés[81]. »

Lors de cette nuit frénétique, les ordres d'opération des QG de la Ire armée et du Ve corps parviennent par radio à Fleuré à un rythme saccadé. Gribius et ses hommes ont été si efficaces que les ordres américains ne sont décodés qu'après l'envoi par Leclerc de ses propres ordres à ses unités. Les instructions américaines sont à la fois très précises, limitées et passablement irréalistes. Ces plans partent du principe que les Allemands vont évacuer la ville ; on ne s'attend donc pas à une forte opposition. Dans une folle précipitation à tous les étages de la hiérarchie, chacun y va de ses injonctions comminatoires. Dans son ordre de mission général qui parvient à Fleuré, un peu après minuit, Hodges enjoint à Leclerc de « forger votre chemin dans la ville cet après-midi[82] ». Une heure plus tard, Gerow diffuse l'ordre d'opération du corps d'armée pour le 23 : marcher sur Paris selon deux axes pour y entrer à partir de midi et prendre le contrôle de la ville, en relève des FFI. Gerow ordonne très clairement qu'aucun soldat français ne franchisse la ligne Versailles-Palaiseau avant midi, le 23 août, toujours pour respecter le fameux armistice qui n'a jamais existé. Selon Blumenson, Gerow téléphone à Leclerc vers 23 heures pour lui ordonner de se mettre en route immédiatement, accompagné du 38e escadron de cavalerie pour « arborer le drapeau américain en entrant dans Paris[83] ». Girard situe plutôt ce coup de téléphone au petit matin, ce qui paraît plus vraisemblable : « À 5 heures du matin, le général Gerow a téléphoné pour demander au Général de partir sur-le-champ. C'est un comble ! Après nous avoir fait poireauter pendant quatre jours, il aurait voulu faire avancer le départ d'une demi-heure[84] ! »

Le plan d'opération de Gerow prévoit de scinder le corps d'armes en deux groupes progressant sur deux lignes parallèles :

1) Au nord, par Sées, Mortagne, Châteauneuf-en-Thymerais, Maintenon, Rambouillet et Versailles, le gros de la 2e DB (les groupements tactiques-GT Langlade et Dio) ; un détachement de génie américain ; l'artillerie du Ve corps (quatre bataillons de tir et un d'observation).

2) Au sud, par Carrouges, Alençon, Nogent-le-Rotrou, Chartres, Limours, Palaiseau, un GT français (le GT V de Billotte) ; le gros de la cavalerie américaine ; le QG du Ve corps ; la 4e DI américaine renforcée par de la DCA et deux bataillons antichars.

Le plan est d'une précision maniaque, à la limite du ridicule : le temps de marche prévu du groupe nord est de « 14 heures et 25 minutes », celui du groupe sud de « 22 heures et 40 minutes[85] ». Les généraux américains, qui, deux jours auparavant, rejetaient sèchement les demandes de Leclerc de faire mouvement vers Paris, lui ordonnent à présent de partir toutes affaires cessantes en respectant des horaires impossibles. La 2e DB, ses 16 000 hommes et ses 4 000 véhicules sont à 200 kilomètres de Paris, la distance maximale que peut parcourir une DB américaine en une journée en supposant qu'il n'y ait ni ennui mécanique ni combat.

La 2e DB ne se met en route que le 23 août, un peu avant 6 heures du matin. « Nous démarrons en pleine nuit, en voltige, car personne n'a réussi à être tout à fait prêt à l'heure dite[86]. »

CHAPITRE 5

Mercredi 23 août 1944

Sur les routes de l'Ouest : Le Mans, Chartres, Rambouillet

Le 23 août 1944, la 2e DB et l'ensemble du Ve corps d'armée américain font un bond de 200 kilomètres, ce qui constitue en soi un petit exploit permis par une logistique impeccable. Leclerc, toujours à l'avant-garde, parvient à Rambouillet vers 13 heures, peu à peu rejoint par les éléments de sa division. De Gaulle suit, ce jour-là, un itinéraire différent de celui de la DB et il retrouve Leclerc, le soir, pour la première fois depuis des mois.

Désormais, de Gaulle est aux portes de Paris. Il sait que l'investissement de la ville est une affaire d'heures. La victoire est au bout du fusil. Son impatience n'en est que plus grande, même s'il continue à prendre le temps qu'il faut, lors des étapes bien rodées de son périple, dans les petites villes, ainsi à Nogent-le-Rotrou, comme dans la préfecture de Chartres. Rambouillet, où il arrive au soir de cette nouvelle journée sur les routes, est un singulier théâtre. Pour quelques heures, la petite ville grouille de soldats, de journalistes américains, d'hommes politiques plus ou moins résistants, mais aussi d'aventuriers, d'espions et de demimondaines. Tous brûlant d'entrer dans Paris.

Du Mans à Chartres

Le matin du 23 août, la préfecture du Mans connaît l'effervescence des grands jours. À mesure que l'on se rapproche de Paris, la petite équipée, partie presque solitaire de Cherbourg, se transforme en une lourde caravane. « Diverses personnalités venues de Londres et d'Alger sont là pour partager l'ivresse de l'enthousiasme provincial », souligne Michel Debré en laissant percer une pointe d'ironie[1]. Diverses nouvelles parviennent de Paris, toujours en décalage chronologique avec les événements. On apprend que la trêve, mal respectée, s'est achevée le matin du 22. Les combats ont repris dès la soirée du 21. Ministères et bâtiments sont toujours sous le contrôle de la Résistance, et des barricades surgissent un peu partout. La bonne nouvelle est que Choltitz n'engage toujours pas une forte répression. Cette retenue laisse perplexe et soupçonneux le de Gaulle mémorialiste de 1954 : « Ces ménagements lui étaient-ils inspirés par la crainte du lendemain, le souci d'épargner Paris, ou bien par un accord qu'il avait fait avec les Alliés dont les agents apparaissaient jusque dans son état-major depuis qu'Oberg et la Gestapo avaient quitté Paris[2] ? » De Gaulle fait ici allusion au colonel Posch-Pastor, de l'état-major de Choltitz, effectivement retourné par l'Intelligence Service et que nous n'allons pas tarder à retrouver. Mais la très grave accusation formulée à demi-mot d'une collusion entre les Alliés et Choltitz, sous-entendu pour empêcher de Gaulle de se saisir du pouvoir à Paris, laisse dubitatif. Rien dans la documentation disponible ne permet d'accréditer cette thèse et, à supposer qu'un tel accord ait été conclu, il faut croire qu'il était particulièrement bancal et mal ficelé pour que les Alliés aient cru que Choltitz évacuerait la ville le 23 vers midi. En outre, quel serait le but des Américains en inspirant à Choltitz sa retenue dans la répression ? Faciliter leur entrée dans Paris afin d'y placer au pouvoir un homme de leur choix ? Mais alors, pourquoi ne pas l'avoir fait plus tôt (Patton est à Melun le 19 août) et, surtout, pourquoi placer la 2e DB en pointe dans le dispositif élaboré en toute hâte par l'état-major de Gerow, dans l'après-midi du 22 août ? Il y a des façons plus logiques d'organiser un coup d'État anti-de Gaulle. Ou alors faut-il imaginer que les Américains, en retenant Choltitz, espèrent que l'insurrection se développera, façon de faire émerger un pouvoir communiste face à de Gaulle ? Outre le fait que l'on voit mal Marshall, Eisenhower ou Patton (qui éconduit brutalement, ce même 23 août, la délégation à laquelle s'est agrégé Posch-Pastor) s'engager dans cette voie, on en revient à la même question : dès lors, pourquoi ne pas laisser la 2e DB dans le bocage normand et Leclerc à l'ombre des pommiers de Fleuré ? Si les Alliés avaient été à ce point prêts à tout pour empêcher de Gaulle d'entrer dans Paris, pourquoi le laissent-ils sillonner les routes de France et se faire acclamer dans toutes les villes qu'il traverse, qui plus est entouré d'une meute de reporters américains ?

Que le de Gaulle de 1944, mal informé de la réalité de la situation parisienne, supportant depuis des mois la tension de très dures négociations avec les Alliés sur la reconnaissance du CFLN, ait pu nourrir de pareils soupçons est compréhensible. Mais que le de Gaulle de 1954, ancien chef de gouvernement qui a eu accès aux secrets d'État et qui continue à être bien informé par les réseaux gaullistes depuis sa retraite de Colombey, y prête encore foi est plus curieux, y compris dans sa reconstruction mémorielle.

La compétence territoriale de Michel Debré s'arrête à la Sarthe. De Gaulle insiste pourtant pour qu'il continue à l'accompagner jusqu'en Eure-et-Loir, département qui dépend d'un autre commissaire de la République, André Mars, installé à Orléans. Dans le cortège, on trouve le nouveau préfet de la Sarthe, Jean-Louis Costa, et les fidèles compagnons de voyage depuis Alger, Palewski, Gorse, Rancourt, Guy. Sur la route, c'est toujours la même foule, la même liesse. « Passant entre deux haies de drapeaux claquant au vent et de gens criant "vive de Gaulle !", je me sentais entraîné par une espèce de fleuve de joie[3]. » À chaque bourg, de Gaulle s'arrête, descend de voiture, prononce une courte allocution. La Ferté-Bernard est encore sous le coup de l'émotion de sa libération. Il s'agit de l'un de ces cas, assez fréquents, d'« autolibération ». Le 11 août 1944, les habitants et les FFI découvrent que la Wehrmacht est partie dans la nuit. Des patrouilles sont aussitôt organisées avec les gendarmes qui se sont joints aux FFI et qui arrêtent quelques collaborateurs et 80 soldats allemands isolés dans les environs. L'historien de la Sarthe, Alain Moro, précise : « Deux soldats américains et leurs deux prisonniers allemands avaient été tués le 9 août aux Bois-Clairs, près de Cherré. La population fertoise voulant rendre hommage aux libérateurs, leur organise des funérailles auxquelles participe toute la ville. » Le dimanche

13 août, à 11 heures, plusieurs milliers de Fertois sont réunis au cimetière. Mais quand retentit *La Marseillaise*, le maire Georges Desnos, qui avait été révoqué par Vichy et qui venait juste de retrouver sa mairie, s'effondre, terrassé par une crise cardiaque. « Son corps sera installé à côté des cercueils des Américains », précise Moro. C'est à ce moment que se présente une première patrouille américaine venue en éclaireur[4].

Georges Gorse se souvient : « À La Ferté-Bernard, le coiffeur, surgi, acclame d'un blaireau plein de mousse. À Nogent[-le-Rotrou], le maire s'embrouille dans ses présentations. "Vive la France", hurle une pleureuse. Des fleurs partout, au corsage des filles, dans l'auto, sous l'auto. [...] La division Leclerc, tendue de signaux carmin comme pour une parade médiévale, monte vers Paris. "*Nach Chartres, 27 km*", dit un panneau allemand[5]. »

Vers 11 heures, le cortège parvient à Nogent-le-Rotrou. La ville fut libérée le 11 août 1944 par le maquis de Plainville, commandé par le capitaine Gabriel Herbelin, *alias* « Duroc ». Dans son essai de « fiction-réalité », *Le Temps de Chartres*, Maurice Clavel a livré une description passablement romancée de la vie de ce maquis et de sa conquête de la mairie de Nogent où étaient installés des Allemands[6]. Michel Debré : « Dans le silence total de la petite foule rassemblée, le Général répond aux propos nobles et émouvants du maire en des termes si simples et d'un patriotisme si prenant que des hommes et des femmes pleurent. [...] Sous le ciel et le soleil d'août, le général de Gaulle, au bord d'une petite place provinciale. [...] C'est la France parlant à la France[7]. »

Dans la matinée, la BBC annonce par erreur la libération de Paris. Saisissant effet de la guerre des ondes : les Parisiens peuvent entendre à la radio les cloches de Westminster sonner la libération de leur propre ville. L'erreur vient d'un texte fourni par le service de presse de la Délégation française auprès des gouvernements alliés à la formulation trop optimiste et mal interprétée : « Hier, 22 août, après quatre jours de lutte, l'ennemi était partout battu. Les patriotes occupaient tous les édifices publics. Les représentants de Vichy étaient arrêtés ou en fuite. Ainsi le peuple de Paris aura pris une part déterminante à la libération de la capitale[8]. » Dans ses *Mémoires de guerre*, cet événement inspirera cette remarque à de Gaulle : « Le contraste que je notais entre la chaleureuse satisfaction marquée par la BBC au sujet des événements de Paris et le ton réservé, voire empreint d'un peu d'aigreur, de la "Voix de l'Amérique" me donnait à entendre que, cette fois, Londres et Washington ne s'accordaient pas tout à fait pour ce qui concernait la France[9]. »

La caravane de De Gaulle ne cesse, de jour en jour, de s'étoffer, et tout ce que la Résistance, intérieure et extérieure, compte de cadres plus ou moins importants tente alors, par tous les moyens, de gagner Paris. Le témoignage de Lucie Aubrac est représentatif de cette atmosphère fiévreuse. Au Mans, où elle a eu, la veille, un bref entretien avec de Gaulle, Lucie Aubrac loge dans le même hôtel que Lionel de Marmier et son mécanicien Thomas. « Le 22 ou le 23 août [le 23, puisque sa rencontre avec de Gaulle a eu lieu le 22], nous sommes repartis de la préfecture en direction de l'hôtel. En passant devant la gendarmerie, nous sommes tombés sur deux gendarmes en train d'arrêter le chauffeur d'une grosse voiture – une Ford V8. L'homme est sorti du véhicule, les a suivis, laissant sa Ford, moteur allumé. La tentation était trop forte : nous avons grimpé dans la voiture et avons démarré ! Le lendemain, je partais pour Paris[10]. » Impossible, à la lecture des mémoires de Lucie Aubrac, de savoir si le « nous » qu'elle emploie englobe Marmier et Thomas. Sans conclure, disons simplement que l'énorme moteur V8 de la Ford n'aurait pas été de nature à effrayer Marmier, champion de courses automobiles dans les années 1930.

Pendant ce temps, le général Juin erre sur les routes entre Rennes et Rambouillet. Il est passablement délicat de reconstituer l'emploi du temps de Juin du 21 au 23 août tant ses mémoires sont confus et erronés pour tout ce qui touche à la chronologie. On se souvient qu'il affirme avoir quitté Rennes le 21 au soir, « avec l'autorisation du général », pour tenter de joindre Patton et de le convaincre d'envoyer la 2e DB vers Paris. Juin situe sa visite au QG de Patton le 22 au matin, ce qui est impossible puisqu'il parvient au QG peu avant la délégation venue de Paris et conduite par Alexandre de Saint-Phalle dont on sait qu'elle est arrivée à ce QG le 23 au matin. De même, Juin affirme avoir retrouvé de Gaulle à Rambouillet, c'est-à-dire le 23 au soir. Or Michel Debré, dans ses propres mémoires, rapporte que Juin accueillit de Gaulle à la préfecture du Mans, c'est-à-dire le 22 au soir. Debré explique d'ailleurs quelle fut sa surprise en découvrant que Juin tutoyait de Gaulle. Dernière incohérence à verser au dossier : Juin affirme que Patton l'informe alors que la 2e DB ne dépendait plus de lui, mais de la Ire armée de Hodges. Or, si la scène a bien lieu le 23, *a fortiori* si Juin était la veille à la préfecture du Mans, il est impossible, même en errant sur les routes, que Juin ne connaisse pas déjà une nouvelle qui remonte au 16 août. L'imbroglio est donc à peu près complet. Il n'est pas impossible que Juin ait brouillé les pistes à dessein pour camoufler sa rencontre avec l'amiral Auphan, chargé par le maréchal Pétain de remettre une lettre de passation de pouvoir à de Gaulle. Auphan ne vit pas de Gaulle, mais on sait qu'il trouva Juin et lui transmit la lettre. Cette rencontre n'a pu avoir lieu que le 22 ou le 23 août, quelque part entre Rennes et Chartres, ou bien le 27 ou le 28, à Paris. Avec toute la prudence qui s'impose, il est donc probable que la visite de Juin à Patton ait eu lieu le 23 au matin. Malgré ces incertitudes, cette entrevue mérite d'être relatée tant elle éclaire la position des uns et des autres.

Juin parvient « le matin de bonne heure [au] PC avancé [de Patton] sous tentes, dans un bois[11] ». « Lucky Forward » (« le chanceux en avant »), le QG mobile de Patton, est alors à Brou, à 30 kilomètres à l'ouest de Chartres. Patton y a installé son campement le 20 août en provenance de son précédent QG, installé près du Mans. Les deux hommes se connaissent bien et ne se sont pas revus depuis l'automne 1943 en Corse. Juin venait d'être nommé à la tête du Corps expéditionnaire français en Italie et attendait son départ. Patton, relevé du commandement de la VIIe armée pour avoir giflé un soldat, tournait en rond. Profitant du temps libre forcé des deux généraux, Eisenhower leur avait confié, en octobre 1943, une étrange mission. Pour leurrer les Allemands et leur faire croire à un prochain débarquement dans le golfe de Gênes ou en Toscane, depuis la Corse, les deux généraux devaient faire semblant, le moins discrètement possible, d'inspecter l'île. La mission de *deception* avait vite tourné à la virée touristique et fait naître des liens d'amitié entre les deux hommes.

Juin vient plaider la cause de Leclerc en croyant parler au patron de ce dernier. Il félicite Patton pour ses récents et brillants succès et lui demande « de nous lâcher Leclerc promis par Eisenhower pour rentrer dans Paris[12] ». Il tombe des nues en apprenant de Patton que la 2e DB a été versée à la Ire armée de Hodges, ce dont Patton semble navré, tant la 2e DB ne lui a donné, depuis son arrivée en France, que des satisfactions. On notera que, si les Américains ne cessent de se plaindre des multiples insubordinations de Leclerc, leur haut commandement n'a pas daigné informer le chef d'état-major général de la Défense nationale du changement d'affectation de l'une des principales unités de l'armée française.

Patton précise que ses ordres sont d'éviter Paris. Il montre à Juin, sur une carte dressée hors de la tente, le plan d'action de sa IIIe armée, qui doit se déployer au nord et au sud, entre Loire et Seine, sans prendre Paris, « réservé aux Français[13] », remarque importante qui confirme qu'il n'y a pas de plan caché américain concernant Paris. La veille, Patton a voulu franchir la Seine à Mantes, mais le SHAEF le lui a interdit : c'est la zone de Hodges ; il doit passer le fleuve à Corbeil. Et, en même temps, il doit garder la Bretagne jusqu'à la poche de Brest ! « Bien mauvais thème tactique, lui fis-je remarquer. Vous ne pouvez à la fois regarder vers l'avant et vers l'arrière[14]. » Patton affirme à Juin qu'il ne sait pas où aller ensuite. « À Metz ! », lui répond Juin, fort de la protection, sur la droite, des forces débarquées de Provence et qui ne vont pas tarder à arriver en Bourgogne.

En réalité, Patton s'amuse avec son ami Juin et ne lui dit pas tout. Depuis le 16 août, il fonce vers l'est et a déjà libéré Chartres, Dreux et Orléans. Mais il doit stopper son avance à cause de la pénurie de carburant. Qu'à cela ne tienne, il cherche un passage sur la Seine, et, le 19 août, des éléments de la 79th Infantry Division franchissent le fleuve à Mantes. C'est impossible, lui écrit Bradley, le secteur est réservé à Hodges. Ce à quoi Patton répond : « J'en reviens pourtant et j'ai même pissé dans le fleuve ce matin. Dis-moi de combien de kilomètres je dois me replier vers l'ouest[15]. » Si bien que Patton continue à avancer et, le 20, il a déjà fait passer la Seine à la moitié de la IIIe armée. L'état de délabrement des forces allemandes, étrillées dans le « hachoir à viande » de Falaise, est tel qu'il pense alors pouvoir gagner la guerre avec la seule IIIe armée. Le 21, loin d'hésiter sur la suite de la marche à suivre, comme il le dit à Juin, sans doute pour tester le flair de son ami, il écrit de nouveau à Bradley : « Si je suis en mesure d'aligner trois corps d'armée sur une ligne Metz-Nancy-Épinal, nous pouvons être en Allemagne dans dix jours. Tout cela peut se faire avec seulement six divisons d'infanterie et trois blindées. C'est si évident que je crains que les "taupes" ne s'en rendent même pas compte[16]. » En s'écriant « À Metz ! », Juin a ainsi réussi sans le savoir le petit examen que lui faisait passer Patton.

Patton lui dit aussi que sa visite tombe bien « pour lui expliquer le sens de la mission dont se disaient chargés un groupe de civils arrivant de Paris, lesquels venaient de débarquer à son Quartier général sans crier gare » munis de laissez-passer allemands qui leur ont permis de franchir les lignes[17]. Il s'agit du groupe formé du banquier Saint-Phalle, de Jean Laurent, de Rolf Nordling, le frère du consul de Suède, du colonel Posch-Pastor de l'état-major de Choltitz et agent double des Alliés, et du colonel Olivier, lié à l'Intelligence Service. Selon Saint-Phalle, cette mission serait à l'initiative de Choltitz (d'où la présence de Posch-Pastor) pour hâter l'arrivée des Alliés et recevoir sa reddition. Ils ont deux laissez-passer ; l'un de Parodi, l'autre de Choltitz. Quand ils ont franchi les postes allemands, certains soldats ont grondé « trahison[18] ». À Trappes, un colonel SS ne relâche les émissaires qu'après un ordre de Choltitz lui-même. Saint-Phalle et ses amis touchent les Américains à Neauphle-le-Château. Ils sont conduits à Mantes, puis près de Chartres, au QG de Patton. Le groupe apprend à Juin qu'une trêve a été conclue à Paris par l'entremise de Raoul Nordling, le consul général de Suède. Saint-Phalle informe également Juin que Choltitz a des ordres de Hitler de détruire les bâtiments de Paris, ordres « transmis par radio en clair pour que tout le monde les connût[19] ». Enfin, les émissaires précisent que les communistes ont commencé à violer la trêve, ce qui peut conduire à une insurrection généralisée. Bref, il faut que les Alliés se dirigent au plus tôt vers Paris. Juin pense que ces hommes doivent voir dès que possible de Gaulle et même Eisenhower. Se prêtant sans doute, dans ses mémoires, une clairvoyance rétrospective, Juin en tire la conclusion que Choltitz n'est pas disposé à détruire Paris, mais pas non plus à se rendre sans combattre.

Juin quitte alors aussitôt Patton à la recherche de De Gaulle, voire d'Eisenhower « pour obtenir de ce dernier qu'il libérât au plus vite la division Leclerc ». Mais il échoue, « dans l'indicible chassé-croisé des mouvements effectués ce jour-là entre Seine et Loire », à trouver l'un et l'autre. Il parvient en fin de journée au QG d'Eisenhower*. Celui-ci est absent, mais Juin a le bonheur d'apprendre que le commandant en chef a pris la décision d'envoyer la 2e DB vers Paris « aussitôt après avoir reçu

* Nouvelle contradiction dans la chronologie et la géographie de Juin : les PC d'Eisenhower sont à Tournières (près de Bayeux) et à Jullouvile (près de Granville). Chez Patton, Juin est aux portes de Chartres. Il effectuerait donc une marche arrière vers l'ouest de 300 kilomètres pour trouver Eisenhower ? Tout en étant de retour, le soir même, à Rambouillet ? Tout cela est aussi improbable qu'incohérent.

la lettre que de Gaulle lui avait écrite à ce sujet[20] ». Juin ne retrouvera de Gaulle que le soir, à Rambouillet. Tout en se démenant comme un beau diable et en avalant des centaines de kilomètres dans la journée, « le chef d'état-major des armées françaises renaissantes n'aura donc joué qu'un rôle très mineur dans l'opération de libération de Paris dont il n'apprend qu'au château de Rambouillet le plan tel que concocté par le général Leclerc[21] ».

Quant au petit groupe conduit par le banquier Saint-Phalle, il est sèchement éconduit par Patton. Cet élément vient encore fragiliser la thèse, telle qu'elle est suggérée dans les *Mémoires de guerre*, d'un accord entre Choltitz et les Américains sur le dos de De Gaulle. Si un tel plan existait, on se demande pourquoi Patton traiterait aussi rudement des hommes munis de passeports signés de la main de Choltitz. Peut-être parce qu'il est profondément vexé de ne pas avoir été retenu pour libérer Paris, ou alors parce que les passeports allemands en bonne et due forme qu'on lui présente le hérissent au plus haut point, Patton renvoie sans ménagement ses visiteurs : « Ils voulaient seulement obtenir un arrêt momentané des hostilités pour sauver Paris et, probablement aussi, sauver des Allemands », note-t-il avec mépris dans ses mémoires[22]. Patton expédie les cinq émissaires à Laval par avion dans l'après-midi. Ils ont donc vu Bradley à un moment où tout est déjà joué et n'ont eu aucune influence sur le cours des événements. Dépités, les cinq retournent alors vers Paris, et nous les retrouverons, le soir du 23, à Rambouillet, face à de Gaulle. Au même moment, le colonel Arnould du réseau Jade-Amicol, est récupéré par le général Sibert, le patron du renseignement au 12e groupe d'armées. Sibert envoie Arnould à Rambouillet où il est pris en charge par le représentant de l'un des agents de l'OSS pour la IIIe armée, le lieutenant-colonel John Mowinckel, qui organise son retour vers Paris[23].

La mauvaise humeur de Patton ne s'arrête pas là. Est-ce parce que sa priorité absolue est l'avance vers l'Est ? Toujours est-il que, ce 23 août, une fois Juin et les émissaires de Paris partis, il ordonne aux forces spéciales et aux officiers de l'OSS-SO rattachés à la IIIe armée de tout faire pour empêcher les FFI d'entrer dans Paris. Il ne veut ni insurrection dans la ville qui pourrait ralentir son ravitaillement et sa progression, ni troupes FFI devant lui ; il les préfère en couverture, sur sa droite, le long de la Loire. Mieux encore, ce 23 août, il ordonne au colonel Haskell, le représentant de l'OSS-SI au 12e groupe, et à l'un de ses adjoints, le lieutenant-colonel Paul Van der Stricht, de foncer vers Paris pour y faire cesser l'insurrection ! Le 24 août, les deux hommes arrivent en jeep à l'Hôtel de Ville, vers midi, bien avant le capitaine Dronne de la 2e DB. Selon le témoignage de Van der Stricht cité par Funk, ils sont reçus par « une demi-douzaine d'individus qui se proclamaient les chefs du mouvement de Résistance du lieu ; ils nous accueillirent avec moins d'enthousiasme que nous ne nous y attendions. Il était évident que quelles qu'aient été les instructions données à la troupe, elles ne pouvaient être ni annulées ni modifiées [...]. Dès lors, nous devînmes surtout les témoins des deux journées historiques[24] ».

Chartres, « Étoile du matin, inaccessible reine[25] »

« Et, au détour, d'un seul coup, voici les deux flèches poignantes [...]. La cathédrale, sans vitaux, étrangement lumineuse, entonne un *Te Deum* qui ressemble à une *Marseillaise* solennelle et triste[26]. »

Dans la ville, comme partout ailleurs, les hommes de la MMLA, Jean Marin en tête, sont déjà là. Chartres est libérée, du 16 au 18 août, par le XXe corps américain de Patton, sous les ordres des généraux Walker et Silvester, au terme d'une rude bataille. Le 16 août, vers 10 h 30, le premier char américain entre dans Chartres par la place du Châtelet et la rue Sainte-Même. Mais des combats meurtriers se déroulent dans le cimetière Saint-Chéron, le 17 août, alors qu'une quarantaine d'otages, retenus depuis la veille au Puits-Drouet, sont libérés. Le 18 août, une attaque de blindés permet la libération du quartier de Beaulieu, le dernier tenu par les Allemands. Bien que les mémoires de Marin soient particulièrement avares d'indications chronologiques, on peut en déduire que l'antenne de la MMLA qu'il dirige, et qui se limite à lui-même et à un sergent-chef qui conduit sa jeep, pénétra dans Chartres le 16 ou le 17 août, comme toujours sur les talons des forces américaines. À Chartres, Marin retrouve les hommes de « Chevigné qui précède de Gaulle. [...] Nous passons la soirée à la préfecture de Jean Moulin ; le préfet de la Libération est en place ; comme les Allemands occupent encore une partie basse de la ville, le dîner du traiteur est apporté par un marmiton qui, grâce à une échelle légère, passe par-dessus les murs de jardins[27] ».

Pour suivre la visite de De Gaulle à Chartres, nous possédons trois précieux documents : le rapport du commissaire de la Police spéciale de Chartres ; la livraison de deux journaux locaux dans leur parution du 24 août, *L'Indépendant* et *La Voix de Chartres* ; et le solide ouvrage de Roger Joly sur la libération de la ville[28]. Les autorités chartraines ont été prévenues dès la veille au soir de la venue du Général par la préfecture du Mans. Aussi le préfet Jean Chadel et les hommes de Marin et de Chevigné ont-ils eu le temps de préparer soigneusement son accueil. Dès 22 heures, le camion des pompiers équipé de la grande échelle commence à dresser des drapeaux sur le bâtiment de la Poste, place des Épars, pendant que l'on monte à la hâte une estrade devant le bâtiment. Le matin du 23, la préfecture annonce que les employés seront libérés par leurs patrons à 11 heures de façon que chacun puisse assister à la visite du Général.

La nouvelle s'est propagée comme une traînée de poudre, et, bien avant midi, une foule compacte se masse sur la place des Épars, sur le boulevard Sainte-Foy, qui a repris son ancienne dénomination après avoir été appelé, pendant l'occupation, « boulevard du Maréchal-Pétain », et sur la place Collin-d'Harleville, en face de la préfecture. « Pour tromper l'attente – car le général a été retardé en cours de route – des haut-parleurs diffusent de l'Hôtel des PTT des chants que nous n'écoutions plus que portes closes. » Les organisateurs ont réservé une surprise à la population : « À 12 h 30 et 13 heures, nous pouvons entendre le bulletin d'information de la BBC. Plus besoin de se cacher désormais[29] ! » Et c'est ainsi que les Chartrains apprennent la libération de Paris. Même s'il s'agit d'une fausse nouvelle, elle ne fait qu'augmenter l'enthousiasme de la foule.

De Gaulle est en retard, car il s'est arrêté partout sur sa route. Il entre dans Chartres par la route de Courville, après avoir traversé Lucé. « La voiture du général de Gaulle, précédée d'estafettes motocyclistes de la Police nationale et accompagnée de sa suite, arrive place des Épars à 14 heures », note le commissaire Maurice Verney de la Police spéciale (devenue Renseignements généraux) dans son rapport[30]. « Vêtu d'une tenue kaki, le général de Gaulle, grand, svelte, en descend aussitôt, ovationné par des milliers et des milliers de citoyens[31]. » Accompagné du colonel Rancourt de Mimérand et de Gaston Palewski, ses directeurs de cabinets civil et militaire, de Gaulle emprunte, à pied, le boulevard Sainte-Foy, au milieu d'une foule énorme, et gagne la préfecture. « Massés dans la cour d'honneur, les troupes indigènes et les hommes des FFI, sous les ordres du commandant Sinclair [pseudonyme de Maurice Clavel], s'immobilisent dans un impeccable garde-à-vous. M. Chadel, préfet d'Eure-et-Loir, s'est porté au-devant du Général que la foule ne cesse d'acclamer[32]. » Debré présente à de Gaulle le nouveau préfet d'Eure-et-Loir, Jean Chadel, qui a été, en 1940, dans la même ville, secrétaire général de la préfecture de Chartres, alors dirigée par Jean Moulin. Le 14 juin 1940, devant l'avancée allemande, Moulin avait chargé Chadel de conduire l'administration préfectorale vers le sud[33]. Une poignée de main, une gerbe de fleurs présentée par une fillette, commence alors, comme dans chaque préfecture visitée, l'interminable présentation des personnalités : le ministre Le Troquer, le général Valin et le colonel Gaujour, son chef d'état-major, l'amiral d'Argenlieu, personnalités du GPRF que de Gaulle retrouve à Chartres, l'officier américain commandant la place de Chartres, Maurice Viollette, président du conseil général avant la guerre et de nouveau maire de Dreux, le député Henri Triballet (député républicain-socialiste de Chartres de 1924 à 1940), le docteur Haye, maire de Chartres, Baudet-Germain, secrétaire général de la préfecture, Roques, sous-préfet de Dreux, Mgr Harscouët, évêque de Chartres, Barulet le président du tribunal de Chartres, le général Delalande, l'ingénieur en chef des Ponts-et-Chaussées, l'intendant responsable du ravitaillement, le commissaire de police, les chefs de service de la préfecture. « Pour chacun, le général de Gaulle a un mot aimable. Il salue les glorieux défenseurs de Chartres et s'incline devant les drapeaux et la délégation des anciens combattants de 1914-1918[34]. » Le tout devant une nuée de journalistes, de photographes et de cameramen français et américains.

Pendant que le Général, comme il le fait chaque fois, s'isole pour un entretien avec le préfet, dans la cohue des salons de la préfecture, c'est le temps des retrouvailles entre hommes de Londres et d'Alger, Français libres et résistants de l'intérieur, qui ne se sont pas vus depuis des années. Georges Gorse tombe dans les bras de son « camarade de la rue d'Ulm Maurice Clavel ["Sinclair"], en tenue de FFI, mitraillette au poing. Comme il est extrêmement myope, il y a de quoi être inquiet.

Mais la présence à ses côtés de Silvia Monfort, au visage étrange et beau, me rassure[35] ». Après Normale Sup, voici Sciences Po : Michel Debré a la joie de retrouver son ami Hubert Roussellier, capitaine à la 2e DB. Roussellier lui donne des nouvelles d'un autre ami commun, Étienne Mantoux, lui aussi officier à la DB, qui mourra au combat en 1945. Debré, Mantoux, Roussellier, les trois amis se sont connus rue Saint-Guillaume au début des années 1930, avant de s'engager dans la Résistance par des voies différentes. Fils de l'historien Paul Mantoux, Étienne Mantoux, né en 1913, est un économiste déjà reconnu lorsqu'il s'engage dans les Forces françaises libres en 1942, alors qu'il étudie à Princeton. Polyglotte, diplômé des Sciences politiques et de la London School of Economics, il est l'un des critiques de Keynes en France*. Le lieutenant Mantoux trouvera la mort en Allemagne, en avril 1945, à quelques jours de l'armistice**. Le grand économiste libéral von Hayek écrira que, s'il avait survécu, la pensée économique française d'après-guerre aurait pu prendre un autre chemin. Hubert Roussellier, jeune haut fonctionnaire des Finances, a d'abord travaillé au sein du cabinet de Pierre Laval. À la fin 1942, Jean Jardin, le directeur du cabinet, facilite son départ pour l'Afrique du Nord où il s'engagera dans la 2e DB***. Mantoux et Roussellier sont tous deux pilotes de l'aviation légère de l'artillerie de la 2e DB. Le 24, Mantoux est l'un des deux membres de l'équipage qui largue au-dessus de la Préfecture de Police le fameux message « Tenez bon ». Quant à Roussellier, il fera sensation le lendemain en posant son Piper Cub sur l'avenue de la Grande-Armée. Dans les salons de la préfecture du Mans, Debré a également le plaisir de retrouver Gaston Palewski (lui aussi sorti de Sciences Po, mais dix ans avant), dont il fut un des collaborateurs, lorsque ce dernier

---

* Son œuvre majeure, *The Carthaginian Peace or the Economic Consequences of Mr. Keynes* (Oxford University Press, 1946), dont le titre parodie ironiquement un célèbre ouvrage de Keynes très hostile au traité de Versailles, sera publiée après sa mort en 1946. La traduction française sera préfacée par Raymond Aron.

** Son frère cadet, Jacques Mantoux, tout jeune polytechnicien, est lieutenant au 1er régiment d'artillerie de la 1re division française libre. Après une brillante carrière dans le secteur aéronautique français, il consacrera, la retraite venue, une « somme » de 1 500 pages à la mémoire familiale.

*** Après la guerre, Roussellier fera une brillante carrière à la tête de divers organismes publics liés à la promotion du commerce extérieur (en 1963, il est nommé directeur général du Centre national du commerce extérieur). Il dirigera deux fois le cabinet du ministre André Boulloche, lui-même grand résistant (à l'OCM, puis dans les rangs du BCRA gaulliste), déporté et Compagnon de la Libération.

dirigeait le cabinet de Paul Reynaud, en 1938-1939. Si René Brouillet ne s'emmêle pas dans les dates à propos de cette indication, cela signifie que Palewski a quitté Rennes le matin en éclaireur pour préparer, à Laval et au Mans, l'arrivée du Général[36]. Ces réseaux d'études ou de travail qui se reconstituent à l'ombre du Général montrent que la Résistance a fini par s'agréger toute une partie de la haute fonction publique, le plus souvent par le biais de jeunes et brillants hauts fonctionnaires de la fin des années 1930.

Toujours sous les acclamations, de Gaulle repart ensuite en voiture pour le clos Saint-Jean, face à la cathédrale, où sont enterrés les FFI tombés lors de la libération de la ville. Le général s'incline devant leurs tombes. Il gagne ensuite la cathédrale où est entonné un *Magnificat*. Il n'est pas fait mention par le journaliste de *L'Indépendant* ni par le commissaire de police d'un accueil du président par l'évêque, Mgr Harscouët, sur le perron de la cathédrale. Outre le fait que de Gaulle ne souhaite pas être accueilli par l'évêque, réminiscence de rites maréchalistes, le comportement de Mgr Harscouët, en juin 1940, ne fut pas irréprochable. Le 14 juin 1940, en pleine débâcle et malgré les suppliques de Jean Moulin, Mgr Harscouët s'excuse piteusement de « ne pouvoir rester [à Chartres], obligé de quitter la ville à cause d'une ordination de prêtres qui l'appelait dans le sud du département », ce qui est exact, mais peu glorieux. Le 17 juin 1940, quand Moulin, sanglé dans son uniforme de préfet, est obligé d'accueillir les Allemands sur le perron de sa préfecture, il est assisté par un fonctionnaire de la préfecture et le vicaire général de la cathédrale. Il est vrai qu'au même moment les fonctionnaires et jusqu'aux gendarmes fuyaient aussi la ville, laissant Moulin pratiquement seul face aux Allemands[37]. Selon le témoignage d'Alain de Boissieu, il semble bien que de Gaulle connaissait cet épisode, certainement par le récit que lui en fit Moulin lui-même à Londres.

Si l'évêque attend le Général à l'intérieur de la cathédrale, sur le perron sont alignés des FFI et leur chef, « Sinclair », *alias* Maurice Clavel, alors âgé de 23 ans. Suivant le récit romancé que Clavel en donne dans *Le Temps de Chartres*, Monique Bel, la biographe de Clavel, présente ainsi la scène. Si elle n'est pas complètement invraisemblable, il n'est pas interdit de penser que l'esprit romanesque et exalté de Clavel l'ait quelque peu enjolivée. Après une « engueulade mémorable avec Patton », lors de l'entrée dans Chartres, Sinclair accueille de Gaulle sur le perron, « qui le serre dans ses bras en marmonnant :

– C'est vous, Sinclair ?... Meilleur travail depuis la Bretagne.

– Mon général, allons prier Notre-Dame de Chartres.

– Allons prier Notre-Dame de France*.

« Le *Te Deum éclate*, Sinclair ne voit ni n'entend plus rien, tandis que Silvia [Monfort, la compagne de Clavel], suffoquée par l'odeur qu'exhalent les cercueils alignés devant l'autel, s'effondre[38] ». La présence des cercueils de FFI à l'intérieur de la cathédrale n'est mentionnée par aucune autre source et on doit, ici encore, demeurer prudent devant le témoignage romancé de Clavel. La libération de Chartres a eu lieu une semaine plus tôt. Il est douteux de laisser ainsi des cadavres en décomposition, en plein été, et alors qu'au moment de leur mort personne ne pouvait prévoir si de Gaulle, qui était encore à Alger, passerait par Chartres ni à quelle date. En outre, Le Troquer écrit dans ses mémoires qu'il assista dans la cathédrale aux obsèques des trente-quatre FFI tombés lors de la libération de la ville[39].

La Voix de Chartres, journal catholique local, rend compte de façon plus réaliste de la visite du Général à la cathédrale : « Entré par le portail royal, il a monté la grande nef, a pénétré dans le chœur, où il s'est agenouillé un instant. Puis, par la porte latérale gauche, tandis que les grandes orgues continuaient à se faire entendre, il s'est rendu à la chapelle Notre-Dame du Pilier. Le *Magnificat* fut alors entonné ; à leur vive satisfaction, les membres du clergé et les fidèles qui l'entouraient entendirent le général chanter par cœur, de sa voix forte, ce cantique d'action de grâce [il chantera aussi à Paris]. De la chapelle du Pilier, le général vint reprendre la nef principale pour quitter aussitôt la cathédrale. [...] Avant de partir pour Rambouillet, il a demandé à recevoir Mgr l'évêque à la préfecture. » Le journal de Suzanne Doublet, conservés aux Archives municipales de Chartres, apporte le point de vue d'une Française anonyme : « Je me rends à la cathédrale où il doit venir, et là, je le vois monter l'allée centrale... à un mètre de moi. Il est grand et svelte, la démarche est fière. Il m'a regardée, droit. Son expression

* Faut-il y voir une allusion à la statue de Notre-Dame de France trônant au-dessus de la ville du Puy-en-Velay et dont le bronze fut fondu à partir des canons pris par l'armée de Napoléon III à Sébastopol ? Ou, plus vraisemblablement, si la phrase est authentique, à Notre-Dame de Paris ?

est énergique, mais inquiétante. Ses paupières retombant légèrement en accent circonflexe ont l'air de vouloir marquer ses intentions. Après l'autel central, il se rend au pilier. Un *Magnificat* est entonné, et soutenu spontanément par l'assistance[40]. »

Le général de Gaulle se dirige ensuite vers l'hôtel des Postes. « Là, une ovation indescriptible l'attend. Les cris "Vive de Gaulle" jaillissent de milliers de poitrines, les bravos crépitent, les bras s'agitent, les mains se tendent[41]. »

À Chartres, on est loin de l'improvisation chaleureuse et bon enfant de Cherbourg. On a eu le temps de faire les choses en grand, et c'est bien le chef de l'État que l'on accueille. Chantal de Boissieu, la sœur du capitaine de Boissieu qui assure la protection de Leclerc, a été chargée par le préfet de Chadel de veiller à ces préparatifs. À la sortie de la cathédrale, de Gaulle reçoit le salut d'une garde d'honneur mêlant FFI et FTP qui ont participé à la bataille de la libération de Chartres. Devant l'hôtel des Postes, pour lui faire honneur, deux chars ont été disposés de part et d'autre du perron. Il s'agit d'un Hotchkiss H-39 et d'un Renault R-35, vétérans de la campagne de France de 1940, récupérés par les Allemands, puis abandonnés par eux lors de leur retraite. Les FFI locaux qui s'en sont saisis ont pris soin d'effacer tout signe de la Wehrmacht et de peindre une grande croix de Lorraine sur chacun. Les deux vénérables blindés partiront ensuite vers Paris, en soutien des FFI réunis par le général Valin, mais ils n'atteindront pas la capitale, tombant en panne quelque part entre Chartres et Ablis[42]. Une belle tribune a été installée sur le perron, et le discours que de Gaulle prononce est retransmis par les haut-parleurs des PTT. Le Général est entouré de nombreux FFI et de leurs chefs, notamment François Grousseaud, *alias* « Popeye », le chef du maquis de La Ferté-Vidame qui a fait sauter, avec ses hommes, le viaduc de Chérisy, et le commandant Grima, l'un des chefs FFI du département. Il y a même un détachement américain conduit par un colonel de l'US Army casqué et botté. Deux fanfares complètent ce tableau et accompagneront *La Marseillaise* finale. C'est la première fois que la Résistance intérieure, notamment par ses forces militaires, est massivement présente pour accueillir de Gaulle.

Il ne nous reste, du discours de Chartres, que les premières phrases et la synthèse qu'en propose le journaliste de *L'Indépendant* à ses lecteurs, concordantes avec le rapport du commissaire Verney.

Sortie de la cathédrale : à gauche Maurice Clavel (« Sinclair »), à droite le préfet Chadel. En short, dans le piquet, Raymond Marchand, chef des FFI de Dreux. La haie d'honneur est formée de FFI.

« Combien m'émeut l'accueil magnifique de Chartres, de Chartres libéré. Chartres sur le chemin de Paris, c'est-à-dire sur le chemin de la Victoire. Tous ceux, toutes celles qui sont ici rassemblés aujourd'hui avec nous, il suffit que je les voie, que je les entende, pour que nous sentions tous que les mêmes sentiments nous animent, que nous sommes tous les fils et les filles dévoués de la même patrie, de la même patrie, si chère que nous voulons qu'elle soit libre, qu'elle soit forte et qu'elle soit grande [...]. »

« Mais la guerre n'est pas terminée. Il faut que l'ennemi qui a outragé notre sol soit châtié et mis pour toujours hors d'état de nuire. Nous y parviendrons avec le concours de nos Alliés et de nos armes venues de l'Empire ou jaillies du sol national.

« Puis il faudra songer à l'avenir, à cet avenir que nous ferons de nos mains, fraternellement unis, afin d'assurer à tous la liberté et un sort plus juste et meilleur. Cette brève allocution est hachée d'applaudissements.

« En terminant, le général de Gaulle convie l'assistance à chanter la *Marseillaise*.

« Accompagné par les Harmonies chartraines et Saint-Ferdinand, la foule entonne dans un bel enthousiasme notre hymne national.

« Des ovations sans fin saluent encore le général alors qu'il regagne sa voiture, tandis que retentit *La Marche lorraine*. Le service d'ordre fraie difficilement un passage aux voitures qui regagnent la préfecture[43]. » Le discours de Chartres est le seul de ces journées qui évoque, fût-ce de façon rapide, la grande promesse sociale du programme de la Résistance.

Un déjeuner bien tardif, aux environs de 15 heures-15 h 30, suit l'ensemble des cérémonies. Comme dans un banquet radical-socialiste, à la fin du repas, Maurice Viollette se lève et prononce à son tour un bref discours. La Libération marque aussi le retour de formes de sociabilité républicaine. Né à Janville (Eure-et-Loir), docteur en droit et avocat, Maurice Viollette fait une très longue carrière politique dans les rangs du parti radical. Maire de Dreux de 1908 à 1959 (sauf lors de la période de Vichy), député ou sénateur de l'Eure-et-Loir de 1902 à 1919, puis de 1924 à 1955, président du conseil général de 1902 à sa mort, survenue en 1960, il est également plusieurs fois ministre et gouverneur général de l'Algérie de 1925 à 1927. Figure du Front populaire, ministre

De Gaulle devant l'hôtel des Postes de Chartres. On notera la présence à ses côtés de soldats américains.

d'État dans les cabinets Blum et Chautemps, il apparaît au premier rang, aux côtés de Blum et de Thorez, à la tribune de la place de la Bastille, le 14 juillet 1936. Il est le concepteur du projet dit « Blum-Viollette » de 1936 qui prévoit un progressif élargissement de la citoyenneté française aux musulmans d'Algérie par l'obtention de diplômes scolaires. La commission du suffrage universel de la Chambre des députés n'est pas allée plus loin que l'examen de son article premier et, sous la pression du grand colonat d'Algérie dont Viollette était devenu la bête noire, le projet a été abandonné à la fin de 1938. Son mandat de sénateur ayant pris fin en janvier 1939, il n'est pas présent à Vichy lors du vote des pleins pouvoirs à Pétain le 10 juillet 1940 (tout comme son collègue républicain socialiste Triballet, député de Chartres, qui s'est fait excuser). Sans participer activement à la Résistance, son comportement est digne sous l'Occupation et il est démis de son mandat de maire de Dreux, en décembre 1940, par le régime de Vichy et assigné à résidence, d'abord à Redon, puis dans son appartement parisien. Redevenu maire de Dreux dès la libération de la ville (19 août), il fait figure de « patron » politique du département et c'est à ce titre qu'il a l'honneur de répondre au Général, ce qui ne s'est pas produit à Cherbourg, Rennes, Laval ou Le Mans. Jusque-là, de Gaulle a été accueilli par les « hommes nouveaux » de la Résistance, héros sortis de l'ombre, mais à l'épaisseur politique des plus réduites. À Chartres, il se retrouve pour la première fois depuis son retour en France face à un cacique de la IIIe République, un de ces grands notables modérés dont le ralliement est important. En ce sens, ce qui se produit à la préfecture de Chartres a valeur de test politique. Il est donc regrettable qu'il ne nous reste presque rien du discours de Viollette. Celui-ci tente un audacieux parallèle entre de Gaulle et Marceau, natif de Chartres, et conclut par cette curieuse formule : « Je bois à monsieur le président, général de Gaulle[44]. »

Le Général s'entretient ensuite longuement avec le préfet, ses chefs de service, les membres du comité départemental de la Libération et les conseillers municipaux chartrains de la situation politique et militaire de la ville et du département. Il n'y a donc aucune forme de réticence *a priori* de De Gaulle à l'égard des hommes et des pouvoirs issus de la Résistance intérieure, avec lesquels, partout où il passe, il prend le temps de s'entretenir très cordialement. De la même façon, le lendemain, à Rambouillet, il reçoit avec la plus grande courtoisie Philippe Viannay, le chef des FFI de Seine-et-Oise, s'entretient un long moment avec lui avant de le retenir à dîner. Autrement dit, le grave incident qui se produit à Paris, le 25 août, avec le CNR tranche avec l'unanimisme du voyage dans l'Ouest. Il provient, comme on le verra, de la prétention du CNR à incarner une légitimité autre que celle de De Gaulle.

Avant de quitter Chartres, le Général a l'heureuse surprise de se voir remettre par M. Papin, directeur des laboratoires pharmaceutiques Crinex-Uvé, une importante liasse de documents. Papin a servi, en 1939-1940, au 507e régiment de chars, commandé alors par le colonel de Gaulle, et il lui restitue les archives du régiment et même certains papiers personnels le concernant[45]. Très étonné, de Gaulle se confond en remerciements[46]. Puis, accompagné par le préfet et son secrétaire général, le général de Gaulle, suivi par Le Troquer qui ne le lâchera plus jusqu'à Paris, regagne sa voiture et prend la route de Rambouillet. Le cortège est désormais bien étoffé : « Le commandant Grima précisa que, dans la soirée, c'est lui qui "conduisait, en un important cortège de véhicules motorisés, le général et sa suite au château de Rambouillet, via Maintenon[47]". »

Quant à Debré, il s'interroge. Doit-il, lui aussi, suivre de Gaulle ou retourner à Angers où l'attendent ses responsabilités ? Observant que le Général est désormais entouré de nombreuses personnalités civiles et militaires, il décide de regagner Le Mans dans la nuit et de se rendre, comme prévu, le 24, à Neuillé-Pont-Pierre trouver le préfet d'Indre-et-Loire.

Chartres est la dernière étape préfectorale avant Paris, la dernière occasion de régler un rituel désormais bien établi, à quelques variations près, au gré des circonstances : arrivée en voiture ; déambulation et bain de foule à travers les rues ; visite à la préfecture avec le préfet et les notabilités ; visite à l'hôtel de ville et présentation du maire et des édiles municipaux ; passage par la cathédrale pour un *Te Deum* ou un simple *Magnificat* ; discours devant la foule, le plus souvent sur le perron ou le balcon de la mairie ; retour à la préfecture avant le départ. À Paris, il conviendra d'adapter ce schéma à deux fortes réalités locales : la bataille fait rage dans la ville jusqu'au 25 au soir, et l'installation du CNR à l'Hôtel de Ville, le 20 août, change la nature du lieu qui, d'incarnation du pouvoir municipal, devient le symbole d'un rival national.

La suite de De Gaulle ressemble désormais à celle d'un chef d'État : il voyage dans une voiture de prestige (une Buick américaine, puis une

Horch allemande), son cortège est composé de plusieurs véhicules, il est précédé de motards de la police et bénéficie d'une escorte (parfois américaine comme à Rennes). Outre les proches collaborateurs du Général, la suite comprend un membre du gouvernement (Le Troquer), de hauts gradés militaires (Juin, chef d'état-major ; d'Argenlieu, chef de la marine de Grande-Bretagne, Valin chef d'état-major adjoint de l'aviation), le commissaire de la République des régions traversées (Coulet, puis Debré). Dans les préfectures qu'il visite, de Gaulle s'entretient toujours avec le préfet, puis se fait présenter les notabilités locales politiques, administratives, militaires et religieuses au grand complet.

Arrivant dans des villes où les hommes de la MMLA et de la mission Chevigné ont déjà pris le pouvoir et installé les nouvelles autorités, il peut partout jouir des acclamations de la foule, procéder à divers rites qui procèdent à la fois des obligations patriotiques (recueillement au monument aux morts, chant de *La Marseillaise*), du rituel républicain (cérémonies officielles à la préfecture et/ou à la mairie, banquet avec les élus, discours prononcé devant la foule) et de vieux rites religieux (passage obligé par la cathédrale, accompagné, le plus souvent, du chant d'un *Te Deum*). En un mot, il recueille dans cette montée vers Paris les éléments convergents et unanimes de sa légitimité tout en expérimentant les gestes du futur cycle parisien. Même s'il n'était pas conçu *a priori* comme tel, ce périple dans l'Ouest fut nécessaire et précieux. On peut penser qu'un de Gaulle débarquant directement d'Alger à l'aéroport du Bourget dans un lourd B-17 se serait comporté différemment et moins habilement dans Paris que celui qui, quatre jours durant, chemine lentement de Cherbourg à Paris, au prix d'une quinzaine d'étapes, à travers un pays ivre de bonheur et en administrant une grande leçon de politique.

Le 23 août militaire

La 2e DB, ses 16 000 hommes et ses 4 000 véhicules démarrent le 23 à 6 heures et, dans la journée, elle fait un bond de 200 kilomètres. « Galopades à tombeau ouvert vers Paris. La division se rue sur les routes. Elle a des ailes », note Girard dans son *Journal*[48]. La route est « éclairée » par le peloton de circulation du lieutenant Peschaud, tandis que la logistique américaine, toujours impeccable, assure le ravitaillement dans des stations préétablies sur les itinéraires. Une division blindée en campagne dévore 300 000 litres de carburant par jour ; un seul char Sherman avale 400 litres aux 100 kilomètres pour un réservoir d'environ 800 litres. La progression est si rapide que le commandement américain n'a pas eu le temps de livrer des informations sur l'état des forces ennemies et amies. Il n'a pas fait parvenir non plus les cartes d'état-major. « Par bonheur pour moi, note Billotte, une de mes reconnaissances d'automitrailleuses envoyée en couverture sur l'Yvette à Saint-Rémy-lès-Chevreuse et à Orsay, ayant détruit une patrouille allemande et abattu son officier commandant, m'avait fait parvenir la carte d'état-major de ce dernier toute tachée de sang[49]. » Sur la route, le capitaine de Boissieu, chef du peloton de protection de Leclerc, roule en tête. Il se rend compte qu'il va passer tout près de Senonches, à 45 kilomètres de Chartres, village où résident ses parents qu'il n'a pas revus depuis juin 1940. Il demande à Duplay de conduire la colonne jusqu'à Rambouillet alors qu'il effectue un crochet par Chartres. « Je me dirige vers la préfecture, puisque je sais par un message de Maurice Schumann, rattaché à mon unité mais qui nous précède depuis plusieurs jours afin de prendre contact avec la Résistance intérieure, que ma sœur Chantal s'y trouve[50]. » Chantal de Boissieu a participé à la Résistance sous les ordres de Maurice Clavel, et le nouveau préfet Chadel l'a embauchée à la préfecture où elle est chargée de préparer la réception imminente du général de Gaulle. Boissieu apprend que ses parents sont sains et saufs mais que leur maison a été détruite. Il les retrouve, « minute inoubliable », alors qu'ils n'ont reçu aucune nouvelle de leur fils depuis quatre ans. Il ne peut rester qu'un bref moment car on l'attend à Rambouillet.

Dans ses mémoires, le général Bradley a souligné avec aigreur la lenteur avec laquelle la DB aurait progressé vers Paris. Selon le commandant du 12ᵉ groupe d'armées, la 2ᵉ DB aurait traîné dans sa marche vers Paris, ralentie par la liesse des populations et l'esprit festif de ses propres soldats : « Pendant les vingt-quatre heures qui suivirent [après le 22 août], la 2ᵉ DB se traîna à regret entre deux murs gaulois, tandis que leurs compatriotes ralentissaient l'avance des Français à grand renfort de vin et de liesse. Bien que je ne pusse les blâmer de répondre à l'hospitalité de leurs gens, je ne pouvais pas attendre non plus que cette unité dansât sur son chemin jusqu'à Paris. Si von Choltitz devait rendre la ville, il fallait respecter notre contrat. “Zut pour le prestige”, dis-je à

Allen*. Dites à la 4e [Barton] de les doubler et de se charger de la libération. Apprenant cet ordre et craignant un affront fait à la France, les hommes de Leclerc montèrent dans leurs tanks et brûlèrent les routes de brique[51]. » Le général Billotte s'est vigoureusement insurgé, dans ses propres mémoires, contre cette attaque peu amicale. « Faire parcourir à une division blindée 200 kilomètres de route en une journée, par un seul itinéraire [en réalité, deux], alors qu'une fois déployée, la colonne atteint plus de 120 kilomètres de longueur, constitue quoi qu'en dise le livre de Bradley, une très belle performance. [...] De Gaulle, un connaisseur en la matière, nous en avait fait le compliment lors de notre passage à Rambouillet. [...] Une telle étape avait exigé un tel effort de la part des états-majors chargés de régler cette marche rapide qu'à mon PC de Limours, [...] je m'étais aperçu que tous mes officiers d'état-major s'étaient endormis autour de moi. Je dus rédiger de ma main mes instructions sur un carnet manifold [le 23 vers 21 heures pour les combats du 24][52]. » On se demande par ailleurs où le général Bradley a vu des « routes de briques » en France.

Boissieu a tout aussi vigoureusement démenti les assertions de Bradley. Il rappelle que, « durant toute la journée du 23, le général Leclerc sera agacé par la lenteur de certaines prises de décision, par des erreurs de direction et de conduite des opérations. [...] Dans l'esprit du général Leclerc, il fallait avant tout aller vite afin d'empêcher les Allemands de faire sauter les ponts de Paris, d'une part à cause des destructions des édifices inhérentes aux explosions, d'autre part parce que les Alliés avaient grand besoin de ces ponts pour poursuivre l'offensive rapidement vers le nord de la France[53] ».

L'étude d'une carte routière des années 1940 donne sans doute l'explication de la « lenteur » de la 2e DB[54]. Nul besoin d'être breveté de l'École de guerre pour mesurer combien l'axe nord, imposé par les Américains au gros de la DB, par Sées, Mortagne-au-Perche, Châteauneuf-en-Thymerais, Maintenon et Rambouillet, est invraisemblable. Certes, cet axe est le plus direct vers Paris. Mais, à l'exception de son tronçon final de Maintenon à Rambouillet par la RN 306**, il n'emprunte que des routes secondaires. Pire encore, dans la région vallonnée du Perche,

* Général Leven C. Allen, chef d'état-major du 12e groupe d'armées américain.
** Appellation de l'époque (aujourd'hui D906).

entre Mortagne-au-Perche et Châteauneuf-en-Thymerais, *via* Longny et Senonches, il s'agit de petites routes étroites, sinueuses, pleines de montées et de descentes, de virages brusques dans les bourgs. 20 kilomètres plus au nord, la RN 24 d'Argentan à Verneuil, puis la RN 12 de Verneuil-sur-Avre jusqu'à Versailles ou, plus au sud, la RN 10 par Maintenon jusqu'à Rambouillet offraient des voies de circulation nettement plus simples et plus rapides. Alors que la Seine est déjà franchie à l'ouest et à l'est de Paris, pourquoi les officiers d'état-major du Vᵉ corps ont-ils privilégié un axe secondaire, presque vicinal ? On notera que, dans le même temps, l'essentiel de la 4ᵉ DI américaine, moins lourdement équipée que la 2ᵉ DB française, emprunte un axe sud (avec une partie de la 2ᵉ DB), par Alençon, Nogent-le-Rotrou, Chartres et Rambouillet, uniquement jalonné de routes nationales. N'allons pas voir dans ces choix une ultime et machiavélique manœuvre américaine pour ralentir le gros de la 2ᵉ DB. L'explication tient plus simplement dans la précipitation avec laquelle ces plans ont été préparés et, sans doute aussi, dans une part de méconnaissance des réalités routières et géographiques françaises. On a déjà noté la précision à la fois ridicule et irréaliste du planning américain ; on pourrait y ajouter une touche d'ignorance. Déplacer une division blindée modèle 1944 de 200 kilomètres en une journée est en soi une belle performance. Mais le faire par les chemins empruntés par le gros de la 2ᵉ DB, ce 23 août, relève presque de l'exploit.

Pendant ce temps, Guillebon explore la banlieue ouest. Parti vers 9 heures de Rambouillet, il progresse vers Dampierre-en-Yvelines. Il découple alors son détachement : un premier groupe, au nord, essaie d'avancer en direction de Versailles par Trappes et Guyancourt, par la RN 12 ; le second groupe, qu'il dirige lui-même, tente sa chance vers le sud en direction de Longjumeau, sur la RN 20, par Chevreuse et Châteaufort. Devant Trappes, à L'Agiot, les automitrailleuses du 4ᵉ escadron de spahis du capitaine Savelli sont prises à partie par une quinzaine de chars ennemis qui tiennent solidement la RN 10 sur laquelle ils patrouillent. Les Calots rouges subissent des pertes, et, à Voisins-le-Bretonneux, l'ennemi contre-attaque rudement par trois fois. À première vue, la voie sud vers Longjumeau ou, encore plus au sud, par Arpajon (que Guillebon a reconnue la veille) paraît plus accessible. Guillebon retourne alors à Rambouillet rendre compte à Leclerc. Pour la nuit, les éléments de son détachement se regroupent à Dampierre et à Saint-Lambert.

Comme à son habitude, Leclerc fonce en tête. Avec les officiers de son état-major, protégé par cinq automitrailleuses et deux scout-cars. Un peu avant Rambouillet, il fait halte dans un village pour faire un brin de toilette ; ce 23, vers midi, on peut encore avoir l'espoir d'être le soir même à Paris. Il arrive à Rambouillet vers 13 heures, largement en avance sur le gros de sa division. Tout au long du chemin, il est resté en contact radio avec Guillebon qui évalue au même moment les défenses allemandes aux abords de Versailles. À Rambouillet, Leclerc retrouve Chevigné et installe son PC dans le parc du château et réquisitionne, pour lui et ses adjoints, un petit hôtel particulier encore occupé par la Kommandantur quelques jours auparavant. « Nuée de reporters que le général houspille un peu », écrit Girard, et début des relations délicates de Leclerc avec la presse américaine[55]. Dans l'après-midi, Leclerc voit beaucoup de monde. C'est d'abord Chevigné qui lui livre la moisson de renseignements qu'il a recueillis, en particulier auprès des gendarmes des alentours. C'est ensuite le lieutenant-colonel de Guillebon qui vient rendre compte. La relation de cet entretien par Girard est curieuse : loin de s'attarder sur les obstacles qu'il a rencontrés du côté de Trappes, Guillebon explique que, la veille, il aurait pu aller jusqu'à Paris, mais que son message au PC de la DB demandant l'autorisation de le faire n'a pas obtenu de réponse. La mort dans l'âme, il a fait demi-tour et s'est arrêté à Versailles. « Il dit au Général qu'il a éprouvé, à ce moment-là, la plus grande humiliation de sa vie. En retraversant Arpajon, il s'est fait crier par des femmes : "Alors... et Paris ?[56]" » Sans doute faut-il comprendre que, si le passage était facile le 22, les Allemands ont renforcé leur dispositif le 23. Quoi qu'il en soit, l'entrée dans Paris par Versailles et la RN 12, la route la plus courte, semble très compromise par de solides défenses allemandes. Après Guillebon, voici le colonel David Bruce, le chef de l'OSS Londres, qui, écrit-il dans son Journal, fut « présenté à Leclerc, l'après-midi du 23, dans le parc du château[57] ». Leclerc demande à Bruce de bien vouloir se mettre en rapport avec le chef de son 2e Bureau, le capitaine Repiton-Préneuf, pour lui livrer tous les renseignements disponibles. Bruce accepte de bonne grâce « avec l'aide d'Hemingway, de Mouthard [un important résistant local] et de son adjoint Mowinckel[58] ». Bruce précise d'ailleurs que les « meilleurs [renseignements] provenaient des habitants des villages et de la campagne entre Paris et Rambouillet[59] ».

Ce que confirme Repiton-Préneuf dans ses mémoires en écrivant que « les agents de renseignement, tous volontaires ne manquent pas ». On enverra même certains d'entre eux vers les lignes allemandes, dans la nuit, vérifier tel ou tel point[60].

Désormais, Leclerc est également en contact avec l'état-major de Rol-Tanguy dont le 2e Bureau suit la progression de la 2e DB, s'appuyant sur un système de guetteurs postés sur les grands axes et reliés au PC-FFI de Denfert-Rochereau par le réseau téléphonique de la SNCF. « Nous étions tenus au courant de tout ce qui se passait dans Paris, grâce au téléphone et grâce à de nombreux informateurs du Conseil national de la Résistance et du commandement des FFI[61] », note Boissieu. De cette façon, le PC-FFI peut informer Leclerc, dès son arrivée à Rambouillet, de la présence d'éléments allemands avancés à Longjumeau, « alors que la route vers Arpajon est pratiquement libre[62] ». Dès lors, écrit Boissieu, « il [Leclerc] a arrêté sa manœuvre[63] ».

Arrivée de Leclerc à Rambouillet, 23 août, vers 13 heures. Debout, à gauche le colonel de Langlade.

Fort de cette somme de renseignements, Leclerc songe d'abord à informer de Gaulle. On sait que le Général, parti d'Alger sans radio, continue à voyager en France pratiquement muet et sourd. Le téléphone étant interdit, autant pour des raisons de discrétion que parce que les deux protagonistes ne cessent de se déplacer lors de ces journées, de Gaulle et Leclerc en sont réduits à communiquer par l'intermédiaire d'officiers de liaison de la DB qui font la navette entre eux tout en maintenant un fâcheux décalage temporel entre l'événement et sa connaissance par de Gaulle. Fort heureusement, les distances qui les séparent sont de plus en plus réduites. Grâce au retour du capitaine Trévoux qui a remis à de Gaulle, la veille, à Laval, la lettre l'informant du départ de Guillebon, Leclerc sait que le Général est alors à Chartres. Il rédige à son attention un message qu'il lui fait immédiatement porter par le capitaine Janney*. Celui-ci avale à toute allure en jeep les 45 kilomètres qui séparent Rambouillet de Chartres et présente le message à de Gaulle, probablement lors du repas à la préfecture.

> « Mon général,
> Trévoux vient de me rejoindre et m'apprend que vous êtes à Chartres. Je vous envoie donc le capitaine Janney en liaison. Je viens d'arriver à Rambouillet avec un petit détachement précurseur de quelques voitures. Malheureusement, les troupes de ma division ne peuvent être là avant ce soir. Guillebon, que j'avais envoyé à toutes fins utiles, a pris le contact avec pas mal d'Allemands et perdu un char près de Trappes. Les FFI ont peut-être libéré l'intérieur de Paris à l'heure actuelle mais la périphérie est encore solidement tenue avec chars, antichars, mines, etc. J'engagerai donc l'opération demain matin au petit jour.
> Respectueusement[64]. »

Janney repart aussitôt porter la réponse de De Gaulle écrite, selon Jean Lacouture, « dans le style de Bonaparte à Lannes » :

---

* « Le capitaine André Janney (1905-1985), directeur de société, mobilisé comme sous-lieutenant dans un groupe de transport, cité deux fois, démobilisé en août 1940, refuse l'armistice et réussit à rejoindre les FFL en novembre 1942. Lors de la formation de la 2e DB, il est adjoint de Jacques Weil, commandant l'instruction divisionnaire, puis devient officier de liaison entre Leclerc et le haut commandement américain, avant d'être capitaine au 501e Régiment de chars de combat, chargé de missions périlleuses. Il est fait compagnon de la Libération le 12 septembre 1945 » (Christine Levisse-Touzé, Julien Toureille, *Philippe Leclerc de Hauteclocque. Écrits de combat*, Sorbonne Université Presses, 2023, p. 538).

« Je reçois le capitaine Janney et votre mot.
Je voudrais vous voir aujourd'hui.
Je compte être à Rambouillet ce soir et vous y voir.
Je vous embrasse[65]. »

Les renseignements récoltés par Leclerc à Rambouillet le conduisent à modifier sensiblement le schéma d'investissement de Paris prévu pour le lendemain par Hodges et Gerow. Alors que le plan du Ve corps prévoyait une attaque en ligne directe venant de l'ouest, par Versailles, avec le soutien de l'artillerie du corps d'armée, le plan d'opération privilégie désormais une manœuvre d'enveloppement par le sud-ouest. Le but n'est pas de forcer les points d'appui allemands, mais de se glisser entre eux. Le capitaine Gribius, qui dirige le 3e bureau (Opérations), est de nouveau à la manœuvre : « [Leclerc] me convoque aussitôt. Hâtivement installé dans l'allée conduisant au château, sous des arbres séculaires, je rédige l'ordre fort court du reste – il comporte trois pages[66]. »

I. Mission :
1) S'emparer de Paris.
2) Tenir Paris en occupant les routes entre Ivry-sur-Seine et Neuilly-sur-Marne :
   – en poussant des éléments dans la région nord-est de Paris ;
   – en maintenant un élément réservé au centre de Paris.

II. Renseignements :
L'ennemi dispose d'un certain nombre d'appuis sans liaison les uns avec les autres. Ces points d'appui sont plus denses dans la région sud-ouest de Paris.

III. Dispositif :
Mission principale :
– GT V [colonel Billotte] :
a) Pousser sur l'axe Arpajon-Sceaux-Paris où se fera l'effort principal en utilisant les petites routes [et donc le moins possible la RN 20] et en évitant les grands axes ;
b) Pénétrer dans Paris en direction du Panthéon puis franchir la Seine et sortir par la région Vincennes-Charenton et tenir les ponts de la Marne entre Ivry-sur-Seine (inclus) et Neuilly-sur-Marrne (inclus) ;

c) S'éclairer ensuite à distance utile.
PC en fin de mission : Porte de Vincennes.

Mission secondaire de diversion :
GT L [colonel de Langlade] :
a) Pousser sur l'axe Dampierre/Chevreuse/Châteaufort/Toussus-le-Noble/Jouy-en-Josas/Villacoublay/Bois de Meudon/Pont de Sèvres ;
b) Tenir Sèvres et pousser deux s/groupements sur Versailles et en direction de Paris ;
c) En fin d'opérations et après relève par des éléments réservés à Versailles, pousser l'ensemble de son groupement au centre de Paris (Place de la Concorde) en réserve mobile.
PC initialement Pont de Sèvres.
Ultérieurement hôtel Crillon Paris.

GT D [colonel Dio] :
a) Mettre le 3e RAC [Régiment d'artillerie colonial] à la disposition du GT V [pour compenser la perte de soutien de l'artillerie américaine qui restera au nord] ;
b) Progresser derrière le GT V prêt :
soit à appuyer ce groupement par tous ses moyens ;
soit à appuyer le GT L en poussant un s/groupement en direction du pont de Sèvres ;
c) Nettoyer centre de Paris ;
d) En cas de réussite immédiate des différentes opérations des GT V et GT L, pousser des éléments dans la région de Pantin au nord de Paris.
PC : mairie de Pantin.

Élément Morel-Delville [détachement Guillebon parti en éclaireur] : se maintenir à leurs emplacements actuels et faire le maximum de volume pour simuler une attaque en direction de Saint-Cyr. En fin de journée, en réserve aux ordres du colonel Rémy.

FTA [forces terrestres antiaériennes] : les batteries suivront initialement la progression des groupements auxquels elles seront affectées, prêtes à s'organiser en DCA au centre de Paris, dès la chute de Paris.

Génie : Les éléments réservés du génie, sous les ordres du chef de bataillon commandant le génie divisionnaire, resteront initialement à Rambouillet et se tiendront prêts à déminer l'axe Rambouillet/Versailles/Paris en fin de journée, sur nouvel ordre.

IV. Différents PC :
PC avancé : derrière GT V, puis hôtel Crillon (Paris) [ce sera en fin de compte la caserne La Tour-Maubourg, aux Invalides] ;
PC principal : Rambouillet ;
Versailles-lycée Hoche ;
Longchamp ;
Base : Rambouillet.

V. Circulation :
Un DCR à la disposition du GT V ;
Un DCR à la disposition du GT L ;
En fin d'opération, 2 DCR à la disposition du général, place de la Concorde.

VI. Air support.
Un détachement principal avec GT V, secondaire GT L.

VII. Heure de début des opérations : 7 heures.

PC Rambouillet, 23 août 1944, 18 heures.
Le général Leclerc, cdt la 2e DB[67].

Ce plan d'opération revient, pour ce qui concerne la 2e DB, à inverser la logique du plan initial américain et à faire porter l'effort principal par deux groupements tactiques (Billotte et Dio) au sud de Paris en laissant le troisième (Langlade) opérer une grosse diversion à l'ouest, appuyé par le détachement Guillebon. Langlade contournera Versailles par le sud et remontera vers Sèvres *via* Villacoublay. Au sud, la perte du soutien de l'artillerie américaine est très partiellement compensée par le rattachement du 3e RAC au GT Billotte. On notera l'insistance de Leclerc à utiliser les petites routes et à éviter les grands axes comme la RN 20, qui débouche porte d'Orléans, de façon à privilégier le mouvement. Bien sûr, les impondérables de la bataille imposeront des aménagements substantiels à ce plan. Ainsi, à l'est de Paris, le secteur de la Marne sera occupé par la 4e DI américaine et non par la 2e DB. C'est donc à Billotte que va revenir l'honneur d'entrer le premier dans Paris. Ce choix ne doit rien au hasard, comme l'exprime sans détour le capitaine Gribius : « Lorsque l'objectif est d'une portée historique, il est normal qu'il revienne aux compagnons de la première heure[68]. » Autrement dit, un Français libre historique (Billotte) et non un rallié de l'armée d'Afrique (Langlade).

On se doute que la découverte de ce changement de plan au dernier moment, après la forte irritation devant la prétendue « lenteur » de la DB dans sa marche du 23 vers Paris, provoquera la colère des supérieurs américains de Leclerc et ce que l'on est bien obligé d'appeler une grave crise de commandement lors des journées des 24, 25 et 26 août. De façon singulière, ces divergences trouvent un écho dans les écoles historiques. Il est devenu habituel, chez les historiens français, biographes de Leclerc ou de De Gaulle, de louer l'insubordination du chef de la 2e DB, non sans une discrète pointe d'antiaméricanisme, voire de condescendance à l'égard des généraux Hodges, Gerow ou Barton, « lourdauds » incapables de se hisser à la hauteur de l'enjeu politique du moment. Tout autre est l'appréciation des historiens militaires américains. Ainsi, Martin Blumenson se demande même, avec une fausse candeur, si Leclerc a seulement lu les instructions de Gerow. Leclerc attaque par le sud parce qu'il estime que cet axe sud est tout simplement plus facile. Mais, en réalité, explique Blumenson, la reconnaissance de Guillebon a été superficielle, et Leclerc attaque, sans le savoir, là où la défense allemande a le plus de profondeur, ce qui va engendrer une série de conséquences fâcheuses. En premier lieu, Leclerc empiète sur le secteur de la 4e DI de Barton et se prive de l'appui de l'artillerie américaine. En outre, quelles que soient les intentions réelles de Choltitz, voire son double jeu, sa « mansuétude » ne concerne que l'intérieur de Paris et non la banlieue où la Wehrmacht ne cesse de renforcer ses points fortifiés : à l'ouest – Trappes, Guyancourt, Saclay –, mais aussi au sud – Massy, Wissous, Villeneuve-le-Roi. Les accès à Versailles sont tenus par des avant-postes à Montlhéry, Palaiseau et Longjumeau. Pas de quoi tenir longtemps, mais assez pour créer de vrais ennuis. En se heurtant à cette défense en profondeur au sud-ouest et au sud de Paris, Billotte ne parviendra pas à percer le 24, et la 2e DB n'investira Paris que le 25 (le plan initial américain, beaucoup trop optimiste, prévoyait le 23 à midi). Outre la vive tension entre Leclerc et Billotte que cela provoquera, on peut se demander si la manœuvre n'a pas fait perdre une journée. Langlade, à l'ouest, avec de faibles moyens, perce sans trop de difficulté et doit stopper sa marche, le 24 au soir, au pont de Sèvres, pour se coordonner avec le gros des forces au sud, alors qu'il aurait pu entrer dans Paris dès ce moment. Le capitaine Massu, au pont de Sèvres, enrage de devoir stopper, alors qu'il touche Paris. Enfin, encore une fois, Leclerc tarde à informer ses supérieurs. Gerow n'apprend le changement d'orientation des Français que le 24 au matin[69].

Tel n'est pas, bien sûr, l'avis de Billotte qui noie habilement l'affaire dans ses mémoires en se plaçant sur un terrain plus patriotique que militaire : « Leclerc m'avait chargé de l'action principale sur Paris, avec pour axe de marche, Arpajon, Sceaux, le Panthéon... puis la Préfecture de Police. Quel programme ! et qui passait par le temple de la gloire. Jamais Français n'en reçut de pareil. [...] Mais à la France libre et à la 2e division blindée, rien ne pouvait nous étonner, ni nous faire hésiter. La Tour Eiffel en point de mire en approchant Paris simplifierait singulièrement les problèmes d'orientation[70]. »

L'affaire se termine bien, et la disproportion des forces est telle que l'issue finale de la bataille ne peut être impactée. Mais, si les Allemands avaient été déterminés à livrer une bataille totale, comme ils le font au même moment à Varsovie, les pertes auraient pu être beaucoup plus lourdes pour la population civile. De nouveau se pose la question du renseignement. Les Américains bâtissent un plan irréaliste d'investissement de Paris, dès le 23, en se fondant sur la fausse idée que Choltitz est prêt à livrer la ville sans combattre. Sur la base d'un renseignement qui surestime les défenses allemandes à l'ouest et les sous-estime au sud, Leclerc oriente son action vers le sud. Nul doute que tout capitaine de talent aurait agi de la même façon.

Rambouillet, carrefour des espérances

Le 23 août 1944, le général de Gaulle arrive à Rambouillet aux alentours de 17 h 30. Dans les *Mémoires de guerre*, il évoque ainsi cette arrivée : « À La Ferté-Bernard, à Nogent-le-Rotrou, à Chartres, ainsi que dans tous les bourgs et les villages traversés, il me fallait m'arrêter devant le déferlement des hommages populaires et parler au nom de la France retrouvée. Dans l'après-midi, doublant les colonnes de la 2e DB, je m'établis au château de Rambouillet. Sur la route, Leclerc m'avait écrit qu'il se trouverait dans la ville. Je le convoquai aussitôt[71]. » Sur la route de Chartres, de Gaulle se remémore-t-il le vers de Péguy : « La route nationale est notre porte étroite » ?

Pourquoi Rambouillet ? Les contraintes militaires sont déterminantes. La ville a été évacuée par les Allemands dans la nuit du 18 au 19 août. Les FFI s'empressent de prévenir les Américains de leur départ, ce qui permet d'éviter un bombardement intensif de la ville prévu pour le lendemain. Le 20 août 1944, à 11 heures, les Américains font leur entrée dans Rambouillet.

Les contraintes routières ne sont pas absentes non plus de ce choix. En quittant Le Mans, le 23 au matin, de Gaulle progresse selon un itinéraire différent de celui de la 2e DB. Rappelons que cette dernière, sur ordre du planning américain, s'est élancée selon deux axes. Au nord : Sées, Mortagne, Châteauneuf-en-Thymerais, Maintenon, Rambouillet (c'est le trajet que suit Leclerc en avant-garde des gros) ; au sud : Alençon, Nogent-le-Rotrou, Chartres, Limours, Palaiseau. L'itinéraire de De Gaulle est très différent, nettement plus au sud, et il ne recoupe la route sud de la DB que dans son tronçon final. Il emprunte la RN 23 du Mans à Chartres *via* La Ferté-Bernard et Courville, puis la RN 10* de Chartres à Rambouillet. Comme la veille, de Rennes au Mans, la logique de ce parcours est avant tout politique : relier les préfectures et les sous-préfectures, c'est-à-dire les lieux du pouvoir, en empruntant les axes les plus rapides, les routes nationales. Il n'est pas impossible que la connaissance des feuilles de route de la DB l'ait conduit à privilégier cet itinéraire qui, précisément, évite les colonnes de chars et leur encombrement. Ce faisant, le convoi de De Gaulle n'a pas eu à doubler ces colonnes (sauf dans le tronçon final, entre Maintenon et Rambouillet), ce qui aurait ralenti son avance. Si on prolonge la RN 10 au-delà de Rambouillet, on aboutit, 25 kilomètres plus au nord-est, à Versailles. L'ancienne ville royale offre deux possibilités pour rejoindre Paris : soit les routes les plus directes – la RN 10 jusqu'à la porte de Saint-Cloud ou la RN 12 jusqu'à la porte de Versailles –, soit une route sud-ouest un peu plus longue, *via* Vélizy par la RN 186 jusqu'à la Croix-de-Berny,

---

* Nous utilisons ici les dénominations des axes routiers de l'époque (voir la carte Michelin, « Le Mans-Paris, 200 000e », 1950).

puis la RN 20 jusqu'à la porte d'Orléans. C'est cet itinéraire que de Gaulle empruntera le lendemain. Autrement dit, Versailles, qui était la destination initialement prévue, se révélant inaccessible, Rambouillet est tout simplement l'avant-dernière étape possible, au plus près de Paris, sur cet axe privilégié.

Les facteurs matériels ne sont pas non plus absents. À Rambouillet se trouve le château éponyme, résidence royale depuis le Moyen Âge. Louis XVI y chassait abondamment et y fit construire une magnifique laiterie pour Marie-Antoinette qui détestait l'allure « gothique » de la bâtisse. Le château devint ensuite résidence impériale et finalement résidence secondaire des présidents de la République. En 1883, la tradition des chasses officielles est reprise par Jules Grévy. Félix Faure, en 1895, aménage le château en résidence d'été, avant d'en faire, l'année suivante, une résidence officielle des présidents de la République. Désormais, jusqu'à René Coty, tous les présidents y séjournent l'été. De Gaulle rompra la tradition, dès 1958, en passant de brefs séjours estivaux dans sa maison de Colombey. La civilisation du loisir imposant ses codes, à partir de Valéry Giscard d'Estaing, les présidents contemporains préféreront le charme du littoral provençal, à Brégançon. Le château de Rambouillet ne compte pas que des heures glorieuses dans son histoire et il fut, par deux fois, une étape sur le chemin de l'exil de souverains déchus : Napoléon y passa la nuit du 29 au 30 juin 1815, en direction de Rochefort, où il arriva le 3 juillet, alors qu'il espérait encore gagner les États-Unis. C'est encore à Rambouillet que, le 2 août 1830, Charles X, en partance pour l'Angleterre, abdiqua en faveur de son petit-fils, le duc de Bordeaux. En chemin vers le sacre parisien, de Gaulle avait-il en tête ces funestes destinées ?

Mais le vaste château présente aussi des avantages et il permet de loger plus ou moins confortablement la véritable suite qui accompagne désormais de Gaulle. Chevigné ne s'y trompe pas et laisse à Rambouillet l'intendant de Lignières, l'un de ses camarades de promotion à Saint-Cyr, qui fera des miracles pour loger et nourrir ces hôtes de marque.

Ces contraintes politiques, militaires, routières et matérielles sont décisives. Elles n'épuisent pourtant pas le champ de l'analyse. On se souvient qu'en traçant la feuille de route de Guillebon, le 21, Leclerc avait fixé Versailles comme objectif. Si Guillebon n'y parvint pas, c'est parce que le 23, au moment où de Gaulle arrive à Rambouillet, il est stoppé devant Trappes par des forces allemandes trop puissantes pour son petit détachement. Sans cette opposition ou si Guillebon l'avait surmontée, il serait parvenu le 23 au soir à Versailles, et nul doute que de Gaulle l'aurait suivi. Quatre jours plus tard, quand Eisenhower se rend à son tour à Paris, c'est à Versailles que, tout naturellement, il décide d'installer le SHAEF, idée que de Gaulle trouve d'ailleurs excellente. Même si de Gaulle va enrager trente-six heures durant à Rambouillet, on ne peut s'empêcher de penser qu'il y trouve aussi son compte et que, bloqué pour bloqué, mieux vaut l'être à Rambouillet, demeure malgré tout républicaine, qu'à Versailles. Un homme pétri d'histoire comme de Gaulle, qui plus est dans le contexte explosif d'août 1944, ne peut pas ne pas songer au souvenir de la Commune. Entrer dans un Paris insurgé et couvert de plus de 600 barricades (compte fait par Adrien Dansette) en venant de Versailles n'aurait pas été du meilleur effet politique et symbolique. La Fortune a bien fait les choses et évité à de Gaulle ce faux pas*.

Comme partout ailleurs, Chevigné et la MMLA ont précédé de Gaulle et assuré la transition politique. « Dès lors, Chevigné et ses hommes sont au service quasi exclusif du Général[72] », souligne Guillaume Piketty. Entre autres missions, il s'agit pour eux d'établir enfin une liaison radio permanente entre de Gaulle et Leclerc. Chevigné demeure également inquiet pour la sécurité du Général. Boislambert avait fait le même constat au Mans, la veille. De Gaulle n'a pas de véritable escorte, et les Allemands sont à Trappes : « Un commando allemand bien renseigné, arrivant en trombe, pouvait mettre la main sur le chef de la France libre[73]. » Heureusement, l'arrivée dans la soirée de la 2e DB vient régler ce problème.

Sur la place d'Armes, rebaptisée depuis le 21 août « place de la Libération », le Général est accueilli par Émile Degois, le maire de Rambouillet, et par le sous-préfet Marquet. Degois s'est illustré, quelques jours auparavant, quand il a refusé de désigner des otages aux Allemands. Une courte cérémonie a lieu, au milieu des acclamations, avec dépôt d'une gerbe au monument aux morts et présentation des édiles municipaux.

---

* De Gaulle recevra le président Eisenhower à Rambouillet en 1959. Faut-il y voir un souvenir de 1944 ? Depuis 2022, la ville de Rambouillet organise, en collaboration avec une société privée et le Centre des monuments nationaux, un grand spectacle historique intitulé *Secret-Défense*. Faisant appel à 600 figurants bénévoles, cette fresque historique immortalise la rencontre du 3 septembre 1959 et propose une immersion dans les coulisses d'un sommet d'État.

De Gaulle se rend ensuite au château où il arrive en fin d'après-midi : « Rambouillet est la dernière halte. Deux Sénégalais gardent le château », note Georges Gorse[74]. La petite ville de Rambouillet, ce 23 août, est devenue le carrefour de toutes les espérances. L'ensemble des émissaires d'Alger, des agents de Londres, des responsables politiques et militaires ont convergé vers Rambouillet. La modeste troupe de fidèles qui a atterri à Cherbourg, le 20 août, a singulièrement gonflé et s'est transformée en suite de chef d'État. Le général Juin, comme Debré dès l'étape de Laval, a mesuré cette mutation : « Et Dieu sait que, depuis l'arrivée à Maupertuis*, le nombre des pensionnaires autour du général n'avait cessé d'augmenter au fur et à mesure qu'on se rapprochait de Paris. » Aux personnalités déjà citées s'ajoutent également le général Valin, le ministre Le Troquer, le colonel de Marmier, le colonel de Chevigné, l'amiral d'Argenlieu, mais aussi « des gens du BCRA de Londres dont Rémy, des speakers de la BBC comme Jean Marin[75] ». Koenig, tout juste rentré de Londres où de Gaulle l'a envoyé faire signer les conventions négociées par Massigli, arrivera à Rambouillet le 24 au matin. Ces 22 et 23 août, alors que la route de Paris est encore bloquée, à moins de 50 kilomètres de là, Rambouillet est l'éphémère rendez-vous de tous les espoirs et de toutes les ambitions. Même Ernest Hemingway, correspondant de guerre de l'armée américaine, y établit, pour quelques heures, son quartier général.

Le Troquer est probablement arrivé à Rambouillet le 22 août. Jean Marin, lui aussi installé avant de Gaulle dans la petite ville, note : « Le lendemain [vraisemblablement le 22], André Le Troquer, ministre des Armées**, est venu déjeuner à notre hôtel ; il attend l'arrivée au château du général de Gaulle et de l'escorte que Leclerc lui a assurée ; sur le perron, le ministre regarde le ciel et dit à un préfet de son cabinet : “Il fait beau ; si cela continue, sur les Champs-Élysées, nous pourrons nous mettre debout dans la voiture.” Il ne prévoit pas que le Général pourrait préférer descendre à pied la fameuse avenue[76]. » La remarque de Le Troquer montre que l'idée de ce singulier défilé est déjà dans les têtes. Dans ses mémoires, Le Troquer précise que, le matin du 23, alors

---

* Juin commet lui aussi la confusion entre Maupertus et Maupertuis.

** Marin se trompe : Le Troquer n'est plus commissaire aux Armées depuis avril 1944, mais commissaire aux Territoires libérés.

qu'il s'est déjà rendu à Chartres, la préfecture lui transmet un télégramme du Mans : de Gaulle l'invite à le retrouver à Nogent-le-Rotrou. Le Troquer retourne donc en arrière, puis revient à Chartres, en compagnie de De Gaulle et de Debré, où il assiste à l'ensemble des cérémonies chartraines et au repas à la préfecture, pour ne plus quitter le Général jusqu'à Paris.

Élisabeth de Miribel participe, bien sûr, à cette véritable ruée vers Paris. Dès que l'ordre de mouvement parvient au PC de Leclerc à Fleuré, elle fonce : « Je ne me contiens plus et prends d'autorité le volant de la voiture ! Avant d'arriver à Rambouillet, mes freins lâchent. Heureusement, je trouve le colonel de Chevigné dans le parc. Il se laisse toucher et m'affecte une superbe Amilcar. Le général de Gaulle est arrivé au château et je peux le saluer[77]. » Amilcar était un constructeur français de voitures de course de l'entre-deux-guerres. On ne sait quel modèle Chevigné lui a offert, mais les Amilcar étaient toutes monoplaces, découvertes et équipées de moteurs six cylindres en ligne à compresseur. Il faut imaginer la sage et frêle Élisabeth de Miribel, fille d'une des meilleures familles du faubourg Saint-Germain, suivre Leclerc vers Paris, slalomant au milieu des combats au volant de ce bolide. À Fleuré, Leclerc l'avait tolérée parmi son état-major à condition qu'elle loge chez le curé du village. Même en temps de guerre, Leclerc n'oublie pas les usages de son monde : qu'une jeune fille bien née erre au milieu des combats, passe encore, mais il est impensable qu'elle dorme au milieu de ses gens. Miribel ne précise pas où elle trouve le gîte, le soir du 23, mais il est probable qu'elle soit allée retrouver ses amis correspondants de guerre américains dans la ville. Les sœurs du Carmel qui l'accueilleront de 1949 à 1954 connaissaient-elles ces aventures* ?

Leclerc se présente au château dès qu'il apprend l'arrivée de De Gaulle. Ce dernier le félicite de l'action remarquable de sa division en Normandie et lui demande comment il compte s'y prendre pour investir Paris avec une division blindée qui, il est vrai, est conçue pour à peu près tout sauf le combat urbain. Leclerc lui expose son plan et conclut que ce sera difficile, mais qu'il pense être dans la ville le 24 au soir. De Gaulle approuve

---

* Au sortir du Carmel, Élisabeth de Miribel fera une brillante carrière diplomatique à la direction des Amériques, dans divers consulats et ambassades, et elle terminera sa carrière comme consul général à Florence. Ce type de carrière est exceptionnel pour des femmes de sa génération. Elle est, en outre, l'auteure de plusieurs biographies historiques.

le plan sans réserve et réclame d'être tenu au courant de l'évolution des opérations « heure par heure ». Si on suit le récit des *Mémoires de guerre*, c'est à ce moment que de Gaulle aurait conseillé à Leclerc de fixer son PC à la gare Montparnasse ; nous verrons plus loin que le choix inédit de cette gare comme PC répond à une logique plus tortueuse. « Alors, regardant ce jeune chef en proie déjà à la bataille et qui voyait offrir à sa valeur un concours extraordinaire de circonstances bien agencées, je lui dis : "Vous avez de la chance !" Je pensais aussi qu'à la guerre, la chance des généraux, c'est l'honneur des gouvernements[78]. »

Malgré les efforts de Chevigné et de Lignières, l'installation de cette nombreuse suite dans un bâtiment à moitié désaffecté, après quatre années d'occupation, n'est pas chose facile. Chevigné a rendu compte de façon savoureuse de ces difficultés : « Je prévins le conservateur [du château] de l'arrivée prochaine [du général de Gaulle] et lui précisai que, bien entendu, il aurait à le loger. Perplexe et un peu désemparé, il proposa la chambre des souverains étrangers dont le dernier occupant avait été le bey de Tunis. Je lui conseillai aimablement, mais fermement, de ne pas persister dans cette intention. En soupirant, il se résigna à la chambre du président de la République. Il m'avertit alors qu'il n'avait ni argenterie ni linge, l'Élysée envoyant chaque fois le nécessaire de Paris, ce qui était maintenant impossible. N'ignorant pas que le maréchal Pétain avait séjourné à Rambouillet quelque temps auparavant, je lui demandai comment il avait pourvu à ce dénuement. Réponse : il avait fait appel à un château voisin[79]. » Sur ce, Chevigné envoie un officier avec une camionnette à la châtelaine en question, « qui ne m'était d'ailleurs pas inconnue, en la priant d'y charger tout ce qu'elle avait envoyé à Pétain[80] », ce qui fut fait. Chevigné cache sa politesse derrière sa discrétion ; issu d'une grande famille aristocratique, il connaît par cœur le monde des châteaux qui entourent Paris. On a déjà souligné les liens professionnels étroits tissés, dès avant la guerre, au sein de la haute administration, parmi le personnel résistant qui entoure de Gaulle. Force est de constater à présent de fortes complicités aristocratiques. Les Chevigné, Boissieu, Guillebon, Rancourt de Mimerand, Miribel, Lignières, Boislambert, Chaudron de Courcel, Leclerc de Hauteclocque et autres Langlade sont liés par de subtiles connivences qui facilitent bien des choses.

Pour autant, Chevigné se trompe sur le séjour de Pétain à Rambouillet. Il est d'ailleurs peu probable qu'à la veille d'entrer dans Paris de Gaulle ait accepté de séjourner dans un château que Pétain venait à peine de quitter. Le maréchal Pétain, contraint par les Allemands de quitter Vichy le 7 mai 1944, fut installé par ces derniers non pas au château de Rambouillet, presque abandonné, mais dans le somptueux château de Voisins. Distant d'à peine 5 kilomètres de Rambouillet, le château de Voisins avait été acquis, en 1897, puis entièrement reconstruit, par le comte Boniface de Castellane, l'un des modèles qui inspira Proust pour le personnage de Robert de Saint-Loup. Atmosphère décidément très proustienne, ce 23 août, à Rambouillet, à 60 kilomètres d'Illiers-Combray, puisque Chevigné est le petit-fils de la comtesse Laure de Chevigné, dont Proust s'inspira pour créer un autre personnage clé de sa *Recherche*, la duchesse Oriane de Guermantes. Le motif officiellement invoqué par les Allemands de l'installation de Pétain à Voisins était d'assurer la sécurité du maréchal en cas de débarquement. Motif absurde, puisque, ce faisant, on rapprochait Pétain du lieu probable des combats. La véritable raison était de le surveiller d'encore plus près. Durant le séjour d'un mois qu'il a effectué à Voisins, Pétain visita, le 11 mai, la célèbre École nationale de bergerie créée par Louis XVI et installée dans le parc du château de Rambouillet, ce qui explique peut-être la confusion de Chevigné*. Il est possible que, lors de cette visite, le maréchal ait visité le château (où il avait chassé en 1938 et 1939), et peut-être même qu'il y ait déjeuné, ce qui expliquerait la réponse que Chevigné prête au conservateur. Mais il n'y a pas dormi. En revanche, il est difficile de préciser à quelle « châtelaine » de sa connaissance Chevigné s'est adressé pour fournir linge et couverts à de Gaulle ; il n'est pas impossible qu'il s'agisse à nouveau de la comtesse de Castellane.

De Gaulle n'aura donc pas à dormir dans le lit de Pétain. En revanche, en découvrant la chambre présidentielle que Chevigné avait jugé bon de lui attribuer, de Gaulle, selon Le Troquer, se serait écrié : « Vous ne vous imaginez tout de même pas que je vais coucher dans le lit de Lebrun[81] ! » On ne sait si, par cette boutade, le Général entendait se démarquer du dernier président de la IIIe République, qu'il ne tenait pas en très

---

* « Le 11 mai, se déroule la visite de la toute proche bergerie nationale de Rambouillet, véritable caricature d'un déplacement du maréchal avec bouquets de muguet, agneaux et peaux de mouton [...]. Philippe Pétain est aussi à l'aise que d'habitude tant qu'il s'agit d'endosser ses habits de représentation » (Bénédicte Vergez-Chaignon, *Pétain*, Perrin, 2014, p. 821).

haute estime*, ou s'il signifiait qu'il était hors de question pour lui de traîner à Rambouillet alors que Paris l'attendait. Le général Juin, qui a « encore passé [sa] journée à chercher [de Gaulle] sur bien des chemins », confirme l'ampleur des difficultés : « L'installation à Rambouillet était quelque peu sommaire. Le cantonnement y avait été fait par Lignières, un intendant débrouillard amené de Londres qui, fort heureusement, traînait avec lui un premier convoi de ravitaillement destiné à Paris et sur lequel on prélevait bien entendu quelques conserves pour sustenter le Quartier général[82]. » Boislambert et Gorse ont bien décrit cette drôle d'ambiance de Rambouillet, au soir du 23, où se mêlent la joie de la libération et l'impatience de toucher Paris, si proche et encore inaccessible, dans l'inconfort d'un camp scout improvisé au milieu d'un palais de la République. Boislambert : « Nous couchons au château. Dîner sobre dans la grande salle à manger dont les fenêtres donnent sur les canaux du parc. Courte nuit. Les nouvelles affluent. En route vers Paris[83] ! » Gorse : « On s'installe tant bien que mal au château. J'hérite de la chambre d'Alphonse XIII, somptueusement tendue de rouge mais sans draps. Dans le parc, des boules dorées accrochent les derniers rayons du soleil. Leclerc arrive la canne à la main : les Alliés ont finalement accepté son plan**. Dîner intime, dans une salle vidée de ses tapisseries. De Gaulle est tout joyeux : "Ça devait finir comme ça. Le monde entier s'y est mis, et finalement c'est à Leclerc qu'on demande de prendre Paris[84]." »

Au-delà du château et du petit cercle qui entoure le président du Gouvernement provisoire, c'est toute la petite ville de Rambouillet qui est envahie par une foule cosmopolite de soldats français et américains, de correspondants de guerre, de civils, d'hommes d'affaires, de résistants, de politiciens en devenir ou sur le retour. Pierre Bourdan, correspondant de guerre auprès de la 2e DB, a mieux que personne décrit cette singulière atmosphère : « Rambouillet, dans l'après-midi du 23 août, était un caravansérail où tout ce qui avait quelque chose à voir, à dire ou à apprendre semblait être accouru de tous les points de la France. La ville et ses environs devaient tout d'abord absorber toute une division cuirassée, une bouchée assez lourde à digérer ; mais, en dehors de la

* On connaît ce mot cruel des *Mémoires de guerre* : « Au fond, pour qu'il fût chef de l'État, il lui aura manqué deux choses : qu'il fût un chef et qu'il y eût un État » (Charles de Gaulle, *Mémoires de guerres*, *Le Salut*, Plon-Omnibus, 1994, p. 618).

** Par ce raccourci, Gorse propose une relation très libre de la réalité.

Division, on trouvait dans la ville des officiers supérieurs, des officiers et sous-officiers de toutes les nationalités alliées et de toutes les armes, des correspondants de guerre d'une douzaine de pays, des fonctionnaires, des FFI et des FTP [...], des touristes – il y en a aux moments et aux endroits les plus improbables – achevant ou commençant une maigre villégiature, des réfugiés. » Le tout dans une atmosphère d'extrême impatience ; on est à 48 kilomètres de Paris qui est en insurrection. « C'était assez pour que l'attente de tous ces hommes devînt presque intolérable et que leur impatience à franchir les derniers obstacles fût difficile à maîtriser. En lisant ces affiches, ils avaient envie de courir sur les routes[85]. » Après le repas, Gorse quitte le climat feutré du château pour « sentir » cette atmosphère si particulière : « Dans une escapade "en ville", je croise une jeep bourrée de correspondants de guerre américains très agités. Il paraît que Leclerc a refusé de les recevoir et les a traités désagréablement. Dommage, car l'homme à la barbe rouge, passablement éméché, c'est Hemingway[86]. »

L'écrivain est alors correspondant de guerre rattaché à la 4e DI américaine. Il écrivit à Marlene Dietrich qui s'installa elle-même au Ritz, en octobre 1944, à l'occasion d'un tour de chant pour les soldats : « J'ai été vraiment amoureux, dans ma vie, de cinq femmes, de la République espagnole et de la 4e division. » Hemingway est lié au magazine *Collier's* auquel il a promis un grand reportage sur la libération de Paris, qui ne paraîtra qu'en octobre. Adrien Le Bihan s'est efforcé de reconstituer la rugueuse entrevue entre le grand écrivain et Leclerc, tâche rendue délicate par la mythomanie littéraire d'Hemingway. Dans son article de *Collier's*, Hemingway écrit qu'il se présenta à Leclerc, le soir de ce 23 août, accompagné du « colonel B. » derrière lequel Le Bihan propose de voir un personnage fictif, synthèse du maire de Rambouillet, Émile Degois, et de Chevigné. Mais comment ne pas deviner aussi, à travers cette initiale transparente, le colonel David Bruce ? « Nous nous avançâmes assez cérémonieusement vers le général », écrit Hemingway[87]. On ne sait quelle est la véritable raison de sa venue chez Leclerc. Veut-il réaliser une interview sensationnelle aux portes de Paris ? Est-il (ou se croit-il) chargé d'une mission de renseignement par Bruce ? Selon d'autres sources – fragiles –, il serait venu demander à Leclerc de lui fournir un détachement militaire afin qu'il puisse entrer dans Paris et accessoirement libérer le Ritz, son vaisseau amiral (« Lorsque je rêve de la vie après la mort, la scène se passe toujours au Ritz », confiera-t-il plus tard). Le choc des cultures est violent, et Leclerc éconduit sans ménagement le futur prix Nobel de littérature. Dans son Journal, Girard se borne à indiquer que Leclerc « houspilla un peu » la nuée de journalistes américains qui l'entouraient, ce que confirme Bruce dans son propre Journal, expliquant que Leclerc ne supportait pas qu'on vienne lui grappiller des renseignements à la veille de la bataille de Paris. Selon Hemingway, les paroles de Leclerc furent beaucoup plus brutales : « Foutez-le camp, espèces de minables », et encore, précise Le Bihan, en adoucissant son propos à l'attention des lecteurs de *Collier's*. Et Hemingway de conclure : « Un général impoli et un général énervé », qu'il décrit par ailleurs comme dépassé par les événements[88]. Dans ses mémoires, Dronne confirme la brutalité de la scène, mais en inversant le point de vue : « Ernest Hemingway, [...] déguisé en correspondant de guerre [...], complètement saoul, comme à son habitude, avait embarqué dans sa jeep deux ou trois FFI eux aussi bien éméchés. Le général Leclerc avait éjecté cette charretée d'ivrognes, qu'il considérait comme dangereuse et encombrante[89]. » Sans trancher sur la véracité des propos prêtés à Leclerc, Le Bihan rappelle que Hemingway nourrira de ce renvoi une profonde amertume et qu'il poursuivit Leclerc de sa hargne dans ses écrits, publics et privés, d'après-guerre. Entre autres amabilités, il écrivit que non seulement Leclerc entra dans Paris après les Américains, mais dans une ville vide d'Allemands. La mythomanie n'arrangeant rien, Hemingway affirma même qu'étant parvenu à Notre-Dame avant Leclerc, le 25 août, il y laissa à son attention, clouée à l'une des portes, l'écriteau suivant : « Propriété d'Ernest Hemingway[90] ». L'algarade entre le général et l'écrivain, qui n'aura d'autre conséquence que littéraire, est révélatrice de l'ambiance électrique qui s'est emparée de la paisible ville de Rambouillet, ce 23 août.

Bourdan finit par retrouver des camarades dans le seul hôtel ouvert de la ville. « On aurait dit qu'il y passait un courant à haute tension. Personne ne pouvait rester en place ni parler à un diapason normal. » L'hôtel est envahi de journalistes américains, souvent alcoolisés, il n'y a pas de courant électrique, l'éclairage à la bougie rend l'atmosphère encore plus irréelle. « On peut tout aussi bien parler stratégie à une table que lignes d'autobus parisiens à une autre[91]. » Enfin, on annonce que le départ est prévu le lendemain à 6 heures. Bourdan parvient à trouver une place dans un obusier de l'escadron de protection de la 2e DB.

Rambouillet politique

À peine de Gaulle est-il installé à château de Rambouillet que commence une longue soirée d'entrevues. Certains émissaires envoyés par les dirigeants de l'insurrection parisienne parviennent enfin à le trouver, tandis que des chefs résistants viennent consulter celui qui, aux yeux de tous, est déjà le chef du gouvernement de la France.

Le 23 au matin, désespérant d'avoir des nouvelles de Leclerc, Charles Luizet, le nouveau préfet de police de Paris, envoie à sa rencontre le docteur Pierre Favreau, accompagné de son ami René Douville. Personnage singulier, Pierre Favreau est agrégé d'histoire, docteur en médecine et franc-maçon. Il joue un rôle important dans la Résistance parisienne en prenant la tête, au début de 1944, de l'Armée volontaire qui contrôle le groupe « Honneur de la police ». « Il édita, le 20 août 1944, 180 000 exemplaires du premier journal de la presse parisienne libérée, *L'Information officielle des armées de la République*, distribués par les soins des sapeurs-pompiers engagés dans le combat[92]. » Les pompiers de Paris jouent un rôle notable dans la libération de Paris. Profitant de leur relative liberté de mouvement et de divers laissez-passer, ils peuvent renseigner la Résistance sur les positions allemandes. Ils effectuent également des missions de liaison périlleuses en direction des armées alliées au sud de Paris. Muni de « vrais faux papiers » fournis par le commandement des sapeurs-pompiers de Paris, Favreau effectue une première sortie, le 22 août, pour tenter, en vain, de contacter les Américains. « Le matin du 23 août, c'est à bord d'un véhicule du régiment [des sapeurs-pompiers], conduit par le sergent-chef Lemaire, que le docteur Pierre Favreau [accompagné de Douville] quitte la capitale pour remettre au général Leclerc un message du préfet Luizet. » Les trois hommes parviennent à passer les lignes allemandes à Sainte-Geneviève-des-Bois. « Arrivé à Rambouillet, [Favreau] se trouve en présence de De Gaulle à qui il remet le message[93]. »

Les problèmes de communication ne sont donc toujours pas résolus. Comme le souligne Chevigné, on en est encore réduit à l'emploi aléatoire et dangereux de messagers : « Nous avions toutefois des contacts avec Paris car les passages individuels étaient possibles[94]. » Pourtant, Rol-Tanguy dispose d'un système de communication assez efficace, par l'intermédiaire d'agents postés dans la grande banlieue utilisant les lignes téléphoniques internes de la SNCF. C'est ainsi que, le lendemain, il pourra suivre, heure par heure, la progression de la 2e DB. Force est de constater que le chef du gouvernement français, son chef d'état-major des armées et le préfet de police ne disposent pas de tels moyens. Le 24, à Rambouillet, de Gaulle devra se contenter de lire la presse parisienne qui livre des informations vieilles de vingt-quatre heures. Il faudra attendre la journée du 25 pour que de Gaulle puisse enfin suivre la bataille en direct grâce à un contact radio avec Leclerc. Jusqu'au bout lui aura fait défaut un système moderne de communication.

Favreau et Douville trouvent de Gaulle le soir, à Rambouillet, et lui apportent des nouvelles fraîches de l'insurrection parisienne. En substance : la Résistance tient la rue ; les Allemands sont enfermés dans une dizaine de points fortifiés ; mais l'insurrection ne pourra pas tenir longtemps, le secours des Alliés est indispensable, ce qu'Henri Amouroux résume par cette formule : « Paris se bat… Paris est ivre de joie… mais si les Allemands contre-attaquent, que restera-t-il de Paris[95] ? » Et que Gorse exprime à sa façon : « On reçoit une lettre de Luizet qui s'est installé à la Préfecture de Police : "Les choses ne vont pas bien, qu'attendez-vous ? Dépêchez-vous[96] !" »

De Gaulle rédige alors un message à l'attention de Luizet que Favreau et son compagnon emportent en quittant Rambouillet, vers 22 h 30.

« La journée de demain sera décisive dans le sens que nous voulons. Quand j'arriverai, j'irai tout de suite au "centre". Nous organiserons aussitôt le reste avec Quartus [Parodi] et avec vous. Je pense que le général Koenig sera avec moi, et M. Le Troquer aussi[97]. »

Quel est ce « centre » qu'évoque de Gaulle et que Luizet comprend à demi-mot selon un code probablement convenu à l'avance entre eux ? « Dans mon esprit, cela signifiait au ministère de la Guerre, centre tout indiqué pour le gouvernement et le commandement français. Ce n'était point que je n'eusse hâte de prendre contact avec les chefs de l'insurrection parisienne. Mais je voulais qu'il fût établi que l'État […] rentrait d'abord, tout naturellement, chez lui[98]. » Les choses sont claires : la priorité est la restauration de l'État. On ira donc d'abord au ministère de la Guerre, là où, pour de Gaulle, tout a commencé, quatre ans plus tôt, dans le gouvernement Reynaud, et non à l'Hôtel de Ville, siège provisoire de la Résistance. Éric Roussel précise, avec justesse : « Ainsi sera réaffirmée, symboliquement, l'importance du fil de l'épée, par-delà le caractère éphémère des régimes. [...] La solution présente aussi l'avantage d'éviter tout retour à la IIIe République[99]. » Cette vision majestueuse comporte, bien sûr, une part de vérité, mais elle est aussi le produit d'une reconstruction propre à toute entreprise mémorielle. Dans l'immédiat, pour de Gaulle, il importe aussi de rappeler l'impératif guerrier, thème qui revient inlassablement dans ses discours d'août 1944, y compris à l'Hôtel de Ville de Paris. Il s'en explique, le 30 août, à Louis Joxe, secrétaire général du gouvernement, qui arrive d'Alger : « Je campe ici, vous comprenez pourquoi ? La guerre n'est pas terminée, il faut qu'on le sache pour le cas où on aurait tendance à l'oublier, et puis, le ministère de la Guerre, c'est Clemenceau. Je n'occupe d'ailleurs pas son bureau, notez-le[100]. »

À la nuit tombée arrive de Laval le groupe des cinq que Juin a croisé, le matin, au QG de Patton, avant que ce dernier ne les expédie chez Bradley. Ils ont quitté Paris dans la nuit du 22 au 23 pour convaincre les Américains d'intervenir au plus vite. L'équipage est singulier, associant : Alexandre de Saint-Phalle, un homme d'affaires important et ami personnel de Parodi qu'il a hébergé, rue Séguier ; Jean Laurent, l'ancien directeur de cabinet de De Gaulle, quand il était sous-secrétaire d'État à la Guerre en 1940 et, pour l'heure, directeur de la Banque d'Indochine ; Rolf Nordling, le frère du consul suédois ; le baron autrichien Posch-Pastor, aide de camp de Choltitz et agent double des Alliés ; le colonel Olivier, lié à l'Intelligence Service. Cette association de la haute banque et des services britanniques plus ou moins parrainée par Choltitz a tout pour crisper de Gaulle. Saint-Phalle lui suggère de convoquer l'Assemblée nationale pour qu'un vote de confiance confère à son gouvernement une incontestable légalité. Voici que la finance, si absente de Londres en juin 1940, donne à de Gaulle des leçons de légalité et lui propose la reconduction parlementaire de la IIIe République. Une sorte de réchauffé des plans échafaudés par Laval quelques jours plus tôt. Bien sûr, de Gaulle refuse sèchement et congédie l'ambassade qui aura donc été deux fois échaudée dans la journée. Juin, qui assiste probablement à l'entrevue, suggère une autre explication à la froideur du Général, en précisant qu'il « les avait accueillis assez fraîchement à la pensée de cet armistice intervenu à Paris à son insu[101] ». Ces hommes incarnent sinon la trêve, du moins son esprit.

Il ne convient pas d'accorder plus d'importance qu'elles ne le méritent à ces initiatives isolées et sans guère de consistance politique. Elles démontrent, néanmoins, que de Gaulle est d'ores et déjà, aux yeux des « importants », le véritable chef du gouvernement de la France. Comme lors d'une crise ministérielle de la IIIe République, on vient le consulter et lui suggérer telle orientation ou telle combinaison.

Aux portes de Paris et du pouvoir, de Gaulle nourrit un « plan » autrement plus ambitieux : « Cela consiste à rassembler les âmes en un seul élan national, mais aussi à faire paraître tout de suite la figure et l'autorité de l'État[102]. »

CHAPITRE 6

Jeudi 24 août 1944

La 2e DB bute sur les défenses allemandes

La journée du 24 août aurait dû être celle de l'investissement de Paris par les forces alliées. Du fait de la résistance allemande au sud de la ville, la 2e DB et la 4e DI américaine, tout en ayant fait sauter la plupart des verrous, ne parviennent pas à percer. Malgré l'entrée dans Paris, vers 20 heures, du petit détachement du capitaine Dronne, la prise de la capitale est repoussée au lendemain. On est loin de la livraison de la ville par Choltitz le 23 à midi telle que se l'étaient imaginé les Américains. De ce fait, le général de Gaulle est contraint de demeurer un jour de plus à Rambouillet où il tourne en rond, attendant vainement le feu vert de Leclerc.

Cette journée « perdue » est pourtant riche en événements. L'intention de cet ouvrage n'étant pas de raconter, une énième fois, la bataille de Paris, l'accent sera porté davantage sur l'usage par de Gaulle de cette journée supplémentaire de préparation et sur la crise de commandement, à tous les niveaux, qu'elle provoque dans la hiérarchie militaire.

Dans Paris insurgé

Depuis les 19 et 20 août, la Résistance tient les principaux lieux de pouvoir dans Paris : la mutinerie de la police a permis l'occupation de la Préfecture de Police où le délégué général du gouvernement, Alexandre Parodi, et le nouveau préfet de police, Charles Luizet, se sont installés le 19. Le lendemain, à l'instigation d'un petit groupe conduit par Léo Hamon, le CNR s'est installé à l'Hôtel de Ville. Ces « Vercors en plein Paris », contraires aux règles élémentaires de la guérilla urbaine, sont fragiles et stratégiquement très dangereux, à la merci d'une opération des Allemands. À la « PP », la mobilisation est générale : « En bas, dans la vaste cour centrale, des cuisiniers improvisés au brassard tricolore rôtissaient des quartiers de bœuf, sur des brasiers d'énormes marmites fumaient. Au dernier étage, on tirait sur les Allemands qui s'égaraient boulevard du Palais, les voitures flambaient, des brancardiers, des infirmières en sortaient les blessés, les transportaient hors du combat » vers l'Hôtel-Dieu qui est situé juste à côté[1]. Le 24, à la Préfecture, on exhibe une femme au crâne rasé, qui porte une pancarte : « J'ai fait fusiller mon mari par les Allemands et j'ai couché avec eux », tandis que la musique de la Police, qui attend de Gaulle, répète avec application, dans le crépitement des mitraillettes, *La Marseillaise*, *God Save the King*, *La Marche lorraine* et *Sambre et Meuse*[2]. Dans le même temps, les mairies d'arrondissement, ainsi que la majorité des mairies de banlieue, et les ministères sont occupés. Dans les ministères, des secrétaires généraux provisoires faisant fonction de ministre prennent possession des lieux et dirigent le peu d'administration qui fonctionne en attendant l'arrivée des commissaires du GPRF encore à Alger. Le 21 août, en réunissant à Matignon les secrétaires généraux, Parodi a ainsi pu tenir un premier Conseil des ministres dans Paris encore occupé. La prise des ministères, qui passent sans coup férir de Vichy à la Résistance, a souvent donné lieu à des scènes tragi-comiques. On se souvient au terme de quelle odyssée Francis-Louis Closon est parvenu à Paris, le 17 août. Il participe aussitôt à la prise du ministère de l'Intérieur, place Beauvau : « Pas de sentinelle, grille ouverte, soldat allemand, cavalcade par les couloirs jusqu'à la Sûreté, rue des Saussaies. » Il s'installe ensuite rive gauche, à l'hôtel Matignon, dans l'appartement du directeur de cabinet du président du Conseil de la IIIe République. « Je jouissais d'une salle de bains, d'une chambre et d'un bon bureau. L'appartement et le service passaient d'un occupant à l'autre avec un surprenant naturel. Stable à travers les événements et enveloppé dans leur cours, le personnel demeurait le vrai maître de ces lieux. Il en était responsable envers lui-même comme l'intendant d'un domaine[3]. » Parodi occupe au même moment le grand appartement du président du Conseil sans qu'aucun des deux, alors qu'ils travaillent ensemble, se rende compte de ce voisinage.

À partir du 21, la ville entière entre en insurrection, et, comme aux grandes heures révolutionnaires du XIXe siècle, Paris se couvre de barricades. Elles aussi sont fragiles et seraient incapables de résister longtemps à l'assaut d'une armée moderne résolue à employer la force. Même si l'information est très parcellaire, chacun connaît le terrible martyre que connaît, au même moment, la ville de Varsovie. Aussi, sans même envisager la dimension politique de la question du point de vue gaullien – l'insurrection prépare-t-elle la prise du pouvoir de forces révolutionnaires qui pourraient déborder le GPRF ? –, l'intervention militaire des Alliés est nécessaire, et dans les plus brefs délais.

Le 24, les FFI tiennent l'essentiel de la rive gauche, en particulier les XIIIe, XIVe, XVe, VIe, Ve et VIIe arrondissements, à l'exception de quelques bastions fortifiés dans lesquels les Allemands se sont enfermés, comme le Sénat, l'École militaire ou les Invalides. Par une singulière inversion de la géographie révolutionnaire du XIXe siècle, la rive droite est beaucoup plus pauvre en barricades, sauf dans les secteurs de la République et de la Bastille. Ici aussi, la Wehrmacht tient ses bastions, comme la grande caserne du Prince-Eugène (1 200 Allemands retranchés et armés de canons, de 2 chars et de 6 automitrailleuses), place de la République, ou la caserne de Clignancourt occupée en partie par des SS. Les Allemands tiennent aussi le secteur Étoile-Maillot (avec de l'artillerie), le bois de Boulogne (où sont concentrés quelques chars), le rond-point de la Défense et ils utilisent la ligne 1 du métro pour transporter leurs forces d'est en ouest. Au Bourget, la Luftwaffe dispose encore d'une soixantaine d'appareils de tous types dont certains de bombardement. Théoriquement, cette petite force aérienne n'est pas sous le commandement de Choltitz, pas plus que les SS qui gardent, par exemple, les camps de Drancy ou de Romainville où des milliers de prisonniers sont encore détenus. Les unités de la XVe armée appelées en renfort et qui arrivent du Pas-de-Calais, comme la 47e division d'infanterie, échappent également à son autorité. Une sorte d'équilibre fragile et violent s'est instauré : la Résistance ne peut guère aller plus loin et espérer déloger seule les Allemands de Paris ; ces derniers, retranchés dans des fortins improvisés, n'ont ni l'envie ni les forces pour reprendre entièrement le contrôle de Paris.

Les combats sont moins intenses que la veille du fait du repli des Allemands dans leurs points fortifiés. De violents combats ont néanmoins lieu aux Buttes-Chaumont (137 Allemands sont faits prisonniers), ou place de la République où les FFI attaquent en vain la caserne du Prince-Eugène. La place est entièrement cernée par tout un réseau de barricades dans les rues avoisinantes. En début d'après-midi, les fantassins allemands tentent de prendre les barricades du faubourg du Temple et du boulevard Voltaire. Peine perdue d'un côté comme de l'autre : Allemands et FFI se neutralisent, aucun des deux n'a les moyens de s'imposer de façon décisive. Rol-Tanguy publie un communiqué très optimiste : « D'une manière générale, notre victorieuse offensive aboutit maintenant à la libération effective de la plus grande partie de Paris, le contrôle de l'ennemi ne s'étendant plus qu'à quelques îlots de résistance fortifiés[4]. » La Radio nationale, tombée entre les mains de la Résistance le 21, est un précieux outil de combat. Rol-Tanguy y prend la parole, le 24, pour exalter la lutte patriotique, tandis que Pierre Crénesse relate en direct aux auditeurs l'évolution des combats.

La mission des FFI est dès lors redéfinie : bloquer l'ennemi dans ses retranchements ; l'attaquer, empêcher les troupes en retraite d'entrer dans Paris ; garder les ponts et empêcher leur destruction. Il s'agit aussi de « faire contribuer les FFI au maintien de l'ordre républicain[5] ». L'historien Roger Bourderon indique que Rol rédige deux notes qui ordonnent d'éviter les bâtiments publics et religieux comme lieux de détention des prisonniers et de réprimer les vols et les pillages « qui semblent prendre une ampleur inadmissible » avec « exécution immédiate en cas de flagrant délit[6] ».

Les combats et la progression de la 2ᵉ DB

Conformément au plan défini la veille par Leclerc, l'action principale de la 2ᵉ DB s'est déplacée vers le sud, à la charge des GT V (Billotte) et GT D (Dio), tandis que, à l'ouest, le GT L (Langlade) doit progresser vers le pont de Sèvres. Dans le feu de la bataille, les liaisons radio sont rapidement coupées entre les deux colonnes qui combattent dans l'ignorance l'une de l'autre et ne peuvent manœuvrer ensemble. Escorté par son peloton de protection, Leclerc suit logiquement la progression du GT V auquel revient la mission principale. Le PC-avant quitte Rambouillet au petit jour. Girard : « Le Général monte en jeep avec moi. Il faisait un temps de cochon. Nous prenons la suite du GT V qui fonce plein est vers Arpajon puis s'infléchit au nord vers Paris[7]. » Sans le savoir, la colonne Billotte emprunte un itinéraire qui la conduit droit vers trois rangs successifs de défense allemands. Un premier accrochage a lieu aux abords de Longjumeau vers 10 heures.

Élisabeth de Miribel est toujours au plus près de l'action : « C'est à Arpajon que je retrouve quelques chars de la 2e DB. J'entre derrière eux à Longjumeau. Une foule en délire acclame nos soldats, les couvre de fleurs, leur offre à boire, tandis que les FFI ramènent des prisonniers et qu'une maison s'écroule sous les tirs des mortiers à l'extrémité de la ville. C'est une atmosphère de 14 Juillet et de mort. Deux de nos soldats sont tués à cent mètres du lieu où ils étaient portés en triomphe. Près du PC de Billotte, trois de nos tanks sont en flammes. Notre artillerie riposte. Sur une route glissante, sous un ciel délavé, jeeps et motos vont et viennent, portant des messages d'un PC à l'autre [...]. Je descends de voiture et, marchant derrière Leclerc et son officier d'ordonnance, le capitaine Girard, j'aperçois Paris, Montmartre et la tour Eiffel ! Le cœur battant, nous nous regardons sans rien dire[8]. »

Billotte rencontre beaucoup de difficultés, il faut progresser poste après poste pour enfin passer. Vers midi, deux puissants assauts sont nécessaires pour forcer le barrage de Massy et de durs combats de rue pour prendre Fresnes. En fin d'après-midi, les sous-groupements de Billotte (Cantarel, Warabiot, Putz) sont bloqués sur l'axe la Croix-de-Berny/Petit-Clamart/Fresnes/Belle-Épine. Jean Marin s'est agrégé à la 2e DB. À Antony, une batterie de 88 allemande bloque la progression de la DB. « En attendant qu'un blindé prenne cette batterie à revers et la détruise, nous sommes rangés le long des façades ; à travers la grille fermée de sa boutique, la tenancière d'un débit de boissons nous fait passer une bouteille de vin rouge ; je la tends à mon voisin et lui dis : « Je vois à l'initiale "C" de votre béret que vous êtes correspondant de guerre.

– Non, "C", c'est pour "Charlotte" : je suis Félix de Luxembourg*. »

* Félix, prince de Luxembourg, prince de Bourbon-Parme, est premier prince consort depuis novembre 1919, date à laquelle il épouse la grande-duchesse Charlotte de Luxembourg. Ils ont six enfants. Pendant la Première Guerre mondiale, il fait son service militaire en Autriche avec deux de ses frères, tandis que ses deux autres frères combattent dans l'armée belge. Le 10 mai 1940, il suit la grande-duchesse et le gouvernement luxembourgeois en exil, *via* la France et l'Espagne, au Portugal. Le prince Félix et le grand-duc héritier Jean décident, en 1942, de s'engager dans l'armée britannique. En mai 1944, le prince Félix est nommé chef de

Vers 18 heures, alors que le jour décline, Billotte est encore à 8 kilomètres de la porte d'Orléans. À cours de carburant, épuisé par une journée de combat, il décide alors de repousser l'assaut final sur Paris au lendemain.

Comme ils le font depuis le début de l'insurrection, les chefs de la Résistance tentent encore, par tous les moyens, de contacter les généraux alliés pour les pousser à entrer le plus vite possible dans Paris. Le préfet Luizet parvient ainsi, presque par hasard, à enfin entrer en contact téléphonique avec la DB. Imitant la méthode de Rol-Tanguy, Luizet a prévenu les gendarmeries situées sur les axes probables de progression de Leclerc. Boissieu : « C'est ainsi qu'en roulant devant la gendarmerie de Longjumeau vers 8 heures, je vois un gendarme sortir sur le trottoir, au moment où passait le PC-avant du général Leclerc, et crier : "Le préfet de police de Paris demande à parler au général Leclerc." Tous les hommes partent d'un énorme rire... Cependant, je vais voir de quoi il s'agit, je prends le combiné, j'entends une voix qui dit être Charles Luizet, préfet de police, et qui pour se faire reconnaître demande à parler à son camarade de promotion Leclerc qui était son voisin de lit à Saint-Cyr. Leclerc confirme et envoie le colonel Crépin, qui commande l'artillerie divisionnaire, prendre la communication[9]. » Luizet demande que l'on se hâte car la Résistance commence à manquer de munitions.

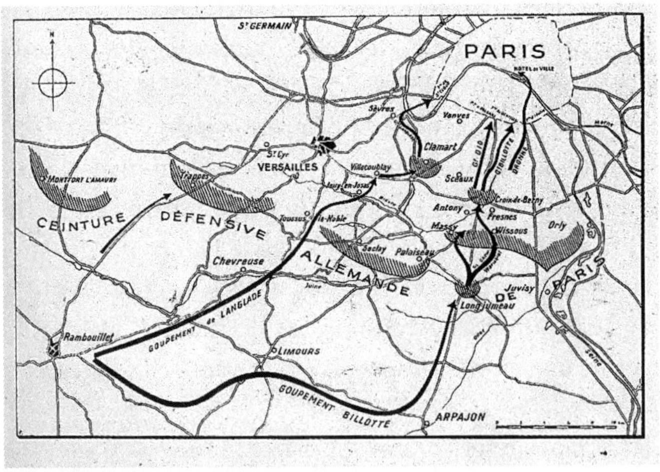

Progression de la 2e DB, le 24 août 1944.

la mission militaire luxembourgeoise auprès du SHAEF. Après le débarquement de Normandie, il rejoint la 2e DB. (Jean Marin, *Petit bois pour un grand feu. Mémoires*, Fayard, 1994, p. 401.)

La mission Petit-Leroy

Le téléphone est le seul service public encore en activité et il est le principal mode de communication de la Résistance qui utilise aussi, nous l'avons indiqué, les réseaux téléphoniques internes de la SNCF et du métro parisien. Roger Bourderon rappelle ainsi que, le 24, la progression de la 2e DB, et notamment celle du GT de Billotte, « est connue heure par heure grâce au téléphone de la ligne de Sceaux ». À chaque passage d'éléments de la DB devant une gare de la ligne correspond un appel au PC de Rol-Tanguy à Denfert-Rochereau : « 10 h 15, passage de la colonne Billotte à Longjumeau ; 11 h 30, arrivée au rond-point de Juvisy [...] ; 12 h 30, décrochage des Allemands à la Croix-de-Berny ; 15 h 30 présence de troupes alliées entre la Croix-de-Berny et Bourg-la-Reine [...] ; 17 h 05 avance de chars lourds et combats sur la route d'Orléans et à Chevilly-Larue[10]. »

En apprenant le contenu de la conversation téléphonique que Crépin a eue avec le préfet Luizet, Leclerc approuve l'idée de Crépin de larguer un message au-dessus de la Préfecture de Police par un petit avion Piper Cub de l'artillerie divisionnaire : « Le général Leclerc me charge de vous dire : Tenez bon ! Nous arrivons ! Signé : Lieutenant-colonel Crépin commandant l'artillerie de la 2e DB. » Crépin désigne pour cette mission le capitaine Callet et le lieutenant Mantoux. L'opération est très dangereuse : en effet, le Piper est un petit avion d'observation, non armé, volant bas et lentement, ce qui en fait une cible facile pour la DCA, voire pour de simples soldats servant des mitrailleuses. L'un des deux officiers désignés fait remarquer qu'il y a de l'artillerie au-dessus de Paris ; les renseignements américains interdisent au Piper de voler au-dessus des zones fournies en DCA. « Le commandant de l'artillerie divisionnaire maintint sa décision étant donné son impact sur le moral des défenseurs de la Préfecture de Police. Quand avons-nous admiré le plus ces deux camarades ? Quand ils ont reçu leur mission sans broncher ou lorsqu'ils rentrèrent avec un Piper Cub criblé de traces de balles[11] ? » Il semble bien que certaines de ces balles soient parties des défenseurs de la Préfecture qui avaient pris le Piper pour un avion allemand, probablement un Fieseler Storch, à la silhouette très proche de celle du Piper : « Soudain un vrombissement de moteur. Un avion vole très bas, juste au-dessus de la PP. Hourrah ! C'est un USA. Enthousiasme dans la cour noire de monde. Coup de feu. Le haut-parleur annonce : "Recherchez le message lancé place du Parvis ou sur les quais… Cherchez immédiatement l'auteur du coup de feu[12] !" » Les aviateurs ont raté de peu la cible. Le message tombe quai du Marché-Neuf, sur l'île de la Cité, mais il parvient néanmoins à ses destinataires, et, à 17 h 15, la Préfecture peut le transmettre à l'état-major de Rol-Tanguy[13]. Le message de Leclerc est aussitôt diffusé par Radio nationale, tenue par l'équipe de Jean Guignebert et de Pierre Crénesse.

De son côté, le délégué militaire national Chaban-Delmas envoie vers Leclerc un énième émissaire, le lieutenant FFI Jacques Petit-Leroy. Au terme de longs détours dans la banlieue sud, il parvient à franchir les lignes allemandes et à toucher Billotte, vers 16 heures, à Antony. Selon les mémoires de Billotte, Petit-Leroy lui livre en substance le message suivant : il faut faire vite car Paris insurgé manque d'armes et de munitions ; et surtout parce que deux DI allemandes venues du Pas-de-Calais marchent sur Paris. Si elles arrivent avant la DB, il sera très difficile de libérer la ville sans de nombreuses victimes et de lourds dégâts. On peut douter de cet aspect du témoignage de Billotte ou du moins imaginer qu'il est en partie le produit d'une reconstruction rétrospective. Comment Petit-Leroy, arrivant d'une ville en état d'insurrection, pourrait-il apprendre à un officier de l'armée régulière, disposant de puissants services de renseignement, que deux divisions allemandes marchent sur Paris ? Enfin, Petit-Leroy informe Billotte, ce qui est plus vraisemblable dans sa bouche, que Choltitz ne serait pas disposé à se battre jusqu'au bout, mais qu'il est menacé par les SS qui peuvent le remplacer à tout moment. Il faut donc accélérer la marche. Billotte envoie Petit-Leroy vers Leclerc qui est à quelques centaines de mètres derrière lui.

L'entrevue entre Petit-Leroy et Leclerc a fait l'objet de comptes rendus très différents par Boissieu et Billotte. L'entrevue se déroule vers 16 h 30, à Antony, quand la DB est en train de réduire les derniers points de résistance de la prison de Fresnes et du carrefour de la Croix-de-Berny. Boissieu, qui assiste à l'entrevue, lui consacre une page entière de ses mémoires et présente une longue conversation durant laquelle Leclerc est attentif, curieux et courtois. « Après avoir décrit la situation des Allemands dans Paris et leur état d'esprit, [Petit-Leroy] fait au général Leclerc un véritable exposé sur les éléments de la Résistance qu'il est susceptible de rencontrer dans les jours qui viennent. » L'émissaire de Chaban-Delmas prend le temps de présenter la structure du CNR, ses seize membres, son bureau de cinq membres qui agit en son nom (Bidault, Avinin, Blocq-Mascart, Saillant, Villon). « Le général Leclerc avait une documentation sur tout cela, mais il écoute avec attention et pose la question du commandement dans Paris[14]. » Petit-Leroy s'exécute et expose le rôle et la composition du COMAC (Vaillant-de Vogüé, Villon, Kriegel-Valrimont) « qui tend à intervenir dans les opérations militaires mais n'en a pas les moyens ; en fait, les opérations sont commandées par le délégué militaire national, le général Chaban-Delmas ». Petit-Leroy précise également la hiérarchie FFI : un état-major FFI régional commandé par Rol-Tanguy, « communiste de choc, chef courageux, qui a été blessé en 1939-1940, qui a participé à la guerre d'Espagne » ; un état-major de la Seine commandé par un officier de l'ORA, le colonel de Marguerittes (« Lizé » dans la Résistance) ; enfin, un état-major parisien sous le commandement de Malleret-Joinville, un « communiste doctrinaire[15] ». Comme Leclerc lui demande à combien s'élèvent les effectifs des FFI, Petit-Leroy répond environ 20 000, « dotés d'un armement ridiculement faible » d'autant qu'il n'y a pratiquement pas d'armes antichars « en dehors de cocktails Molotov qui se préparent à la préfecture de police, sous la responsabilité de Joliot-Curie[16] ». Enfin, toujours selon Boissieu, Petit-Leroy, qui est mandaté par Chaban-Delmas, en vient au cœur du problème et alerte Leclerc sur le danger communiste dans Paris : « Certaines factions, dit-il, visent la conquête du pouvoir. [...] Il faut tenir compte des plus audacieux et des plus déterminés d'autant que certains membres du CNR tendent à se faire passer pour le gouvernement. » Il ne cache pas que « le Parti communiste et ses alliés sont bien décidés à prendre les devants, à constituer, s'ils le peuvent, une “Commune de Paris”, sorte de gouvernement révolutionnaire qui ferait semblant d'accueillir le général de Gaulle dans la capitale, autrement dit qui “lui remettrait le pouvoir” avec toutes les conséquences que l'on peut imaginer ». Boissieu conclut : « Si j'ai cité ces phrases entre guillemets, c'est parce que je les ai écrites le soir même sur le journal de marche de l'escadron de protection où elles figurent encore[17]. »

Selon Billotte, l'entrevue se serait en réalité mal passée, et le pauvre Petit-Leroy en revient désappointé : « Leclerc était un grand soldat, qui s'était battu magnifiquement et depuis 1940 sur tous les fronts d'Afrique [...]. Il ne pouvait avoir une connaissance approfondie de la Résistance intérieure et de ses chefs. Il était donc logique de le voir marquer une certaine réserve à l'égard du messager de deux inconnus pour lui : Parodi et Chaban-Delmas. Il n'entendait donc pas modifier profondément les dispositions qu'il avait envisagées pour la libération de Paris. Quiconque à sa place et à son degré d'information en aurait fait autant[18]. » À l'inverse, Billotte précise qu'il connaît très bien Chaban-Delmas qui lui a succédé au poste de délégué militaire national en mai 1944. Étrange remarque de Billotte : le poste de délégué militaire national fut créé par de Gaulle, en mars 1944, au profit du colonel Ély. Une fois arrivé en France, celui-ci décida de se placer sous les ordres du délégué par intérim Jacques Chaban-Delmas. À ce moment, Billotte est à Alger où il occupe la fonction de secrétaire du Comité de Défense nationale qui a supervisé l'ensemble des nominations des délégués militaires. Quoi qu'il en soit, derrière la révérence formelle Billotte pour son ancien « patron », on ne peut manquer de voir dans ce passage, et ce n'est pas le dernier, le signe d'une tension croissante entre les deux chefs de la DB (Billotte en est le commandant en second) en cette fin d'après-midi du 24.

Il faut croire que Leclerc, décrit par Boissieu comme particulièrement soucieux après l'entrevue, a accordé quelque crédit aux informations de Petit-Leroy puisqu'il le renvoie vers Paris porteur d'un message rassurant pour les insurgés. Il lui confie également une lettre destinée à Choltitz le rendant responsable de la destruction des monuments de Paris. Puis Leclerc donne l'ordre à Boissieu de faire reconduire le « courageux émissaire ». Boissieu suggère d'utiliser une voiture de liaison allemande capturée le matin, mais Leclerc refuse tout véhicule allemand et met à disposition de Petit-Leroy une jeep armée d'une mitrailleuse. L'adjudant Dericbourg se propose pour accompagner l'émissaire parisien. Un chauffeur, le soldat Maurice Gallix, 24 ans, complète l'équipage. Les deux soldats de la DB espèrent être ainsi les premiers Français à entrer dans Paris. Petit-Leroy souhaite retourner au séminaire de L'Haÿ-les-Roses où il a laissé la bicyclette avec laquelle il est arrivé de Paris. En contournant la prison de Fresnes où ont lieu de durs combats, la jeep passe par Rungis où elle embarque un quatrième passager, Jean Buteau, 49 ans, qui se propose comme guide. En entrant à Chevilly-Larue par l'avenue de la République, l'équipage tombe sur une patrouille allemande formée de SS. Gallix et Buteau parviennent à s'échapper, mais Dericbourg est tué alors qu'il arrose les SS avec la mitrailleuse de la jeep, tandis que Petit-Leroy, à qui les hommes de la DB ont fourni un fusil-mitrailleur, n'est que blessé. Il est achevé d'une balle en plein cœur par les SS. Ces derniers prennent la peine de fouiller les cadavres, trouvent la lettre destinée à Choltitz et la transmettent au commandant du *Gross Paris*. Le lendemain, le lieutenant Karcher et le commandant de La Horie la retrouveront sur son bureau, à l'hôtel Meurice.

Tensions dans le commandement

Le changement de plan de Leclerc, les retards accumulés et les difficultés de transmissions font monter la tension générale.

Du côté des Américains, on prend très mal les libertés que s'est octroyées Leclerc. Au matin du 24, le général Juin a la délicate mission d'annoncer à Gerow le changement de direction de Leclerc. Selon Juin, Gerow « prétendait avoir autorité sur la division Leclerc et se montrait inquiet de la voir opérer dans Paris en toute indépendance, sans être informé de rien. C'était là manifestement une situation que son cerveau militaire, nourri de schémas et dressé à la discipline, n'arrivait pas à éclaircir ». Juin lui rappelle la tâche particulière de la DB, acceptée par Eisenhower, « et qu'il n'avait qu'à attendre patiemment que la division Leclerc lui fût rendue[19] ». Gerow, on s'en doute, n'est pas convaincu par ce type d'argumentation et, toujours aussi mécontent, il ordonne à Barton de ne pas modifier sa feuille de route. Il saute dans une jeep, direction Rambouillet, pour trouver Leclerc et lui dire sa façon de penser. Quand il arrive à Rambouillet, Leclerc, toujours en pointe, est déjà parti. Gerow repart à sa recherche, mais les embouteillages provoqués sur les petites routes de la banlieue sud-ouest de Paris par la manœuvre de deux divisions l'empêcheront d'y parvenir.

Outre leur caractère assez piquant venant d'un militaire, les formules de Juin résument le malentendu central entre Américains et Français : Gerow a bel et bien « autorité » sur la 2e DB en tant que commandant du Ve corps, alors que Juin, se présentant à nouveau, dans ses mémoires, en gaulliste intransigeant, raisonne en politique : à Paris, la 2e DB remplit une mission de dimension nationale et elle sort du cadre hiérarchique traditionnel. Ce que le « cerveau militaire » de Gerow ne peut concevoir puisqu'il raisonne à l'échelle de la libération de l'Europe.

Il y a sans doute plus dans ce passage. Élevé à la dignité de maréchal en 1952, Juin publie ses mémoires en 1960 à un moment où la guerre d'Algérie le sépare définitivement du général de Gaulle, son vieux camarade de Saint-Cyr. Les deux hommes ont une discussion orageuse sur la question à l'Élysée, le 11 juin 1960, avant que le maréchal ne témoigne, deux mois plus tard, au procès des barricades d'Alger pour soutenir les officiers poursuivis. C'est ce moment, le 4 novembre 1960, que de Gaulle choisit pour évoquer l'« Algérie algérienne ». Juin ne rejoindra pas les rangs des putschistes de 1961, encore moins ceux de l'OAS, et il soutiendra même la politique d'autodétermination. Mais l'abandon complet de l'Algérie est à ses yeux une forme de trahison nationale. De Gaulle ne le lui pardonnera pas en le privant de tous les attributs dus à son rang de maréchal, à la fois d'ordre hiérarchique (ainsi sa place de droit au sein du Conseil supérieur de la Défense nationale) ou symbolique, le privant de chauffeur et de secrétariat. La posture « gaullienne » des mémoires de Juin est habile. On peut l'interpréter comme une sorte de piqûre de rappel aux gaullistes de gouvernement : en certaines circonstances, en 1960 comme en 1944, l'honneur et l'intérêt national légitiment des formes de désobéissance.

Pour l'heure, sa mission accomplie, Juin n'oublie pas qu'il est chef d'état-major des armées françaises. Accompagné de Lionel de Marmier, toujours attiré par l'odeur de la poudre et qui doit s'ennuyer ferme à Rambouillet, il se précipite vers la banlieue sud. Muni d'informations qu'il s'est bien gardé de communiquer à Gerow, il retrouve facilement Billotte aux alentours de Longjumeau. Le colonel lui expose qu'il compte entrer dès le soir dans Paris après avoir pris la Croix-de-Berny. Dans ses mémoires, laissant percer son irritation devant les lauriers récoltés par les seuls Leclerc et Billotte lors de la libération de Paris (Billotte, de son côté, n'est pas loin de penser : par le seul Leclerc), le vainqueur de Cassino ne peut s'empêcher de laisser tomber cette remarque vipérine : « Seuls le canon qui tonnait par intermittence du côté de Palaiseau et quelques chargeurs de mitraillettes vidés dans le lointain mettaient parfois une note guerrière dans l'air limpide qui nous entourait. Il fallait faire un effort d'imagination pour se convaincre que c'était là une vraie bataille et non une petite manœuvre de garnison[20]. »

Les généraux américains, qui suivent la progression de Leclerc, sont stupéfiés par sa lenteur et n'en reviennent pas que celui qui ne cesse de piaffer d'impatience depuis des jours n'ait pas encore pris Paris. Blumenson rappelle qu'ils échafaudent alors toutes sortes d'explications, toutes plus fausses les unes que les autres. Hodges pense qu'il ne veut pas mettre en péril la vie des Français. Gerow (toujours très anti-Leclerc) dénonce sa timidité. Dans un témoignage livré en 1954 aux archives de l'armée américaine, il pointera du doigt une attaque française beaucoup trop molle[21]. On en vient même à deviner d'obscures raisons politiques qui pousseraient Leclerc à ralentir sa marche. Observons que de Gaulle soupçonnait les Américains des mêmes arrière-pensées quelques jours plus tôt. On pense aussi à la crainte de ravager Paris : Leclerc ne s'est-il pas éloigné de la très efficace artillerie américaine pour ne pas avoir à l'utiliser contre Paris ? On se souvient que, depuis la veille, Bradley ne décolère pas contre la prétendue lenteur de la 2e DB sur les routes de l'Ouest, ce qui se traduira par une série de remarques très désobligeantes dans ses mémoires.

À la mi-journée, au comble de l'exaspération, Gerow écrit à Leclerc : « Hâtez votre progression vigoureusement cet après-midi et poursuivez votre avance cette nuit[22]. » Cela fait, il demande par radio à Bradley l'autorisation de roquer ses deux divisions et de faire entrer la 4e DI dans Paris avant la 2e DB. Bradley, qui n'est pas le moins remonté contre Leclerc, accepte aussitôt : « Au diable le prestige, dites à la 4e de les battre [les Français] à plate couture et de prendre la libération[23]. » Gerow précise à Barton qu'il doit toujours établir une tête de pont à Corbeil, mais aussi désormais rentrer dans Paris du sud vers le nord. Barton, qui n'avance guère plus vite que Leclerc, répond qu'il ne pourra démarrer de Villeneuve-le-Roi qu'à 2 heures du matin le 25. Gerow en informe Leclerc : les deux divisions, dit-il, doivent mutuellement s'aider, ce qui revient à dire, si on lit entre les lignes, que les Français n'ont plus la primeur d'entrer dans Paris et que le chef du Ve corps organise une sorte de course entre ses deux divisions. On comprend mieux ainsi l'exaspération de Leclerc, au soir du 24, devant la lenteur de Billotte. Et comme il ne peut non plus forcer l'allure de Langlade car la liaison radio est coupée avec lui, la solution de fortune est l'envoi d'un détachement symbolique, celui du capitaine Dronne.

En réalité, Leclerc n'a aucunement l'intention de freiner son avance et, s'il ne progresse pas assez vite, ce n'est sûrement pas de son fait. Martin Blumenson avance quatre raisons à son retard sur le *timing* américain. En premier lieu, l'accueil effectivement délirant des banlieusards qui a pu (ainsi à Longjumeau ou à Antony) ralentir son avancée. Dans ses mémoires, Dronne relate que la DB progresse dans une atmosphère de joie folle et au milieu d'une foule qui « s'éparpille quand ça tire et revient aussitôt après[24] ». Encore une fois, Élisabeth Miribel saisit le mieux la folie du moment : « Dans l'après-midi, toujours à la suite de Leclerc, je traverse Antony. C'est le délire ! Hurlements de joie, vivats des femmes, cris des enfants, les hommes clament *La Marseillaise.* [...] L'accueil d'Antony nous prépare à l'atmosphère indicible qui nous attend désormais. La population acclame inlassablement nos chars qui repartent fleuris au combat. Les collaborateurs sont arrêtés. [...] Tout le monde voudrait ou nous loger ou nous restaurer. Les enfants et les vieillards applaudissent sans relâche. Les résistants patrouillent. Au bout de la rue, sur le toit d'une maison, les Allemands continuent à tirer[25]. » Blumenson pointe aussi un dispositif d'attaque inapproprié : la route du sud s'est révélée en fait plus difficile que celle de l'ouest, Langlade progresse jusqu'au pont de Sèvres pratiquement sans encombre. Massu, qui est en pointe, le confirme en précisant qu'il a foncé toute la journée : « Vite, toujours plus vite, c'est la course vers Jouy-en-Josas. Il continue à pleuvoir, les combattants sont mouillés jusqu'aux os et grelottent. Jouy est traversé à près de 40 kilomètres à l'heure[26]. » Et plus loin, vers Clamart : « Nos blindés doivent se frayer un passage parmi les jeeps de reporters américains [...] qui voudraient nous dépasser[27]. » Blumenson insiste encore sur la réticence des soldats de la DB à taper trop dur sur les personnes et les biens. Et, surtout, il pointe la résistance allemande[28]. S'il est une réalité intangible de la guerre, c'est bien que l'adversaire ne fait jamais ce que l'on a supposé qu'il ferait. Les combats sont plus durs qu'on ne s'y attendait et qu'on ne l'écrit encore aujourd'hui : le 24 août, la DB compte 71 tués, 225 blessés, 35 blindés, 6 automoteurs, 111 véhicules divers détruits. La résistance allemande est vigoureuse à la Croix-de-Berny, à Bourg-la-Reine, à Morangis, à Massy, devant la prison de Fresnes. André Martel résume bien la situation : « En fait, les critiques oublient trop facilement que le commandement américain supposait une absence de résistance sur un parcours de 250 kilomètres[29]. » En un mot, un double quiproquo s'est installé entre Français et Américains : les premiers soupçonnent les seconds des plus noirs calculs politiques pour les empêcher d'entrer dans Paris ; les seconds s'imaginent que Leclerc traîne à dessein sur la route. Incompréhension, aux portes de Paris, qui n'est rien d'autre que le résultat de trois années d'une alliance conflictuelle et dénuée de confiance réciproque.

Leclerc avait prescrit à Billotte d'emprunter les petites routes et d'éviter les grands axes. Il est furieux contre son subordonné qui, pense-t-il, s'est encastré dans la RN 20. Tout est trop lent aux yeux du général. « Son impatience s'accroît pendant l'après-midi. Elle atteint son point de rupture au carrefour d'Antony où il a l'impression d'un flottement dans le groupement auquel il a confié l'effort principal[30]. » Warabiot est parvenu à contourner par l'est, mais on bute sur l'axe central et la RN 20. À 19 heures, Putz est enfin maître de la Croix-de-Berny et, une heure plus tard, Warabiot emporte le verrou de Fresnes. Mais il est tard, les hommes sont épuisés, le carburant au plus bas. Vers 19 h 30, « [Leclerc] arpente le carrefour de long en large, le visage crispé par ce faux sourire qui dénote chez lui la tension de l'affût. C'est à ce moment qu'il aperçoit Dronne. Il l'appelle et cet appel est un grondement[31] ». Le capitaine Raymond Dronne est un Français libre de la première heure, vétéran des campagnes d'Afrique de la colonne Leclerc. Il commande à présent la 9e compagnie du 3e bataillon du régiment de marche du Tchad. La scène est fameuse, cent fois relatée. Pourtant, Dronne, Boissieu, Girard, Gribius et Billotte, tous les cinq témoins oculaires, en ont livré des versions si différentes qu'elles en changent la tonalité et la signification.

La version du capitaine Girard, l'aide de camp de Leclerc, est la plus brève et la plus neutre. Dronne rend compte à Leclerc : c'est la manœuvre de Warabiot par l'est qui l'empêche de passer. « Je vois le Général se pencher. Sa voix est rauque, il hache les mots :

– Allez… Entrez par n'importe quel moyen… Ne vous occupez pas de la division ni des points d'appui… Foncez !

– Bien, mon général[32]. »

Selon Dronne, Leclerc lui serait tombé dessus et l'aurait engueulé d'abondance : « Dronne, qu'est-ce que vous foutez là ?

– Mon général, je me rabats sur l'axe. J'en ai reçu l'ordre, réitéré et formel [de Billotte].

– Il ne faut pas exécuter les ordres idiots. Dronne, filez droit sur Paris, entrez dans Paris, ordonne Leclerc. Et il pointe sa canne en direction de la capitale[33]. »

Dans les mémoires de Boissieu (qui est un ami de Billotte), la réplique de Leclerc est encore différente, nettement moins hostile à Billotte et beaucoup plus ample : « Non, Dronne ; filez droit vers Paris, entrez dans Paris. Ne vous laissez pas accrocher. Passez par où vous voudrez. Dites aux Parisiens et à la Résistance de ne pas perdre courage, que demain matin la division tout entière sera dans Paris[34]. » Selon André Martel, Leclerc déclare quelques instants plus tard à Alain de Boissieu, lequel n'en fait pas mention dans ses mémoires : « Votre ami Billotte ne sait pas manœuvrer[35]. » Gribius, qui n'a pas quitté Leclerc de la journée, est tout aussi explicite : « Ainsi l'agace, depuis ce matin, l'emploi fâcheux de cette force blindée que Billotte a liée aux grands axes, alors que, dans l'esprit de Leclerc, il ne s'agissait que d'indication de principe[36]. » Billotte livre bien sûr une version totalement différente de la scène jusqu'à en inverser la signification : « Il est 19 heures, tous sont exténués, nous sommes presque à bout d'essence et de munitions. Nous n'avons plus qu'une heure trente de jour devant nous. Désolé, je dois donner l'ordre de nous arrêter alors que la trouée est faite. Je propose à Leclerc, venu à ma hauteur, de donner l'ordre à Dronne, le capitaine le plus proche de nous à ce moment, de foncer sur la Préfecture de Police en s'infiltrant : il a sa chance. Leclerc acquiesce d'autant plus volontiers qu'il avait eu la même intention[37]. »

Antony, 24 août 1944, 19 h 30. Dronne (debout au centre) reçoit de Leclerc (de dos) l'ordre d'entrer dans Paris.

Billotte réfute par ailleurs, longuement et fermement, l'accusation de Leclerc selon laquelle il se serait enferré sur la RN 20 au lieu de manœuvrer. Il affirme au contraire que ses forces ont constamment tenté de déborder l'ennemi lors de la journée du 24 et que la faute en revient tout simplement à la forte combativité de la Wehmarcht. Il en appelle à la caution de Juin : « Le général Juin venu aux nouvelles à ma hauteur, dut en convenir lorsqu'il m'eut demandé si je pensais arriver à Paris le jour même[38]. » En publiant ses mémoires en 1972, douze ans après ceux de Juin, Billotte aurait sans doute pu choisir meilleur avocat que le maréchal qui ne voyait dans ces combats qu'une « petite manœuvre de garnison ». Plus grave : Juin écrit exactement le contraire dans ses mémoires puisqu'il affirme que Billotte, au matin du 24, à Longjumeau, lui dit sa confiance d'entrer dès le soir dans Paris. Il est vrai que, lors d'une journée de combats, la vérité du matin n'est souvent pas celle du soir.

En fin de journée, du côté de Bourg-la-Reine, la tension entre Leclerc et Billotte va encore monter d'un cran. Nous ne disposons que de la version de Billotte pour éclairer cette affaire, la mort prématurée de Leclerc l'ayant empêché de livrer ses mémoires. Se fondant sur les informations apportées par Petit-Leroy, Billotte propose de modifier le plan d'investissement de Paris conçu par Leclerc. Au lieu de prendre un par un les points d'appui allemands, « comme il était classiquement prévu par notre règlement de manœuvre pour la conquête des localités urbaines », Billotte suggère de décapiter le commandement allemand : aller droit au Meurice et « s'emparer de Choltitz avant tout autre Allemand[39] ». « J'expose donc cette conception à Leclerc ; la discussion fut serrée ; Leclerc ne pouvait pas en un instant juger tous les mérites et toutes les capacités des chefs de la Résistance intérieure que j'avais appris à connaître peu à peu en trois ans[40]. » Billotte se donne ici un peu le beau rôle. Nommé en mai 1942 chef de l'état-major particulier du général de Gaulle à Londres, il travaille, de concert avec le BCRA de Passy, à intensifier l'aide à la Résistance intérieure*. Mais cette connaissance est strictement de bureau, et il n'a jamais effectué de mission clandestine en France. Preuve que le conflit est sévère, Billotte ajoute qu'il était prêt à demander l'arbitrage de De Gaulle. C'est alors que Leclerc lui « donna

---

* Un an plus tard, en mai 1943, à Alger, le colonel Billotte est nommé secrétaire du Comité militaire permanent puis du Comité de Défense nationale.

pratiquement carte blanche » : « “Prenez la Préfecture de Police et là, mieux renseigné, vous verrez que faire : aller au Meurice ou vous porter, comme prévu, en couverture, de Neuilly-sur-Marne à Charenton.” Dès cet instant, je savais que j'irais au Meurice[41]. »

De Gaulle le 24 à Rambouillet

En attendant le dénouement de la situation militaire, de Gaulle est contraint de passer la journée du 24 à Rambouillet. Cette attente forcée qu'il supporte difficilement est toutefois mise à profit par de nouvelles entrevues et par l'achèvement du plan d'investissement politique de Paris. Les liaisons avec Paris sont toujours aussi difficiles ; le téléphone fonctionne mais il est contrôlé par les Allemands, et on répugne à l'utiliser.

Ce matin du 24 août, la sérénité règne dans l'entourage du Général. C'est sans doute ce qui explique l'envoi par de Gaulle d'un télégramme très optimiste à Henri Queuille et à René Pleven. Le télégramme est chiffré et envoyé à Londres, d'où on le transmet ensuite à Alger. À Rambouillet, de Gaulle ne dispose d'aucune liaison directe, radioélectrique, télégraphique ou téléphonique, avec le gouvernement d'Alger.

> « Rambouillet 24 août 1944
> Secret le plus absolu
>
> La Division Leclerc entre dans Paris aujourd'hui.
> Je compte m'y trouver personnellement ce soir.
> Quartus* a l'autorité bien en main.
> Contrairement à ce qui avait été dit, la capitale est en bon état.
> Les Allemands tiennent encore certains points mais leur situation est désespérée.
> Je demande à tous les membres du gouvernement de me rejoindre sans délai à Paris.
> Le terrain d'aviation du Mans est bon.
> Je leur demande également de placer leurs postes de commissaire à ma disposition pour me permettre de remanier aussitôt le gouvernement si cela apparaît comme nécessaire. Je demande enfin que cette décision qu'ils

* Il s'agit de l'un des pseudonymes d'Alexandre Parodi.

voudront prendre me soit confirmée par télégramme à notre délégation à Londres.
Amitiés[42]. »

L'optimisme ambiant n'empêche toutefois pas de Gaulle de songer à l'étape suivante : la prise du pouvoir exige l'arrivée très rapide à Paris des ministres d'Alger, probablement accompagnée d'un remaniement. La nature a horreur du vide, et de Gaulle ne pourra pas longtemps occuper seul l'espace politique à Paris face au CNR et aux diverses instances nationales et locales de la Résistance intérieure. Quant aux secrétaires généraux provisoires qui font fonction de ministres, ce ne sont pas des hommes de Londres dans lesquels de Gaulle puisse avoir une entière confiance. Certains d'entre eux (ainsi Henri Wallon à l'Éducation nationale ou Willard à la Justice, dont dépend l'épuration) sont même proches du Parti communiste. Nous verrons d'ailleurs sa colère monter, de télégramme en télégramme, jusqu'à la fin du mois, devant l'absence de réponse d'Alger.

Le matin du 24, de Gaulle reçoit un télégramme du roi George VI qui, trompé par la BBC qui a annoncé à tort, la veille, la libération de la ville, anticipe les événements. Le roi lui exprime sa joie profonde et conclut sereinement : « Je me réjouis avec Votre Excellence, en cette heure de leur triomphe [les habitants de Paris qui ont chassé l'envahisseur], comme je me suis associé à eux pendant leurs longues années de souffrance[43]. » Dans les *Mémoires de guerre*, de Gaulle verra dans ce télégramme, publié par la presse britannique, le signe que les Anglais n'approuvent pas les réserves et la prudence des Américains. Il en veut pour preuve le contraste entre la chaleur de la BBC et la réserve de la Voix de l'Amérique. À nouveau, on est en droit de s'interroger sur la part de reconstruction des *Mémoires de guerre*. Comment de Gaulle a-t-il pu entendre ces deux postes, le 23 août, alors qu'il pérégrine de préfecture en préfecture et qu'il n'est même pas en liaison radio avec Leclerc ?

De Gaulle profite de cette halte forcée pour dévorer la presse résistante qui a commencé à paraître au grand jour, à Paris, le 21 août. Il lit les exemplaires de *Combat*, de *Libération* ou du *Populaire* des jours précédents et se réjouit de constater la vitalité de l'esprit de lutte et de résistance, mais cela le conforte dans sa détermination à n'accepter « pour [son] pouvoir aucune sorte d'investiture, à part celle que la voix des foules [lui] donnerait directement[44] ». Belle formule que l'on peut lire aussi, dans le contexte de 1954, comme une attaque à peine voilée contre la IVe République, régime d'« investiture », et, pourquoi pas, comme le mode d'emploi d'un futur retour au pouvoir. En 1954, de Gaulle écrit autant pour le passé que pour le présent, voire le futur.

Le Journal de Claude Guy apporte quelques précieux éclaircissements. Né en 1915, le lieutenant d'aviation Guy est fait prisonnier par les Allemands en 1940. Après plusieurs tentatives d'évasion, il parvient à rejoindre la France libre en 1941, aux États-Unis, et combat comme pilote, au grade de lieutenant, puis de capitaine, dans les Forces aériennes françaises libres. Mais, en 1944, un accident lors d'un saut en parachute l'interdit de vol. De Gaulle qui recherche alors un nouvel aide de camp lui confie ce poste qu'il occupe du 12 juin 1944 au 5 janvier 1949. Son Journal, véritable « mine » pour connaître l'action de De Gaulle aux débuts de la IVe République, commence en janvier 1946. Mais un feuillet, entièrement manuscrit, en date du 25 août 1944, a été ajouté en guise de préface. Lors de cette interminable journée du 24, Claude Guy précise que de Gaulle travaille longuement à la préparation de son discours « improvisé » de l'Hôtel de Ville du lendemain, discours dont on l'a vu préparer et tester peu à peu les formules depuis Cherbourg. Le soir, « il a quitté son manuscrit du discours qu'il prépare pour Paris et s'est plongé, satisfait, dans Froissart[45] ». À la demande de De Gaulle, Claude Guy est, en effet, parvenu à trouver à Rambouillet les deux tomes des *Chroniques* de Froissart. On se demande d'ailleurs bien où. En effet, la bibliothèque du château, alimentée par l'immense fonds réuni par Louis-Alexandre de Bourbon, comte de Toulouse et duc de Penthièvre, fils légitimé de Louis XIV, a été transférée à la Bibliothèque royale sous la Restauration. Après le dîner, à la lueur de la chandelle, de Gaulle parcourt ces *Chroniques* de la guerre de Cent Ans vue du point de vue anglo-flamand.

Journée studieuse, journée politique aussi. Le cabinet civil commence à retrouver un rythme de travail normal. Plus que jamais, Gaston Palewski, qui aimait à se présenter avec humour comme « le monsieur devant qui on fait baisser les armes[46] », est le grand organisateur de l'ombre. En ralliant de Gaulle dès le mois d'août 1940, Palewski a offert au Général sa connaissance intime de la haute administration et des milieux politiques français. « À 23 ans, Lyautey ; à 27 ans, Paul Reynaud ; à 33 ans, de Gaulle ; voilà, si j'ose dire, le palmarès des rencontres de Palewski, dans la première partie de sa vie », note Maurice Druon dans une cette formule ramassée. Palewski lui a aussi livré, fruit de ses années oxfordiennes et de ses amours compliquées, de précieuses relations dans la haute société britannique. Toujours Druon : « Palewski savait l'Angleterre sur le bout des doigts. Il y disposait d'amitiés masculines et féminines influentes et nombreuses. Il parlait aux Anglais leur langage, maniait aussi bien qu'eux l'*understatement*, pouvait sourire ou plaisanter au milieu du pire. [...] Il leur expliquait de Gaulle[47]. » Dans leurs mémoires, Palewski et son adjoint Gorse évoquent une matinée très politique et de nombreuses allées et venues au château de Rambouillet. Après avoir occulté tout le voyage dans l'Ouest, comme si les mondanités provinciales ne l'intéressaient que très secondairement, Palewski reprend le cours de ses mémoires à Rambouillet. À le lire, on devine de nombreux conciliabules et un important courrier en provenance de Paris, en particulier sur la question du ravitaillement.

Gorse n'est pas en reste et reçoit la visite de deux émissaires venus de Paris. Bien que les mémoires de Gorse ne soient pas d'une absolue clarté sur ce point et qu'il ne cite pas de noms, le contenu des conversations indique qu'il ne peut s'agir que des banquiers Alexandre de Saint-Phalle et Jean Laurent, que de Gaulle a reçus très froidement la veille au soir. Soit Gorse emmêle la chronologie, soit les deux financiers, échaudés la veille par le Général, retentent leur chance auprès de ses conseillers le lendemain matin. « Leurs propos sont embrouillés et leurs intentions peu claires. De Gaulle en parle au déjeuner : "L'on m'a dit : voulez-vous faire un gouvernement *de facto* ou *de jure* ? Si c'est *de jure*, il n'y a que deux solutions : ou bien le maréchal Pétain vous transmet ses pouvoirs ou bien vous convoquez l'Assemblée nationale. Évidemment, ajoute de Gaulle, toutes les manœuvres sont possibles, on va chercher à combiner n'importe quoi avec Herriot, Chautemps ou même Laval, avec l'aide de l'Assemblée nationale. Ce sera donc *de facto*, et puis on verra bien !" De Gaulle a une extinction de voix, mais il est éclatant de certitudes : "Eisenhower, je parie, fera une démarche auprès de moi pour me dire qu'il a la charge de me dire de réunir l'Assemblée nationale." Je répondrai que j'ai la charge de refuser... Quant à l'Assemblée nationale, j'espère que j'aurai retrouvé ma voix pour qu'on entende mon rire... Il m'est déjà arrivé d'être aphone étant jeune. Pétain me rassurait en ces termes : "J'ai connu quelqu'un dans votre cas, ne vous inquiétez pas, il est allé deux ans dans un hôpital et en est revenu guéri[48]." » Et tout le monde éclate de rire.

Si l'ambiance demeure allègre, le cadre matériel est spartiate. Les couverts sont d'argent et la vaisselle, de porcelaine, mais « le déjeuner est fait de "rations K" américaines que de Gaulle déplie avec curiosité. Tout est prévu, aliments, ouvre-boîtes et même papier hygiénique[49] ». L'après-midi, à mesure que le temps passe et que la BBC répète en boucle que Paris est libre et que les forces alliées y sont entrées, la tension monte au château. On commence à comprendre que l'entrée dans Paris le soir même est de plus en plus compromise. Chevigné : « Le Général reniflant Paris piaffait dans une inaction forcée. À plusieurs reprises, il m'ordonna de voir où en était l'accès à la capitale. Chaque fois, je constatai la présence d'un bouchon allemand peu important mais déterminé et mes jeeps ne pouvaient rien contre les chars Panther postés à la sortie de Trappes. [...] Il me fallut informer le Général au fur et à mesure de la progression de Leclerc. Ce dernier m'envoyait au diable chaque fois que je lui faisais part de l'impatience gaullienne[50]. » Juin qui retourne à Rambouillet en fin d'après-midi, toujours accompagné de Marmier, est porteur de mauvaises nouvelles du front : Leclerc est bloqué du côté d'Antony. Le chef d'état-major est particulièrement inquiet des mines à retardement. Koenig, de retour de Londres où il vient de finaliser l'accord sur le statut des troupes alliées en France, apporte un lot de nouvelles à peine plus encourageantes : les troupes de Leclerc ont atteint la porte de Gentilly (ce qui est faux mis à part le détachement Dronne) et le pont de Sèvres, mais elles ne sont pas entrées dans Paris. À partir de ce moment, de Gaulle comprend que l'entrée dans Paris le soir du 24 est plus que compromise. Juin s'enferme alors dans sa chambre. Le capitaine Guy s'en inquiète et vient trouver Gorse : « Je ne sais ce qui arrive au général Juin : il tourne en rond dans sa chambre et demande sans cesse quelle heure il est[51]. »

L'« affaire Suhard », acte 1

Cet après-midi, à la Préfecture de Police, Luizet et Parodi se préparent à accueillir le Général le soir même, ce qui implique que l'on règle un certain nombre de détails délicats. Parmi ceux-ci, la place qu'il convient d'accorder à Mgr Suhard, le cardinal-archevêque de Paris, au cas où un *Te Deum* serait chanté à Notre-Dame, n'est pas le moindre.

Les frictions entre le pouvoir gaullien et la hiérarchie catholique n'ont pas commencé sur le perron de Notre-Dame. François Coulet rappelle qu'il eut l'idée de faire chanter un *Te Deum* en la cathédrale de Bayeux le dimanche qui suivit la visite de De Gaulle et qui tombait fort opportunément le 18 juin 1944. Tout en glissant malicieusement que cette date n'évoquait pas grand-chose à la majorité de la population, et pas même au président du comité local de Libération, Coulet insiste sur la difficulté qu'il eut à convaincre Mgr Picaud, l'évêque de Bayeux, de l'opportunité d'une telle cérémonie. Le prélat commença par rappeler à Coulet qu'il était protestant, s'étonnant que le général de Gaulle ait nommé pour administrer une région aussi profondément catholique « une personne appartenant à la Confession d'Augsbourg[52] ». L'évêque « acariâtre » (*dixit* Coulet) invoqua ensuite le danger allemand : quelle cible idéale ferait la cathédrale bondée. Mgr Picaud poussa l'impertinence jusqu'à rappeler à Coulet que son père, recteur de Strasbourg en 1918, fut celui « qui a rétabli l'école laïque en Alsace et Lorraine ». N'y tenant plus, Coulet répondit que le fils observerait la même attitude que le père : rétablir les lois de la République dans les territoires libérés. Peine perdue, l'évêque refusa toute messe de *Te Deum* et ne concéda *a minima* « après une hésitation et de très mauvaise grâce », qu'un simple chant *Te Deum laudamus* au terme d'une grand-messe célébrée par l'évêque en *cappa magna*[53]. Le ministre Le Troquer, qui poursuit son propre chemin sur les routes de l'Ouest tout au long du mois d'août, relate de semblables tensions. Le 21 août, deux jours avant de Gaulle, il est à Chartres : « J'arrivai dans une ville encore douloureuse de l'exécution de 34 FFI, fusillés par les Allemands en retraite. » Il assiste aux obsèques des victimes et, lors de la cérémonie, il est indigné d'« entendre l'évêque de Chartres Mgr Harscouët parler curieusement d'un "changement de ministère" en France[54] ». Le même Mgr Harscouët avait quitté sa ville de façon peu glorieuse en juin 1940, laissant le préfet Jean Moulin accueillir seul les Allemands. Michel Debré est le témoin d'une autre scène, certes moins grave, mais révélatrice. Le 23 août au matin, il accompagne de Gaulle de Laval au Mans. Les personnalités accourent à la préfecture saluer le général de Gaulle, et Debré est choqué par l'attitude très désinvolte de l'évêque : « En tête vient Mgr Grente, évêque du Mans : "Bientôt à l'Académie, mon Général, c'est la place des vainqueurs." Et souriant, Mgr Grente s'éloigne. Et le Général me répond : "Pétain s'en va, de Gaulle arrive, c'est tout ce qu'ils voient[55]." »

Mgr Emmanuel Suhard, né en 1874, a été évêque de Reims, ville marquée dans sa chair par les guerres mondiales. Cardinal depuis 1935, Emmanuel Suhard n'arrive à Paris qu'en juillet 1940, dans une ville désertée par au moins un million de ses habitants. Prélat missionnaire (il encourage la Mission de Paris et le très actif abbé Godin) et grand théologien (il participera, par ses réflexions, à la préparation du concile Vatican II), Mgr Suhard, à l'image de la grande majorité de la hiérarchie catholique, se rallie à la personne du maréchal Pétain. Cette prise de position ne signifie pas pour autant un alignement systématique sur la politique de Vichy, comme le montrent les négociations relatives aux subventions à l'école privée dans lesquelles Suhard joue un rôle important. Les deux éléments qui vont déclencher l'affaire surviennent au printemps 1944. Le 26 avril 1944, lors du voyage de Pétain à Paris, Mgr Suhard se déplace sur le perron de Notre-Dame pour accueillir le chef de l'État qui vient assister à une messe à la mémoire des victimes de récents bombardements anglo-américains qui ont endeuillé la banlieue. Deux mois plus tard, le 28 juin 1944, Philippe Henriot, membre de la Milice et propagandiste en chef du régime de Vichy, est exécuté par un commando de la Résistance. Le 2 juillet 1944, à Paris, Vichy organise en sa mémoire des obsèques nationales. Mgr Suhard accepte de célébrer un office mortuaire dans la cathédrale. Pétain est absent, mais assiste, au même moment, à Vichy, à un autre office religieux. La visite de Pétain et les obsèques d'Henriot sont suivies par des foules impressionnantes, comme en attestent nombre de films et de photographies. Dès lors, le cardinal-archevêque de Paris devient la « bête noire » de la Résistance peut-être plus d'ailleurs dans sa version gaullienne que dans les rangs de la Résistance intérieure. La position de Francis-Louis Closon, figure catholique de la France libre, au même titre que Maurice Schumann, Yvon Morandat, Jean Marin, l'amiral d'Argenlieu ou Élisabeth de Miribel, est significative. Qu'Henriot ait eu droit à un service religieux, explique-t-il dans ses mémoires, passe encore. Mais pas les honneurs de Notre-Dame. « Nous étions résolus, si un *Te Deum* était donné, à ne pas accepter la présence de l'archevêque de la ville où tant de crimes nazis avaient été commis sans que s'élevât, au nom de l'Église, une violente et publique condamnation[56]. »

Mgr Suhard n'est pas le seul prélat parisien à poser problème. L'évêque auxiliaire de Paris, Mgr Beaussart, qui a dirigé la cérémonie patrioco-religieuse du 19 mai 1940 à Notre-Dame, voulue par Paul Reynaud, s'est employé, avant la guerre, à rapprocher l'Église de l'Allemagne nazie. Sous l'Occupation, cet évêque-diplomate s'investit à présent dans les discussions avec le régime de Vichy. Il préside la commission de la Jeunesse au sein du Conseil national où il s'oppose, au nom de l'Église de France, aux projets de jeunesse unique. Au printemps 1943, il propose au Vatican de reprendre les discussions avec l'Allemagne. Tout cela fait qu'il figure dans la « liste noire » des douze évêques « suspects » établie par le CFLN en septembre 1943, liste dans laquelle Suhard ne figure pas. Beaussart en disparaît opportunément en juillet 1944, mais il demeure dans le collimateur des instances gaulliennes. Il fera partie des quatre évêques trop compromis destitués par le Vatican suite à un accord entre de Gaulle et Pie XII à l'été 1945*.

Pour régler cette délicate question, Parodi a l'idée de s'adresser au révérend père Bruckberger, l'aumônier des FFI de la région parisienne. Le matin du 24 août, Bruckberger est informé par son ami Yvon Morandat** qu'il est attendu à la Préfecture. À 15 heures, accompagné de Morandat, Bruckberger retrouve à la « PP » « tous les membres du gouvernement*** » et est introduit dans le bureau de Parodi qui lui confie que l'on attend le général de Gaulle d'une heure à l'autre. Selon Bruckberger, Parodi lui aurait tenu ce discours : « En arrivant, le général s'arrêtera à la Préfecture, ira à l'Hôtel de Ville et à Notre-Dame. Le dernier point fait difficulté. Le gouvernement ne veut pas que le

* Les trois autres étaient Mgr du Bois de La Villerabel, évêque d'Aix-en-Provence, Mgr Dutoit, évêque d'Arras, et Mgr Auvity, évêque de Mende.

** Né en 1913 dans une famille d'agriculteurs de l'Ain, Yvon Morandat milite à la Jeunesse ouvrière chrétienne (JOC), puis au petit parti démocrate-chrétien Jeune République et au syndicat chrétien CFTC. Ce catholique progressiste participe à l'expédition de Norvège et rallie la France libre, en Angleterre, dès juin 1940. Il travaille dans l'équipe française de la BBC avant d'être parachuté près de Toulouse, le 7 novembre 1941. Sur place, il rejoint le mouvement Libération-Sud. « Grillé » en France, il retourne à Londres en novembre 1942, est affecté au commissariat à l'Intérieur, puis siège, à Alger, à l'Assemblée consultative provisoire. « Parachuté une deuxième fois en France en janvier 1944, il collabore avec le délégué général Alexandre Parodi. Il participe ainsi à la préparation politique, administrative et militaire de l'insurrection et de la libération de Paris ; il est le premier résistant à entrer dans l'hôtel Matignon » (Gilles Morin, « Morandat », *in* François Broche, Jean-François Muracciole (dir.), *Dictionnaire de la France libre*, Bouquin, 2010, p. 1020-1022).

*** On comprend mal, dans ces lignes, ce que Bruckberger désigne par le « gouvernement » : les personnalités venues de Londres et d'Alger qui entourent de Gaulle ? ou les membres de la Délégation générale, voire les secrétaires généraux qui exercent provisoirement les fonctions de ministres ?

général soit reçu par le cardinal Suhard qui a reçu dans Notre-Dame Pétain, le commandement allemand du Grand Paris et le cadavre de Philippe Henriot[57]. » Pour éviter cette humiliation au cardinal, le RP Bruckberger et Yvon Morandat proposent alors que de Gaulle se rende à Notre-Dame-des-Victoires plutôt qu'à Notre-Dame : « Il accomplira ainsi le geste religieux qu'il veut faire et ce geste se trouvera en même temps être un hommage aux insurgés tués pour la libération de Paris. En outre, sans faire affront au cardinal, cela réserve toute liberté au gouvernement envers lui. » Parodi est satisfait de cette solution et confie à Bruckberger, « avec un ordre de réquisition exceptionnel », le soin de préparer Notre-Dame-des-Victoires en conséquence.

Ce qui est troublant dans le texte de Bruckberger, si l'on accepte sa version de « l'affaire Suhard » qui commence ainsi à prendre forme dans l'après-midi du 24, est que ni lui ni Parodi, ce qui est beaucoup plus surprenant, ne semblent comprendre que de Gaulle n'entend pas accomplir à Notre-Dame un « geste religieux ». Ce dont il est question est éminemment politique. En se rendant dans la cathédrale, le Général entend s'insérer, parallèlement à la légitimité républicaine, dans une forme de légitimité historique qui transcende les siècles. L'amiral Philippe de Gaulle rapporte les propos de son père à ce sujet : « C'est dans la tradition historique. Si l'on rentre dans Paris victorieux, il y a un *Magnificat* à Notre-Dame. Après chaque victoire, c'était la coutume au temps de la monarchie. Quand le roi gagnait la guerre, il allait rendre grâce à Dieu. On va à Notre-Dame parce qu'Il est le maître de tout. Et c'est à nous aujourd'hui qu'Il a donné raison[58]. »

Il est également surprenant que Parodi ait accepté sans broncher la proposition de substituer Notre-Dame-des-Victoires à Notre-Dame. Certes, cette solution lui évite la perspective d'un grave conflit avec le cardinal-archevêque. Mais comment ne peut-il saisir la force symbolique que représente Notre-Dame de Paris ? Quoi qu'il en soit, le témoignage de Bruckberger révèle qu'on s'attend donc, à la Préfecture de Police, à accueillir le général de Gaulle ce 24 août et que ce dernier a prévu, comme il l'a fait partout depuis son retour en France, d'accomplir son immuable rituel – Préfecture/Hôtel de Ville/Cathédrale – certainement accompagné d'une déambulation à pied au milieu des ovations de la foule. Sans doute ces consignes ont-elles été transmises la veille à Luizet par Pierre Favreau à son retour de Rambouillet.

Bruckberger précise : « La pensée du gouvernement était de n'admettre ce soir-là à l'honneur d'accueillir le général de Gaulle que ceux qui avaient été à la peine pour lui et pour la tradition de grandeur et de liberté qu'il représente pour la France. » Autrement dit, uniquement « les visages que je rencontre dans les conciliabules clandestins de la Résistance[59] ». Le temps passe et on attend toujours l'arrivée du général de Gaulle. D'où la stupeur de l'assistance quand on annonce l'arrivée de Mgr Beaussart, l'archevêque auxiliaire de Paris, accompagné du vicaire général et archiprêtre de Notre-Dame, Mgr Brot. « Mgr Beaussart eut l'air de percevoir le vide et le silence qui s'étaient faits autour de lui. Il était en noir, accompagné d'un seul chanoine[60]. » Selon Robert Aron, l'arrivée de Beaussart provoque bien plus que le silence, mais de franches paroles de réprobation de la part des prêtres résistants qui désapprouvent l'attitude du cardinal Suhard sous l'Occupation. Francis-Louis Closon, qui assiste à la scène, confirme le profond malaise suscité par l'arrivée des deux prélats : « Rarement, je pense, hommes d'Église reçurent accueil plus glacial d'une foule, la minute précédente aussi ardente et chaleureuse*[61]. » Faisant front, Bruckberger salue Mgr Beaussart, baise son anneau pastoral et le conduit dans le bureau de Parodi, laissant les deux hommes en tête à tête. Bruckberger comprend que Beaussart n'a pas été invité et il songe à partir quand la porte du bureau se rouvre. Parodi l'appelle : « Expliquez à Monseigneur qu'après l'attitude de l'archevêché de Paris pendant l'occupation et sous le régime de Vichy, vous ne pouvez pas prendre la responsabilité de le présenter au général de Gaulle ni l'exposer à un affront[62]. » Selon Aron, Parodi aurait été encore plus raide. Il aurait déconseillé à l'archevêque auxiliaire de Paris d'assister à la réception de De Gaulle : « Monseigneur, votre place n'est pas ici en ce moment[63]. » Parodi retourne dans son bureau, et Beaussart quitte les salons de la Préfecture dans un silence pesant.

Nous avons tenu à présenter le témoignage de Bruckberger dans son intégralité pour souligner sa logique. Mais ce témoignage pose un problème de fond qui ne facilite pas la compréhension de l'affaire. Le père dominicain Bruckberger est d'un caractère ombrageux et exalté. Touche-à-tout, il est aussi scénariste de cinéma, animateur de revue théologique, homme de théâtre et il fréquentera le Saint-Germain-des-Prés

* Closon situe cette entrevue le 25. Elle a bien sûr lieu le 24, comme le rapporte Bruckberger.

des années 1950. Ami de Darnand, qu'il a rencontré dans les Corps de franc de la Drôle de guerre, il est très vite antipétainiste et rejoint les maquis du Vivarais en 1943 avant que Parodi le nomme aumônier général des FFI en 1944. Dans ses mémoires, il se pose en médiateur soucieux de ménager l'Église et la Résistance, et d'éviter une humiliation au cardinal Suhard. Pourtant, d'autres acteurs de l'affaire le présentent au contraire comme l'un des partisans les plus résolus de la mise à l'écart du cardinal. Ainsi, François Bloch-Lainé, qui assiste lui aussi, ce 24 août, à la visite de Mgr Beaussart à la Préfecture de Police, décrit au contraire Bruckberger comme un jusqu'au-boutiste : « Venu pour la cérémonie annoncée [on attend l'arrivée du général de Gaulle], l'envoyé du cardinal Suhard a été renvoyé par André Ségalat à l'archevêché, sur l'ordre de Parodi, poussé par le père Bruckberger, qui disait : “Ah, regardez-les, ces enfants de lumière” », réflexion qui déplut profondément à Bloch-Lainé[64]. Dans le camp clérical, nous verrons que Mgr Brot, archiprêtre de Notre-Dame, dresse de Bruckberger un portrait au vitriol, qui est tout sauf celui d'un médiateur. Autrement dit, il convient de prendre avec la plus grande prudence le témoignage de Bruckberger publié en 1967. Au moins a-t-il le mérite d'établir un certain nombre d'éléments factuels.

Philippe Viannay à Rambouillet

De même que Pétain avait beaucoup reçu, en mai, lors de son séjour forcé à Voisins*, de Gaulle, qui ne reste que trente-six heures à Rambouillet, est largement sollicité et reçoit autant qu'on le veut. Alors qu'on attend le Général dans les salons de la Préfecture de Police de Paris, voici que, vers 17 heures, Philippe Viannay, 27 ans, chef des FFI de Seine-et-Oise, se présente à la grille du château de Rambouillet. Sa visite vient apporter une touche de fraîcheur et permet à de Gaulle de rompre un moment l'attente suffocante du « feu vert » de Paris**.

* Une bonne partie du gouvernement (Laval, Darnand, Henriot, Déat, l'amiral Platon) et les hauts responsables allemands (le général von Stülpnagel, le maréchal von Rundstedt). Il s'était également rendu à Versailles, saluer la reine Amélie du Portugal, et à Louveciennes, s'incliner sur la tombe du maréchal Joffre et y présenter ses hommages à sa veuve.

** Le chapitre des mémoires de Viannay relatant cette entrevue est daté du « 25 juillet 1944 à Rambouillet ». Il s'agit bien sûr d'une coquille, la rencontre a eu lieu le 24 août. (Philippe Viannay, *Du bon usage de la France. Résistance, journalisme*, Ramsay, 1988, p. 151.)

La visite de Viannay à de Gaulle, trop souvent réduite à deux ou trois formules fameuses, mérite qu'on s'y arrête et qu'on la présente en l'insérant dans son contexte. Même si elle demeure d'une parfaite courtoisie, elle révèle le malentendu, voire le fossé qui oppose de Gaulle à la Résistance non communiste. Il est toutefois regrettable que nous ne disposions que du seul témoignage de Viannay, de Gaulle ne faisant pas allusion à l'entrevue dans ses *Mémoires de guerre*.

Diplômé de philosophie à la Sorbonne, un moment proche de l'Action française, catholique pratiquant, Viannay a un profil proche de celui de Maurice Clavel. Il a été l'un des fondateurs du mouvement de résistance Défense de la France, qui a essentiellement recruté dans les milieux étudiants parisiens[65]. Au printemps 1944, il bascule dans la lutte armée à la tête des maquis de Seine-et-Oise, ce qui le conduit à s'opposer à plusieurs reprises, et assez rudement, au chef régional des FFI, le communiste Rol-Tanguy.

À la grille du château, Viannay est pris en charge par le capitaine Guy qui lui annonce que de Gaulle va le recevoir. Viannay demande d'abord à se rendre plus présentable : « Je me sentais sale de toute la poussière ramassée pendant des heures en jeep, j'étais mal rasé et ma tenue était plus que négligée. Je n'eus que le temps de me laver les mains et la figure, car le capitaine, tout en me disant de ne pas me presser, mais que j'étais très bien comme cela, me prévint que le général m'attendait[66]. » Viannay monte à l'étage et est introduit « dans une vaste pièce au fond de laquelle était installé, un peu de biais, un grand bureau près de la fenêtre, derrière lequel se tenait de Gaulle. Il se leva et m'accueillit avec beaucoup de courtoisie ». « Fumant presque sans arrêt des Players », de Gaulle l'écoute avec grande attention, semblant bien connaître l'action de Défense de la France, mouvement dans lequel sa nièce, Geneviève de Gaulle, a milité avant d'être déportée à Ravensbrück en février 1944, ce que le Général n'ignore pas. Se sentant en confiance, Viannay lui expose ce qu'il a en tête « et qui peut se résumer en trois phrases : la France est mûre pour tous les changements, après l'effondrement de la IIIe finissante et après quatre années d'humiliations et d'épreuves. La France dispose d'une élite du courage qui s'est spontanément relevée et qui est prête à s'engager à nouveau. L'union de la Résistance et du général de Gaulle peut vaincre tous les obstacles, y compris le pouvoir communiste, en le débordant par la gauche et l'anticonformisme[67] ». Cette position traduit bien, à ce moment, la pensée dominante de la majorité des cadres de la résistance non communiste. Ces derniers se sont violemment opposés à l'entrée des partis politiques et des syndicats, à leurs yeux discrédités par la défaite, au sein du CNR et se considèrent comme une élite du courage et du mérite à qui revient naturellement la charge de relever la France après la guerre[68].

« Il ne m'interrompait pas, carré dans une attitude que des photographies prises à Londres ont rendue familière, le menton un peu en avant, la cigarette dressée au coin de la bouche avec la fumée montant vers les yeux demi-fermés, les bras croisés. » Après que le financier Saint-Phalle lui a proposé, la veille, la reconduction parlementaire de la IIIe République, voici qu'un jeune et ardent chef FFI lui suggère à présent la dictature. Une fois que Viannay a présenté ses arguments, de Gaulle réplique simplement : « "La France n'est pas un pays qui commence, c'est un pays qui continue." Comme pour lui-même, il ajouta : "La dictature, je sais comment on y entre, je ne sais pas comment on en sort[69]." » Alors que Viannay continue à plaider en lui vantant la force politique de la Résistance, de Gaulle lâche : « Il y a trois forces en France : le capital, le parti communiste et de Gaulle. Du côté où se portera de Gaulle, la France basculera. » Viannay s'enhardit, s'étonne du peu de cas qu'il fait de la Résistance et lui reproche de n'avoir envoyé en France que « des hommes insuffisants ». Le chef de maquis songe ici aux délégués militaires auxquels il a eu affaire. De Gaulle réplique alors « avec une vivacité choquée[70] », faisant l'éloge de son délégué général Parodi.

Sur ce, de Gaulle se lève et invite son jeune visiteur à le suivre pour le dîner. « Il s'arrêta au milieu de la pièce et dit, méditatif : "La France s'appelle de Gaulle." » Viannay se croit obligé de préciser dans ses mémoires : « Toutes ces sentences, égrenées au long du monologue à deux voix [étrange formule mais qui pourrait bien résumer les relations entre de Gaulle et la Résistance], aussi choquantes qu'elles puissent paraître, ne s'accompagnaient d'aucune suffisance. De Gaulle se bornait à formuler des évidences internes. Il était porteur d'une mission. Il était marqué par le destin, il ne voulait rien, ne désirait rien. » Ce qui conduit Viannay à cette singulière conclusion : « J'éprouvais aussi le curieux sentiment que cet homme avait besoin d'être aidé et protégé[71]. »

On passe à table. Viannay se retrouve entre Juin et d'Argenlieu, en face de Koenig et de Le Troquer. Il ne peut reconnaître, à cette date, les autres convives que sont Palewski et Gorse. De Gaulle, qui ne cesse d'accumuler les renseignements depuis qu'il est revenu en France, demande à Viannay ce qu'il sait de la situation de Paris. Le chef FFI répond qu'il n'en connaît pas grand-chose, mais que son expérience, dans son secteur, le porte à croire que les Français sont animés d'une profonde volonté de changement. « Je sens à ce moment autour de la table, mais probablement pas chez de Gaulle, comme une inquiétude sur les sentiments de Paris à vis-à-vis du Gouvernement provisoire, qui pourrait revenir de l'exil, comme jadis les émigrés de Coblence. Les jeux n'étaient pas faits et Leclerc n'était pas encore arrivé dans la capitale. Certes, l'accueil des régions libérées avait été enthousiaste. [...] Mais Paris restait l'inconnu, avec ses mythes, son insurrection interrompue par la trêve, puis relancée par les éléments durs de la résistance approuvés par le Général, avec le CNR et sa commission d'action militaire, le COMAC, où dominaient les communistes[72]. »

« La conversation prit un tour plus futile avec des plaisanteries bien militaires sur les voitures de Koenig et sa manière de les conduire. » Viannay laisse échapper cette confidence : « J'eus alors un peu envie de demander à Juin comment il s'était arrangé avec sa promesse faire aux Allemands de ne pas reprendre les armes contre eux en échange de sa libération. Je choisis, plus lâchement ou plus courtoisement, de lui demander en aparté de me raconter la campagne d'Italie et la bataille de Monte-Cassino, ce qu'il fit avec une sobriété et une clarté remarquables. Le Général prit ensuite congé et nous partîmes dormir[73]. »

Dans la soirée, l'attente des nouvelles de Paris est encore plus fébrile, et sans doute y a-t-il une part de posture dans le détachement de De Gaulle qui se plonge dans la lecture de Froissart. En réalité, sa pensée demeure tendue vers Paris. Claude Guy indique qu'après le dîner c'est d'abord Koenig qui vient l'entretenir de la conférence qu'il a eue, la veille, au Mans, avec le SHAEF et où il a été question de ravitaillement, de charbon et de transport[74]. Faute de sources, il est difficile d'établir l'emploi du temps de Koenig lors de ces journées. Voici le scénario le plus vraisemblable. Koenig est arrivé à Londres le 22 au soir pour signer les accords franco-américain et franco-britannique sur l'administration de la France. On a vu plus haut que la cérémonie est repoussée à la demande des Britanniques pour faire coïncider les signatures des deux accords. Koenig décide alors de rentrer en France dès le 23. Il passe par Le Mans (où se trouve le QG de Bradley et non, comme l'écrit Guy, le SHAEF dont l'antenne avancée est à Jullouville) pour négocier les premiers points et il présente l'état du texte à de Gaulle, à Rambouillet, ce 24 au soir. Le 25, alors que Massigli et Eden paraphent à Londres la partie britannique de l'accord, Koenig retourne au Mans signer l'accord franco-américain avec Bedell Smith. Vers 22 heures, c'est à présent Chevigné qui remet à de Gaulle une note assez complète sur la situation de la 2e DB après un entretien par radio avec Billotte à 20 h 45 et un autre avec Leclerc à 21 h 15[75].

Dronne entre dans Paris

On a vu dans quelles conditions controversées, à Antony, vers 19 h 30, le capitaine Dronne est chargé de la mission de réunir un petit détachement et de rentrer immédiatement dans Paris. À ce moment, à quelques kilomètres de là, le groupement Langlade est parvenu au pont de Sèvres. Le sous-groupement Minjonnet, à court de carburant, ne peut aller plus loin. Mais le commandant Massu a encore des réserves et pourrait foncer. Hélas, la liaison radio avec Leclerc, un moment rétablie, est de nouveau coupée. Dans ses mémoires, le général Massu s'interroge : « J'aurais pu, moi aussi, être au cœur de Paris au moment où Dronne parvenait à l'Hôtel de Ville, mais le colonel de Langlade, que je sollicite de me laisser courir, me rappelle avec énergie que telle n'était ma mission. [...] Bref, sur son ordre, j'ai passé la nuit au beau milieu du pont de Sèvres, brûlant du désir de poursuivre ma route, rongeant mon frein, d'une humeur atroce[76]. » Les choses sont en fait beaucoup plus simples. Le commandant du convoi de camions-citernes qui doit ravitailler le GT... s'est endormi du côté de Meudon, en faisant une pause à 500 mètres de son PC. Langlade conclut : « Ce fut simplement la raison pour laquelle ce ne fut pas le colonel Langlade qui, s'emparant de von Choltitz, reçut la capitulation des troupes allemandes occupant Paris[77]. »

Dronne est un personnage atypique. Fils d'un paysan de la Sarthe, un physique de colosse, une voix de stentor, une « gueule » de baroudeur. Mais étudiant à Leipzig et Berlin, docteur en droit, diplômé de Sciences Po, major de l'École de journalisme de Paris et de l'École coloniale. Il se rallie à la France libre dès le mois d'août 1940 depuis le Cameroun où il est l'un des responsables de la police coloniale. Il suit Leclerc dans toute l'aventure saharienne au sein du BM5, est grièvement en Tunisie et rejoint ensuite le régiment de marche du Tchad dont il commande la 9e compagnie.

Aussitôt, avec ce qu'il a sous la main, Dronne forme un détachement léger. Il se tourne d'abord vers ses propres soldats, les républicains espagnols de la « Nueve » – la 9e compagnie du 3e bataillon du régiment de marche du Tchad – presque tous ralliés en Afrique du Nord en 1943. Ces Espagnols combattent depuis 1936, et Leclerc, qui vient pourtant de la droite maurrassienne, les a autorisés à donner à leurs *half-tracks* les noms de batailles de la guerre d'Espagne (*Madrid*, *Guadalajara*, *Brunete*, *Guernica*). Dronne réquisitionne les 2e et 3e sections de la « Nueve », commandées par le lieutenant Amado Granell, le sous-lieutenant Elias (un évadé de France par l'Espagne qui sera grièvement blessé le lendemain, rue du Temple) et l'adjudant-chef Miguel Campos (sans doute un nom d'emprunt). Campos, que Dronne décrivit comme le « prototype du guérillero », trouvera la mort, le 14 décembre 1944, à Witternheim, en Alsace. « El Capitan », le surnom que ces « rouges » espagnols ont donné à Dronne, annexe aussi deux sections du 501e régiment de chars de combat : une section de génie, commandée par le lieutenant Michard, un ancien pensionnaire du grand séminaire de la rue du Bac à Paris, qui sera tué en Alsace en janvier 1945, et une section de trois Sherman de la 2e compagnie du 501e : les *Montmirail*, *Champaubert* et *Romilly**. Au total 130 hommes, une jeep, quinze *half-tracks*, trois chars. Au volant de la jeep de Dronne, son chauffeur et ordonnance, Krikor Pirlian, un jeune Arménien de 23 ans.

Une minuscule anecdote en dit long sur l'état d'esprit des vétérans Français libres de la DB. La jeep de Dronne portait-elle la fameuse inscription « Mort aux cons » ? Cette charge lourdement antigiraudiste était bien présente en Angleterre où Leclerc, lors d'une inspection, avait demandé à Dronne de la retirer. Mais elle était toujours là à l'arrivée en Normandie puisque, cette fois, Leclerc gronda : « Vous allez m'enlever ça, car si vous deviez tuer tous les cons que vous allez rencontrer sur votre route, la division n'aurait pas assez de munitions[78] ! » On raconte que, ayant eu vent de l'anecdote, de Gaulle aurait alors déclaré : « Lourde tâche, lourde tâche[79]. » Dans ses mémoires, Dronne, qui parle

* Il s'agit du nom de batailles de la campagne de France de Napoléon en 1814.

de lui-même à la troisième personne, fait semblant de ne pas savoir s'il est entré dans Paris affublé de ce singulier mot d'ordre. « Peut-être que oui, peut-être que non, personne ne s'en souvient[80] », écrit-il. Le ton du passage permet de penser que l'anathème n'était pas effacé.

Un jeune habitant d'Antony, Georges Chevallier, se propose de guider la petite colonne par les ruelles de la banlieue sud : L'Haÿ-les-Roses, Cachan, Arcueil, puis Le Kremlin-Bicêtre pour arriver à la porte de Gentilly, à 20 h 45. L'accueil des Parisiens, qui croient d'abord apercevoir des Allemands en retraite, puis des Américains et découvrent finalement des Français, confine au délire. Ses années d'études parisiennes étant bien loin, Dronne tente de se faire expliquer le chemin pour rallier l'Hôtel de Ville. Au milieu d'une cohue indescriptible, un Arménien, Lorenian Dikran, juché sur une moto, s'offre comme guide pour éviter les barricades des FFI et les points forts allemands. C'est donc conduit par deux Arméniens et commandant une troupe d'Espagnols que Dronne entre dans Paris. Voici à présent qu'une jeune femme, Jeanne Borchert, demoiselle des PTT, en costume traditionnel d'Alsacienne, s'assied sur le pare-brise replié de la jeep de Dronne, cramponnée à la mitrailleuse, et refuse obstinément d'en descendre. La colonne suit Dikran qui navigue dans Paris sur sa petite moto, en évitant les grands axes. Par la rue Baudricourt, la rue Nationale, la place Pinel, la rue Esquirol, le boulevard de l'Hôpital, le pont d'Austerlitz, le quai de la Rapée, le quai Henri-IV, le quai des Célestins et le quai de l'Hôtel-de-Ville, la colonne débouche sur la place de l'Hôtel-de-Ville à 21 h 22. Le premier *half-track* à atteindre la place, quelques minutes avant la jeep de Dronne, est le *Guadalajara*, de la section du lieutenant Granell. Outre Granell, l'équipage était composé de trois autres Espagnols – Blanco, Abenza et Baños – et d'un Allemand, Johann Reiter. Cet ancien officier des Brigades internationales dont la vie est un roman a été affecté à la « Nueve » sans doute parce qu'on a pensé qu'il s'y trouverait à son aise*. Granell est ainsi le premier « Français »

* Johann Reiter est en 1906 à Rosenheim. Son père, ancien officier de l'armée impériale, fut exécuté par les nazis. Lui-même cadet bavarois, Reiter fuit l'Allemagne en 1934 et s'engage dans la Légion étrangère. Après mille péripéties, il se fixe en Espagne et épouse une institutrice. Au déclenchement de la guerre civile, il « se mit à la disposition des autorités républicaines espagnoles, fut versé à la milice comme capitaine d'une compagnie de mitrailleuses, puis incorporé comme commandant dans l'armée régulière espagnole, où il commanda successivement un bataillon et une brigade ». Interné après la Retirada, il est libéré comme ancien légionnaire et versé dans un groupement de travailleurs étrangers. « Il fut pourchassé par la commission

libre reçu par les membres du CNR qui, dans le réfectoire de la salle Saint-Jean, étaient en train de partager sans façon un plat de nouilles avec les combattants FFI de l'Hôtel de Ville.

Dronne arrive quelques minutes plus tard. Accompagné de Granell, « El Capitan », mal rasé, couvert de boue et de poussière (il a plu toute la journée), gravit l'escalier d'honneur et entre dans la salle où siègent le Conseil national de la Résistance et le Comité parisien de Libération. Il est accueilli par les deux présidents Georges Bidault (CNR) et André Tollet (CPL), entourés de Joseph Laniel et de Daniel Mayer, tous deux membres du CNR. « Minute infiniment émouvante que cette rencontre des combattants de la France libre et des résistants parisiens », note Dronne dans ses mémoires[81]. Dronne déclare à l'assemblée que le « président de Gaulle » sera là demain. Bidault tente de prononcer un discours ; étranglé par l'émotion, il doit y renoncer. Dronne et Pirlian sont portés en triomphe vers le bureau du préfet de la Seine où siègent le CNR et le CPL. Tout le monde embrasse Dronne, plusieurs petits discours improvisés sont prononcés par les chefs de la Résistance parisienne auxquels Dronne ne sait trop que répondre : « Moi je suis de la Sarthe, » dit-il à Bidault. Soudain, des rafales d'armes pénètrent dans la salle, et du plâtre tombe du plafond. Sur ordre de Roger Stéphane, le chef des FFI de l'Hôtel de Ville, on éteint les lumières et on réplique. Mais sur qui ?

Avant de se rendre à la Préfecture, Dronne a tout de même la présence d'esprit de faire acclamer le général de Gaulle.

Rol-Tanguy est à son PC de Denfert-Rochereau quand il apprend par téléphone l'arrivée de Dronne. Il se rend immédiatement à l'Hôtel de Ville dans une Traction de la Préfecture. Mais, quand il arrive, Dronne est déjà à la Préfecture de Police, et Rol-Tanguy décide de regagner son PC[82]. En effet, Dronne a été appelé par la Préfecture de Police où il se rend à pied en traversant le bras de la Seine. Il est accueilli

---

d'armistice allemande après juin 1940. Après diverses péripéties et des internements successifs, il fut libéré par le débarquement américain et s'engagea aux corps francs d'Afrique. Adjoint à Campos, il fit toute la campagne de France et d'Allemagne, puis me suivit en Indochine avec le groupement de marche de la 2e DB. Reiter était le type du soldat-né, de l'entraîneur d'hommes. Il était un as dans la connaissance et le maniement de toutes les armes. Nul ne savait utiliser le terrain comme lui » (Raymond Dronne, *La Libération de Paris*, *op. cit.*, site « Les Français libres », page « Amado Granell », http://www.francaislibres.net/liste/liste.php?&nom=granell).

La France libre était une tour de Babel combattante. Dronne entouré de ses adjoints, deux Espagnols, le sergent-chef Martin Bernal (à gauche), le lieutenant Amado Granell (à gauche) et un Arménien, Krikor Pirlian (au fond). À deux pas doit se trouver l'Allemand Reiter.

avec la même émotion par le préfet Luizet, le délégué général Parodi et le délégué militaire Chaban-Delmas, mais aussi avec la solennité qui sied à l'État : une haie de gardiens de la paix en uniforme rend les honneurs, la musique de la police joue *La Marseillaise*. « Nom de Dieu, s'exclame Dronne en apercevant Chaban-Delmas, je n'ai jamais vu un général aussi jeune et aussi beau[83]. » Parodi l'entraîne vers un micro de la radio : « J'ai là, devant moi, un capitaine français qui vient, le premier, sur son char, d'entrer dans Paris. Son visage est rouge, il est sale, il est hirsute, il est mort de fatigue, mais tel quel, je le trouve beau et, en votre nom à tous, je l'embrasse comme votre libérateur[84]. » Le reporter de la Radio nationale, qui reprend le micro, réalise l'interview de sa vie, interrogeant en direct les soldats de Leclerc. Le premier « Français » sur lequel il tombe est Pirlian, le chauffeur de Dronne, un Arménien dont le parcours est représentatif de bien des Français libres. Né à Istanbul en 1921, engagé volontaire dans la Légion étrangère en 1942, il fait la campagne de Tunisie dans les rangs de l'armée d'Afrique. Blessé, il est évacué à Oran. Sitôt remis de ses blessures, il rejoint le corps franc d'Afrique. Comme la très grande majorité des hommes du corps franc, il rallie les FFL en juin 1943 et rejoint la 2e DB alors en formation au Maroc. Mort de fatigue, Dronne demande d'abord à prendre un bain chaud que lui prépare le jeune Félix Gaillard dans la salle de bains du préfet. Puis il s'enroule dans son sac de couchage et dort à la belle étoile dans la cour de la Préfecture. Les Espagnols qui campent près du BHV entonnent un vieux chant antinapoléonien dont les paroles ont été détournées en chant antifranquiste[85].

Dronne s'est donc d'abord rendu à l'Hôtel de Ville et ensuite à la Préfecture de Police. Ce choix a suscité nombre de commentaires de la part des historiens. André Martel souligne que Dronne s'est ainsi déplacé « du centre politique de l'insurrection à son centre gouvernemental[86] ». Henri Noguères décèle dans ces deux cérémonies une antithèse beaucoup plus profonde : « D'un côté, l'insurrection sans doute un peu braillarde, mais spontanée et généreuse : c'est encore la révolution, le peuple, la nation. Et de l'autre côté, en strict complet veston ou en uniforme bien repassé, l'ordre retrouvé, la hiérarchie, le retour au calme, c'est déjà le nouveau pouvoir et c'est toujours l'État[87]. » L'opposition entre le peuple et l'État est sans doute un peu forcée. Mais une chose est certaine, Dronne a inversé, sans le savoir, le cérémonial que de Gaulle a mis en place depuis son retour en France : d'abord la Préfecture, ensuite l'Hôtel de Ville. Instruction de Leclerc qui ignore sans doute, à ce moment, les gestes accomplis par de Gaulle depuis Cherbourg ? Mais comment expliquer alors qu'il ait fait larguer par avion, dans l'après-midi, son message de soutien au-dessus de la Préfecture et non de l'Hôtel de Ville ? Réflexe de juriste de Dronne pour qui « la maison commune est à la fois le cœur de la capitale et le symbole des libertés parisiennes et nationales[88] » ? Mais n'y a-t-il pas dans cette explication savante une large part de reconstruction mémorielle ? Part du hasard au terme d'une journée de durs combats quand il fallut choisir une destination ? Quoi qu'il en soit, le lendemain, de Gaulle procédera de façon complètement différente.

La politique ne perd pas ses droits pour autant. Dans l'après-midi, tout en tentant de déminer l'épineux « cas Suhard », Parodi a reçu Georges Bidault, le président du CNR, pour étudier les modalités de l'accueil du général de Gaulle. Bidault plaide pour une réception à l'Hôtel de Ville, ce à quoi Parodi réplique par la proposition inverse d'une réception à la Préfecture. Bidault argumente : il juge peu convenable de « célébrer la Libération à la Préfecture de Police », endroit où « l'on met plus souvent les gens en prison qu'on ne les libère ». En outre, « c'est à l'Hôtel de Ville qu'ont coutume de se produire et de célébrer les grands événements de l'histoire de Paris, donc de la France[89] ». On en reste à ce degré d'incertitude entre les deux hommes. Un peu plus tard, le bureau du CNR tient sa dernière réunion clandestine, près du Père-Lachaise, et décide de décliner l'invitation à la Préfecture de Police. Les membres du CNR gagnent ensuite l'Hôtel de Ville pour y dîner, lorsque surgit le capitaine Dronne. Une fois celui-ci parti à la Préfecture, le bureau du CNR tient une seconde réunion, cette fois avec le bureau du CPL. Le ton a monté : on réaffirme hautement les ambitions révolutionnaires exprimées par la Charte du CNR que l'on décide de remettre solennellement à de Gaulle lorsqu'il viendra. Les deux bureaux rédigent également la fameuse proclamation qui sera publiée par la presse le lendemain.

À 22 h 15, suite à un appel de Pierre Schaeffer sur les ondes de Radio nationale, les curés de Paris font sonner les cloches. En face de la Préfecture, « Emmanuel », le gros bourdon de Notre-Dame qu'on n'a pas entendu depuis quatre ans, est le premier à remuer ses tonnes de fonte. Peu à peu, alors que la ville est plongée dans le noir, comme dans un immense carrousel, toutes les cloches de toutes les églises de Paris se mettent à sonner. Amouroux cite cet extrait du journal inédit d'une Parisienne, Nicole Bourgain : « 22 h 50. Nous entendons les cloches de Saint-Augustin. 22 h 55. Saint-Augustin sonne. On ouvre les fenêtres, les lumières se déversent dehors, on se met au balcon ; acclamations en face de chez nous, nous nous y mettons aussi, applaudissements. 23 heures. Les acclamations, applaudissements et cloches continuent. Une cloche grave nous parvient : ce doit être la Savoyarde du Sacré-Cœur[90]. » Comme en écho, à 22 h 30, la BBC diffuse le son des cloches de Saint-Paul qui répondent à celles de Notre-Dame.

Qui dort cette nuit-là ? Les combattants, qui ont bataillé toute la journée, bivouaquent un peu partout aux portes de Paris et sont sans cesse sollicités. Jacques Massu : « Quoique les hommes soient couverts de poussière, sales et fatigués, ils doivent subir, jusque très tard, l'enthousiasme de la population déchaînée. Les femmes ne sont pas les plus réservées[91] ! » Pour garder la tête froide, Leclerc s'est toujours tenu à une hygiène de vie des plus stricte. À Antony, dans une carrière où campe le GT V, il dîne d'une ration de combat froide, puis s'allonge sur un lit de camp et parvient, en dépit des circonstances extraordinaires, à s'endormir aussitôt. Bossuet écrit qu'il fallut réveiller le Grand Condé au matin de Rocroi. À l'hôtel Meurice, Choltitz appelle Cambrai, le QG du commandant en chef du front de l'Ouest, et par la fenêtre ouverte fait entendre au général Speidel, chef d'état-major de Model, les cloches de Paris.

Pendant ce temps, personne n'a songé à prévenir le curé de Notre-Dame-des-Victoires. Dans l'église, on s'active toujours dans l'attente du Général. « Le clergé, les enfants de chœur, les gardes républicains sont en grande tenue. L'autel de la Vierge est illuminé de cierges. La place est noire de monde. » Quelques officiels sont même arrivés qui occupent les premiers rangs dans la nef. « À 23 heures, une famille avance, accoutrée noblement, et l'huissier présente au curé : "La Banque de France[92] !" » Tout à coup, sans que l'on sache pourquoi, la musique sonne *Aux champs*. Dehors, la foule entonne alors *La Marseillaise*, puis le *Chant du départ* et même, dans un bel élan d'œcuménisme, *L'Internationale*. Enfin, vers minuit, Bruckberger téléphone pour prévenir que de Gaulle n'arrivera pas ce soir. La place se vide lentement, à regret.

Vers 23 heures, « [Leclerc] qui s'était assoupi sous la tente se lève et envisage de reprendre la progression d'autant qu'il vient d'avoir confirmation [la radio fonctionne enfin !] de l'arrivée du GT L au pont de Sèvres[93] ». Le colonel de Guillebon le dissuade de tenter le diable, d'autant que Langlade est à court de carburant. La nuit est fébrile. Peu après minuit, Billotte rend compte que Dronne a atteint la porte de Gentilly[94]. Nouvelle fausse nouvelle qui révèle encore les problèmes de transmission de la DB. Leclerc remanie alors à nouveau son dispositif pour le 25. À 4 heures et demie, il réunit Dio, Noiret et Vézinet et leur donne ses instructions :

- GT V (Billotte) : portes de Gentilly et d'Italie, puis progressions vers l'Hôtel de Ville et la Préfecture de Police, puis le Meurice ;
- GT D (Dio) : porte d'Orléans : ensuite sous-groupement Noiret vers l'École militaire ; sous-groupement Rouvillois vers les Invalides et le palais Bourbon et jonction avec Langlade à la Concorde.
- GT L (Langlade) : vallée de la Bièvre.

Malgré la tension permanente qui a régné entre Français et Américains durant toute la journée, la logistique américaine est toujours aussi efficace : « De 20 heures à minuit [...], les unités refont leurs pleins de carburant et de munitions en se réorganisant », écrit Billotte[95].

CHAPITRE 7

Vendredi 25 août 1944

De Gaulle entre dans Paris

La 2ᵉ DB et la 4ᵉ DI américaine investissent Paris

Dans la nuit du 24 au 25, alors que les défenses allemandes tiennent toujours et que personne (hormis le petit détachement de Dronne) n'est entré dans Paris, Choltitz ordonne au colonel Aulock de se retirer derrière la Seine. Ne restent dans Paris qu'environ 6 000 hommes regroupés dans une dizaine de points fortifiés, mal armés, disposant d'une vingtaine de blindés et sans soutien aérien. Au petit matin, deux divisions modernes, la 2ᵉ DB française et la 4ᵉ DI américaine, investissent la ville.

La 4ᵉ DI s'est regroupée au sud de Paris, sur la rive gauche de la Seine. Barton a désigné le 12th Infantry Regiment, très durement éprouvé en Normandie, pour entrer le premier dans Paris, escorté par le 102ᵉ groupe de cavalerie. Parti d'Arpajon, le 12th Regiment progresse par Villeneuve-le-Roi et Athis-Mons, puis, guidé par les FFI et les cheminots en grève, il entre dans Paris par la porte d'Italie. Le 102ᵉ groupe de cavalerie est devant Notre-Dame le 25 à midi. Le gros des forces de la 4ᵉ DI passe le pont d'Austerlitz et se dirige vers l'Arsenal et la Bastille. La 4ᵉ DI prend les gares de Lyon et d'Austerlitz avant de gagner le bois de Vincennes et les ponts de la Marne. Tout l'est de Paris est libéré par les Américains.

Il revient aux Français d'opérer au sud et à l'ouest de la capitale. Le GT Billotte entre dans Paris par la porte de Gentilly, remonte la rue Saint-Jacques, puis gagne rapidement le Luxembourg, le Louvre et l'Hôtel de Ville. Deux sous-groupements sont formés : Putz se tient rive gauche, place Saint-Michel ; Warabiot s'installe rive droite, place du Châtelet, prêt à s'élancer, par la rue de Rivoli, vers l'hôtel Meurice. Enfin, le détachement Dronne prend d'assaut l'important central téléphonique des Archives, soutenu par des FFI et des civils. En début d'après-midi, le sous-groupement Putz quitte le carrefour Saint-Michel et entreprend d'investir le point fortifié du Sénat. Il est appuyé par divers groupes FFI dont les FTP du colonel Fabien.

Le GT Dio, qui suit immédiatement Billotte, entre dans Paris par la porte d'Orléans et se déplie en deux colonnes : le sous-groupement Noiret suit les boulevards extérieurs, puis remonte la Seine en direction du Champ-de-Mars et de l'École militaire, tandis que le sous-groupement Rouvillois emprunte le boulevard de Montparnasse, en direction des Invalides et du puissant quadrilatère du palais Bourbon. Pendant ce temps, le capitaine Perceval mène l'assaut contre l'École militaire. De son côté, le sous-groupement Rouvillois prend facilement la caserne de La Tour-Maubourg, aux Invalides (11 heures), puis se tourne lui aussi vers le quadrilatère du palais Bourbon et du quai d'Orsay. Impossible d'attaquer du côté de la Seine où les Panther, positionnés place de la Concorde, tiennent en respect les Sherman dont le canon, à cette distance, ne peut percer leur blindage. Rouvillois attaque donc par le flanc sud, par les paisibles et bourgeoises rues de Bourgogne et de l'Université. Pendant trois heures, blindés et canons pilonnent la position allemande. Rouvillois décide même de provoquer un incendie pour forcer les Allemands à capituler et il a toutes les peines du monde à convaincre les pompiers de Paris, accourus, de ne pas tenter de l'éteindre. Vers 16 heures, alors que les Allemands ont repoussé plusieurs assauts, le combat cesse à l'annonce de la reddition de Choltitz. Ces combats, avec ceux du Sénat, sont sans doute les plus durs et les plus meurtriers de Paris et se soldent par 50 morts et 200 prisonniers du côté allemand. Livrés par une puissante division blindée, ils démontrent *a posteriori* l'impossibilité absolue des FFI de prendre d'assaut ces points fortifiés[1].

Le GT Langlade s'élance du pont de Sèvres. Après avoir nettoyé le secteur des usines Renault et, plus difficilement, réduit les résistances de l'hippodrome de Longchamp à coups d'artillerie, il pénètre dans Paris par la porte de Saint-Cloud. Le sous-groupement Massu, précédé par des agents de police à vélo, avance par l'avenue Mozart, la rue de la Pompe, la place Victor-Hugo. Enfin, vers 13 heures, les hommes de Massu parviennent à l'Étoile où un drapeau tricolore est aussitôt déployé sous l'Arc de Triomphe par les pompiers de Paris. Massu prend le temps d'aller saluer la tombe du Soldat inconnu, bientôt imité par Langlade avant d'obtenir sans peine la reddition de la petite garnison de l'hôtel Majestic, le siège, depuis 1940, des forces d'occupation en France. Pendant ce temps, une autre colonne du GT Langlade descend les Champs-Élysées en direction de la Concorde où les Allemands ont déployé des blindés pour défendre le périmètre de l'hôtel Meurice. Au même moment, la caserne de la République est attaquée conjointement par des éléments du GT Billotte et des FFI, tandis que ces derniers enlèvent seuls la caserne Clignancourt et la poste à l'angle de la rue du Quatre-Septembre et de l'avenue de l'Opéra[2]. Vers midi, la place de la Concorde, point de ralliement des trois GT, devient le cœur de la bataille. Partout, les hommes de la DB ont été appuyés par les FFI et par la police : « Les policiers, en uniforme, souvent casqués, participent aux combats mais assurent aussi la protection d'une population qu'il faut éloigner des affrontements ou des prisonniers qu'il faut soustraire à ceux qui s'en prennent à eux[3]. »

On se souvient que Jacques Massu, qui commande un bataillon du groupement Langlade, ne cache pas sa frustration, dans ses mémoires, d'avoir dû stopper au pont de Sèvres, au soir du 24. Voici à présent Langlade qui, dans ses propres mémoires, insinue que les voies nobles d'entrée dans Paris ont été réservées aux GT V et GT D. Les rivalités entre anciens de l'armée d'Afrique et anciens Français libres n'ont pas disparu. Dans ses mémoires, le très Français libre Boissieu réplique sans trop de ménagement : « Son groupement [Langlade] avait reçu pour objectif l'Étoile et la Concorde, englobant le PC du commandant en chef du Militär Befehlshaber in Frankreich (MBF) au Majestic, ce qui n'était pas un objectif secondaire. D'ailleurs nos camarades du GT L furent les premiers à s'incliner devant la tombe du Soldat inconnu de l'Arc de Triomphe, satisfaction qui ne fut pas donnée à tout le monde[4]. »

Le 25, à 1 heure du matin, Billotte est réveillé par un ordre de Leclerc apporté par le capitaine Weil : « Portez-vous sur la Cité à l'aube, comme convenu », puis à la Préfecture de Police. Mais auparavant, il convient de dégager la Croix-de-Berny pour Dio, puis de progresser par Villejuif et la porte de Gentilly. Billotte a ensuite du mal à trouver un court sommeil. Il craint que Leclerc ne change d'avis et ne revienne sur le « feu vert » qu'il lui a donné vers 18 heures, le 24, de foncer droit vers l'hôtel Meurice pour capturer Choltitz. À 7 heures, le sous-groupement Warabiot démarre. Malgré l'heure matinale, une atmosphère de fête règne déjà dans les rues de la banlieue. Alors que la progression a été si difficile la veille, le 25 au matin, tout va vite, mais non sans de nouveaux combats. L'entrée dans Paris et la bataille des faubourgs coûtent à Warabiot 20 tués et 8 blessés. La jeep de Schumann est venue à la hauteur de celle de Billotte et ils arrivent tous les deux, vers 8 heures, à Notre-Dame avant les chars de Warabiot. « Lorsque j'avais été nommé au commandement de la force C [Caïman], j'avais parié avec Leclerc à Alger que j'arriverais au cœur de Paris avant lui et sa Deuxième blindée. Il avait relevé le défi en souriant. Quand l'opération de la force C avait été décommandée à la demande de Roosevelt, je pensai mon pari perdu. Leclerc venait d'avoir l'élégance de me le faire gagner lui-même ; je lui en étais reconnaissant[5]. » Billotte se rend ensuite à la Préfecture de Police où Luizet l'attend.

Dès 7 heures, le préfet a ordonné à tous les policiers de la Préfecture de revêtir leurs uniformes comme il l'avait déjà ordonné la veille pour accueillir Dronne. Il prend soin aussi d'envoyer très tôt en reconnaissance les motocyclistes de la compagnie de circulation : « Depuis le matin, ils signalent les différents détachements alliés et relaient leurs demandes, comme le démantèlement des barricades » qui gênent désormais la progression des chars de la 2e DB[6]. De même, les commissariats et les brigades de gendarmerie sont alertés pour signaler tout problème. Le commissariat de Vanves appelle ainsi par téléphone le standard de la Préfecture pour demander des renforts : des soldats français (il s'agit du GT Langlade) sont aux prises avec des Allemands à Sèvres.

Billotte prend ses quartiers à la Préfecture : « Je monte chez Luizet, le nouveau préfet de police. J'installe mon PC dans la salle de billard [que l'on a pris soin de recouvrir d'une bâche, précise Chevandier]. Je m'y entretiens immédiatement avec Parodi et Chaban, plutôt satisfaits de me voir à la tête d'importants moyens de combat modernes[7]. »

De Gaulle le 25 au matin

Dans la nuit du 24 au 25, le contact avec la 2e DB est permanent. Claude Guy rappelle qu'il a reçu deux messages de Leclerc (à 2 h 30 du matin) et de Chevigné (à 3 heures) qui disent se heurter à une forte résistance des Allemands. Il s'agit probablement de messages de la soirée reçus en retard. En effet, la nuit est calme ; après avoir hésité à attaquer de nuit, Leclerc a repoussé l'assaut au petit matin.

Ce 25, de Gaulle attend le « feu vert » de Leclerc à tout moment. Après le faux départ de la veille, il sait que cette journée sera celle de l'entrée dans Paris. Dans son esprit, rapporte Palewski, il faut aller le plus vite possible et entrer dans Paris sur les talons de Leclerc. Le 25 au matin, n'en pouvant plus, de Gaulle lui déclare : « Quoi qu'il arrive, nous serons à Paris ce soir[8]. » Le Général arrive à son bureau de Rambouillet vers 9 h 30. Le matin, il effectue une promenade dans le parc du château en compagnie de Guy et de Courcel, ses deux aides de camp. On évoque bien sûr les combats en cours, et de Gaulle glisse dans la conversation : « Je me demande où est mon fils. » L'enseigne de vaisseau Philippe de Gaulle combat au même moment dans les rangs du régiment blindé de fusiliers marins (RBFM), sous les ordres du capitaine de frégate Maggiar. Cette remarque discrète et pudique, qui en appellera d'autres, révèle un de Gaulle sensible et inquiet du sort des siens. Un peu plus tard, Guy trouve sur un banc un exemplaire du *National Zeitung* en date du 8 juillet 1940 qui annonce le retour triomphal de Hitler à Berlin. De Gaulle rit de bon cœur : « Allah ! Allah ! quand me rendras-tu ma formidable armée[9] ? », tandis qu'il traduit à ses aides de camp des passages du journal. L'anecdote est aussi plaisante que suspecte : que fait un journal allemand vieux de quatre ans sur un banc du parc de Rambouillet ? « En rentrant au château, le Général, apercevant une Diane adorable, nous a parlé de la chasteté de Diane opposée à Vénus. Il a cité en grec dix vers de Phèdre qu'il nous a traduits : "Vénus, célèbre parmi les hommes et les dieux[10] !" » Phèdre, personnage mythologique, fille du roi Minos et épouse de Thésée, n'a bien sûr jamais rien écrit. Guy veut sans doute parler des vers d'Euripide dans *Hippolyte porte-couronne*. Un peu plus tard, de Gaulle combat son impatience en arpentant la terrasse du château. Tout en étant tenu informé heure par heure de l'avancée de la 2e DB, il ne peut s'empêcher de songer rétrospectivement, dans les *Mémoires de guerre*, à ce que sept divisions mécaniques de ce type auraient pu faire en 1940[11]. Juin et Koenig viennent le rejoindre. Ils l'informent que les troupes de Leclerc ont atteint la porte de Gentilly et que le pont de Sèvres est dépassé. Juin est toujours aussi inquiet des mines à retardement.

À 13 h 45, de Gaulle remet à Chevigné une note prévoyant les détails de son entrée dans Paris :

> « Je partirai de Rambouillet à 15 heures.
> 1re destination : gare Montparnasse où je compte vous retrouver.
> Mon itinéraire sera :
> Porte d'Orléans
> Avenue d'Orléans
> Avenue du Maine
> Rue du départ
> Hall de la gare Montparnasse.
> Veuillez prévenir le général Leclerc[12]. »

Quelques jours plus tard, le 30 août, recevant Louis Joxe, le secrétaire général du gouvernement qui arrive d'Alger, de Gaulle feindra de s'étonner du choix de la gare Montparnasse : « Leclerc me fait savoir qu'il s'est installé à la gare Montparnasse. Une gare ! Recevoir là-dedans la reddition des Allemands [en réalité, ce fut à la Préfecture de Police], y installer son poste de commandement. Une gare ! Quelle idée ! Enfin, conclut-il les bras au ciel, nous aurons tout vu[13] ! » Le rendez-vous avec Leclerc gare Montparnasse était bien convenu à l'avance, et ce choix n'est pas la conséquence d'une fantaisie de Leclerc comme de Gaulle s'amuse à le faire croire. Chevigné prévient Leclerc et « file vers la capitale » en avant-garde de De Gaulle. Il fait un passage éclair au ministère de la Guerre, pour s'assurer que tout est en ordre, et retrouve Leclerc à Montparnasse vers 16 heures, précédant de Gaulle qui arrive après 17 heures. Bien qu'aucune source ne l'indique, le contact avec Leclerc, qui est mobile toute la journée, se fait d'abord par radio. Les transmissions de la DB ont certainement laissé une jeep radio à Rambouillet. Il est possible aussi qu'à partir du moment où Leclerc est installé à Montparnasse la liaison téléphonique soit établie.

Palewski contacte alors Leclerc pour qu'il envoie deux véhicules blindés. Leclerc s'exécute et dépêche deux transports blindés, très probablement des *half-tracks* modèle M3*. Mais de Gaulle refuse et préfère effectuer la dernière étape dans les voitures de tourisme mise à sa disposition par Debré à Laval. Les *half-tracks* se contenteront d'escorter le convoi. « Pas de blindé pour le Général, pas de prudence, mais une voiture à fanion », note Georges Gorse[14]. Ce choix est très significatif. On y retrouve la préférence pour le risque et la vitesse qui caractérise depuis Alger le comportement de De Gaulle dans ce voyage. Le 25 août, Paris est une zone de combats et de Gaulle y essuiera des coups de feu. Mais il y a plus. Entrer dans Paris en voiture découverte participe de la mise en scène du pouvoir. Non seulement cela lui permet plus facilement de montrer sa personne et de la faire acclamer, mais la simple voiture de tourisme proclame qu'il n'a aucune raison d'avoir peur dans une ville et au milieu d'un peuple qui lui sont par principe acquis. De même qu'Henri IV, le 22 mars 1594, est entré dans Paris sur son cheval, de Gaulle ne pouvait se présenter pour la première visite dans sa capitale autrement que dans la nudité d'une légitimité qui plonge ses racines dans l'Appel du 18 juin. Se monter à des Parisiens, qui luttent depuis dix jours les armes à la main contre un ennemi largement supérieur, protégé au fond d'un véhicule blindé, aurait eu un effet désastreux.

Le feu vert de Chevigné ne parvient finalement que peu après le déjeuner. Comment organiser le cortège ? De Gaulle propose à Juin de monter avec lui dans la voiture de tête, sans doute la Horch utilisée depuis le départ de Laval. « C'était me faire beaucoup d'honneur en un instant aussi émouvant et aussi mémorable », note le maréchal Juin dans ses mémoires[15]. Jean-Christophe Notin, le biographe du maréchal, croit déceler dans cette remarque de Juin une allusion à ses années vichystes de 1940-1942 et il le soupçonne de ne pas se sentir tout à fait à sa place. Quelle logique préside à ce choix de De Gaulle : la vieille camaraderie

---

* Fabriqué par la White Motor Company, le M2/M3 *Personnal Carrier* est un transport d'infanterie qui peut emporter 10 hommes de troupe en plus des trois membres d'équipage. Il est armé de façon standard d'une mitrailleuse de 12,7 mm et d'une autre de 7,62 mm. Les GI apprécient peu le M3 car il offre une protection médiocre, ne les mettant pas à l'abri des tirs de mitrailleuses, d'où le sobriquet de « Purple Heart Boxes » attribué à l'engin. Il est également d'un entretien mécanique compliqué et est peu fiable. Nicolas Pontic, « Half-track », *in* Jean-François Muracciole, Guillaume Piketty, *Encyclopédie de la Seconde Guerre mondiale*, Robert Laffont, coll. « Bouquins », 2015, p. 570-571.

envers son ancien condisciple de Saint-Cyr ou la froide logique de la restauration de l'État – Juin est chef d'état-major général ? Le Troquer, qui, en ces journées, garde toujours la tête froide et raisonne en politique, ne s'y trompe pas : « Il vaut mieux qu'il n'y ait que des militaires dans la première voiture[16]. » Juin ne peut toutefois se départir de l'inquiétude qui le taraude depuis deux jours. « Je m'avisai toutefois qu'il y avait lieu de prendre garde au danger que présentait le parcours que l'on aurait à effectuer dans Paris, au milieu d'une foule non surveillée, et pour cause. On pouvait craindre, en effet, qu'un individu égaré ou quelque milicien exalté ne surgît du sein de la multitude délirante pour se livrer à un attentat. [...] Ce fut donc mon pistolet tenu armé dans ma main gauche et dissimulé sur la banquette que je fis mon entrée dans Paris, l'œil aux aguets et le doigt sur la détente cependant que de Gaulle répondait gracieusement à ceux qui l'acclamaient en élevant le bras au ciel en signe de victoire[17]. » Boislambert évoque une autre organisation du cortège. Dans ses mémoires, il écrit être monté dans la voiture de Juin qui précède celle de De Gaulle avec deux solides gaillards de la MMLA. La voiture est conduite par Pajon ; côté droit, Fernandez, armé d'un fusil-mitrailleur, assure un semblant de sécurité : « Derrière encore deux ou trois voitures. C'est tout[18]. » Sa mémoire lui fait certainement défaut. Tous les autres témoignages convergent : de Gaulle et Juin marchent bien en tête, seulement précédés par l'un des deux *half-tracks* fournis par Leclerc, le second fermant la marche. Ainsi Palewski : « Après le déjeuner, nous partîmes, la voiture de Leclerc devant*, le Général et Juin dans la première voiture, moi-même et d'Argenlieu dans la seconde[19]. »

À 15 heures, le convoi s'ébranle vers Limours, puis Arpajon et la porte d'Orléans. De Gaulle résume ainsi son état d'esprit : « La mission dont je suis investi me semble aussi claire que possible. Montant en voiture pour entrer à Paris, je me sens, à la fois, étreint par l'émotion et rempli de sérénité[20]. »

* Palewski désigne ainsi l'un des engins blindés fournis par le chef de la 2e DB qui marche devant.

Leclerc entre dans Paris

À l'aube du 25, Leclerc convoque Boissieu. Le PC-avant de la division, lui dit-il, « sera installé soit à l'Hôtel de Ville soit à la gare Montparnasse où il doit exister un bon réseau de communications téléphoniques et télégraphiques[21] ». On notera à nouveau l'étrange préférence de Leclerc pour l'Hôtel de Ville au détriment de la Préfecture alors que celle-ci offre des moyens de communication sans comparaison. Boissieu est chargé de marcher devant avec l'escadron de protection, Leclerc et le PC-avant le suivant de peu. Boissieu : « Je prévois donc les deux itinéraires et donne comme premier bond à la section La Fouchardière, le Lion de Belfort. Puis, de là, en fonction des réactions de l'ennemi et des obstacles, j'aviserai[22]. » À 7 heures, le PC démarre. Le GT V fait demi-tour pour emprunter le même itinéraire que Dronne par la porte de Gentilly et non par celle d'Orléans. Selon le Journal du capitaine Girard, « on » apprend alors à Leclerc que finalement la porte d'Orléans est libre. Il est possible que ce messager soit Chaban-Delmas qui arrive de Paris au moment où Leclerc s'apprête à s'élancer. Leclerc lance alors Boissieu en éclaireur, suivi des Sherman de Rouvillois, puis du PC-avant à la tête duquel Leclerc roule dans son scout-car. « L'accueil des Parisiens est délirant. J'éprouve un extraordinaire sentiment d'irréalité. C'est une sorte d'éblouissement[23]. »

Il n'est pas facile, en croisant les témoignages de Boissieu, de Miribel et de Chaban-Delmas, trois acteurs au plus près de Leclerc, de reconstituer avec précision l'entrée du général dans Paris. Élisabeth de Miribel, qui ne lâche pas Leclerc d'une semelle depuis Fleuré, décrit ainsi l'ultime départ vers Paris : « Après une nuit fort brève, vers 7 heures du matin, les premiers groupes commencent à s'ébranler. Dans son char, le général Leclerc se rase tranquillement. Puis le cortège se met en route vers 9 heures : l'état-major, général en tête, les blindés ouvrant et fermant la marche. Nos soldats ont laissé passer ma petite voiture de sport et je suis aveuglément le porte-tank sur lequel Leclerc, debout, reçoit les ovations des Parisiens[24]. »

Les mémoires de Jacques Chaban-Delmas posent, relativement à la journée du 25 août, une série de problèmes de datation et de faits qui les rendent à la fois passionnants, très difficiles à lire et délicats à interpréter. Ainsi, l'ancien Premier ministre mêle des éléments de la journée du 24

– les combats de la Croix-de-Berny – et d'autres du 25 – l'entrée de Leclerc dans Paris. On prendra donc ce témoignage avec beaucoup de prudence en essayant d'en retirer les faits qui paraissent établis. Au même moment où Leclerc donne ses ordres à Boissieu, vers 5 heures du matin, le jeune général Chaban-Delmas regagne la Préfecture de Police pour dormir deux heures sur un lit de camp. Il vient de passer la nuit, avec le chansonnier Gilles, à transférer son PC des Invalides (encore partiellement occupés par les Allemands !) à la Préfecture et à mettre au point un central téléphonique qui permette de travailler en clair dans un « rez-de-chaussée non loin de la Préfecture de Police[25] ». À peine s'est-il assoupi qu'on le réveille : le colonel Ély, son adjoint, vient le chercher pour le conduire vers Leclerc qui veut le maximum de renseignements sur Paris. Leclerc, qui n'a jamais rencontré Chaban-Delmas, le reconnaît à sa tenue très improvisée : « Chaussures de montagne, culotte de cheval appartenant à je ne sais quel membre de ma famille, leggings et vareuse de sous-lieutenant dont j'avais remplacé le galon par deux étoiles à chaque manche. Couronnant le tout, un calot kaki des plus pointus[26]. » Chaban ne peut s'empêcher d'observer que l'on se trouve alors à deux pas du stade où il a disputé tant de parties de rugby avec son club, l'Union sportive métropolitaine*. Notons que l'historien André Martel situe, quant à lui, la première rencontre entre les deux hommes dans la matinée du 25 sur la place Denfert-Rochereau. On donnera ici raison à Chaban-Delmas : s'il confond les dates des 24 et 25 dans ses mémoires, en revanche, il ne peut se tromper sur un lieu qui lui est aussi familier. André Martel et Christian Chevandier précisent également que la première intention de Leclerc était de s'installer, comme Billotte, à la Préfecture de Police par le boulevard Saint-Michel. Ce sont des coups de feu au niveau de la maternité de Port-Royal qui « font bifurquer la colonne boulevard Montparnasse jusqu'à la gare, où il n'y a plus d'Allemands[27] ». Les mémoires de Boissieu, on l'a vu, contredisent également ce point de vue : si Leclerc a envisagé l'Hôtel de Ville, il n'a pas songé à la Préfecture.

* Ce club omnisport a été fondé en 1928 par des agents de la Compagnie du chemin de fer métropolitain de Paris. En 1938, le club accède à la première division du championnat de France de rugby. Les matchs étaient disputés au parc des sports de la Croix-de-Berny qui existe toujours, rebaptisé Parc départemental des sports de la Grenouillère, et qui est situé à l'extrémité sud du parc de Sceaux. Le club fusionnera en 1945 avec le Club sportif des transports métropolitains pour former l'Union sportive métropolitaine des transports, plus connue sous le nom d'US Métro. Elle fusionnera, en 2001, avec le Racing Club de France pour former le Métro Racing 92 (voir l'entrée « US Métro » sur le site rugbyarchive.net).

Chaban-Delmas livre à Leclerc les informations sur Paris, puis il monte dans une voiture qui suit celle de Leclerc. Elle tombe bientôt en panne et Leclerc l'invite à rejoindre son *command-car*. C'est ainsi qu'ils entrent ensemble dans Paris au petit matin du 25. « Nous prîmes l'avenue d'Orléans jusqu'au Lion de Belfort. Spectacle prodigieux. Imaginez la grande houle de l'Atlantique amenant et retirant ses vagues[28]. » Chaban et Leclerc font un arrêt place Denfert-Rochereau, au PC de Rol-Tanguy, mais ce dernier est absent[29]. Ils décident dès lors de repartir vers le lieu que leur indiquera Boissieu.

Celui-ci marche devant en éclaireur. À la station de métro de Port-Royal, au croisement des boulevards Saint-Michel et de Port-Royal, le char de tête signale des coups de feu venant du Luxembourg. Bientôt des obus tombent sur le carrefour, dirigés depuis un observatoire situé dans la coupole du Sénat que Boissieu fait aussitôt détruire par des tirs de Sherman. Malgré ce coup au but, le Luxembourg est manifestement bien défendu par les Allemands. La rue d'Assas et le boulevard Saint-Michel sont trop dangereux pour s'y aventurer. L'École des mines est également occupée, ce que confirme son directeur à Boissieu. Celui-ci rend compte à Leclerc qui choisit alors de délaisser l'Hôtel de Ville et de s'installer, comme prévu, à la gare Montparnasse.

Les récits de Chaban-Delmas et de Boissieu, sans être complètement contradictoires, divergent sur plusieurs points. Ainsi, Chaban indique que le choix de Montparnasse n'est pas la conséquence du message de Boissieu. Après être passés devant la gare Montparnasse qu'ils délaissent, au niveau du métro Duroc, dans la longue ligne droite qui mène aux Invalides, Leclerc et Chaban-Delmas sont dans la ligne de mire d'un char Tigre qui tire et les rate de justesse. « Demi-tour. Leclerc décida de fixer son PC sur les quais de la gare Montparnasse » alors que, selon Chaban-Delmas, il avait l'intention de se diriger vers les Invalides[30]. Nouvelle version de l'affaire du choix de Montparnasse que l'on prendra avec beaucoup de prudence. Aucun autre document ou témoignage n'évoque l'intention de Leclerc de s'installer d'emblée aux Invalides même s'il y fixera son PC en fin d'après-midi.

Quoi qu'il en soit, Leclerc arrive vers 9 h 30 à la gare Montparnasse. À 10 h 30 il se met au travail. Le général Gerow est présent à ses côtés et restera à Montparnasse jusqu'en début d'après-midi. Dans la gare, Leclerc peut disposer d'un standard moderne et des lignes téléphoniques de la

SNCF qui le relient à toutes les gares de la région parisienne. Il est probable qu'à partir de ce moment la liaison avec le château de Rambouillet se fasse par téléphone et c'est certainement par ce biais que Leclerc peut informer de Gaulle de son installation, comme en témoigne l'ordre de mission que ce dernier remet à Chevigné à 13 h 45. En complément, les voitures radio de la DB sont stationnées devant la gare, place de Rennes, assurant la liaison avec les unités de la DB. Dans le hall de la gare, l'état-major de la division se met aussitôt au travail. Chaban : « C'était la vieille gare de mon enfance, celle où, si souvent, je m'étais embarqué vers Oléron. Je la retrouvais vide, sans un train, les quais déserts. Nous nous sommes installés sur la plate-forme face aux voies, adossés à une ligne de bureaux, de guichets, d'éventaires de journaux et de tabac qui nous séparaient de la salle des pas perdus. Équipés de deux ou trois tables de bois blanc, de chaises amenées d'un bistrot voisin et de quelques cartes, nous nous sommes mis à l'ouvrage. Leclerc recevait des messages. J'en analysais d'autres à partir desquels j'essayais de lui donner le maximum d'informations sur la situation dans les quartiers, l'état de l'insurrection, les mouvements des Allemands, leurs intentions apparentes. Bref, chacun faisait son travail[31]. » Les cartes de Paris qu'évoque Chaban-Delmas sont certainement celles que Leclerc a commandées en Angleterre dès le mois de mai 1944, les cartes américaines n'ayant pas été livrées.

Peu après, Boissieu informe Leclerc qu'il vient d'intercepter un message allemand selon lequel les chars du Luxembourg ont reçu l'ordre d'« exécuter une sortie » et d'aller attaquer « les colonnes de la Blitz Division marchant en direction de la gare Montparnasse ». Boissieu ne peut s'empêcher de souligner qu'il est flatté de découvrir le surnom que les Allemands ont donné à la 2ᵉ DB. Il faut donc empêcher les Allemands de sortir du Luxembourg ; Leclerc et son PC sont sans protection à Montparnasse. Leclerc envoie alors en renfort vers Boissieu le bataillon Fabien formé à partir d'éléments FTP parisiens. Finalement, vers 13 heures, Leclerc relève Boissieu et lui ordonne de rejoindre la gare Montparnasse : on attend de Gaulle et il s'agit désormais d'assurer sa protection. Il est également urgent de songer au déplacement du PC de la gare vers la caserne La Tour-Maubourg, située dans l'aile ouest des Invalides, « au grand dam du commandant des Transmissions qui avait trouvé le réseau des cheminots fort efficace pour recueillir les renseignements venant de toutes parts. D'ailleurs une antenne du 3ᵉ Bureau restera à Montparnasse avec le capitaine Gachet, et elle sera d'un grand secours[32] ». Le PC principal reste au pont de Sèvres et la base arrière, à Rambouillet.

Les relations entre la 2e DB et les FFI sont globalement bonnes chez les combattants tout en révélant immédiatement des tensions au niveau des états-majors. Sur le terrain, la coopération se passe bien. Ce n'était pas évident tant le choc des cultures est important. Les hommes de Leclerc sont, pour la plupart, des soldats aguerris. Certains d'entre eux se battent depuis 1940, voire 1936 pour les républicains espagnols, et sont presque devenus des soldats professionnels. Même les novices, comme les évadés de France par l'Espagne pour la plupart engagés en 1943, servent dans une arme technique, et Leclerc leur a imposé un entraînement très sévère à Temara, au Maroc, puis à Hull, en Angleterre. Surtout, ils sortent d'un mois de combat de haute intensité en Normandie face aux meilleures troupes allemandes. Dans ces conditions, il était inévitable qu'ici ou là une certaine condescendance à l'égard des FFI ait pu se manifester. Ces derniers proposent une sorte de miroir inversé des « gars de Leclerc » : des « soldats citoyens », souvent très jeunes, avec très peu d'expérience de la guerre moderne. Ils se sont insurgés et, avec des moyens dérisoires, ils ont tenu en respect pendant une semaine 6 000 soldats allemands. Sans même évoquer les phénomènes de politisation, qui sont loin d'être généralisés dans les rangs FFI, il est ici aussi normal que la majorité d'entre eux aient eu le sentiment d'avoir fait l'essentiel du « boulot » pendant que les troupes régulières prenaient tout leur temps pour venir les épauler. Dans ses mémoires, publiés en 1980 dans un contexte français particulièrement politisé, le très gaulliste Alain de Boissieu* se dit honoré d'avoir commandé les FTP de Fabien, le 25 août, aux abords du Luxembourg.

---

* Le général de Boissieu, alors grand chancelier de l'ordre national de la Légion d'honneur et chancelier de l'ordre national du Mérite, avait annoncé, le 5 mai 1981, qu'il démissionnerait de ses fonctions au cas où François Mitterrand serait élu président de la République. Il ne désirait pas avoir à remettre le grand collier de l'ordre de la Légion d'honneur à un homme qui, disait-il, avait insulté son beau-père, qu'il accusait d'avoir servi Vichy (l'affaire de la Francisque n'était encore connue que d'un très petit nombre d'initiés) et de ne pas avoir été véritablement résistant. Et Boissieu d'ajouter qu'il aurait été honoré de remettre le cordon à des socialistes comme Michel Rocard, Pierre Mauroy ou Gaston Defferre. Ces propos soulevèrent une très vive polémique et l'indignation de nombreux anciens résistants comme Marcel Degliame-Fouché ou de membres de l'ordre comme Maurice Grimaud, ancien préfet de police. François Mitterrand étant élu le 10 mai, Boissieu tint parole et remit le 12 mai sa démission au président Mitterrand qui l'accepta et qui nomma à sa place, le 4 juin, le général Biard. Jacques Soufflet fut le seul autre membre de l'ordre à imiter Boissieu.

Au niveau des états-majors, l'incompréhension est nettement plus forte. Roger Bourderon rappelle que les FFI se placent immédiatement sous les ordres de Leclerc, comme le reconnaît sans ambiguïté l'ordre d'opération n° 1 de Rol-Tanguy du 25 août[33]. Pourtant, côté 2e DB, sitôt installé à la Préfecture de Police, le colonel Billotte diffuse un ordre du jour qui, selon Bourderon, « réduit les FFI au rôle de police supplétive » : postes de garde à l'entrée de Paris, patrouilles, vérification d'identité. Le matin même, un télégramme de Koenig soustrayait la police au commandement FFI, ordre « que Chaban n'avait fait que partiellement appliquer, face à l'indignation du colonel Lizé et aux protestations du COMAC[34] ». Du côté FFI, la collaboration n'est pas aussi franche et aussi spontanée que l'ordre n° 1 de Rol-Tanguy pouvait le laisser deviner. Le rapport de la situation générale du 2e Bureau de l'état-major régional FFI (c'est-à-dire le même Rol-Tanguy) estime, le 25, à propos de la 2e DB, que « l'appoint de ces forces et du matériel blindé dont elles disposent permet de parachever plus rapidement l'action décisive des troupes FFI[35] », ce qui revient à considérer la division Leclerc comme une simple force d'appoint aux FFI. Ces querelles iront croissant jusqu'à la brutale dissolution des FFI de la région parisienne par de Gaulle, le 28 août, et leur intégration dans l'armée régulière.

Paris, nid d'espions

Dans le sillage de la 2e DB, un grand nombre des personnages que nous avons croisés lors du cheminement de De Gaulle dans l'Ouest convergent vers Paris.

Le général Valin, chef d'état-major adjoint de l'armée de l'Air, initialement chargé par Alger d'une mission d'inspection des aérodromes dans la France libérée, a pris la tête d'une colonne FFI essentiellement constituée en Eure-et-Loir. C'est à Chartres qu'il rencontre ces chefs de maquis, autour de Maurice Clavel, impatients de participer à la libération de Paris. Il en informe de Gaulle qui répond mollement : « Ils iront bien tout seuls », ce qu'il prend pour un feu vert. À Étampes, la colonne chartraine s'enrichit des forces venues d'Orléans que le lieutenant-colonel

Marc O'Neill*, délégué militaire régional pour la région P2** et commandant du maquis de Lorris, a également réunies. Il s'agit d'un cas assez rare de maquis motorisés, capables de déplacer un millier d'hommes armés sur 150 kilomètres en deux jours. Bien que les sources soient muettes, il est probable que le ravitaillement en essence a été assuré par l'intendance américaine. Le contact avec la 2e DB, à travers le GT Dio, est établi le 24, à Morangis. À partir de ce moment, les maquisards marchent avec la DB le long de la RN 20. Le 25 août au matin, Valin et ses FFI parviennent ainsi porte d'Orléans. Valin fait immédiatement occuper le ministère de l'Air, boulevard Victor, et hisse les couleurs au balcon à 11 heures. Secrétaire général du ministère de l'Air, il occupe de fait la fonction de ministre de l'Air jusqu'à l'arrivée d'Alger, début septembre, de Charles Tillon[36]. Maurice Clavel et ses FFI d'Eure-et-Loir se retrouvent dans Paris « revolver au poing, brassard FFI bien en vue » et participent aux combats du Luxembourg. De son côté, O'Neill dirige la prise de l'École militaire avec deux sections de ses FFI pendant que les autres participent à l'investissement du ministère des Affaires étrangères et de la Chambre des députés[37]. Ces opérations permettent de faire plusieurs centaines de prisonniers. À la fin des combats, tandis qu'une partie de ses hommes s'engage dans la 2e DB, Clavel décide d'arrêter la guerre à Paris : « Il ne se sent pas l'âme d'un militaire », conclut Monique Bel, sa biographe. Marc O'Neill, fait Compagnon de la Libération en septembre 1945, reprend une activité civile après la guerre. Rappelé en Algérie, il tombe, le 18 juillet 1956, dans une embuscade à la tête de 532e demi-brigade d'infanterie de l'Air.

Jean Marin, que l'on a vu en Normandie participer activement à l'installation des nouveaux pouvoirs avant de faire étape à Rambouillet, s'est lui aussi agrégé aux forces de Leclerc. « Peu avant l'aube, le 25, je me mets en route à bord de la jeep ; à la porte de Vanves, une foule

---

* Né en 1909, saint-cyrien, Marc O'Neill fait une brillante campagne de France de 1940. Après l'armistice, il est affecté au Maroc et refuse de prêter le serment de fidélité au maréchal. Il est appelé par le ministre de la Production industrielle François Lehideux pour travailler au Comité d'organisation de l'automobile (novembre 1942). Il rejoint parallèlement les rangs de la Résistance au travers de l'Organisation civile et militaire (OCM) avant de constituer son propre groupe, les Volontaires paysans et ouvriers (VPO), nettement ancré à droite. En 1943, il est nommé délégué militaire régional pour la région P2. Lieutenant-colonel FFI, il commande le maquis de Lorris avec lequel il participe à la libération d'Orléans avant d'entraîner ses maquisards vers Paris.

** Loiret, Loir-et-Cher, Cher et Eure-et-Loir.

énorme est réunie qui porte des drapeaux et des fleurs, et attend ; depuis Longjumeau, on est passé, ces dernières vingt-quatre heures, entre deux murs d'étamines tricolores[38]. » Il se présente à l'Hôtel de Ville où, comme Dronne la veille, il est reçu comme un héros. Salle Saint-Jean, on lui demande d'improviser un petit discours. Il se rend ensuite à la Préfecture.

Lucie Aubrac avait « emprunté » une puissante Ford au Mans. Elle entre dans Paris « la veille de la Libération », sans doute en compagnie de Lionel de Marmier, le 25, si l'on considère qu'elle situe au 26 le jour de la libération de la ville. À Paris, elle se rend immédiatement à la Préfecture de Police où elle découvre avec effroi que le coffre de la Ford est rempli d'armes et de munitions ! Le préfet Luizet, qui a connu son mari Raymond Aubrac à Alger, lui affecte un chauffeur[39]. Le lendemain, elle sera l'une des très rares femmes qui accompagneront de Gaulle, dans le cortège officiel, des Champs-Élysées à Notre-Dame.

Au moment où de Gaulle s'apprête à quitter Rambouillet, un autre convoi quitte la petite ville de Seine-et-Oise. David Bruce, le chef de l'OSS-Londres, part de Rambouillet, en suivant le groupement Langlade, accompagné d'un groupe de FFI et de l'écrivain Hemingway dont on ne sait comment il est parvenu à se faire admettre dans cet équipage. Par la suite, Hemingway inventa la fable selon laquelle il serait entré dans Paris à la tête de ces FFI. Bruce est également accompagné de son adjoint, le lieutenant-colonel John Mowinckel, du colonel Haskell, l'officier de liaison de l'OSS auprès du 12e groupe d'armées, de son adjoint le lieutenant-colonel Downs, ainsi que du lieutenant-colonel Samuel L. A. Marshall, historien officiel de l'armée américaine. Le chef des transmissions de Bruce et le colonel Arnould, chef du réseau Jade-Amicol, complètent le cortège. Bruce, Haskell, Downs, Mowinckel, il y a là, sans aucune protection américaine et en dehors des plans d'action, les têtes du renseignement américain en France. Tout cela relève, pour le moins, de l'imprudence : leur capture par les Allemands serait lourde de conséquences. Cela dit, au même moment, le colonel Passy, chef de la branche londonienne des services secrets français, est envoyé faire le coup de feu en Bretagne dans des opérations commando dangereuses, mais secondaires[40]. L'équipée de Bruce et de ses collègues témoigne de l'indépendance des services de renseignement et de la volonté de Donovan, le grand patron de l'OSS, de placer au plus vite une antenne dans Paris pour récupérer tout ce qu'il sera possible de récupérer chez les Allemands en fuite.

Downs, Mowinckel et le colonel Arnould s'installent à l'hôtel Crillon, Bruce et Haskell préfèrent le Ritz. Mowinckel et Arnould poussent ensuite jusqu'au couvent de la Sainte-Agonie*, le QG secret du réseau Jade-Amicol, d'où ils transmettent immédiatement des renseignements au QG de Bradley. « À 3 heures de l'après-midi, le 25 août, se souvient Mowinckel, nous arrivâmes devant les grandes portes du petit couvent. La mère supérieure nous observa à travers le judas, cria un “bienvenue” et, avec l'aide de sœur Marie Vianney, ouvrit grand les portes. [...] Quelques semaines auparavant, j'avais baptisé ma jeep “pet-de-nonne” qui est le nom du chou à la crème en France. [...] Toutes les religieuses éclatèrent de rire en voyant le nom peint sur mon pare-brise[41]. » Autrement dit, si Eisenhower ne se rend à Paris que le 27, de nombreux officiers de renseignement américains sont dans la ville dès le 25 et peuvent le renseigner sur la situation politique et militaire.

Les Américains ne sont pas seuls. Tous les services de renseignement alliés accourent à Paris. Les unités du SCI britannique sont entrées dans la ville dès le 23 août. La T-Force anglo-américaine suit le convoi de Leclerc le 25 au matin et installe son PC au Petit Palais, tandis que le colonel Rémy prend ses quartiers au Majestic, que le MBF vient à peine de quitter. La T-Force localise très vite les archives de l'Abwehr et sait obtenir des complicités allemandes. Ses officiers retournent un agent de l'Abwehr, un certain Jigger, qui, par le truchement d'autres Allemands, permet de retrouver les archives de l'Abwehr de l'hôtel Lutetia[42]. Funk note que d'autres services américains brûlent également d'entrer dans Paris, comme le service de fausse documentation ou le service du Travail qui veut pénétrer les syndicats allemands[43]. Le 25 après-midi, Frédéric Joliot-Curie retrouve son laboratoire de la rue d'Ulm. Il y découvre les agents de l'OSS qui l'attendent pour l'inviter à travailler sur l'état d'avancement du programme nucléaire allemand[44].

Cet après-midi, Hemingway à la tête de « ses » maquisards FFI, mitraillette à la main, vient « libérer » l'hôtel Ritz. La scène est aussi fameuse que fausse, énième invention de la mythomanie de l'écrivain. « Où sont les Allemands ? Je viens libérer le Ritz », aurait lâché Hemingway.

---

* Ce couvent se trouvait dans le XIIIe arrondissement ; il a été détruit dans les années 1950.

Le directeur de l'hôtel, Claude Auzello, lui aurait répondu : « Monsieur, ils sont partis depuis très longtemps. Et je ne peux pas vous laisser entrer avec une arme. » Hemingway se serait vengé en laissant une ardoise historique de 51 Martini Dry[45]. Bien sûr, tout n'est qu'affabulation. La « libération » du palace se résume, ce soir-là, en un somptueux dîner, au restaurant du Ritz, qui associe les chefs de l'OSS, Hemingway et d'autres joyeux convives. « Un exploit personnel fictif, accompli sans autres projectiles que des bouchons qui sautent[46] », conclut avec humour Le Bihan.

Billotte et Leclerc à la Préfecture de Police

Pendant la matinée, dans la salle de billard de la Préfecture, entouré de Parodi et de Luizet, Billotte met au point le plan de reddition de Choltitz. Les trois hommes conviennent de lancer un ultimatum à Choltitz par l'intermédiaire de Nordling, le consul de Suède, le temps que le gros des chars arrive. Une fois que Choltitz sera capturé, on lui fera signer une capitulation générale. De cette façon, la 2e DB pourra affronter les deux divisions allemandes qui arrivent en renfort du Pas-de-Calais.

Billotte fait préparer un texte par le commandant La Horie assisté de Félix Gaillard. Diplômé de Sciences Po, docteur en droit, Félix Gaillard est un jeune inspecteur des Finances de 26 ans. Il a rejoint les rangs de la Résistance en 1943 pour travailler auprès de Parodi à la Délégation générale. « Vous vous êtes battus, vous êtes battus. Afin d'éviter toute effusion de sang inutile, il vous appartient de mettre fin à une résistance inutile. » Pour prévenir la susceptibilité de Choltitz, général de corps d'armée, La Horie et Gaillard élèvent Billotte au grade de général dans la signature du texte : « L'un et l'autre, pour impressionner Choltitz, me nomment général avec deux jours d'avance sur de Gaulle et négligent d'ailleurs de m'en prévenir quand ils m'apportent le texte à signer. Je n'apprendrai que beaucoup plus tard cet abus de pouvoir manifeste de ces deux généreux amis[47]. » Vers 10 h 30, avec quelques blindés, La Horie se rend rue d'Anjou où réside Nordling pour lui porter la lettre. Continuant à jouer les intermédiaires, Nordling confie le texte au commandant allemand Bender. Celui-ci est intercepté par une patrouille allemande devant le Crillon, mais parvient à remettre la lettre à l'officier d'ordonnance de Choltitz, von Arnim, qui refuse de la prendre : « Le général sait ce qu'il y a dans cette lettre, il ne l'accepte pas. » Toutefois, von Arnim fait comprendre que, si Choltitz est capturé et que l'honneur est sauf, il donnera l'ordre de reddition. Autrement dit, son honneur d'officier et sans doute aussi la surveillance des SS, qui détermine le sort de sa famille demeurée en Allemagne*, obligent Choltitz à un ultime baroud symbolique. Billotte en informe aussitôt Leclerc.

Leclerc n'est pas resté longtemps gare Montparnasse. Billotte : « Je lui avais également conseillé de venir rapidement à la Préfecture de Police, où il trouverait plus de renseignements et de moyens de communication[48]. » Vers 13 heures, Leclerc se rend en jeep à la Préfecture, où il est fébrilement attendu. Le RP Bruckberger, couché à 4 heures, levé à 6, se rend d'abord à l'Hôtel de Ville, puis à Notre-Dame-des-Victoires où six corps de FFI l'attendent pour de nouvelles obsèques. Il gagne ensuite la Préfecture où la salle de billard a déjà été transformée en état-major par Billotte : « Ces officiers sont tous jeunes : un commandant de vingt-trois ans, un capitaine de vingt et un ans, en bras de chemise, les manches retroussées sur les bras bronzés. [...] Ce qui frappe dans ce conseil d'officiers, c'est que, pour eux, la délivrance de Paris n'est qu'une étape sur leur route victorieuse du Tchad à Berlin. Tandis que pour nous, c'est la pierre du tombeau à jamais renversée, la résurrection d'entre les morts[49]. » On attend Leclerc dont on reçoit des nouvelles par téléphone de quart d'heure en quart d'heure :

« Leclerc est à la porte d'Orléans

– Leclerc descend l'avenue des Gobelins.

– Leclerc établit son PC à Montparnasse. » Enfin, il arrive : « Une immense clameur dans la rue. La clique ouvre le ban. Un char s'arrête devant la Préfecture. Leclerc descend son jonc à la main[50]. » Dans la cour de la Préfecture, Leclerc est reçu par le préfet Luizet, son vieux camarade de Saint-Cyr, et Alexandre Parodi. « Il salue pendant qu'on joue *La Marseillaise.* [...] Quelques instants après, poursuit Bruckberger, Leclerc est parmi nous. J'observe avec une attention passionnée ce visage de soldat racé. Une Parisienne lui a laissé son rouge à lèvres sur la joue. Le regard

---

* Au lendemain de la tentative d'assassinat de Hitler du 20 juillet 1944, tous les officiers généraux allemands vivent sous la surveillance et la menace des SS.

fier est un peu rêveur. Leclerc secoue son jonc machinalement. Au fond, je crois que les “pékins” l’ennuient. Nous crions tous : “Vive Leclerc[51] !” »

La presse parisienne le suit également à la trace : « Le général Leclerc [...] parvint à la Préfecture de police vers 13 heures. [...] Il se dirigea aussitôt vers les salons de la Préfecture, tandis que la musique de la police jouait *La Marseillaise*. L’assemblée connut un moment d’émotion poignante. Dans le salon où l’entouraient les personnalités les plus éminentes, M. Cérat [pseudonyme de Parodi] souhaita la bienvenue au général Leclerc, qui répondit en ces termes : – Je vous félicite, Monsieur le Ministre, pour la résistance qui a été opposée à l’ennemi dans Paris et particulièrement à la préfecture de Police. Nous savions que “ça tenait”. Il y a trois jours encore nous étions à 220 kilomètres de Paris. Des applaudissements prolongés saluèrent les paroles du héros du Fezzan[52]. »

Bruckberger, sans doute plus « politique » que le journaliste du *Figaro*, précise dans ses mémoires : « Le micro est près de lui. Il se tourne et dit dans le micro : “Et surtout vive de Gaulle ! Vive la France !” Puis il s’enferme avec ses officiers dans la salle de billard[53]. » « Des cris “Vive Leclerc !”, “Vive de Gaulle !”, “Vive la France !” retentirent longuement dans les salons de la préfecture[54]. »

Dans les salons, on retrouve le « gratin » de la Résistance parisienne. Rol-Tanguy est depuis le matin à l’Hôtel de Ville avec son état-major et celui de Lizé, le chef des FFI de la Seine*. Les deux commandants FFI s’entretiennent longuement avec les chefs politiques de la Résistance parisienne, Flouret, le nouveau préfet de la Seine, Marrane, le président du Comité de départemental de Libération, et Tollet, son homologue du Comité parisien de libération. En fin de matinée, invité par Luizet, Rol-Tanguy vient déjeuner à la Préfecture où il retrouve également Chaban-Delmas et Kriegel-Valrimont[55]. « La salle à manger offre, sur la table fleurie, un déjeuner d’une quarantaine de couverts », note Adrien Dansette[56]. Ainsi, Leclerc arrive au milieu du déjeuner, et Luizet lui présente l’ensemble des personnalités. Le premier contact avec Rol-Tanguy est cordial : « J’ai rapidement fait connaissance [avec lui] », note sobrement Rol-Tanguy[57]. On sent que ces mondanités, en pleine bataille, horripilent Leclerc qui « prend pendant une dizaine de minutes un petit

* Jean Teissier de Marguerittes, *alias* le colonel Lizé, est né en 1882. En août 1944, il commande, sous les ordres de Rol-Tanguy, les FFI de la Seine. Après la guerre, il se fait prêtre.

repas tout en recevant des nouvelles des différentes zones de combat[58] ». On peut d'ailleurs se demander pourquoi Luizet, qui est loin de manquer de sens politique, organise un tel déjeuner protocolaire, alors que les combats font rage et que la question du ravitaillement est si sensible dans Paris. Volonté d'honorer Leclerc ? Il le connaît pourtant bien et doit se douter que c'est la dernière chose à faire à ses yeux en ces circonstances. Volonté de marquer la restauration de l'État ? De présenter l'une à l'autre les Résistances intérieure et extérieure ? Quoi qu'il en soit, ce n'est sûrement pas la meilleure idée qu'ait eue le préfet de police.

À peine Leclerc est-il attablé qu'on lui annonce l'arrivée du général Barton qui l'attend dans la salle de billard. Girard : « Vers 2 heures nous nous mettons à table », quand Barton arrive au milieu du repas : « Il n'a pas l'air très content. Je conçois que notre situation lui paraisse étrange[59]. » De nouveau, les historiographies française et américaine divergent. Du côté français, alors que Gerow est l'incarnation du militaire obtus et cassant, on veut faire de Barton un brave homme, un peu dépassé par les événements et prêt à s'effacer de bonne grâce. Ainsi Jean Lacouture, piochant chez Dansette, lui prête-t-il ces paroles adressées à Leclerc : « Aujourd'hui, vous auriez dû être seuls[60]. » L'historien américain Blumenson a recueilli le témoignage de Barton dans un entretien réalisé en 1954 et qui révèle un Barton très différent. Comme toujours chez les officiers américains quand il est question de Leclerc, pointe une certaine hostilité : « Tenant sa serviette à la main, et paraissant ennuyé d'avoir été dérangé, Leclerc sortit pour s'entretenir avec Barton. Sans même l'inviter à déjeuner, Leclerc suggéra à Barton de se rendre à la gare Montparnasse. Barton, qui non seulement avait faim, mais était très irrité par l'attitude de Leclerc, finit par lui dire : "Je ne suis pas à Paris parce que j'ai voulu y venir, mais parce qu'on m'a ordonné d'y aller." Leclerc haussa les épaules. "Nous sommes tous deux des soldats[61]." » Ainsi éconduit, Barton se rend alors à la gare Montparnasse où il retrouve Gerow qui, selon Blumenson, étant le plus élevé en grade dans la place, se considère comme le maître de Paris. Le comportement brutal de Leclerc envers Barton, « la serviette à la main », mérite explication. Dérogeant à sa règle du commandement au plus près de l'action, Leclerc ne s'est rendu à la Préfecture de Police que pour y recevoir la reddition de Choltitz. En liaison radio permanente avec Billotte, il a suivi, toute la matinée, l'avancée des négociations. Leclerc, qui est la politesse incarnée, veut de toute évidence se débarrasser de Barton pour un acte politique fondamental, la reddition de Choltitz, à laquelle il est hors de question de mêler, de près ou de loin, un général américain, qui plus est égal en grade de Leclerc – Barton est *major general*, l'équivalent des trois étoiles de général de division de Leclerc.

De la même façon, Leclerc ordonne très clairement à Billotte de conduire Choltitz à la Préfecture de Police et non à la gare Montparnasse, une fois que celui-ci aura été capturé. La présence de Gerow à la gare Montparnasse rend celle-ci beaucoup trop dangereuse. Désigné par Bradley, Gerow commande la force alliée qui investit Paris ; à ce titre, il est le supérieur de tous les officiers alliés dans la place. En outre, Gerow est *lieutenant general*, l'équivalent en grade de Choltitz qui a été nommé par Hitler *General der Infanterie* le 7 août 1944 en même temps qu'il le désignait comme gouverneur militaire du Grand Paris. Ces grades américain et allemand correspondent au grade français de général de corps d'armée (quatre étoiles) alors qu'à cette date Leclerc n'est que général de division. Selon la logique militaire américaine, c'est à Gerow, et à lui seul, de recevoir la reddition. Dans ces conditions, comment lui refuser de signer l'acte si d'aventure la cérémonie avait lieu à Montparnasse ? Le discret déplacement vers la Préfecture de Police, à la barbe des Américains, évite la catastrophe. Dans la logique de la « mission nationale » que de Gaulle lui a confiée en décembre 1943 à Alger, Leclerc reçoit la reddition non pas au nom des Alliés, mais au nom du GPRF et en tant que gouverneur militaire de Paris, fût-ce à titre provisoire. En s'annonçant à la Préfecture, le général Barton jouait sans le vouloir les fâcheux de comédie. Ces considérations hautement politiques permettent aussi de mieux comprendre la « gaffe » que commet Leclerc en acceptant que Rol-Tanguy cosigne l'acte de reddition. Il a habilement évité le pire en éloignant Barton et en tenant Gerow à distance. Alors, que Rol-Tanguy signe ou pas, peu importe : après tout, il est français et colonel FFI.

L'« affaire Suhard », acte 2

Pendant ce temps, une autre négociation se poursuit, strictement française, autour de l'organisation de la cérémonie religieuse à laquelle de Gaulle souhaite assister à son arrivée à Paris. L'« affaire Suhard », qui s'est enclenchée la veille, se développe le 25 dans les bureaux feutrés de la Préfecture. Bruckberger note dans ses mémoires que, le matin du 25, avant l'arrivée de Leclerc, Parodi a convoqué Mgr Chevrot, le curé de Saint-François-Xavier. Mgr Chevrot est un personnage important du clergé parisien. Il a été prédicateur du carême à Notre-Dame et surtout il s'est engagé dans la Résistance en adhérant au Front national, largement dominé par les communistes, attitude très marginale dans l'Église de France. Il apparaît ainsi comme un parfait intermédiaire dans le conflit qui couve entre l'État et l'Église. Bruckberger n'assiste pas à l'entretien, mais il discute ensuite avec Chevrot qui se déclare « enchanté de tout ce que Cérat [Parodi] lui a dit[62] ». On peut en déduire que l'« hypothèse Notre-Dame-des-Victoires », évoquée la veille, tient toujours la corde, ce qui permettrait d'éviter d'ostraciser Mgr Suhard, le cardinal-archevêque de Paris, dans l'hypothèse d'une cérémonie à Notre-Dame.

C'est alors que se produit un événement dont on a peine à expliquer l'intention. Le 25 août, à 13 heures, Mgr Brot, l'archiprêtre de Notre-Dame, est avisé par la Préfecture de Police que le général de Gaulle s'apprête à « prendre possession de l'hôtel de ville, mais qu'il [tient] à faire un pèlerinage personnel à Notre-Dame[63] ». Le Général ne sera accompagné que d'une vingtaine de personnes et la cathédrale doit être vide. De qui émane cet ordre singulier ? Faute de sources, nous en sommes réduits aux hypothèses. À ce moment, de Gaulle est encore à Rambouillet et il ne communique pas directement avec la Préfecture de Police, mais seulement avec Leclerc. En outre, il n'a absolument pas l'intention de « prendre possession de l'hôtel de ville ». À la Préfecture, le préfet Luizet est tout occupé à son repas protocolaire. Il s'agit donc probablement de Parodi qui a reçu Mgr Chevrot le matin en lui laissant entendre, si l'on en croit Bruckberger, qu'une cérémonie à Notre-Dame-des-Victoires tenait la corde. Le mystère s'épaissit donc encore un peu plus. De Gaulle a-t-il laissé des instructions dans le message destiné à Luizet qu'il a remis, le 23 au soir, au docteur Favreau ? Parodi cherche-t-il à concilier l'inconciliable en organisant une visite privée de De Gaulle à Notre-Dame dès le 25 – c'est ce que pensait Bruckberger, la veille, lorsqu'il parlait d'un « geste religieux » – suivie d'un *Te Deum* plus officiel à Notre-Dame-des-Victoires ? Enfin, si on pense, à la Préfecture, que de Gaulle va se rendre à Notre-Dame dès ce jour, pourquoi Luizet n'y envoie-t-il pas des forces de sécurité ? Rappelons que la Préfecture de Police est située en face de la cathédrale.

Toujours est-il que Mgr Brot s'exécute et prend les dispositions qui conviennent pour préparer Notre-Dame comme on le lui a demandé. À 14 h 30, il se rend, « en habit de chœur, avec deux prêtres sur le perron de Notre-Dame. L'organiste est prêt aussi, la Préfecture lui avait ordonné de jouer *La Marseillaise* et *La Marche lorraine*[64] ». Apparemment, le 24, le courant fonctionne. Pierre Bourget précise que les Allemands, pour éviter les coupures pendant les concerts, avaient fait brancher le circuit électrique de Notre-Dame sur celui de l'Hôtel-Dieu. Mgr Brot et ses assistants vont attendre ainsi, en vain, jusqu'à 20 heures sans que personne ait songé à les prévenir que le Général ne se rendrait pas à Notre-Dame ce 25 août.

Apercevant l'archiprêtre sur le perron de Notre-Dame, une foule se masse peu à peu devant la cathédrale et crie à plusieurs reprises « Le voilà ! ». Or, précise Brot, chaque fois le courant est coupé dans la cathédrale : « Comme le général devait entrer avec son état-major, il n'est pas douteux que ce fût à son intention que fut exécutée la manœuvre[65]. » Monseigneur Brot défendra la thèse, à propos de la fusillade du lendemain, d'un attentat visant délibérément la personne de De Gaulle. On peut ne pas suivre son esprit soupçonneux quand il voit dans les coupures électriques du 25 après-midi la manifestation de la même volonté qui agira le lendemain. En revanche, si on se souvient que, la veille au soir, le curé de Notre-Dame-des-Victoires avait déjà attendu la venue du Général jusqu'à 23 heures, le moins qu'on puisse dire est que la Préfecture agit avec une certaine désinvolture à l'égard du clergé parisien.

Capture de Choltitz

Choltitz ayant refusé de se rendre sans combat, Billotte est contraint de préparer l'investissement de l'hôtel Meurice, le siège de commandement du Gross Paris. Dès 11 heures, il met en place le dispositif : Branet progressera par la rue de Rivoli ; Bricart (accompagné de Maurice Schumann) par les quais de la rive droite, le long du Louvre et des Tuileries, pour attaquer les Tigre et Panther positionnés dans le jardin des Tuileries ; Sammarcelli, par rue la Saint-Honoré en se couvrant vers l'Opéra et la rue Royale ; rive gauche, Putz progressera de la place Saint-Michel vers le Luxembourg, puis se rabattra vers la Concorde en liaison avec Dio. Billotte charge également l'indispensable Félix Gaillard et le capitaine Puig, du 3e Bureau, de rédiger le texte d'une convention de capitulation. Il convient de surveiller aussi la progression des deux divisions d'infanterie de la XVe armée allemande qui marchent vers Paris. Grâce aux moyens de communication que Luizet met à sa disposition, Billotte organise un système d'alerte au nord de Paris : la Préfecture demeure ainsi en relation téléphonique avec les autres préfectures et sous-préfectures (Beauvais, Creil, Senlis, Meaux) et avec les mairies de la banlieue nord. Vers 13 h 30, quand Leclerc arrive, tout est prêt et le général approuve l'ensemble du dispositif. Billotte quitte alors la Préfecture pour gagner le lieu des combats : « Pour permettre aux Allemands de s'abandonner dans l'honneur sous la pression directe de nos armes, nous ne tirerons pas les premiers en dignes héritiers des combattants de Fontenoy. Les Allemands ne comprirent pas cette dernière invitation à la sagesse et ne manquèrent pas d'imiter les adversaires du maréchal de Saxe[66]. »

Un peu avant 14 heures, une féroce bataille s'engage sous les arcades de la rue de Rivoli. Les fantassins du régiment de marche du Tchad, sous les ordres de Branet, progressent lentement, entre les blockhaus, les nids de mitrailleuse et les chicanes des Allemands. De son côté, la colonne de droite (Sammarcelli) nettoie le quartier de l'Opéra. Elle prend l'importante Kommandantur du carrefour de la rue du Quatre-Septembre où elle fait 250 prisonniers, puis l'hôtel Continental où 150 captifs viennent s'ajouter au butin, enfin l'hôtel Crillon, place de la Concorde, où pas moins de 500 autres Allemands font reddition. Pendant ce temps, les chars de Langlade, arrivés de l'Étoile par les Champs-Élysées, nettoient la place de la Concorde.

À 14 h 30, La Horie lance les sections des lieutenants Franjoux et Karcher à l'assaut de l'hôtel Meurice. Les Français pénètrent dans le hall de l'hôtel et y brisent toute résistance à grands coups de mitraillages et de grenades au phosphore. Submergée, la compagnie de défense allemande se rend rapidement. À 15 heures, Henri Karcher, chirurgien dans le civil, fait irruption le premier dans le bureau de Choltitz qui l'attend debout, entouré d'une dizaine d'officiers de son état-major :

« Lieutenant Karcher, de l'armée du général de Gaulle.

– General von Choltitz, Kommandant von Gross Paris.

– Le général parle-t-il le français ?

– Il le parle peu, mais il le comprend bien, répond le colonel von Unger, le chef d'état-major de Choltitz[67]. »

Dans ses mémoires, Choltitz livre une transcription différente et presque absurde de ce bref dialogue :

« Parlez-vous allemand ?, demanda Karcher en français.

– Probablement mieux que vous[68]. »

« Est-ce que vous vous rendez ?

– *Ja.*

– Rendez vos armes.

Ils me désignèrent leurs pistolets posés sur le bureau.

– Le général devrait rendre son épée.

– Le général n'en a pas, dit le colonel von Unger.

Je suis rejoint par le commandant La Horie qui s'adresse en ces termes au commandant du Gross Paris :

– Vous avez refusé l'ultimatum qui vous a été envoyé ce matin. Il y a des résistances qui se poursuivent ailleurs. J'exige que vous donniez l'ordre à tous les officiers commandant des centres de résistance de cesser le feu. Il a été procédé ainsi sur la ligne Maginot en 1940*. »

Dans la rue, Choltitz est bousculé, sa valise arrachée et ouverte. Une infirmière de la Croix-Rouge l'escorte jusqu'à la jeep de La Horie. C'est à ce moment que surgit Billotte. « J'arrive au Meurice pour voir La Horie inviter von Choltitz à monter dans sa jeep. Je pense préférable d'abriter ce dernier dans mon scout-car où il échappera aux vues de la foule. Choltitz me paraît soulagé de se trouver sous ma protection. Karcher qui l'a fait prisonnier et La Horie qui l'a pris le premier en charge quelques instants plus tard, ont été avec lui des plus courtois. » Le récit de la scène que propose Dansette (repris par Amouroux) est un peu différent. Selon Dansette, Choltitz est d'abord monté dans la jeep de La Horie qui, par les rues du Mont-Thabor et de Castiglione, gagne la place du Palais-Royal. C'est à cet endroit qu'elle croise le scout-car

* Karcher précise qu'en fouillant le bureau de Choltitz il découvre, bien plié, le drapeau nazi qui flottait sur la façade de l'hôtel Meurice (et qui ira enrichir la collection des Invalides) ainsi que l'épée de Choltitz, une très belle lame datant de l'époque de Guillaume Ier. Sur ce, le directeur du Meurice, beau-père du colonel Grandval, l'un des chefs de la Résistance dans les Vosges, fait servir un somptueux repas aux hommes de Karcher épuisés de fatigue et morts de faim.

de Billotte qui prend alors en charge le général allemand[69]. Ce point de vue est confirmé par les mémoires de Boissieu[70]. Billotte est surpris par Choltitz : « C'est un gros homme d'une cinquantaine d'années, d'allure aussi peu sportive et guerrière que possible : il souffrait visiblement de la chaleur. Comment diable avait-il pu se battre si vigoureusement en Normandie ? » Choltitz lui demande d'emmener avec eux son chef d'état-major, le colonel von Unger. « J'acquiesçai tout en lui faisant remarquer que son colonel devrait s'allonger sous la table, seule place disponible d'un médiocre confort. Tous deux acceptèrent avec reconnaissance. » On part ainsi vers la Préfecture, « les pieds de Choltitz et les miens délicatement posés sur le ventre du malheureux chef d'état-major[71] ».

Pendant le court trajet, Billotte passe sa colère sur Choltitz. Il lui explique qu'il a bien compris qu'il était sous la menace des SS et que sa famille, à Baden-Baden, aurait servi d'otage s'il ne s'était pas battu. « J'avais cru comprendre qu'il ne s'agissait que d'un baroud d'honneur. Mais il n'en a pas été ainsi et [...] je sais que je viens de perdre déjà trop de mes soldats. » Billotte lui explique que, dans ces conditions, on est devant l'hypothèse prévue par le projet de convention : la poursuite de la lutte jusqu'à l'extermination totale des forces allemandes. « Alors que me proposez-vous pour éviter de recourir à cette extrémité ? [...] Le pauvre homme devint encore plus rouge et plus transpirant encore[72]. » Dans sa réponse embarrassée, Choltitz donne du « Monsieur le Général » à Billotte. Choltitz sait parfaitement distinguer les galons d'un colonel des étoiles d'un général ; soit il est d'une extrême politesse, soit sa délicate situation le pousse à la flatterie :

« Monsieur le général, ce que vous me dites n'est pas juste. J'ai tant fait pour Paris. Si vous saviez les ordres que j'ai reçus du Führer !

– Eh bien, si vous pensez avoir déjà tant fait pour Paris, il va falloir continuer dans ce sens et compléter votre œuvre en acceptant les conditions de capitulation qui vous sont imposées et en “collaborant”, c'est bien votre tour, avec nos officiers, pour faire comprendre à vos îlots de résistance de cesser immédiatement le combat. C'est à ce prix maintenant que nous pouvons éviter les destructions et d'autres pertes de vies humaines dont, autrement, vous seriez coupable[73]. »

Billotte précise même qu'il convient désormais d'inclure dans la convention les deux divisions qui arrivent en renfort dès qu'elles rentreront dans le périmètre de commandement de Choltitz.

Un peu après 15 h 30, le convoi arrive devant la Préfecture. « Cette fois le silence est d'une solennité poignante. La clique est toujours rangée dans la rue. Casques et cuivres brillent au soleil. Tout à coup débouche dans le boulevard du Palais un motocycliste à casque noir, à toute allure. Dès qu'il arrive, la clique se met à sonner cinq fois de suite *Cessez le feu*. À cinquante mètres derrière, un peloton de motocyclistes arrive, toujours à fond de train. Puis un groupe de grosses voitures. La dernière s'arrête net devant le portail, juste au-dessous du balcon où je suis. Et je vois de mes yeux, je vois la portière s'ouvrir. Un officier français descend et entre sous le porche. Derrière lui, sans armes, sans coiffure, sans ceinturon, le général allemand commandant du Grand Paris. Derrière lui un autre officier français porte sur le bras la grande bannière à croix gammée qui, pendant quatre ans, a flotté insolemment aux fenêtres de l'hôtel Meurice[74]. » Protégé par une vingtaine de gardiens de la paix de la foule qui le conspue, Choltitz est alors conduit à l'intérieur de la Préfecture. La cour est pleine d'Allemands les mains en l'air.

À 15 h 45, Choltitz pénètre dans la salle de billard où l'attend un Leclerc impatient et irrité ; il est loin de l'action et déteste cela. Giraud : « Une clameur annonce l'arrivée du général von Choltitz. Nous sommes dans une salle de billard. Avec le Général se trouvent Billotte, Repiton, Betz et dans une embrasure de fenêtre, Dampierre et moi. Il y a aussi le colonel Rol et un civil que le préfet de police a absolument tenu à faire entrer [Kriegel-Valrimont] et le général Chaban-Delmas. À l'entrée de Choltitz, le Général [Leclerc] est au fond de la pièce, face à la porte d'entrée, la moustache un peu hérissée. Choltitz a l'air hagard. Lourd, il se déplace avec peine. Le Général le fait asseoir et règle la question de la capitulation[75]. » « Je suis le général Leclerc. Êtes-vous le général von Choltitz ? » lui lance Leclerc en allemand avant de le faire asseoir. Dans son énumération, Girard oublie la présence du lieutenant-colonel de Guillebon. Le capitaine Betz est l'interprète de la 2e DB dont Choltitz critiquera d'ailleurs les compétences. Kriegel-Valrimont est le seul à ne pas être en uniforme, ce qui provoque une grimace réprobatrice de Leclerc avant que Chaban n'intercède une première fois en faveur du chef du COMAC.

La signature de la reddition

Leclerc donne lecture des « Conventions de reddition », puis demande au général allemand de les signer. Choltitz exprime quelques réticences formelles. Leclerc réplique sèchement qu'à présent il faut signer. En revanche, le général allemand ne demande même pas à se rendre aux Américains. Billotte souligne que « Choltitz s'y comporte avec dignité, Leclerc avec grandeur[76] ». Betz traduit au général allemand le texte rédigé par Félix Gaillard et le capitaine Puig. Il est probable que le 3e Bureau avait préparé de longue date au moins un brouillon du texte, comme en témoigne la rapidité avec laquelle il a été rédigé, Gaillard y apportant la touche du juriste. Sur le fond, la convention énumère les termes classiques d'une reddition militaire. L'article 6 est sans équivoque pour ceux qui refuseraient de se rendre. Comme Choltitz déclare qu'il n'a pas autorité sur les troupes se battant en banlieue, une concession à la main est ajoutée à cet article. Il est par ailleurs prévu de former des tandems d'officiers français et allemands pour porter la convention à l'ensemble des points fortifiés dans Paris et en banlieue qui, à cet instant, continuent de se battre. Mission hautement périlleuse comme on le verra.

> « Toutes les conventions ci-dessous s'appliquent aux unités de la Wehrmacht dans l'étendue du commandement du général von Choltitz.
> 1. Donner immédiatement aux commandants des points d'appui l'ordre de cessez-le-feu et de hisser le drapeau blanc. Les armes seront rassemblées ; le personnel rassemblé sans armes dans un endroit dégagé, attendant les ordres. Les armes seront livrées intactes.
> 2. Donner l'ordre de bataille, y compris les unités mobiles et les ordres de dépôt de matériel, dans l'étendue du commandement. Les dépôts seront livrés intacts avec leur comptabilité.
> 3. Dispositifs de destruction des ouvrages et des dépôts.
> 4. Envoyer à l'état-major du général Leclerc autant d'officiers allemands d'état-major qu'il y a de points d'appui et de garnison.
> 5. Les conditions d'évacuation du personnel de la Wehrmacht seront réglées par l'état-major du général Leclerc.
> 6. Une fois les conventions signées et les ordres transmis [À la main, le mot transmis est remplacé par reçus], les militaires de la Wehrmacht qui continueraient le combat ne relèveront plus des lois de la guerre

> [Ajouté à la main] : Toutefois, le cas des soldats allemands se trouvant à Paris ou le traversant et ne relevant pas du général sera examiné équitablement[77]. »

Plus que le fond du texte, ce sont ses aspects formels qui présentent les éléments les plus originaux. La convention est conclue entre « le général de division Leclerc commandant des forces françaises de Paris et le général von Choltitz, commandant des forces allemandes dans la Région de Paris », document à en-tête du Gouvernement provisoire de la République française. André Martel fait remarquer que Leclerc ne signe pas à titre de gouverneur militaire de Paris « sans doute parce que Koenig a déjà, officiellement du moins, pris ses fonctions[78] ». Aucune allusion n'est faite aux Alliés dans le texte : Choltitz se rend au GPRF et à lui seul. Leclerc est clairement sorti de toute hiérarchie militaire, et la convention exprime la pleine la souveraineté dans Paris du Gouvernement présidé par de Gaulle.

C'est alors que commence le fameux épisode de la signature de Rol-Tanguy. Roger Bourderon en a parfaitement résumé la chronologie en s'appuyant sur le témoignage direct de Rol-Tanguy. Au moment où Billotte introduit Choltitz dans la salle de billard où l'attendent Chaban et Leclerc, Rol-Tanguy est en compagnie de Kriegel-Valrimont dans une salle voisine. Kriegel-Valrimont demande alors au préfet Luizet que lui-même et Rol-Tanguy soient présents lors de la cérémonie, « ce que Chaban et Leclerc ont accepté sans difficulté[79] ». Selon Henri Amouroux, Chaban exprimerait ainsi la volonté secrète de De Gaulle : il faut magnifier la libération de Paris par la présence du peuple et ne pas en faire une simple libération militaire. Étant entendu pour de Gaulle, si l'on suit Amouroux dans son raisonnement, que cette « volonté secrète » porte sur la présence de Rol-Tanguy et non sur sa signature. Rol-Tanguy poursuit : « L'acte a été présenté à Choltitz, discuté, légèrement amendé à la demande de Choltitz et proposé à la signature des deux généraux par le capitaine Betz, l'officier de Leclerc qui l'avait rédigé*. Kriegel-Valrimont est alors intervenu pour demander que je le signe aussi. Cette fois, Chaban n'a rien dit. Leclerc a

* Rol-Tanguy commet ici une légère erreur : Betz n'a pas rédigé le texte mais en a assuré la traduction en allemand à l'attention de Choltitz.

fait remarquer que, étant “commandant des forces françaises de Paris”, formule qui figurait sur l’acte de capitulation, j’étais représenté par sa signature, ce qui était au fond parfaitement exact[80] ». Rol-Tanguy précise que Kriegel-Valrimont avait raison, eu égard au rôle joué par les FFI, mais que lui-même ne demandait rien et acceptait de ne pas signer, ce que l’on n’est pas obligé de croire. Très diplomate, Boissieu note dans ses mémoires que Leclerc refusa « malgré la sympathie qu’il avait eue tout de suite pour ce beau combattant qu’était Rol-Tanguy[81] ». « Il n’y avait rien à objecter à cela, poursuit Rol-Tanguy, et l’acte a été signé à la Préfecture en notre présence par Leclerc et Choltitz[82]. » L’acte 1 se termine donc, à la Préfecture, par une signature des seuls Leclerc et Choltitz en présence de Rol-Tanguy.

Leclerc déclare alors qu’il est urgent de se rendre à son PC de la gare Montparnasse, bien mieux équipé pour transmettre l’ordre de cesser le feu et abréger ainsi les combats. Leclerc songe manifestement aux voitures radio de la DB car, en matière de transmission, on ne voit pas ce qui se fait de mieux que la Préfecture de Police à Paris. Tout le monde embarque dans les voitures, direction la gare Montparnasse où on arrive vers 16 heures. On s’entasse à six dans le scout-car de Leclerc : Leclerc, Rol-Tanguy, Chaban-Delmas, Choltitz, le serveur de la mitrailleuse et le chauffeur. « Belle composition symbolique : les représentants de l’armée régulière et ceux des FFI encadraient le général vaincu[83] », note Roger Bourderon. Durant le trajet, Choltitz est constamment hué et menacé par la foule, ce qui le terrorise et le surprend en sa qualité de général de corps d’armée. Leclerc est horripilé par ces scènes de rue. Gribius : « Sans doute le général Leclerc aurait-il souhaité éviter à son adversaire vaincu cette marche humiliante à travers Paris et, maintes fois, de sa canne brandie, il fait taire les insultes[84]. »

Arrivé à la gare, Choltitz, le « gros homme rouge » que décrit Billotte, fait un léger malaise. Il réclame à boire. Le lieutenant qui lui apporte de l’eau hésite, craignant que le général cherche à se suicider : « On ne fait pas cela chez nous », réplique froidement Choltitz. Le général est installé dans une salle en compagnie du capitaine Gribius qui lui explique les ordres de reddition des points d’appui qu’il doit signer à mesure que le lieutenant Betz traduit en allemand. Gribius prépare dix frappes en deux exemplaires (l’un en français, l’autre en allemand) « qui sont lues par un officier allemand parlant français et immédiatement signées[85] ».

C'est alors que Kriegel-Valrimont revient à la charge, cette fois avec le plein soutien de Chaban-Delmas. Rol-Tanguy : « Leclerc a donné son accord et s'est plié de bonne grâce à une modification de l'en-tête de l'acte dactylographié signé à la Préfecture par une surcharge manuscrite écrite sous sa dictée par Guillebon. Il l'a formulée manifestement sans préoccupation hiérarchique puisque mon nom apparaissait avant même le sien[86]. » On ajoute donc à la main, dans l'en-tête, la mention suivante : « Colonel Rol, commandant des FFI de l'Île-de-France », avant le nom de Leclerc, ce qui est tout à fait anormal, et Rol-Tanguy signe au bas de la page. André Martel voit trois raisons qui ont poussé Leclerc à accepter cette demande : l'absence d'ordres clairs de De Gaulle (disons plutôt qu'il n'y a même pas songé !) ; l'autorité de Chaban-Delmas, auquel Leclerc se fie en découvrant le monde étrange des Forces françaises de l'intérieur qu'il ne connaît pas ; enfin, le rôle joué par ces mêmes Forces depuis le début de l'insurrection[87].

En réalité, les choses vont encore plus loin. À la Préfecture, comme il convient dans ces circonstances, deux exemplaires de la Convention ont été signés : l'un est conservé par Leclerc, l'autre par Choltitz. À la gare Montparnasse, c'est bien sûr l'exemplaire de Leclerc qui est modifié. Non seulement Choltitz n'est pas invité à contresigner la modification, mais il conserve sur lui un exemplaire non signé par Rol-Tanguy. « C'est vrai que Choltitz n'a pas été informé du changement, reconnaît Rol-Tanguy. Mais qui songeait à lui en cet instant ? Fallait-il solliciter son autorisation[88] ? » Rol-Tanguy avoue également ne s'être pas posé la question de savoir lequel des deux exemplaires il était invité à signer et il « doute que Chaban et Leclerc se soient inquiétés de la nature de l'exemplaire modifié[89] ». Ce n'est que plus tard, confie-t-il à Bourderon, qu'il apprit l'existence d'un acte non modifié demeuré en la possession de Choltitz. Il est permis de douter de cette dernière assertion : Rol-Tanguy était présent dans la salle de billard de la Préfecture où il a bien vu que deux exemplaires étaient signés. « Mais, de toute façon c'est bien le texte mis au point à la préfecture que j'ai signé, celui dans lequel figure l'ajout manuscrit de Choltitz concernant les soldats ne dépendant pas de lui. » Rol-Tanguy conclut son témoignage en jugeant « dérisoires » les polémiques qui ont surgi plus tard à propos de ces deux versions. « Chaban et Leclerc ont pris la décision politique de reconnaître notre action spécifique. En donnant leur accord pour que Valrimont et moi soyons présents dans la salle de billard de la Préfecture dès la lecture de l'acte de capitulation, ils avaient déclenché le premier acte de cette reconnaissance[90]. »

L'argumentation de Rol-Tanguy est convaincante lorsqu'il affirme que Leclerc, Chaban-Delmas, l'ensemble des militaires présents et sans doute aussi Choltitz lui-même, avant tout soucieux de sauver sa personne et celle de ses hommes, n'ont pas accordé la moindre importance à ces irrégularités juridiques. Un esprit taquin pourrait être fondé à penser que, si la reddition avait été signée sous l'autorité du général Gerow, les choses auraient été plus rigoureuses et que Rol-Tanguy n'aurait certainement pas pu ajouter son paraphe au texte. La modification de la Convention sur un seul de ses deux exemplaires et sans la contre-signature de Choltitz la rendait-elle sans effet ? En considérant que la question n'a de sens qu'après coup, dans des débats académiques entre juristes et historiens, il paraît peu contestable que, dans l'empressement et l'exaltation du moment, des irrégularités formelles ont été commises. Mais l'important n'est pas là. La question de fond concerne bien sûr la signature de Rol-Tanguy. On peut d'ailleurs la dédoubler en deux points. La signature de Rol-Tanguy, chef de forces non régulières, et sans que Choltitz en soit informé, remet-elle en cause la validité de la Convention ? Ce point, souvent ignoré des historiens, n'est pas insignifiant si on considère que Choltitz avait clairement précisé à Nordling qu'il n'accepterait de se rendre qu'à des forces régulières. La défense pourrait alléguer qu'aux yeux du GPRF et même du SFHQ, dans la mesure où Koenig y siège en tant que chef suprême des FFI, ces dernières ne sont plus des forces irrégulières. Le second point est d'ordre hautement politique : la signature de Rol-Tanguy délégitime-t-elle, au moins en partie, le discours gaullien d'une restauration de l'État par le haut ? Au-delà de la question communiste, la signature de Rol-Tanguy résume en fait toute la question des relations entre la France libre et la Résistance intérieure, posée depuis les premiers efforts d'unification. On se doute de l'opinion du général de Gaulle, qu'il ne tardera pas à signifier à Leclerc.

De Gaulle à la gare Montparnasse

« Je ressens encore en moi l'émotion de cette dernière aventure : ce soleil lumineux, cette route triomphale ; les bornes kilométriques qui indiquaient : Paris 25 kilomètres... Paris 10 kilomètres... Paris 4 kilomètres[91] », se souvient Palewski. Le feu vert de Chevigné parvient à Rambouillet vers 13 h 30. À 15 heures, le convoi s'ébranle et, par Limours, il rejoint la RN 20 à Arpajon. Il emprunte ensuite la route nationale, traverse Longjumeau et Bourg-la-Reine, entre dans Paris par la porte d'Orléans avant de s'engager dans l'avenue d'Orléans (aujourd'hui avenue du Général-Leclerc). Tout le long du parcours, une foule énorme fait cortège au général. Peu avant Paris, note Palewski, le convoi dépasse un des éléments de la division Leclerc qui stationne patiemment au bord de la route, attendant un ordre de Leclerc, et qui le regarde passer « sans aucun étonnement apparent ». Le calme des vieux grognards : « Nous les avons vus en Libye, nous les avons vus en Italie [...] et, flegmatiques, ils attendaient là le moment d'entrer dans la capitale qu'ils allaient libérer[92]. »

Arrivé place d'Alésia, au lieu de filer droit vers Denfert-Rochereau, puis vers le boulevard Saint-Michel où une marée humaine attend avec ferveur, persuadée que de Gaulle ira d'abord à l'Hôtel de Ville rendre hommage à la Résistance, le cortège oblique sur la gauche : « On suppose, évidemment, que je me rends à l'Hôtel de Ville. Mais bifurquant par l'avenue du Maine presque déserte en comparaison, j'atteins la gare Montparnasse vers 4 heures de l'après-midi[93]. » Le maréchal Juin confirme cet itinéraire – après l'église de Saint-Pierre-de-Montrouge, place d'Alésia, on oblique vers l'avenue du Maine –, mais pour des raisons avant tout sécuritaires, l'avenue du Maine étant nettement « moins encombrée[94] ».

Faute d'autres sources, l'heure précise de l'arrivée de De Gaulle à la gare Montparnasse varie sensiblement d'un témoignage à l'autre. Bourdan la situe un peu avant 16 heures. De Gaulle lui-même indique « vers 4 heures de l'après-midi », horaire confirmé par Chaban-Delmas ; les historiens André Martel et Christian Chevandier la reculent plutôt à 17 heures : « 16 h 45. Un motocycliste de la Préfecture de Police informe le préfet que le général de Gaulle approche de la porte d'Orléans. De Gaulle se rend directement à la gare Montparnasse où il arrive à 17 heures[95]. » Le capitaine Girard, aide de camp de Leclerc et témoin oculaire, repousse l'arrivée du Général encore plus tard : « Il arrive vers 6 heures moins le quart, avant qu'une garde d'honneur ait pu être mise en place[96]. » L'horaire avancé par Martel et Chevandier, 17 heures, est le plus probable eu égard aux conditions du trajet depuis Rambouillet et à la suite des événements de la journée. Certes, en parcourant ces 50 kilomètres en deux heures, de Gaulle n'a pas fait d'excès de vitesse, mais il convient de considérer la foule énorme qui entoure les voitures de son cortège*. En outre, Leclerc et les siens ne quittent pas la Préfecture avant 15 h 45-16 heures et n'arrivent pas à la gare Montparnasse avant 16 h 15. Il faut ensuite compter un bon quart d'heure pour l'épisode de la signature de Rol-Tanguy. Tout cela fait que Leclerc ne peut accueillir de Gaulle avant 16 h 45.

Selon Palewski, Leclerc vient attendre de Gaulle « sur le trottoir », devant la gare. Pierre Bourdan, bien qu'il se trompe sur l'horaire, indique que la rencontre se déroula dans le hall de la gare : « Un peu avant 4 heures [...] il y eut un grand brouhaha dans la foule massée en bas de la rampe, sur la place, puis des clameurs assourdissantes. Des voitures militaires et civiles passaient devant nous, montant à la gare**. [...] Dans le hall, sur un quai de départ, se dressait la haute silhouette du général de Gaulle et, près de lui, celle du général Leclerc, entourés d'officiers. Tous parlaient entre eux, posément, calmement[97]. » Jacques Chaban-Delmas livre un témoignage beaucoup plus personnel : « Le Général arriva à grandes enjambées, suivi de deux officiers supérieurs que j'appris ensuite être le général Juin et le colonel de Chevigné. Il serra la main de Leclerc.

« – Alors, où en êtes-vous ?

Leclerc s'apprêtait à répondre.

– Mon Général, commença-t-il...

Mais sa courtoisie le fit s'interrompre. Le général de Gaulle ne m'avait pas accordé la moindre attention. J'étais figé au garde-à-vous, comme enraciné au sol, et le regardant intensément. [...]

– Mon Général, reprit Leclerc, vous connaissez le général Chaban ?

* Dans des circonstances différentes, il fallut deux heures au bus de l'équipe de France de football, le 12 juillet 1998, le jour de la finale de la Coupe du monde, pour effectuer le trajet de Clairefontaine-en-Yvelines au Stade de France de Saint-Denis (65 kilomètres), constamment freiné par une foule de plusieurs centaines de milliers de personnes.

** L'ancienne gare Montparnasse était bâtie sur un promontoire qui dominait la place Montparnasse et la rue du Départ.

L'œil s'abaissa de haut sur ce jeune homme qui, à 29 ans, n'en paraissait guère plus de 20. [...] Il y eut un silence qui dura bien deux secondes et me sembla une éternité. Mon regard soutenait celui du Général. Je pus suivre, avec la clairvoyance que donne l'extrême émotion, l'enchaînement des sentiments. D'abord l'incrédulité, puis la surprise, enfin la colère à la pensée qu'on l'avait amené à confier de si hautes responsabilités à un si jeune homme. Déjà, je voyais la tempête fondre sur moi. Mais, au moment où je souhaitais pouvoir rentrer sous terre, surgit dans cet œil d'aigle comme un attendrissement. La statue s'anima. J'eus droit à une poignée de main forte – deux fois forte – tandis que la voix prononçait ces trois mots auprès desquels pâliraient honneurs et fonctions :

– C'est bien Chaban[98]. »

De Gaulle n'a encore jamais rencontré Chaban-Delmas. Lors du seul voyage à Londres de ce dernier (le 16 août précédent), de Gaulle était à Alger. Selon certains témoins, n'en revenant pas d'avoir nommé un gamin Délégué militaire national, de Gaulle aurait alors répété à haute voix et à plusieurs reprises : « Ça alors, ça alors ! » Leclerc lui présente ensuite l'ensemble des personnalités civiles et militaires que de Gaulle découvre également. Il félicite Leclerc : « Quelle étape sur la route de sa gloire[99] ! »

De Gaulle, Leclerc, Juin et Rol-Tanguy, gare Montparnasse. De dos à gauche, sans doute Chevigné, à droite Chaban-Delmas. Sur la table, la canne et le képi de Leclerc.

Selon Lacouture, découvrant Rol-Tanguy, de Gaulle est moins surpris par « la robustesse jeune et active de l'ouvrier armé[100] » et il le félicite également : « C'est en effet l'action des forces de l'intérieur qui a, au cours des précédentes journées, chassé l'ennemi de nos rues, décimé et démoralisé ses troupes, bloqué ses unités dans leurs îlots fortifiés[101]. » La personnalité de Rol-Tanguy semble d'ailleurs séduire les compagnons du Général. Juin découvre à la gare Montparnasse un Rol-Tanguy, « assez courtois, [qui] se présenta à moi[102] ». Dans ses mémoires, Boislambert décrira même l'ancien commissaire politique de la guerre d'Espagne comme un « Français libre de l'intérieur[103] ». Il est vrai que ce grognard du gaullisme n'en perd pas son franc-parler et fustige, dans le même temps, les « combattants de la 25e heure » qu'il aperçoit dans le hall de la gare et les rues de Paris : « D'autres, nombreux déjà, sont suscités par la victoire et la fin du danger. Ce sont d'ailleurs les plus bruyants, les plus ostensibles, les plus gênants. Il y a comme dans toutes les périodes troubles, une lie qui remonte à la surface. Tout cela circule en voiture, brandit des drapeaux, s'orne de brassards, manie la mitraillette avec un enthousiasme pour le moins encombrant[104]. »

On en vient vite aux affaires militaires et politiques. Assis sur une chaise dans le hall de la gare, les lunettes sur le nez, de Gaulle étudie attentivement, à côté de Leclerc, les plans d'opération pour éliminer les dernières poches allemandes. Leclerc lui rend compte également des conditions de la reddition de Choltitz et lui présente l'acte de reddition. Découvrant le texte, de Gaulle s'assombrit brusquement. Rol-Tanguy : « De Gaulle, d'abord tout épanoui, s'est quelque peu renfrogné, s'est étonné, a demandé pourquoi le chef des FFI avait signé l'acte de reddition. Leclerc a fait état de l'accord de Chaban, à qui de Gaulle a d'abord lancé un regard peu amène avant de lancer un “c'est bien Chaban !” qui manifestait, je crois, une réelle satisfaction[105]. » Si Rol a bien senti le changement d'humeur du Général, il arrange un peu les choses à sa façon. Le fameux « c'est bien Chaban » a été adressé à l'intéressé avant la lecture de l'acte de capitulation, à l'arrivée de De Gaulle à la gare quand Leclerc lui présente le tout jeune Délégué militaire national. En outre, cette exclamation exprime la satisfaction du Général pour l'ensemble de l'action menée par Chaban-Delmas et pas du tout pour la signature de l'acte. Bien au contraire, il exprime sans détour son mécontentement à Leclerc qu'il prend en tête à tête, mais devant un grand nombre de témoins dans le grand hall de la gare. De Gaulle désapprouve hautement

« la mention que Leclerc a inscrite sur l'acte après coup sur les objurgations de Rol-Tanguy et suivant laquelle c'est à Rol, autant qu'à lui que s'est rendu le commandant allemand. D'abord, lui dis-je, ce n'est pas exact. D'autre part, vous êtes, dans l'affaire, l'officier le plus élevé en grade [on notera l'oubli total de Barton et de Gerow], par conséquent seul responsable. Pourquoi croyez-vous que je vous avais nommé gouverneur militaire de Paris par intérim dès Alger, si ce n'est pour prendre, sous votre autorité, toutes les forces avant l'arrivée du général Koenig ? Mais, surtout, la réclamation qui vous a conduit à admettre ce libellé procède d'une tendance inacceptable[106] ». De Gaulle montre alors à Leclerc la déclaration que la presse a publiée le matin et dans laquelle le CNR s'exprime « pour la nation française » en ne « faisant aucune allusion au général de Gaulle. Leclerc comprend aussitôt. De tout mon cœur, je donne l'accolade à ce noble compagnon[107] », jolie formule qui atténue, dans les *Mémoires de guerre* et sans que Leclerc ait pu la lire, les termes un peu rudes employés auparavant.

La signature de Rol-Tanguy et la fameuse « engueulade » de De Gaulle à Leclerc ont fait l'objet d'interprétations fort diverses. André Martel voit dans cette signature une habile manœuvre dans la grande tradition des apparatchiks communistes. Par ce geste, en effet, Rol-Tanguy, poussé par Kriegel-Valrimont, fait reconnaître le rôle de forces qui ne relèvent pas de Leclerc mais du COMAC. Ce point de l'argumentation de Martel est d'ailleurs discutable : la délégation de pouvoir de De Gaulle à Leclerc couvre l'ensemble des forces de la région parisienne. Cette reconnaissance, poursuit Martel, permettra à l'historiographie communiste d'affirmer : « Le 25 août, le jour de l'entrée de la division Leclerc à Paris déjà libéré par l'insurrection populaire[108]… » Le maréchal Juin, toujours aussi gaulliste dans ses mémoires, affirme qu'« un sentiment de méfiance commençait à se faire jour en lui, il le couvait d'ailleurs depuis quelque temps, et c'était la raison pour laquelle il avait décidé qu'après une courte pause à la gare Montparnasse, il irait s'installer au ministère de la Guerre, 14, rue Saint-Dominique[109] ». Gaston Palewski, « baron » du gaullisme s'il en fut, est encore plus catégorique à propos de la signature de Rol-Tanguy : « Ce n'était qu'une nouvelle marque de cet effort communiste auquel nous nous étions heurtés depuis le débarquement. Et cela n'a été que le début d'une longue lutte qui allait rendre amer et difficile, dès les premiers jours, notre établissement à Paris[110]. »

Sans nier l'évidente manœuvre et les lourdes arrière-pensées des chefs militaires communistes, l'historiographie récente insiste plutôt sur les effets de reconstruction mémorielle de la scène par de Gaulle. Jean Lacouture n'a sans doute pas tort quand il souligne que l'importance faite à cet « incident de protocole » est grossie à dessein par de Gaulle dans les *Mémoires de guerre*. Publié en 1954, en pleine guerre froide, l'ouvrage est nourri d'évidentes arrière-pensées anticommunistes. C'est également l'avis de Roger Bourderon qui fait remarquer que, sur le moment, aucun des chefs résistants présents ne prend l'affaire au tragique. La colère de De Gaulle, ajoute-t-il, n'est sans doute pas si terrible, comme le montrent « les rush d'un film amateur tourné sur-le-champ » et dont le visionnage montre un de Gaulle très serein. Ajoutons que les photographies dont nous disposons révèlent également un Leclerc très sûr de lui, dominant les débats et pas le moins du monde mortifié. Bien mieux, Rol-Tanguy rappelle que de Gaulle « a lancé en partant à l'un des grands chroniqueurs de la France libre sur la BBC, Jean Marin, qui venait aux nouvelles : Le général allemand commandant la région du Grand Paris vient de capituler entre les mains du général Leclerc et du commandant des Forces françaises de l'intérieur[111] ». Ce que confirme d'ailleurs presque mot pour mot Jean Marin : « Un bon moment plus tard, m'apercevant, le Général, qui vient de donner l'accolade à Leclerc, crie presque, à mon intention : "Dites bien que l'ennemi s'est rendu au général Leclerc et aux Forces françaises de l'Intérieur[112]." » Jean Marin s'exécute et reprend la phrase dès le soir à la radio.

Même l'amiral Philippe de Gaulle, que l'on ne peut suspecter d'attenter à la mémoire de son père, ne contredit pas cette thèse. Dans les entretiens qu'il a donnés à Michel Tauriac, en 2003, il explique que son père lui lâcha, en lui présentant, en 1954, le fameux passage des *Mémoires de guerre* : « Contente-toi de cette version. Je n'avais rien contre ce résistant. Le fait qu'il fût communiste ne m'intéressait pas. C'était un simple problème de hiérarchie. » L'amiral poursuit : « Quant à l'admonestation qu'il aurait adressée à Leclerc, je n'ai eu droit qu'à un haussement d'épaules. J'ajouterai pour la petite histoire qu'il n'a jamais eu de relations avec Rol-Tanguy après coup, comme on l'a prétendu, et bien sûr qu'il ne l'a jamais tutoyé. Mais ce dernier s'est engagé dans la Ire armée et mon père l'a fait compagnon de la Libération[113]. »

Au même moment, à quelques mètres, de Gaulle remarque la présence de nombreux officiers allemands faits prisonniers. Sur une table, le général von Choltitz est consciencieusement appliqué à rédiger un ordre de reddition que des binômes d'officiers français et allemands vont porter aux différents points fortifiés allemands qui continuent à se battre. Comme toujours, le regard de Pierre Bourdan est aiguisé : « À quelques pas de là, se tenaient un général et des officiers supérieurs allemands qui regardaient à droite et à gauche, dans une sorte d'embarras morne et sans expression. À un moment donné, le général de Gaulle s'écarta de son groupe pour faire quelques pas. Il trouva devant lui le général allemand que ses yeux rencontrèrent comme sans le voir ; il tourna le dos et s'en fut. Quelques minutes plus tard, l'interprète expliqua quelque chose aux Allemands, sur le ton d'une notification. [...] Le général Leclerc se pencha sur une table devant laquelle deux officiers français étaient assis. Un officier alla dire quelques mots au général de Gaulle qui fit un signe de tête. Quelques mots brefs au général allemand qui fit un lent mouvement d'assentiment de la tête et répondit par une phrase d'une voix blanche. Bientôt tout le monde se mettait en route, le général de Gaulle et Leclerc en tête, avec leur suite sur les talons, les Allemands escortés de leurs gardes : ces derniers allaient transmettre l'ordre du Cessez le feu à tous les postes qui dépendaient d'eux. [...] Les prisonniers aux mains des Français répondraient de l'exécution de cet ordre par toutes les unités allemandes dans Paris. Il était clair que les officiers allemands craignaient que quelques enragés n'obéissent pas au Commandement militaire de la place[114]. »

Vers 20 heures, Choltitz est conduit au PC de Barton où se trouve également le général Gerow. C'est alors seulement (il faut respecter les équivalences de grade) que Choltitz est officiellement capturé par les Alliés. Le lendemain, le général allemand est conduit chez Bradley qui s'entretient courtoisement avec lui de questions militaires, puis à Cherbourg d'où il rejoint par avion un centre de prisonniers en Angleterre. Blumenson rapporte que, interrogé fin août par les services américains, Choltitz leur déclara que rien n'avait été miné dans Paris et qu'il « était drôlement content d'être débarrassé d'avoir à gouverner aussi bien Paris que les Français, qu'il détestait autant l'une que les autres[115] ». Il fut ensuite envoyé aux États-Unis, puis revint en Europe où il transita de camp en camp. Libéré en avril 1947, il s'installa à Baden-Baden où il rédigea ses mémoires publiés en 1949. Il mena une vie discrète et décéda en 1966.

C'est alors, au moment de partir, que de Gaulle retrouve son fils. Philippe de Gaulle, enseigne de vaisseau au 2e RBFM, vient tout juste d'être désigné pour faire partie des binômes d'officiers français et allemands qui vont porter les ordres de reddition aux divers points allemands qui se battent encore. Pour Philippe de Gaulle, ce sera le palais Bourbon, l'un des lieux de combat les plus acharnés de la journée. De Gaulle n'en dit pas plus sur ces retrouvailles dans les *Mémoires de guerre*. Son fils est plus disert : « Me trouvant là, il me lance aussitôt : "Viens avec nous ! Tu nous accompagnes." C'est alors que nous nous rendons compte d'un quiproquo assez stupide, dû à quelque rouage d'état-major. C'est pour voir mon père qu'on m'a fait venir et non pour aller porter un ordre de reddition à quelque réduit nazi. Mais il est trop tard. Je ne peux me défausser d'une tâche qu'on vient de me confier. D'autre part, il est visible que les gens qui entourent le chef de la France libre sont avant tout très soucieux qu'on s'occupe d'eux : "Mon Général, dit Leclerc, l'enseigne de vaisseau de Gaulle a une mission. Il faut qu'il aille la remplir !" Je saisis dans le regard de mon père une lueur de déception, sinon de désarroi. Sans un mot, il m'embrasse ce qu'il ne fait pas habituellement[116]. » Ce n'est pas la première fois que nous retrouvons un de Gaulle fendant l'armure lorsqu'il s'agit des siens : son émotion, le 22 août, sur la tombe de sa mère à Paimpont ; son inquiétude pour son fils, le matin même, dans le parc de Rambouillet, en déambulant avec le capitaine Guy ; sa tendresse dans les lettres à son épouse ; son attention, dans ces mêmes lettres, au sort de son frère Pierre, prisonnier en Allemagne. Élisabeth de Miribel a saisi l'émotion de ce moment : « Puis [de Gaulle] aperçoit son fils, qui a rejoint notre groupe, en uniforme de fusilier marin. Il l'embrasse. L'émotion qui nous étreint est si forte que nous restons là, en silence, comme pétrifiés[117]. »

Alain de Boissieu, le futur gendre du Général, relate l'épisode sous un autre jour. Au palais Bourbon explique-t-il, le tout jeune enseigne Philippe de Gaulle (il a 23 ans) se retrouve seul, accompagné d'un major allemand, face à une bonne centaine d'Allemands dont une moitié d'officiers et de sous-officiers qui se battent avec détermination depuis le matin. « Quelle aubaine aurait été la leur s'ils avaient su que le jeune officier de marine qui était là devant eux, tout seul, était le fils du général de Gaulle ! Quelle possibilité de chantage ! Heureusement ils n'en surent rien… et déposèrent les armes[118]. » Même si, cette fois, de Gaulle n'y est pour rien, Boissieu n'a pas tort : on reste confondu devant cette nouvelle prise de risque, qui plus est totalement inutile. Car ces missions de reddition sont loin d'être des promenades touristiques. Au palais du

Luxembourg, le colonel Crépin doit parlementer deux heures, dans une ambiance très tendue, avec les officiers SS qui refusent de se rendre. Il est entendu que, dans la France libre, les passe-droits n'existent pas. Deux des fils de Leclerc, Hubert, 17 ans, et Henri, 18 ans (qui trouvera la mort en Indochine en 1952), combattent au sein de la 2e DB. Il n'empêche : les Allemands disposent déjà de la personne du frère du Général, Pierre de Gaulle, qu'ils ont interné en Bohême en tant que « personnalité-otage* ». Dans l'atmosphère volcanique du 25 août 1944, il est inconséquent d'exposer le chef du gouvernement à un chantage sur le sort de son fils et de le placer dans la terrible position qui avait été celle de Staline, en 1943, quand il avait été réduit à se résigner à la mort de son propre fils, otage des Allemands**.

De Gaulle se rend au ministère de la Guerre

Il est vrai qu'en matière de prise de risque on n'a encore rien vu. Le trajet de la gare Montparnasse à la rue Saint-Dominique est digne des meilleurs westerns. Le ministère de la Guerre se trouve, en effet, à deux pas du palais Bourbon, secteur où l'on se bat furieusement et que la Préfecture de Police a déclaré « dangereux » depuis le matin[119]. Pierre de Chevigné et son adjoint, l'intendant de Lignières ont été envoyés en éclaireurs pour s'assurer des conditions de l'arrivée du Général.

« "Où allons-nous maintenant ? L'Élysée ? – Non. Matignon ?" Je ne prends pas les meubles de De Brinon. Il y a quatre ans, j'ai quitté

---

* Dans une lettre à son épouse du 31 août 1944, de Gaulle donne des nouvelles de son frère : « Je n'ai vu encore personne de la famille faute de temps. Dis à Madeleine [l'épouse de Pierre de Gaulle] que je viens d'avoir de bonnes nouvelles de Pierre par voie... spéciale. Il a excellent moral, les paquets lui sont bien arrivés. Il attend la fin avec confiance » (Charles de Gaulle, *Lettres, notes et carnets*, vol. 5 : *Juin 1943-mai 1945*, Plon, 1983, p. 301).

** « Iakov Djougachvili (1904-1943), fils aîné de Staline, lieutenant d'un régiment d'artillerie, est fait prisonnier en juillet 1941. Après Stalingrad, les nazis proposent en vain à Staline de l'échanger contre le maréchal Paulus. Il est abattu au camp de Sachsenhausen en avril 1943. » Les trois fils de Roosevelt combattent pendant la Seconde Guerre mondiale et le fils de Churchill, le major Randolph Churchill, sert dans un poste très exposé au sein des commandos parachutistes SAS. Les deux fils aînés de Mussolini, Bruno et Vittorio, combattent également, Bruno trouvant la mort en août 1941 (Jean-François Muracciole, « Fils et filles de », *in* Jean-François Muracciole, Guillaume Piketty, *Encyclopédie de la Seconde Guerre mondiale*, Bouquins, 2015, p. 453).

le ministère de la Guerre, allons donc rue Saint-Dominique[120]. » L'imagination ou le plaisir d'écriture de Gorse le pousse à prêter à de Gaulle une fausse hésitation. Dès l'avant-veille son plan est établi et il a clairement écrit à Luizet qu'il irait « tout de suite au centre, » langage convenu pour désigner le ministère de la Guerre.

Le convoi est composé de trois voitures – celles de De Gaulle, de Le Troquer et de Juin – et d'une automitrailleuse prêtée par Leclerc pour assurer un semblant de sécurité. Les mêmes compagnons lui font escorte depuis Rambouillet : Juin, Palewski, Le Troquer, Gorse, Guy auxquels s'est adjoint Marin. On quitte la gare par le boulevard de Montparnasse, puis celui des Invalides, mais, au niveau de la rue Éblé, éclate une première fusillade. Juin se souvient : « Quelques balles, semblant provenir des immeubles avoisinant Saint-François-Xavier, sifflèrent sur le boulevard, obligeant le convoi à se rejeter dans la rue Éblé où nous mîmes pied à terre. [...] Le Troquer, Jean Marin, qui brandissait une mitraillette, et moi-même nous nous précipitâmes sur le trottoir du boulevard pour essayer de nous faire une idée de l'endroit d'où partaient les coups de feu, et je verrai toujours Le Troquer se dressant, calme et impassible, au milieu de la chaussée.

– Vous tenez donc à vous faire tuer, lui dis-je, en m'approchant de lui.

Ce à quoi, il me répondit :

– Ce serait un beau jour[121]. »

Dans ses mémoires, Le Troquer confirme le dialogue avec Juin devant la rue Éblé, avec une variante : « Eh bien, ce sera le plus beau jour de ma vie[122]. »

Ce quartier de Paris est bien connu de De Gaulle. Lorsqu'il était jeune marié, dans les années 1920, et qu'il résidait boulevard de Grenelle, face au métro aérien, la paroisse familiale était celle de Saint-François-Xavier. Tandis que la voiture du Général, « maintenant mieux escortée » selon Boislambert[123], ce dont on peut douter, repart vers la rue Saint-Dominique, l'affaire n'est pas terminée. Juin et Boislambert sont demeurés au carrefour du boulevard des Invalides et des rues Éblé et Oudinot, à la recherche du tireur. « Nous entrons dans l'immeuble [de la rue Oudinot] d'où sont partis les coups de feu et grimpons l'escalier, pistolet à la main. J'ai complètement oublié la présence du général Juin que je vois tout à coup à côté de Fernandez et de moi devant une porte que des FFI tentent d'enfoncer.

– Ce n'est vraiment pas votre place, mon Général.

– Et la vôtre, donc !

Entre-temps, la porte s'est effondrée. Il y a effectivement un enragé au balcon. Quelques coups de feu. Nous redégringolons l'escalier et arrivons rue Saint-Dominique un instant après le général de Gaulle[124]. »

Un chef du gouvernement pris pour cible, un ministre en exercice, le chef d'état-major des armées et le chef d'un des principaux services administratifs faisant le coup de feu dans les rues de Paris, le revolver à la main, le spectacle n'est pas commun. On relativisera le propos en rappelant que tous ces personnages ont fait la Grande Guerre. Juin a été grièvement blessé en Champagne en mars 1915 et a perdu l'usage de son bras droit (c'est pourquoi il saluait de la main gauche) avant de repartir au combat ; de Gaulle a été laissé pour mort sur le champ de bataille de Verdun ; Le Troquer (Croix de guerre et Légion d'honneur à titre militaire), blessé à deux reprises, a perdu son bras droit en 1916 ; Boislambert, trop jeune pour combattre en 14-18, a fait la campagne de France de 1940, a été fait prisonnier à Dakar en septembre 1940, puis condamné à mort par Vichy, avant de s'évader et d'être blessé devant Rennes le 2 août 1944. Il n'est pas interdit de penser que ces fusillades dans Paris les laissent relativement indifférents.

Élisabeth de Miribel, toujours là où il faut, relate l'incident de façon beaucoup moins dramatique : « Une brève fusillade éclate près de Saint-François-Xavier. Rien de grave, dans la rue, soldats et Parisiens continuent de fraterniser[125]. » Il est vrai que, lorsqu'on a couvert, comme elle, la bataille de Cassino ou qu'on a traversé les charniers de Normandie du côté de Falaise ou de Chambois, la fusillade de la rue Éblé peut paraître dérisoire. Cela dit, Miribel n'a pas vu l'épilogue de l'affaire dans les étages de l'immeuble d'où étaient partis les coups de feu.

Un calme précaire étant revenu, Juin et Boislambert retournent aux voitures et empruntent le même itinéraire que de Gaulle quelques minutes auparavant par les rues Oudinot, Vaneau, de Varenne, de Bourgogne et enfin Saint-Dominique. De Gaulle est arrivé à l'hôtel de Brienne vers 17 h 30-17 h 45, retrouvant Chevigné et Lignières qui ont dû déloger, non sans mal, le Comité militaire du CNR, le COMAC, dirigé par Kriegel-Valrimont. Les hommes du COMAC n'abandonnent qu'à contrecœur l'hôtel de Brienne, lieu lourd de symboles, mais sans quitter le vaste quadrilatère Brienne/Saint-Germain qui accueille alors le ministère de la Guerre.

Un peloton de la Garde républicaine rend les honneurs. Selon Jacques Bernot, Palewski aurait suggéré à de Gaulle de s'installer à l'Hôtel de

Ville et de gouverner la France en s'appuyant sur les collectivités locales. Peine perdue. De Gaulle dédaigne l'Élysée, Matignon et l'Hôtel de Ville, ne voulant pas mettre ses pieds dans ceux de Vichy, de la IIIe République ou du CNR. Comme convenu avec Luizet, il s'installe à l'hôtel de Brienne, rue Saint-Dominique, dans ce ministère de la Guerre qu'il avait quitté en juin 1940. Georges Bidault voit dans ce choix une forme de légalisme : « Respectueux des formes, il refusa de se rendre à l'Élysée où il ne voulait pas s'établir tant que le régime serait provisoire. Pour la même raison, il refusa à Herriot de réintégrer l'hôtel du président de la Chambre. La prétention manquait, en effet, de fondement, mais Herriot fut mortellement ulcéré de ce qu'il considérait comme un manque d'égard. Rue Saint-Dominique, le cadre était austère et le bureau du premier étage n'annonçait rien des fastes futurs[126]. » De Gaulle occupe le bureau qui était le sien, en 1940, quand il fut un éphémère sous-secrétaire d'État à la Guerre, et qu'il retrouve tel qu'il l'avait laissé : le même papier peint « aile de vanneau » et même certaines cartes qu'il avait fait poser aux murs[127]. « Immédiatement, je suis saisi par l'impression que rien n'est changé à l'intérieur de ces lieux vénérables. [...] Voici, en personne, les huissiers qui, naguère, faisaient le service. [...] La France a failli sombrer. Mais au ministère de la Guerre, l'aspect des choses demeure immuable. [...] J'entre dans le "bureau du ministre" que M. Paul Reynaud et moi quittâmes ensemble dans la nuit du 10 juin 1940. Pas un meuble, pas une tapisserie, pas un rideau n'ont été déplacés. [...] Sur la table, le téléphone est resté à la même place et l'on voit inscrit, sous les boutons d'appel, exactement les mêmes noms. Tout à l'heure, on me dira qu'il en est ainsi des autres immeubles où s'encadrait la République. Rien n'y manque, excepté l'État. Il m'appartient de l'y remettre. Aussi m'y suis-je d'abord installé[128]. » Le Troquer fait le même constat : « Nous arrivons enfin rue Saint-Dominique pour trouver – à notre grande surprise – un ministère de la Guerre en parfait état de marche et comme prêt à nous accueillir. Rien n'avait été détruit, pas même déplacé[129]. » Quelques jours plus tard, le 30 août, Philippe de Gaulle vient déjeuner au ministère de la Guerre avec son père*. Il précise qu'« une grande cantine en fer est

* Une lettre de De Gaulle à son épouse du 31 août permet de dater ce déjeuner : « Philippe est venu dîner avec moi hier soir, puis il a gagné son régiment qui est au Bourget après avoir contribué à le prendre. Ils sont maintenant au repos et l'ont bien mérité. [...] Philippe s'est

posée dans un coin. Parti le 10 juin 1940 vers minuit dans la voiture de Paul Reynaud, sans pouvoir l'emmener, [de Gaulle] n'avait eu que le temps de la faire descendre dans le débarras de l'hôtel Lutetia. D'autres objets avaient été empilés dessus par la suite. Après l'un de nos déjeuners, il l'ouvre devant moi et en retire un objet long de dessous un amas de papiers et de vieux vêtements : son sabre de Saint-Cyr. Je suis frappé de l'immense satisfaction qu'il ne peut dissimuler, comme quelqu'un qui aurait retrouvé un trésor qu'il avait cru perdu[130] ».

De Gaulle décide toutefois, comme il le fait remarquer à Joxe, le 30 août, de ne pas occuper ce bureau d'apparat et de s'installer dans le bureau du directeur de cabinet qui donne sur le jardin. C'est donc à Palewski, qui demeure son directeur de cabinet, qu'échoit le bureau traditionnellement dévolu aux ministres sous la IIIe République et d'où Clemenceau organisa la victoire de 1917 à 1919. « Le meuble du bureau avait été celui du comte Daru, style Empire majestueux. Deux bustes du Tigre y figurent ainsi qu'un portrait de Talleyrand[131]. »

La petite équipe qui accompagne de Gaulle depuis Cherbourg ne cesse de s'enrichir. Pour Élisabeth de Miribel, c'est en quelque sorte un retour aux origines. Elle retrouve le premier cercle des collaborateurs, dès ce 25 août, en sautant de sa voiture de sport dans la cour de l'hôtel de Brienne. Elle ne le quittera plus jusqu'à la démission du Général en janvier 1946, d'abord comme chef adjoint du service de presse, puis en tant que responsable à part entière après le départ de Christian Funck-Brentano. Sitôt installé dans ses bureaux, de Gaulle confie à l'indispensable Palewski, qui possède sans doute le plus riche carnet d'adresses de Londres et de Paris réunis, le soin d'attirer de nouveaux talents. La prise du pouvoir passe aussi par la capacité à attirer les meilleurs. Ce sera d'abord, dans les derniers jours d'août, René Brouillet dont le nom a été soufflé à Palewski, au Mans, le 23, par Michel Debré. Ancien de la rue d'Ulm et de la rue Saint-Guillaume (où il a connu Debré), Brouillet est pour l'heure le principal collaborateur de Georges Bidault au CNR. Bidault, beau joueur, soutient d'ailleurs sans réserve le « débauchage » de son adjoint. Sitôt installé comme directeur adjoint du cabinet du Général, René Brouillet y fera entrer, début septembre,

parfaitement bien conduit. Nous pouvons en être fiers » (Charles de Gaulle, *Lettres, notes et carnets*, *op. cit.*, p. 301).

son petit camarade de l'École normale, Georges Pompidou, qui lui a aussi habilement que discrètement proposé ses services*.

Les membres du cabinet sont chargés de diverses missions. Gorse est envoyé prendre contact avec l'équipe de la Radio nationale en prévision du défilé du lendemain. « Je tombe sur des gens épuisés, n'ayant pas dormi depuis des jours, mais saouls de joie. D'autre chose aussi, car les bouteilles vides jonchent le sol : on a fêté le succès. "Bois d'abord, me dit Schaeffer, on parlera après." À quoi mène la musique concrète** ! Je m'exécute et finalement, les choses deviennent plus faciles[132]. » Dans le même temps, et après d'ultimes combats aux Invalides, Leclerc peut, comme prévu, installer le PC de la 2e DB dans la caserne de La Tour-Maubourg, située dans l'aile ouest des Invalides.

Une fois l'installation de De Gaulle effectuée, les entretiens politiques commencent aussitôt. Le préfet de police et le Délégué général Parodi, à qui un huissier a demandé de s'inscrire pour les rendez-vous, attendent déjà de Gaulle. « Tous deux sont radieux, soucieux, épuisés par la semaine sans répit ni sommeil qu'ils viennent de vivre[133]. » Yvon Morandat se joint également à la discussion. Chacun fait son rapport, Luizet sur la question de l'ordre public, Parodi sur celle du ravitaillement. Luizet a pris le contrôle de la police parisienne en s'appuyant sur une petite équipe d'hommes à poigne. Maurice Kaouza, qui a déjà travaillé sous ses ordres à la préfecture de Corse à l'automne 1943, puis qui a été un très énergique sous-préfet d'Avranches libérée en juin 1944, a été nommé préfet de police adjoint. Il a la délicate mission de surveiller l'activité des FFI et des Milices patriotiques communistes. Edgard Pisani supervise pour sa part la sécurité de la Préfecture, tandis qu'Achille Peretti complète ce trio de

---

* « Dans les circonstances actuelles, je me résigne mal à décliner rosa la rose, il me semble que je puis faire, momentanément au moins, autre chose. Non pour moi : tu sais que je n'ai pas d'ambition et ne demande rien d'important ni de lucratif. Mais ce pays aura besoin de tout le monde », écrit Pompidou à Brouillet dans une lettre remise à ce dernier le 12 septembre 1944 (témoignage de René Brouillet, « Rue Saint-Dominique, 25 août 1944-21 janvier 1946 », *Espoir, Gaston Palewski, 1901-1984*, mars 1985, 50).

** Pierre Schaeffer est un génial touche-à-tout. Ingénieur (Polytechnique-Supélec), écrivain, homme de radio, il est surtout connu pour son activité de compositeur. Il est le père de la musique concrète, ancêtre de la musique électroacoustique. Il participe d'abord à l'aventure de Jeune France, sous l'égide du Commissariat général à la Jeunesse de Vichy, puis passe à la Résistance, diffusant des messages de Londres interdits ou proposant des reportages en direct lors de l'insurrection parisienne. Le 20 août, il prend le contrôle de la Radio nationale. Après la guerre, il fera une brillante carrière au sein de l'ORTF, puis de l'INA, toujours à la pointe de la recherche radiophonique. Son œuvre musicale est de première importance.

choc. Ce commissaire de police a rejoint la Résistance en 1941, d'abord au service des Britanniques avant d'être recruté par Maurice Andlauer qui le fait entrer dans le réseau de renseignement Ali dirigé par Roger Wybot. Au début de 1944, Peretti est nommé directeur adjoint de la Sûreté nationale auprès du CFLN en Algérie. Promu préfet en août 1944, il est chargé par Luizet d'assurer la protection personnelle de De Gaulle dans Paris.

Ces informations étant échangées, on en vient vite à la question brûlante. Les trois visiteurs expliquent à de Gaulle l'irritation du CNR et du CPL qu'il a ignorés depuis qu'il est entré dans Paris. Ils le pressent de se rendre à l'Hôtel de Ville saluer les chefs de la Résistance qui l'attendent depuis le matin. Bidault et les membres du CNR ont fait savoir à Parodi, dès le 24, qu'ils souhaitaient accueillir de Gaulle. Parodi a alors proposé une cérémonie, le 25, à la Préfecture de Police. Mais le CNR tient absolument à recevoir de Gaulle à l'Hôtel de Ville, où il s'est installé le 20 août. Selon Gorse, Morandat est le plus insistant et il implore de Gaulle : « Il faut aller tout de suite à l'Hôtel de Ville où tout le monde vous attend[134]. » De Gaulle ne se laisse pas facilement convaincre. Il a en travers de la gorge, explique-t-il, la proclamation du CNR, publiée par la presse le matin même. La colère de De Gaulle à propos de ce texte mérite explication.

> « À la nation française !
> Au peuple parisien !
>
> Dans la capitale libérée par l'insurrection nationale, les premiers Français ont fait leur entrée. [...] Le soldat en uniforme et le soldat sans uniforme ont opéré leur jonction aux carrefours d'une ville tout entière debout malgré la mitraille. Dans une même fierté, la France et Paris saluent et remercient les uns et les autres.
> Cette grande victoire ne met pourtant pas un terme à la guerre. [...] L'Allemagne hitlérienne n'est pas encore abattue. Aucun effort ne doit se relâcher.
> La guerre continue, elle continue pour tous. Elle continue jusqu'à la victoire totale.
> Ainsi, la France se présentera en grande puissance dans l'Assemblée des peuples qui établira la paix*.

---

* Le 21 août, s'est ouverte à Washington, sans la France, la conférence de Dumbarton Oaks qui doit dessiner les traits de la future Organisation des Nations unies.

Soyons dignes de nos morts, toute la France est aux côtés des Alliés pour les venger.

Le Commissaire d'État délégué du Gouvernement provisoire de la République

Le Conseil national de la Résistance
Le Comité de Libération[135]. »

De Gaulle pourrait signer ce texte qui est d'ailleurs étonnamment proche du discours qu'il s'apprête à prononcer à l'Hôtel de Ville. En outre, le Général a tort d'affirmer que le texte omet de citer le GPRF. Il est au contraire cosigné par Parodi en tant que « commissaire d'État délégué » même s'il a commis là, aux yeux du Général, une grave faute et qu'il doit se sentir bien penaud dans le bureau de l'hôtel de Brienne. Où est donc le problème ? Pour le Général, il est double : le CNR s'arroge le droit de parler au nom de la nation française, ce qui le place *de facto* en rival politique ; surtout, il commet le crime de lèse-majesté de ne pas citer le nom de De Gaulle. Si grand et si noble que soit le combat politique, il comporte toujours une part d'amour-propre.

Finalement, de Gaulle cède aux arguments de Parodi, si l'on suit Crémieux-Brilhac, alors que Chevandier estime que c'est le plaidoyer de Luizet qui emporte sa conviction. Quoi qu'il en soit, de Gaulle ne consent à se rendre à l'Hôtel de Ville qu'« après être, toutefois, allé à la préfecture de police pour saluer la police parisienne[136] ». Il ne fait ainsi que reproduire le schéma auquel il s'astreint depuis son retour en France le 20 août.

En attendant, on discute également du grand défilé que de Gaulle souhaite organiser le lendemain sur les Champs-Élysées. Luizet et Parodi se montrent « à la fois enthousiasmés et préoccupés[137] ». S'aventurer seul dans la fournaise parisienne, où l'ennemi est toujours présent, est dangereux. On vient d'ailleurs d'arrêter à l'Hôtel de Ville deux miliciens dont le tueur de Mandel qui ne cachent pas qu'ils veulent abattre de Gaulle. En tant que préfet de police, Luizet est le plus inquiet. Selon Chevandier, l'intention de De Gaulle est de faire son « entrée officielle » dans Paris dès le lendemain matin par une descente des Champs-Élysées. Une fois de plus, cela correspond au schéma suivi depuis Cherbourg, voire depuis Bayeux en juin : arrivée en ville par un bain de foule ; préfecture ;

hôtel de ville ; discours ; cathédrale. Mais Paris n'est pas Cherbourg ni Chartres, et Luizet, qui a besoin de temps pour organiser un minimum de service d'ordre, implore un compromis : « Je vous en supplie, mon général, que ce soit au moins dans l'après-midi[138]. » Les deux hommes se connaissent depuis longtemps, de Gaulle était le professeur d'histoire de l'aspirant Luizet à Saint-Cyr avant que celui-ci ne rallie précocement la France libre. Le Général finit par céder à son préfet de police.

Lors de cette réunion capitale, de Gaulle reçoit également un message de Koenig. Celui-ci n'a pu accompagner de Gaulle pour son entrée dans Paris car, le matin, Eisenhower lui a demandé de se rendre au PC de Bradley, au Mans, pour signer l'accord réglant les rapports entre administrations françaises et forces alliées. « C'est fait ! Mieux vaut tard que jamais », conclut de Gaule dans ses *Mémoires*, soulignant ainsi l'enterrement définitif du serpent de mer de l'AMGOT.

En sortant du cabinet de De Gaulle, Luizet, qui n'est pas totalement convaincu du revirement de De Gaulle à propos de l'Hôtel de Ville, tombe sur le général Juin. Les deux hommes se connaissent depuis les événements nord-africains de novembre 1942. Luizet prie Juin d'insister encore auprès du Général. Juin retrouve de Gaulle en tête à tête quelques instants plus tard, et ce dernier lui confirme qu'il consent à se rendre à l'Hôtel de Ville, mais « en voiture découverte » pour répondre à « quelqu'un de sa suite » qui avait suggéré une voiture blindée en raison de l'insécurité qui règne dans Paris[139]. Juin, qui connaît de Gaulle mieux que tous les autres protagonistes du théâtre parisien, laisse entendre qu'il y a une part de comédie dans son refus. Selon Juin, il n'y a pas vraiment eu de revirement de De Gaulle, parce qu'à son sens celui-ci sait très bien qu'il n'a pas le choix et qu'il a avant tout voulu marquer son pouvoir et insister sur le fait que la guerre continue en s'installant d'abord au ministère de la Guerre. Le fait qu'il ait longuement préparé le discours qu'il s'apprête à prononcer renforce la thèse de Juin.

Vers 19 heures, alors que de Gaulle s'apprête à quitter l'hôtel de Brienne, voici que se présente le colonel Billotte qui a bataillé toute la journée. De Gaulle le reçoit « dans le bureau de Clemenceau », où Billotte retrouve également « Le Troquer à ses côtés souriant de toutes ses dents[140] ». Petite erreur de Billotte : de Gaulle a bien pris soin de ne pas occuper le bureau du Tigre. L'extrême tension nerveuse qu'endurent les deux hommes depuis le matin va rendre l'entrevue brusquement orageuse. « De Gaulle, distrait, me tend à peine la main. Je lui annonce que les combats ont pris fin. À ce moment-là éclate le bruit d'une explosion du côté du palais Bourbon. "Vous m'affirmez que tout est terminé, me dit de Gaulle, vous y allez fort. Il y a encore tellement de vacarme que l'on ne s'entend pas." » Furieux de cet accueil pour le moins revêche, Billotte salue et tourne les talons. « Allons, me dit alors de Gaulle, ne faites pas une fois de plus la mauvaise tête et venez à l'Hôtel de Ville, il y aura de la tablature ; cela vous déridera[141]. » De Gaulle est coutumier de ces saillies improbables. Au sens figuré, mais vieilli, la tablature désigne un souci, un embarras*. La tension ne retombe pas pour autant entre les deux hommes car, selon Gorse, témoin de la scène, apprenant que de Gaulle compte se rendre à l'Hôtel de Ville en voiture découverte, Billotte fait remarquer sans guère de ménagement à de Gaulle et à ses conseillers : « Vous vous êtes fourrés dans le dernier coin de Paris où les Allemands tiennent encore. Prenez au moins un blindé, on tire sur les quais[142]. » On peut douter du ton que Gorse prête ici à Billotte : même si l'entrevue est tendue et même si le « vous » de Billotte est collectif, cette verdeur de langage est peu probable dans sa bouche et en présence de De Gaulle. Billotte conclut que l'accueil glacial auquel il a eu droit est dû au fait que de Gaulle est déjà préoccupé par la suite des événements : « Paris à peine libéré, les difficultés avec certains représentants politiques de la Résistance intérieure commençaient[143]. » Nous verrons que le lendemain, sur les Champs-Élysées, la tension ne sera pas totalement retombée entre les deux hommes.

La personne de la « suite » que de Gaulle mentionne dans ses mémoires et qui souhaitait le voir emprunter un véhicule blindé pour se rendre à l'Hôtel de Ville est bien sûr Palewski qui, logique avec lui-même, plaidait déjà pour l'utilisation d'un tel engin, dans l'après-midi, avant de quitter Rambouillet. De Gaulle ne cède pas, soutenu à nouveau sur ce point par Le Troquer : « Nous sommes en voiture découverte, de Gaulle à l'intérieur, moi sur un des marchepieds. Gaston Palewski avait préconisé une automitrailleuse. J'avais répondu que quels que soient les risques il fallait que "Paris voie le général[144]". » La voiture utilisée n'est plus la Horch empruntée depuis Laval, mais la voiture officielle découverte par laquelle Luizet est venu le trouver rue Saint-Dominique, véhicule

* Le sens premier du terme est : « Un système de notation d'une pièce instrumentale indiquant, par une représentation schématisée des parties d'un instrument, les doigtés et le rythme » (dictionnaire en ligne CNRTL édité par le CNRS). Au XVIIIe siècle encore, « donner de la tablature » est une expression proverbiale qui signifie « susciter des difficultés ».

qui conduira également de Gaulle tout au long de la journée du lendemain[145]. Le départ du ministère de la Guerre se fait de façon précipitée : on repart « en assez grand désordre, vu la brusquerie de la décision ». Dans la confusion, Juin se retrouve alors dans la voiture de Rol-Tanguy « qui cherchait une place[146] ». Ils perdent de Gaulle de vue un moment car celui-ci fait un détour par la Préfecture de Police et ils ont du mal à gagner l'Hôtel de Ville, « la place étant noire de monde[147] ». D'Argenlieu, Palewski, Gorse, trouvent également à se caser dans le cortège.

« Paris libéré »

De Gaulle marque d'abord un arrêt à la Préfecture de Police. Dans ses *Mémoires*, il ne dit pas un mot des sinistres besognes de la police parisienne depuis 1940 et ne veut considérer que les policiers courageux et résistants du mois d'août 1944, ce qui revient à pousser fort loin l'art à la fois de l'ellipse et de l'euphémisme : « À voir ce corps, que son service maintint sur place sous l'Occupation, tout frémissant aujourd'hui de joie et de fierté, on discerne qu'en donnant le signal et l'exemple du combat les agents ont pris leur revanche d'une longue humiliation. Ils ont aussi, à juste titre, saisi l'occasion d'accroître leur prestige et leur popularité[148]. » Et de Gaulle de préciser que de longs « Hourras ! » se firent entendre dans les rangs. Dans la cour de la Préfecture, la haie d'honneur est composite, associant pompiers, policiers, gendarmes et porte-drapeaux. La musique des gardiens de la paix, qui répète depuis deux jours, joue *La Marseillaise* et *La Marche lorraine*. Des jeunes filles offrent des fleurs au Général sous le regard de Parodi. François Boucher, témoin des faits et auteur de la toute première histoire de la Libération de Paris publiée dès 1945, note : « Peu avant 19 heures, une rumeur monte ; des autos s'arrêtent ; la musique des gardiens de la paix joue *La Marseillaise*, le général qui vient de la rue Saint-Dominique, accompagné du général Juin et de l'amiral d'Argenlieu, descend d'une auto noire découverte et salue. [...] Au 2e étage, il est reçu par le préfet de police. [...] Il se montre un instant à la fenêtre centrale[149]. » Dans les salons de la Préfecture, « Luizet lui présente ses adjoints, et notamment Pisani qui est chargé de la protection du chef du GPRF[150] ». De Gaulle dispose donc enfin d'une protection rapprochée dans Paris, mais, curieusement, Pisani n'en dit pas un mot dans ses mémoires.

25 août vers 19 heures, le général de Gaulle arrive à la Préfecture de Police. À sa droite, avec des lunettes, Luizet ; le troisième à sa gauche, de profil, Parodi.

Dans une cohue indescriptible, on se rend alors à pied à l'Hôtel de Ville en empruntant le pont d'Arcole. Seul Boucher indique que ce court déplacement fut effectué en automobile. Si la marche à pied fut effectivement préférée, on ne peut, une fois de plus, que souligner l'indifférence au risque du Général. Place de l'Hôtel-de-Ville, la marée humaine fait perdre à Georges Gorse le contact avec de Gaulle : « Je m'accroche au veston de Luizet qui fait lui-même le service d'ordre et hurle : "Laissez-moi passer, je suis le préfet de police ! – Allons donc, et moi le pape !" répond une voix[151]. » Juin a également toutes les peines du monde à s'approcher du bâtiment et à y pénétrer : « Il fallut parlementer pour se frayer un chemin et faire ouvrir les portes[152]. » Quatre ans d'occupation font que les huissiers ne connaissent ni le nouveau préfet de police ni le chef d'état-major des armées.

À l'Hôtel de Ville, les membres du CNR et du CPL attendent de Gaulle depuis le matin. « On attend de Gaulle. On attendra dix-sept heures[153]. » Edgard Pisani : « Et de Gaulle ? Notre joie n'est pas complète car il n'est pas là. Où est-il ? Des bruits courent selon lesquels “on” mettrait obstacle à sa venue. Exaltés comme nous le sommes, nous ferions bien la guerre aux Américains, s’ils ne “Le” donnaient pas. » Le premier réflexe des dirigeants de la Résistance intérieure est de songer à une réticence américaine tellement il leur paraît impensable que de Gaulle ne vienne pas à leur rencontre. « Car il est nôtre. On ne rêve pas, on ne combat pas durant des mois et des années, pour accepter au jour de la victoire l’absence de celui qui a donné un sens à notre combat[154]. » En fin d’après-midi, quelques émissaires du Général font tout de même leur apparition. Léo Harmon : « Nous voyons arriver un grand capitaine un peu voûté, Maurice Schumann, puis un lieutenant de l’armée de l’Air, immense et sympathique, Jean Marin. Nous voyons arriver aussi des militaires de l’armée Leclerc. Puis c’est la ruée des civils. Le Tout-Paris de la Résistance est bientôt là[155]. » Pendant ce temps, les militants de Libération, le mouvement fondé par d’Astier de La Vigerie, déploient de grandes banderoles où l’on peut lire « Libération ».

De Gaulle pénètre dans l’Hôtel de Ville à 19 h 15. Dans ses mémoires, il note que, devant l’entrée principale, des chars de la DB sont alignés et qu’un détachement de FFI, sous les ordres d’Aimé Lepercq, le commandant militaire de l’Hôtel de Ville, « rend impeccablement les honneurs ». Pénétrant dans le grand vestibule en compagnie de Luizet, Parodi, Le Troquer et Juin, de Gaulle est accueilli au bas de l’escalier par le préfet de la Seine, Marcel Flouret, Georges Bidault, le président du CNR, et André Tollet, le président du CPL. « Sur les marches, des combattants, les larmes aux yeux, présentent leurs armes[156]. » De Gaulle remarque la croix de Lorraine épinglée sur leur veste. La mémoire est toujours sélective, et la présentation de cette garde d’honneur est légèrement différente sous la plume du reporter du *Figaro* : « Sur chaque marche de l’escalier d’honneur de l’Hôtel de Ville, les membres des Équipes sociales montent la garde. Ce sont de tout jeunes hommes, presque des enfants, vêtus de bleu sombre. Chacun d’eux est un héros. Volontaires il y a quelques semaines pour porter secours aux victimes des bombardements, ils se sont tous ralliés aux FFI pour participer à la guerre des rues. […] Ils chantent tous, d’une voix grave, cette chanson des bataillonnaires qui a fait le tour du monde : *Il est sur la terre africaine / Un bataillon dont les soldats / Sont tous des gars qu’ont pas eu d’veine*[157]. »

On se demande qui a choisi ce chant d’accueil singulier qui n’est certainement pas de nature à dérider de Gaulle. Puis c’est *La Marseillaise.*

« Les cris Vive de Gaulle ! Vive la France ! Vive la République ! envahissent les couloirs où se presse la foule de ceux qui attendent le général depuis les premières heures de la matinée. [...] Très grand, très droit, dans son uniforme kaki, on le sent profondément ému. Il ne porte aucune décoration : seule une croix de Lorraine bleue et à la place du cœur[158]. »

Dans l'escalier, il s'adresse à Flouret : « Où en est l'épuration ? Il faut qu'on règle cette question en quelques semaines[159]. » On gagne, au premier étage, la grande salle des Prévôts, pleine à craquer de membres du CNR et du CPL, de résistants, de fonctionnaires, de journalistes, d'hommes politiques, de FFI en armes, de journalistes et même des cameramen des actualités. Un micro a été installé. Le silence se fait, arrive le moment des discours.

Il revient aux hôtes de prendre la parole en premier pour souhaiter la bienvenue au président du gouvernement. Le premier à s'exprimer est Georges Marrane au nom du CPL. Son président, André Tollet, s'est effacé devant son camarade de parti et vice-président du CPL. Dans ses mémoires Tollet expliquera que c'est Léo Hamon qui aurait insisté pour que Marrane prenne la parole à sa place[160]. Charles Riondet, l'historien du CPL, voit dans cette substitution une concession communiste[161]. En effet, Marrane fut maire communiste d'Ivry-sur-Seine et président du conseil général de la Seine en 1936-1937, alors que Tollet, en dépit d'un long militantisme à la CGT-U, n'a exercé aucun mandat électif. Un élu, municipal et départemental, répondra mieux à la logique gaullienne de restauration de l'État qu'un simple militant. Après la guerre Marrane poursuivra sa longue carrière politique : ministre de la Santé publique à l'époque du Tripartisme (janvier-mai 1947, sous le gouvernement Ramadier) ; député ou sénateur de la Seine sans interruption de 1946 à 1968 ; maire d'Ivry jusqu'en 1965. Il sera le candidat du Parti communiste à l'élection présidentielle de décembre 1958, arrivant deuxième derrière le général de Gaulle avec 13 % des voix. L'effacement de Tollet s'explique peut-être aussi par le fait que Marrane est plus à son aise dans l'exercice oratoire. Par un singulier paradoxe, il ne nous reste de ce discours que la très courte recension du *Figaro* du lendemain, alors que *L'Humanité* n'en rapporte pas le moindre mot.

« Nous sommes fiers, mon général, de vous accueillir dans Paris. Depuis le 19 août, vous avez donné l'ordre de l'insurrection nationale. Paris a magnifiquement obéi. Il a ainsi été libéré par les Forces françaises de l'intérieur et par toute sa population. C'est à vous qu'il le doit. Il vous en remercie[162]. »

D'un point de vue gaullien, on ne pouvait envisager pire entrée en matière. Après la proclamation du CNR du matin qui l'ignorait, voilà qu'on explique au président du GRPF que Paris ne s'est libéré que par l'action des FFI et de sa population. Les officiers de la 2e DB (45 tués, 156 blessés rien que pour la journée du 25) doivent apprécier. Pire encore, de Gaulle, qui était alors quelque part entre Casablanca et Gibraltar, n'a donné aucun ordre d'insurrection le 19 août. Pourtant, le maréchal Juin jugera le discours de Marrane « patriotique et plein de bon sens[163] ». Nouvelle *Marseillaise* « entonnée cette fois par le général lui-même, dont la voix domine toutes les autres[164] ».

Georges Bidault, « hâve et mal rasé, comme les autres, c'est-à-dire portant les stigmates des dures journées de l'insurrection parisienne[165] », s'approche à son tour de la petite estrade improvisée. De Gaulle n'a pas choisi Bidault pour présider le CNR après la mort de Jean Moulin et il ne le connaît pas. Le discours de Bidault, magnifique dans sa forme, le seul de tous les discours accompagnant la libération de Paris qui fasse allusion au martyre de Jean Moulin, est encore plus de nature à exaspérer de Gaulle.

« Aujourd'hui la Résistance en uniforme et la Résistance sans uniforme se retrouvent autour de l'homme qui, le premier jour, a dit *non*, il faut le dire tout de suite.

« Comme le général de Gaulle, le peuple français n'a jamais capitulé. Pendant quatre ans, il a combattu les mains vides. Il triomphe aujourd'hui. Je veux saluer nos camarades du maquis qui sont tombés au champ d'honneur et ceux qui sont tombés dans les prisons de la Gestapo. Ceux qui, malgré les tortures, n'ont jamais parlé, ceux qui sont morts sans un mot au moment où l'ennemi était partout et le front nulle part. Je veux saluer notre premier président du Conseil national, notre chef, notre ami disparu, Max, dont on ne peut dire le nom, puisqu'il reste un espoir de le revoir. En ce jour triomphal, j'évoque son souvenir avec fierté, avec tendresse. Ce jour, c'est le jour de la Saint-Louis, celui de la Libération et nous sommes au cœur de la Cité, près de Notre-Dame. Nous avons retrouvé la grandeur, l'indépendance et la fierté.

« Le Conseil national de la résistance et le commissaire d'État, délégué du Gouvernement provisoire expriment à la population parisienne qui, toutes classes confondues, est entrée dans la lutte, l'admiration et l'orgueil du pays.

« Le spectacle de la capitale, les barricades innombrables dressées, le magnifique enthousiasme de la ville et de la banlieue témoignent pour perpétuelle mémoire de l'union des patriotes et de la grandeur de Paris.

« À ces combattants, le Conseil national de la résistance et le Gouvernement provisoire de la République française expriment, au nom de la nation tout entière, l'admiration que leur courage, leurs sacrifices et leurs victoires ont complètement méritée.

« Entre deux barricades, le Conseil national de la résistance, réuni dans Paris insurgé, salue avec joie l'unanimité populaire, le courage des combattants et l'aurore de la Libération[166]. »

Une fois son discours achevé, Bidault se tourne vers Juin, le prenant pour Leclerc, pour lui exprimer la reconnaissance de Paris. Juin lui fait remarquer son erreur, et Bidault répond élégamment qu'« il y avait erreur sur la personne mais pas sur la qualité[167] ». Même si Bidault prend soin de mentionner de Gaulle et le « Gouvernement provisoire », tout, dans ce discours, a le don d'irriter de Gaulle : la lourde insistance sur le CNR constamment cité ; l'évocation très modeste du GPRF et de son président ; le fait que le CNR prétende parler « au nom de la nation tout entière » répétant, aux yeux de De Gaulle, la « faute » du matin ; l'insistance sur les barricades et le demi-oubli symétrique de la 2e DB ; le fait que la libération de la ville, dans le texte de Bidault comme dans celui de Marrane, soit avant tout le produit de la révolte de sa population.

C'est enfin au tour de De Gaulle de prendre la parole et de prononcer le fameux discours que l'on sait. Ce texte a une histoire. Si sa première partie (« Paris libéré ! ») est inscrite dans la mémoire nationale, la seconde l'est beaucoup moins. Curieusement, elle ne figure ni dans l'édition des *Mémoires de guerre* ni dans celle des *Discours et messages* du général de Gaulle. Des historiens (Henri Amouroux, Jean-Louis Crémieux-Brilhac) en ont signalé l'existence en se fondant sur l'enregistrement du discours sur un disque conservé aux Archives nationales, mais sans en livrer eux-mêmes le contenu. Nous proposons ici la retranscription complète du discours sans pouvoir rendre, hélas, si ce n'est par quelques didascalies, le ton et la ferveur de l'orateur*.

---

* Les versions du discours que l'on peut lire dans les ouvrages historiques ou sur les sites Internet des fondations ou des centres de recherche sont à la fois incomplets et erronés. Curieusement, Henri Amouroux, l'un des premiers à signaler l'existence de ce disque, livre une version passablement fausse du discours.

Dans les *Mémoires de guerre*, de Gaulle affirme avoir improvisé ce morceau de bravoure. Pieuse légende. On sait que le Général prit l'habitude, pendant la Seconde Guerre mondiale, d'apprendre par cœur ses discours et de toujours les prononcer sans notes. On l'a vu également préparer et répéter son texte à Rambouillet. La profondeur et la densité du discours de même que l'absence de la moindre hésitation ou de la moindre erreur d'expression de l'orateur, tout au long des 4 minutes et 52 secondes que dure son intervention, achèvent de ruiner la trop belle légende d'une improvisation de la part du Général. Si le texte a été mûrement réfléchi et si l'on se souvient que de Gaulle n'avait probablement pas l'intention de se rendre à l'Hôtel de Ville, il reste à essayer de comprendre pour quel autre lieu il réservait ce morceau d'anthologie. Si on considère que le « cycle parisien » est la continuation du périple dans l'Ouest, on peut imaginer, à titre d'hypothèse, que le texte était originellement destiné à être prononcé, le 26 et non le 25, à la Préfecture de Police ou, comme à Bayeux, à Rennes, au Mans ou à Chartres, sur une place publique (la Concorde ?) au terme du bain de foule rituel (sur les Champs-Élysées). Les contraintes politiques – on ne peut totalement ignorer le CNR – et matérielles de Paris – l'insécurité qui règne dans la ville rend beaucoup trop dangereuse une prise de parole statique et en plein air – ont finalement imposé l'Hôtel de Ville au soir du 25.

Les résistants attendent des mots de remerciement. Espoir déçu : le Général se comporte avec eux comme il se comportait à Londres avec les volontaires qui le rejoignaient. Froideur et distance : on ne remercie pas ceux qui n'ont fait que leur devoir. En outre, la seconde partie du discours dont les thèmes (la guerre ; l'unité ; le rang) étaient déjà présents dans le discours de Chartres, est un rude rappel aux obligations militaires du moment. Aucune allusion dans ce discours aux « jours heureux » que promet le programme de la Résistance.

> « Et pourquoi voulez-vous que nous dissimulions l'émotion qui nous étreint tous, hommes et femmes, qui sommes ici, qui sommes ici chez nous, dans Paris levé, debout, pour se libérer et qui a su le faire de ses mains. Non ! nous ne dissimulerons pas cette émotion profonde et sacrée. Il y a là des minutes, nous le sentons tous, qui dépassent chacune de nos pauvres vies. Paris ! Paris outragé ! Paris brisé ! Paris martyrisé ! Mais Paris libéré ! Libéré par lui-même, libéré par son peuple avec le concours des

armées de la France, avec l'appui et le concours de la France tout entière, c'est-à-dire de la France qui se bat, c'est-à-dire de la seule France, de la vraie France, de la France éternelle.
[Fervents applaudissements]
Eh bien ! puisque Paris est libéré, puisque l'ennemi qui le tenait a capitulé dans nos mains, la France rentre à Paris, chez elle. Elle y rentre sanglante, mais elle y rentre bien résolue. Elle y rentre, éclairée par d'immenses leçons, mais elle y rentre plus certaine que jamais de ses devoirs et de ses droits. Je dis d'abord de ses devoirs, et je les exprimerai tous, pour le moment, en disant qu'il s'agit de la guerre. L'ennemi chancelle, l'ennemi n'est pas encore abattu. Il en reste sur notre territoire et il ne suffira pas que nous l'ayons, avec le concours de nos chers et admirables alliés, chassé de chez nous pour que nous nous tenions pour satisfaits après ce qui s'est passé. Nous voulons sur son territoire entrer, comme il se doit, en vainqueurs.
[Fervents applaudissements, "Bravo !", "Vive la France !"]
C'est pour cela que l'avant-garde française est entrée à Paris à coups de canon. C'est pour cela que la grande armée française d'Italie a débarqué dans le Midi et remonte rapidement la vallée du Rhône. C'est pour cela que nos braves et chères forces de l'intérieur vont devenir des unités modernes. C'est pour avoir cette revanche, cette vengeance et en même temps cette justice, que nous saurons continuer de nous battre jusqu'au dernier jour, jusqu'au jour de la victoire totale et complète, la seule qui puisse nous satisfaire. Ce devoir de guerre, tous les hommes qui sont ici, tous ceux qui nous entendront en France, savent bien qu'il comporte d'autres devoirs dont le principal s'appelle l'unité nationale.
[Fervents applaudissements, "Bravo !"]
La nation n'admettrait pas, dans la situation où elle se trouve, que cette unité-là soit rompue, la nation sait bien qu'il lui faut pour vaincre, pour se reconstruire et pour être grande, qu'il lui faut avoir avec elle tous ses enfants, la nation sait bien que ses fils et ses filles, tous ses fils et toutes ses filles, hormis quelques malheureux traîtres qui se sont livrés à l'ennemi ou lui ont livré les nôtres, et qui connaissent ou connaîtront la rigueur des lois, hormis ceux-là, tous les fils, toutes les filles de la France marchent et marcheront fraternellement, pour les buts de la France, la main dans la main.
[Fervents applaudissements, "Bravo !"]
Nous autres, qui aurons vécu les plus grandes heures de notre Histoire, nous n'avons pas à vouloir autre chose que de nous montrer, jusqu'à la fin, dignes de la France. Vive la France ! »

De Gaulle réduit à peu de chose le rôle des Alliés et des forces militaires de la Résistance intérieure, à peine cités, décrivant à l'inverse une libération de Paris et, par extension, de la France tout entière par ses armées et son peuple. De la même façon, il occulte Vichy, réduit à une poignée de « malheureux traîtres ». Ces reconstructions historiques incitent Henry Rousso à voir dans ce texte « la première pierre du mythe fondateur de l'après-Vichy. Fort de sa légitimité, [de Gaulle] va inlassablement chercher à écrire et réécrire l'histoire des années de guerre[168] ». Il convient sans doute d'ajouter que nombre des éléments de ce « mythe » ont déjà été jetés à Londres, puis à Alger, ou sur les routes de l'Ouest de la France. D'ailleurs, concernant Vichy, le discours de Bidault ne dit pas autre chose. Considéré dans son intégralité, le discours de l'Hôtel de Ville est aussi une grande leçon politique. Les dernières lignes expriment l'obsession gaullienne de l'unité nationale et sonnent comme une sévère mise en garde à tous ceux qui voudraient profiter des circonstances pour en tirer quelque avantage politique. Que la mise en garde soit adressée au CNR, au parti communiste, à l'ensemble de la Résistance, voire aux nostalgiques de la IIIe République, peu importe, elle ne peut que heurter les résistants qui l'entendent dans la salle des Prévôts. Enfin, et surtout, le discours doit être compris comme un discours de guerre, une sorte de symétrique de l'Appel du 18 juin : quand celui-ci proclamait que la défaite ne signifiait pas la fin de l'espoir, le discours de l'Hôtel de Ville vient rappeler aux Français que l'espoir retrouvé ne signifie pas la fin de la guerre.

Une nouvelle *Marseillaise* vient clore les prises de parole. Les personnalités quittent alors la salle des Prévôts pour le bureau du préfet de la Seine. Comme ses homologues de Rennes ou de Chartres, le préfet Flouret présente au Général les principaux fonctionnaires de son administration. Mais de Gaulle ne demande pas qu'on lui présente les membres du CNR et du CPL présents dans le bureau. Alors que de Gaulle entreprend de se retirer, Bidault, au bord des larmes, lui déclare : « Mon général ! Voici autour de vous le Conseil national de la Résistance et le Comité parisien de Libération. Nous vous demandons de proclamer solennellement la République devant le peuple ici rassemblé[169]. » Dans les *Mémoires de guerre*, de Gaulle a livré une relation sans doute trop écrite et trop théâtrale de ce court dialogue et qui, par la magie de son verbe, a fini par s'imposer à l'historiographie. De Gaulle refuse catégoriquement et de façon cinglante : « La République n'a jamais cessé. La France libre, la France combattante, le Comité français de libération nationale, l'ont tout à tour incorporée. Vichy fut toujours et demeure nul et non avenu. Moi-même suis le président du gouvernement provisoire de la République. Pourquoi irais-je la proclamer[170] ? » Observons que, dans sa propre logique, de Gaulle aurait pu ajouter que l'ordonnance qu'il avait signée à Alger, le 9 août précédent, au nom du GPRF et après un vote de l'Assemblée consultative provisoire dont la majorité des membres avaient été désignés par le CNR, avait déjà rétabli la légalité républicaine dans la France libérée. Quant à Le Troquer, il apporte, comme toujours, une vision originale de l'événement : « Il a été volontiers prêté depuis lors à [Bidault] une phrase qu'il aurait dite alors au général de Gaulle. En fait, c'est moi qui l'ai prononcée dans les circonstances suivantes. Au moment de pénétrer avec le général dans la salle des Prévôts, je lui rappelai de crier "Vive la République". De Gaulle s'arrêta alors pour me dire brusquement : "Ce n'est pas la peine, puisqu'elle vit toujours[171]." » Tous les autres témoins ont bien entendu Bidault demander au général de Gaulle de proclamer le rétablissement de la République. On conclura en soulignant que les deux versions ne s'excluent pas forcément l'une l'autre. Quoi qu'il en soit, l'« hommage » au CNR fut pour le moins glacial.

Sur la place de l'Hôtel-de-Ville, une foule immense attend de Gaulle. On ne peut l'ignorer ni la décevoir. Le Général accepte au moins de se montrer. On lit souvent qu'il s'est présenté au balcon, comme l'avait fait Lamartine en 1848. Mais la façade du nouvel Hôtel de Ville, reconstruit après la Commune, ne comporte aucun balcon. Le Général « qu'accompagnent le général Juin et l'amiral Dairieux* » se dirige vers les fenêtres du cabinet du préfet. « L'une [des fenêtres] s'ouvre et le général paraît. Une formidable ovation l'accueille. Mais le général, d'un bond souple et souriant, enjambe la barre d'appui et sa haute silhouette se découpe, juste à l'endroit où quelques heures auparavant les balles sifflaient, trouant les vitres, écornant les pierres[172]. » « [De Gaulle] se borna, au balcon, à répéter son geste hiératique consistant à élever au-dessus de sa grande taille ses deux poings tendus au bout de ses deux immenses bras en forme de V, geste autrement impressionnant que le V de Churchill esquissé

* *Sic.* D'Argenlieu n'est pas encore connu des journalistes du *Figaro*, pas plus qu'il ne l'est de leurs collègues de *Ouest-France*. Tous écorchent son nom de différentes façons.

avec seulement deux doigts[173]. » « C'est debout sur le rebord de l'une des hautes fenêtres de la façade que le Général va parler ; il tente de repousser du talon les fidèles qui, craignant le pire – il est vrai, au mépris de tout protocole –, le tiennent par le ceinturon[174]. » Ce numéro d'équilibrisme, effectivement plutôt dangereux dans l'agitation du moment, effraie le directeur de cabinet Georges Gorse : « Déjà de Gaulle a grimpé sur la fenêtre en équilibre peu stable. On le retient par les pans de sa veste. “Mais lâchez-moi”, dit-il furieux[175]. »

La cérémonie est terminée, de Gaulle et sa suite regagnent la sortie et les voitures. Après l'événement historique qui vient de se produire, et qui marque le début de la marginalisation politique de la Résistance intérieure, dans la cohue des salles et des corridors du vaste bâtiment, la comédie des ambitions reprend ses droits. François Bloch-Lainé, un brin désabusé, note : « [...] Autour de la grande silhouette, gauche et intimidante, ça grouillait déjà d'habiles qui renouaient des fils (“Cher Palewski, quelle joie de vous revoir !”)[176]. » En sortant, Juin se heurte au

De Gaulle salue la foule à l'une des fenêtres de l'Hôtel de Ville.

général Bloch-Dassault « avec lequel j'étais en bons termes avant la guerre. [...] Il portait son képi noir et rouge à feuilles de chêne, lequel surprenait un peu dans cette ambiance de permanence révolutionnaire, au milieu des tenues débraillées des FFI et le désordre d'un salon transformé en corps de garde avec sa paille de couchage, où les bouteilles vides alternaient avec les armes, les munitions et les effets d'équipement[177] ». Juin lui demande ce qu'il fait là. Bloch-Dassault répond qu'il a été nommé gouverneur militaire de Paris par le CNR. C'est alors que Juin lui apprend que de Gaulle a nommé Koenig à ce poste, qui ne va pas tarder à arriver. « Il n'en parut pas enchanté, mais j'appris quelques jours après qu'il avait tiré parti de mon information pour obtenir du général qu'il le nommât grand chancelier de la Légion d'honneur en remplacement du général Brécard[178]. » L'ironie discrète du maréchal Juin est injuste ; le général Bloch-Dassault est un grand soldat doublé d'un grand résistant*. Cela étant, prendre le pouvoir, c'est aussi ménager les susceptibilités et distribuer postes et récompenses.

Pour les hommes du CNR et du CPL, la déception est immense, et la leçon que de Gaulle leur a donnée, particulièrement amère. Jean-Louis Crémieux-Brilhac cite cet extrait significatif du témoignage de Géraud Jouve : « Il faut toute la persuasion de Parodi pour amener de Gaulle à l'Hôtel de Ville où les chefs de l'insurrection sont réunis. Le général s'y rend à contrecœur, reste maussade tout au long des discours et s'en va sans avoir serré sur son cœur ces hommes qui, ayant combattu dans la fièvre pendant six jours, pensaient que cette embrassade allait sceller pour toujours le destin de la France[179]. » Dans ses mémoires, Juin note que de Gaulle répliqua à Bidault « sur un ton cassant[180] ». Edgard Pisani, ministre du Général de 1961 à 1967, note dans ses mémoires : « Il avait peut-être raison. Mais ça nous aurait fait tellement plaisir[181]. » Dans le film du discours**, on peut voir, à la droite du Général, un Georges Marrane au

* Le général Darius Bloch, polytechnicien et officier d'artillerie (six citations en 14-18), est le frère de l'avionneur Marcel Bloch. En entrant en Résistance en décembre 1941, il prit le pseudonyme de « Chardasso », sans doute un hommage masqué au général de Gaulle, théoricien des « chars d'assaut » avant la guerre et qu'il avait soutenu à ce moment. Lui-même avait commandé un bataillon de chars en 1918. Plus jeune général de brigade français (1933), il commande le Vᵉ corps en 1939, puis l'ensemble de la DCA lors de la campagne de France de 1940. De Gaulle le nomme, le 25 août 1944, grand chancelier de l'ordre de la Légion d'honneur, poste qu'il occupera jusqu'en 1954, avant de prendre sa retraite au grade de général d'armée. Les deux frères Bloch obtiennent du Conseil d'État le changement de leur nom en Bloch-Dassault en 1946, puis en Dassault en 1949.
** Le film est consultable sur le site de l'INA, mais il ne montre que la première partie du discours.

regard noir, le visage particulièrement fermé, applaudissant à peine lors des pauses que marque l'orateur. Même s'il dira le contraire dans ses mémoires, Léo Hamon exprime la même déception : « Les résistants de l'intérieur prennent ombrage de l'apparent mépris du général de Gaulle pour les symboles républicains ou même révolutionnaires, fortement ancrés dans l'esprit des membres du CNR et du CPL[182]. » Daniel Mayer, qui représente la SFIO au sein du CNR, ne dit pas autre chose : « On lui demandera de crier : "Vive la République !" Il criera : "Vive la France !" Cela crée un certain malaise[183]. » Robert Salmon est déçu de ne pas entendre les « paroles suaves » qu'il attendait et il note un moment de flottement dans l'assistance après le discours du Général : « Ce n'est pas cela qu'on veut. On se regarde. Bidault, Marrane, qui ont prononcé les discours de bienvenue, font la tête. C'est la déception[184]. » François Bloch-Lainé, qui a assisté à la cérémonie, traduit bien le froid et la gêne que provoquent les paroles du Général : « [De Gaulle] semblait gêné, distant. [...] J'ai entendu le refus opposé à Bidault de proclamer une république qui n'avait jamais cessé d'être. Puis l'adresse de Bidault, très émouvante, malgré le côté curieusement glacial de l'assemblée. [...] Tout cela s'est fait très vite, sans assez de vibrations[185]. »

Après le départ du Général, le CNR tient une réunion très animée à l'Hôtel de Ville. L'ambiance est lourde, mêlant déception et colère. Léo Hamon : « Après la chaleur des acclamations, la réunion du CNR me fait l'effet d'une douche glacée. Le ton de la critique qui s'exprime me paraît très aigre. Les communistes se plaignent de ce que le Général n'ait pas proclamé la République. Villon est furieux. Manin* éclate, Saillant** voudrait qu'on convoque le peuple de Paris à 17 heures [le lendemain] pour une proclamation de la République devant l'Hôtel de Ville : – Si le Général n'est pas là, on la proclamera sans lui[186] ! »

Bidault fait observer que cela est impossible tout en expliquant qu'il n'a pas pu parler à de Gaulle dans la cohue, ce qui, selon Hamon, « est une manière discrète de dire qu'il n'a pas été écouté ». Tout le monde y va de sa critique. Daniel Mayer (SFIO) affirme que de Gaulle a commis deux fautes dans la journée : celle d'être allé à la Préfecture avant l'Hôtel de Ville, et celle de ne pas avoir proclamé la République : « Trop, c'est trop », conclut-il[187].

---

* De son vrai nom Gillot, qui deviendra maire communiste de Saint-Denis.
** Louis Saillant représente la CGT au sein du CNR.

Variations autour d'un discours historique

C'est peu dire que le discours de l'Hôtel de Ville, dont seule la première partie est vraiment connue, occupe une place notable dans l'imaginaire national.

La mémoire gaulliste révèle une singulière dissymétrie. Dans les *Mémoires de guerre*, il est frappant de constater que de Gaulle ne veut retenir de la cérémonie du 25 août que l'expression d'une unité nationale réalisée autour de sa personne. Ses compagnons soulignent au contraire la puissance de l'antagonisme qu'elle révèle.

De Gaulle feint d'ignorer la tension qui règne tout au long de la cérémonie avec les membres du CNR et du CPL, tension qu'il a lui-même créée : « Parcourant du regard cette assemblée vibrante d'enthousiasme, d'affection, de curiosité, je sens que, tout de suite, nous nous sommes reconnus, qu'il y a entre nous, combattants du même combat, un lien incomparable et que si l'assistance contient des divergences vigilantes, des ambitions en activité, il suffit que la masse et moi nous trouvions ensemble pour que notre unité l'emporte sur tout le reste[188]. » Poursuivant sur ce registre (« Le sentiment a parlé. C'est au tour de la politique. Elle aussi le fait noblement »), de Gaulle ne voit que du bon dans le discours de Marrane (« [il] me salue en termes excellents »), tandis que Bidault lui adresse « une allocution de la plus haute tenue[189] ». De la même façon, Juin loue le discours de Bidault à la « forme impeccable » et qui, souligne-t-il, rend hommage à de Gaulle et à Moulin[190].

À l'inverse, Palewski ne voit dans la soirée de l'Hôtel de Ville qu'une sorte de traquenard monté par les communistes. Ce sont eux qui attirent de Gaulle à l'Hôtel de Ville pour le voir proclamer la République : « Avec évidemment l'idée que le gouvernement serait en quelque sorte désigné par la foule : toute une mise en scène avait été préparée par eux à cette fin[191]. » Jean Marin, pour sa part, charge lourdement le président du CNR : « Bidault, pourtant professeur d'histoire, va demander au général de proclamer solennellement la République[192]. » Curieuse remarque qui laisse penser qu'en bon historien Bidault devrait comprendre la logique gaullienne d'une République jamais abolie et « incorporée » dans la France libre. On pourrait lui rétorquer que, précisément parce qu'il est historien*, Bidault connaît la symbolique républicaine de l'Hôtel de Ville, héritière des « journées » du XIXe siècle, et que c'est dans cette tradition, révolutionnaire et républicaine, qu'il s'inscrit.

Le plus violent est sans conteste le général Billotte. Alors qu'il n'est pas loin de se présenter comme le « vrai » libérateur de Paris dans ses mémoires, peut-être tient-il rancune à Marrane et à Bidault d'avoir à ce point minoré l'action de la 2e DB. « Ce fut du grand de Gaulle. Non seulement il échappa à tous les pièges tendus par des adversaires qui n'étaient pas à sa taille, mais il les enferma lui-même dans son entreprise et les contraignit à l'applaudir. Pour quiconque avait un peu d'humour, il y avait, à côté de la véritable grandeur manifestée par le chef du Gouvernement provisoire, le côté comique des dupeurs dupés, dont je ris encore en l'évoquant[193]. » L'emploi de mots comme « adversaires » ou « dupeurs » pour désigner les membres du CNR et du CPL, le 25 août 1944, alors que les combats viennent à peine de cesser dans Paris et qu'ils continuent en banlieue, est saisissant. Ce passage des mémoires de Billotte se ressent de sa date de rédaction (1972) et surinterprète l'attitude des dirigeants de la Résistance intérieure. Tous les témoins s'accordent à reconnaître que le discours de Bidault ne manquait pas de grandeur – de Gaulle l'admet lui-même –, et les sources disponibles, sans occulter les jeux de pouvoir, ne montrent nul complot ou piège fomenté par les hommes du CNR.

La vision du même événement par les hommes de la Résistance intérieure est, on s'en doute, radicalement différente. Il est impossible de présenter l'ensemble de ces textes. Nous retiendrons ici, à titre d'illustration, les mémoires de Bidault et de Pisani qui expriment, dans des registres différents, l'immense déception de la Résistance intérieure. Les mémoires de Georges Bidault, publiés en 1965, se ressentent jusque dans leur titre (*D'une Résistance à l'autre*) des cruelles déchirures de la guerre d'Algérie. Après une brillante carrière sous la IVe République qui le conduit, sous l'étiquette démocrate-chrétienne, jusqu'à la présidence du gouvernement (1946, puis 1949-1950), la guerre d'Algérie précipite l'ancien président du CNR dans le camp le plus antigaulliste et le plus radicalement Algérie française. En mai 1962, à Rome, en compagnie de

* Georges Bidault est major de l'agrégation d'histoire 1925, promotion qui comptait également dans ses rangs Pierre Brossolette et Louis Joxe.

Jacques Soustelle (qui représente le cas extrême du gaullisme défroqué), du colonel Argoud et de Pierre Sergent, Bidault crée le comité exécutif d'un nouveau « Conseil national de la Résistance ». Poursuivi par la justice pour activités subversives et son immunité parlementaire ayant été levée, il doit trouver refuge en Allemagne (étonnant retournement de l'histoire), puis au Portugal, au Brésil et en Belgique. Il ne rentrera en France qu'après l'amnistie des anciens membres de l'OAS (à laquelle il a toujours démenti avoir appartenu) en mai 1968. Ses mémoires ont été écrits en grande partie en exil au Brésil et on ne sera pas étonné d'y découvrir une franche tonalité antigaulliste même si, l'homme politique n'ayant pas entièrement étouffé le professeur d'histoire, elle ne prend jamais une tournure outrancière.

Bidault affirme que, ce 25 août, il est informé (il ne nomme pas son interlocuteur, mais il ne peut s'agir que de Parodi ou de Luizet) que de Gaulle est installé à la Préfecture de Police et qu'il y attend le CNR. Ce faisant, Bidault propose une vision très personnelle de la réalité. Chacun sait que de Gaulle n'est pas installé à la Préfecture (il y reste moins d'une demi-heure le 25 au soir) et ni Parodi ni Luizet n'ont pu lui annoncer une chose pareille.

Finalement, le lendemain, de Gaulle accepte de rendre visite au CNR. Bidault insiste sur la courtoisie du CNR à son égard : « Nous accueillîmes le général avec tous les honneurs improvisés et tous les bravos spontanés qui étaient de circonstances et de droit », ce que confirment les images et la bande-son disponibles de la cérémonie. Dans ses mémoires, il proclame haut et fort l'allégeance du CNR au GPRF, ce que la proclamation du CNR du matin ne laisse pas apparaître de façon aveuglante. Et, par contraste, Bidault souligne la raideur de De Gaulle : « Il vint donc, froid, préoccupé de ce monde nouveau sur lequel il s'interrogeait beaucoup plus, à son ordinaire, en fermant les yeux, pour méditer, qu'en ouvrant les oreilles, pour apprendre. Il me dit trois mots aimables, pas un de plus. Je ne l'avais jamais vu. Il me parut distant et crispé. [...] L'heure, pour nous qui l'avions longuement attendue, était bouleversante. [...] Le rêve s'incarnait[194]. » Bidault n'en dit pas plus, de même, on le verra, qu'il demeure très laconique sur la journée du 26.

Edgard Pisani a suivi un parcours très différent de celui de Bidault après la guerre. Il rejoint la Résistance en 1943 et participe à la prise de la Préfecture de Police le 19 août 1944. Le nouveau préfet Luizet le charge de la sécurité de l'Hôtel de Ville, conquis à son tour le lendemain. Directeur de cabinet du préfet Luizet à partir de septembre 1945, puis du ministre de l'Intérieur Le Troquer, il siège ensuite au Sénat dans les rangs de la gauche modérée, se spécialisant dans les affaires militaires. Favorable à une solution négociée de type fédéral en Algérie, mais clairement opposé aux extrémistes de l'Algérie française, il se rallie à de Gaulle qui le nomme ministre de l'Agriculture (1961-1966), puis du Logement (1966-1967). Mai 1968 marque sa rupture définitive avec les gaullistes, et il adhère au PS avec Michel Rocard en 1974. François Mitterrand en fera le commissaire français auprès de la CEE de 1981 à 1985 avant de le nommer au poste très délicat de haut-commissaire en Nouvelle-Calédonie alors en proie à de graves émeutes indépendantistes (1984-1985). Il publie ses mémoires en 1974, à un moment où il est donc délié de toute allégeance au gaullisme de gouvernement. Ces mémoires sont en quelque sorte à l'image de son ondoyant parcours politique, exprimant à l'encontre de l'attitude de De Gaulle, le 25 août 1944, davantage de regrets que de reproches. Il est par ailleurs un proche d'André Le Troquer avec la fille duquel il fut fiancé et avec lequel il partagea le départ sur le *Massilia* en juin 1940.

À propos de la soirée de l'Hôtel de Ville, Pisani est partagé : « [De Gaulle] ne veut pas proclamer la République : pour lui, elle n'a jamais cessé d'exister… il avait sans doute raison. Mais cela nous aurait fait tellement plaisir. Parfois nous nous posons la question : serait-il si différent de nous[195] ? » Aveu touchant et sans doute véridique qui donne une clé de l'opposition du 25 au soir. Pour Pisani, le malentendu relève plus d'un décalage de sensibilités que d'une véritable opposition politique : le romantisme très quarante-huitard de certains dirigeants de la Résistance se heurte à la froide raison d'État du gaullisme de guerre, construite et renforcée par quatre années de lutte au couteau avec les Alliés pour exister en tant que puissance. Proclamer la République à l'Hôtel de Ville, ce 25 août 1944, ce serait effacer la France libre. La question qui ne sera jamais tranchée, et que pose en creux le texte de Pisani, est de savoir ce qu'aurait été l'attitude de Jean Moulin, grand serviteur de l'État, le 25 août 1944 à la place de Georges Bidault, s'il avait survécu.

Comme pour mieux montrer ce qu'attendaient les résistants de l'Intérieur, Pisani passe sans transition, dans ses mémoires, aux cérémonies du 11 novembre 1944 à l'occasion desquelles Churchill est invité à Paris par de Gaulle. Tel un Plutarque moderne dressant le portrait croisé des deux hommes, Pisani oppose l'insensibilité de De Gaulle à l'émotivité de Churchill : « L'après-midi, la ville de Paris reçoit le Premier ministre anglais. Dans un coffret de cuir du XVIIe siècle lui sont offerts le drapeau à croix gammée arraché à la Kommandantur par un résistant, et une dague d'officier de marine allemand. Churchill, qui a ouvert le coffret lentement, avec un sourire amusé, met un instant à comprendre qu'il s'agit là de prises de guerre. Et que c'est le plus bel hommage que Paris pouvait lui faire. Son menton tremble. Va-t-il pleurer ? Il parle. Est-ce en anglais ? Est-ce en français ? L'impassible Anthony Eden ne peut cacher son émotion. À cette minute, l'immense effort des deux vieux pays se transfigure là, parmi nous, nous sommes pris aux tripes[196]. »

De Gaulle, qui a revu Churchill ce matin du 11 novembre pour la première fois depuis leur terrible dispute du 6 juin, n'assiste pas à la cérémonie de l'Hôtel de Ville. Pisani explique son absence par un étrange raisonnement juridique : dans la mesure où la puissance invitante est la Ville de Paris (en réalité le Comité parisien de Libération ; les élections municipales n'auront lieu qu'en avril 1945) et que de Gaulle est chef d'État, sa présence n'est pas requise. On est en droit de se demander si de Gaulle a tout simplement envie de revenir à l'Hôtel de Ville et si sa rancune ne se poursuit pas à l'encontre du CPL. Cette absence conforte Pisani dans l'idée de l'existence d'un abîme entre les deux hommes : « Nous l'aurions tellement voulu avec nous tous. Pourquoi s'interdit-il de faire appel à l'émotion ? Pourquoi cette froideur, pourquoi cette distance, cette raideur, contrastant avec la chaleur toute ronde de Churchill ? » Et de risquer une explication ethnologique : « Dans cette guerre, peut-être chacun des deux vieux pays avait-il besoin d'un héros qui fût comme son contraire : l'Anglais guindé appelait Churchill, le Français débraillé appelait de Gaulle. Pourquoi pas[197] ? »

Première soirée à Paris

De retour à l'hôtel de Brienne, le travail reprend dans un bâtiment mal gardé et sans électricité où l'on doit s'éclairer à la lampe à pétrole. C'est d'abord Leclerc qui vient faire le bilan des combats. Tous les points d'appui allemands ont à présent fait reddition ; le quadrilatère du

Luxembourg qui englobait le palais du Sénat, l'École des mines et le lycée Montaigne, celui de la place de la République autour de la caserne du Prince-Eugène et celui du central téléphonique de la rue des Archives ont cessé le feu les derniers. Mais Leclerc précise que l'affaire est loin d'être terminée au nord de Paris. On se bat toujours à Saint-Denis et autour des bassins de la Villette où les Allemands allèguent qu'ils font partie de la 47e DI et ne sont pas sous les ordres de Choltitz. Le reste de la 47e DI, appuyée par des chars, s'installe au Bourget et à Montmorency. Le général Gerow donne l'ordre à la 2e DB de neutraliser ces forces allemandes au nord de Paris.

Le bilan de ces deux jours de combat (24 et 25 août), établi aujourd'hui par les historiens, s'élève à 45 tués pour la 2e DB (156 tués du 23 au 30 août ; les combats de la banlieue nord ont été nettement plus meurtriers), environ 1 000 morts et blessés pour les FFI (du 19 au 26 août) et, pour les Allemands, 3 200 morts et 12 800 prisonniers, à quoi s'ajoute le décès d'environ 1 000 civils[198]. Ce n'est certes pas Stalingrad, mais pas non plus la « petite manœuvre de garnison » qu'évoque le maréchal Juin. Sur dix jours de combat, en intégrant les combats hors de Paris du 24 et des 26-28 août, on dénombre environ 430 morts par jour, 530 en intégrant les civils, cc qui n'est pas négligeable. « Ceux qui ont tourné en dérision les combats de Paris n'y étaient sûrement pas », conclut le général de Boissieu*.

Il convient également de régler les préparatifs du défilé prévu le lendemain après-midi sur les Champs-Élysées. Christian Chevandier rappelle que « ce projet prévisible » est ancien. Dans une lettre à de Gaulle rédigée à Alger le 27 juin 1943, quelques jours à peine après la création du CFLN, André Philip, ancien commissaire à l'Intérieur du Comité de Londres, envisage déjà « le jour où [de Gaulle] défilerait à la tête de [ses] troupes sur les Champs-Élysées parmi les acclamations de la foule en délire** ». On se souvient également que Le Troquer évoquait cette

* Alain de Boissieu, *Pour combattre avec de Gaulle*, Plon, 1981, p. 261. Boissieu donne d'ailleurs des chiffres un peu différents. 2e DB : 28 officiers, 600 sous-officiers ou soldats hors de combat ; population/FFI-FTP : 1 400 morts, 2 500 blessés ; Allemands : 2 700 morts, 4 900 blessés.

** Christian Chevandier, *Été 44. L'insurrection des policiers de Paris*, Vendémaire, 2014, p. 163. Dans cette lettre, André Philip, homme à la forte personnalité et au franc-parler affirmé, mettait sévèrement en garde de Gaulle contre des tentations autoritaires : « Depuis notre arrivée à Alger, vous avez commis un certain nombre d'erreurs précisément pour avoir agi trop vite, sans consulter d'autre que vous-même. […] En fait, nul homme, quelque génial qu'il soit, ne peut hypothèse le 22 août, à Rambouillet, même s'il songeait à une descente en voiture de la célèbre avenue.

Malgré les combats qui se poursuivent en banlieue, de Gaulle n'a pas l'intention de renoncer au défilé et il entend que la DB y soit présente. « Sans doute la manifestation va-t-elle comporter quelque risque. Mais cela en vaut la peine[199]. » La légitimation définitive du pouvoir gaullien a certes besoin de ce sacre populaire, mais il convient tout de même de prendre des précautions. Un massacre sur les Champs-Élysées aurait des effets politiques calamiteux. De Gaulle et Leclerc conviennent qu'un détachement (le sous-groupement Roumiantzoff, appuyé par des FFI) se portera devant Le Bourget au matin du 26. Le reste de la DB sera divisé pendant le défilé en trois groupements en alerte : à l'Arc de Triomphe, au Rond-Point et à Notre-Dame. Leclerc restera en communication permanente avec ces éléments. La police parisienne de même que les pompiers et les forces de gendarmerie seront également sollicités pour conforter la sécurité du cortège comme cela a déjà été convenu avec Luizet. En revanche, plus aucune force américaine n'est présente dans Paris, la 4e DI de Barton marche vers la Marne. Dans les *Mémoires de guerre*, de Gaulle se livre à une longue description du dispositif sécuritaire entourant le défilé, s'efforçant ainsi de démontrer qu'il n'a pas exposé les Parisiens au risque d'une contre-offensive allemande pour des nécessités politiques. La longueur et la précision du passage, comme dans tout plaidoyer insistant, révèlent une certaine gêne. Selon leur orientation, les historiens concluent tantôt à « un défi et une imprudence » (Amouroux) ou à un « un risque calculé » (Martel)[200].

C'est alors que le général Gerow, commandant en chef de l'ensemble des forces alliées dans la région parisienne, se rappelle au bon souvenir de tous par une série de messages. Toujours aussi sévère à son égard, Juin note que « ce Gerow décidément n'avait pas son pareil pour se mêler inopportunément de nos affaires[201] ». Le commandant du Ve corps interdit tout simplement à Leclerc de participer à la « parade » prévue le lendemain. Bien plus, il remet maladroitement à Koenig le soin d'administrer Paris. L'analogie phonétique des noms pousse même certains à penser que Giraud

se décider seul : la délibération à plusieurs est une simple règle de saine gestion. [...]. Votre orgueil [...] vous rend parfois inutilement dur et blessant. » Il récidivera dans une autre lettre, encore plus rude, du 7 mars 1944, à propos de l'Assemblée consultative provisoire. Loïc Philip, *André Philip*, Beauchesne, 1988, p. 170-174.

est de retour ! De Gaulle réplique fermement : « Puisque le commandement allié n'a pas jugé bon de prendre avec moi la moindre liaison, je charge Leclerc de lui faire connaître les dispositions que j'ai arrêtées[202]. » Si les ordres alliés sont différents, Leclerc devra répondre qu'il n'obéit qu'au général de Gaulle.

La vie de bureau, ses servitudes et ses intrigues reprennent leurs droits. Boislambert se souvient : « Quelques heures plus tard, en entrant dans le bureau du Général, je croise Juin qui en sort : "Au fait Boislambert, si vous n'étiez pas venu en Tunisie, je ne serais sans doute pas ici. Merci[203]." » Étrange dialogue. Il s'agit certainement d'un « vous » collectif qui renvoie aux gaullistes, Boislambert n'ayant pas mis les pieds en Tunisie de toute la guerre. Juin, en revanche, a commandé en Tunisie, à partir de décembre 1942, les forces de l'armée d'Afrique revenues dans la guerre en novembre 1942 sous l'autorité de Darlan, puis celle de Giraud. Si la phrase est véridique (Juin n'en dit pas un mot dans ses mémoires), Juin fait probablement allusion à la participation des Français libres de la colonne Leclerc et d'un élément de la 1re DFL à la campagne de Tunisie. Ou alors s'agit-il d'une allusion à la Commission spéciale d'enquête de Tunisie, créée le 15 août 1943, pour établir les conditions dans lesquelles les forces armées de l'Axe ont pu pénétrer en Tunisie en novembre 1942, et déterminer les responsabilités des autorités civiles et militaires au cours de ces événements. « Les responsabilités de Juin, écrit Christine Levisse-Touzé, sont établies, mais vite étouffées, et il n'y sera pas donné suite[204]. » Peut-être Boislambert a-t-il joué un rôle dans l'étouffement des conclusions de cette commission.

À l'hôtel de Brienne, de Gaulle participe à un dîner intime en compagnie de Juin, Gorse, Rancourt, Jouve et Guy. Lors du repas, la conversation roule sur les événements qui viennent de se dérouler, Géraud Jouve demande au Général ce qu'il pense des chefs de la Résistance : « Ils ont besoin de dormir ! », répond-il[205]. La soirée est un peu morne et tire en longueur. « Après le dîner, je suis tout bêtement heureux et fier parce que de Gaulle me dit un mot gentil et m'offre une cigarette », note Gorse[206].

Dans l'obscurité d'un palais inoccupé pendant quatre années, comme à Rambouillet, chacun s'installe comme il peut. Ne pouvant rejoindre son appartement de la rue Bonaparte, « sous séquestre depuis deux ans », Palewski, tout comme Juin, campe au hasard des pièces. Il finit « dans le lit que Laetitia, mère de l'empereur Napoléon Ier, passe pour avoir occupé jadis[207] ». « Soirée morne, note Juin, le 25 août au 14, rue Saint-Dominique. [...] J'errais dans les couloirs et les bureaux inoccupés comme une âme solitaire, ayant le sentiment d'être coupé du reste du monde et bien incapable au surplus de rendre un service quelconque à de Gaulle. Je n'avais même pas un officier d'état-major ou un officier d'ordonnance avec moi pour prendre les communications au téléphone[208]. » De fait, le chef d'état-major des armées est réduit au rôle de standardiste, réveillé toute la nuit par des coups de fil de Leclerc à de Gaulle, qui rend compte de l'évolution de la situation militaire. Et « aussi par certaines communications bizarres qui me révélèrent la présence non loin du ministère, peut-être même dans ses murs, d'une organisation qui me paraissait avoir une étrange activité nocturne. Elle demandait sans cesse un certain général dont le nom semblait avoir la consonance du mien. Et comme je répondais : "Oui, ici le général Juin. – Le général Joinville", insistait-on ». Juin comprend le lendemain, par la bouche de De Gaulle, qu'il s'agit en fait du COMAC que Chevigné avait déjà contraint à quitter la rue Saint-Dominique, mais qui loge juste à côté, boulevard Saint-Germain, dans d'autres bureaux du ministère et où il resta longtemps. Le général en question est Alfred Malleret, *alias* « Joinville », nommé chef d'état-major national des FFI par le COMAC, en mai 1944, quand il succède à Dejussieu qui vient d'être arrêté. Il est à la fois étrange et significatif que le chef d'état-major des armées, qui coiffe aussi les FFI, ne connaisse pas leur chef d'état-major. Juin l'explique par un raisonnement où perce l'inquiétude devant le contre-pouvoir communiste ou FFI en France : « Ayant été pris au débotté à mon retour d'Italie à Alger, j'ignorais, hélas !, bien des choses concernant l'organisation de la Résistance en France [...]. Pour l'instant, il ne se passait pas une minute dans ce Paris enfiévré où je n'eusse à réfléchir devant d'étranges spectacles et à me demander ce que tout cela pouvait bien signifier[209]. »

Soirée un peu plus gaie aux Invalides où Koenig, qui étrenne ses fonctions de gouverneur militaire de Paris, donne un dîner. Dans l'après-midi, alors que Koenig est encore au Mans pour signer avec Bedell Smith l'accord franco-américain sur l'administration des territoires libérés, le capitaine Pierre Messmer, accueilli aux Invalides par les coups de feu d'un tireur isolé, a installé l'état-major du gouverneur[210]. Leclerc, ex-gouverneur par intérim, est l'un des invités du dîner et il prie Boissieu de l'accompagner. Gerow vient pourtant de lui ordonner de se porter immédiatement dans la banlieue nord pour couvrir Paris face à la 47e DI allemande. Il ne peut obéir à cet ordre car de Gaulle lui a confié la mission d'organiser le défilé du lendemain. Leclerc et Boissieu effectuent à pied le court déplacement d'une aile à l'autre des Invalides : « Voyez-vous Boissieu, c'est extraordinaire d'avoir libéré Paris sans rien détruire de ses richesses. [...] Quelle chance nous avons eue ! [...] Vous souvenez-vous du jour où vous m'avez rapporté cette lettre du général de Gaulle avec mission de libérer Paris, avec ma nomination de Gouverneur militaire de Paris par intérim ? Eh bien ! Ce document, je l'ai toujours sur moi, dans cette poche, il est là avec une autre lettre du général de Gaulle, quand il m'arrive d'être de mauvaise humeur ou de douter, je relis ces documents[211]. » Le dîner, qui se tient dans l'appartement du gouverneur militaire, réunit également Chaban-Delmas, Lizé, Langlade et le commissaire à la Marine Raulin un ancien de la « Transat » du cabinet de Koenig. « On entendit soudain une galopade effrénée au-dessus de nos têtes. C'étaient les gardes républicains pourchassant les derniers Allemands réfugiés dans les Invalides qui essayaient de mettre le feu à leurs archives rassemblées à la hâte dans les combles[212]. » Langlade précise que si les convives sont en tenue de combat, le personnel est « en habit et cravate noire. [...] Ce personnel d'ailleurs nous considérait un peu comme des enfants visitant le village nègre de la dernière exposition coloniale. Leur curiosité était balancée par la peur car la 2e division blindée avait été présentée par la propagande Pétain comme un ramassis de communistes et de bandits sanguinaires sans foi ni loi[213] ».

Au milieu du dîner voici que surgit le commandant Massu en tenue de campagne. Le 24 au soir, Massu avait franchi le pont de Sèvres avant que Dronne ne franchisse celui d'Austerlitz. Cette arrivée est le fruit d'un quiproquo. Les convives, à commencer par Boissieu qui relate l'épisode, pensent que le commandant vient rendre compte à son supérieur Langlade. Mais Massu explique, dans ses mémoires, qu'alors qu'il était invité à dîner dans un excellent restaurant de l'Étoile par des gens importants et sympathiques qu'il ne connaissait pas, mais qui entendaient l'honorer, une estafette vint le prévenir qu'il était attendu d'urgence aux Invalides. Passé le moment de surprise réciproque, « le général Koenig l'invita à terminer de dîner avec nous, mais Massu eut quelques scrupules à poser son fondement poussiéreux sur les magnifiques chaises en tapisserie du Gouverneur ». Massu précise que, durant ces journées, il avait « l'air d'un Gitan[214] ». Il ne céda qu'en plaçant une serviette sur le siège. En réalité, Massu, qui se voit contraint de dîner deux fois ce soir-là et qui n'a pour ainsi dire pas dormi depuis quarante-huit heures, n'a qu'une hâte : fuir cet aréopage et retrouver ses hommes. Chaban-Delmas donne des précisions sur la trêve du 19 août. Il explique que les communistes étaient contre, qu'ils furent également furieux de la prise sans leur accord de l'Hôtel de Ville, ce qui valut à Chaban d'être violemment pris à partie par eux lors de la réunion suivante du CNR. Boissieu : « En fait, il s'agissait probablement de bien autre chose que de la trêve, de l'avis des résistants autour de cette table. Le général Koenig partageait entièrement cette analyse et lâcha en pleine table : "Nous avons évité de justesse une nouvelle Commune de Paris[215]". » On prendra ces propos pour révélateurs de l'état d'esprit des responsables gaullistes au soir de la libération de Paris (voire de celles de Boissieu en 1980). L'historiographie a montré que leurs craintes étaient largement exagérées et que le Parti communiste, à supposer qu'il en ait eu l'intention, n'avait pas les moyens de s'engager dans une pareille opération, surtout en présence de deux divisions alliées armées jusqu'aux dents.

Après le dîner, les conseillers du Général préfèrent quitter discrètement l'hôtel de Brienne pour aller humer l'air de Paris ou retrouver leur famille souvent quittée depuis des années. Palewski retrouve avec bonheur son cher faubourg Saint-Germain. Son biographe, Jacques Bernot, s'interroge : trouve-t-il le temps d'embrasser sa mère à Louveciennes ou à Paris ? Elle lui apprend, avec un énorme retard, que son frère, lui aussi résistant, a été arrêté en 1942 et qu'il a été emprisonné au camp parisien des Tourelles (caserne Mortier*), puis près de Lyon avant de parvenir à s'évader[216]. Georges Gorse, qui n'a apparemment pas trouvé de chambre à l'hôtel de Brienne, confie son embarras à Roumiantzoff**.

---

* Siège actuel de la DGSE.

** Issu d'une famille de la noblesse russe de tradition militaire qui fuit la révolution bolchevique, Nicolas Roumiantzoff intègre Saint-Cyr à titre étranger en 1926. Il sert au sein de la Légion étrangère, est blessé en 1940 et s'évade du Maroc pour rejoindre la France libre en décembre 1941. Il est alors affecté au 1er RMSM et combat en Libye, à El Alamein et en Tunisie avant de rejoindre la 2e DB avec son régiment. Après 1945, il combat encore en Indochine et en Algérie, où il sera de nouveau blessé. Compagnon de la Libération, le « Roum » détient le record de 22 citations (dont 11 au titre de l'armée) au cours d'une carrière militaire exceptionnelle achevée au grade de général de brigade en 1962.

Ce lieutenant-colonel « russe et zouave », qui doit le lendemain monter la garde au Bourget face à la 47e DI allemande pour protéger la marée humaine qui va déferler sur les Champs-Élysées, lui propose de l'héberger dans la maison de passe où il a établi ses quartiers. Gorse décline la proposition et préfère l'hôtel Lutetia tout juste évacué le matin par les Allemands. « On n'a pas changé les draps de l'officier allemand que je remplace. Le téléphone marche, très bien même, je téléphone partout : à ma surprise, personne n'a l'air étonné de m'entendre après quatre ans d'exil : “Nous savions où vous étiez. La radio de Philippe Henriot a dit beaucoup de mal de vous[217].” »

À tout hasard, Boislambert empoigne lui aussi le téléphone pour appeler sa mère. Il fonctionne ! C'est le seul service public qui n'a pas été interrompu à Paris durant toute l'insurrection. « Nous sommes à Paris. Je serai chez vous le plus tôt possible. Surtout ne sortez pas ! Un cri de joie, elle ne m'a pas entendu depuis Gannat. » Il s'agit de la ville où Boislambert, capturé le 30 septembre 1940, lors de l'expédition de Dakar, a été emprisonné par Vichy jusqu'à son évasion de novembre 1942. Dans l'intervalle, Fernandez, celui qui assurait, armé d'un fusil-mitrailleur, la sécurité du convoi du Général dans l'après-midi, a fait une virée rue Lauriston, au siège de l'une des officines françaises de la Gestapo, et a ramené un beau trophée de guerre, « une Delahaye, type compétition, dans un état superbe[218] ». Le soir, au volant de la luxueuse Delahaye, Boislambert se rend rue Scheffer retrouver sa mère. Celle-ci lui apprend que ses biens ont été saisis sur ordre de Vichy, mais qu'elle est parvenue à déménager, en plusieurs voyages, avec une petite voiture à bras, le plus possible de ses affaires personnelles, trophées de chasses, livres, meubles « et même mes armes », de son domicile de la rue Vineuse, aidée par un soldat allemand. La concierge, elle-même prévenue par le commissaire de police du XVIe arrondissement, avait fermé les yeux[219].

Il y aurait un livre à écrire, mêlant bonheur et tragédie, sur les retrouvailles des combattants et de leurs familles. Remontons le temps à l'après-midi du 25. Le capitaine Girard vient d'installer le PC de Leclerc à la gare Montparnasse. Devant lui, un téléphone. « Je prends soudain conscience de ce phénomène : il ne s'agit plus d'un téléphone de campagne, c'est l'automatique. Le cadran semble émerger d'un brouillard. Est-ce possible qu'il me suffise de composer un autre numéro que celui de la préfecture pour savoir… Quatre années me retiennent. Je ne peux pas. Je cherche un autre téléphone que celui du PC. Une dame du centre d'accueil m'indique une cabine, dans le coin d'une salle vide. Je lui demande d'appeler mon numéro, de voir si ce sont mes parents qui répondent, et si ce sont eux, de ne pas brusquer les choses pour que l'émotion ne leur soit pas trop forte. Elle compose le numéro et, dans le silence étouffant de la cabine, j'entends dans le récepteur la voix de la mère. J'ai pris l'écouteur, mais je n'ai pas pu parler, pas plus qu'elle, accrochée à ce fil : "Paul... Paul... C'est Christian." » Girard demande à Leclerc s'il peut s'absenter vingt minutes. « Il me l'accorde avec un sourire affectueux. » Et Girard fonce dans une jeep retrouver ses parents rue de Varenne[220].

Les retrouvailles, toujours emplies d'émotion, sont aussi parfois teintées de malentendus entre deux univers sans contact depuis de longues années. Le soir du 25, Élisabeth de Miribel, « rompue de joie », le cœur battant, retourne chez ses parents, rue de Bellechasse. Pour se figurer la scène qui suit, il convient de se rappeler ce qu'était la rigueur de l'éducation et des prescriptions sociales d'une jeune fille de la haute société française des années 1930. « Mes parents, ma grand-mère, ma tante de Piennes, mes sœurs et mon frère sont sur le qui-vive : ils m'attendent. Je ne les ai pas vus depuis septembre 1939. J'arrive en uniforme, je range ma voiture [le bolide Amilcar] dans la cour. Mon père est là, devant la porte, fort ému. Avant même de m'embrasser, il me pose une question brûlante : "Pourquoi le général de Gaulle a-t-il envoyé ses soldats se battre contre d'autres Français en Syrie[221] ?" »

CHAPITRE 8

Samedi 26 août 1944

Des Champs-Élysées à Notre-Dame

Pourquoi les Champs-Élysées ?

« Français, ne craignez rien, l'homme est à la mesure du geste, et ce n'est pas lui qui vous décevra lorsque, à la tête des chars de l'armée de la délivrance, au jour poignant de la victoire, il sera porté tout au long des Champs-Élysées, dans le murmure étouffé des longs sanglots de joie des femmes, par la rafale sans fin de vos acclamations. » Est-ce Pierre Brossolette qui, par cette intervention prophétique, sur les ondes de la BBC, le 22 septembre 1942, inspira à de Gaulle l'idée de descendre les Champs-Élysées ?

Le choix de la grande avenue de l'Ouest parisien pour célébrer la libération de Paris, qui nous paraît rétrospectivement comme évident, s'inscrit en réalité dans une histoire militaire et patriotique assez récente. En outre, l'avenue est loin de n'évoquer que victoires et triomphes. Lieu de vives tensions symboliques et politiques, on pourrait même dire qu'elle a autant été marquée par les défaites que par les victoires et par les abdications que par les sacres.

En 1666, Louis XIV charge André Le Nôtre de transformer le jardin des Tuileries et d'ouvrir une route pour faciliter l'accès à Versailles. Le Nôtre prolonge l'allée centrale du jardin par une large voie bordée d'une double rangée d'ormes. La perspective devient rapidement un lieu de promenade et trouve son nom définitif de « Champs-Élysées » en 1789. Le 5 octobre 1789, c'est en empruntant l'avenue que des milliers de femmes parisiennes se rendent à Versailles pour réclamer du pain. Le lendemain, le cortège descend les Champs-Élysées dans le sens inverse, accompagné par la famille royale, contrainte de s'installer au cœur de Paris, dans le palais des Tuileries. Le 25 juin 1791, au retour de la fuite manquée de Varennes, c'est aussi par les Champs-Élysées que la famille royale est ramenée dans Paris. Alors que deux haies de gardes nationaux rendent les honneurs la crosse en l'air, des pancartes avertissent : « Celui qui applaudira le Roi sera bâtonné, celui qui l'insultera sera pendu. » Le 2 avril 1810, c'est par l'avenue, parée d'un arc de triomphe factice, que la nouvelle impératrice des Français, Marie-Louise d'Autriche, fait son entrée dans la capitale. C'est par le même chemin qu'elle la quitte le 29 mars 1814. En juin 1814, les souverains de la Coalition qui a vaincu Napoléon, le tsar de Russie Alexandre Ier, le roi de Prusse Frédéric-Guillaume III et, pour l'Autriche, le prince de Schwarzenberg prennent place dans une tribune dressée à proximité de l'hôtel d'Évreux (devenu palais de l'Élysée) pour assister au défilé des troupes alliées. Au terme des Cent Jours, Napoléon, qui a définitivement abdiqué au palais de l'Élysée, quitte lui aussi Paris par la grande avenue en passant devant l'Arc de Triomphe en construction. Mais c'est encore par les Champs-Élysées que les cendres de l'Empereur entrent dans Paris, accompagné par 200 000 personnes, le 15 décembre 1840. Sans doute inspirée à Napoléon par la victoire d'Austerlitz, la construction de l'Arc de Triomphe est ordonnée par un décret impérial du 18 février 1806. Les travaux commencent la même année, et, en 1814, les quatre piliers s'élèvent jusqu'au niveau de la voûte quand les travaux sont interrompus par la chute de l'Empire. Ils reprennent en 1823, sous Louis XVIII, et l'Arc est inauguré par Louis-Philippe, le 29 juillet 1836, pour le sixième anniversaire des Trois Glorieuses.

À partir de 1855, la fonction politique et militaire de l'avenue s'efface devant l'affirmation économique et industrielle du pays. À mesure qu'ils sont lotis de beaux immeubles, les Champs-Élysées deviennent l'un des lieux majeurs des expositions universelles. Le palais de l'Industrie, gigantesque bâtiment de 200 mètres de long dû à l'architecte Victor Viel, est inauguré par Napoléon III le 15 mai 1855 et servira aux Expositions de 1855, 1878 et 1889. Il est détruit dans la perspective de l'Exposition de 1900 pour laisser la place au Grand Palais et au Petit Palais. Sa disparition permet en outre, perpendiculairement aux Champs-Élysées, de créer un autre axe du pouvoir, qui relie le palais de l'Élysée, où s'installent les présidents de la IIIe République, aux Invalides par le pont Alexandre-III inauguré en avril 1900 pour l'Exposition. La guerre de 1870 marque toutefois le retour des défaites ; les armées allemandes occupent les Champs-Élysées du 1er au 3 mars 1871.

À la veille de la Première Guerre mondiale, le lieu a déjà gagné une importante charge symbolique, à dominante napoléonienne, qui se poursuit jusqu'aux années 1920 : le 5 mai 1921, d'importantes cérémonies se déroulent sur les Champs-Élysées et aux Invalides pour célébrer le centenaire de la mort de l'Empereur.

C'est la victoire de 1918 qui transforme l'avenue en panthéon militaire. Ludivine Bantigny a bien souligné ce tournant. Le 14 juillet 1915, un premier défilé militaire a lieu sur l'avenue à l'occasion du transfert des cendres de Rouget de Lisle aux Invalides[1]. L'immense défilé de la victoire du 14 juillet 1919 fait véritablement de l'avenue le lieu de célébration des victoires nationales. Derrière les maréchaux qui ouvrent le défilé sur des chevaux blancs, plus de 100 000 soldats, de toutes les armées alliées, défilent pendant des heures en passant sous l'Arc où le Soldat inconnu n'est pas encore inhumé. Ludivine Bantigny précise qu'une foule immense, peut-être comparable à celle du 26 août 1944, s'entasse sur les trottoirs et que de nombreux Parisiens campent dès la veille sur l'avenue pour assister à l'immense défilé. Au Rond-Point, un énorme empilement de canons et de matériels pris à l'Allemagne « que surmonte un coq gaulois doré et fier » forme un étrange trophée. « L'événement est hors norme et le lieu qui lui sert de décor est rehaussé de gravité[2]. »

L'année suivante, le 11 novembre 1920, on place le corps du Soldat inconnu dans une salle de l'Arc. L'idée en revient à Henri de Jouvenel : « Ne l'enfermez pas au Panthéon, portez-le au sommet de l'avenue triomphale, au milieu de ces quatre arches ouvertes sur le ciel. C'est l'inconnu, l'anonyme, le simple soldat, qui donne tout son sens à l'Arc de Triomphe[3]. » Le corps est inhumé sous la voûte, quelques semaines plus tard, le 28 janvier 1921. La flamme, idée du journaliste Gabriel Boissy, est alors allumée et ne cessera depuis d'être ravivée (l'armée allemande le fera le 14 juin 1940). Les maréchaux sont présents ainsi que le gouvernement français et le Premier ministre britannique, David Lloyd George. Le 25 novembre 1929, jour des obsèques de Clemenceau, qui ont lieu en Vendée dans la plus stricte intimité, une longue procession parcourt l'avenue*. En 1930, on donne son nom à la place qui borde le Grand Palais, et, en 1931, une statue à son effigie est inaugurée sur la place. Elle célèbre le Clemenceau « volontaire et martial avec la capote et le casque qu'il portait en inspectant le front[4] ».

Ludivine Bantigny souligne aussi que, durant l'entre-deux-guerres, les Champs-Élysées affirment leur dimension de plaisirs et de divertissement (cinémas, grands restaurants, music-hall s'y installent), mais qu'ils deviennent aussi un lieu de manifestations et d'affrontements. Au cœur du Paris bourgeois, l'avenue est dominée par les droites. La manifestation des ligues du 6 février 1934 se termine par de très violents affrontements avec la police, qui font 12 morts place de la Concorde. Les gauches, qui préfèrent pour leurs cortèges les avenues du Paris populaire de l'Est, ne dédaignent cependant pas de s'y montrer, comme pour laver l'affront du 6 février : le 14 juillet 1935, date qui marque la naissance du Front populaire, « les organisations ouvrières et les partis de gauche s'approprient le lieu ». Deux cortèges, l'un parti des Champs-Élysées, l'autre de la République, convergent place de la Bastille[5].

La défaite et l'Occupation ramènent les jours sombres. Le 14 juin 1940, jour de leur entrée dans Paris, les troupes allemandes défilent sur les Champs-Élysées et elles le feront tous les jours jusqu'en août 1944. Lors de sa brève visite à Paris du 26 juin 1940, Hitler marque un rapide arrêt sur l'avenue déserte, mais en prenant bien soin d'éviter l'Arc de Triomphe et la tombe du Soldat inconnu. Les étudiants parisiens sauvèrent l'honneur : la première grande manifestation patriotique sous l'Occupation eut lieu sur les Champs-Élysées, le 11 novembre 1940, durement réprimée par les troupes allemandes[6].

Pour autant, en 1944, les Champs-Élysées sont loin de s'imposer comme le lieu naturel des célébrations nationales et militaires. Ainsi, à cette date, il n'existe pas de tradition du défilé militaire sur les Champs-Élysées. La loi du 6 juillet 1880 fait du 14 juillet la fête nationale, célébrant à la fois le souvenir de la prise de la Bastille de 1789 et celui de la fête de la Fédération du 14 juillet 1790. Mais le défilé militaire

* Dans son testament rédigé huit mois avant sa mort, le 28 mai 1929, le Tigre avait pourtant précisé : « Ceci est mon testament. Je veux être enterré au Colombier à côté de mon père. Mon corps sera conduit de la maison mortuaire au lieu d'inhumation sans aucun cortège. Aucune ablation ne sera pratiquée. Ni manifestation, ni invitation, ni cérémonie. »

– ou plus exactement la revue militaire –, aussitôt associé à cette date, se déroule jusqu'en 1914 sur l'hippodrome de Longchamp, en présence du président de la République, Jules Grévy inaugurant la tradition en 1880. Mais point de défilé militaire sur les Champs-Élysées. En dépit du grandiose défilé de 1919, celui du 14 juillet 1920 se déroule à l'hippodrome de Vincennes, renouant avec la tradition de la IIIe République d'avant 1914. Entre 1925 et 1928, pas de défilé, mais une simple cérémonie avec revue des troupes à l'Arc de Triomphe, la revue disparaissant même en 1929. Le 14 juillet 1930 marque le retour d'un vrai défilé, mais de l'esplanade des Invalides à la Concorde (il emprunte donc seulement le bas de l'avenue), et ce jusqu'en 1934. Le défilé revient pleinement sur les Champs-Élysées en 1935 avant d'employer à nouveau le trajet Invalides-Concorde en 1936. Le capitaine de Hauteclocque (le futur Leclerc) défile, ce 14 juillet 1936, à la tête d'un escadron de cavalerie. Passant devant la tribune officielle où se tiennent Léon Blum et les ministres du Front populaire, il se serait écrié à l'adresse d'Édouard Daladier, ministre de la Défense nationale : « Pour le fusilleur, tête droite ! », allusion à la violente répression de la non moins violente manifestation du 6 février 1934, à l'endroit même du défilé*. La descente complète des Champs-Élysées revient au programme des deux derniers 14 juillet avant la défaite, en 1938 et 1939, avec, pour cette dernière année, la participation de troupes britanniques. Pas de défilé français, bien sûr, sous l'Occupation**, mais les parades régulières des troupes allemandes. Même après la Seconde Guerre mondiale, la tradition a du mal à s'enraciner. Le 18 juin 1945, de Gaulle organise un grandiose défilé sur les Champs-Élysées qui célèbre autant l'armistice du 8 mai que l'anniversaire de l'Appel du 18 juin. Mais le défilé du 14 juillet 1945 a lieu place de la Bastille. À partir de 1946, le défilé militaire semble se fixer sur les Champs-Élysées. Mais le président Giscard d'Estaing bouscule la récente tradition en multipliant lieux et parcours inédits : Bastille-République (1974), cours de Vincennes (1975), École militaire (1977)

---

* André Martel, *Leclerc. Le soldat et le politique*, Albin Michel, 1998., p. 79. Daladier était président du Conseil lors de cette manifestation. Ce surnom péjoratif lui fut attribué par la droite nationale, mais fut aussi, un temps, utilisé par les communistes.

** Dès le 14 juillet 1940, les très modestes Forces françaises libres défilent dans Londres. À mesure que des territoires coloniaux se rallient à la France libre, des défilés militaires ont lieu dans différentes villes, en particulier à Alger, les 14 juillet 1943 et 1944, en présence du général de Gaulle, président du CFLN, puis du GPRF.

ou République-Bastille (1979). La tradition s'enracine à partir de 1980 avant que la pandémie de Covid-19 conduise à l'annulation du défilé de 2020 et que les jeux Olympiques déplacent celui de 2024 de la porte de Vincennes à la place de la Nation comme en 1975.

En 1944, il n'existe pas de vraie tradition de défilé militaire sur les Champs-Élysées, et l'officier Charles de Gaulle n'y a jamais défilé. Au reste, ce qui est prévu, ce 26 mai 1944, n'est pas à proprement parler un défilé militaire. Les troupes de la 2e DB présentes tout au long de l'avenue ne sont pas là pour défiler, mais pour assurer la sécurité de ce qui ressemble en fait à une parade. On a tort de se moquer du général Gerow quand il emploie ce terme dans ses messages comminatoires à Leclerc d'autant plus que l'anglais « parade » peut être traduit en français aussi bien par « parade » que par « défilé ». Ce 26 août 1944, c'est le général de Gaulle, très accessoirement les chefs militaires et politiques de la Résistance, qui défilent et que l'on acclame, et non l'armée française. Il est normal qu'un tel dispositif évoque à l'esprit américain de Gerow la « parade » d'investiture d'un président américain, du Capitole à la Maison Blanche.

L'événement n'a d'ailleurs laissé qu'une trace modeste dans les dispositifs commémoratifs républicains d'après 1945. Certes, désormais, le jour de leur investiture, les présidents de la République remontent les Champs-Élysées, du palais de l'Élysée à l'Arc de Triomphe, Giscard d'Estaing innovant de nouveau en effectuant le trajet à pied en 1974. Mais on notera que ces processions républicaines s'effectuent dans le sens de la remontée. Sans doute pourrait-on évoquer la manifestation gaulliste du 30 mai 1968 (mais sans le Général et toujours dans le sens de la montée) ou le défilé spontané qui, le soir de la mort du général de Gaulle, le 9 novembre 1970, vit des dizaines de milliers de Parisiens converger vers l'Arc de Triomphe, dans la nuit et sous une pluie battante. Le 21 mai 1981, le jour de son investiture, François Mitterrand commence par s'inscrire dans la tradition en remontant les Champs-Élysées pour aller fleurir la tombe du Soldat inconnu et ranimer la flamme. Il se rend ensuite à l'Hôtel de Ville, où il est reçu par le maire de Paris, Jacques Chirac. Il innove, l'après-midi, en remontant à pied la rue Soufflot pour aller s'incliner, au Panthéon, devant les tombes d'illustres personnages parmi lesquels Jean Moulin. Ces citations ou ces emprunts au gaullisme de guerre sont discrets, mais significatifs, et la foule qui l'accompagne est considérable. Lors du second septennat de François Mitterrand, le 14 juillet 1989, un grand défilé festif est organisé sur les Champs-Élysées pour commémorer le bicentenaire de la Révolution. On admettra, toutefois, que ces événements n'ont ni la force ni le souffle du défilé gaullien du 26 août 1944 qui demeure donc un « objet » historique singulier, sans antécédent et sans véritable postérité. Sans doute fallait-il cet exorcisme monstrueux et unique dans les annales pour effacer le traumatisme de la défaite de 1940. Un moraliste amer ou un historien sensible à la pacification et à la dépolitisation des sociétés contemporaines observera que les seuls véritables équivalents, par la ferveur et les masses mobilisées, sont les marées humaines qui déferlèrent sur la grande avenue, en 1998 et 2018, pour fêter les victoires de l'équipe de France à la Coupe du monde de football.

En août 1944, le lieu s'impose comme une évidence pour de Gaulle, non seulement par sa puissance symbolique, mais aussi parce que la large avenue offre le cadre idéal à l'immense sacre populaire qu'il imagine.

Préparation du défilé

Depuis la veille au soir, la radio diffuse en boucle l'information. La presse n'est pas en reste, et, le matin du 26, l'ensemble des titres parisiens publient le communiqué préparé la veille au soir par les services de Parodi annonçant le défilé.

> « Le général de Gaulle à l'Arc de Triomphe.
> Le général de Gaulle, président du Gouvernement provisoire de la République française, ira s'incliner aujourd'hui 26 août, à 15 heures, sur la tombe du Soldat inconnu à l'Arc de Triomphe.
> Il descendra ensuite les Champs-Élysées, puis s'arrêtera successivement place de la Concorde, où il écoutera les hymnes des nations alliées, et à l'Hôtel de Ville.
> Il assistera enfin à un *Te Deum* solennel à Notre-Dame. Les honneurs militaires lui seront rendus par les troupes du général Leclerc[7]. »

Dans la matinée, on apprend à de Gaulle que, de toute la banlieue et de Paris, d'innombrables piétons sont en marche formant de longues colonnes. Par les effets conjugués de la grève générale et des coupures de courant, il n'y a plus ni bus ni métro dans Paris. Comme dans les temps anciens, c'est à pied qu'un peuple entier converge vers les Champs-Élysées. La presse publie également les messages de félicitation envoyés par les gouvernements alliés. Il est significatif d'observer que les Britanniques ne disent pas un mot du rôle joué par la 2e DB et par les forces américaines, n'évoquant que le rôle du peuple de Paris. Ainsi, Anthony Eden, au nom du gouvernement britannique, livre un texte que le Comité central du Parti communiste français aurait pu valider mot pour mot :

« La libération de Paris par les Forces françaises de l'intérieur et la levée en masse de la population parisienne sont un triomphe pour nos deux pays et pour nos alliés partout dans le monde. [...] Au nom du gouvernement de Sa Majesté britannique, je proclame mon admiration sans réserve pour tous ceux qui ont si bien servi la France, l'Europe et le monde, pour le général de Gaulle et ses compagnons qui ont relevé et maintenu les drapeaux français, pour les FFI, le Conseil national de la Résistance, le Conseil de la résistance de Paris et pour tous les citoyens de la France et de sa capitale[8]. »

On se souvient que le message du roi George VI, reçu le 25 à Rambouillet, suite à l'annonce erronée par la BBC de la libération de Paris, évoquait « les habitants de Paris [qui avaient] chassé l'envahisseur de leur ville ».

Le communiqué du président Roosevelt est d'une tonalité toute différente : s'il ignore bien sûr de Gaulle, il insiste, à l'inverse des textes britanniques, sur le rôle militaire des forces alliées :

« Nous nous réjouissons avec le peuple de France, si brave, de la libération de Paris et nous nous associons au chœur de félicitations adressées aux chefs, aux combattants et aux alliés qui ont rendu possible cet éclatant présage de la victoire totale[9]. »

Sans surinterpréter ces messages, il est possible, malgré tout, d'y trouver, côté britannique, la reconnaissance formelle du rôle du général de Gaulle et le rappel appuyé du long compagnonnage d'armes avec les Français libres ; et côté américain, à l'inverse, l'absence de toute mention de l'homme du 18 juin, noyé dans la masse indistincte des « chefs ».

Plus intéressante est l'adhésion britannique à la thèse d'un « Paris libéré par lui-même ». En demeurant prudent et en écartant d'emblée la thèse absurde d'un ralliement du Foreign Office à la conception communiste de la levée en masse, on peut certainement y voir la conséquence du refus, très peu politique, de Montgomery de participer, fût-ce de façon symbolique, à la libération de la ville, comme Eisenhower le lui avait proposé. Du moment où aucun soldat britannique n'est présent à Paris, occulter le rôle des soldats français et américains permet de rassurer l'opinion britannique qui aurait pu s'émouvoir de l'absence de ses propres soldats dans l'un des épisodes symboliques les plus importants de la fin de la guerre. Les messages britanniques de félicitation renvoient à des usages tant internes qu'externes. Pour le dire autrement, il faut bien camoufler l'incroyable « gaffe » de Montgomery.

À Paris, dans les bureaux et les états-majors, règne une certaine fébrilité. Toute la nuit, les FFI réclament le soutien de la DB au nord de Paris auprès des capitaines de permanence (Gribius, Compagnon, Gachet). La 47e DI allemande a pour mission de combler la brèche qu'a créée la libération de Paris dans le dispositif allemand et, si possible, de reprendre la ville. De durs combats ont lieu au Bourget. « Du coup, le téléphone retentit d'appels au secours désespérés, aussi bien à l'antenne du 3e Bureau de Montparnasse qu'à la caserne La Tour-Maubourg[10]. » Une partie des GT L et GT D est envoyée, durant la nuit, dans la banlieue nord, alors que le GT V assure une couverture à l'ouest et que la 4e DI assure la couverture à l'est. Mais il est impossible de répondre à toutes les demandes d'autant qu'il faut aussi assurer la garde de 12 000 prisonniers allemands. Dans Paris même, on tire encore. On se souvient des soldats allemands pourchassés dans les combles des Invalides, au-dessus des têtes de Koenig et de Leclerc. À quelques heures du défilé, un incendie se déclare avenue des Champs-Élysées ; les pompiers et les policiers qui viennent l'éteindre « sont accueillis par des coups de feu et des grenades[11] ». Pour se rapprocher du lieu des combats, au matin du 26, rappelle Boissieu, Leclerc transporte son PC-avant à la porte de la Chapelle « dans un café tenu par une Bretonne qui vient d'apprendre que ses parents ont été tués lors d'un bombardement à Fougères ; le général Leclerc lui témoigne sa sympathie, puis ordonne de chercher un autre emplacement. Pour les mêmes raisons que lors du choix de Montparnasse, il faut se rapprocher d'un bon central téléphonique, je vais reconnaître la gare de marchandises. C'est donc aux cheminots que nous demandons à nouveau de nous héberger[12] ». Ce matin, Leclerc va un peu partout : il trouve le temps de visiter les blessés de la division répartis dans les hôpitaux parisiens et de se rendre à nouveau à l'hôtel de Brienne s'entretenir avec de Gaulle. Il fait également diffuser un ordre du jour qui dresse davantage le bilan des jours précédents qu'il ne donne d'indication pour la journée.

> « Ordre général n° 46. 26 août 1944.
> Depuis le 1er août, la division a contribué à libérer des villes et des villages français. Dans les durs combats du 24 et 25 août, c'est Paris qu'elle a délivré. Une partie de notre mission est remplie, le reste suivra. Je remercie ceux qui, par leur courage dans les unités de tête, par leur travail dans toutes les unités au service de la division, ont permis d'obtenir une rapide capitulation de l'ennemi dans la capitale.
> Je m'incline respectueusement devant ceux qui sont morts pour que cette bataille soit une Victoire.
> Vive la France immortelle[13]. »

Le programme du défilé est prêt. Chevigné en a rédigé avec soin les « conditions et horaires », sans doute la veille, le 25, précise Guillaume Piketty, même si le document est daté du 26[14].

Mais le général Gerow continue à tempêter et entend bien interdire à Leclerc de participer, de près ou de loin, à ce défilé. Toute la matinée est occupée par des échanges de plus en plus tendus entre Gerow d'un côté et Leclerc et de Gaulle de l'autre. Blumenson rappelle que, pour amadouer le général américain, de Gaulle l'a invité à participer au défilé avec son état-major. Il a également proposé qu'un officier américain accompagné de vingt soldats puisse défiler, proposition également transmise aux Britanniques[15]. Gerow refuse en avançant une longue liste d'arguments. La situation n'est pas encore sûre (en particulier dans les bois de Boulogne et de Vincennes) et des groupes de soldats allemands sont encore présents au Bourget, à Montreuil, à Meudon ou à Clamart. Même dans Paris, la sécurité est loin d'être assurée, ce que les multiples fusillades de la journée démontreront. Gerow redoute encore l'excitation des soldats au contact de la foule en délire et le risque d'une contre-attaque ou d'un raid aérien allemand. En un mot, ce défilé est beaucoup trop dangereux, et Gerow confirme à Leclerc, par radio, son ordre de la veille de rester au contact des Allemands au nord de la capitale.

Avec une insigne mauvaise foi, Leclerc fait répondre qu'il n'y a pas de défilé et que les GT restent à leurs postes : GT L à l'Arc de Triomphe, GT V à la Concorde. Il ajoute qu'il peut monter la garde dans la banlieue nord avec une partie de ses forces tout en conservant les autres dans le centre de Paris. Et il livre l'argument suprême : Gerow est son supérieur militaire, mais de Gaulle est le chef du gouvernement français. Vingt minutes plus tard, à présent par écrit, la réponse de Gerow est aussi ferme que définitive : « Vous opérez sous mon commandement direct et ne devez pas accepter des ordres provenant de toute autre source. J'entends bien que le général de Gaulle vous a demandé de faire défiler vos soldats, cet après-midi à 14 heures. Vous ne tiendrez pas compte de ces ordres et continuerez votre mission actuelle qui vous a été assignée et qui consiste à nettoyer toute résistance à Paris et aux environs, à l'intérieur de votre zone d'action. Votre formation ne participera pas au défilé cet après-midi ou à n'importe quel autre moment, sauf si vous en recevez l'ordre portant ma signature personnelle[16]. » Les choses vont encore plus loin. Barton, décidément pas si débonnaire que cela, suggère même à Gerow de couper le ravitaillement en essence, en nourriture et en argent à Leclerc. Gerow n'ira pas jusqu'à ces extrémités, de même qu'il renonce à utiliser des soldats américains pour empêcher le défilé, ce qui signifie qu'il y a pensé. Mais il prend des mesures draconiennes : « Si bien que je me suis contenté d'ordonner que tous les soldats américains dégagent les rues et se tiennent prêts à mater tout soulèvement s'il s'en produisait[17]. »

À midi, Leclerc offre un déjeuner à ses proches collaborateurs chez Chauland, une excellente table des Invalides qui sera sa cantine durant son séjour parisien. Gerow revient encore à la charge. « Pendant que nous déjeunons [...], le général commandant le Ve corps nous envoie son chef d'état-major pour dire qu'il n'a pas autorisé le défilé. Le Général [Leclerc] répond qu'il n'y a pas de défilé et que ses troupes ne bougent pas. Elles sont d'ailleurs en mission de réserve qu'elles rempliront très bien là où elles seront placées pendant la cérémonie. Le chef d'état-major insiste en vain et repart assez dépité[18]. » Vingt minutes plus tard, un autre émissaire, le lieutenant-colonel de liaison du Ve corps avec la 2e DB, apporte un télégramme interdisant à Leclerc de faire participer des éléments de sa division à la cérémonie. « Le Général envoie l'officier, accompagné de Guillebon, porter le télégramme au général de Gaulle[19]. » Selon Langlade, Leclerc aurait répondu « avec sa brutalité ordinaire », insinuant ainsi qu'il le fit de vive voix devant ses invités et non avec la discrétion d'un pli écrit[20].

Le déjeuner terminé, Leclerc et ses collaborateurs retournent à leur PC de La Tour-Maubourg. Mais Gerow ne lâche pas l'affaire. « Arrive un nouvel émissaire. Le général Gerow demande à voir le général [Leclerc] en personne. Le général répond qu'il ne peut pas venir lui-même et qu'il envoie le commandant Weil à sa place. À peine ce dernier est-il parti avec l'enthousiasme que l'on devine, que l'autre colonel se présente. [...] Il confirme le vœu de Gerow de voir le Général personnellement. Je vais prévenir le Général. Il me répond qu'il a envoyé Weil chez Gerow et qu'il veut qu'on lui fiche la paix. Je transmets la première partie de la réponse au colonel américain qui repart avec un air tragique[21]. » Sur ces entrefaites, le commandant Weil revient du PC du Ve corps et transmet la réponse de Gerow : « Vous direz au général Leclerc que je regrette qu'il ne soit pas venu quand je l'ai fait appeler pour une question de service. Dans notre armée, cela relève de la cour martiale[22]. »

L'affaire est donc grave. André Martel précise que de Gaulle traita alors directement avec Eisenhower ; Louis-Gabriel Robinet affirme que c'est Koenig qui se chargea de cette mission de pacification[23]. Le témoignage de Girard, toujours précieux, privilégie l'hypothèse Koenig : « L'affaire a d'ailleurs dû s'arranger. Koenig est allé voir Gerow hier soir [le 26] à ce sujet et s'est longuement entretenu avec lui. Le général Juin a d'autre part dit à Guillebon qu'il avait connu des situations semblables en Italie et qu'il avait réagi comme le Général[24]. » Mais ces explications sont formulées le lendemain. Sur le moment, Gribius précise que l'affaire se règle au niveau des états-majors : « C'est seulement après de longues tractations entre des émissaires de Leclerc et de Gerow, et une conférence animée à La Tour-Maubourg, qu'il est admis que les éléments de la 2e DB seront distraits quelques heures de leur mission de combat[25]. »

Girard livre la pertinente analyse de cette crise, formulée devant lui par Guillebon le 26 : « Guillebon trouve que le Général a eu raison de ne pas aller hier chez Gerow. Il avait reçu des ordres contradictoires, les uns de son gouvernement, les autres de son commandant de corps d'armée. La question le dépassait. Il ne pouvait que laisser son supérieur hiérarchique s'arranger avec son gouvernement. S'il était allé chez Gerow, celui-ci aurait pu lui donner l'ordre d'exécuter un mouvement. Le refus d'exécuter un ordre d'opération aurait été autrement plus grave que celui de se rendre à une convocation[26]. »

Devant ce tir de barrage, de Gaulle demeure de marbre. Selon Dansette, il aurait répliqué à l'officier de liaison américain, accompagné de Guillebon, que lui adresse Leclerc : « Je vous ai donné Leclerc ; je peux bien le rependre pour un moment, n'est-ce pas[27] ? » Le ton est moins ironique dans les *Mémoires de guerre*, mais le fond est identique : « Il va de soi que je passe outre, non sans noter ce qu'en un tel jour, en un tel lieu, une telle attitude, qui n'a certes pas été prise sans instructions reçues d'en haut, témoigne d'incompréhension[28]. » Cette nouvelle allusion à un Roosevelt grand manitou à distance est sûrement infondée. Il est très peu probable que ce genre d'affaire remonte jusqu'à la Maison Blanche, surtout en pleine nuit (il est environ 3 heures du matin à Washington). En outre, Gerow a tout à fait le caractère pour prendre seul ce type de décision. On pourrait même dire que, si Leclerc était américain, Gerow, Hodges ou Eisenhower l'auraient relevé de son commandement depuis belle lurette sans passer par Washington. La sérénité de De Gaulle atteint des sommets ou du moins la met-il en scène. À la question de Michel Tauriac : « Quel était son souvenir le plus marquant de la libération de Paris ? », Philippe de Gaulle répond : « Je vais vous étonner. Ce souvenir, c'est celui de ces moments qu'il a vécus seul le 26 au matin. [...] Vous savez que le quartier des Invalides était celui de son enfance. » Pour appuyer ses propos, l'amiral cite le récit que de Gaulle lui a fait « le 1er ou le 2 septembre [1944] » : « Le lendemain matin de bonne heure [le 26], je suis allé faire un tour à pied jusqu'à Saint-François-Xavier, l'église de notre famille[29]. »

La crise de commandement, ouverte le 21 quand Leclerc a envoyé Guillebon vers Paris, atteint sans conteste son paroxysme le 26. On peut aussi en relativiser l'ampleur. Elle se dégonflera aussi vite qu'elle s'est formée. Le lendemain, dimanche 27 août, Eisenhower et Bradley visitent Paris, se font acclamer à leur tour sur les Champs-Élysées et devisent très courtoisement avec de Gaulle, acceptant même d'ouvrir grand les vannes du ravitaillement de la capitale, ce qui était à leurs yeux impensable quelques jours avant. Malgré les fulminations de Gerow, les Alliés semblent en fait ignorer complètement Paris d'un point de vue militaire, comme ils s'en désintéressaient avant le changement de plan d'Eisenhower du 22 août. L'accord sur l'administration de la France est signé, et on n'observe pas la moindre tentative d'empiètement sur les pouvoirs de Koenig et de Luizet. Comme l'écrira de Gaulle dans ses mémoires, « sur le parcours, il n'y aura que des Françaises et des Français. Mais il y en aura beaucoup[30] ».

« Ah ! c'est la mer ! »

Dans la matinée, des voitures de la Préfecture de Police équipées de haut-parleurs tournent sans discontinuer dans le quartier des Champs-Élysées en diffusant ce singulier message : « Le général de Gaulle confie sa sécurité au peuple de Paris. Il lui demande de faire lui-même le service d'ordre et d'aider dans cette tâche la police et les FFI, fatigués par cinq jours de combat. » De son côté, la radio rappelle de quart d'heure en quart d'heure l'imminence du défilé. En fin de matinée, les éléments de la 2e DB commencent à prendre position le long des trois points fixés par Leclerc : Étoile, Concorde, Notre-Dame. La police parisienne, accompagnée de pompiers, s'installe également tout au long de l'avenue.

Leclerc attend de Gaulle devant l'Arc de Triomphe.

Mais la foule est si dense qu'il faut vite renoncer aux règles élémentaires du maintien de l'ordre.

Vers 14 heures, les *half-tracks* du régiment de marche du Tchad, qui doit rendre les honneurs au président du gouvernement, se garent en éventail devant le monument. Aucune part de hasard dans ce choix. À travers eux, ce sont les premiers engagés de la France libre, ceux de l'aventure commencée en Afrique équatoriale en août 1940, que de Gaulle et Leclerc entendent honorer. De ce fait, les Espagnols de la « Nueve », la 9e compagnie du 3e bataillon du RMT, sous le commandement du capitaine Dronne, sont particulièrement représentés. On ne peut les ignorer : leurs *half-tracks* portent les noms de batailles de la guerre d'Espagne et sont décorés d'un petit drapeau espagnol à hauteur du pare-brise. C'est le génie de Leclerc, ce catholique maurrassien de stricte obédience, d'avoir réussi cet amalgame et, en ce jour si particulier, de confier en partie la sécurité du Général à des Rouges espagnols.

Les officiels s'alignent entre les véhicules du RMT et l'Arc de Triomphe. Il y a là les généraux (Juin, Koenig, Leclerc, Valin, d'Argenlieu, Bloch-Dassault, Chaban-Delmas), les politiques (Parodi et Le Troquer, les deux seuls membres du gouvernement présents à Paris), les préfets Luizet et Flouret, les chefs militaires de la Résistance (Rol-Tanguy, Lizé, Kriegel-Valrimont pour les principaux), les membres du CNR et du CPL au grand complet (Daniel Mayer, Paul Bastid, Joseph Laniel, André Mutter, Georges Marrane, Léo Hamon, Auguste Gillot, Jacques Lecomte-Boinet, pour ne citer que ceux-là) derrière leurs présidents respectifs, Bidault et Tollet, et quantité d'autres responsables de la Résistance, plus ou moins importants, qu'il est impossible de tous mentionner ici.

À 15 h 10, de Gaulle arrive en voiture et est accueilli par Leclerc devant l'Arc de Triomphe. Il s'incline devant la tombe du Soldat inconnu : « De Gaulle se tient debout un long moment, saluant au garde-à-vous, devant le tombeau du Soldat inconnu, deux fois frère des combattants aujourd'hui honorés. En retrait, mais proche de lui, je regarde le profil du Général ; longtemps retenue par les paupières, une larme roule sur sa joue droite. Brusquement, il fait demi-tour ; le recueillement est passé[31] » (Jean Marin). « Le général de Gaulle se recueille tandis que les notes de la sonnerie aux morts montent sous les voûtes. Puis, il dépose une gerbe de glaïeuls roses en forme de croix de Lorraine sur le tombeau et ravive la Flamme. Après avoir apposé sa signature sur le Livre d'or de la Flamme, il se dirige vers le terre-plein. » *La Marseillaise* retentit, interprétée par la musique des gardiens de la paix dont « les agents à brassards frappés de la croix de Lorraine [...] sont rangés au pied du monument encore fiévreux des batailles mal éteintes[32] ».

Le Général passe les troupes en revue. Il salue les grognards du régiment de marche du Tchad : « [Les] soldats me regardent passer devant eux, à l'Étoile, comme un rêve qui se réalise[33]. » Quittant les combattants du RMT, de Gaulle se fait présenter quelques-uns des FFI présents. « Le teint bruni des soldats contraste avec le visage émacié des résistants, mais un même feu anime leurs regards. Seuls nos morts et nos déportés manquent à l'appel de la Victoire », remarque Élisabeth de Miribel[34]. Puis le Général salue les officiels alignés devant lui. Dans ses mémoires, Georges Bidault ne peut s'empêcher de souligner que de Gaulle s'arrête à peine devant les membres du CNR, ce qui provoque dans leurs rangs un certain mécontentement, mais vite effacé par l'enthousiasme délirant. Il ajoute que ses collègues du CNR ne peuvent non plus atteindre la tombe du Soldat inconnu, arrêtés par les officiers de la DB. Le désordre est tel et le nombre d'officiels si important qu'on ne sait si Bidault souligne une réelle réticence ou s'il surinterprète les intentions du Général. Beaucoup de malentendus se nouent alors. Le visage de Bidault n'est tout simplement pas connu des officiers et sous-officiers de la 2e DB qui assurent l'ordre et font régner un minimum de protocole.

Daniel Mayer exprime le malaise des hommes du CNR de façon plus crue : « Des militaires en coquets uniformes impeccables, arrivés le jour même de Londres ou d'Alger, veulent se mettre au premier rang. Nous donnons de la voix et des coudes, nous, du CNR, pour que la Résistance intérieure ait la place qui lui revient : la première[35]. » Pourtant, cette façon de voir n'est pas unanime. Joseph Laniel, qui représente la droite modérée au sein du CNR, pense au contraire que le moment est propice à sa dissolution : « Quelles heures, disais-je, sommes-nous en train de vivre ! Nous avons été les chefs inconnus de la Résistance intérieure et nous allons recevoir le chef prestigieux qui l'incarnera désormais au grand jour. Ne pensez-vous pas que le CNR devrait, en cet instant, décréter lui-même sa dissolution, sans faire connaître les noms de ceux qui le composent ? Le geste aurait sa grandeur : la politique, qui demain reprendra ses droits, ne nous disputerait pas à l'histoire, pour laquelle nous resterions les chefs inconnus de la Résistance[36]. »

Le cortège se met en place dans un certain désordre. Selon Dansette, « au spectacle du désordre, le Général s'exclame : “Quelle pagaille… Qui est responsable de l'ordre ici[37] ?” ». Alors que l'on s'attend à un cortège en voiture, de Gaulle surprend alors tout le monde en amorçant la descente à pied des Champs-Élysées : « Je vais à pied. Ce n'est pas le jour de passer une revue où brillent les armes et sonnent les fanfares[38]. » Georges Ravon, la « plume » du *Figaro* qui ne l'a pas vu déambuler dans les rues de Cherbourg, de Rennes ou de Chartres, en est heureusement surpris : « C'est le moment où, de tradition, les chauffeurs à cocarde rangeaient leurs voitures devant l'Arc et emportaient vers les palais officiels leurs patrons, déjà préoccupés des prochains scrutins […]. Alors à l'étonnement ravi de la foule, on voit le général renvoyer les voitures et s'engager à pied dans les Champs-Élysées. […] Et la marche triomphale commence[39]. » Le capitaine Girard préfère insister sur la pagaille ambiante : « L'entrée du général de Gaulle a lieu au milieu d'une foule en délire. Rien n'a été organisé, aucun service d'ordre. Il descend les Champs-Élysées dans une étonnante cohue, environnée d'un goum de civils. […] Avec quelques volontaires, j'essaie de contenir les bords de la foule pour qu'ils ne se referment pas au passage du général de Gaulle[40]. »

À 15 h 18, « quatre chars s'ébranlent, *Lauragais, Limagne, Limousin, Verdelon*. Derrière eux, barrant l'avenue, se tenant bras dessus, bras dessous, s'avance une chaîne d'agents, de FFI, de secouristes, de soldats. […] En désordre suivent des motocyclettes, des side-cars, des jeeps surchargées, puis, après un espace vide, un huissier en habit noir, plastron blanc, chaîne d'argent, très solennel ; derrière lui, enfin, roule une cohue au milieu de laquelle sont noyés quelques militaires ; au premier rang, un homme qui dépasse les autres de la tête porte un uniforme[41] ». En l'absence de chef du protocole, de Gaulle prend naturellement la tête du cortège, suivi des ministres Parodi et Le Troquer, ainsi que de Bidault et Tollet, puis, un rang derrière, des généraux (Juin, Koenig, Leclerc, d'Argenlieu, Valin), des deux préfets et de quelques familiers. Le colonel de Marmier, le pilote qui a emmené de Gaulle en France et que ce dernier nommera général de brigade aérienne le 24 septembre 1944, est autorisé à défiler sur le même rang que les généraux. Roger Bourderon note que « le colonel Rol et son état-major sont là, mêlés à la foule, presque incognito, juste derrière le gros des personnalités[42] ». Cette attitude modeste avait déjà été la sienne, la veille, à la gare Montparnasse, puis rue Saint-Dominique. André Martel souligne une même discrétion de la part de Leclerc. S'il accompagne de Gaulle jusqu'à Notre-Dame, il ne joue pas le rôle central dans ce gigantesque ballet, demeurant volontairement en retrait : « Le véritable connétable, toujours un pas en arrière du souverain, c'est Juin, le duc du Garigliano, aussi discret qu'indispensable dans les rapports avec les Américains et l'armée[43]. » « Quant au reste, membres de la municipalité, membres du CNR ou du CPL, secrétaires généraux faisant fonction de ministres pendant l'insurrection de Paris et bien d'autres venus en renfort de la foule elle-même, tout ce monde serra sur le peloton de tête, se guindant, jouant des coudes pour mieux se faire remarquer dans le cortège[44] » (Juin). Boislambert ne peut s'empêcher de manifester son ironie à l'égard de Pisani, dans des mémoires publiés en 1978, à un moment où celui-ci a rompu avec les gaullistes historiques et, crime impardonnable à leurs yeux, s'est rapproché de François Mitterrand : « Silhouette amusante, Pisani, barbu noir, drapé dans une grande pèlerine [alors qu'il fait un temps superbe et chaud], joue le rôle de chef du service d'ordre et se montre le plus possible[45]. » Mais il est démenti par l'historien Christian Chevandier qui rappelle que Pisani ne se rend pas au défilé et reste à la Préfecture, au standard téléphonique, pour « garder la maison[46] » et servir d'interface entre les différents acteurs.

Du haut de l'avenue, de Gaulle découvre la foule immense qui, jusqu'à la Concorde, elle-même noire de monde, emplit l'avenue. Combien sont-ils ? Un million ? Deux millions ? Cette vision inspire à de Gaulle l'une des plus belles pages des *Mémoires de guerre* : « Puis je quitte la voûte et le terre-plein. Les assistants s'écartent. Devant moi, les Champs-Élysées. Ah ! C'est la mer ! Une foule immense est massée de part et d'autre de la chaussée. Peut-être deux millions d'âmes. Les toits sont tout aussi noirs de monde. À toutes les fenêtres s'entassent des groupes compacts, pêle-mêle avec des drapeaux. Des grappes humaines sont accrochées à des échelles, des mâts, des réverbères. Si loin que porte ma vue, ce n'est qu'une houle vivante, dans le soleil, sous le tricolore[47]. » De Gaulle déambule alors, d'un pas assuré, saluant la foule de temps à autre, calme et silencieux. « Il est vrai que moi-même n'ai pas le physique, ni le goût, des attitudes et des gestes qui peuvent flatter l'assistance ; mais je suis sûr qu'elle ne les attend pas[48]. »

Quatre témoins oculaires nous ont laissé de belles et saisissantes descriptions du défilé. Relisons encore une fois Dansette, « historien du temps présent » avant l'heure :

« [De Gaulle] marche d'un pas souple, un peu nonchalant, et répond inlassablement, mais sans chaleur aux acclamations, de ce geste des deux bras dont il a salué Paris la veille à l'Hôtel de Ville. [...] Derrière lui, après deux ou trois rangs d'officiels silencieux, le troupeau humain gesticule, chante, s'en donne à cœur joie ; il en émerge des tourelles de chars hérissées de soldats et de demoiselles qui ne paraissent pas destinées à la vie contemplative, des voitures bondées, des pancartes, certaines aux inscriptions en espagnol, et une large banderole aux couleurs républicaines espagnoles, violet, jaune, rouge, qui barre toute l'avenue. C'est une foule qui s'écoule entre deux foules[49]. »

Autre témoin, Georges Ravon, le talentueux reporter du *Figaro*, qui a bien saisi le mélange de fête populaire, de joie délirante et de haute politique qui forme la texture de ce singulier défilé :

« Il y a des voiturettes, bien sûr, et des chars. Mais ils précèdent ou suivent le général. Ils bousculent parfois, dans leur zèle protecteur, quelques groupes qui s'aventurent trop loin sur la chaussée et qui font de grands bons pour échapper aux chenilles. Les officiers, qui marchent à pied devant les tanks, les ramènent aussitôt à leur piétinement de gros chiens en laisse. Le général veut marcher à poitrine découverte.
En ami parmi les amis.
Il va, sans parler, tout seul, sa haute taille dominant le cortège et le désignant aux acclamations. Tout de suite, on devine que le "grand" qui marche dans cet isolement, sans morgue, c'est lui, c'est de Gaulle. [...] Le peuple n'est pas seulement derrière les fragiles barrages, il est autour du général de Gaulle, il l'entoure, il le protège, il le pousse vers son étoile[50]. »

Georges Gorse marche quelques mètres derrière le Général, au cœur du volcan : « Je ne crois pas que Paris ait jamais été ainsi. Ce qui me frappe le plus c'est la continuité du hurlement de la foule à mesure que l'on avance. À la Concorde, la cohue atteint son paroxysme, des avions américains rasent l'Obélisque. Des filles sont juchées sur les tanks comme sur le radeau de "la Méduse"[51]. » Enfin, Élisabeth de Miribel, plus sensible au spectacle qu'offre cette foule immense : « Une multitude prodigieuse de femmes, d'enfants et d'hommes s'est rassemblée entre l'Étoile et la Concorde. Les gens sont partout : grimpés sur les toits, accrochés aux cheminées, montés sur les réverbères et les marronniers. Dans l'avenue, ils sont massés en rangs serrés, ceux qui sont devant s'assoient sur le pavé, pour que les autres puissent voir. Les maisons sont pavoisées du haut en bas. L'après-midi est magnifique. Le ciel est clair, un peu doré[52]. »

Dans le cortège, on ne perd pas pour autant le sens de réalités plus triviales. Malgré la folie du moment, de Gaulle garde l'œil à tout et demeure très attentif à l'ordre et au protocole. Il avise un jeune FFI, la cigarette au coin des lèvres. Il lui fait signe, le jeune homme se rend près de lui, fou de joie. « Que va-t-il lui dire ? Lui tirera-t-il l'oreille, comme le faisait naguère Napoléon ? Lui dira-t-il : “Je suis content de vous ?” Lui dira-t-il simplement merci[53] ? » De Gaulle lâche froidement : « On ne fume pas dans les défilés. »

En regardant les nombreuses photographies et les films disponibles, on peut d'ailleurs se rendre compte que l'ordre de la tête du cortège est assez mouvant. Ainsi, au début du défilé, de Gaulle est encadré par Bidault à sa droite et Le Troquer à sa gauche. De Gaulle s'en aperçoit et fait la moue : en tant que ministre du GPRF, Le Troquer devrait être à sa droite. Bidault fait observer que, même dans ces circonstances exceptionnelles, de Gaulle demeure attaché au protocole. « Alors, avec une dextérité que lui facilitaient ses grands bras, il a, sans que personne y prît garde, opéré la mutation qui rendait à un personnage officiel la place qu'occupait un “irrégulier”. [...] Si j'ai raconté cet incident, ce n'est pas à cause de moi, c'est à cause de De Gaulle. Sa hiérarchie des valeurs s'appelle protocole. Il n'y a pas d'hommes, il n'y a que des fonctions[54]. » L'amertume de Bidault doit être lue à la lumière de son hostilité radicale à de Gaulle quand il rédige ses mémoires, au lendemain de la guerre d'Algérie. On pourrait lui rétorquer que le protocole n'est jamais que la grammaire de l'État et que ce sens de l'État guide toute l'action du Général depuis son retour en France. Bidault aura donc commencé le défilé à la droite du Général et l'aura fini à sa gauche ; son parcours politique d'après 1945 opérera un mouvement exactement inverse.

Unanimité nationale ?

Le défilé du 26 août 1944 est un événement unique comme il s'en produit peu dans l'histoire des nations. S'il est incontestable qu'une forme rare d'union nationale s'est manifestée ce jour-là, il convient pour autant de dépasser la part du mythe politique et des constructions mémorielles pour mesurer la réalité et la profondeur de cette unité.

Dans des pages fameuses des *Mémoires de guerre*, de Gaulle célèbre avec lyrisme l'unité nationale réalisée autour de sa personne après quatre années de drames et de déchirures. Pour autant, il mesure la persistance de divisions toujours latentes. « Je vais donc ému et tranquille, au milieu de l'exultation indicible de la foule, sous la tempête des voix qui font retentir mon nom. [...] Il se passe en ce moment un de ces miracles de la conscience nationale, un de ces gestes de la France, qui parfois, au long des siècles, viennent illuminer notre histoire. [...] Les différences s'estompent dans cet immense élan d'union nationale. [...] Innombrables Français dont je m'approche [...] si vous saviez comme vous êtes pareils ! Vous les enfants si pâles [...], vous les femmes portant tant de chagrins [...], vous les hommes inondés d'une fierté longtemps oubliée ; vous les vieilles gens qui me faites l'honneur de vos larmes, ah ! comme vous vous ressemblez ! Et moi, au centre de ce déchaînement, je me sens remplir une fonction qui dépasse de très haut ma personne, servir d'instrument au destin[55]. »

Aussitôt lui vient à l'esprit que cette unité est fragile et qu'il faudra la poursuivre jusqu'à la fin de la guerre qui est encore loin. « Mais je ne puis, non plus, ignorer l'obstiné dessein des communistes, ni la rancune de tant de notables qui ne me pardonnent pas leur erreur, ni le prurit d'agitation qui, de nouveau, travaille les partis. [...] Tout en marchant à la tête du cortège, je sens qu'en ce moment même des ambitions me font escorte en même temps que des dévouements[56]. » On ne perdra pas de vue que l'homme qui décrit ici ni plus ni moins que son propre sacre populaire, dans un extraordinaire va-et-vient entre présent, passé et futur, le fait au moment où il vit sa « traversée du désert » de la IVe République, espérant encore un retour au pouvoir de plus en plus hypothétique. Suit une longue page où de Gaulle célèbre Paris et les gloires de l'histoire de France : « À chaque pas que je fais sur l'axe le plus illustre du monde, il me semble que les gloires du passé s'associent à celles d'aujourd'hui. [...] Clemenceau, que je salue en passant, a l'air de s'élancer pour venir à nos côtes[57]. »

Le 9 novembre 2000, le président de la République Jacques Chirac inaugura une statue du général de Gaulle au Rond-Point des Champs-Élysées. Le cahier des charges du jury se référait expressément à la descente des Champs-Élysées du 26 mai 1944 : « À partir d'un grand nombre de photographies, les artistes sélectionnés devaient s'efforcer de traduire l'élan qui portait le général de Gaulle descendant les Champs-Élysées en ce jour du 26 août 1944, sa force, sa détermination, sa hauteur de vue, mais aussi le sentiment de plénitude et de joie qui l'habitait et le faisait rayonner parmi ses compagnons et devant la foule en liesse[58]. » L'œuvre de Jean Cardot présente un de Gaulle marchant d'un pas volontaire et semblant aller à la rencontre de la statue de Clemenceau de l'autre côté du Rond-Point. Deux ans auparavant, le même Jacques Chirac, accompagné de la reine Elizabeth II, avait inauguré à quelques dizaines de mètres du Rond-Point, à l'angle sud du Petit Palais, une autre statue de Cardot représentant un Churchill marchant d'un pas tout aussi décidé. L'œuvre est calquée sur une photographie représentant le Premier ministre britannique descendant les Champs-Élysées en compagnie du général de Gaulle, le 11 novembre 1944. Cette scénographie saisissante réalise en quelque sorte la vision des *Mémoires de guerre* et réunit, par le lien de la grande avenue, les vainqueurs des deux guerres mondiales.

La plupart des participants ou des témoins du défilé évoquent l'élan d'union nationale qui se matérialisa ce jour-là. Mais autour de qui ou de quoi cette unanimité se réalise-t-elle ? Pour le général Juin, cela ne fait aucun doute, c'est la personne de De Gaulle qui cristallise alors le sentiment national : « Jusqu'à l'obélisque, ce ne fut qu'une clameur immense *Vive de Gaulle !* à telle enseigne que de Gaulle put croire que l'unité était enfin unanimement réalisée sur son nom – ce qui était peut-être exact à ce moment[59]. » Francis-Louis Closon ne dit pas autre chose : « Au centre de l'éclat, du roulement et des détonations de joie de ce grandiose et unique feu d'artifice que Paris s'offrait à lui-même, il descendait seul, nous lui faisions seulement cortège[60]. » Même Georges Bidault, peu suspect de sympathie gaulliste, en convient, mais pour le regretter, observant que la France passe en quelque sorte d'un homme providentiel à un autre : « Ce n'était pas un enthousiasme organisé, ni encadré. Le passé était enseveli. [...] À la recherche de l'homme tutélaire, d'innombrables Français ne se souvenaient pas d'avoir acclamé le maréchal Pétain. La page était tournée. [...] C'est à peine si on jetait çà et là quelques “Vive La France”. Mais partout fusaient des “Vive de Gaulle[61]”. »

Mais même en ce jour unique, l'inquiétude n'est pas loin. On l'a déjà perçue chez Juin, elle saisit également de Gaulle. Philippe de Gaulle rapporte ces confidences que son père lui a faites lors d'un dîner au ministère de la Guerre, le 30 août : « Sur le moment, je me suis senti assommé. J'étais comme un homme qui avait l'esprit vide. Après tant et tant d'épreuves, cette apothéose, cette unanimité ! Mais cette sensation n'a pas duré. [...] Qu'est-ce qui m'attend ? [...] Je suis le seul vainqueur des Français. Il n'y en a pas d'autre. J'ai eu raison contre tout le monde. Je rentre dans la capitale avec mes fidèles compagnons et les voilà tous qui, après m'avoir vilipendé, pas cru, pas suivi et peut-être même combattu, m'acclament, nous acclament. Et je ne suis pas allé les chercher. Il a suffi que je me présente, et la rumeur publique les a rassemblés de proche en proche jusqu'à une foule immense. Et après ? Comment vont-ils se comporter avec moi[62] ? »

Inévitablement des voix discordantes se font entendre. Quatre années de déchirures ne peuvent s'effacer par la magie du verbe et du geste gaulliens. François Bloch-Lainé, *alias* « Balli* » dans la Résistance, souligne, dans son milieu, celui de la grande bourgeoisie parisienne, certaines réticences à l'égard sinon de la personne de De Gaulle, du moins de la tournure des événements. Ainsi à propos du père Forestier, inspecteur général du scoutisme sous Vichy et pourtant, à cette date, détaché du régime défunt : « Le père Forestier, spectateur morose, comme beaucoup d'autres de ma connaissance me demandait quelques jours après :

– Ça t'a plus ce désordre ?

– Infiniment[63]. »

Dans un autre registre, la journaliste espagnole Evelyn Mesquida, auteur d'un ouvrage pionnier sur la « Nueve », montre que la forte et visible présence des Espagnols de la DB irrita certains. De nombreux militaires français, écrit-elle, apprécièrent peu l'honneur marqué aux Espagnols. Pas plus qu'on ne goûta qu'un Espagnol, le lieutenant Amado Granell, celui-là même qui était arrivé le premier à l'Hôtel de Ville l'avant-veille, ouvrit le

---

* Il s'agit du pseudonyme de Résistance de Bloch-Lainé, du nom d'un de ses oncles, général demeuré pétainiste qu'il n'aimait guère, et qui aurait ainsi été dans l'embarras en cas d'arrestation de son neveu.

défilé au volant d'un véhicule du RMT. Né en 1898, l'« homme qui libéra Paris », comme le surnomme non sans emphase son biographe espagnol[64], a fait l'Académie militaire espagnole. Ancien préfet de police de Madrid, il a combattu dans les rangs républicains, au grade de colonel, commandant la 49e brigade de la 49e division de l'armée républicaine. Il n'a toutefois rien d'un « rouge », gardant toujours l'espoir d'une réconciliation entre les deux camps sous l'égide de la monarchie. Après la Retirada, comme des milliers d'autres républicains, il a connu l'internement dans les sinistres camps nord-africains de Vichy et s'est engagé dans la 2e DB, en Tunisie, en mai 1943, rétrogradant du grade de colonel à celui de lieutenant. Dans ses mémoires, Raymond Dronne note qu'après la guerre Granell rentra en Espagne, se rallia à Franco et travailla un moment à la Radio nationale espagnole avant de s'établir comme commerçant à Barcelone. Il mourut en 1972 dans des conditions que certains jugèrent suspectes. Vétéran de deux guerres, âgé de 46 ans en 1944, le lieutenant Granell est titulaire de la Croix de guerre et de deux citations à l'ordre de la division pour sa participation aux combats d'Écouché et de Moselle ; il est également membre de la Légion d'honneur à titre militaire, sa croix lui ayant été remise par Leclerc en personne[65].

De même, ajoute Mesquida, on ne goûta pas que l'escorte de De Gaulle pendant le défilé fût constituée de quatre *half-tracks* de la « Nueve », servis par des républicains espagnols, sur lesquels on voyait, à côté du drapeau français, « un petit drapeau républicain espagnol, et avec des noms aussi parlants que *Guernica*, *Teruel*, *Résistance* ou *Guadalajara* ». Cette protection se poursuivit jusqu'à Notre-Dame. « Les véhicules avançaient lentement, le *Guadalajara* en tête, à gauche. Les soldats étaient acclamés. Un immense drapeau républicain espagnol de plus de vingt mètres de long fut déployé par un groupe d'Espagnols exaltés [il s'agit ici de civils et non de militaires de la 2e DB][66]. »

Le 18 septembre, les services consulaires franquistes de Paris envoyèrent un rapport à Madrid dans lequel ils livraient une version pour le moins distanciée de l'événement : « Le public a découvert avec surprise les drapeaux républicains espagnols qui ornaient quelques-uns des tanks formant le cortège. Le plus curieux ou avisé a pu aussi satisfaire sa curiosité ou compléter ses connaissances en lisant les noms dont on avait baptisé lesdites carrioles, évoquant des faits et batailles de la guerre civile d'Espagne[67]. »

Les *half-tracks* de la « Nueve » sur les Champs-Élysées : le *Guernica.*

Le cas des Espagnols de la 2e DB constitue une sorte de cas d'école mémoriel. Longtemps occultée, leur présence au sein de la DB (une petite centaine de combattants), et particulièrement lors de la libération de Paris, a fait l'objet, à partir du début du XXIe siècle, de nombreuses études tant françaises qu'espagnoles. Ce renouveau de l'historiographie est directement lié à une réminiscence mémorielle, d'abord espagnole, puis française. Ainsi, depuis les années 2000, la mairie de Paris s'est lancée dans une active politique mémorielle en faveur des Espagnols de la 2e DB. En août 2004, à l'occasion des commémorations du 60e anniversaire de la libération de la ville, une « Voie de la liberté » émaillée de plaques commémoratives fut inaugurée le long de la progression de la colonne Dronne dans Paris. Le 25 août 2004, quai Henri-IV, en dessous d'une ancienne plaque qui mentionnait « 24 août 1944. Colonne Dronne, libération de Paris », est apposée par le maire de Paris, Bertrand Delanoë, accompagné du président du Sénat espagnol et de l'ambassadeur d'Espagne, une autre plaque en hommage « Aux républicains espagnols, composante principale de la colonne Dronne ». D'autres plaques individuelles ou collectives sont venues depuis enrichir le patrimoine parisien. Ainsi, la plaque inaugurée le 14 avril 2016, au 43 rue des Bois, dans le XIXe arrondissement, en hommage à un autre combattant de la « Nueve », Manuel Lozano, un ancien militant de la CNT. Point d'orgue de cette politique, le 3 juin 2015 fut inauguré à Paris, en présence du Premier ministre espagnol Pedro Sánchez, un « Jardin des combattants de la Nueve ». L'endroit choisi est particulièrement prestigieux et symbolique puisqu'il s'agit du jardin de l'Hôtel de Ville de Paris. L'année suivante, un jardin semblable fut inauguré à Madrid. Des villes de banlieue, comme Choisy-le-Roi, et de nombreuses villes espagnoles ont également honoré ces combattants espagnols au service de la France.

Force est de constater que d'autres nationalités ou communautés de la tour de Babel que fut la 2e DB n'ont pas connu une telle réparation mémorielle. C'est le cas, par exemple, des juifs séfarades nord-africains ou des juifs originaires de métropole. On peut estimer leur nombre à environ 400 au sein de la DB, soit un effectif quatre fois supérieur à celui des Espagnols, sans qu'aucune mémoire particulière ne s'attache à l'évocation ou à la célébration de leur combat. Quelques-uns d'entre eux feront des carrières exceptionnelles après la guerre à l'image de Jean Daniel (13e bataillon du génie), futur grand patron de presse, ou de François Jacob (service médical de la DB), prix Nobel de médecine, Compagnon de la Libération et membre de l'Académie française. À la différence de son camarade Daniel, François Jacob, très grièvement blessé en Normandie et cloué sur un lit d'hôpital, n'a pas la joie de vivre la libération de Paris. Le cas des Yougoslaves est tout aussi révélateur : par leur nombre (autour d'une centaine), leur orientation politique majoritairement antifasciste et leur parcours (les GT E d'Afrique du Nord ou la Légion étrangère précédant l'étape du corps franc d'Afrique avant l'enrôlement dans la DB à l'été 1943), ils sont proches des Espagnols. Et pourtant, à la forte mobilisation mémorielle des uns répond l'ignorance quasi totale des autres. Les causes en sont multiples. Du côté espagnol, on peut imaginer que l'intégration dans la construction européenne, la transition démocratique postfranquiste, le réveil de la mémoire de la guerre civile, la présence d'une forte communauté immigrée en France ont facilité l'activation de cette mémoire. Alors qu'au même moment l'effondrement de l'ex-Yougoslavie, les crimes du néonationalisme serbe et l'absence de forte communauté immigrée en France ont joué en sens inverse. Quant aux juifs de la division Leclerc, leur inexistence mémorielle demeure une énigme pour l'historien. Alors que, depuis une trentaine d'années, la mémoire juive de la Seconde Guerre mondiale et les travaux de l'histoire savante s'attachent à souligner l'ampleur et la diversité d'une Résistance juive au nazisme, les très nombreux combattants juifs (français et étrangers) de la France libre demeurent à peu près ignorés tant des historiens que des fabricants de mémoire.

Lieu de convergence de volontaires venus d'horizons les plus divers, la 2e DB comportait dans ses rangs des personnalités promises à un brillant destin : une poignée de futurs ministres (Robert Galley, Claude Cheysson, Yves Guéna), de grands journalistes (Jean Lacouture, Jean Daniel), des célébrités du petit et du grand écran (Jean Gabin, Jean Marais, Jean Legrand, dit « Jean Nohain », et son frère Claude, dit « Claude Dauphin »), des vedettes de la chanson (Jean-Claude Villeminot, plus connu sous son nom de scène de Jean-Claude Pascal) et même un futur prix Nobel. Mais, derrière ces grands noms, qui se souvient de ces milliers de soldats destinés à une reconnaissance souvent limitée à leur cercle familial ?

Les colonisés sur la touche ?

Et les soldats coloniaux ? Depuis une dizaine d'années, souvent venue du monde anglo-saxon, monte l'accusation de l'occultation du rôle des soldats noirs dans la libération de la France en général et de Paris en particulier. Ainsi, en 2009, une émission de la BBC s'offusquait de l'absence de soldats noirs lors de la libération de Paris. Dans ce cadre, une affaire qui aurait pu demeurer mineure, celle du combattant FFI Georges Dickson, prend une ampleur démesurée mais révélatrice.

Il n'y a, en effet, pratiquement pas de soldats noirs au sein des deux divisions (2e DB française et 4e DI américaine) qui libèrent Paris, à l'exception du Sénégalais Claude Mademba Sy*, le seul soldat de couleur de la 2e DB. La raison en est tristement simple : elle ne découle en rien d'une volonté politique française d'occulter ou d'écarter ces soldats, mais de la logique ségrégationniste américaine. Lors de la formation de la 2e DB en Afrique du Nord, à la fin de l'été 1943, l'impératif racial américain

* Claude Mademba Sy, qui finira ambassadeur de la république du Sénégal, est grand officier de la Légion d'honneur et Croix de guerre 1939-1945. Une allée portant son nom a été inaugurée, le 25 août 2020, dans le XIVe arrondissement de Paris.

est catégorique : une division blindée, arme technique par excellence, ne peut comporter de soldats de couleur. La question du « blanchiment » de la 2e DB s'inscrit en réalité dans une question beaucoup plus ample et plus cruciale, celle de la participation française aux opérations amphibies prévues en 1944 et du contrôle politique du CFLN sur les forces rééquipées par les Américains. Le 27 décembre 1943, à Alger, lors d'une réunion en présence du général Bedell Smith, l'adjoint d'Eisenhower, le principe d'une forte participation française au débarquement de Provence est retenu. Les Alliés s'entendent aussi sur l'association d'une division française à l'opération Overlord, en Normandie. Pour des raisons de tonnage, les Alliés penchent pour une division d'infanterie, plus légère et plus facile à transporter ; pour des raisons de prestige et de souveraineté politique (la division qui débarquera en Normandie prendra Paris), de Gaulle, qui a déjà en tête la 2e DB, penche pour une division blindée. De Gaulle lui-même n'est d'ailleurs pas insensible à l'argument du blanchiment, mais pas dans le sens raciste que lui donnent les Américains. Le 30 décembre, le Général a un entretien décisif avec Eisenhower. Le commandant en chef convient du principe de la participation d'une unité française à Overlord et à la libération de Paris : « Soyez certain que je n'entrerai pas dans Paris sans les Français à mes côtés[68]. » Reste à savoir quelle unité. Pour forcer le choix de la 2e DB, de Gaulle avance alors cet argument : « Nos divisions d'infanterie comprennent de nombreux indigènes et les Anglais feraient opposition à leur présence [on notera l'habile politesse de De Gaulle : ce sont bien sûr les Américains qui font obstacle]. Au contraire, nos divisions blindées sont composées essentiellement de Français[69]. » L'argument du Général est politique : ayant compris la réticence raciale américaine, il en use, non sans une part de cynisme, pour forcer le choix de la 2e DB.

Ainsi, en se transformant en régiment de marche du Tchad, par adjonction de bataillons du corps franc d'Afrique, l'ancien régiment de tirailleurs sénégalais du Tchad (RTST) perd-il tous ses tirailleurs noirs. Ces soldats d'élite, recrutés en AEF depuis l'été 1940, sont renvoyés au Fezzan comme forces de souveraineté ou versés à la 1re DFL du général de Larminat. De ces échanges, il ne faudrait surtout pas conclure que la France libre a écarté les soldats de couleur : c'est tout le contraire. Comme l'ont montré les travaux d'Eric Jennings et nos propres recherches[70], on peut estimer qu'un peu plus de la moitié de l'effectif des Forces françaises libres (soit environ 32 000 hommes sur 63 000) est constituée de soldats recrutés dans l'Empire colonial. Sans ces soldats, les FFL n'auraient tout simplement pas existé.

En outre, argument jamais clairement exposé, mais implicite dans les textes et présent dans les esprits, la division Leclerc ayant vocation à entrer dans Paris, il est inconcevable, pour les Américains, qu'elle soit formée, même partiellement, de soldats noirs. Bedell Smith est très clair dans une note du début de 1944 : « Il est hautement désirable que la division [...] soit composée de personnels blancs ce qui désignerait la 2e DB qui, avec seulement un quart du personnel indigène, est la seule division française qui pourrait être rendue blanche à 100 %. Si les exigences de fret maritime rendent impossible le transport d'une division blindée, alors, nous pourrons trouver nécessaire de créer une force mélangée de toutes les armes, composée de troupes blanches, et la désigner comme division[71]. »

Côté français, au contraire, que ce soit au sein du Corps expéditionnaire en Italie ou de l'armée de Lattre qui débarque en Provence en août 1944, les soldats coloniaux fournissent environ 60 % de l'effectif. À une échelle moindre, la 2e DB soi-disant « blanche » n'échappe pas à la règle. Une fois privée de ses tirailleurs noirs, au grand désespoir de Leclerc, la 2e DB ne compte plus que 4 000 hommes à l'été 1943. Pour monter au format de 16 000 hommes d'une DB américaine, Leclerc doit faire flèche de tout bois. Il recrute dans le vivier du corps franc d'Afrique où se sont réunis, début 1943, des milliers de réprouvés de Vichy : communistes, gaullistes, étrangers « indésirables », républicains espagnols, volontaires juifs d'Afrique du Nord, antifascistes de toutes nationalités. Il enrôle également à tour de bras les jeunes pieds-noirs d'Algérie et les jeunes Français évadés par l'Espagne qui débarquent par milliers à Casablanca. Et il doit surtout piocher dans le vivier de la très antigaulliste armée d'Afrique. Non sans mal, il arrache ainsi le 12e Régiment de chasseurs d'Afrique, le 12e Cuirassiers, le Régiment blindé de fusiliers marins ou le 40e régiment d'artillerie nord-africain. De ce fait, un grand nombre de soldats coloniaux se retrouvent à la 2e DB : environ 1 300 musulmans nord-africains (tirailleurs professionnels ou engagés volontaires) ou de nombreux Levantins (Libanais, Arméniens du Levant, Syriens, chrétiens d'Orient), en particulier au 13e bataillon du génie[72]. Cette observation souligne le gouffre qui sépare les points de vue américain et français. Les

Américains, se référant à leur propre histoire et dans une armée où règne encore la ségrégation la plus dure*, raisonnent en stricts termes raciaux : si les Noirs sont proscrits, les Maghrébins ou les Levantins, considérés comme « blancs », sont tolérés. Du côté français prévaut une logique coloniale fondée, depuis le XIXe siècle, sur l'incorporation massive dans l'armée de soldats colonisés, ce qui ne signifie pas pour autant l'absence d'autres formes de discrimination. Les troupes coloniales ont défilé sous l'Arc de Triomphe, le 14 juillet 1919, et ont été follement acclamées par les Parisiens. Il en sera de même pour le défilé de la Victoire du 18 juin 1945 ou, au préalable, dans les très nombreux défilés provinciaux de la Libération de juin 1944 à janvier 1945. S'il fallait envisager une occultation des soldats coloniaux lors de la libération de Paris, elle ne porterait pas sur les soldats noirs, de fait absents, mais sur ces soldats maghrébins et levantins effectivement et injustement oubliés.

C'est donc à l'aune de ce cadre politique et culturel qu'il faut envisager l'« affaire Dukson ». Dans le livre de René Dunan *« Ceux » de Paris, août 1944*, publié dès 1945[73], on trouve une photographie de Serge de Sazo** légendée : « Le général de Gaulle descendant les Champs-Élysées – À droite, le nègre Dukson. » On y voit Georges Dukson (ou Dickson ou encore Dikson selon les sources), un Gabonais membre des FFI parisiens, en tête du cortège qui commence à descendre les Champs-Élysées. Dukson est un tirailleur originaire du Gabon fait prisonnier par les Allemands en 1940. Il parvient à s'évader de son camp de prisonniers***, rejoint les FFI du XVIIe arrondissement et participe aux combats de Paris au cours desquels il est blessé au bras. Sa bravoure l'a fait surnommer le « lion noir du XVIIe ». De Sazo n'est pas le seul à avoir repéré Dukson. Georges Ravon lui consacre tout un paragraphe de son long reportage du *Figaro*. Après avoir salué les soldats du régiment du Tchad, de Gaulle « se fait présenter quelques combattants des Forces de

* Elle ne disparaîtra dans l'armée que par une décision du président Truman lors de la guerre de Corée.

** De son vrai nom Serge Sazonoff, « Sazo » est né en Russie en 1915. Son père, colonel de cosaques, fuit la révolution bolchevique et installe sa famille à Paris en 1922. Sazo travaille d'abord pour le magazine *Vu*, puis pour les agences Universal et Rapho. Un des tout meilleurs photographes de sa génération, il couvre la libération de Paris par une série de clichés spectaculaires. Après la guerre, il se spécialise dans la photographie des nuits parisiennes avant de se découvrir la passion de la photographie sous-marine. Il est décédé en 1972.

*** Les Allemands ayant refusé, pour des raisons raciales, d'interner sur leur sol les soldats coloniaux français faits prisonniers, ces derniers furent gardés en France par des gendarmes français.

l'intérieur qui se sont particulièrement distingués au cours des chaudes journées de cette semaine. Quelques-uns sont invités par lui à l'escorter et, familièrement, parce que le protocole perd aujourd'hui ses droits devant l'enthousiasme, un superbe nègre, le bras couvert de pansements et fixé dans un appareil, emboîte le pas au chef du gouvernement. C'est le sergent Dickson, des FFI du XVIIe arrondissement. Il a détruit un char seul sous le feu des mitrailleuses. [...] C'est un héros. Et personne ne chante *La Marseillaise* avec plus de foi que ce Français d'adoption[74] ».

Il semble donc que Dukson ne se soit nullement incrusté dans les premiers rangs du cortège, mais qu'il y ait été invité par de Gaulle lui-même. Pourtant, sur une autre photographie, prise quelques minutes plus tard et publiée par Pierre Bourget en 1979[75], on voit Dukson être repoussé de la tête du cortège par un sous-officier de la 2e DB. Éric Lafon, l'un des premiers historiens à insister sur cet incident, le commente ainsi : « Une autre photographie [...] montre que l'invitation

Le général de Gaulle, accompagné de Georges Bidault (à gauche) et d'Alexandre Parodi (à droite), amorce la descente des Champs-Élysées. À droite, on aperçoit Georges Dukson.

du sous-officier français adressée à Georges Dukson se transforme en vigoureuse et violente mise à l'écart. Sur cette image on peut voir un soldat pointer sa mitraillette en direction de Dukson. C'est l'unique instant photographique au cours duquel le général est distrait et se tourne vers la scène. Il se passe quelque chose, un flottement. [...] Quant à notre nervi son regard et son geste attestent de la fermeté avec laquelle il éjecte Dukson du "carré de tête". [...] Le "désordre" est banni de cette mise en scène de la légitimité et de l'autorité gaulliennes[76]. » Interprétation peut-être un peu rapide d'une image. Pierre Bourget, prudent, se contente de noter dans sa légende de la photographie : « [Dukson] tenta d'approcher le Général pour lui serrer la main : il fut écarté par le service d'ordre[77]. » Un sous-officier de la 2e DB attrape effectivement Dickson par l'épaule, mais sans violence exagérée, d'un geste plus préventif qu'agressif, très classique de la protection rapprochée d'une personnalité. Quant au soldat du premier plan, en se retournant, il pointe ce qui semble être une mitraillette Thompson vers l'arrière. Mais il ne vise pas, son regard n'est pas tourné vers Dukson, et le canon est orienté vers le haut. Si on poursuit la trajectoire hypothétique du tir, c'est le général Juin bien plus que Dukson qui est visé. Et qui serait assez fou pour tirer à la Thompson (connue pour très mal viser) au cœur d'un dense cortège de hautes personnalités ? La plupart des historiens qui relatent l'épisode (Éric Lafon, Pierre Bourget, Ludivine Bantigny[78]) s'arrêtent aux images. La suite de l'article du *Figaro* est pourtant aussi intéressante : « Devant les personnalités militaires et civiles, un rideau protecteur est tendu par une vingtaine d'hommes qui se tiennent par le bras, FFI, soldats, jeunes gens des grandes écoles, même un pompier, même un facteur. Le sergent Dukson, qui rit à pleines dents dans sa face noire, ne donnerait pas sa place pour un empire. De son bras meurtri il fait de grands gestes pour écarter les enthousiastes trop encombrants[79]. » Acceptons d'aller au-delà des stéréotypes coloniaux qui peuplent la prose de Ravon. Son article montre que, si Dukson a bien été écarté du premier rang du cortège, il se retrouve, apparemment guère traumatisé, dans le cordon qui marche en avant de De Gaulle, faisant lui-même désormais le service d'ordre en repoussant les importuns trop exubérants.

De tout cela que conclure ? D'abord que l'« affaire Dukson » nous parle plus des questionnements identitaires contemporains que de la place des Noirs dans les armées de la Libération. Soldat parmi des centaines de milliers d'autres de l'armée de 1940, puis des FFI, il a atteint une notoriété démesurée (une page Wikipédia lui est dédiée) par le simple effet du commentaire d'une photographie. Il est tout à fait possible que le sergent Dukson ait été écarté parce qu'il était noir et avec une énergie dont on n'aurait pas usé envers un intrus européen. Mais il est possible aussi qu'il l'ait été par un sous-officier qui n'avait pas entendu de Gaulle l'inviter à le suivre et qui fait du zèle en chassant les importuns. Sans oublier que tout le monde se promène la mitraillette à la main dans le Paris d'août 1944 et que tout le monde, on ne va pas tarder à le voir, a la gâchette très facile dans un climat où domine une véritable paranoïa contre les éléments dangereux. La veille, Le Troquer et Juin ont abattu à coups de pistolet un homme qui avait tiré dans la direction de De Gaulle. Enfin, souvenons-nous que deux sections de tirailleurs rendent les honneurs à de Gaulle, au même titre que des gendarmes, à Laval le 22 août et qu'à Rambouillet, le 23, il est accueilli par deux tirailleurs sénégalais qui gardent le château.

En définitive, pour clore cette triste liste des oubliés, retenons que les vraies invisibles du défilé sont les femmes. Certes, plusieurs centaines de milliers d'entre elles acclament de Gaulle et ses compagnons de l'Arc de Triomphe à Notre-Dame. Mais combien de femmes dans le cortège des officiels ? Élisabeth de Miribel et Lucie Aubrac, peut-être quelques « Rochambelles », « Marinettes » ou « Quakers* ». La 2e DB incorpora environ 80 femmes dans ses rangs, pour la plupart infirmières ou ambulancières. Elles constituent un élément original et fort de l'identité de la division. Aux officiers américains qui refusaient leur embarquement pour la France, Leclerc répliqua : « Ce ne sont pas des femmes, ce sont des ambulancières. » Elles sont invisibles sur les films et les photographies du défilé. La Résistance ne fut pourtant pas, tant s'en faut, une simple affaire d'hommes.

---

* Le 13e bataillon médical de la DB, que commande le médecin lieutenant-colonel Pierre Richet, comprend trois « compagnies médicales et groupes d'ambulancières », qui incorporent chacune une équipe formée de volontaires féminines. Ces femmes sont venues des États-Unis, de Grande-Bretagne, de tout l'Empire colonial ou se sont évadées de France par l'Espagne. Les « Rochambelles » (1re compagnie) portent ce nom en raison des premières d'entre elles qui étaient américaines. Les « Marinettes » (2e compagnie) sont ainsi désignées car leur unité fut créée par la marine en Algérie. Les quakers britanniques étaient rattachées à la 3e compagnie. Ces femmes représentent 15 % de l'effectif du bataillon médical (environ 750 personnels).

Des femmes partout, sauf dans le défilé. Champs-Élysées, 26 août 1944.

La sécurité encore et toujours

Dans les *Mémoires de guerre*, de Gaulle justifie longuement le risque calculé qu'il a pris en décidant ce défilé. Les Allemands pourraient-ils exercer une menace ? « Mais moi, ce soir, je crois à la Fortune de la France. » Le service d'ordre est-il inquiet ? « Je pense au contraire que [la foule] se disciplinera[80]. » Sa sérénité est confirmée par Joseph Laniel qui le suit de près lors du défilé : « Pas un instant [de Gaulle] ne se départit d'un calme impressionnant, absolu. Pas une parole ne sortait de sa bouche. À la hauteur du Rond-Point, seulement, je l'entendis murmurer, avec une tranquille assurance : "Nous avons bien fait !" Sans doute faisait-il allusion à la décision prise le matin de laisser se dérouler cette manifestation grandiose malgré les risques qu'elle comportait, les Allemands occupant encore la Halle aux vins[81]. » Son fils Philippe de Gaulle abonde dans le même sens. À une question de Michel Tauriac : « Et la descente des Champs-Élysées ? Dangereuse ? », il répond sereinement : « L'avez-vous vu une seule fois l'air inquiet sur les photographies à l'Étoile ? À Notre-Dame ? En revanche, quelle peur rétrospective de ma mère à son retour d'Alger, le mois d'après[82] ! »

Et pourtant, les choses sont loin d'être aussi faciles. Bien consciente de l'énormité du problème, la Préfecture de Police a prévu les choses en grand. Rappelons que des tirs ont été échangés sur les Champs-Élysées dans la nuit qui précède le défilé. Dès le matin du 26, des cars et des camions de police remontent l'avenue et prennent position sur le parcours jusqu'à l'Arc de Triomphe. Les consignes du directeur général de la police sont particulièrement strictes : « Les gardiens de la paix placés sur le parcours devront être disposés de telle façon qu'un sur trois devra faire face au public[83]. » Mais Christian Chevandier précise que la consigne n'est pas respectée ; les photographies montrent que tous les policiers regardent le défilé quand ils ne l'applaudissent pas avec enthousiasme.

Du côté de la 2e DB, ce n'est guère mieux. Pourtant, Leclerc et son état-major ont fait le maximum. Une partie de la division se regroupe de l'Étoile à la Concorde. Boissieu : « Dans l'esprit de Leclerc, il s'agit s'assurer la sécurité du défilé, en particulier contre une attaque aérienne en vol rasant. Tous les équipages des véhicules munis de mitrailleuses de 12,7 avaient reçu des consignes fort précises en la matière avec des secteurs de tir[84]. » L'escadron de protection demeure en réserve à La Tour-Maubourg, « prêt à bondir », car Leclerc veut « récompenser les spahis et les équipages des GT ». Pour ce faire, Boissieu se place entre le Petit et le Grand Palais. La protection fut donc assurée par « les half-tracks de la compagnie Dronne et les jeeps du 1er RMSM. [...] Ils avaient été les premiers dans Paris, ils étaient à l'honneur, c'était toute justice[85] ». Pour autant, les meilleures consignes demeurent sans effet face à une marée humaine, comme le confirme Billotte : « Mes chars forment en principe une double haie d'honneur du rond-point des Champs-Élysées à la rue de Rivoli. Mais la foule, pour mieux voir de Gaulle les a pris pour observatoires et les a recouverts de sa masse[86]. » Un peu plus tard, de Gaulle lui demande des nouvelles de ces chars ; Billotte lui explique la situation ; le Général ne cache pas son mécontentement. Billotte demande alors l'autorisation de récupérer les blindés pour se porter au secours de Roumiantzoff qui, au même moment, bat en retraite du côté de Saint-Denis et de La Chapelle face à des forces allemandes supérieures. « De Gaulle se fait alors aimable et me glisse : "Arrangez cela[87]." » Même les abords des Champs-Élysées ne sont pas sécurisés. Des coups de feu sont échangés durant l'après-midi avenue de Friedland, rue du Faubourg-Saint-Honoré, place de la Concorde ou rue de Rivoli. « À 16 h 45, c'est un commissaire de police et des agents responsables du service d'ordre qui sont attaqués à hauteur du 36 avenue de Friedland[88]. » Ces affaires sont sérieuses et ne relèvent pas seulement de la paranoïa des tireurs des toits : lors des opérations de nettoyage du quartier après le passage du cortège, précise Chevandier, le « jeune gardien [de police] résistant André Yobé est tué tandis que son collègue Louis Fleury décédera de ses blessures. Place de la Concorde deux autres gardiens sont blessés par balles aux jambes[89] ». De très nombreuses photographies de l'après-midi du 26 montrent, place de la Concorde, rue de Rivoli, place de l'Hôtel-de-Ville et jusqu'au parvis de Notre-Dame, des centaines de Parisiens s'allonger brusquement à terre pour se protéger de tirs suspects. De fait, le défilé et ses prolongements jusqu'à Notre-Dame sont accompagnés d'une pétarade quasi continue.

Apprenant ces échanges de feu incessants, le général Gerow, dont la rage ne cesse de monter, ne lâche pas Leclerc et lui ordonne sèchement de faire cesser les tirs. Cette fois, Leclerc prend l'affaire au sérieux et ordonne dix minutes plus tard (à 17 h 20) que l'on contrôle toutes les armes de ses propres soldats pour empêcher les tirs intempestifs[90]. Dans la soirée, le préfet Luizet publie un communiqué qui tente de minimiser les incidents tout en avançant un début de justification assez maladroit qui sonne comme un aveu d'impuissance : « Même en temps normal, aucune police au monde n'aurait pu, dans de telles circonstances, assurer la protection d'un homme d'État. Mais aujourd'hui, dans Paris délivré, la police c'était le peuple de Paris », ce qui, si on place l'affaire dans la perspective plus longue des insurrections parisiennes depuis le XIXe siècle, ne manque pas de piquant. Avant de conclure : « Encore une fois, par la bouche de son chef, la police parisienne dit merci au peuple de la capitale délivrée[91]. » De fait, le préfet de police n'a pas entièrement tort : le peuple de Paris, par sa masse, son calme et sa relative discipline, fut son plus sûr protecteur.

Pour une fois, Blumenson n'est pas le meilleur des guides. On peut ne pas le suivre lorsqu'il affirme que, « effrayés de ce qui aurait pu se produire, de Gaulle et Koenig ont, plus tard, exprimé leurs regrets pour avoir insisté pour que le défilé ait lieu et ils donnèrent leur accord pour, dans le futur, coopérer avec le commandement américain[92] ». Cette affirmation n'est étayée par aucune source française et paraît en totale contradiction avec le tempérament de De Gaulle.

Pour André Martel, le défilé du 26 août 1944 est un événement qui « renoue avec le plus profond de la monarchie franque ». Faute de pouvoir organiser des élections, de Gaulle doit être « reconnu » par la nation. Mieux, comme le roi de France au sortir de la cathédrale de Reims, il doit être « acclamé » par le peuple pour être légitimé. « Il le faut pour justifier le passé, face aux nostalgiques de la légalité de l'État français, imposer le présent à ceux qui veulent opposer à l'autorité du Gouvernement provisoire de la République française celle de la rue confondue avec celle du peuple, et préparer l'avenir avec les Alliés retranchés derrière l'argument de la consultation électorale[93]. » Ce beau balancement ternaire comporte une part de vérité et demeure pourtant discutable. Nous essaierons de montrer plus loin que de Gaulle, loin de se borner à rejouer des rituels passés, monarchiques ou républicains, invente en fait son propre modèle de légitimation.

De la Concorde à Notre-Dame

« En arrivant à la Concorde, le cortège s'arrête devant la musique de la Garde qui joue *La Marseillaise* et *La Marche lorraine*. Des fleurs tombent aux pieds du général de Gaulle [...]. Après un déchaînement suprême d'ovations, le président du Gouvernement provisoire de la République Française monte enfin en voiture[94]. » Les hymnes des Alliés, pourtant prévus au programme, ont disparu. Dans le chaos qui règne sur la place, mieux vaut embarquer au plus vite vers Notre-Dame. La voiture découverte du Général, dans laquelle ont pris place Le Troquer et Parodi en leur qualité de ministres du gouvernement, est « escortée par des motards de la compagnie de circulation en tenue, brassard FFI, crispins et gants blancs[95] ». Rue de Rivoli, gardiens de la paix, pompiers et membres de la défense passive tentent de contenir la foule et de laisser un passage aux voitures du cortège. Comme la veille pour se rendre à l'Hôtel de Ville, chacun joue un peu des coudes, dans un franc désordre, pour trouver une place dans le cortège qui suit la voiture de De Gaulle. Juin et Rol-Tanguy ne se quittent plus ; la veille, ils avaient déjà fait voiture commune, à ceci près que, cette fois, le chef régional FFI est accompagné de Valrimont. Rol-Tanguy n'a donc pas participé au défilé de façon si modeste. Être deux fois invité à monter dans la voiture du chef d'état-major général de la Défense nationale est une marque évidente de reconnaissance. Georges Bidault quitte le cortège un peu plus tôt que les autres pour être en mesure d'accueillir de Gaulle à l'Hôtel de Ville où le Général a décidé de faire une nouvelle halte avant de gagner Notre-Dame. Rue de Rivoli, à plusieurs reprises, le cortège présidentiel essuie des coups de feu.

> « À 16 heures, le cortège, entouré de voitures légères et suivi de tanks, débouche par la rue de Rivoli sur la place de l'Hôtel-de-Ville, au milieu d'une foule en délire. [...] Une immense ovation salue le général qui, debout dans sa voiture, contemple ce décor de visages, de cris, de mains qui s'agitent, avec une émotion qu'il ne peut dissimuler.

Après la descente des Champs-Élysées, le cortège automobile de De Gaulle repart depuis la place de la Concorde vers Notre-Dame. On remarque l'importance de la sécurité assurée à la fois par des éléments de la 2e DB, des FFI, la police parisienne et même les pompiers de Paris (site ARPH).

Dans un alignement impeccable, les automitrailleuses des spahis de la division Leclerc sont rangées côte à côte, formant une imposante garde irrésistible. Accueilli par les préfets de la Seine et de police, le général prend place sur le perron de l'Hôtel de Ville où la musique de la Garde entonne *La Marseillaise* puis *Gloire immortelle de nos aïeux*. Quand les dernières notes se sont mêlées aux dernières clameurs, le chef du gouvernement s'écrie : "Vive la France !" et c'est à nouveau une tempête de cris qui ébranle la place[96]. »

Le Troquer : « Sur le perron de l'Hôtel de Ville, il y a un micro : de Gaulle s'en approche et crie "Vive la France !". Ensuite, nous traversons à pied, de Gaulle et moi, le pont d'Arcole, vers Notre-Dame de Paris[97]. »

Pas de discours donc ce 26 août ; sans doute de Gaulle estime-t-il que tout a été dit la veille. En outre, il est possible que Le Troquer confonde ce déplacement avec le même effectué la veille car Georges Ravon du *Figaro* précise que de Gaulle l'effectua en voiture : « Le général remonte en voiture, en compagnie de M. Cérat [Parodi], commissaire d'État, délégué général, traverse la Seine pour se rendre à Notre-Dame. À ce moment, un coup de feu éclate, tiré d'une maison qui fait l'angle du quai de Gesvres et de la place de l'Hôtel-de-Ville. Une fusillade assez vive s'ensuit. Mais bientôt défilent tour à tour les jeunes des Équipes nationales, les FFI, la Croix-Rouge, et tous les représentants de ces mouvements de résistance dont tant de membres ont déjà payé de leur vie leur dévouement à la Patrie. Précédées de drapeaux, ces délégations marchent, entonnant des chants qui couvrent le bruit des coups de feu[98]. »

L'article du *Figaro* est ici précieux car il montre qu'à l'Hôtel de Ville, fief provisoire du CNR, le défilé commencé place de l'Étoile n'est plus seulement celui du président du GPRF, mais que les organisations de Résistance s'y mêlent ès qualités et font escorte à de Gaulle jusqu'à Notre-Dame. Dans le document préparé par Chevigné sur l'organisation de la journée, l'arrêt à l'Hôtel de Ville est bien prévu, mais pas la présence de ces délégations que d'ailleurs de Gaulle ne mentionne pas dans ses mémoires. Il faut donc supposer que cet ajout au protocole a été introduit par les responsables du CNR ou du CPL. Quoi qu'il en soit, et malgré ce nouvel arrêt de De Gaulle à l'Hôtel de Ville, Bidault note : « Le problème à mes yeux n'est pas résolu[99]. »

Pendant ce temps, sur le parvis de Notre-Dame, une foule immense attend de Gaulle depuis des heures. La multitude qui entoure le Général ce 26 août est sans précédent. Il faut considérer que les Champs-Élysées, une bonne partie de l'immense place de la Concorde, la longue rue de Rivoli, la grande place de l'Hôtel-de-Ville et le parvis de Notre-Dame, sur plus de cinq kilomètres, sont noirs de monde. Il est bien sûr impossible d'avancer des chiffres précis, mais le million de personnes assemblées paraît être un minimum. Georges Ravon a suivi de Gaulle de l'Arc de Triomphe à l'Hôtel de Ville. À Notre-Dame, il passe le relais à son non moins talentueux collègue Jean-Jacques Gautier, une des grandes « plumes » du *Figaro** :

> « Sur la place du Parvis, une mer de peuple avec de petites montagnes humaines qui sont des chars couverts de foule. [...] Un confrère américain parle déjà dans son micro, décrit ce qu'il entend, ce qu'il voit : la rumeur énorme, les cordons de police impuissants à maintenir les poussées violentes et les remous de la masse. Les toits de l'Hôtel-Dieu sont blancs d'infirmières. Au bord du trottoir, des malades étendus sur des brancards. Au premier rang des FFI, de grands mutilés porteurs de mitraillettes [il s'agit probablement d'anciens combattants de 14/18]. Deux avions d'observation américains font des ronds et des montagnes russes pour amuser les spectateurs qui applaudissent [...] comme ils acclament tout ce qui passe de notre armée, les officiers et les soldats du 40e régiment d'Artillerie d'Afrique. Ce sont ceux qui portent une chéchia et une ceinture rouge et qui, dans leurs canons automoteurs, encadrent la place [enfin mention est faite des soldats nord-africains de la DB].
> À 4 heures, une alerte. On aperçoit un homme en combinaison bleue à moitié caché dans la galerie des Rois de Juda. Tous les index dressés le désignent. Aussitôt, les fusils des FFI se relèvent. L'homme, d'un air tranquille, fait un signe d'amitié, sourit et disparaît [...].
> L'enthousiasme atteint son comble, touche à une sorte de merveilleuse folie. C'est Lui, le voilà ! [...] Une onde frénétique passe sur la place. Le général descend de sa voiture. Tandis que les clairons sonnent, il vient saluer la foule, devant laquelle il se tient longuement, la main au képi [...].
> C'est le grand moment, l'instant pathétique. Ce qu'on croyait le sommet

* Jean-Jacques Gautier est un journaliste à l'ancienne. Homme de presse (*Le Figaro*, mais aussi *L'Écho de Paris*), et en même temps écrivain (une vingtaine de romans, prix Goncourt 1946 pour *Histoire d'un fait divers*), il est aussi dramaturge, critique littéraire et théâtral, essayiste. Il est élu à l'Académie française en 1972.

n'était pas atteint. Les gens clament, acclament, agitent leurs mains, leur gant, leur mouchoir, des bouquets, des chapeaux, des drapeaux.
Soudain un coup de feu claque. C'est à peine si on l'a entendu dans ce tumulte. Il est venu de là-haut, de cet endroit de la galerie des Rois de Juda où, tout à l'heure, l'homme était apparu. Puis d'autres détonations retentissent. Cette fois, il n'est plus possible de ne pas en tenir compte. Le général de Gaulle n'a pas paru entendre. Il fait demi-tour et, lentement, paisiblement, s'avance vers le porche où des autorités ecclésiastiques sont venues l'accueillir. À ce moment, les hommes de l'artillerie de la 2e DB, qui rendaient les honneurs, ouvrent le feu. Le général de Gaulle pénètre dans Notre-Dame sous une grêle de morceaux de tout ce qui tombe du portail[100]. »

L'« affaire Suhard », acte 3

Il est particulièrement délicat de tirer au clair les responsabilités dans l'évincement du cardinal Suhard de la cérémonie de Notre-Dame. Les archives étant muettes, nous ne disposons que des témoignages du RP Bruckberger, aumônier des FFI de Paris, de Francis-Louis Closon, membre de la Délégation générale, et de Mgr Brot, archiprêtre de Notre-Dame.

Le 26 août au matin, Mgr Brot se rend à la résidence de l'archevêque, située dans l'hôtel Viart-Rambuteau, rue Barbet-de-Jouy (VIIe), pour préparer avec le cardinal Suhard la cérémonie de l'après-midi*. Brot découvre un message du préfet de la Seine Flouret, passablement confus, dans lequel il s'excuse auprès du cardinal de l'impréparation du *Te Deum* : « Les circonstances sont telles, écrit le préfet, que les services ne sont pas encore organisés. » Flouret veut certainement s'excuser de la précipitation avec laquelle tout cela est organisé. Brot est reçu par Suhard qui n'est que compréhension et bienveillance : « Ne nous montrons pas exigeants. [...] Il ne faut pas être susceptible. [...] Puisque le *Te Deum* doit être célébré aujourd'hui, préparons ensemble cette cérémonie. » Les

* Mgr Brot, « Notre-Dame de Paris pendant l'Occupation et à la Libération », *in* Pierre Bourget, *Paris 44. Occupation, libération, épuration*, Plon, 1984, p. 383. Brot situe cette visite en début d'après-midi alors que les témoignages concordants de Bruckberger et de Closon la situent dans la matinée, assertion plus vraisemblable et que nous suivons.

deux prélats élaborent alors le programme : le chant d'un *Te Deum* ; une courte allocution du cardinal ; une antienne à Notre-Dame ; le *Domine salvam fac Republicam**. » Le programme établi, rendez-vous est pris pour 16 h 15. Brot prend congé et, en quittant l'archevêché, il croise deux personnages qui demandent d'urgence audience au cardinal : Francis-Louis Closon et André Ségalat.

Closon est arrivé à Paris le 17 août, en compagnie de Luizet. Il s'agrège à l'équipe de Parodi au sein de la Délégation générale, chargé de la remise en route des ministères. L'engagement chrétien de Closon conduit Parodi à s'appuyer sur lui pour mener les délicates discussions avec la hiérarchie catholique de Paris. Parodi conserve ainsi deux fers au feu puisqu'il a aussi chargé Bruckberger d'une mission semblable. Cette superposition, loin de calmer la crise, en sera un moteur. Le 25 août au soir, sans doute de retour de l'Hôtel de Ville, Parodi demande à Closon, accompagné d'André Ségalat, l'un de ses plus proches collaborateurs**, d'aller annoncer la nouvelle de son évincement au cardinal. Conseiller d'État, Ségalat sera le directeur de cabinet de Parodi devenu ministre du Travail et de la Sécurité sociale en septembre 1944. « L'un et l'autre catholiques, nous acceptons cette démarche, conscients de sa gravité et de sa difficulté. [...] Le lendemain matin, rue Barbet-de-Jouy, nous parlions davantage au nom de la Résistance intérieure qu'au nom du général de Gaulle. » La formule de Closon est habile et tend à disculper de Gaulle de toute responsabilité. L'entretien dure une vingtaine de minutes, et Closon n'use que d'un seul argument : « Le général de Gaulle se rendra cet après-midi à Notre-Dame, le gouvernement provisoire me charge de vous faire connaître qu'étant dans l'impossibilité d'assurer votre sécurité, il vous prie de ne pas assister au *Te Deum*[101]. » L'argument relève du pieux mensonge. Suhard est « malheureux et désemparé », et demande un jugement sur son attitude durant l'Occupation. Closon s'en tient au seul argument sécuritaire avant de prendre congé[102]. Selon le témoignage de Mgr Brot, qui n'a pas assisté à l'entretien, mais qui en connaîtra les détails par le cardinal, le dialogue entre Closon et Suhard aurait été nettement plus tendu :

* *Ibid.* L'expression consacrée est *Domine, salvam fac rem publicam* (« Seigneur, sauve la République »). Il s'agit d'une prière officielle pour la République, instaurée par le Concordat de 1801, et qui succède au traditionnel *Domine, salvam fac regem* (« Seigneur, sauve le roi »).

** Et non d'Yves Bayet, comme l'écrit Dansette par erreur dans son *Histoire de la libération de Paris*, note Closon.

« Éminence, un *Te Deum* sera chanté à Notre-Dame, ce soir, à 16 h 30 ; nous venons vous prier de n'y point paraître.

– Et pourquoi ?

– Parce que le peuple de Paris est très surexcité contre vous et que nous ne pouvons pas assurer la sécurité de Votre Personne.

– Messieurs, je suis le seul juge de ma sécurité ; je ne vous demande pas de me protéger. J'irai à Notre-Dame parce que j'ai le droit et le devoir d'y être.

– Éminence, vous n'irez pas et nous avons le regret de vous informer que nous placerons à la porte de votre hôtel des inspecteurs de police qui auront mission de vous empêcher de sortir[103]. »

Ce même matin du 26, Yvon Morandat vient trouver le RP Bruckberger à son domicile pour l'informer que le gouvernement a décidé que le Général irait à Notre-Dame et qu'il y « serait reçu seulement par le curé de la basilique, sans la participation de l'archevêché[104] ». Morandat et Bruckberger sont catastrophés ; ils en étaient restés à la solution de compromis de Notre-Dame-des-Victoires. Ils filent à Matignon où ils sont reçus par « Vincent, de son vrai nom Clauzon [comprenons Closon] » qui leur rend compte de la pénible mission dont il vient de s'acquitter. Bruckberger et Morandat vont alors trouver Parodi qui leur explique qu'il « a mis au courant le général de la situation qu'il a pleinement approuvée[105] ». Les dés sont jetés. En réalité, les choses sont allées encore plus loin puisque le préfet de police Luizet a fait placer, dès le matin, des agents et des inspecteurs de police devant la porte de l'archevêché, officiellement pour assurer la sécurité du cardinal, en réalité pour l'empêcher de se rendre à Notre-Dame. Cette présence policière est très peu appréciée par les nombreux ecclésiastiques qui, alertés, commencent à affluer à la résidence du prélat et qui menacent les policiers de leur « casser la gueule[106] ».

Soucieux d'apaiser les choses, Parodi retient Bruckberger à déjeuner à Matignon. Il l'informe qu'il a reçu une lettre de protestation de l'archevêché et qu'il a décidé de ne pas y répondre. Bruckberger est torturé, coincé entre deux fidélités, à l'Église et à l'État. Dans ses mémoires, il affirme avoir alors tenté une ultime démarche. Il suggère à Parodi de présenter « cette cérémonie [...] comme une visite purement privée du général à Notre-Dame[107] », façon d'en atténuer l'éclat et donc l'offense faite au cardinal, ce que Parodi aurait accepté de faire en téléphonant à

Mgr Brot. Peut-être de bonne foi, Bruckberger confond les dates : cet appel a bien eu lieu, mais la veille, et il a conduit Mgr Brot à attendre de Gaulle tout l'après-midi du 25 sur le perron de Notre-Dame. Revenu au 26 août dans ses mémoires, Bruckberger reconnaît qu'il commet alors l'« imprudence » de téléphoner à Brot « sur un ton peut-être plus militaire qu'ecclésiastique », mais en se gardant bien de révéler le détail de cette conversation. Le contenu en est livré par Mgr Brot dans son propre témoignage : « Voici très exactement notre conversation que je garantis textuelle :

– Monseigneur l'Archiprêtre, je suis chargé par le gouvernement d'organiser le *Te Deum* à Notre-Dame.

– Mon père, vous vous y prenez bien tard ! (Il était 15 h 30.)

– Sans doute, mais il faut tenir compte des circonstances.

– Je vous écoute.

– Vous recevrez vous-même le Général à la porte de l'église.

– Mon Père, c'est l'archevêque de Paris qui doit recevoir à Notre-Dame le chef de la France.

– Non, ce sera vous !

– Non, mon Père !

– Monsieur l'archiprêtre, dans deux jours, le cardinal ne sera plus archevêque de Paris, le Nonce va arriver et il exigera sa démission : le cardinal a reçu les Allemands.

– C'est faux, mon père, et si vous continuez sur ce ton, je raccroche le téléphone : vous oubliez que je suis vicaire général du cardinal et je ne vous permets pas de parler ainsi.

– Croyez-moi, Monsieur l'Archiprêtre, recevez vous-même le Général : moi, je prendrai la parole.

– Je m'en doutais ! Mais ce ne sera pas, cela suffit[108]. »

Raccrochant le téléphone, Bruckberger fonce à Notre-Dame dans une voiture de la présidence du Conseil et y parvient peu avant 16 heures. Il se rend dans la sacristie où il trouve Mgr Brot, mais aussi Mgr Beaussart, entourés de diverses personnalités du clergé parisien. La scène est orageuse. Beaussart demande à Bruckberger la raison de l'interdiction faite au cardinal :

« Monseigneur, le gouvernement ne veut pas que le Général soit reçu par le cardinal qui a reçu à Notre-Dame le commandant du Grand Paris.

– Que veut donc le gouvernement ?

– Le gouvernement désirerait que vous démissionniez.

– C'est un abus de pouvoir. Le gouvernement n'a pas le droit d'exiger cela du cardinal.

– Le gouvernement sait très bien qu'il n'a pas ce droit. Aussi bien, dès que le nonce arrivera à Paris, il mettra le Vatican au courant de la situation.

– Le gouvernement endosse une lourde responsabilité en prenant cette attitude antireligieuse. »

Bruckberger assure alors, en tant que prêtre, que pas un seul membre du gouvernement, « catholique ou non, n'est animé de sentiments antireligieux[109] ».

Mgr Brot, qui assiste à la scène, présente le dialogue sous un jour très différent. Beaussart rappelle sèchement à Bruckberger qu'il vient d'éditer un film, *Les Anges du péché* de Robert Bresson, avec un visa allemand. « Je ne pouvais faire autrement ! » réplique maladroitement Bruckberger, ce qui suscite la réplique cinglante de Beaussart : « C'est évident : lorsqu'il a eu des rapports avec les autorités occupantes, le cardinal, lui non plus, ne pouvait faire autrement et c'était pour des affaires plus sérieuses ! » Bruckberger aurait alors éclaté : « J'en ai assez ! Mon rôle politique est terminé, je vais partir comme aumônier dans la division Leclerc. » À ces mots, le père Huchet, aumônier de la DB, lui aurait lâché : « Pour être aumônier, il faut passer par moi... et je t'engage fort à ne pas essayer[110]. » La tension est extrême entre les deux prêtres résistants, et c'est tout juste si l'on n'en vient pas aux mains.

Huchet, un prêtre au caractère bien trempé, propose de forcer le passage et d'entrer dans la cathédrale pendant que Bruckberger crie qu'il va conduire l'office. La plupart des vicaires de Notre-Dame et un grand nombre des curés de Paris, accourus à la sacristie, s'enflamment également. Consterné, Mgr Beaussart dégage alors la voie d'un compromis : le *Te Deum* sera chanté sans sa présence, sous la conduite de Mgr Brot. Mais, pour montrer la désapprobation des autorités ecclésiastiques, ni les vicaires généraux ni les chanoines de la cathédrale ne se montreront. Quant aux prêtres de Paris, ils feront ce que leur conscience leur dictera de faire. La plupart d'entre eux boycotteront la cérémonie, par solidarité avec le cardinal. Enfermé dans ses appartements, le cardinal Suhard note dans son carnet : « Cette journée fut l'une des plus pénibles de ma vie. *Fiat voluntas Tua*[111]. »

Sur ce, de Gaulle se présente devant les portes de la cathédrale à 16 h 05, avec presque une demi-heure d'avance. Mgr Brot se précipite pour accueillir le président du GPRF qui est déjà dans la cathédrale quand les deux hommes entament un dialogue d'ailleurs vite interrompu par la fusillade. L'archiprêtre parvient néanmoins à présenter au Général les protestations du cardinal. De Gaulle réplique que la fusillade démontre l'utilité des mesures de sécurité qui ont été prises, ce à quoi Brot réplique non sans ironie : « Mais, mon général, il me semble que la fusillade n'est pas dirigée contre le cardinal », réplique qui, toujours selon Brot, aurait arraché un sourire au Général[112]. De Gaulle aurait conclu ce bref entretien en concédant des regrets : « Oui, Monsieur l'Archiprêtre, dites à Son Éminence que je regrette ce qui s'est passé. » Dans les *Mémoires de guerre*, la même scène est présentée de façon beaucoup moins rugueuse : « L'archiprêtre, Mgr Brot, vient me transmettre le salut, les regrets et la protestation du cardinal. Je le charge d'exprimer à Son Éminence mon respect en matière religieuse, mon désir de réconciliation au point de vue national et mon intention de le recevoir avant peu[113]. » Quoi qu'on pense de sa sincérité, la formule du Général est particulièrement habile, ses « regrets » pouvant tout aussi bien porter sur l'ostracisme du cardinal que sur la fusillade[114].

Quels enseignements tirer de cette somme d'événements ? Qui décida de l'évincement du cardinal Suhard ? La décision d'entendre un *Te Deum* à Notre-Dame a été prise la veille au soir, à l'hôtel de Brienne, quand de Gaulle reçoit Parodi et Luizet accompagnés de Morandat. L'hypothèse de Notre-Dame-des-Victoires, qui, dans l'esprit de Parodi, tenait encore la corde dans l'après-midi du 25, s'évanouit. Selon le RP Bruckberger, c'est l'arrivée à Paris, dans la suite du Général, de Maurice Schumann et de Jean Marin qui aurait fait basculer les choses : « Ils insisteront tellement que Cérat [Parodi] reviendra sur sa décision et préférera Notre-Dame[115]. » Il est fort possible que Schumann et Marin aient poussé en ce sens, mais, à vrai dire, il n'était point besoin de plaider : pour de Gaulle, il n'a jamais été question de se rendre ailleurs qu'à Notre-Dame. Il est d'ailleurs probable que, le 25 au soir, le Général a imposé la cathédrale comme une évidence et qu'il n'a jamais entendu parler de l'hypothèse de Notre-Dame-des-Victoires que Parodi, se rendant compte après coup de son incongruité, n'a même pas osé évoquer.

Reste le « cas » Suhard. Nous savons par Closon que la décision d'éloigner le cardinal a également été prise le 25 au soir. Mais était-ce à ce moment, à l'hôtel de Brienne et en présence de De Gaulle, ou plus tard, après la visite à l'Hôtel de Ville, par Parodi et sa garde rapprochée de Matignon ? En l'état actuel des sources et des connaissances, il est impossible de trancher cette question. Dans les *Mémoires de guerre*, de Gaulle penche très nettement pour la seconde hypothèse, mais nous avons appris à lire avec prudence ce grand et beau texte. De Gaulle y livre une relation très euphémique de l'affaire. Chaque mot y est pesé : « Le cardinal-archevêque ne m'accueillera pas au seuil de sa basilique. Non point qu'il ne l'eût désiré. Mais l'autorité nouvelle l'a prié de s'abstenir[116]. » Quelle est donc cette singulière « autorité nouvelle » ? Pourrait-il y en avoir une autre que celle de De Gaulle dans Paris libéré ? Le Général rappelle la visite de Pétain en avril et les obsèques d'Henriot début juillet, et semble faire porter la responsabilité sur « les résistants », laissant entendre qu'il n'y est pour rien : « Pour moi, sachant que l'Église se considère comme obligée d'accepter "l'ordre établi", n'ignorant pas que chez le cardinal la piété et la charité sont à ce point éminentes qu'elles laissent peu de place dans son âme à l'appréciation de ce qui est temporel [délicieuse façon de souligner la cruelle absence de sens politique du prélat], j'aurais volontiers passé outre[117]. » De Gaulle explique que finalement l'état d'excitation de la ville l'a poussé à « approuver ma délégation qui l'a prié de demeurer à l'archevêché pendant la cérémonie. Ce qui va se passer me confirmera dans l'idée que cette mesure était bonne[118] ». L'amiral Philippe de Gaulle, gardien de la mémoire familiale, abonde en ce sens en rapportant les propos de son père : « J'ai pris le clergé tel qu'il était quand je suis arrivé à Paris. Ce différend entre ses membres, ce n'était pas mon affaire. J'ai toujours été respectueux des attributions de chacun[119]. »

La plupart des biographes du Général, ainsi Jean Lacouture, avalisent la thèse d'une pression de son entourage démocrate-chrétien. On songe à Schumann, à Closon, à Marin, peut-être même à Bidault qui ne se sépare jamais d'une liste de prélats à épurer, voire de Bruckberger dont le rôle dans cette affaire demeure énigmatique. Par ce coup d'éclat, les milieux résistants démocrates-chrétiens auraient ainsi entendu se démarquer d'une haute hiérarchie catholique trop compromise et préparer les profonds renouvellements tant politiques que spirituels qu'ils appelaient de leurs vœux*. Des pressions démocrates-chrétiennes ont effectivement

* Le Mouvement des républicains populaires (MRP) sera créé trois mois plus tard à Paris.

existé, mais on a peine à croire que de Gaulle, sur une question aussi sensible, se soit laissé tordre le bras par ses conseillers. S'il est probable que l'ostracisme du cardinal n'est pas venu de lui, il n'a pas été besoin de le lui imposer car il allait dans le sens de ce qu'il souhaitait. Des photographies montrant le cardinal Suhard accueillant de Gaulle sur le perron de Notre-Dame le 26 août, comme il l'avait fait avec Pétain le 26 avril, auraient été du plus mauvais effet.

Quoi qu'il en soit, l'affaire provoque un profond traumatisme dans l'Église de France. Comme le rappelle Frédéric Le Moigne, le lendemain, le 27 août, Mgr Brot et le chanoine Lenoble conduisent à Notre-Dame, toutes portes fermées, un rite très rare de réconciliation. En aspergeant les murs de la cathédrale d'eau grégorienne (un mélange d'eau, de sel et de cendres), ils s'emploient à effacer la souillure qu'a subie la cathédrale. Mais de quelle souillure s'agit-il ? Des coups de feu qui ont éclaté pendant la cérémonie religieuse ? Ou de l'affront fait au cardinal-archevêque, interdit de pénétrer dans sa propre cathédrale[120] ?

Dans les jours qui suivent, un abondant courrier s'insurgeant contre l'exclusion du cardinal parvient à l'archevêché de Paris. Une lettre de protestation solennelle de Mgr Suhard est lue, le dimanche suivant, dans toutes les églises du ressort de Paris. « De Notre propre initiative, Nous avons décidé de chanter un *Te Deum* dans la cathédrale pour remercier Dieu de la libération de Paris, de la victoire remportée par nos soldats, par les armes de nos Alliés, par le peuple parisien. Averti des intentions du chef du Gouvernement provisoire de la République, Nous voulions accueillir Nous-même le général de Gaulle à Notre-Dame, en cette heure historique. Une décision d'ordre gouvernemental Nous a empêché par la force de sortir de l'archevêché et de Nous rendre à la cérémonie. Cette mesure que Nous ne voulons pas qualifier, Nous a profondément peiné. » Et de conclure sur un appel à l'union, « condition du salut de la patrie[121] ». Frédéric Le Moigne rappelle que des mesures de rétorsion ont lieu également en province. Certains évêques refusent de célébrer des *Te Deum* pour fêter la libération de leur ville (ainsi Mgr Gaudron à Évreux) quand d'autres, à l'image du cardinal Suhard, se voient interdire l'accès à leur propre cathédrale par les FFI (comme Mgr Delay à Marseille). De Gaulle, de son côté, tente de calmer les choses. Lors de ses voyages en province de l'automne 1944, il reçoit partout les évêques avec bienveillance, y compris le très maréchaliste Mgr Delay.

La fusillade de Notre-Dame

Sur le parvis de Notre-Dame, Leclerc attend de Gaulle. Vers 16 heures, le Général arrive, suivi par l'ensemble des personnalités qui l'ont accompagné dans la descente des Champs-Élysées. Leclerc a disposé ses forces à l'extérieur mais aussi à l'intérieur de la cathédrale. Les soldats de la DB y retrouvent de nombreux FFI également en armes tandis que « des corps francs de policiers investissent les hauteurs de la cathédrale qu'ils connaissent bien, puisque depuis plusieurs jours ils y recherchent d'hypothétiques tireurs[122] ». La cathédrale est noire de monde : 8 000 à 10 000 personnes s'entassent dans la nef centrale et dans les travées. Un bâtiment fermé et plein à craquer, de très nombreux hommes en armes dans une ambiance survoltée, tout est réuni pour créer panique et chaos au moindre incident.

Une première fusillade, brève mais intense, éclate dès l'arrivée de De Gaulle devant le portail où il est salué par deux Alsaciennes en costume qui lui offrent un bouquet tricolore. « Sur le parvis de Notre-Dame où nous mîmes pied à terre avant de pénétrer dans la nef, la mousqueterie redoubla d'intensité. Mais sur qui tirait-on ? Seul Dieu le savait[123]. » Une bousculade a lieu, de Gaulle est projeté contre un pilier du portail principal, le préfet Achille Peretti, chargé du maintien de l'ordre, le dégage et le fait entrer dans la cathédrale. À l'intérieur, on a cru que les coups de feu étaient des salves d'honneur.

« Sous les voûtes, ce sont presque tout de suite des acclamations, des applaudissements nourris, des "Vive de Gaulle", puis des éclairs au magnésium des *War Correspondants*[124]. » Le Général a à peine le temps d'échanger quelques mots avec Mgr Brot venu l'accueillir en courant à la porte que les premiers coups de feu éclatent à présent à l'intérieur de Notre-Dame. « Le cortège s'avance jusqu'au milieu de l'allée centrale. Tout à coup, une nouvelle détonation retentit, tandis que le général, très calme, continuera de s'avancer vers sa place, à gauche de la grille du chœur[125]. »

Le RP Bruckberger est encore dans la sacristie à échanger des amabilités avec Mgr Beaussart quand un prêtre surgit en criant : « Un attentat dans la cathédrale ! » Bruckberger abandonne Beaussart et se précipite vers la nef. Il croise un groupe de prêtres qui cherchent refuge dans la sacristie. Il les rabroue sans ménagement : « Ce n'est pas le moment de partir. On a peut-être besoin de nous, ne serait-ce que pour les absolutions[126]. » Bruckberger arrive devant l'autel et fait un immense signe de croix sur la foule pour une absolution, ce qui, note Amouroux avec malice, n'a peut-être pas eu pour effet de rassurer l'assistance[127]. Il tente de parler au micro pour calmer la foule ; peine perdue, ce jour, il n'y a pas de courant électrique dans la cathédrale. Mais Bruckberger ne passe jamais inaperçu : « Un dominicain, sans doute préposé au sermon d'ouverture, s'efforçait courageusement d'émettre des sons, mais se voyait interrompu à tout instant par des rafales visant les galeries du fond du chœur et même les orgues, répandant dans la cathédrale au milieu d'un nuage de poussière des débris de pierre et de plâtre[128]. »

Les premiers coups de feu, apparemment venus des tribunes, provoquent immédiatement une immense pétarade, tous les hommes armés à l'intérieur de la cathédrale tirant d'instinct vers les hauts dans un vacarme invraisemblable. Le témoignage de Mgr Brot, cité par Pierre Bourget, est ici précieux : « Vers 15 h 30, trois hommes portant le brassard tricolore et armés de mitraillettes vinrent dire qu'il leur fallait monter dans la galerie des Rois, pour y accrocher une bannière tricolore à croix de Lorraine. Ils étaient FFI et agissaient, disaient-ils, par ordre de la Préfecture de Police. Or c'est de la galerie des Rois que furent tirés, à l'extérieur, les premiers coups de feu. Au même étage, à l'intérieur, lorsque l'organiste du grand orgue voulut entrer à sa tribune, ce lui fut impossible : la porte était maintenue fermée à l'intérieur par des hommes qui s'y arc-boutaient. Et c'est de cette tribune, qu'au passage du général, partirent les coups de feu. Des gardes et des hommes armés répondirent et ce fut la panique[129]. »

Tout le monde se couche ou se cache derrière les bancs, certains placent même des chaises sur leur tête pour se protéger. Lucie Aubrac observe que les femmes demeurent debout : « Tout le monde s'est allongé sauf le Général et les femmes. » Nul héroïsme féminin dans son esprit puisqu'elle précise aussitôt : « Nous étions peu nombreuses et n'avions pas ce réflexe militaire, et donc masculin, de plonger au sol[130]. » Le Troquer garde son calme : « Des coups de feu crépitent dans les galeries supérieures, les gens s'aplatissent sous les chaises, sous les prie-Dieu… Je m'écrie, alors : “On ne voit ici que des derrières[131]” », écrit-il dans ses mémoires. En réalité, tout le monde l'a entendu s'écrier : « Il n'y a que des culs ici ! », tandis que le capitaine Guy hurle de toutes ses forces : « Debout ! Debout ! » « Leclerc est là, revolver au poing. De Gaulle continue sa marche vers le chœur, droit et tranquille, comme s'il n'entendait rien[132]. » Impossible de ramener le calme : « La contagion de la tiraillerie avait gagné les membres du service d'ordre répartis dans la nef et le chœur et qui commençaient à voir des fantômes partout. Et quand les rafales faisaient trêve, il y avait à la porte d'entrée, sur le parvis, un braillard exalté, portant les armes et les insignes des FFI, qui faisait entendre des discours incohérents et qui nous agaça tellement, Leclerc et moi, que nous allâmes tous deux le sortir *manu militari*[133] », rappelle Juin, qui semble préposé au maintien de l'ordre de ces journées. Pire encore : le bruit de la fusillade entraîne la reprise des coups de feu sur le parvis : « À l'extérieur la fusillade reprend, ponctuée de quelques coups de canon tirés par les chars de la DB vers les balcons des immeubles voisins[134]. » Cela pousse Leclerc et Boislambert à sortir de la cathédrale pour faire au moins cesser le feu à l'extérieur : « Sur la place, Leclerc, à grands coups de canne, tape sur la tourelle des chars qui se sont mis à tirer et cessent aussitôt leur feu inutile[135]. » L'aide de camp de Leclerc, le capitaine Girard, précise à quel point ces scènes de chaos mettent Leclerc hors de lui : « Sur le parvis, le Général fait la tête des mauvais jours. » Girard l'avait déjà trouvé « morose » sur les Champs-Élysées, appréciant peu l'invraisemblable cohue[136]. Jean Marin est à l'unisson : « Sur le parvis de Notre-Dame, on tire d'on ne sait où ; au feu répond le feu ; je vois un tirailleur marocain qui, blessé, enlève en même temps sa chaussure et son pied[137]. »

Malgré tout, la cérémonie continue. Au milieu de ce chaos, les témoins soulignent le calme imperturbable du Général qui gagne sa place, à gauche de la grille du chœur, accompagné de Le Troquer et de Parodi. « Je vois le général de Gaulle debout, isolé, bien en vue au trône des souverains. Son visage est absolument calme. Il attend. Cérat [Parodi] se met à sa droite. Un immense Père franciscain se met à sa gauche[138]. »

Comme la veille dans les rues de Paris, Le Troquer conserve tout son sang-froid et tente de ramener un peu de calme : « De Gaulle et moi, nous pouvons enfin nous immobiliser au centre de la nef centrale. Il n'y a plus, alors, près de nous qu'un civil, Robert Prigent, je crois, et un moine en robe [sans doute le franciscain]. Je me tourne alors vers Vattier-Jax [pseudonyme d'Achille Peretti], directeur adjoint de la Sûreté nationale, chargé de notre protection, et lui demande de faire jouer les orgues. “Impossible, il n’y a plus de courant !” “Jarnidieu ! qu’on chante !” répliquai-je vivement. Je ne suis d’ailleurs pas bien sûr d’avoir employé ce juron cher à Henri IV[139]. » Faute de courant électrique, les grandes orgues demeurent muettes, ce qui rend impossible le chant d’un *Te Deum*. Seul un petit orgue mécanique permet d’entonner un *Magnificat*. Gorse : « L’orgue s’est relancé et les chœurs entonnent un *Te Deum* (ou un *Magnificat* ?) hallucinant, ponctué de coups de feu. Un chanoine ahuri crie, probablement à l’adresse des tireurs : “Un peu de silence, s’il vous plaît[140] !” » Bruckberger : « Un chantre entonne le *Magnificat* que tout le monde se met à chanter. Je vois le général lui-même chanter. La foule s’apaise, chante, tout entière debout maintenant. La fusillade n’arrête pas. Tout cela dure un bon quart d’heure. Puis le général quitte le trône lentement, s’incline devant l’autel et s’en va par l’allée centrale, toujours très clame. Cérat est à sa gauche. Le Troquer à sa droite. À une vingtaine de mètres de la sortie, je vois une rafale passer au-dessus de sa tête et s’aplatir sur un pilier. Le général continue d’aller du même pas. [...] Tout le monde crie : “Vive de Gaulle[141] !” » Dans ces conditions, le Général décide d’abréger la cérémonie. Il s’incline devant l’autel et, avec le plus grand calme, descend l’allée centrale pour regagner la sortie. Jean-Jacques Gautier conclut ainsi son article du *Figaro* : « [La] foule [...] l’acclame plus chaudement, plus ardemment que jamais. Des gens crient : “Ils ne l’auront pas !” Effectivement, “ils” ne l’ont pas eu. Le général est remonté tranquillement dans son automobile et salue encore la multitude qui l’applaudit toujours frénétiquement[142]. »

Dix ans après les faits, de Gaulle propose une relation de la fusillade qui affecte le plus grand flegme devant un incident décrit comme mineur tout en soulignant l’attitude exemplaire du clergé et des officiels. « Aussitôt, c’est un feu roulant. Tout ce qui a une arme se met à tirer à l’envi. » Les FFI tirent vers les toits tandis que « les briscards du détachement de la 2e division blindée [criblent] de balles les tours de Notre-Dame. [...] Il m’apparaît tout de suite évident qu’il s’agit là d’une de ces contagieuses tirailleries que l’émotion déclenche parfois dans des troupes énervées. [...] Plusieurs gaillards, postés dans les galeries, entretiennent la fusillade. Aucune balle ne siffle à mes oreilles. Mais les projectiles dirigés vers la voûte arrachent des éclats, ricochent en retombant. Plusieurs personnes sont atteintes[143]. »

De Gaulle, l'œil noir, quitte la cathédrale raccompagné par le père dominicain Raymond Léopold Bruckberger. Derrière lui, de profil, le contre-amiral d'Argenlieu, à droite, à moitié masqué, Parodi.

Cette sérénité mémorielle ne peut cacher, sur le moment, la colère du Général. Le Troquer qui ne l'a pas quitté d'un pas depuis l'Arc de Triomphe en témoigne : « Assez vite, de Gaulle s'impatiente, et tout à coup, se dirige vers la sortie de la cathédrale. Il est tout à fait furieux[144]. » Une fois qu'il est retourné à l'hôtel de Brienne, sa colère n'est pas retombée ; Le Troquer en témoigne : « Nous rentrons au ministère de la Guerre, rue Saint-Dominique, il m'appelle aussitôt dans son cabinet pour me dire : "Prenez tout de suite des mesures contre ceux qui ont jeté le trouble à Notre-Dame." C'était facile à ordonner, mais encore fallait-il savoir contre qui. Je ne fis rien, ne pouvant rien faire[145]. » Puis c'est le tour de Juin qui, à peine de retour au ministère, est convoqué par de Gaulle dans son bureau. Le Général lui fait observer qu'il y a trop d'armes dans Paris et « placées dans des mains inexpertes et non contrôlées[146] ».

Qui a tiré le premier à Notre-Dame ? Des Allemands embusqués ? des miliciens ? des provocateurs communistes ? des résistants antigaullistes ? et dans quel but ? Le général Juin avoue son ignorance : « Renseignement pris, on n'arrivait pas à savoir, comme à la bataille de Navarin, qui avait tiré le premier, ni sur quels objectifs[147]. » Quatre-vingts ans plus tard, toutes les archives étudiées et tous les témoignages lus, l'historiographie n'a pas tranché. On peut néanmoins, sur la base de cette somme de travaux, avancer quelques éléments. Il est possible, tout d'abord, qu'il ne se soit rien passé. Malgré sa colère, c'est d'ailleurs le premier sentiment de De Gaulle. Le témoignage de Georges Gorse est ici précieux. Il accompagne de Gaulle dans la voiture qui ramène le chef du gouvernement au ministère de la Guerre. Gorse lui fait part de son incrédulité et de sa surprise : « Singulière affaire. Il est étrange que personne, à ma connaissance, n'ait été touché dans la cathédrale où le plus maladroit ne pouvait manquer sa cible. » De Gaulle lui répond en ne prenant guère l'affaire au sérieux : « Pour sa part, de Gaulle semble croire davantage [...] à une manœuvre d'intimidation qu'à un véritable attentat. "Que pensez-vous, dit-il, de cette fumisterie[148] ?" » Le lendemain, il écrit deux lettres, l'une destinée à son épouse, l'autre à Henri Queuille, qu'il confie au général Juin qui s'envole ce jour-là pour Alger. Avec les mêmes mots, il relativise la « fumisterie ».

À Queuille :

> « La "fusillade" de Notre-Dame, à mon avis une vulgaire tartarinade. Beaucoup de gens (FFI et autres) se promènent avec des armes. Tout échauffés par les combats des jours précédents, ils sont toujours prêts à tirer vers les toits. Le premier coup de feu déchaîne alors une pétarade effrénée. Mais nous arrangerons cela aussi. »

À son épouse :

> « Ma chère petite femme chérie,
> J'ai vu Philippe qui va parfaitement bien et s'est très bien battu et se bat encore.
> Tout va très bien. Hier, manifestation inouïe. Cela s'est terminé à Notre-Dame par une sorte de fusillade qui n'était qu'une tartarinade. Il y a ici beaucoup de gens armés qui, échauffés par les combats précédents, tirent vers les toits à tout propos. Le premier coup de feu déclenche une pétarade générale aux moineaux. Cela ne durera pas[149]. »

Le 30 août, il est encore plus explicite lors d'un échange avec un Louis Joxe éberlué qui débarque d'Alger :

« Je coupe un instant le fil de son récit qui nous mène à Notre-Dame :

– C'est à ce moment-là qu'on a tiré, mon général.

– Où diable avez-vous pris cela ? On n'a pas tiré.

Ce démenti à l'évidence avait deux motifs. D'abord l'inconvenance d'une fusillade dans une église et peut-être le vague espoir que la chose passerait inaperçue. Ce n'était pas la première fois, ni la dernière qu'un incident ne “comptait pas” pour lui et devait tomber dans l'oubli. Écrivant, cependant, plus tard, ses propres souvenirs, il ne put faire autrement que d'en admettre la réalité[150]. »

Une fusillade a bien sûr eu lieu. Mais, étant donné l'état d'excitation qui règne dans Paris et le nombre d'hommes en armes dans la cathédrale, on ne peut totalement évacuer l'hypothèse d'une « contagieuse tiraillerie » à partir d'un incident mineur mal interprété. Les effets d'écho entre la fusillade à l'intérieur de la cathédrale et celle qui lui répond sur le parvis vont dans ce sens, et c'est certainement ce que veut dire de Gaulle dans cette étonnante répartie à Joxe. Le prudent Edgard Pisani donne crédit à cette thèse : « Descente des Champs-Élysées, rue de Rivoli, Notre-Dame, Hôtel de Ville. Les tireurs des toits (le plus souvent des FFI maladroits, trop prompts à s'émouvoir), ne parviennent pas à gâcher la fête[151]. »

On ne peut non plus écarter l'hypothèse d'une véritable fusillade provoquée non par un accident, mais par des agents malintentionnés. Le climat qui règne à Paris est tout sauf serein, et des coups de feu éclatent un peu partout dans la ville. C'est ce que rapporte Bruckberger en regagnant Matignon après la cérémonie : « À tous les carrefours nous sommes mitraillés. La fusillade est générale dans Paris. Pierlot [Morandat] conduit à une allure folle. » Arrivé à Matignon, Morandat appelle le ministère de la Guerre pour s'assurer que de Gaulle est arrivé sain et sauf. Il se tourne vers Bruckberger : « Eh bien, Mon Père, nous avons eu l'avantage de voir vos confrères de dos[152] ! » Morandat lui fait par ailleurs amèrement observer que Mgr Beaussart est demeuré dans la sacristie de Notre-Dame et qu'il n'est pas venu saluer le Général sous la fusillade. Henri Amouroux a collecté une longue série de témoignages attestant ces multiples fusillades. L'écrivain et essayiste Jean Galtier-Boissière, qui était en face de l'arc de triomphe du Carrousel, affirme avoir vu des flammes de tir de mitraillette depuis le pavillon de Marsan, tir descendant. Rue de Rivoli, la fusillade accompagne le cortège officiel. La foule panique et se couche à terre. Il en va de même aux Tuileries ; dans son Journal,

Nicole Bourgain affirme qu'un Sherman de la 2e DB réplique avec sa mitrailleuse lourde depuis le jardin vers la rue de Rivoli. Au ministère des Finances, situé à l'époque dans l'aile Richelieu du Louvre, le long de la rue de Rivoli, Dagnicourt, le directeur du Budget, est tué d'une balle perdue en regardant passer le cortège à la fenêtre, ce que confirme Alfred Sauvy qui assiste à la scène. Galtier-Boissière qui rentre à pied jusqu'à la place de la Sorbonne, où il réside, observe de nombreuses scènes de tirs, FFI, civils, tous pétaradant et visant des « tireurs des toits ». Il évoque des centaines de coups de feu en l'air vers les toits[153]. Massu rapporte qu'une simple ombre à une fenêtre des Champs-Élysées provoque une fusillade. Dronne doit calmer les Espagnols de la « Nueve » qui ont la gâchette facile ; rue de Rivoli, il faut empêcher le clairon de la compagnie de riposter à la mitrailleuse lourde. De Gaulle lui-même rappelle dans ses mémoires que, revenu rue Saint-Dominique, il est informé par la Préfecture que des incidents similaires ont eu lieu à l'Étoile, au Rond-Point ou rue de Rivoli. Le capitaine Girard, aide de camp de Leclerc, avance même dans son Journal la participation de soldats américains, apparemment avinés, à la fusillade : « À Notre-Dame, un coup de feu déclenche une fusillade. Panique, cohue, les FFI s'en mêlent, des Américains légèrement titubants tirent[154]. »

Chevandier, qui a épluché les archives de la Préfecture de Police, rappelle que le bilan, sans être anodin, n'est pas catastrophique eu égard au nombre de fusillades : 120 blessés seront admis le 26 après-midi au seul Hôtel-Dieu, la plupart victimes de piétinements provoqués par les paniques[155]. Ce que confirme Bruckberger : « Le lendemain, le préfet de police a minimisé l'incident. Je ne sais pas pourquoi. On m'a dit que l'affaire de Notre-Dame avait fait cent vingt-cinq blessés et que la préfecture n'a jamais voulu dire le nombre des tués. Une demi-heure après, un ami était à la porte de l'Hôtel-Dieu [situé sur le parvis de Notre-Dame]. En quelques minutes, il a vu transporter une trentaine de blessés[156]. »

Sur le moment, l'hypothèse qui s'impose d'évidence est celle de tirs provoqués par des Allemands ou des miliciens. On en arrêta bien quelques-uns, à vrai dire très peu. Dronne relate ainsi que ses Espagnols abattirent un civil dans un arbre cours la Reine qui tirait sur la foule et, près du théâtre Marigny, une femme armée elle aussi perchée dans un arbre. Mais Christian Chevandier rappelle qu'à Notre-Dame la Préfecture annoncera n'avoir arrêté aucun Allemand ou collaborateur.

Dix ans plus tard, dans un contexte international et national dominé par l'anticommunisme de guerre froide, de Gaulle abandonne l'explication de la « tartarinade » qui fut la sienne sur le moment et laisse désormais entendre que ces fusillades, et surtout celle de Notre-Dame, furent déclenchées par des agents communistes. Certes pas pour le tuer, mais pour créer un climat d'insécurité qui fragiliserait sa position et donnerait des arguments au Parti pour conserver ses groupes armés. À l'appui de sa thèse, de Gaulle souligne qu'il n'y eut aucun blessé par balle dans la cathédrale (pleine à craquer, répétons-le) et que des Allemands ou des miliciens, décidés à le tuer, ne l'auraient pas raté ou, du moins, auraient blessé ou tué d'autres personnes. « Pour ma part, j'ai le sentiment qu'il s'est agi d'une affaire montée par une politique qui voudrait, grâce à l'émoi des foules, justifier le maintien d'un pouvoir révolutionnaire et d'une force d'exception. [...] On a cherché à créer l'impression que des menaces se tramaient dans l'ombre » et que les organismes de la Résistance – COMAC, CNR, CPL et autres Milices patriotiques – devaient demeurer vigilantes et « procéder eux-mêmes à toutes opérations de police, de justice, d'épuration qui protégeraient le peuple contre de dangereux complots[157] ».

Les fidèles du Général sont encore plus catégoriques. Ainsi Palewski : « Le 26 août, lors de la cérémonie à Notre-Dame, ce sont eux, j'en suis sûr, qui ont ouvert le feu. J'étais derrière le général de Gaulle et si on avait voulu tirer sur lui, nous aurions entendu les balles siffler à nos oreilles ; or, nous n'avons rien perçu. En réalité, les communistes tiraient en l'air : ils voulaient donner l'illusion du désordre afin de conserver intactes leurs Milices patriotiques. Pour moi, il n'y a aucun doute à cet égard, je suis prêt à l'affirmer : il s'agissait d'une mise en scène, d'un trouble voulu et fomenté[158]. » Même son de cloche chez Alain de Boissieu. Dans ses mémoires, il rapporte le contenu d'une conversation avec de Gaulle, en 1954, lorsque celui-ci lui lut le chapitre des *Mémoires de guerre* consacré à la libération de Paris. « Il pensait que cette espèce de geste de manifestation contre l'unanimité nationale avait été organisé pour faire croire à la presse internationale qu'il y avait de l'opposition dans Paris libéré au pouvoir du général de Gaulle et il ajoutait : "Cherchez à qui cela pouvait profiter et vous trouverez les auteurs." » Selon Boissieu, Luizet, qui n'a hélas pas eu le temps de rédiger ses mémoires, était encore plus précis : « Il avait interrogé personnellement [les tireurs de Notre-Dame] et pensait qu'ils n'avaient d'autre but que de commettre un attentat contre le général de Gaulle. Au profit de qui ? Vichy, la Milice, des agents de services étrangers, des opposants du CNR ? Je dois à la vérité historique d'écrire que M. Luizet penchait pour cette dernière hypothèse[159]. » Ce dernier élément du témoignage de Boissieu est à prendre avec beaucoup de prudence. D'abord parce qu'il fait parler un mort ; ensuite parce qu'on est surpris que le préfet de police, ayant entendu les auteurs des coups de feu contre le chef du gouvernement, ne les ait pas remis à la justice (il n'y eut aucun procès relatif à la fusillade) ; enfin parce que la thèse de l'attentat est des plus fragile : même le pire des tireurs, au terme d'un bon quart d'heure de fusillade, aurait au moins blessé quelqu'un dans la cathédrale.

Le général Juin est sans doute dans le vrai lorsqu'il conclut que, si la thèse gaullienne de provocateurs communistes ou de membres de la Résistance manipulés par les communistes n'est pas absurde, celle d'un embrasement dû à l'excitation générale demeure la plus vraisemblable. Tout en confirmant que « pas une balle n'a fouetté le sol », il pense « qu'il y [eut] surtout un phénomène de contagion collective où même les forces de l'ordre s'étaient laissé entraîner[160] ».

De Gaulle le soir du 26

Si la situation a été tendue dans Paris toute la journée, cela n'est rien par rapport aux vrais combats, violents et âpres, qui se déroulent à l'ouest, dans le bois de Boulogne, et surtout au nord de Paris. Dans l'après-midi, à quelques centaines de mètres du lieu du défilé, 2 600 soldats allemands sortent enfin les mains en l'air de leurs cachettes du bois de Boulogne. Pendant ce temps, la 2ᵉ DB, épaulée par des FFI, se bat durement dans la banlieue nord. Au standard de la Préfecture de Police affluent les demandes de renfort d'autant que les Allemands contre-attaquent à Saint-Denis. On assiste même à un mouvement de fuite des habitants de la banlieue nord vers Paris où ils cherchent refuge et on érige les dernières barricades aux portes nord de Paris, le 26 en fin de journée[161].

Le soir du 26, par radio, Leclerc reçoit du Vᵉ corps ses objectifs pour le lendemain : Arnouville et Gonesse. Il prend alors les dispositions qui s'imposent. Le GT V (Billotte), qui campe au bois de Boulogne, couvre Paris par l'ouest ; le GT D (Dio) et le GT L (Langlade) se placent au nord de Paris, à Saint-Denis, en renfort du GT R (Roumiantzoff). Dans les jours qui suivent, un net raidissement allemand s'observe le long d'un arc de cercle défensif qui, du nord à l'est de la ville, relie Le Bourget à Champigny en passant par Stains, Vincennes et Montreuil. Dans toute la banlieue nord et est, les exactions contre la population civile et les fusillades d'otages sont nombreuses. On signale aussi des cas de civils utilisés comme boucliers humains sur les blindés allemands. Les 27 et 28, au prix de durs combats, le GT L poussera jusqu'à Montmorency où il donnera la main au XVe corps américain de l'armée de Patton, tandis que le GT D subira de lourdes pertes pour dégager l'aéroport du Bourget.

Dans la nuit du 26 au 27, la Luftwaffe opère un bombardement meurtrier sur Paris et la banlieue. 150 appareils IXe Fliegkorps, essentiellement des Ju 88 et Ju 188, lâchent 1 000 bombes incendiaires (phosphore, napalm) qui provoquent de gros dégâts. Le bombardement est d'autant plus dévastateur qu'il n'y a aucune chasse dans le ciel de Paris (tous les avions alliés sont affectés aux opérations militaires) et que la DCA est quasi inexistante, se limitant à 16 Bofors de 40 mm ou à des mitrailleuses de 12,7 montées sur véhicules de la 2e DB. Les bombardiers allemands n'ont pas décollé du Bourget, mais d'aérodromes de Belgique, des Pays-Bas, d'Allemagne ou du nord de la France, ne rencontrant aucune opposition sur les 200 kilomètres de leur vol. Le but des Allemands n'est pas d'effectuer un raid de terreur à l'aveugle, mais de couper les voies d'approvisionnement alliées au sud de la capitale (Sceaux, Montrouge, Châtenay-Malabry, Villacoublay), objectifs d'ailleurs très médiocrement atteints. Ces points techniques confirment à la fois que Paris n'est décidément pas un objectif militaire pour les Alliés qui laissent la ville sans défense et que le défilé de l'après-midi s'est déroulé sans aucune protection aérienne. Les mesures de protection ordonnées par Leclerc, le 26 au matin, pour protéger le défilé auraient été inefficaces si ce bombardement avait eu lieu l'après-midi. Qu'auraient pu faire des mitrailleuses de 12,7 mm ou même les Bofors de 40 mm, efficaces en antiaérien jusqu'à 3 800 mètres, contre des Ju 188 pouvant voler à plus de 10 000 mètres ?

La halle aux vins est en feu, l'hôpital Bichat est sévèrement touché, et près de 400 immeubles sont détruits ou subissent des destructions importantes. Les milliers de litres de vin enflammés de la halle aux vins (où se trouve l'actuelle université Jussieu) allument un énorme incendie qui éclaire la capitale d'une lueur rougeâtre durant toute une partie de la nuit. Dans Paris, le bombardement provoque la mort de 126 personnes et en blesse 466. Au milieu de la nuit, le préfet Luizet se rend à la halle aux vins à moitié rasée. Il veut ensuite gagner Saint-Denis, mais il est stoppé par les soldats de la 2e DB porte de La Chapelle : « Les combats qui continuent contre les Allemands ne lui permettent pas de poursuivre sans danger[162]. » D'autres bombardements frappent les communes des banlieues nord et est comme Ivry, Charenton, Saint-Maur, Les Lilas, Saint-Denis ou Saint-Ouen. En banlieue, on déplore 80 morts et 422 blessés. La 2e DB et la 4e DI ne parviennent à repousser définitivement les forces allemandes loin de Paris qu'à la fin du 28 août, et il faut attendre le 30 août pour que le nord de Paris soit totalement dégagé. Par précaution, deux GT demeurent à Paris et en banlieue jusqu'au 5 septembre. À cette date, Bruxelles est libérée, et toutes les armées allemandes du nord de la France ont fui vers l'est.

En fin de journée, le bureau du CNR se réunit à nouveau. Ses membres – dont certains n'ont pas assisté au défilé – déplorent que de Gaulle se refuse toujours à proclamer la République ou même, précise Bidault, à déclarer qu'elle est rentrée en métropole. Bidault rend compte des quelques paroles qu'il a échangées avec de Gaulle dans l'après-midi. Il a plaidé pour la continuation de l'action du CNR tant qu'une assemblée ne serait pas élue, et a demandé pour cela son installation dans un palais national. Le CNR finit par voter une motion qui regrette l'absence de De Gaulle à ses travaux et l'informe de la déception de la Résistance. De Gaulle concédera au CNR un petit hôtel particulier au 73, rue de Varenne, et le COMAC sera toléré dans des bureaux du quadrilatère Saint-Dominique/Saint-Germain jusqu'à fin septembre, quand Diethelm, « coupant téléphone et électricité, nous en chasse[163] ».

Au ministère de la Guerre, le soir du 26, de Gaulle écrit à Eisenhower pour le remercier d'avoir donné à Leclerc la mission de libérer Paris. Il lui demande également de conserver quelques jours la division dans la ville même si, écrit-il de façon assez contradictoire et alambiquée, « tout est tout à fait en ordre malgré ce qui s'est passé[164] ». Le lendemain, de Gaulle recevra Eisenhower et Bradley à Paris. Preuve que la situation tant militaire que politique demeure tendue, il lui demandera de pouvoir disposer quelques jours encore de la 2e DB.

De Gaulle passe ensuite une bonne partie de la soirée au ministère, en compagnie de Maurice Schumann. Celui-ci a brillamment participé aux combats de la rue de Rivoli du 25 août, ce qui lui vaut une citation à l'ordre de la division. Le 26, il a accompagné de Gaulle des Champs-Élysées à Notre-Dame. À la sortie de la cathédrale, un camarade l'interpelle et l'informe que le général de Gaulle l'attend rue Saint-Dominique. Le soir de cette journée historique, dans le vieil hôtel de Brienne toujours éclairé à la chandelle (« Paris libéré mais privé l'électricité », note Christiane Rimbaud[165]), de Gaulle, mélancolique, et comme après un trop-plein d'émotions, semble éprouver le besoin de se livrer à l'un de ses plus anciens compagnons. Il évoque d'abord son fils qu'il a à peine entrevu, la veille, à la gare Montparnasse. Puis il dessine de vastes perspectives d'avenir, précisant que, sous peu, Américains et Russes vont se rencontrer au milieu de l'Europe : « Alors de deux choses l'une : ou bien l'Amérique et la Russie voudront en découdre, ce que je ne crois pas, ou il faudra que par une forme quelconque de connivence, ils se partagent le monde en deux zones d'influence. Dans les deux cas, l'Europe est condamnée si elle ne se réconcilie pas avec elle-même. » Sa pensée glisse ensuite vers la nécessaire réconciliation franco-allemande, possible à partir du moment où l'Allemagne serait « déprussianisée » ; de Gaulle ne dit pas « dénazifiée ». Il s'agit là d'un thème central du gaullisme de guerre que l'on retrouve, par exemple, dans le grand discours que le Général a prononcé devant les étudiants de l'Université d'Oxford, en novembre 1941. Dans ce discours, tout en livrant une analyse lumineuse du totalitarisme, qui anticipe les grands thèmes de Hannah Arendt (est-ce l'influence de Raymond Aron à ses côtés à Londres ?), il ne parle jamais de nazisme, mais de « germanisme ». Ce soir du 26 août, de Gaulle demeure un Sphinx. « En revanche, de ce qu'il ressent personnellement au soir de ce jour de triomphe où il a descendu les Champs-Élysées en vainqueur, rien ne transparaîtra. Que va dire l'homme qui est en train de tracer le dernier segment du cercle ? Six mots que nul n'aurait devinés : « On ne m'y reprendra plus[166]. »

On ne peut que demeurer prudent face à ces confidences peut-être un peu trop belles pour être tout à fait authentiques et qui sentent la reconstruction rétrospective. En outre, l'authenticité du texte est difficile à établir. Ce passage, comme tous les autres où Christiane Rimbaud donne la parole à Maurice Schumann, est en italique et présenté comme le fruit d'entretiens qu'elle a eus avec lui au soir de sa vie, mais sans aucune mention de date. On fera donc confiance à Maurice Schumann en imaginant de Gaulle dessiner le monde de Yalta et rêver de la réconciliation franco-allemande au soir de la descente des Champs-Élysées.

Comme la veille, les conseillers du Général fuient le triste hôtel de Brienne et se répandent dans la ville. Georges Gorse se promène dans « Montparnasse presque désert ». Il y rencontre son ancien professeur de khâgne, Albert Bayet*, qui descend de sa bicyclette. « Il me parle longuement de politique. Ai-je envie de parler de politique ? La guerre est finie. Il va falloir tenter de vivre[167]. »

Laissons le mot de la fin à Élisabeth de Miribel : « Ce sera le point final d'une journée indicible. Dans Paris en fièvre, au soir de ce triomphe, les camions FFI et les chars de la 2e DB patrouillent tard dans la nuit, tandis que des colonnes de gens endimanchés rentrent chez eux, à pied ou à bicyclette[168]. »

* Figure des milieux républicains et laïques de l'entre-deux-guerres, Bayet rejoignit la Résistance dans le mouvement Franc-Tireur.

Épilogue parisien
Dimanche 27, lundi 28, mardi 29 août 1944

Dimanche 27 août 1944

Le fait marquant de la journée du 27 août est sans conteste la venue à Paris du général Eisenhower, accompagné du général Bradley. La visite est chaleureuse, et la bonne entente entre les généraux américains et le président du GPRF favorise la conclusion d'une série d'accords importants que ne laissait pas deviner l'ampleur des tensions et des désaccords des jours précédents.

Les deux questions principales auxquelles doit s'atteler le président du Gouvernement provisoire sont bien sûr celles du maintien de l'ordre dans Paris et sa région et, plus encore, celle du ravitaillement. Les manifestations d'unanimité nationale s'effaceront vite si les assiettes demeurent vides. Il faut encore compter avec la guerre qui continue, comme de Gaulle ne cesse de le marteler dans ses discours, les épines de la vie politique, le désarmement des milices et des forces plus ou moins régulières et les immenses questions diplomatiques. Sans oublier un pays en ruine et à l'économie effondrée. Face à ces tâches herculéennes, de Gaulle est bien seul. Le gouvernement est toujours à Alger, la Délégation générale de Parodi fait ce qu'elle peut avec de faibles moyens, les secrétaires généraux des ministères sont par définition provisoires, et la Préfecture de Police a des attributions limitées. Aussi ne sera-t-on pas surpris que le ton des messages que de Gaulle adresse à Henri Queuille, qui assure l'intérim à Alger, devienne de plus en plus pressant. Dans une lettre du 27 août destinée à Queuille et qu'il confiera à Juin en partance pour Alger le lendemain, il écrit :

> « Mon cher ministre,
> Le général Juin partant pour Alger vous remettra cette lettre.
> J'attends avec beaucoup d'impatience l'arrivée du gouvernement ici. Je vous ai adressé à ce sujet plusieurs télégrammes auxquels je n'ai reçu aucune réponse par aucune voie. Il est indispensable que vous veniez tous ici, fût-ce par des moyens étrangers si vous ne pouvez en employer d'autres. Toutefois, le général Catroux doit rester à Alger comme délégué du gouvernement en Afrique du Nord. Ultérieurement, un décret précisera ses attributions.
> La situation physique de Paris (ravitaillement en particulier) est un peu meilleure que ce que nous redoutions, sauf pour ce qui concerne le charbon. Moralement, il n'y a pas de question (la manifestation d'hier l'a fait éclater d'une manière vraiment inouïe). Mais il y a des problèmes. [...]
> Je demande à Joxe d'arriver sans délai avec son premier échelon et de mettre en route ses moyens de transmission.
> Nous espérons pouvoir mettre en action un poste de radio de la Marine que nous avons trouvé ici et qui, je le pense, pourra communiquer directement avec Alger.
> Croyez, mon cher ministre, à mes sentiments les meilleurs et les plus dévoués[1]. »

De Gaulle est à présent beaucoup moins regardant sur les cocardes des avions. Quant à ses problèmes de communication, même une fois installé à Paris, ils ne sont toujours pas réglés. Il n'y a pas de liaison directe avec Alger et, en attendant de bricoler un poste de radio de la Marine, il faut employer un messager physique, en l'occurrence le général Juin, pour communiquer avec les ministres. Rarement le gouvernement de la France aura été aussi peu de chose, dans un moment aussi terrible, et aura autant tenu dans la personne d'un seul homme. Par un singulier retournement des choses, les Américains constituent encore le meilleur soutien sur lequel s'appuyer.

La visite d'Eisenhower

« Immédiatement après la prise de Paris, je fis savoir au général de Gaulle que j'espérais qu'il ferait son entrée au plus vite dans la capitale ; en effet, je voulais que l'homme qui symbolisait la résistance française entrât dans Paris avant que je n'aie à traverser cette ville. [...] Je décidai immédiatement de continuer ma route pour lui faire une visite officielle[2]. » Ambrose précise qu'en réalité, dès le soir du 26, après la triomphale descente des Champs-Élysées, « Eisenhower [qui] ne pouvait plus, lui non plus, résister à l'attrait de Paris, se rendit au PC de Bradley, désormais à Chartres, et suggéra à celui-ci de se rendre ensemble dans la capitale le lendemain. "Ce sera un dimanche, rappela Eisenhower à Bradley, tout le monde dormira tard. Nous pouvons le faire discrètement[3]" ».

Eisenhower, fin politique, propose à Montgomery de se joindre à eux : « [Montgomery] ne put le faire car la situation se modifiait rapidement sur son front, et je dus me contenter de faire cette visite avec mon adjoint britannique, le colonel Gault[4]. » On ne peut à nouveau que s'étonner de l'absence de sens politique du vainqueur d'El Alamein. Les Britanniques furent ainsi absents non seulement des combats de la libération de Paris, mais aussi des cérémonies qui s'ensuivirent. Ce n'était pourtant pas faute d'être informés de la forte anglophilie de la population parisienne. Douglas Jonhson rappelle qu'un agent du MI-9 suit Leclerc depuis qu'il est parti pour Paris et que de nombreux agents du SOE sont présents dans la ville. Les rapports de l'IS soulignent à l'envi la grande popularité des Britanniques : « L'admiration pour la Grande-Bretagne semble sincère et l'absence des troupes britanniques est regrettée par tous. Un phénomène particulièrement réconfortant est la propagande probritannique des soldats de la division Leclerc et les qualités de l'armée britannique en action, ce qui est positivement embarrassant. » Embarrassant, bien sûr, pour le gouvernement britannique qui, en raison de l'absence de ses forces, n'a pas su exploiter ce formidable capital de sympathie, en laissant, pour l'heure, tout le bénéfice aux Américains. Sans même parler de la postérité. Le rapport souligne ainsi que la seule « force » britannique présente à Paris lors de la Libération était l'orchestre des Royal Marines, qui eut d'ailleurs un franc succès[5]. Eisenhower rappelle lui aussi que la presse britannique de la fin août prit très mal l'absence des soldats de Sa Majesté à Paris, alors que, soulignait-elle avec aigreur, les Britanniques prenaient une part décisive dans la libération de la France. Ike conclut par cette remarque assassine qui ne peut être destinée qu'à Montgomery : « Ceci venait illustrer à nouveau le fait que, dans la guerre moderne, un général en chef doit toujours se préoccuper de la façon dont l'opinion publique interprète les événements[6]. » Deux exceptions toutefois : le maréchal de l'Air britannique Arthur Tedder, Commandant suprême adjoint responsable des questions aériennes, est présent à Paris ce 27 août. Tedder était à couteaux tirés avec son compatriote Montgomery, ceci expliquant peut-être cela. Le maréchal de l'Air australien Arthur Coningham, commandant des Forces aériennes tactiques pendant la campagne de Normandie, est également présent. Il est regrettable que l'ensemble de la presse parisienne le dénomme « Cunningham », ce qui fait confusion avec l'amiral britannique Andrew Cunningham, à cette date Premier Lord de la Mer. On ne sait si les deux aviateurs, qui sauvent l'honneur du Commonwealth, accompagnent Eisenhower (ce dernier ne mentionne que Bradley dans ses mémoires) ou s'ils se sont rendus à Paris de leur propre initiative.

Partant de Chartres, Eisenhower et Bradley doivent faire un détour pour éviter une partie de la banlieue où l'on se bat encore. Ce matin-là, en effet, la 2e DB est rudement engagée. Avec des pertes sensibles, Dio s'empare de l'aérodrome du Bourget, Langlade enlève Stains, Pierrefitte et Montmagny. Les deux généraux américains songent à une visite rapide et discrète : « Nous entrâmes dans Paris secrètement et tranquillement, du moins le croyions-nous, le dimanche 27 août, avant midi[7]. » En fait de discrétion, les deux généraux américains vont être servis. De Gaulle, en cette fin du mois d'août 1944, n'est riche que de symboles et d'apparat. Aussi en use-t-il. Il entend recevoir Eisenhower avec les honneurs dus à son rang et à sa fonction. La première visite du commandant en chef est pour Koenig, aux Invalides, où il est flatté d'être accueilli par « des gardes républicains traditionnels dans leurs resplendissants uniformes[8] ». Dans les magnifiques salons du gouverneur militaire de Paris, Eisenhower retrouve les généraux Gerow, Koenig, Leclerc et les deux maréchaux de l'Air Tedder et Coningham. De Gaulle demeure en retrait. Ce dimanche matin, il assiste à l'office du RP Bruckberger et laisse Koenig jouer les maîtres de cérémonie. Sans doute n'a-t-il pas envie de déprécier le défilé de la veille en le répétant avec les Américains. Un cortège se forme. « Suivi des officiers de son état-major, le commandant en chef des forces alliées a longuement parcouru Paris. Très vite, les promeneurs dominicaux ont reconnu le général Eisenhower et c'est aux cris de "Vive les Alliés !" que le cortège a été accueilli à l'Arc de Triomphe, avenue des Champs-Élysées, devant le monument de Washington[9]. » *Le Figaro* évoque pour sa part un arrêt « place Lafayette au monument de Washington ». Les journalistes parisiens semblent avoir du mal à situer ce monument, il est vrai peu connu. Il n'existe pas de place Lafayette à Paris ni de monument à Washington sur les Champs-Élysées. Sans doute veulent-ils parler de la statue qui réunit La Fayette et Washington, place des États-Unis, dans le XVIe arrondissement ou, plus vraisemblablement, de la statue équestre de Washington, place d'Iéna, située sur le chemin des Invalides à l'Étoile.

À l'Arc de Triomphe, le généralissime dépose une gerbe sur la tombe du Soldat inconnu. Le 27 août est un dimanche, et les Parisiens, qui ont quatre années de festivités à rattraper, ont décidé de prolonger l'immense fête de la veille. Le bouche-à-oreille fonctionne de façon presque magique. En redescendant les Champs-Élysées, les généraux alliés sont follement acclamés par des dizaines de milliers de Parisiens. « Certains essayèrent même d'agripper les généraux pour les embrasser », écrit Ambrose[10]. « Cette visite qui ne devait revêtir aucun caractère officiel s'est transformée en un véritable défilé triomphal à travers les grandes artères de la capitale, bordées de milliers de spectateurs qui ont acclamé le général[11]. » « À plusieurs reprises, les automobiles [du cortège] ont été arrêtées par les spectateurs qui tendaient des fleurs, serraient la main du général Eisenhower, heureux d'éprouver cette cordialité spontanée[12]. » Eisenhower est contraint de prononcer quelques mots. Il lâche à la presse : « Je suis venu ici pour rendre hommage, au nom des forces alliées, à l'esprit indomptable de Paris[13]. »

Le Supreme Commander, homme humble et distant, peu habitué à ces transports, garde néanmoins la tête froide : « La nouvelle de notre passage se répandit promptement dans la ville et lorsque nous passâmes près de l'Arc de Triomphe de l'Étoile, nous fûmes entourés par une foule enthousiaste. Les acclamations de la population libérée nous embarrassaient un peu, et nous nous frayâmes un chemin aussi vite que possible vers l'une des portes de Paris pour retourner au quartier général de Bradley, près de Chartres[14]. » Événement fondamental dans l'histoire de France, la libération de Paris, pour le commandant en chef, n'est jamais qu'une étape parmi d'autres sur le long chemin qui mène à la capitulation allemande.

Bradley, Eisenhower, Coningham, Koenig et Tedder dans Paris le 27 août 1944. On voit qu'Eisenhower ne s'est pas déplacé seul, mais accompagné de nombreux officiers de son état-major.

Avant de quitter Paris, Eisenhower a bien sûr un entretien politique avec de Gaulle, qu'Ambrose situe curieusement à la Préfecture de Police, mais qui ne peut avoir eu lieu qu'au ministère de la Guerre. Tout aussi curieusement, pas un seul journal parisien ne rend compte de cette entrevue. Face à Eisenhower, de Gaulle n'a que deux mots à la bouche : le ravitaillement et la sécurité. On écrit souvent que les mémoires d'Eisenhower sont aseptisés, de peur de froisser qui que ce soit. Le passage consacré à cet entretien avec de Gaulle est, au contraire, d'une ironie mordante. De Gaulle, écrit Eisenhower, lui fait part de « ses soucis et de ses problèmes. [...] Il demandait de la nourriture et des approvisionnements. Il voulait surtout des milliers d'uniformes à distribuer aux Forces françaises libres* pour pouvoir les distinguer des éléments de désordre qui, à la faveur de la confusion temporaire, pouvaient se mettre à attaquer les habitants sans défense[15] ». De Gaulle n'oublie pas non plus de demander du matériel pour commencer à équiper de nouvelles divisions françaises. « La désorganisation de la cité posait un autre problème : le rapide établissement

* On a déjà vu que, par cette expression trompeuse, Eisenhower désigne en fait les FFI.

de sa propre autorité et le maintien de l'ordre. Il demandait le prêt, à titre temporaire, de deux divisions américaines afin de faire un étalage de force, comme il disait, pour asseoir fermement sa position. En un éclair, je me revis deux ans auparavant, en Afrique, avec les problèmes politiques de ce temps-là. Nous avions accepté l'organisation gouvernementale existante [c'est-à-dire celle de Darlan, puis de Giraud] et, à aucun moment de notre séjour, les autorités françaises n'avaient demandé aux armées alliées d'établir ou d'asseoir leur position administrative locale. Il semblait qu'il y eût quelque chose d'ironique dans le fait que le "symbole" de la libération dût demander aux forces alliées d'établir et de maintenir sa position au cœur de la capitale française[16]. » On sent, dans ce passage, qu'Eisenhower se venge de la montagne d'ennuis que de Gaulle n'a cessé de représenter pour lui et qu'il n'est pas loin de considérer que Darlan tenait mieux l'Algérie de 1942 que de Gaulle le Paris de 1944.

Mais, grand seigneur, le commandant en chef « comprend les problèmes de De Gaulle » et propose que deux divisions qui montent en ligne défilent dans Paris. « Je proposai même de profiter du passage de ces deux divisions pour organiser un défilé, et je l'invitai à passer ces divisions en revue. [...] Je refusai d'assister personnellement à cette manifestation, mais je lui dis que le général Bradley reviendrait à Paris et se tiendrait sur la même estrade que lui pour symboliser l'unité alliée[17]. » Ambrose précise que de Gaulle, qui s'inquiétait de « pouvoir contrôler les communistes [...] demanda à Eisenhower de faire une démonstration de force » et qu'à cette demande Ike se tourna vers Bradley. Celui-ci répondit qu'il avait prévu de poursuivre l'effort vers l'est en contournant Paris, mais qu'il « était prêt à faire traverser la capitale à ses hommes[18] ». Cette solution satisfit Eisenhower : il pouvait ainsi rendre ce service à de Gaulle et rappeler du même coup aux Parisiens le rôle joué par les Américains dans la libération de la ville.

La relation de la même scène dans les *Mémoires de guerre* est toute différente. De Gaulle, qui a l'avantage d'avoir lu les mémoires d'Eisenhower (publiés en 1949), ne souffle mot de sa demande de « prêt » de forces américaines et insiste sur sa seule demande de conserver quelques jours la 2e DB dans Paris « pour des raisons qui tiennent au moral de la population et, éventuellement, au bon ordre ». On appréciera le détachement de l'adverbe « éventuellement ». De Gaulle ne cache pas non plus à Eisenhower combien il a été mécontent de l'attitude de Gerow

« au moment où j'entrais dans ma propre capitale et saisissais le chaudron bouillant[19] ».

L'entretien porte aussi sur la gestion des affaires civiles. Eisenhower approuve l'accord signé deux jours auparavant par Bedell Smith et Koenig et qui distingue la zone avancée de combat, où le commandement suprême a de fait tous les pouvoirs, et le reste des territoires libérés qui sont administrés par le gouvernement français et par lui seul. Immense victoire pour de Gaulle, mais comme le note Ambrose : « Il s'agissait seulement d'un accord militaire et non de la reconnaissance officielle du gouvernement français pour l'obtention de laquelle de Gaulle continuait à faire pression sur Eisenhower[20]. » Le commandant en chef, poursuit Ambrose, s'efforçait à ce moment de convaincre Roosevelt que ce serait l'intérêt des Alliés d'avoir un gouvernement français fort. « Il fit ainsi remarquer au président que l'hiver serait long et froid et que le commandement suprême ne pourrait fournir à la population civile que l'équivalent du tiers de la quantité de charbon que lui attribuaient les Allemands ; mieux valait que ce soit le gouvernement français qui en porte la responsabilité. Il n'y avait d'ailleurs aucun autre chef en vue qui ait la moindre chance de supplanter de Gaulle et si, par un miracle quelconque, celui-ci était renversé, le chaos s'ensuivrait. Eisenhower conclut en soulignant que si la France tombait dans l'orbite d'un "autre pays" [qui d'autre que l'URSS ?] toute l'Europe occidentale suivrait[21]. » Mais Roosevelt refuse toujours de faire le dernier pas. Les armées alliées continuant à progresser, le 20 octobre, Eisenhower remettra l'intégralité de la zone de l'arrière au GPRF. Le 23 octobre 1944, les Alliés n'ont alors plus d'autre choix que de reconnaître officiellement le GPRF.

On parle aussi ravitaillement ce 27 août. La situation matérielle est objectivement très tendue. Le 26 août, pour Paris et sa banlieue (environ 6 millions d'habitants en 1944), il ne reste qu'un jour de nourriture dans les stocks. De Gaulle a déjà demandé l'aide des Américains par un message radio envoyé la veille dans la soirée au QG d'Eisenhower. Le 27, le généralissime rassure le président du GPRF : les Américains feront de leur mieux. Le lendemain, il confirme par écrit ces bonnes intentions : « Nous faisons tout notre possible pour faire parvenir rapidement de la nourriture et du charbon à Paris[22]. » La promesse du généralissime est d'autant plus remarquable que les Alliés doivent composer avec d'immenses contraintes logistiques et des pénuries d'essence provoquées par l'énorme consommation du Ve corps lors de ces trois derniers jours de transport et de combat. Le 27 août, il n'est pas arrivé les mains vides à Paris : à partir de ce jour, 3 000 tonnes de nourriture, de médicaments et de savon furent livrées par les airs au rythme de 560 tonnes par jour. Par voie terrestre, Bradley délivre 270 000 litres de carburant et 5 000 litres de fuel pour les cantines de Paris. 180 camions quittent la Grande-Bretagne par bateau le 27 août. Tout compris, environ, 1 000 tonnes de ravitaillement parviennent par jour à Paris dans les derniers jours du mois d'août[23]. Un répit vital, tant matériel que politique, au détriment des opérations militaires, le temps de remettre en route des circuits français de ravitaillement.

Enfin, Eisenhower informe de Gaulle de son intention de déplacer son état-major du Cotentin à Versailles pour se rapprocher de la zone des combats. Il ne s'agit pas, bien sûr, du château de Versailles, mais de l'hôtel Trianon Palace qui en jouxte le domaine*. Inauguré en 1910, le Trianon Palace a déjà un important passé militaire. Pendant la Première Guerre mondiale, outre un hôpital, il abrita, à partir de 1917, le Comité militaire interallié. C'est également dans cet hôtel que, le 5 mai 1919, les Alliés remirent le texte du traité de Versailles aux représentants allemands. La RAF s'y installe en 1939 avant de laisser la place, en 1940, à l'état-major de la Luftwaffe en France. « Je l'en approuve, trouvant normal qu'il ne réside pas à Paris et utile qu'il en soit proche[24]. » Si de Gaulle voit dans l'éloignement de Paris un symbole politique, Ambrose rappelle que le choix d'Eisenhower répondait à des préoccupations beaucoup plus prosaïques : « [Il] avait insisté pour éviter Paris où les tentations des night-clubs étaient trop grandes[25]. » Eisenhower ne s'installera véritablement au Trianon Palace que le 28 septembre. Comme son bureau lui paraît trop grand, il le divise en deux, cédant la seconde moitié à ses secrétaires. « Il habitait dans un hôtel particulier avec son chien Telek et la nombreuse progéniture – une douzaine de chiots – de ce scott-terrier. [...] Eisenhower continuait à boire légèrement, il souffrait [outre son genou] de bourdonnements d'oreille, avait attrapé un rhume et était gêné par un kyste dans le dos[26]. »

* Aujourd'hui Waldorf Astoria-Trianon Palace.

Ultimes frictions

Devant une telle bienveillance, de Gaulle ne peut qu'exprimer à ce « bon et grand chef allié [...] la reconnaissance du gouvernement français[27] ». Tout irait-il pour le mieux entre Français et Américains ? Loin de là. Il faut d'abord compter avec le général Gerow dont la colère ne veut pas retomber. Depuis la reddition allemande, le 25, il se considère comme le chef militaire de la ville en tant que commandant de la force envoyée à Paris et officier le plus gradé de la place. Il ne peut que se heurter violemment aux autorités françaises qui ne le considèrent pas comme tel et qui ont bien pris soin de le tenir à l'écart de la reddition de Choltitz. Le comble de la tension est atteint le 26 quand il tente de s'opposer au défilé sur les Champs-Élysées et le 27 quand il remet, dans le vide, l'administration de Paris aux autorités françaises qui s'en sont déjà saisi. Dans l'après-midi du 27, « il tempêtait au quartier général de la Ire armée ». Hodges étant absent, il s'ouvrit au général Kean, son chef d'état-major : « "Qui diable est le patron à Paris ?" demanda-t-il. "Les Français se tirent les uns sur les autres, les adversaires se prennent à la gorge. Est-ce Koenig le patron ?... De Gaulle ?... Ou est-ce moi qui suis responsable chargé des troupes ?" Kean tenta de le rassurer. Mais Gerow continua de fulminer : "Très bien... Il va y avoir des répercussions, vous allez voir. Il va y avoir du pétard – du pétard qui viendra de gens importants, mais il faut que je fasse mon boulot militaire. Je me fiche pas mal de tous ces politiciens[28]." » Est-ce l'effet de la grosse colère du commandant du Ve corps ? Toujours est-il qu'une fois Eisenhower parti le SHAEF publie un communiqué qui affirme que, conformément aux accords conclus entre Bedell Smith et Koenig, Eisenhower a remis à Paris le pouvoir à l'administration française. On se doute que, pour de Gaulle, ce communiqué fait l'effet du sel sur une plaie. Dans les heures qui suivent, sans doute sur ordre de l'hôtel de Brienne, Koenig publie à son tour un communiqué qui met les points sur les *i* et que l'ensemble de la presse publie le lendemain :

> « Le Gouvernement de la République m'a appelé à l'honneur d'exercer la charge de Gouverneur militaire de Paris et de commandant de la région de Paris.

> Je salue Paris, hier martyr, aujourd'hui libéré, mais toujours vaillant et fier. Je prends sous mon commandement toutes les forces armées de la capitale et de sa région, en particulier les magnifiques Forces de l'intérieur. C'est à moi-même et aux chefs désignés qu'il appartient de leur donner des ordres. Ils auront à cœur, j'en suis convaincu, de montrer leur discipline après avoir si bien démontré leur valeur.
> L'ennemi est chassé de Paris, mais la bataille en est encore toute proche. D'importants devoirs d'ordre public et de travail s'imposent à tous les citoyens. Je ne peux douter que la population de la capitale et de la région parisienne saura remplir les uns et les autres pour le bien commun avec noblesse et résolution[29]. »

Dix ans plus tard, la colère de De Gaulle, sans doute teintée d'humiliation – il n'est jamais agréable de quémander –, n'est pas apaisée : « Bien entendu, rien n'a été, de la part des Alliés, transmis de ce qu'on ne détenait pas et qu'on n'a jamais exercé. » Il ajoute cette remarque perfide, voyant forcément l'ombre de Roosevelt dans chacun des actes du SHAEF et dans ce communiqué en particulier : « L'amour-propre du président a, sans doute, ses exigences, au demeurant d'autant plus grandes que la période électorale commence aux États-Unis[30]. »

Le front intérieur

Si le front extérieur n'est pas une vallée de roses, que dire de la politique intérieure ? De toutes les questions qui assaillent de Gaulle au lendemain de la libération de Paris, la moindre n'est pas la revendication du Parti communiste de maintenir ses milices armées dans la ville, prétention habilement justifiée, au nom de l'impératif sécuritaire, par la « guerre des toits ».

Lors de ce dimanche décidément bien peu reposant, après la messe et tandis que Koenig accueille Eisenhower, de Gaulle réunit rue Saint-Dominique les secrétaires généraux provisoires. À cette occasion, Le Troquer et Parodi, en tant que seuls membres du GPRF présents à Paris, assistent le général de Gaulle, président du gouvernement. La réception est froide, presque hostile. À chacun des secrétaires généraux, de Gaulle demande « comme à des collégiens » : « Quelle est votre profession ?

– Avocat à la cour, répond Willard.

– On ne peut plus provisoire », réplique de Gaulle[31].

Le Figaro se range résolument du côté du Général : « D'ores et déjà, le général de Gaulle a pris possession de ses fonctions et son installation à Paris est un démenti aux bruits tendancieux selon lesquels la France serait dirigée par ses alliés. Si dans certaines régions, les opérations de guerre imposent un commandement militaire, la plupart des territoires libérés, et Paris, notamment, relèvent des autorités françaises[32]. » Au menu de la réunion, les questions « du ravitaillement, de la défense passive, de l'ordre public et de la censure des informations de caractère stratégique » sont présentées comme les plus brûlantes. Sous la plume de Louis-Gabriel Robinet, pas un mot de la guerre, comme si la libération de Paris signifiait la fin des combats. Outre l'examen de ces questions, la réunion est aussi pour de Gaulle l'occasion de sévèrement recadrer les secrétaires généraux, tous de grands résistants. Sa mise en garde vise en réalité les secrétaires proches du Parti communiste qui, oubliant qu'ils ne sont que des gestionnaires provisoires, entendent rondement lancer la politique d'épuration. À la Justice, Willard publie, le 27, une importante liste de nominations concernant la haute magistrature, qui marque la volonté évidente d'épurer cette dernière. À l'Éducation nationale, même son de cloche : « En l'absence de M. Wallon, nouveau secrétaire général à l'Éducation nationale, c'est son chef de cabinet, M. Maublanc, qui a relaté la façon dont les nouveaux dirigeants de l'Éducation nationale ont pris leurs fonctions et les mesures qui [ont] été prises », parmi lesquelles la suspension de certains hauts fonctionnaires de l'« administration précédente ». La seule arrestation à laquelle il a été procédé est celle de M. Gail, ex-commissaire à la Jeunesse. « Bien entendu, aucun des collaborateurs de l'ex-ministre Abel Bonnard n'est resté en place[33]. » Pour de Gaulle, l'épuration doit certes être conduite, mais sous la seule responsabilité du gouvernement et non de secrétaires provisoires à qui il rappelle qu'ils n'ont d'autre vocation que de s'effacer dès que les ministres arriveront. Arrivée que le Général s'emploie par ailleurs à hâter.

Dans l'après-midi, après le départ d'Eisenhower, de Gaulle reçoit à l'hôtel de Brienne les membres du bureau du CNR. Le CNR compte bien exister et peser d'autant plus sur la politique du pays qu'il n'y a pas vraiment de gouvernement et pas encore d'Assemblée. La question principale étant celle de l'ordre public, le CNR entend y avoir son mot à dire. Sous la présidence du Georges Bidault, le Conseil s'est réuni la veille, pour examiner « la question de l'épuration, le dépistage des suspects, l'arrestation des agents de l'ennemi. [...] Unanime, le CNR a demandé au général de Gaulle qu'il assiste à sa prochaine réunion[34] ».

Pour de Gaulle, ces prétentions sont inadmissibles. Le Général prend son temps et y met les formes, mais le couperet va tomber. Bidault et ses collègues sont reçus cordialement, durant plus de deux heures. *Combat*, proche politiquement du CNR, veut y voir matière à optimisme : « Cette première prise de contact entre le général de Gaulle et les membres du CNR a été extrêmement cordiale. Le chef du gouvernement a longuement et amicalement conversé avec chacun d'entre eux[35]. » À l'issue de l'entretien, de Gaulle adresse à Bidault une lettre publiée le lendemain par la presse. Tout commence bien, le Général y rend un hommage appuyé à l'action du CNR : « Je tiens à exprimer au Conseil national de la Résistance la gratitude du pays tout entier pour les services exceptionnels qu'il a rendus à la Patrie[36]. » La lettre retrace l'action du CNR et rend enfin, au détour d'une phrase, un rapide hommage à Jean Moulin. On est encore très loin de la panthéonisation de 1964. Mais, après la pommade, les épines. Concernant l'avenir de l'institution, de Gaulle indique que, « conformément à l'ordonnance du 22 avril 1944 », les membres du CNR « ont vocation à constituer le noyau de l'Assemblée consultative siégeant en France libérée et qui devra assister le gouvernement dans sa mission provisoire, notamment pour préparer la réunion de l'Assemblée nationale constituante[37] ». Trois messages forts dans cette lettre : le CNR n'a pas vocation à poursuivre son œuvre ; ses membres vont être dispersés dans l'Assemblée provisoire ; il n'est pas question d'un retour à la IIIe République. Si le dernier point ne pose aucun problème à Georges Bidault et à ses amis, les deux premiers ne peuvent que les hérisser encore davantage.

Dans ses mémoires, de Gaulle est explicite : « Les arrière-pensées de certains quant à la direction de l'État, je ne saurai les admettre », et il ne laisse aucun doute à ceux qui rêveraient d'ériger le CNR en pouvoir parallèle : « Dès lors que Paris est arraché à l'ennemi, le Conseil national de la Résistance entre dans l'histoire glorieuse de la Libération, mais n'a plus de raison d'être en tant qu'organe d'action. C'est le gouvernement qui assume la responsabilité entière[38]. » La marginalisation et la dissolution du CNR, annoncées de façon indirecte lors de la cérémonie du 25 à l'Hôtel de Ville, entrent dans leur phase concrète.

En fin de journée, Leclerc, qui a trouvé le temps de mettre par écrit ses impressions sur les événements des derniers jours, livre à de Gaulle un mémorandum qui contient la synthèse de ses réflexions. Le texte dépasse sensiblement le simple cadre militaire et aborde la situation parisienne sous un angle résolument politique. La dénonciation du danger communiste est claire et forte.

> « Impression d'ensemble sur la population et les FFI pendant ces derniers jours.
> L'énorme majorité de la population, en particulier dans Paris, magnifiquement française et nationale, et ne demande qu'à être commandée pour refaire la France (on veut de l'autorité).
> FFI. Estimation d'ensemble : comme pour les partisans dans la guerre du Maroc, 10 pour 100 très bons, très braves, réellement des combattants ; 20 à 30 pour 100 suivant l'exemple de ceux-là ; le reste sans valeur ou négatifs.
> Chefs-FFI. J'ai eu des contacts intéressants aujourd'hui avec des officiers FFI combattant effectivement. Ils m'ont affirmé que le Front national avait tout essayé pour utiliser au profit du « parti » l'enthousiasme français. L'affaire a manqué...
> Impression sur les autorités à mon entrée dans Paris.
> Les dirigeants, même nommés par votre gouvernement, sont [...] bien timides. Voilà, je crois, un des grands nœuds du problème. L'affaire ne me regarde nullement. Je suis uniquement un soldat. Mais, ayant assisté à certaines scènes, je dois vous en rendre compte. Votre tâche ne sera pas facilitée, mon Général.
> Je m'excuse de ces quelques lignes, écrites en hâte, tout près des Allemands, et à quelques kilomètres du cœur de la France.
> Veuillez croire, mon Général, à l'assurance de mon entier dévouement qui n'a fait que croître depuis le Cameroun 1940[39]. »

Lundi 28 août 1944

La tonalité du dimanche était diplomatique, marquée par la visite d'Eisenhower, celle du lundi est toute politique.

La question de l'ordre public est centrale. Exploitant les fusillades des deux derniers jours et la psychose des « tireurs des toits » qui s'est emparée des Parisiens, le Parti communiste se pose en gardien de l'ordre, exigeant des mesures radicales et, quand il est en position de le faire, prenant lui-même ces mesures. Il y a là un triple défi intolérable pour de Gaulle. Non seulement le sujet est par essence régalien et, effectivement, très sensible aux yeux de l'opinion ; mais l'attitude du Parti est un défi ouvert à l'autorité de l'État et pose la question du pouvoir ; enfin, c'est le moyen pour les communistes de justifier le maintien de leurs organisations armées, comme les Milices patriotiques, ou des FFI sur lesquelles ils exercent, dans la région parisienne, une réelle autorité.

Une véritable campagne est lancée sur ce thème dès la fusillade de Notre-Dame, en particulier au travers de la presse communiste. Deux exemples suffiront à donner une idée de la tonalité de cette campagne. Le 28 août, la presse parisienne publie un appel du colonel Rol-Tanguy, chef régional des FFI, à la population parisienne pour la mettre en garde contre les agissements des éléments perturbateurs laissés derrière lui par l'ennemi :

> « Des équipes spéciales sont constituées.
> Je leur donne l'ordre d'abattre sans explication tout individu qui aura tiré sur la population ou qui sera trouvé en possession d'armes.
> J'invite toute la population à coopérer à cette œuvre en guidant nos équipes et en apportant toute l'aide demandée par leurs chefs.
> Rol-Tanguy[40]. »

Ce même matin, *Franc-Tireur*, journal issu du mouvement de résistance éponyme fondé par Jean-Pierre Lévy, publie un appel de Pierre Hervé. Ancien secrétaire national de l'Union des étudiants communistes, professeur de philosophie, Hervé est entré en Résistance en juin 1941. Il participe à l'équipe de rédaction de *L'Université libre*, puis rejoint le mouvement Libération-Sud de d'Astier de La Vigerie. En 1943, il devient le suppléant de Pascal Copeau au sein du CNR au titre de la représentation de Libé-Sud. Il connaîtra, après la guerre, un itinéraire politique des plus singuliers, du stalinisme le plus raide à la rupture avec le Parti dont il est exclu en 1956. Au terme d'un tortueux glissement, il finira dans la mouvance des gaullistes de gauche à la fin des années 1960. Pour l'heure, en rédigeant ce texte, Hervé est tout à fait dans la « ligne » du Parti :

> « Des comités de vigilance doivent se constituer dans chaque quartier, dans chaque îlot, dans chaque maison. [...] Il faut faire comprendre à tous que c'est un impérieux devoir national de signaler aux autorités des FFI [mais pas à la police ni aux soldats de la 2e DB] tous membres de la Milice, du PPF, du RNP, de la LVF, des Francistes, etc. Il faut abattre immédiatement quiconque, appartenant à ces organisations, est pris les armes à la main, il faut que les FFI [et pas la Justice] constituent sans délai des cours martiales [malheureuse expression qui rappelle les cours de Vichy][41]. »

On comprend mieux ainsi le sens de la proclamation de Koenig rédigée le 27 au soir et que la presse publie le 28 au matin. Le texte avait en réalité un double usage : aux Américains, il rappelait qu'il n'y avait jamais eu à Paris d'autre autorité que française, et, aux communistes, que seuls le GPRF ou les autorités nommées par lui étaient en droit d'exercer cette autorité. Pour de Gaulle, la mise au pas des FFI et des Milices patriotiques est aussi nécessaire qu'urgente. Sans doute l'aurait-il fait sans la pression du Parti communiste au nom de l'autorité de l'État. Mais cette pression le pousse à agir vite et fort. À chaque jour suffit sa peine : hier le CNR, aujourd'hui les FFI. Mais la méthode reste la même : quelques paroles de compliment et de remerciement, la promesse de promotions ou de récompenses, pour conclure sur l'annonce de la dissolution. Dans le cas des FFI, cette dissolution prend la forme patriotiquement et militairement imparable de l'intégration dans l'armée régulière.

Le matin, de Gaulle réunit à l'hôtel de Brienne les « vingt principaux chefs des partisans parisiens[42] », étrange appellation pour désigner les chefs des FFI, Rol-Tanguy en tête. Ils sont accompagnés des cinq membres du Bureau du CNR en tant qui puissance tutélaire du COMAC. Koenig joue le Monsieur Loyal de la réunion en présentant les chefs FFI à de Gaulle qui les complimente un par un. Mais l'issue est brutale : les FFI ont vocation à être versées à l'armée régulière, et c'est au ministère de la Guerre, et à lui seul, de les gérer et de les commander. « Le "COMAC" doit disparaître[43]. » Les guillemets que de Gaulle emploie systématiquement, dans ses mémoires, pour désigner l'organisme de commandement des FFI créé par le CNR démontrent à eux seuls son illégitimité. L'ordre public sera assuré par la police et la gendarmerie. « Les milices n'ont plus d'objet. Celles qui existent seront dissoutes[44]. »

L'entrevue est rapide, sèche et sans chaleur. Pierre Villon : « De Gaulle entre en déclarant : "Il y a beaucoup de colonels ici !" Il serre la main des officiers, demandant à chacun : "Quel métier exerciez-vous ?" Métallo, instituteur, etc. "Eh bien il faudra rejoindre l'usine[45]." » Roger Bourderon, qui a recueilli le témoignage de Rol-Tanguy et de son épouse Cécile, confirme la froideur de la réception. De Gaulle demande à Rol-Tanguy ce qu'il faisait avant 1940 : « Je lui ai répondu que j'avais été cité à l'ordre de mon régiment. Lui : "Et avant ?" Moi : "Avant, je m'étais battu dans les Brigades internationales en Espagne*." "Bon !" Poignée de main, c'est fini. C'était son style. Il ne voulait pas forcément expédier la cérémonie. À tous, il a fait ensuite un petit discours de remerciement dans lequel il a évoqué très vite quelques questions – les décorations, les FFI et l'armée, l'ordre, ce qui n'a sans doute pas contribué à réchauffer l'atmosphère[46]. » Dans cette assemblée très masculine, une seule femme : Cécile Rol-Tanguy. Elle a été invitée par le lieutenant-colonel d'artillerie Pierre Avia (« Canon »), chef d'état-major FFI de la région Île-de-France depuis le départ de Roger Cocteau (« Gallois »), et pour lequel elle a effectué des missions de liaison : « Rue Saint-Dominique, je me suis sentie un peu comme le canard boiteux. [...] Le Général m'a saluée d'un "Madame" [comme il l'avait fait à l'égard de Lucie Aubrac le 22 août au Mans], après quoi j'ai dû dire quelques mots, que j'avais travaillé dans la Résistance avec mon mari. Sur-le-champ, tout cela ne m'a guère fait d'impression, ça me dépassait. J'étais jeune, sans ambition. [...] Et puis, moi aussi, j'ai trouvé que ça n'avait pas été chaleureux, c'était une toute petite réception, sans même un verre pour terminer[47]. » Villon cite

---

* « [Henri Tanguy] est officier et occupe le poste de commissaire politique dans la 14e brigade ("La Marseillaise"). En février 1938, il retourne en Espagne où il fait l'apprentissage du feu. Le 18 juin 1938, il est blessé d'une balle dans la poitrine sur le front de l'Èbre. De retour en France en novembre 1938, il est mobilisé en septembre 1939 et affecté comme soldat de 1re classe au 57e régiment d'infanterie coloniale en Lorraine. En mai 1940, il est affecté comme armurier au 28e régiment d'infanterie coloniale mixte sénégalais ; promu lieutenant, il prend part aux combats de la 28e division du 5 au 24 juin 1940 et est cité à l'ordre du régiment » (site de l'Ordre de la Libération).

la phrase que lui glisse Beucler en sortant (l'adjoint de Malleret-Joinville et, qui, précise-t-il, n'est pas communiste) : « Je connaissais l'ingratitude humaine, mais je n'imaginais pas qu'elle pouvait atteindre un tel degré[48]. »

Effectivement, tout va vite : une fois ces mots échangés, de Gaulle présente déjà au bureau du CNR le décret d'incorporation immédiate des FFI et « des milices dites "patriotiques[49]" » dans l'armée, sous la responsabilité du général Koenig, gouverneur militaire de Paris. « Après avoir recueilli les observations indignées ou véhémentes des membres du Bureau, je mets un terme à l'audience[50]. » Le même jour, Koenig adresse au SHAEF une demande d'uniformes et de matériel pour 15 000 hommes, qui est immédiatement acceptée et qui est dans la logique de la reconnaissance officielle des FFI comme des soldats réguliers par le SHAEF. Koenig, un peu plus rond que de Gaulle, justifie habilement l'amalgame des FFI à l'armée, c'est-à-dire leur dissolution en tant que force autonome : « À cause du zèle patriotique magnifique dont ils ont fait preuve dans des circonstances particulièrement difficiles, [les FFI] sont tout indiqués pour constituer l'encadrement de notre future armée[51]. »

Le communiqué de la présidence du gouvernement, publié le lendemain par la presse, y met les formes, mais la dissolution des FFI est bel et bien engagée :

> « Le général de Gaulle, président du Gouvernement provisoire de la République française, s'est fait présenter hier après-midi [le 28] par le général Koenig, gouverneur militaire de Paris, les officiers ayant exercé les principaux commandements dans les Forces de l'intérieur qui ont pris part aux combats pour la libération de Paris.
> Le chef du Gouvernement les a chaleureusement félicités de la façon dont ils avaient accompli leur mission, aujourd'hui glorieusement terminée. Il les a chargés de transmettre à leurs troupes l'expression de sa profonde satisfaction. Il a invité le général Koenig à lui adresser d'urgence ses propositions pour les récompenses qui ont été méritées.
> D'autre part, le général de Gaulle a fait connaître que les éléments des Forces de l'intérieur à Paris et dans les départements libérés allaient être régulièrement incorporés afin que ceux qui en sont susceptibles participent aux opérations ultérieures dans les grandes unités de campagne[52]. »

Le COMAC réplique en tenant, en fin d'après-midi, une conférence de presse devant de nombreux correspondants de guerre étrangers, plaidant pour la préservation de l'identité de l'armée des ombres. En pure perte. Ce qui se joue dans cette affaire est parfaitement clair pour tout le monde : le pouvoir à Paris et, par voie de conséquence, en France. Le gouvernement a beau être encore à Alger, au grand désespoir de Gaulle, le rapport de force demeure largement en faveur de ce dernier. Il dispose de quatre atouts fondamentaux qui font défaut au PCF et aux hommes de la Résistance intérieure : une popularité sans pareille et démontrée avec éclat sur les routes de l'Ouest, puis sur les Champs-Élysées ; le contrôle des forces de l'ordre ; la présence à Paris des 16 000 hommes de la 2e DB ; l'environnement américain et le refus d'Eisenhower de tolérer toute forme de désordre sur ses arrières. D'où son empressement à accepter l'équipement des 15 000 FFI de Paris. On ne refait pas Octobre 17 à Paris contre de telles forces, à supposer qu'on en ait l'intention. André Martel résume la situation : « Le comité central du PC sait qu'il ne peut prendre le pouvoir par l'insurrection, faute du concours de l'Armée rouge : Paris n'est pas Varsovie. De Gaulle ne l'ignore pas[53]. »

Vers un remaniement du gouvernement

Lors de cette journée du 28, de Gaulle doit encore trouver le temps de répondre au télégramme que le roi George VI lui a adressé le 26. Au-delà de la politesse élémentaire, sa réponse lui permet de corriger la vision britannique d'un Paris « libéré par les Forces françaises de l'intérieur et la levée en masse de la population parisienne », et de répondre par là même au télégramme de Roosevelt qui ignorait sa personne. Il fixe ainsi sa propre vision de l'événement en évoquant le rôle d'« une armée alliée », mais sans citer nommément les Américains. En outre, délicate marque de politesse, en ne nommant pas les Américains, il ne souligne pas la cruelle absence des Britanniques. Jusqu'au bout, la bataille des mots aura fait rage entre lui et les Anglo-Américains.

> « J'ai été très sensible au message que Votre Majesté a bien voulu m'adresser à l'occasion de la libération de Paris.
> Si la population unanime et les troupes françaises ont pu libérer Paris, ce fut grâce aux victoires éclatantes d'une armée alliée.

J'y trouve une preuve nouvelle des sentiments d'amitié fidèle pour mon pays que Votre Majesté et Sa Majesté la Reine n'ont cessé d'exprimer au cours de ces quatre années et dont je leur reste profondément reconnaissant [...][54]. »

Il rédige également un message à Queuille et à Pleven que Juin emportera à Alger. De Gaulle, seul à Paris au milieu d'un océan de difficultés, enrage de ne pas obtenir de réponse à ses messages répétés réclamant l'arrivée la plus rapide possible des ministres. Son ton se fait de plus en plus cassant et comminatoire. L'absence de réponse est due aux mêmes difficultés de communication avec Paris que rencontrent ses ministres à Alger.

« Télégramme à Henri Queuille et à René Pleven, à Alger
Paris 28 août 1944
Secret.
Je ne puis comprendre comment ni pourquoi les membres du gouvernement ne sont pas arrivés à Paris malgré mes appels réitérés. Je ne puis comprendre davantage comment ni pourquoi vous me laissez sans aucune communication de vous depuis mon départ d'Alger. Nous avons une délégation à Londres. Vous avez la communication chiffrée de cette délégation. J'ai moi-même pu prendre contact plusieurs fois avec elle*. Il me paraît inexplicable que vous n'utilisiez pas ce moyen pour me tenir au courant de ce que fait le gouvernement.
Il n'est pas possible d'attendre davantage, pour avoir un gouvernement à Paris. Je vous invite donc tous de la manière la plus formelle à me rejoindre et à me faire connaître immédiatement par la délégation de Londres ce que vous faites et quand vous arriverez[55]. »

Pour ce qui est du gouvernement, les choses sérieuses et les premières consultations commencent à Paris, ce 28 août. Il est clair que le gouvernement, dont le retour d'Alger est une question de jours, va être à la fois remanié et élargi, ne serait-ce que pour y faire de la place à certains des membres du CNR dont de Gaulle entend ainsi adoucir la marginalisation. En tant que président du CNR et que leader d'une force politique – la démocratie-chrétienne – sans doute appelée à compter dans les mois qui viennent, Georges Bidault fait l'objet d'une attention particulière.

* Par exemple, avec Chaban-Delmas lors de son rapide voyage à Londres du 16 août.

Gouvernement provisoire de la République française

3 juin 1944		9 septembre 1944	
Président	Charles de Gaulle		Charles de Gaulle
Commissaire d'État	Henri Queuille	Ministre d'État	Jules Jeanneney
Commissaire d'État	François Brilloux		
Commissaire d'État, chargé des questions musulmanes	Georges Catroux	Ministre délégué en Afrique du Nord	Georges Catroux
Commissaire d'État et Commissaire aux Rapports avec l'Assemblée consultative et aux Études	André Philip		
Commissaire à la Justice	François de Menthon	Ministre de la Justice	François de Menthon
Commissaire aux Affaires étrangères	René Massigli	Ministre des Affaires étrangères	Georges Bidault
Commissaire à l'Intérieur	Emmanuel d'Astier de La Vigerie	Ministre de l'Intérieur	Adrien Tixier
Commissaire à la Guerre	André Diethelm	Ministre de la Guerre	André Diethelm
Commissaire à la Marine	Louis Jacquinot	Ministre de la Marine	Louis Jacquinot
Commissaire à l'Air	Fernand Grenier	Ministre de l'Air	Charles Tillon
Commissaire aux Colonies	René Pleven	Ministre des Colonies	René Pleven
Commissaire aux Finances	Pierre Mendès France	Ministre des Finances	Aimé Le Percq
		Ministre de l'Économie nationale	Pierre Mendès France
Commissaire à l'Information	Henri Bonnet	Ministre de l'Information	Pierre-Henri Teitgen
Commissaire aux Communications et à la Marine marchande	René Mayer		

Commissaire aux Prisonniers et Déportés	Henri Frenay	Ministre des Prisonniers	Henri Frenay
Commissaire au Travail et à la Prévoyance sociale	Adrien Tixier	Ministre du Travail et de la Sécurité sociale	Alexandre Parodi
		Ministre de la Santé publique	François Billoux
Commissaire à la Production et au Ravitaillement	François Giacobbi	Ministre du Ravitaillement	François Giacobbi
		Ministre de la Production	Robert Lacoste
Commissaire à l'Instruction publique	René Capitant	Ministre de l'Éducation nationale	René Capitant
		Ministre de l'Agriculture	François Tanguy-Prigent
		Ministre des Transports et des Travaux publics	René Mayer
		Ministre des P.T.T.	Augustin Laurent
Commissaire en Mission	Jean Monnet		
Commissaire délégué pour l'Administration des Territoires libérés	André Le Troquer		
Commissaire délégué aux Territoires occupés	Alexandre Parodi		

Le président du CNR est donc à nouveau reçu, ce lundi, rue Saint-Dominique. De Gaulle lui demande sa collaboration et lui offre la Justice et les Cultes. L'esprit caustique de Bidault est bien connu : « J'étais comblé. La Justice, c'était l'épuration et les Cultes, c'était aussi l'épuration. » Bidault héritera finalement, le 9 septembre, des Affaires étrangères, ce qui lui paraît paradoxal puisqu'il ne sait rien du monde extérieur depuis quatre ans. Alors que Tixier, qui est dans la position inverse, recevra l'Intérieur ! « À la première vue, on avait choisi, ou préféré, les moins informés dans les deux cas[56]. »

Thomas Vaisset souligne que de Gaulle songe alors à récréer un grand ministère de la Marine et d'en confier la direction à d'Argenlieu. Sans que les sources ne permettent de trancher sur les raisons qui ont conduit à ce choix, c'est finalement Louis Jacquinot qui est reconduit dans ces fonctions, certainement parce qu'il occupe ce poste technique depuis novembre 1943 et qu'il y a donné toute satisfaction. Vaisset suggère une autre explication : Jacquinot a l'avantage d'être un civil, ce qui fait contraste avec la « marée bleue » de Vichy. En effet, la nomination de l'amiral Darlan au ministère de la Marine, le 16 juin 1940, avait marqué une « profonde rupture » dans l'histoire républicaine, et ce d'autant plus que Darlan cumulait cette fonction et celle de chef d'état-major de la Marine. « Or la disparition des amiraux-ministres a été un marqueur essentiel de la républicanisation des armées[57]. »

Quant à Le Troquer, il sera remercié dans les formes. Le 4 septembre, de Gaulle lui annonce que son fils est gravement malade à Alger. Le Troquer saute dans le premier avion au Bourget et trouve son fils mourant. Il est sauvé *in extremis* « par la délivrance exceptionnelle de cette pénicilline salvatrice et, à ce moment, introuvable pour tout civil. [...] Le surlendemain, 9 septembre, c'est par la lecture des journaux que j'apprenais que je n'étais plus ministre ». À son retour à Paris, Le Troquer redevient membre de l'Assemblée consultative provisoire et trouve une belle lettre de remerciement de De Gaulle qu'il publie dans ses mémoires[58].

Les deux autres grands perdants du remaniement à venir sont André Philip et Emmanuel d'Astier de La Vigerie. Philip paie certainement son franc-parler (on se souvient de ses lettres incendiaires à de Gaulle) et un comportement parfois incontrôlable, y compris face à Roosevelt, dans le Bureau ovale, le 20 novembre 1942. Pour ce qui est de D'Astier, fondateur de l'un des plus importants mouvements de Résistance et titulaire d'un poste clé (l'Intérieur), de Gaulle est contraint d'agir avec mesure. D'Astier a quitté Alger le 2 août et il vit une quinzaine de jours dans la clandestinité quelque part du côté d'Apt. Après le débarquement de Provence (15 août 1944), il gagne Aix-en-Provence où il retrouve le général de Lattre qui s'est installé à l'hôtel du Roi René (le palace d'Aix où Churchill descendra en 1948 pour y peindre les paysages de Cézanne).

À Marseille, il installe son ami Raymond Aubrac à la préfecture. Le 27, il est à Avignon, puis tente de passer le Rhône pour gagner le Languedoc. « Notre expédition comportait une voiture, une jeep, trois camarades armés, Bardoche [Robert Bine], Robinet [Albert Gazier] et moi. Je voulus voir Avignon d'abord. Il fallut passer la Durance à gué, sur la jeep, moteur et pied dans l'eau[59]. » Mais impossible d'aller au-delà de Vallabrègues, les ponts sur le Rhône sont coupés. De retour à Aix, d'Astier y trouve son frère Henri à la tête d'un commando, qui lui propose de le conduire à Montpellier, le lendemain, 28 août. « Un ministre en exercice seul sur la route, avec deux commandos à bord de la voiture, en battle-dress, cela n'a rien d'ordinaire. À de multiples reprises Emmanuel d'Astier doit montrer ses papiers à des groupes de maquisards[60]. » À midi, d'Astier est à Nîmes et, le soir, il prononce un discours à Montpellier. « L'accueil est enthousiaste. Le prestige du chef du mouvement Libération est énorme. Au moment où de Gaulle se fait acclamer à Paris, d'Astier est plébiscité par la population de Montpellier[61]. » Retour à Marseille où d'Astier descend la Canebière, le 30, en compagnie d'Aubrac et de Diethelm, le commissaire à la Guerre, et des généraux de Lattre et de Monsabert. La foule leur fait un triomphe. Le défilé des Champs-Élysées suscite déjà des imitations en province. Le 31, un avion conduit alors d'Astier de Toulon à Paris où il s'installe tout naturellement place Beauvau.

Le premier Conseil des ministres à Paris a lieu le 2 septembre au ministère de la Guerre et non à Matignon. De Gaulle confirme que le gouvernement va être remanié. Le MLN, par la voix de Copeau, réclame un gouvernement 100 % résistant. En ce sens, Copeau transmet, le 4 septembre, un projet à de Gaulle dans lequel d'Astier est aux Affaires étrangères. Mais pour ce poste de Gaulle penche finalement pour Bidault. Trois jours plus tard, de Gaulle propose à d'Astier le poste d'ambassadeur à Washington avec l'assurance d'être rapidement nommé aux Affaires étrangères. Le 9, d'Astier apprend par la radio, à Toulouse, qu'il est remplacé à l'Intérieur par Tixier. Il refuse Washington, voulant demeurer à Paris, au plus près de la vie politique.

S'il n'y avait que la grande politique… Il faut encore trouver le temps de ménager les susceptibilités personnelles. Ce même 28 août, de Gaulle rédige un mot très aimable à l'attention à Billotte qui vient, comme Langlade, d'être promu général de brigade. Magnifique parcours pour celui qui, comme Leclerc, n'était que capitaine en mai 1940 au moment où son père, le général Gaston Billotte, décédait dans un accident alors qu'il commandait le 1er groupe d'armées. Les relations ont été tendues entre Billotte et de Gaulle lors de la libération de Paris, et le Général estime certainement qu'il faut un peu réconforter l'amour-propre de son ancien chef d'état-major particulier.

> « Paris le 28 août 1944,
> Mon cher ami,
> Je vous ai tout juste entrevu l'autre jour aux Champs-Élysées.
> Je suis content que ce soit vous qui ayez ouvert la porte de Paris.
> Quand vous le pouvez, venez me voir.
> Amitiés,
> CdG[62]. »

Dans ses mémoires, Billotte cite l'intégralité de ce mot, manifestement soucieux de faire ainsi reconnaître toute la part qui lui revient dans la libération de Paris, sinon contre Leclerc, du moins sur le même plan que lui : « Sans doute [de Gaulle] avait-il été heureux que le chef militaire chargé de l'effort principal sur Paris ait été un Parisien amoureux de Paris et qu'il ait eu auparavant l'occasion d'exercer auprès de De Gaulle, à Alger, des fonctions qui lui avaient permis d'être complètement informé et de réfléchir sur les conditions véritablement révolutionnaires dans lesquelles ne pouvaient manquer de se dérouler les opérations de libération. Il n'avait pas été inutile aussi que ces fonctions lui aient donné le poids et l'autorité nécessaires pour faire prévaloir au moment voulu son point de vue[63]. » Habile façon de dresser en creux un portrait de Leclerc plutôt négatif.

Plus loin, Billotte revient à la charge en citant un autre mot de De Gaulle. Le 11 novembre 1944, en lui remettant la Croix de la Libération, devant l'Arc de Triomphe, et en présence de Churchill, de Gaulle, « qui tenait sans doute à effacer définitivement de ma mémoire son accueil du 25 août à l'Hôtel de Brienne, déclara au Premier ministre britannique : "Savez-vous que, sans Billotte, ce monument et bien d'autres dans Paris ne seraient peut-être pas demeurés ce qu'ils sont ?[64]" »

France/États-Unis

Libération ou pas, le ravitaillement demeure la principale préoccupation des Parisiens. Du côté des Américains, les choses continuent à s'améliorer à la suite de la visite d'Eisenhower à Paris. Ce lundi matin, comme il le fera tous les jours de la semaine, Parodi réunit les secrétaires généraux à Matignon pour une séance de travail essentiellement consacrée au ravitaillement. La presse du 29 en rend compte, mais elle a toujours du mal à comprendre que « Cérat » est le pseudonyme de Parodi et que, les Allemands partis, on peut appeler les gens par leur nom.

> « Le commissaire d'État, délégué général du GPRF communique :
> Hier matin à 9 heures, à l'Hôtel Matignon, les secrétaires généraux provisoires se sont réunis en conseil sous la présidence des commissaires d'État Le Troquer et Cérat.
> Diverses questions ont été abordées, en particulier le ravitaillement, la reprise du travail dans les administrations, dans les entreprises privées et l'épuration dans les services publics. La réunion s'est terminée à 12 h 30[65]. »

Le 28 au matin, les premiers convois américains parviennent dans Paris. Les marchandises et les camions sont américains, mais les conducteurs sont français. « Hier matin [le 28], 200 camions se sont rangés en une longue file le long du ministère des Finances [alors situé rue de Rivoli]. Ils venaient de Normandie et apportaient les denrées les plus diverses destinées à l'approvisionnement de Paris. Une foule énorme les entoura, serrant les mains des conducteurs français qui les avaient pilotés[66]. » *Le Figaro*, qui se veut optimiste, note aussi qu'« un grand nombre d'avions se trouvent déjà sur un aérodrome à proximité de Paris où l'on se livre à leur déchargement. Il s'agit de denrées de première nécessité ». Cela ne constitue toutefois qu'un premier geste, et la situation des 6 millions d'habitants de la région parisienne demeure très tendue. La préfecture de la Seine le confirme en annonçant, ce même 28 août, que la distribution d'une ration de 250 grammes de biscuits sera organisée « chez les boulangers au fur et à mesure qu'ils seront approvisionnés[67] ». Ce genre d'annonce par voie de presse était le quotidien des Français sous l'Occupation. Le temps de l'abondance est encore bien loin.

Un point noir toutefois : les relations avec le général Gerow ne s'améliorent toujours pas. Le 28 août, par l'envoi d'une lettre, le commandant du Ve corps remet officiellement la place de Paris à Koenig. Le gouverneur militaire de Paris lui répond sèchement par une autre lettre en retour : « Seules les autorités françaises se sont occupées de l'administration de la ville de Paris depuis sa libération. [...] En tant que gouverneur militaire de Paris depuis mon arrivée, j'en ai assumé les responsabilités le 25 août 1944[68]. » Comprenant qu'il est temps de pacifier les choses, Leclerc rend visite à son supérieur américain pour une franche explication. La longue discussion est cordiale même si chacun défend sa position. Le témoignage du capitaine Girard est à nouveau indispensable. « Gerow explique qu'il aurait voulu être prévenu plus tôt [de l'organisation du défilé] de façon à pouvoir prendre des mesures nécessaires car il se sentait personnellement responsable de la sécurité du général de Gaulle. "Autant que de celle du président Roosevelt", ajoute-t-il. S'il l'avait su, il aurait demandé une couverture aérienne, etc. » Sur un ton courtois, Gerow s'explique ensuite sur le refus de Leclerc de se rendre à sa convocation du 26 vers midi. « Il voulait, dit-il, lui donner l'ordre d'utiliser toute sa division pour la cérémonie. Le général [Leclerc] écoute cela avec un air plutôt ennuyé[69]. » Les arguments du général américain ne sont pas absurdes, en particulier sur l'absence dramatique de couverture aérienne du défilé. Mais ils sentent manifestement la justification *a posteriori*. Gerow oublie un peu vite ses messages comminatoires des 25 et 26 août à Leclerc interdisant formellement toute forme de « parade ». En outre, pourquoi faire sortir de Paris, ce jour-là, pratiquement toutes les forces américaines si sa seule préoccupation est la sécurité du général de Gaulle ? Enfin, comment peut-il affirmer qu'il convoquait Leclerc pour lui ordonner de regrouper toute la DB dans Paris, alors que la moitié de ses effectifs se battaient durement au nord de Paris ?

Dans la voiture raccompagnant Leclerc à son PC, Girard, invité à exprimer son avis, déclare ne pas avoir été convaincu par Gerow. Leclerc réplique, livrant certainement la clé de toute l'affaire : « Tout cela ne signifie rien. On ne peut pas discuter d'une question qui a des implications diplomatiques. Le Général de Gaulle ne voulait pas que les Américains s'en mêlent. On ne peut pas le leur dire. Dans ces conditions, il est effectivement difficile de discuter[70]. » Encore plus flegmatique, Eisenhower conclut à l'intention de Marshall, le 31 août : « Nous ne pouvons leur en vouloir d'être un peu énervés[71] », sans que l'on sache très bien s'il évoque ainsi les Français, ses propres subordonnés ou les deux à la fois. Pendant ce temps, l'énorme état-major d'Eisenhower commence son déménagement du Cotentin vers Versailles.

Même si l'affaire est réglée et qu'Eisenhower ne semble guère y accorder d'importance, les choses sont allées trop loin entre Gerow et les autorités françaises pour que la 2e DB soit maintenue sous son autorité. Le 3 septembre, les derniers éléments de la 2e DB quittent la région parisienne pour la Lorraine. Le 8, la division est réintégrée au sein de la IIIe armée de Patton.

Les bonnes nouvelles s'accumulent. Les Allemands sont en retraite dans la banlieue nord, et partout les FFI harcèlent leurs forces en retraite. La Ire armée progresse dans la vallée du Rhône. L'ennemi, assailli de toutes parts, ne se rétablira que sur la frontière du Reich. Bref, le redressement est en vue. « À condition que le pays soit gouverné, ce qui exclut tout pouvoir parallèle au mien. Le fer est chaud. Je le bats[72]. » Le général Juin est toutefois conscient d'une double limite : « En présentant ces premiers rapports à de Gaulle, je lui fis observer que nous avions un peu trop négligé l'armée de Lattre – et pour cause, nous n'avions pas de moyens de liaison avec elle –, pendant nos journées d'approche et de libération de Paris[73]. » En outre, il est urgent que l'état-major de la Défense nationale, pour l'heure représenté par le seul Juin, prenne enfin corps à Paris. Il faut pour cela que Juin retourne d'urgence à Alger afin de ramener un embryon d'équipe. De Gaulle l'autorise à partir ce jour et, les communications avec Alger étant toujours rompues, il en profite pour le charger de divers messages : les télégrammes importants des 27 et 28 août destinés aux ministres restés à Alger ainsi qu'une lettre personnelle pour son épouse, daté du 27 :

> « Paris 27 août 1944
>
> Ma chère petite femme chérie,
> J'ai vu Philippe qui va parfaitement bien et s'est très bien battu et se bat encore.
> […]
> Je suis au ministère de la Guerre, rue Saint-Dominique. Mais c'est provisoire. Quand tu viendras, nous prendrons un hôtel avec jardin du côté du Bois de Boulogne pour habiter et j'aurai mes bureaux ailleurs.

Lettres d'une masse de gens : les Solal, les Duquesnoy, etc., etc. Jean Rérolle* est venu deux fois. Mais je n'ai pas encore eu… le temps de le recevoir.
Donne une réponse au général Juin qui repartira pour Paris deux jours après son arrivée à Alger et qui te porte cette lettre. Donne-lui aussi du linge et des souliers pour moi.
Je t'embrasse de tout mon cœur […]. Mille affections à Élisabeth et Anne.
Ton pauvre mari,
Charles[74]. »

Pour ce faire, de Gaulle prête à Juin son Lockheed personnel piloté par Marmier. Juin note qu'il peut ainsi « faire [sa] première liaison auprès de M. Queuille, vice-président du Gouvernement provisoire, abandonné à Alger avec la majeure partie du gouvernement[75] ». Au terme de cet aller-retour express, Juin s'installe, à Paris, à l'hôtel Continental.

Mort de Vichy : l'affaire Auphan

Preuve de sa grande fragilité institutionnelle, le régime de Vichy promulgua pas moins de huit textes « constitutionnels » relatifs à la succession éventuelle du maréchal Pétain. Le 27 septembre 1943, l'Acte constitutionnel n° 4 *sexties* « relatif à la succession du chef de l'État » charge un collège de sept membres d'assurer l'intérim de la fonction de chef de l'État si Pétain en était empêché. En cas d'empêchement définitif, le collège devrait, « aussitôt que possible, réunir l'Assemblée nationale, à laquelle il remettra les pouvoirs qu'elle m'avait confiés le 10 juillet 1940 ».

Dans la première quinzaine d'août 1944, dans une ambiance de fin de règne, germe à Vichy l'idée d'une passation des pouvoirs du maréchal Pétain au général de Gaulle qui accréditerait *a posteriori* la légitimité de Vichy. Dans une atmosphère fébrile, plusieurs solutions sont envisagées. Un projet de lettre est rédigé, sans doute le 10 août. Passablement flou, il n'évoque pas de façon franche la question de la transmission du pouvoir, mais reprend les deux arguments fondamentaux de Vichy : la continuité de la légitimité du maréchal et le refus de la guerre civile.

* Mari de Suzanne Vendroux, sœur de Mme de Gaulle.

« Je donne pouvoir à l'amiral Auphan pour me représenter auprès du haut commandement anglo-saxon en France, et éventuellement prendre contact de ma part avec le général de Gaulle ou ses représentants qualifiés, à l'effet de trouver au problème politique français, au moment de la libération du territoire, une solution de nature à empêcher la guerre civile et à réconcilier tous les Français de bonne foi. »

Au cas où Auphan ne pourrait lui en référer, Pétain lui fait confiance pour agir au mieux :

« Pourvu que le principe de légitimité que j'incarne soit sauvegardé[76]. »

Le 12 août, l'amiral Auphan tente de réunir le collège prévu par l'Acte constitutionnel n° 4 *sextiès*. Mais la tentative s'avère impossible : Weygand et Bouthillier sont détenus en Allemagne ; Léon Noël, entré dans la Résistance, refuse formellement ; Porché (vice-président du Conseil d'État) et le professeur Gidel, recteur de l'Université de Paris, ne se rendent pas à la convocation. Auphan se retrouve finalement seul avec Caous, le procureur général près la Cour de cassation. Il en tire la conclusion que le collège est mort et il cherche dès lors à prendre contact avec de Gaulle. La démarche d'Auphan n'est pas isolée, et les tentatives de contact se multiplient à Vichy en ce mois d'août 1944. Henri Ingrand, commissaire de la République pour la région Auvergne, est ainsi approché par le capitaine Oliol qui l'informe que Pétain propose de se placer sous la protection des FFI auvergnats et de se retirer du pouvoir. Ingrand déclare au capitaine que ses forces pourraient assurer la protection du maréchal, mais Oliol ne donne pas suite, sans doute empêché par les mesures de surveillance des Allemands.

Chargé de sa délicate mission, l'amiral Auphan quitte Vichy le 11 août. Dans le contexte très agité du mois d'août 1944, l'amiral ne peut joindre le général de Gaulle, mais il parvient à entrer en contact avec le général Juin. Auphan ne dit pas un mot de cette affaire dans ses mémoires pourtant très détaillés, par exemple, sur les événements de novembre 1942[77]. Nous en sommes donc réduits au seul témoignage de Juin. Celui-ci indique, sans aucune précision de temps ni de lieu, qu'il fut approché par le général Lacaille, l'ancien chef de cabinet d'Huntziger, qui le rapprocha d'Auphan, lequel put ainsi lui remettre « en main propre[78] » la fameuse lettre de Pétain accompagnée du texte de l'Acte constitutionnel n° 4 *sextiès*. Juin affirme être demeuré prudent avec Auphan, qu'il tenait « en très haute estime », ne s'engageant qu'à remettre ces documents à de Gaulle. Étant donné ce qu'est l'emploi du temps de Juin dans la seconde moitié du mois d'août, il ne peut rencontrer Auphan qu'à deux moments : soit les 22 ou 23 août, dans la région de Chartres, soit les 27 ou 28, à Paris. On se souvient que Juin entretient un flou artistique sur ses activités lors de ces journées et que, par exemple, il affirme avoir passé la journée du 23 à rechercher de Gaulle sur les routes. A-t-il rencontré Auphan ce jour-là ? Quoi qu'il en soit, Juin remet ces documents à de Gaulle au soir du 28, juste avant son départ pour Alger.

« Quel aboutissement ! Quel aveu ! Ainsi, dans l'anéantissement de Vichy, Philippe Pétain se tourne vers Charles de Gaulle. Voilà donc le terme de cette affreuse série d'abandons où, sous prétexte de "sauver les meubles", on accepta la servitude. Quel insondable malheur que cette politique fut endossée par l'extrême vieillesse d'un chef militaire glorieux ! » De Gaulle se sent à la fois rehaussé dans sa certitude et « étreint d'une tristesse indicible » : « Monsieur le Maréchal ! Vous qui avez fait jadis si grand honneur à nos armes, vous qui fûtes autrefois mon chef et mon exemple, où donc vous a-t-on conduit[79] ? »

Quelle suite donner à ces offres ? L'hypothèse de la guerre civile est exclue : il n'y a pas de pouvoir dressé contre celui de De Gaulle. Quant à la « forme de légitimité » que Pétain prétend incarner, il est hors de question d'y accorder le moindre crédit : « Non point tant parce qu'il a recueilli naguère l'abdication d'un parlement affolé, qu'en raison du fait qu'il a accepté l'asservissement de la France. Si la France se reconnaissait dans un pouvoir qui portait le joug, elle se fermerait l'avenir[80]. » Et surtout parce que Vichy a renoncé à la souveraineté : « Nous, Français, avons au cours du temps subi des désastres, perdu des provinces, payé des indemnités, mais jamais l'État n'a accepté la domination étrangère. Même le roi de Bourges, la restauration de 1814 et celle de 1815, le gouvernement et l'assemblée de 1871, ne se sont pas subordonnés. » Répondant à « un appel venu du fond de l'histoire », de Gaulle se refuse à toute transaction : « Sans que je méconnaisse l'intention suprême qui inspire ce message du maréchal, sans que je mette en doute ce qu'il y a d'important, pour l'avenir moral de la nation, dans le fait qu'en fin de compte c'est vers de Gaulle qu'est tombé Pétain, je ne puis faire que la réponse de mon silence[81]. »

C'est sur cette épitaphe de Vichy, à jamais « nul et non avenu », que de Gaulle clôt l'histoire de ses relations avec le maréchal Pétain.

Mardi 29 août

Le retour à la normale s'effectue peu à peu. Ce 29 août, la presse annonce que les employés des transports en commun reprennent le travail. Certes, le métro n'est pas près de rouler. Les stocks de charbon sont encore insuffisants, et les lignes à haute tension assurant l'alimentation de Paris en électricité, pas encore réparées. Mais une reprise partielle des autobus à Paris et en banlieue offre un semblant de normalité.

La grande affaire du jour est le défilé, comme Eisenhower l'avait proposé le 27, d'une division américaine dans Paris. Pour des raisons militaires, le commandant en chef a tout intérêt à renforcer le pouvoir gaulliste. L'anarchie politique et matérielle sur les arrières des forces handicaperait lourdement la suite des opérations militaires. C'est pourquoi Eisenhower laisse la division Leclerc à disposition du GPRF jusqu'à la fin du mois d'août et qu'il consent à fournir autant d'uniformes qu'il en faudra pour accélérer l'incorporation des FFI dans l'armée régulière. Accessoirement, ce défilé spectaculaire montre à ceux qui auraient tendance à l'oublier de quel côté penche le rapport de force. L'unité choisie est la prestigieuse 28e division d'infanterie américaine du général Cota. Héritière d'une division de la guerre de Sécession, la 28th US DI fut recréée en octobre 1917. Elle s'illustra lors des combats de Fismette, en août 1918, qui valurent à ses soldats le surnom d'« Hommes de Fer ». De 1942 à 1943, elle fut commandée par Omar Bradley.

Le parcours du défilé lui fait descendre à pied les Champs-Élysées, puis traverser la ville en camion de la Concorde aux faubourgs ouvriers du nord de la ville. Place de la Concorde, les « hommes de fer » défilent « devant Bradley, de Gaulle, Koenig, Leclerc, debout sur une estrade improvisée, un pont Bailey retourné[82] ». Christian Chevandier décrit l'accueil enthousiaste des Parisiens. Des affiches en anglais ont été placardées partout dans Paris. Même *L'Humanité* s'associe à l'enthousiasme : « Hôtes aimés de Paris, les soldats américains ont été acclamés de l'Étoile à la Concorde et sur tout le parcours de Paris[83]. »

Les Parisiens découvrent alors un art américain du défilé très différent de celui auquel les revues militaires françaises ou, plus récemment, les parades allemandes les ont habitués. Si l'ordre serré est aléatoire, les rangs plus ou moins alignés et les tenues loin d'être parfaites, l'effet est

La 28e division d'infanterie américaine défile sur les Champs-Élysées, 28 août 1944.

spectaculaire. En effet, les soldats défilent en tenue de campagne et non dans de beaux uniformes de parade, l'arme à l'épaule comme s'ils montaient au front. Surtout, les rangs occupent toute la largeur des Champs-Élysées, ce qui imprime au défilé une saisissante impression de puissance. Si le but était de démontrer aux Parisiens que toute tentative de désordre est vaine, il est parfaitement atteint.

Les officiers de la 2e DB, un brin narquois, n'apprécient que modérément le spectacle offert par leurs collègues américains. Girard : « Après un déjeuner rapide chez Chauland, nous allons voir défiler les Américains. Le service d'ordre est correct, mais la foule n'a pas la densité de celle du 26 août. Dans la tribune, Bradley et ses généraux du Corps d'armée, parmi lesquels Gerow. Le général de Gaulle est là, avec Koenig, d'Argenlieu, Noiret et des personnalités FFI. Le défilé n'a rien de transcendant et comme la tribune est placée au point de dislocation, le spectacle n'est pas exaltant[84]. »

Au même moment, le général Juin, arrivé par un vol de nuit, est à Alger. Faute de communications régulières, les Algérois sont avides d'informations. Une grande carte a été dressée sur la façade de l'hôtel des Postes, à deux pas du Forum, où chacun vient voir, chaque soir, l'avancée des troupes. Louis Joxe : « Si jamais la place centrale d'Alger a mérité son nom de "forum", c'est bien au cours de ces journées : Français d'Algérie, musulmans, de toutes conditions, Français de la métropole, tout était confondu. [...] Une commune fierté animait les uns et les autres. Ce peuple rassemblé chaque soir attendait avec émotion et ferveur la délivrance de sa capitale[85]. » Difficile de ne pas imaginer que, par cette description, Joxe joue sur l'effet miroir du Forum d'Alger d'août 1944 et de celui de mai 1958.

Même le gouvernement, qui se réunit consciencieusement sous la houlette de Queuille, ne sait pas grand-chose. À peine arrivé, Juin est admis à participer à la réunion du Conseil du 29 août. Autour de lui, c'est l'effervescence. Joxe se souvient : « Je vois encore le futur maréchal de France transformant la table du Conseil en champ de bataille, expliquant la manœuvre, remontant en arrière dans le temps pour évoquer ce que nous connaissions mal ou ce que nous ignorions, et singulièrement l'entrevue avec Montgomery, la marche de Leclerc et son entrée, le premier, dans Paris. Nous étions là, serrés autour de lui, il termina son exposé sur le ton bref, précis, direct qui lui était propre et me prit sous le bras : "Et maintenant, la suite[86]..." »

Juin, le porteur de messages, ne manque pas de s'acquitter de sa mission auprès de Mme de Gaulle. Dans l'après-midi du 29, il se fait annoncer à la villa des Oliviers et lui remet les lettres du Général. Juin raconte la libération de la ville, l'enthousiasme des Parisiens, l'accueil que de Gaulle a reçu. Mais il lui explique aussi que les obstacles ne sont pas levés avec les Alliés. Juin lui demande enfin à quelle date elle compte venir à Paris et lui rappelle que son mari « a aussi besoin de linge et de souliers[87] ».

Dès le lendemain, un premier groupe conduit par Juin (Max Hymans, Louis Joxe, René Pleven) gagne la France dans l'avion de De Gaulle, toujours piloté par Marmier. À peine arrivé à Paris, Joxe est reçu par de Gaulle au ministère de la Guerre. L'entrée en matière est déroutante : « Avez-vous vu les coiffures des femmes et leurs robes ? Ce sont des parterres de fleurs. » Puis arrive le récit de la Libération : « Je vais vous raconter ce que vous n'avez pas vu. D'abord, je campe ici, vous comprenez pourquoi ? La guerre n'est pas terminée, vous comprenez[88]. »

Le 1er septembre, le RP Bruckberger souhaite qu'un service funèbre soit rendu à Notre-Dame-des-Victoires pour les soldats tombés durant la libération de Paris. Il va trouver Koenig et lui déclare souhaiter vivement la présence du général de Gaulle.

« C'est entendu, mais Koenig donne de très rigoureuses consignes.

– S'il y a la moindre pagaille, dit-il en souriant, le général ne met plus les pieds dans une église. »

Et il ajoute toujours en souriant :

« Nous sommes de bons catholiques, profondément catholiques, à la manière des soldats du Moyen Âge, qui bousculaient un peu les curés[89]. »

La cérémonie a lieu le 1er septembre. Les Petits Chanteurs à la Croix de Bois sont là tout comme la Garde républicaine et une compagnie de FFI que Koenig passe en revue à 10 heures. Le général de Gaulle arrive et va s'agenouiller dans la chapelle de la Vierge où sont alignés cinq cercueils d'insurgés recouverts de drapeaux et de fleurs.

En guise de conclusion, on pourra lire la dernière lettre de De Gaulle à son épouse avant le retour de celle-ci à Paris :

« Paris, le 31 août 1944
Ma chère petite femme chérie,

Les choses continuent à s'arranger ici d'une manière satisfaisante. Naturellement, certains éléments ont essayé de tirer parti de la confusion inévitable du début et, au besoin, de la créer, pour tirer à eux la couverture. Mais cela ne peut et ne pouvait avoir grande portée, car l'esprit public est magnifique et tout à fait orienté comme il faut.

Philippe est venu dîner avec moi hier soir, puis il a gagné son régiment qui est au Bourget après avoir contribué à le prendre. Ils sont maintenant au repos et l'ont bien mérité. Leurs combats à Alençon, puis à Argentan, puis au sud de Paris (Antony-Porte d'Orléans) pour entrer dans la ville, puis dans Paris (École militaire, palais Bourbon, rue Royale, Luxembourg, gares du Nord et de l'Est) où l'ennemi était retranché ont été durs. Après ce n'était pas fini car il leur fallut reprendre Saint-Denis, Le Bourget, Stains ; etc. Philippe s'est parfaitement bien conduit. Nous pouvons en être fiers.

Je n'ai vu encore personne de la famille faute de temps. Dis à Madeleine que je viens d'avoir de bonnes nouvelles de Pierre*, par voie… spéciale.

---

* Pierre de Gaulle, le dernier cadet du Général, est interné par les Allemands en Bohême. Il est marié à Madeleine Delepouve.

Il a excellent moral, les paquets lui sont bien arrivés. Il attend la fin avec confiance[90]. »

Et la conclusion générale du grand livre de l'historien américain Martin Blumenson : « Rétrospectivement, la libération de Paris a été autant un conflit franco-américain qu'une lutte entre les Alliés et les Allemands. Les Français ont obtenu presque tout ce qu'ils voulaient en parvenant à convaincre un commandement allié réticent, mais en définitive assez docile à satisfaire toutes leurs demandes[91]. »

Sigles

AMGOT	Gouvernement militaire allié des territoires occupés (Allied Military Government of Occupied Territories)
AS Bretagne	Armée secrète Bretagne
BCRA	Bureau central de renseignement et d'action
CFLN	Comité français de Libération nationale
CNR	Conseil national de la Résistance
COMAC	Comité d'action militaire
CPL	Comité parisien de la Libération
DCR	Division cuirassée de réserve
DFL	Division française libre
DGSS	Direction générale des services spéciaux
FAFL	Forces aériennes françaises libres
FFI	Forces françaises de l'intérieur
FFL	Forces françaises libres
FNFL	Forces navales françaises libres
FTA	Forces terrestres antiaériennes
GPRF	Gouvernement provisoire de la République française
GT	Groupement tactique
MMLA	Mission militaire de liaison administrative
OCM	Organisation civile et militaire

OSS	Bureau des services stratégiques (Office of Strategic Services)
PCA	PC avancé
RBFM	Régiment blindé de fusiliers marins
RMT	Régiment de marche du Tchad
SFHQ	Special Forces Head-Quarter
SHAEF	Quartier général des forces alliées en Europe (Supreme Headquarters Allied Expeditionary Force)
SIS	Special Intelligence Service
SOE	Special Operations Executive

Notes et références bibliographiques

CHAPITRE 1

14 juin 1944

1. Eddy Florentin, *Les Rebelles de* La Combattante*, 1939-1945*, Flammarion,1999.
2. Alain Le Troquer, *La parole est à André Le Troquer*, La Table ronde, 1961, p. 125-126.
3. Antoine Capet, *Montgomery. L'artiste des batailles*, Perrin, 2014, p. 258.
4. Claude Hettier de Boislambert, *Les Fers de l'espoir*, Plon, 1978, p. 441.
5. François Coulet, *Vertu des temps difficiles*, Plon, 1967, p. 225.
6. « Musée de la Résistance en ligne », Fondation de la Résistance. La loi de juillet 1938 préparait la nation « pour le temps de guerre ».
7. François Coulet, *Vertu des temps difficiles, op. cit.*, p. 226.
8. *Ibid.*, p. 227.
9. https://www.insee.fr/fr/information/2417794.
10. Philippe Oulmont, *Pierre Denis, Français libre et citoyen du monde*, Nouveau Monde éditions, 2012, p. 348.
11. *Ibid.*, p. 349 et AN 3AG 1/266.
12. France-libre.net, « *La Combattante* ouvre la voie », 21 août 2023 (https://www.france-libre.net/combattante-ouvre-voie/).
13. Christiane Rimbaud, *Maurice Schumann, sa voix, son visage*, Odile Jacob, 2000, p. 109.
14. *Ibid.*, p. 109.
15. Raymond Triboulet, « Témoignage de Raymond Triboulet », *in* « De Gaulle et les batailles de la Libération », *Espoir*, 1994, 96, p. 86.
16. Christiane Rimbaud, *Maurice Schumann, sa voix, son visage*, *op. cit.* p. 109.
17. Claude Hettier de Boislambert, *Les Fers de l'espoir*, *op. cit.*, p. 442.
18. Antoine Béthouart, *Cinq années d'espérance. Mémoires de guerre 1939-1945*, Plon, 1968, p. 245.
19. Richard Lamb, *Churchill as War Leader. Righ or Wrong ?*, Bloomsbury, 1991.
20. *Ibid.*
21. Henri Queuille, *Journal de guerre. Londres-Alger, avril 1943-juillet 1944*, présenté et annoté par Olivier Dard et Hervé Bastien, Plon-Fondation Charles-de-Gaulle, 1995, p. 321.
22. André Le Troquer, *La parole est à André Le Troquer*, *op. cit.*, p. 127.
23. Henri Queuille, *Journal de guerre*, *op. cit.*, p. 147.
24. François Coulet, *Vertu des temps difficiles*, *op. cit.*, p. 224.
25. André Le Troquer, *La parole est à André Le Troquer*, *op. cit.*, p. 128.
26. Eddy Florentin, *Les Rebelles de* La Combattante, *op. cit.*, p. 587 et Antoine Béthouart, *Cinq années d'espérance*, *op. cit.*, p. 247.

27. Pierre de Chevigné, « La marche de la Libération », *in* « De Gaulle et les batailles de la Libération », *Espoir, op. cit.*
28. Eddy Florentin, *Les Rebelles de* La Combattante, *op. cit.*, p. 590 (témoignage du commissaire Maurice Humbert).
29. *Ibid.*, p. 591.
30. François Coulet, *Vertu des temps difficiles, op. cit.*, p 227.
31. Claude Hettier de Boislambert, *Les Fers de l'espoir, op. cit.*, p. 442.
32. Antoine Béthouart, *Cinq années d'espérance, op. cit.*, p. 248.
33. Eddy Florentin, *Les Rebelles de* La Combattante, *op. cit.*, p. 595.
34. *Ibid.*, p. 596.
35. Antoine Béthouart, *Cinq années d'espérance, op. cit.*, p. 248.
36. Eddy Florentin, *Les Rebelles de* La Combattante, *op. cit.*, p. 597.
37. Claude Hettier de Boislambert, *Les Fers de l'espoir, op. cit.*, p. 443.
38. François Coulet, *Vertu des temps difficiles, op. cit.*, p. 228.
39. Eddy Florentin, *Les Rebelles de* La Combattante, *op. cit.*, p. 601.
40. François Coulet, *Vertu des temps difficiles, op. cit.*, p. 227.
41. Antoine Béthouart, *Cinq années d'espérance, op. cit.*, p. 248.
42. *Ibid.*, p. 249.
43. Eddy Florentin, *Les Rebelles de* La Combattante, *op. cit.*, p. 600, n. 3.
44. André Martel, *Leclerc. Le soldat et le politique*, Albin Michel, 1998.
45. Antoine Béthouart, *Cinq années d'espérance, op. cit.*, p. 249.
46. *Ibid.*
47. Charles de Gaulle, *Mémoires de guerre*, vol. 2 : *L'Unité*, Plon-Omnibus, 1994, p. 502.
48. Milton Viorst, *Les Alliés ennemis. De Gaulle, Roosevelt*, Denoël, 1967, p. 276.
49. *Ibid.*, p. 275-276.
50. Eddy Florentin, *Les Rebelles de* La Combattante, *op. cit.*, p. 601.
51. *Ibid.*, p. 603.
52. *Ibid.*, p. 604, témoignage de Mercader.
53. Pierre de Chevigné, « La marche de la Libération », art. cit., p. 77.
54. Raymond Triboulet, « Témoignage de Raymond Triboulet », art. cit., p. 87.
55. Pierre de Chevigné, « La marche de la Libération », art. cit., p. 78.
56. Raymond Triboulet, « Témoignage de Raymond Triboulet », art. cit., p. 87.
57. Antoine Béthouart, *Cinq années d'espérance, op. cit.*, p. 250.
58. *Ouest-France*, 13 juin 1990.
59. Jean Quellien, « Été 1944 : Bayeux, capitale de la France libérée », *Annales de Normandie*, 2009, 35, p. 247-267. Jean-Philippe Cormier, « De part et d'autre de la Normandie médiévale. Recueil d'études en hommage à François Neveux », *Annales de Normandie*, 2009, 35, p. 181-184.
60. Claude Hettier de Boislambert, *Les Fers de l'espoir, op. cit.*, p. 445.
61. Pierre de Chevigné, « La marche de la Libération », art. cit., p. 78.
62. Eddy Florentin, *Les Rebelles de* La Combattante, *op. cit.*, p. 607. Florentin cite plusieurs passages du rapport Pinks qu'il a lu dans les archives britanniques (et probablement ensuite traduit) mais sans donner de référence.
63. Charles de Gaulle, *Mémoires de guerre, op. cit.*, p. 502.
64. François Coulet, *Vertu des temps difficiles, op. cit.*, p. 228.
65. Guillaume Piketty, *Français, libre. Pierre de Chevigné*, Tallandier, 2022, p. 176.
66. François Coulet, *Vertu des temps difficiles, op. cit.*, p. 235.
67. Claude Hettier de Boislambert, *Les Fers de l'espoir, op. cit.*, p. 444.
68. Eddy Florentin, *Les Rebelles de* La Combattante, *op. cit.*, p. 606.
69. Antoine Béthouart, *Cinq années d'espérance, op. cit.*, p. 250.
70. *Ibid.*, p. 250.
71. François Coulet, *Vertu des temps difficiles, op. cit.*, p. 240.
72. Jean Quellien, « Été 1944 : Bayeux, capitale de la France libérée », art. cit., p. 255.
73. Eddy Florentin, *Les Rebelles de* La Combattante, *op. cit.*, p. 608.
74. *Ibid.*, p. 608, note 1.

75. *Ibid.*, p. 608, d'après le rapport de Pinks.
76. *Ibid.*, p. 609, d'après le rapport de Pinks.
77. *Ouest-France*, 16 juin 1999, sur la base de témoignages d'habitants ayant vécu les faits.
78. Bertrand Froger, « Retour sur la terre de France », site Internet « La Petite musette », page publiée le 20 janvier 2017 (https://www.lapetitemusette.com/2017/01/general-de-gaulle-a-isigny-mer/).
79. Eddy Florentin, *Les Rebelles de* La Combattante, *op. cit.*, p. 611.
80. Claude Hettier de Boislambert, *Les Fers de l'espoir*, *op. cit.*, p. 443.
81. *Ibid.*, p. 445.
82. Eddy Florentin, *Les Rebelles de* La Combattante, *op. cit.*, p. 612, citant le *Bulletin de la Marine française*, Londres, juillet 1944.
83. Eddy Florentin, *Les Rebelles de* La Combattante, *op. cit.*, p. 611.
84. *Ibid.*, p. 612. Extrait du témoignage de Patou, hélas sans aucune référence.
85. Antoine Béthouart, *Cinq années d'espérance*, *op. cit.*, p. 251.
86. *Ibid.*, p. 251.
87. Eddy Florentin, *Les Rebelles de* La Combattante, *op. cit.*, p. 614.
88. *Ibid.*, p. 615.
89. Antoine Béthouart, *Cinq années d'espérance*, *op. cit.*, p. 251.
90. Pierre de Chevigné, « La marche de la Libération », art. cit., p. 78.
91. Charles de Gaulle, *Mémoires de guerre*, *op. cit.*, p. 503.
92. Antoine Béthouart, *Cinq années d'espérance*, *op. cit.*, p. 251.
93. *Ibid.*, p. 252.
94. Raymond Triboulet, « Témoignage de Raymond Triboulet », art. cit., p. 83.
95. Jean Quellien, « Été 1944 : Bayeux, capitale de la France libérée », art. cit., p. 256.
96. Eddy Florentin, *Les Rebelles de* La Combattante, *op. cit.*, p. 607, citation extraite du rapport Pinks.
97. Antoine Capet, *Montgomery*, *op. cit.*, p. 258.
98. Milton Viorst, *Les Alliés ennemis*, *op. cit.*, p. 275.
99. « Rapport de l'état-major de Montgomery au SHAEF », 19 juin, cité par Milton Viorst, *Les Alliés ennemis*, *op. cit.*, p. 278.
100. *Ibid.*, p. 278.
101. Cité par Milton Viorst, *Les Alliés ennemis*, *op. cit.*, p. 278.
102. *Ibid.*, p. 279.
103. Georges Gorse, *Je n'irai pas à mon enterrement*, Plon, 1992, p. 92.
104. Louis Joxe, *Victoires sur la nuit. Mémoires 1940-1946*, Flammarion, 1981, p. 227.
105. Georges Gorse, *Je n'irai pas à mon enterrement*, *op. cit.*, p. 91.

CHAPITRE 2

Vendredi 18 août, samedi 19 août 1944

1. René Massigli, *Une comédie des erreurs, 1943-1956*, Plon, 1978, p. 57.
2. Georges Gorse, *Je n'irai pas à mon enterrement*, *op. cit.*, p. 458.
3. Jean Marin, *Petit bois pour un grand feu. Mémoires*, Fayard, 1994, p. 391.
4. Jean Quellien, « Été 1944 : Bayeux, capitale de la France libérée », art. cit., p. 257.
5. Guillaume Piketty, *Français, libre*, *op. cit.*, p. 181.
6. Pierre de Chevigné, « La marche de la Libération », art. cit., p. 80.
7. Guillaume Piketty, *Français, libre*, *op. cit.*, p. 182.
8. *Ibid.*, p. 183.
9. Pierre de Chevigné, « La marche de la Libération », art. cit., p. 80.
10. Guillaume Piketty, *Français, libre*, *op. cit.*, p. 185.
11. Raymond Dronne, *Carnets de route d'un croisé de la France libre*, France-Empire, 1984, p. 316.
12. Jean Marin, *Petit bois pour un grand feu*, *op. cit.*, p. 384.

13. Claude Hettier de Boislambert, *Les Fers de l'espoir*, *op. cit.*, p. 452.
14. Jean Marin, *Petit bois pour un grand feu*, *op. cit.*, p. 393-394.
15. Claude Hettier de Boislambert, *Les Fers de l'espoir*, *op. cit.*, p. 452.
16. Jean Marin, *Petit bois pour un grand feu*, *op. cit.*, p. 394.
17. Site de l'Ordre de la Libération.
18. Alain Alexandra, Pascal Gallien, *Martial Valin (1898-1980). Notice biographique*, Service historique de la Défense, 2005.
19. Claude Hettier de Boislambert, *Les Fers de l'espoir*, *op. cit.*, p. 450.
20. Site de l'Ordre de la Libération.
21. Lucie Aubrac, *Cette exigeante liberté*, entretiens avec Corine Bouchoux, L'Archipel, 1996, p. 145.
22. *Ibid.*, p. 147.
23. *Ibid.*, p. 148.
24. Michel Debré, *Trois Républiques pour une France. Mémoires*, vol. 1 : *Combattre*, Albin Michel, 1984, p. 317.
25. *Ibid.*, p. 300.
26. *Ibid.*, p. 301.
27. Jean-Louis Crémieux-Brilhac, « Une stratégie militaire pour la Résistance », *Espoir*, 2004, 139 : *Été 44*.
28. Pierre Billotte, *Le Temps des armes*, Plon, 1972, p. 305.
29. *Ibid.*, p. 305.
30. Jérôme Maubec, *La 2e Division blindée française (2e DB). Étude d'un outil militaire et politique*, mémoire de master 1, université Paul-Valéry-Montpellier-III, 2019.
31. Élisabeth de Miribel, *La liberté souffre violence*, Plon, 1981, p. 145.
32. *Ibid.*
33. *Ibid.*, p. 151.
34. « Témoignage de Lazare Rachline, auprès du Comité d'histoire de l'Occupation et de la Libération de la France », 1953. AN : 72 AJ 1911.
35. *Ibid.*
36. Francis-Louis Closon, *Le Temps des passions. De Jean-Moulin à la Libération, 1943-1944*, Famot, 1976, p. 282.
37. « Témoignage de Lazare Rachline », art. cit.
38. Francis-Louis Closon, *Le Temps des passions*, *op. cit.*, p. 289.
39. *Ibid.*, p. 301.
40. Gaston Palewski, *Mémoires d'action, 1924-1974*, Plon, 1988, p. 219.
41. Il s'agit en réalité d'un Lockheed Lodestar.
42. Philippe de Gaulle, *De Gaulle, mon père*, entretiens avec Michel Tauriac, vol. 1, Plon, 2003, p. 350.
43. Philippe Oulmont, « Voyages du général de Gaulle en France (1944-1945) », *in* François Broche, Georges Caïtucoli, Jean-François Muracciole (dir.), *Dictionnaire de la France libre*, Robert Laffont, « Bouquins », p. 1487.
44. *Le Voyage du général de Gaulle en Afrique noire française*, INA, collection « Le Monde libre », 2003.
45. Antoine Béthouart, *Cinq années d'espérance*, *op. cit.*, p. 241.
46. Louis Joxe, *Victoires sur la nuit*, *op. cit.*, p. 232.
47. « Témoignage de René Joffrès », Archives du musée de la Libération de Paris, p. 111. Je remercie Christine Levisse-Touzé de m'avoir indiqué l'existence de ce témoignage.
48. *Ibid.*, p. 112.
49. *Ibid.*, p. 113.
50. « Témoignage de René Joffrès », art. cit., p. 113.
51. *Ibid.*, p. 114.
52. Charles de Gaulle, *Lettres, notes et carnets*, vol. 5 : *Juin 1943-mai 1945*, Plon, 1983, p. 295.
53. Milton Viorst, *Les Alliés ennemis*, *op. cit.*, p. 287.
54. Georges Gorse, *Je n'irai pas à mon enterrement*, *op. cit.*, p. 92.
55. Éric Roussel, *Charles de Gaulle*, Gallimard, 2002, p. 444.

56. Foreigh Office à Eisenhower, 16 août 1944, FO 371 41994.
57. Stephen E. Ambrose, *Eisenhower*, Flammarion, 1994, p. 202.
58. Pierre Billotte, *Le Temps des armes*, *op. cit.*, p. 306.
59. « Témoignage de René Joffrès », art. cit., p. 114.
60. *Ibid.*
61. Charles de Gaulle, *Mémoires de guerre*, *op. cit.*, p. 565.
62. *Ibid.*
63. *Ibid.*
64. *Ibid.*, p. 566.
65. Georges Gorse, *Je n'irai pas à mon enterrement*, *op. cit.*, p. 95.
66. *Ibid.*
67. *Ibid.*, p. 97.
68. *Ibid.*
69. *Ibid.*, p. 99.
70. *Ibid.*, p. 108.
71. Charles de Gaulle, *Mémoires de guerre*, *op. cit.*, p. 567.
72. Alphonse Juin, *Mémoires*, vol. 2 : *Libération de la France. Avènement de la IVᵉ République, Maroc 1947-1951, Alliance atlantique 1951-1958*, Librairie Arthème Fayard, 1960, p. 18.
73. Informations tirées du site Internet « Le monde en guerre. Le forum de la Seconde Guerre mondiale », visité le 1er novembre 2023. Site fréquenté par des historiens amateurs passionnés par le conflit. La consultation du site montre son sérieux et la précision de ses informations.
74. Philippe de Gaulle, *De Gaulle, mon père*, *op. cit.*, p. 350.
75. Gaston Palewski, *Mémoires d'action*, *op. cit.*, p. 229.
76. Georges Gorse, *Je n'irai pas à mon enterrement*, *op. cit.*, p. 109.
77. Alphonse Juin, *Mémoires*, *op. cit.*, p. 18.
78. Georges Gorse, *Je n'irai pas à mon enterrement*, *op. cit.*, p. 109.
79. Charles de Gaulle, *Mémoires de guerre*, *op. cit.*, p. 567.
80. David Bellamy, « De Gaulle et la Normandie », *Études normandes*, 1996, 3, p. 9.
81. « Témoignage de René Joffrès », art. cit., p. 114.

CHAPITRE 3

Dimanche 20 août, lundi 21 août 1944

1. Jean-Louis Crémieux-Brilhac, *La France libre. De l'Appel du 18 juin à la Libération*, Gallimard, 1996, p. 894.
2. Alphonse Juin, *Mémoires*, *op. cit.*, p. 18.
3. Dwight Eisenhower, *Croisade en Europe*, Nouveau Monde Éditions, 2015 (publication originale 1949).
4. *Ibid.*, p. 391.
5. Charles de Gaulle, *Mémoires de guerre*, *op. cit.*, p. 567.
6. *Ibid.*, p. 568.
7. *Ibid.*
8. *Ibid.*
9. *Ibid.*
10. *Ibid.*, p. 569.
11. *Ibid.*
12. Milton Viorst, *Les Alliés ennemis*, *op. cit.*, p. 293.
13. Pierre Billotte, *Le Temps des armes*, *op. cit.*, p. 321.
14. Alphonse Juin, *Mémoires*, *op. cit.*, p. 19.
15. *Ouest-France*, 22 août 1944, dépêche de l'agence Reuters de Londres.
16. « Lettre d'Eden à Churchill », 21 août 1944, PRO, FO 954/9, p. 339, citée par Éric Roussel, *Charles de Gaulle*, *op. cit.*, p. 446.
17. Andrien Dansette, *Histoire de la libération de Paris*, Perrin, 1946, p. 310.

18. Christian Girard, *Journal de guerre, 1939-1945. Témoignage de l'aide de camp du général Leclerc de Hauteclocque*, L'Harmattan, 2000, p. 260.
19. *Ibid.*, p. 261.
20. *Ibid.*, p. 262.
21. *Ibid.*
22. *Ibid.*
23. André Martel, *Leclerc, op. cit.*, p. 272.
24. Christian Girard, *Journal de guerre, 1939-1945, op. cit.*, p. 261.
25. Pierre Billotte, *Le Temps des armes, op. cit.*, p. 307.
26. *Ibid.*
27. Charles de Gaulle, *Mémoires de guerre, op. cit.*, p. 569.
28. Jean-René Tournoux, *Jamais dit*, Plon, 1961, p. 383-384.
29. Jean Lacouture, *De Gaulle*, vol. 1 : *Le Rebelle*, Seuil, 1984, p. 11.
30. David Bellamy, « De Gaulle et la Normandie », art. cit. Cet article remarquable fourmille de détails précieux. Nous nous en inspirons ici.
31. Citée par Jean Lacouture, *De Gaulle, op. cit.*, p. 11, Lettre inédite communiquée par Claude Mauriac à l'auteur.
32. Charles de Gaulle, *Lettres, notes et carnets*, vol. 12 : *Mai 1969-novembre 1970*, Plon, 1988, p. 169.
33. Charles de Gaulle, *Mémoires de guerre, op. cit.*, p. 615.
34. Frédérique Neau-Dufour, *Yvonne de Gaulle*, Fayard, 2010.
35. Charles de Gaulle, *Lettres, notes et carnets*, vol. 12, *op. cit.*, p. 384.
36. *Ouest-France*, 21 août 1944.
37. *Ibid.*
38. David Bellamy, « De Gaulle et la Normandie », art. cit., p. 9.
39. *Ouest-France*, 21 août 1944.
40. *Ibid.*
41. Georges Gorse, *Je n'irai pas à mon enterrement, op. cit.*, p. 106.
42. *Ouest-France*, 21 août 1944.
43. *Ibid.*
44. *Ibid.*
45. *Ibid.*
46. *Ibid.*
47. Georges Gorse, *Je n'irai pas à mon enterrement, op. cit.*, p. 105.
48. *Ouest-France*, 22 août 1944.
49. Georges Gorse, *Je n'irai pas à mon enterrement, op. cit.*, p. 106.
50. Élisabeth de Miribel, *La liberté souffre violence, op. cit.*, p. 149-150. On lira avec intérêt, sous sa plume, la saisissante description de la bataille de Normandie, les malheurs des soldats comme des civils.
51. *Ouest-France*, 22 août 1944.
52. *Ibid.*
53. *Ibid.*
54. *Ibid.*
55. Cité par Jean Lacouture, *De Gaulle, op. cit.*, p. 820.
56. André Martel, *Leclerc, op. cit.*, p. 275.
57. Éric Roussel, *Charles de Gaulle, op. cit.*, p. 447.
58. Jean-Louis Crémieux-Brilhac, *La France libre, op. cit.*, p. 896, citant Alfred D. Jr. Chandler *et al.*, *The Papers of Dwight David Eisenhower. The War Years*, 5 vol., John Hopkins, 1970, p. 2089.
59. Christine Levisse-Touzé, Julien Toureille, *Écrits de combat. Philippe Leclerc de Hauteclocque*, Sorbonne Université Presses, 2023, p. 537.
60. Alphonse Juin, *Mémoires, op. cit.*, p. 20.
61. Jean-Louis Crémieux-Brilhac, *La France libre, op. cit.*, p. 895.
62. *Ouest-France*, 23 août 1944.
63. Charles de Gaulle, *Mémoires de guerre, op. cit.*, p. 562.

64. Arthur Funk, « Les services secrets alliés et la libération de Paris », *in* Christine Levisse-Touzé (dir.), *Paris 1944. Les enjeux de la libération*, actes de colloque (Paris, février 1994), Albin Michel, 1994, p. 235.
65. *Ibid.*, p. 236.
66. Jean-Louis Crémieux-Brilhac, *La France libre*, *op. cit.*, p. 888.
67. Pierre de Chevigné, « La marche de la Libération », art. cit., p. 78.
68. *Franc-Tireur*, 21 août 1944.
69. Charles de Gaulle, *Mémoires de guerre*, *op. cit.*, p. 570-571.
70. Alphonse Juin, *Mémoires*, *op. cit.*, p. 20.
71. Témoignage inédit cité par Henri Amouroux, *La Grande Histoire des Français sous l'Occupation*, vol. 8 : *Joies et douleurs du peuple libéré, 6 juin-1er septembre 1944*, Robert Laffont, 1988, p. 673.
72. Gaston Palewski, *Mémoires d'action*, *op. cit.*, p. 221.
73. Jean Lacouture, *De Gaulle*, *op. cit.*, p. 821.
74. Élisabeth de Miribel, *La liberté souffre violence*, *op. cit.*, p. 151-152.
75. Alain de Boissieu, *Pour combattre avec de Gaulle (1940-1945)*, Plon, 1981, p. 244.
76. *Ibid.*, p. 246.
77. *Ibid.*, p. 244.
78. Pierre Billotte, *Le Temps des armes*, *op. cit.*, p. 311.
79. Alain de Boissieu, *Pour combattre avec de Gaulle*, *op. cit.*, p. 246.
80. *Ibid.*, p. 245.
81. Christian Girard, *Journal de guerre, 1939-1945*, *op. cit.*, p. 263. Quand Girard parle du « Général », dans son *Journal*, il s'agit de Leclerc et non de De Gaulle.
82. *Ibid.*, p. 264.
83. *Ibid.*
84. Georges Gorse, *Je n'irai pas à mon enterrement*, *op. cit.*, p. 109.
85. Martin Blumenson, *La Libération. Histoire officielle américaine*, Éditions Charles Corlet, 1993, p. 835.
86. Titre à la une de *Ouest-France*, 22 août 1944.
87. *Ibid.*
88. *Ibid.*
89. André Martel, *Leclerc*, *op. cit.*, p. 275.
90. *Ouest-France*, 22 août 1944.
91. *Ibid.*
92. *Ibid.*
93. *Ibid.*
94. Constant Jubin, « *Espère à vie* », Éditions du Barrois, 1980, p. 90.

CHAPITRE 4
Mardi 22 août 1944

1. Charles de Gaulle, *Mémoires de guerre*, *op. cit.*, p. 572.
2. Christian Girard, *Journal de guerre, 1939-1945*, *op. cit.*, p. 265.
3. Martin Blumenson, *La Libération*, *op. cit.*, p. 836.
4. *Mémoires de Maurice Jourdan* (sous-lieutenant au Régiment de marche du Tchad), inédit, cité par Alain de Boissieu, *Pour combattre avec de Gaulle*, *op. cit.*, p. 246.
5. Guillaume Piketty, *Français, libre*, *op. cit.*, p. 188.
6. Jean Marin, *Petit bois pour un grand feu*, *op. cit.*, p. 400.
7. Francis Crémieux, *La Vérité sur la libération de Paris*, Messidor, 1984, p. 106. Témoignage de Roger Cocteau.
8. *Ibid.*, p. 110.
9. Arthur Funk, « Les services secrets alliés et la libération de Paris », art. cit., p. 229.

10. Francis Crémieux, *La Vérité sur la libération de Paris*, *op. cit.*, p. 111. Témoignage de Roger Cocteau.
11. *Ibid.*, p. 112.
12. Arthur Funk, « Les services secrets alliés et la libération de Paris », art. cit., p. 230.
13. Francis Crémieux, *La Vérité sur la libération de Paris*, *op. cit.*, p. 113. Témoignage de Roger Cocteau.
14. *Ibid.*, p. 114.
15. Georges Gorse, *Je n'irai pas à mon enterrement*, *op. cit.*, p. 107.
16. *Ouest-France*, 23 août 1944.
17. *Ibid.*
18. *Ibid.*, 21 août 2004.
19. *Ibid.*, 23 août 1944.
20. *Ibid.*, 21 août 2004.
21. *Ibid.*, 23 août 1944 et *Le Journal de Vitré*, 9 novembre 2020 (sur la base de témoignages recueillis).
22. Michel Debré, *Trois Républiques pour une France*, *op. cit.*, p. 314.
23. *Ouest-France*, 23 août 1944.
24. Michel Debré, *Trois Républiques pour une France*, *op. cit.*, p. 314.
25. *Ibid.*, p. 315.
26. *Ibid.*
27. *Ouest-France*, 23 août 1944.
28. Cité par André Martel, *Leclerc*, *op. cit.*, p. 277.
29. Georges Gorse, *Je n'irai pas à mon enterrement*, *op. cit.*, p. 107.
30. *Ouest-France*, 23 août 1944.
31. Francis Robin, *La Mayenne de 1940 à 1944. Occupation, Résistance, Libération*, Archives départementales de la Mayenne, 2003, p. 125 ; Laurent Robène, « Le 22 août 1944, de Gaulle en Mayenne », *L'Oribus*, 1984, 14, p. 35-48.
32. Cité par Antoine Capet, *Montgomery*, *op. cit.*, p. 287.
33. Martin Blumenson, *La Libération*, *op. cit.*, p. 819.
34. *Ibid.*, p. 820, Comité des actions combinées à Eisenhower, 27 mai 1944.
35. *Ibid.*, p. 820.
36. Stephen E. Ambrose, *Eisenhower*, *op. cit.*, p. 196.
37. *Ibid.*
38. *Ibid.*, p. 197.
39. Martin Blumenson, *La Libération*, *op. cit.*, p. 821.
40. Stephen E. Ambrose, *Eisenhower*, *op. cit.*, p. 193.
41. Douglas Johnson, « La Grande-Bretagne et la libération de Paris », « Lettre d'Eden » (22 avril 1944, FO 371 41 871), *in* Christine Levisse-Touzé (dir.), *Paris 1944*, *op. cit.*, p. 56.
42. Martin Blumenson, *La Libération*, *op. cit.*, p . 819, Secrétariat général du SHAEF, dossier 391, Plan post-Overlord, 30 mai 1944.
43. Dwight Eisenhower, *Croisade en Europe*, *op. cit.*, p. 391.
44. Forrest C. Pogue, *The Supreme Command*, Office of the Chief of Military History, Department of the Army, 1954, p. 239-241 et p. 231.
45. Martin Blumenson, *La Libération*, *op. cit.*, p. 840.
46. Arthur Funk, « Les services secrets alliés et la libération de Paris », art. cit., p. 235.
47. *Ibid.*, p. 232.
48. Jean-Louis Crémieux-Brilhac, *La France libre*, *op. cit.*, p. 896. AN, Fonds Zigler.
49. Cité par Martin Blumenson, *La Libération*, *op. cit.*, p. 841, « Témoignage du général Bradley au service historique de l'armée », 7 janvier 1955.
50. Dwight Eisenhower, *Croisade en Europe*, *op. cit.*, p. 391.
51. *Ibid.*, p. 392.
52. Stephen E. Ambrose, *Eisenhower*, *op. cit.*, p. 194.
53. *Ibid.*
54. Martin Blumenson, *La Libération*, *op. cit.*, p. 839 ; « Lettre d'Eisenhower à Marshall », CPA-90235, 22 août 1944.

55. Michel Debré, *Trois Républiques pour une France, op. cit.*, p. 315-316.
56. Georges Gorse, *Je n'irai pas à mon enterrement, op. cit.*, p. 107.
57. Claude Hettier de Boislambert, *Les Fers de l'espoir, op. cit.*, p. 452.
58. Pierre Bourdan, *Carnet de retour avec la division Leclerc*, Éditions Pierre de Trémois, 1945, p. 153.
59. *Ibid.*, p. 154 (23 août).
60. Michel Debré, *Trois Républiques pour une France, op. cit.*, p. 316.
61. Claude Hettier de Boislambert, *Les Fers de l'espoir, op. cit.*, p. 453.
62. Lucie Aubrac, *Cette exigeante liberté, op. cit.*, p. 148.
63. Michel Debré, *Trois Républiques pour une France, op. cit.*, p. 317.
64. *Ibid.*, p. 316.
65. Charles de Gaulle, *Mémoires de guerre, op. cit.*, p. 573.
66. *Ibid.*
67. Éric Roussel, *Charles de Gaulle, op. cit.*, p. 447.
68. Dwight Eisenhower, *Croisade en Europe, op. cit.*, p. 392.
69. Omar Bradley, *A Soldier's Story*, Holt, 1957, p. 391.
70. Martin Blumenson, *La Libération, op. cit.*, p. 842.
71. *Ibid.*, p. 842, d'après le *Journal de Sylvan*, 22 août.
72. *Ibid.*, p. 843, citation du *Journal de Sylvan*, 22 août.
73. *Ibid.*, p. 843, Mémorandum dicté par Bradley à l'intention de Hodges, le 22 août, transmis par Hodges à Haislip et à Gerow, *Journal du secrétariat du chef d'état-major du Ve corps.*
74. *Ibid.*, p. 844.
75. Omar Bradley, *A Soldier's Story, op. cit.*, p. 278.
76. Francis Crémieux, *La Vérité sur la libération de Paris, op. cit.*, p. 115. Témoignage de Roger Cocteau.
77. *Ibid.*
78. André Gribius, *Une vie d'officier*, Éditions France-Empire, 1971.
79. Alain de Boissieu, *Pour combattre avec de Gaulle, op. cit.*, p. 246.
80. André Gribius, *Une vie d'officier, op. cit.*, p. 127.
81. Paul de Langlade, *En suivant Leclerc, d'Alger à Berchtesgaden*, Robert Laffond, 1964, p. 192.
82. Martin Blumenson, *La Libération, op. cit.*, p. 844.
83. *Ibid.*, Mémorendum de Gerow pour archivage.
84. Christian Girard, *Journal de guerre, 1939-1945, op. cit.*, p. 269.
85. Martin Blumenson, *La Libération, op. cit.*, p. 845.
86. Christian Girard, *Journal de guerre, 1939-1945, op. cit.*, p. 269.

CHAPITRE 5

Mercredi 23 août 1944

1. Michel Debré, *Trois Républiques pour une France, op. cit.*, p. 316.
2. Charles de Gaulle, *Mémoires de guerre, op. cit.*, p. 573-574.
3. *Ibid.*, p. 574.
4. *Ouest-France*, 25 mai 2014 ; Alain Moro, *Les Mystères de la Sarthe*, Éditions de Borée, 2012.
5. Georges Gorse, *Je n'irai pas à mon enterrement, op. cit.*, p. 107.
6. Maurice Clavel, *Le Temps de Chartres*, Julliard, 1960 ; Raymond Gohon, *Nogent héroïque. Histoire de sa libération*, Serge Baguette, 1946.
7. Michel Debré, *Trois Républiques pour une France, op. cit.*, p. 317.
8. Cité par Henri Amouroux, *Joies et douleurs du peuple libéré, op. cit.*, p. 675.
9. Charles de Gaulle, *Mémoires de guerre, op. cit.*, p. 568.
10. Lucie Aubrac, *Cette exigeante liberté, op. cit.*, p. 149.
11. Alphonse Juin, *Mémoires, op. cit.*, p. 20.
12. *Ibid.*
13. *Ibid.*, p. 21.

14. *Ibid.*
15. Yannis Kadary, *Patton*, Perrin, 2011, p. 231.
16. *Ibid.*
17. Alphonse Juin, *Mémoires, op. cit.*, p. 22.
18. Charles de Gaulle, *Mémoires de guerre, op. cit.*, p. 576.
19. Alphonse Juin, *Mémoires, op. cit.*, p. 23.
20. *Ibid.*, p. 24.
21. Jean-Christophe Notin, *Le Maréchal Juin*, Tallandier, 2015, p. 347.
22. George Patton, *War as I Knew*, Houghton Mifflin, 1947, p. 115.
23. Arthur Funk, « Les services secrets alliés et la libération de Paris », art. cit., p. 229.
24. *Ibid.*, p. 232.
25. Charles Péguy, *La Tapisserie de Notre-Dame de Chartres*, Les Cahiers de la Quinzaine, 1913.
26. Georges Gorse, *Je n'irai pas à mon enterrement, op. cit.*, p. 107. Les vitraux ont été retirés en 1939 pour les préserver de la guerre.
27. Jean Marin, *Petit bois pour un grand feu, op. cit.*, p. 399.
28. Roger Joly, *La Libération de Chartres*, Le Cherche Midi, 1994.
29. *L'Indépendant*, 24 août 1944.
30. « Rapport d'ensemble sur les principaux événements survenus à Chartres du 15 au 25 août 1944 », par le commissaire Maurice Verney de la Police spéciale de Chartres, AD Eure-et-Loir.
31. *L'Indépendant*, 24 août 1944.
32. « Rapport d'ensemble sur les principaux événements survenus à Chartres... », art. cit.
33. Daniel Cordier, *Jean Moulin*, vol. 2 : *Le Choix d'un destin, juin 1936-novembre 1940*, Jean-Claude Lattès, 1989, p. 301.
34. *L'Indépendant*, 24 août 1944.
35. Georges Gorse, *Je n'irai pas à mon enterrement, op. cit.*, p. 109.
36. René Brouillet, « Rue Saint-Dominique, 25 août 1944-21 janvier 1946 », *Espoir, Gaston Palewski, 1901-1984*, mars 1985, 50, p. 20.
37. Daniel Cordier, *Le Choix d'un destin, juin 1936-novembre 1940, op. cit.*, p. 300 et note b.
38. Monique Bel, *Maurice Clavel*, Bayard, 1992, p. 84.
39. André Le Troquer, *La parole est à André Le Troquer, op. cit.*, p. 138.
40. Archives municipales de Chartres.
41. *L'Indépendant*, 24 août 1944.
42. Roger Joly, *La Libération de Chartres, op. cit.*, p. 149.
43. *L'Indépendant*, 24 août 1944.
44. Roger Joly, *La Libération de Chartres, op. cit.*, p. 147.
45. *Ibid.*, p. 149.
46. *Ibid.*
47. *Ibid.*
48. Christian Girard, *Journal, op. cit.*, p. 269.
49. Pierre Billotte, *Le Temps des armes, op. cit.*, p. 313.
50. Alain de Boissieu, *Pour combattre avec de Gaulle, op. cit.*, p. 247.
51. Omar Bradley, *Histoire d'un soldat, op. cit.*, p. 372.
52. Pierre Billotte, *Le Temps des armes, op. cit.*, p. 313.
53. Alain de Boissieu, *Pour combattre avec de Gaulle, op. cit.*, p. 249.
54. Voir la carte Michelin « Le Mans-Paris. 200 000e », 1950.
55. Christian Girard, *Journal, op. cit.*, p. 269.
56. *Ibid.*
57. Adrien Le Bihan, *Autopsie d'une rancœur. Hemingway alias Argo contre général Leclerc*, Cherche Bruit, 2022, p. 66.
58. *Ibid.*, p. 66.
59. *Ibid.*, p. 67.
60. Paul Repiton-Préneuf, *2e DB. La campagne de France*, Imprimerie nationale, 1994.
61. Alain de Boissieu, *Pour combattre avec de Gaulle, op. cit.*, p. 250.

62. Roger Bourderon, *Rol-Tanguy. Des brigades internationales à la libération de Paris*, Tallandier, 2013, p. 445.
63. Alain de Boissieu, *Pour combattre avec de Gaulle*, *op. cit.*, p. 249.
64. Christine Levisse-Touzé, Julien Toureille, *Écrits de combat. Philippe Leclerc de Hauteclocque*, *op. cit.*, p. 538.
65. Jean Lacouture, *Le Rebelle*, *op. cit.*, p. 825.
66. André Gribius, *Une vie d'officier*, *op. cit.*, p. 127.
67. Christine Levisse-Touzé, Julien Toureille, *Écrits de combat. Philippe Leclerc de Hauteclocque*, *op. cit.*, p. 539-541.
68. André Gribius, *Une vie d'officier*, *op. cit.*, p. 128.
69. Martin Blumenson, *La Libération*, *op. cit.*, p. 849.
70. Pierre Billotte, *Le Temps des armes*, *op. cit.*, p. 314.
71. Charles de Gaulle, *Mémoires de guerre*, *op. cit.*, p. 574.
72. Guillaume Piketty, *Français libre. Pierre de Chevigné*, *op. cit.*, p. 189.
73. Pierre de Chevigné, « La marche de la Libération », art. cit., p. 81.
74. Georges Gorse, *Je n'irai pas à mon enterrement*, *op. cit.*, p. 107.
75. Alphonse Juin, *Mémoires*, *op. cit.*, p. 24.
76. Jean Marin, *Petit bois pour un grand feu*, *op. cit.*, p. 400.
77. Élisabeth de Miribel, *La liberté souffre violence*, *op. cit.*, p. 157.
78. Charles de Gaulle, *Mémoires de guerre*, *op. cit.*, p. 574.
79. Pierre de Chevigné, « La marche de la Libération », art. cit., p. 80.
80. *Ibid.*, p. 81.
81. André Le Troquer, *La parole est à André Le Troquer*, *op. cit.*, p. 138.
82. Alphonse Juin, *Mémoires*, *op. cit.*, p. 24-25.
83. Claude Hettier de Boislambert, *Les Fers de l'Espoir*, *op. cit.*, p. 453.
84. Georges Gorse, *Je n'irai pas à mon enterrement*, *op. cit.*, p. 110.
85. Pierre Bourdan, *Carnet de retour avec la division Leclerc*, *op. cit.*, p. 183.
86. Georges Gorse, *Je n'irai pas à mon enterrement*, *op. cit.*, p. 110.
87. Adrien Le Bihan, *Autopsie d'une rancœur*, *op. cit.*, p. 63.
88. *Ibid.*, p. 64.
89. Dronne Raymond, *Carnets de route d'un Français de la France libre*, Éditions France-Empire, 1984, p. 326.
90. Adrien Le Bihan, *Autopsie d'une rancœur*, *op. cit.*, p. 84.
91. Pierre Bourdan, *Carnet de retour avec la division Leclerc*, *op. cit.*, p. 185.
92. Jacques Girault, « Pierre Favreau », *Le Dictionnaire biographique Maitron*, en ligne, https://maitron.fr/spip.php?article50209, 2009 (modif. 2022).
93. Didier Sapaut, « Les pompiers dans les combats pour la libération de Paris », *Inflexions*, 2020, 43.
94. Pierre de Chevigné, « La marche de la Libération », art. cit., p. 81.
95. Henri Amouroux, *Joies et douleurs du peuple libéré*, *op. cit.*, p. 674.
96. Georges Gorse, *Je n'irai pas à mon enterrement*, *op. cit.*, p. 110.
97. Jean Lacouture, *Le Rebelle*, *op. cit.*, p. 826.
98. Charles de Gaulle, *Mémoires de guerre*, *op. cit.*, p. 575.
99. Éric Roussel, *De Gaulle*, *op. cit.*, p. 449.
100. Louis Joxe, *Victoires sur la nuit. Mémoires 1940-1946*, Flammarion, 1981, p. 238.
101. Alphonse Juin, *Mémoires*, *op. cit.*, p. 24.
102. Charles de Gaulle, *Mémoires de guerre*, *op. cit.*, p. 576.

CHAPITRE 6

Jeudi 24 août 1944

1. Francis-Louis Closon, *Le Temps des passions*, *op. cit.*, p. 302.
2. *Ibid.*
3. *Ibid.*, p. 305.

4. Roger Bourderon, *Rol-Tanguy, op. cit.*, p. 447.
5. *Ibid.*, p. 448.
6. *Ibid.*, p. 449.
7. Christian Girard, *Journal de guerre, op. cit.*, p. 270.
8. Élisabeth de Miribel, *La liberté souffre violence, op. cit.*, p. 157-158.
9. Alain de Boissieu, *Pour combattre avec de Gaulle, op. cit.*, p. 249-250.
10. Roger Bourderon, *Rol-Tanguy, op. cit.*, p. 446.
11. Alain de Boissieu, *Pour combattre avec de Gaulle, op. cit.*, p. 250.
12. Gilles Primout, « Journal de bord des assistantes sociales de la Préfecture de police pendant l'insurrection », site Internet La Libération de Paris, https://liberation-de-paris.gilles-primout.fr/.
13. Roger Bourderon, *Rol-Tanguy, op. cit.*, p. 446.
14. Alain de Boissieu, *Pour combattre avec de Gaulle, op. cit.*, p. 250.
15. *Ibid.*, p. 251.
16. *Ibid.*
17. *Ibid.*, p. 252.
18. Pierre Billotte, *Le Temps des armes, op. cit.*, p. 317.
19. Alphonse Juin, *Mémoires, op. cit.*, p. 26.
20. *Ibid.*, p. 27.
21. Martin Blumenson, *La Libération, op. cit.*, p. 851.
22. *Ibid.*, p. 853.
23. *Ibid.*, p. 852 : lettre de Gerow au secrétariat historique de l'armée, 22 septembre 1954.
24. Raymond Dronne, *La Libération de Paris, op. cit.*, 1970, p. 280.
25. Élisabeth de Miribel, *La liberté souffre violence, op. cit.*, p. 158.
26. Jacques Massu, *Sept ans avec Leclerc*, Plon, 1974, p. 137.
27. *Ibid.*, p. 138.
28. Martin Blumenson, *La Libération, op. cit.*, p. 852.
29. André Martel, *Leclerc, op. cit.*, p. 283.
30. Christian Girard, *Journal de guerre, op. cit.*, p. 270.
31. *Ibid.*
32. *Ibid.*
33. Raymond Dronne, *La Libération de Paris, op. cit.*, p. 280.
34. Alain de Boissieu, *Pour combattre avec de Gaulle, op. cit.*, p. 253.
35. Cité par André Martel, *Leclerc, op. cit.*, p. 368.
36. André Gribius, *Une vie d'officier, op. cit.*, p. 131
37. Pierre Billotte, *Le Temps des armes, op. cit.*, p. 316.
38. *Ibid.*, p. 315.
39. *Ibid.*, p. 318.
40. *Ibid.*, p. 319.
41. *Ibid.*, p. 319.
42. Charles de Gaulle, *Lettres, notes et carnets, op. cit.*, p. 296. Ce télégramme fut publié originellement dans les *Mémoires de guerre*, t. II, *op. cit.*, p. 708.
43. Jean Lacouture, *Le Rebelle, op. cit.*, p. 828.
44. Charles de Gaulle, *Mémoires de guerre, op. cit.*, p. 575.
45. Claude Guy, *En écoutant de Gaulle. Journal 1946-1949*, Grasset, 1996, p. 34.
46. Le propos est rapporté par Maurice Druon, « Du côté de chez Gaston », *Espoir, Gaston Palewski, 1901-1984*, mars 1985, 50, p. 62.
47. *Ibid.*
48. Georges Gorse, *Je n'irai pas à mon enterrement, op. cit.*, p. 110.
49. *Ibid.*
50. Pierre de Chevigné, « La marche de la Libération », art. cit., p. 81.
51. Georges Gorse, *Je n'irai pas à mon enterrement, op. cit.*, p. 110.
52. François Coulet, *Vertu des temps difficiles, op. cit.*, p. 234.
53. *Ibid.*, p. 235.
54. André Le Troquer, *La parole est à André Le Troquer, op. cit.*, p. 138.

55. Michel Debré, *Trois Républiques pour une France, op. cit.*, p. 316.
56. Francis-Louis Closon, *Le Temps des passions, op. cit.*, p. 308.
57. Raymond Léopold Bruckberger, *Si grande peine. Chronique des années (1940-1948)*, Grasset, 1967, p. 128.
58. Philippe de Gaulle, *De Gaulle mon père, op. cit.*, p. 355.
59. *Ibid.*, p. 129.
60. *Ibid.*
61. Francis-Louis Closon, *Le Temps des passions, op. cit.*, p. 309.
62. Raymond Léopold Bruckberger, *Si grande peine, op. cit.*, p. 129.
63. Robert Aron, *La Libération de la France*, Fayard, 1959, 2 vol. Cité par Henri Amouroux, *Joies et douleurs du peuple libéré, op. cit.*, p. 738.
64. François Bloch-Lainé, *Profession fonctionnaire*, Seuil, 1976, p. 67.
65. Voir Olivier Wieviorka, *Une certaine idée de la Résistance. Défense de la France, 1940-1949*, Seuil, 1995.
66. Philippe Viannay, *Du bon usage de la France. Résistance, journalisme, Glénans*, Ramsay, 1988, p. 151.
67. *Ibid.*, p. 152.
68. Sur la conception élitaire de la Résistance, voir Jean-François Muracciole, *Les Enfants de la défaite. La Résistance, la culture et l'éducation*, Presses de Science Po, 1998.
69. Philippe Viannay, *Du bon usage de la France, op. cit.*, p. 152.
70. *Ibid.*
71. *Ibid.*, p. 153.
72. *Ibid.*, p. 154.
73. *Ibid.*
74. Claude Guy, *En écoutant de Gaulle, op. cit.*, p. 34.
75. Guillaume Piketty, *Français libre. Pierre de Chevigné, op. cit.*, p. 452, n. 131. SHD, Série P, 1940-1946, t. 1, « Vichy, Londres, Alger, Paris », carton 8, P 8.
76. Jacques Massu, *Sept ans avec Leclerc, op. cit.*, p. 139.
77. Paul de Langlade, *En suivant Leclerc*, Robert Laffont, 1964, p. 223.
78. Rapporté par Georges-Charles Béné, *Carnets de route d'un « rat du désert ». Alsacien de la France libre*, Fetzer, 1991.
79. Raymond Dronne, *La Libération de Paris, op. cit.*, p. 278.
80. *Ibid.*, p. 283.
81. *Ibid.*, p. 283.
82. Roger Bourderon, *Rol-Tanguy, op. cit.*, p. 451.
83. Raymond Dronne, *La Libération de Paris, op. cit.*, p. 282.
84. Jean-Louis Crémieux-Brilhac, *La France libre, op. cit.*, p. 899.
85. Cité par Henri Amouroux, *Joies et douleurs du peuple libéré, op. cit.*, p. 702.
86. André Martel, *Leclerc, op. cit.*, p. 284.
87. Henri Noguères (avec Marcel Degliame-Fouché et Jean-Louis Vigier), *Histoire de la Résistance en France*, vol. 5 : *Au grand soleil de la Libération, juin 1944-mai 1945*, Robert Laffont, p. 544, 1981.
88. Raymond Dronne, *La Libération de Paris, op. cit.*, p. 282.
89. Georges Bidault, *D'une résistance à l'autre*, Les Presses du Siècle, 1965, p. 65.
90. Henri Amouroux, *Joies et douleurs du peuple libéré, op. cit.*, p. 701.
91. Jacques Massu, *Sept ans avec Leclerc, op. cit.*, p. 139.
92. Raymond Léopold Bruckberger, *Si grande peine, op. cit.*, p. 130.
93. Alain de Boissieu, *Pour combattre avec de Gaulle, op. cit.*, p. 253.
94. Christian Girard, *Journal de guerre, op. cit.*, p. 270.
95. Pierre Billotte, *Le Temps des armes, op. cit.*, p. 320.

CHAPITRE 7

Vendredi 25 août 1944

1. Jean-François Muracciole, *La Libération de Paris, 19-26 août 1944*, Tallandier, 2013, p. 233-234
2. *Ibid.*
3. Christian Chevandier, *Été 44. L'insurrection des policiers de Paris*, Vendémaire, 2014, p. 153.
4. Alain de Boissieu, *Pour combattre avec de Gaulle*, *op. cit.*, p. 255.
5. Pierre Billotte, *Le Temps des armes*, *op. cit.*, p. 322.
6. Christian Chevandier, *Été 44. L'insurrection des policiers de Paris*, *op. cit.*, p. 153-154.
7. Pierre Billotte, *Le Temps des armes*, *op. cit.*, p. 322.
8. Gaston Palewski, *Mémoires d'action*, *op. cit.*, p. 221.
9. Claude Guy, *En écoutant de Gaulle*, *op. cit.*, p. 34.
10. *Ibid.*
11. Charles de Gaulle, *Mémoires de guerre*, *op. cit.*, p. 576.
12. Guillaume Piketty, *Français libre. Pierre de Chevigné*, *op. cit.*, p. 191, archives personnelles de Pierre de Chevigné.
13. Louis Joxe, *Victoires sur la nuit*, *op. cit.*, p. 238.
14. Georges Gorse, *Je n'irai pas à mon enterrement*, *op. cit.*, p. 110.
15. Alphonse Juin, *Mémoires*, *op. cit.*, p. 28.
16. André Le Troquer, *La parole est à André Le Troquer*, *op. cit.*, p. 138.
17. Alphonse Juin, *Mémoires*, *op. cit.*, p. 28.
18. Claude Hettier de Boislambert, *Les Fers de l'espoir*, *op. cit.*, p. 453.
19. Gaston Palewski, *Mémoires d'action*, *op. cit.*, p. 221.
20. Charles de Gaulle, *Mémoires de guerre*, *op. cit.*, p. 576.
21. Alain de Boissieu, *Pour combattre avec de Gaulle*, *op. cit.*, p. 253.
22. *Ibid.*
23. Christian Girard, *Journal de guerre*, *op. cit.*, p. 272.
24. Élisabeth de Miribel, *La liberté souffre violence*, *op. cit.*, p. 158-159.
25. Jacques Chaban-Delmas, *L'Ardeur*, Stock, 1975, p. 103.
26. *Ibid.*, p. 104.
27. Christian Chevandier, *Été 44. L'insurrection des policiers de Paris*, *op. cit.*, p. 152.
28. Jacques Chaban-Delmas, *L'Ardeur*, *op. cit.*, p. 104.
29. Guillaume Piketty, *Français libre*, *op. cit.*, p. 191.
30. Jacques Chaban-Delmas, *L'Ardeur*, *op. cit.*, p. 105.
31. *Ibid.*, p. 104.
32. Alain de Boissieu, *Pour combattre avec de Gaulle*, *op. cit.*, p. 254.
33. Roger Bourderon, *Rol-Tanguy*, *op. cit.*, p. 451.
34. *Ibid.*
35. *Ibid.*, p. 450, Archives Rol-Tanguy.
36. Pierre Chanoine, « Pour le premier anniversaire de la mort du général Valin. Un demi-siècle passé au service de la France », *Icare*, 1981, 42.
37. Monique Bel, *Maurice Clavel*, *op. cit.*, p. 85.
38. Jean Marin, *Petit bois pour un grand feu*, *op. cit.*, p. 401.
39. Lucie Aubrac, *Cette exigeante liberté*, *op. cit.*, p. 149.
40. Sébastien Albertelli, *Le Colonel Passy. Le maître espion du général de Gaulle*, Tallandier, 2023, p. 239-241.
41. Cave Brown, *The Last Hero : Wild Bill Donovan*, Times Books, 1983, p. 574 ; cité par Arthur Funk, « Les services secrets alliés et la libération de Paris », art. cit., p. 237.
42. Joseph E. Persico, *Piercing the Reich*, Michael Joseph, 1979, p. 22-44 ; NARA, RG 226, E 128, Box 5.
43. Arthur Funk, « Les services secrets alliés et la libération de Paris », art. cit., p. 234.
44. Christian Chevandier, *Été 44. L'insurrection des policiers de Paris*, *op. cit.*, p. 162.

45. « Hemingway, un Américain fou de Paris », *Le Parisien*, 9 janvier 2016 et AFP, « Hemingway libère le bar du Ritz à Paris : une si jolie légende », *Le Point*, 8 août 2019.
46. Adrien Le Bihan, *Autopsie d'une rancœur*, *op. cit.*, p. 75.
47. Pierre Billotte, *Le Temps des armes*, *op. cit.*, p. 323.
48. *Ibid.*, p. 324.
49. Raymond Léopold Bruckberger, *Si grande peine*, *op. cit.*, p. 132.
50. *Ibid.*
51. *Ibid.*
52. *Le Figaro*, 26 août 1944.
53. Raymond Léopold Bruckberger, *Si grande peine*, *op. cit.*, p. 133.
54. *Le Figaro*, 26 août 1944.
55. Roger Bourderon, *Rol-Tanguy*, *op. cit.*, p. 452.
56. Adrien Dansette, *Histoire de la libération de Paris*, *op. cit.*, p. 368.
57. Roger Bourderon, *Rol-Tanguy*, *op. cit.*
58. Christian Chevandier, *Été 44. L'insurrection des policiers de Paris*, *op. cit.*, p. 155.
59. Christian Girard, *Journal de guerre*, *op. cit.*, p. 273.
60. Jean Lacouture, *Le Rebelle*, *op. cit.*, p. 831.
61. Martin Blumenson, *La libération*, *op. cit.*, p. 856, entretien de Martin Blumenson avec le général Barton, 10 juin 1954.
62. Raymond Léopold Bruckberger, *Si grande peine*, *op. cit.*, p. 132.
63. Mgr Brot, « Notre-Dame de Paris pendant l'occupation et à la Libération », dactyl., 1960. Ce texte inédit est conservé dans les archives de l'archevêché de Paris. Il s'agit d'un témoignage important et peu connu dont Pierre Bourget livre de larges et précieux extraits dans *Paris 44* (Plon, 1984). Nous suivons ici la pagination de l'ouvrage de Bourget : p. 389.
64. *Ibid.*
65. *Ibid.*
66. Pierre Billotte, *Le Temps des armes*, *op. cit.*, p. 324.
67. Adrien Dansette, *Histoire de la libération de Paris*, *op. cit.*, p. 367.
68. Dietrich von Choltitz, *Mémoires*, préface de Jean-Charles Foucrier, Perrin, 2020, p. 264 (titre original : *Soldat unter Soldaten*, Konstanz Europa-Verlag, 1951).
69. Henri Amouroux, *Joies et douleurs du peuple libéré*, *op. cit.*, p. 711.
70. Alain de Boissieu, *Pour combattre avec de Gaulle*, *op. cit.*, p. 255.
71. Pierre Billotte, *Le Temps des armes*, *op. cit.*, p. 326.
72. *Ibid.*
73. *Ibid.*, p. 327.
74. Raymond Léopold Bruckberger, *Si grande peine*, *op. cit.*, p. 134.
75. Christian Girard, *Journal de guerre*, *op. cit.*, p. 273.
76. Pierre Billotte, *Le Temps des armes*, *op. cit.*, p. 327.
77. Christine Levisse-Touzé, Julien Toureille, *Philippe Leclerc de Hauteclocque. Écrits de combat*, *op. cit.*, p. 545.
78. André Martel, *Leclerc*, *op. cit.*, p. 287.
79. Roger Bourderon, *Rol-Tanguy*, *op. cit.*, p. 453.
80. *Ibid.*
81. Alain de Boissieu, *Pour combattre avec de Gaulle*, *op. cit.*, p. 255.
82. Roger Bourderon, *Rol-Tanguy*, *op. cit.*, p. 454.
83. *Ibid.*
84. André Gribius, *Une vie d'officier*, *op. cit.*, p. 134.
85. *Ibid.*, p. 135.
86. Roger Bourderon, *Rol-Tanguy*, *op. cit.*, p. 454.
87. André Martel, *Leclerc*, *op. cit.*, p. 287.
88. Roger Bourderon, *Rol-Tanguy*, *op. cit.*, p. 454.
89. *Ibid.*
90. *Ibid.*, p. 455.
91. Gaston Palewski, *Mémoires d'action*, *op. cit.*, p. 221.
92. *Ibid.*

93. Charles de Gaulle, *Mémoires de guerre*, *op. cit.*, p. 577.
94. Alphonse Juin, *Mémoires*, *op. cit.*, p. 28.
95. Christian Chevandier, *Été 44. L'insurrection des policiers de Paris*, *op. cit.*, p. 159.
96. Christian Girard, *Journal de guerre*, *op. cit.*, p. 273.
97. Pierre Bourdan, *Carnet de retour avec la division Leclerc*, *op. cit.*, p. 209.
98. Jacques Chaban-Delmas, *L'Ardeur*, *op. cit.*, p. 106.
99. Charles de Gaulle, *Mémoires de guerre*, *op. cit.*, p. 577.
100. Jean Lacouture, *Le Rebelle*, *op. cit.*, p. 831.
101. Charles de Gaulle, *Mémoires de guerre*, *op. cit.*, p. 577.
102. Alphonse Juin, *Mémoires*, *op. cit.*, p. 29.
103. Claude Hettier de Boislambert, *Les Fers de l'espoir*, *op. cit.*, p. 453.
104. *Ibid.*
105. Roger Bourderon, *Rol-Tanguy*, *op. cit.*, p. 455.
106. Charles de Gaulle, *Mémoires de guerre*, *op. cit.*, p. 578.
107. *Ibid.*
108. André Martel, *Leclerc*, *op. cit.*, p. 521, n. 31. Citation de Nikolai Moltchanov, *Le Général de Gaulle* (Moscou, 1980), Éditions du Progrès, 1988.
109. Alphonse Juin, *Mémoires*, *op. cit.*, p. 29.
110. Gaston Palewski, *Mémoires d'action*, *op. cit.*, p. 221.
111. Roger Bourderon, *Rol-Tanguy*, *op. cit.*, p. 456.
112. Jean Marin, *Petit bois pour un grand feu*, *op. cit.*, p. 403.
113. Philippe de Gaulle, *De Gaulle mon père*, *op. cit.*, p. 353.
114. Pierre Bourdan, *Carnet de retour avec la division Leclerc*, *op. cit.*, p. 209.
115. Martin Blumenson, *La Libération*, *op. cit.*, p. 857 ; *Journal de Sylvan*, 29 août 1944.
116. Philippe de Gaulle, *Mémoires accessoires*, vol. 1 : *1921-1946*, Plon, 1997, p. 320.
117. Élisabeth de Miribel, *La liberté souffre violence*, *op. cit.*, p. 159.
118. Alain de Boissieu, *Pour combattre avec de Gaulle*, *op. cit.*, p. 256.
119. Christian Chevandier, *Été 44. L'insurrection des policiers de Paris*, *op. cit.*, p. 159.
120. Georges Gorse, *Je n'irai pas à mon enterrement*, *op. cit.*, p. 111.
121. Alphonse Juin, *Mémoires*, *op. cit.*, p. 30.
122. André Le Troquer, *La parole est à André Le Troquer*, *op. cit.*, p. 139.
123. Claude Hettier de Boislambert, *Les Fers de l'espoir*, *op. cit.*, p. 454.
124. *Ibid.*
125. Élisabeth de Miribel, *La liberté souffre violence*, *op. cit.*, p. 160.
126. Georges Bidault, *D'une Résistance à l'autre*, *op. cit.*, p. 69.
127. Jacques Bernot, *Gaston Palewski. Premier baron du gaullisme*, François-Xavier de Guibert, 2010, p. 137.
128. Charles de Gaulle, *Mémoires de guerre*, *op. cit.*, p. 578.
129. André Le Troquer, *La parole est à André Le Troquer*, *op. cit.*, p. 139.
130. Philippe de Gaulle, *De Gaulle mon père*, *op. cit.*, p. 359-360.
131. Jacques Bernot, *Gaston Palewski*, *op. cit.*, p. 137.
132. Georges Gorse, *Je n'irai pas à mon enterrement*, *op. cit.*, p. 111.
133. Charles de Gaulle, *Mémoires de guerre*, *op. cit.*, p. 578.
134. Georges Gorse, *Je n'irai pas à mon enterrement*, *op. cit.*, p. 111.
135. *Franc-Tireur*, 25 août 1944.
136. Charles de Gaulle, *Mémoires de guerre*, *op. cit.*, p. 579.
137. *Ibid.*
138. Christian Chevandier, *Été 44. L'insurrection des policiers de Paris*, *op. cit.*, p. 160.
139. Alphonse Juin, *Mémoires*, *op. cit.*, p. 31.
140. Pierre Billotte, *Le Temps des armes*, *op. cit.*, p. 328.
141. *Ibid.*
142. Georges Gorse, *Je n'irai pas à mon enterrement*, *op. cit.*, p. 111.
143. Pierre Billotte, *Le Temps des armes*, *op. cit.*, p. 328.
144. André Le Troquer, *La parole est à André Le Troquer*, *op. cit.*, p. 140.
145. Christian Chevandier, *Été 44. L'insurrection des policiers de Paris*, *op. cit.*, p. 160.

146. Alphonse Juin, *Mémoires*, *op. cit.*, p. 31-32.
147. *Ibid.*
148. Charles de Gaulle, *Mémoires de guerre*, *op. cit.*, p. 579.
149. François Boucher, *La Grande Délivrance de Paris*, Haumont, 1945, p. 177.
150. Christian Chevandier, *Été 44. L'insurrection des policiers de Paris*, *op. cit.*, p. 160.
151. Georges Gorse, *Je n'irai pas à mon enterrement*, *op. cit.*, p. 111.
152. Alphonse Juin, *Mémoires*, *op. cit.*, p. 31-32.
153. Daniel Mayer, *Les Socialistes dans la Résistance*, PUF, 1968, p. 154.
154. Edgard Pisani, *Le Général indivis*, Albin Michel, 1974, p. 22.
155. Léo Hamon, *Vivre ses choix*, Robert Laffont, 1991, p. 208.
156. Charles de Gaulle, *Mémoires de guerre*, *op. cit.*, p. 579.
157. *Le Figaro*, 26 août 1944.
158. *Ibid.*
159. Robert Aron, *Histoire de la libération de la France*, *op. cit.*, p. 441.
160. André Tollet (avec Claude Lecomte), *Ma traversée du siècle, mémoires d'un syndicaliste révolutionnaire*, Éditions de La Vie ouvrière, 2002.
161. Charles Riondet, *Le Comité parisien de la Libération, 1943-1945*, PUR, 2017, p. 191.
162. *Le Figaro*, 26 août 1944.
163. Alphonse Juin, *Mémoires*, *op. cit.*, p. 32.
164. *Le Figaro*, 26 août 1944.
165. Alphonse Juin, *Mémoires*, *op. cit.*, p. 32.
166. *Le Figaro*, 26 août 1944.
167. Alphonse Juin, *Mémoires*, *op. cit.*, p. 32.
168. Henry Rousso, *Le Syndrome de Vichy. De 1944 à nos jours*, Seuil, 1987.
169. Charles de Gaulle, *Mémoires de guerre*, *op. cit.*, p. 580.
170. *Ibid.*
171. André Le Troquer, *La parole est à André Le Troquer*, *op. cit.*, p. 140.
172. *Le Figaro*, 26 août 1944.
173. Alphonse Juin, *Mémoires*, *op. cit.*, p. 33.
174. Jean Marin, *Petit bois pour un grand feu*, *op. cit.*, p. 403.
175. Georges Gorse, *Je n'irai pas à mon enterrement*, *op. cit.*, p. 111.
176. François Bloch-Lainé (avec Françoise Carrière), *Profession fonctionnaire*, Seuil, 1976, p. 67.
177. Alphonse Juin, *Mémoires*, *op. cit.*, p. 33.
178. *Ibid.*, p. 34.
179. Jean-Louis Crémieux-Brilhac, *La France libre*, *op. cit.*, p. 901.
180. Alphonse Juin, *Mémoires*, *op. cit.*, p. 33.
181. Edgard Pisani, *Le Général indivis*, *op. cit.*, p. 20.
182. Journal de Léo Hamon, libération de Paris, p. 30, AN, 72AJ/42. Cité par Charles Riondet, *Le Comité parisien de la Libération*, *op. cit.*, p. 191.
183. Daniel Mayer, *Les Socialistes dans la Résistance*, *op. cit.*, p. 154.
184. Robert Salmon, *Chemin faisant*, vol. 1 : *Vers la Résistance. Du lycée à Défense de la France*, LBM, 2004, p. 247.
185. François Bloch-Lainé (avec Françoise Carrière), *Profession fonctionnaire*, *op. cit.*, p. 67.
186. Léo Hamon, *Vivre ses choix*, *op. cit.*, p. 209.
187. *Ibid.*
188. Charles de Gaulle, *Mémoires de guerre*, *op. cit.*, p. 580.
189. *Ibid.*
190. Alphonse Juin, *Mémoires*, *op. cit.*, p. 32.
191. Gaston Palewski, *Mémoires d'action*, *op. cit.*, p. 222.
192. Jean Marin, *Petit bois pour un grand feu*, *op. cit.*, p. 403.
193. Pierre Billotte, *Le Temps des armes*, *op. cit.*, p. 328.
194. Georges Bidault, *D'une Résistance à l'autre*, *op. cit.*, p. 65.
195. Edgard Pisani, *Le Général indivis*, *op. cit.*, p. 22.
196. *Ibid.*, p. 23.
197. *Ibid.*

198. Christine Levisse-Touzé, Julien Toureille, *Philippe Leclerc de Hauteclocque. Écrits de combat, op. cit.*, p. 545. De Gaulle parvient à un total de 6 000 morts dans ses *Mémoires de guerre* (*op. cit.*, p. 581), chiffrage sans doute surévalué.
199. Charles de Gaulle, *Mémoires de guerre, op. cit.*, p. 581.
200. Henri Amouroux, *Joies et douleurs du peuple libéré, op. cit.*, p. 732 ; André Martel, *Leclerc, op. cit.*, p. 292.
201. Alphonse Juin, *Mémoires, op. cit.*, p. 34.
202. Charles de Gaulle, *Mémoires de guerre, op. cit.*, p. 581.
203. Claude Hettier de Boislambert, *Les Fers de l'espoir, op. cit.*, p. 454.
204. Christine Levisse-Touzé, *L'Afrique du Nord dans la guerre, 1939- 1945*, Albin Michel, 1998, p. 327 et n. 15.
205. Jean-Louis Crémieux-Brilhac, *La France libre, op. cit.*, p. 901. AN 549 AP 4/2.
206. Georges Gorse, *Je n'irai pas à mon enterrement, op. cit.*, p. 111.
207. Jacques Bernot, *Gaston Palewski, op. cit.*, p. 137.
208. Alphonse Juin, *Mémoires, op. cit.*, p. 35.
209. *Ibid.*, p. 36.
210. Pierre Messmer, *Après tant de batailles. Mémoires*, Albin Michel, 1972, p. 148.
211. Alain de Boissieu, *Pour combattre avec de Gaulle, op. cit.*, p. 257.
212. *Ibid.*
213. Paul de Langlade, *En suivant Leclerc, op. cit.*, p. 224.
214. Jacques Massu, *Sept ans avec Leclerc, op. cit.*, p. 141.
215. Alain de Boissieu, *Pour combattre avec de Gaulle, op. cit.*, p. 258.
216. Jacques Bernot, *Gaston Palewski, op. cit.*, p. 136.
217. Georges Gorse, *Je n'irai pas à mon enterrement, op. cit.*, p. 112.
218. Claude Hettier de Boislambert, *Les Fers de l'espoir, op. cit.*, p. 454.
219. *Ibid.*, p. 455.
220. Christian Girard, *Journal de guerre, op. cit.*, p. 271.
221. Élisabeth de Miribel, *La liberté souffre violence, op. cit.*, p. 160.

CHAPITRE 8

Samedi 26 août 1944

1. Ludivine Bantigny, *La Plus Belle Avenue du monde. Une histoire sociale et politique des Champs-Élysées*, La Découverte, 2020, p. 89.
2. *Ibid.*, p. 90-91.
3. *Ibid.*, p. 94.
4. Ludivine Bantigny, *La Plus Belle Avenue du monde, op. cit.*, p. 94.
5. *Ibid.*, p. 95.
6. Maxime Tandonnet, *1940. Un autre 11 novembre*, Tallandier, 2009.
7. *Le Figaro*, 26 août 1944.
8. *Ibid.*
9. *Ibid.*
10. Alain de Boissieu, *Pour combattre avec de Gaulle, op. cit.*, p. 260.
11. Christian Chevandier, *Été 44. L'insurrection des policiers de Paris, op. cit.*, p. 161.
12. Alain de Boissieu, *Pour combattre avec de Gaulle, op. cit.*, p. 260.
13. Christine Levisse-Touzé, Julien Toureille, *Philippe Leclerc de Hauteclocque. Écrits de combat, op. cit.*, p. 545.
14. Guillaume Piketty, *Français libre, op. cit.*, p. 191. Note sur la « Cérémonie du 26 août 1944 », AN 3AG1/273, dossier France De Gaulle-2, 26 août 1944.
15. Martin Blumenson, *La Libération, op. cit.*, p. 857. Journal et archives du service des opérations du Ve corps, 26 août.
16. *Ibid.*, p. 859.
17. *Ibid.* Lettre de Gerow au service historique de l'armée, 22 septembre 1954.

18. Christian Girard, *Journal de guerre, op. cit.*, p. 274.
19. *Ibid.*
20. Paul de Langlade, *En suivant Leclerc*, Au Fil d'Ariane, 1964.
21. Christian Girard, *Journal de guerre, op. cit.*, p. 274.
22. *Ibid.*, p. 274. Et Martin Blumenson, *La Libération, op. cit.*, p. 859.
23. André Martel, *Leclerc, op. cit.*, p. 291 ; Louis-Gabriel Robinet, *Koenig, un chevalier*, France Empire, 1973, p. 162.
24. Christian Girard, *Journal de guerre, op. cit.*, p. 275.
25. André Gribius, *Une vie d'officier, op. cit.*, p. 138.
26. Christian Girard, *Journal de guerre, op. cit.*, p. 275.
27. Adrien Dansette, *Histoire de la libération de Paris, op. cit.*, p. 403.
28. Charles de Gaulle, *Mémoires de guerre, op. cit.*, p. 582.
29. Philippe de Gaulle, *De Gaulle mon père, op. cit.*, p. 359.
30. Charles de Gaulle, *Mémoires de guerre, op. cit.*, p. 582.
31. Jean Marin, *Petit bois pour un grand feu, op. cit.*, p. 404.
32. *Le Figaro*, 27 août 1944.
33. Charles de Gaulle, *Mémoires de guerre, op. cit.*, p. 583.
34. Élisabeth de Miribel, *La liberté souffre violence, op. cit.*, p. 161.
35. Daniel Mayer, *Les Socialistes dans la Résistance, op. cit.*, p. 155.
36. Joseph Laniel, *Jours de gloire et jours cruels (1908-1958)*, Presses de la Cité, 1971, p. 132.
37. Adrien Dansette, *La Libération de Paris, op. cit.*
38. Charles de Gaulle, *Mémoires de guerre, op. cit.*, p. 583.
39. *Le Figaro*, 27 août 1944.
40. Christian Girard, *Journal de guerre, op. cit.*, p. 274.
41. Adrien Dansette, *Histoire de la libération de Paris, op. cit.*, p. 326.
42. Roger Bourderon, *Rol-Tanguy, op. cit.*, p. 459.
43. André Martel, *Leclerc, op. cit.*, p. 292.
44. Alphonse Juin, *Mémoires, op. cit.*, p. 37-38.
45. Claude Hettier de Boislambert, *Les Fers de l'espoir, op. cit.*, p. 455.
46. Christian Chevandier, *Été 44. L'insurrection des policiers de Paris, op. cit.*, p. 164.
47. Charles de Gaulle, *Mémoires de guerre, op. cit.*, p. 583.
48. *Ibid.*
49. Adrien Dansette, *Histoire de la libération de Paris, op. cit.*, p. 327.
50. *Le Figaro*, 27 août 1944.
51. Georges Gorse, *Je n'irai pas à mon enterrement, op. cit.*, p. 112.
52. Élisabeth de Miribel, *La liberté souffre violence, op. cit.*, p. 161.
53. Daniel Mayer, *Les Socialistes dans la Résistance, op. cit.*, p. 155.
54. Georges Bidault, *D'une Résistance à l'autre, op. cit.*, p. 64.
55. Charles de Gaulle, *Mémoires de guerre, op. cit.*, p. 584.
56. *Ibid.*
57. *Ibid.*, p. 585.
58. Site de la Fondation de la France libre, 2 décembre 2008, https://www.france-libre.net/statue-general-de-gaulle/.
59. Alphonse Juin, *Mémoires, op. cit.*, p. 38.
60. Francis-Louis Closon, *Le Temps des passions, op. cit.*, p. 310.
61. Georges Bidault, *D'une Résistance à l'autre, op. cit.*, p. 64.
62. Philippe de Gaulle, *De Gaulle mon père, op. cit.*, p. 354.
63. François Bloch-Lainé, *Profession fonctionnaire, op. cit.*, p. 66.
64. Rafael Torres, *El hombre que liberó París : Amado Granell y la última batalla de la República*, Historia Viva, 2007.
65. Site « Les Français libres », notice « Amado Granell ».
66. Evelyn Mesquida, *La Nueve, 24 août 1944. Ces républicains espagnols qui ont libéré Paris*, Le Cherche Midi, 2011, p. 166-167.
67. *Ibid.*, p. 167.
68. MAE, Fonds Massigli, GU 39-45, Alger, 1467.

69. *Ibid.*
70. Eric T. Jennings, *La France libre fut africaine*, Perrin, 2014 ; Jean-François Muracciole, *Les Français libres*, *op. cit.*
71. Olivier Wieviorka, *Histoire du débarquement en Normandie*, Seuil, 2007, p. 364.
72. Anthony Clayton, *Histoire de l'armée française en Afrique, 1830-1962*, Albin Michel, 1994, p. 178.
73. René Dunan, *« Ceux » de Paris, août 1944*, Éditions du Milieu du monde, 1945.
74. *Le Figaro*, 27 août 1944.
75. Pierre Bourget, *Paris 1940-1944*, Plon, 1979, p. 233.
76. Éric Lafon, « Photographie de Dukson, "un oublié de l'histoire" de la Libération », site de la Fondation de la Résistance.
77. Pierre Bourget, *Paris 1940-1944*, *op. cit.*, p. 233.
78. *Ibid.* Et Ludivine Bantigny, *La Plus Belle Avenue du monde*, *op. cit.*, p. 107.
79. *Le Figaro*, 27 août 1944.
80. Charles de Gaulle, *Mémoires de guerre*, *op. cit.*, p. 583.
81. Joseph Laniel, *Jours de gloire et jours cruels*, *op. cit.*, p. 132.
82. Philippe de Gaulle, *De Gaulle mon père*, *op. cit.*, p. 354.
83. Christian Chevandier, *Été 44. L'insurrection des policiers de Paris*, *op. cit.*, p. 165.
84. Alain de Boissieu, *Pour combattre avec de Gaulle*, *op. cit.*, p. 258.
85. *Ibid.*
86. Pierre Billotte, *Le Temps des armes*, *op. cit.*, p. 329.
87. *Ibid.*
88. Christian Chevandier, *Été 44. L'insurrection des policiers de Paris*, *op. cit.*, p. 167.
89. *Ibid.*
90. Martin Blumenson, *La Libération*, *op. cit.*, p. 860.
91. Cité par Christian Chevandier, *Été 44. L'insurrection des policiers de Paris*, *op. cit.*, p. 167.
92. Martin Blumenson, *La Libération*, *op. cit.*, p. 860.
93. André Martel, *Leclerc*, *op. cit.*, p. 290.
94. *Le Figaro*, 27 août 1944.
95. Christian Chevandier, *Été 44. L'insurrection des policiers de Paris*, *op. cit.*, p. 165.
96. *Le Figaro*, 27 août 1944.
97. André Le Troquer, *La parole est à André Le Troquer*, *op. cit.*, p. 142.
98. *Le Figaro*, 27 août 1944.
99. Georges Bidault, *D'une Résistance à l'autre*, *op. cit.*, p. 64.
100. *Le Figaro*, 27 août 1944.
101. Francis-Louis Closon, *Le Temps des passions*, *op. cit.*, p. 309.
102. *Ibid.*, p. 326.
103. Mgr Brot, « Notre-Dame de Paris pendant l'occupation et à la Libération », *in* Pierre Bourget, *Paris 44*, *op. cit.*, p. 383.
104. Léopold Bruckberger, *Si grande peine*, *op. cit.*, p. 136.
105. *Ibid.*
106. Adrien Dansette, *Histoire de la libération de Paris*, *op. cit.*, p. 408.
107. Léopold Bruckberger, *Si grande peine*, *op. cit.*, p. 137.
108. Mgr Brot, « Notre-Dame de Paris pendant l'occupation et à la Libération », *in* Pierre Bourget, *Paris 44*, *op. cit.*, p. 383-384.
109. Léopold Bruckberger, *Si grande peine*, *op. cit.*, p. 138.
110. Mgr Brot, « Notre-Dame de Paris pendant l'occupation et à la Libération », *in* Pierre Bourget, *Paris 44*, *op. cit.*, p. 384.
111. Frédéric Le Moigne, « Les deux corps de Notre-Dame de Paris », *Vingtième siècle. Revue d'histoire*, 2003, 78, p. 75-88.
112. Mgr Brot, « Notre-Dame de Paris pendant l'occupation et à la Libération », *in* Pierre Bourget, *Paris 44*, *op. cit.*, p. 384.
113. Charles de Gaulle, *Mémoires de guerre*, *op. cit.*, p. 587.

114. Jean-François Muracciole, « Notre-Dame et la Cité, août 1944 », *in* Isabelle Backouche *et al.* (dir.), *Notre-Dame et l'Hôtel de Ville. Incarner Paris du Moyen Âge à nos jours*, Publications de la Sorbonne, 2016, p. 325-331.
115. Raymond Léopold Bruckberger, *Si grande peine, op. cit.*, p. 128.
116. Charles de Gaulle, *Mémoires de guerre, op. cit.*, p. 586.
117. *Ibid.*
118. *Ibid.*, p. 587.
119. Philippe de Gaulle, *De Gaulle mon père. op. cit.*, p. 355.
120. Frédéric Le Moigne, « Les deux corps de Notre-Dame de Paris », art. cit. ; Jean-François Muracciole, « Notre-Dame et la Cité, août 1944 », art. cit.
121. Henri Amouroux, *Joies et douleurs du peuple libéré, op. cit.*, p. 739.
122. Christian Chevandier, *Été 44. L'insurrection des policiers de Paris, op. cit.*, p. 166.
123. Alphonse Juin, *Mémoires, op. cit.*, p. 38.
124. *Le Figaro*, 27 août 1944.
125. *Ibid.*
126. Raymond Léopold Bruckberger, *Si grande peine, op. cit.*, p. 138.
127. Henri Amouroux, *Joies et douleurs du peuple libéré, op. cit.*, p. 740.
128. Alphonse Juin, *Mémoires, op. cit.*, p. 38.
129. Mgr Brot, « Notre-Dame de Paris pendant l'occupation et à la Libération », *in* Pierre Bourget, *Paris 44, op. cit.*, p. 386.
130. Lucie Aubrac, *Cette exigeante liberté, op. cit.*, p. 149.
131. André Le Troquer, *La parole est à André Le Troquer, op. cit.*, p. 143.
132. Georges Gorse, *Je n'irai pas à mon enterrement, op. cit.*, p. 112.
133. Alphonse Juin, *Mémoires, op. cit.*, p. 38.
134. Claude Hettier de Boislambert, *Les Fers de l'espoir, op. cit.*, p. 456.
135. *Ibid.*
136. Christian Girard, *Journal de guerre, op. cit.*, p. 275.
137. Jean Marin, *Petit bois pour un grand feu, op. cit.*, p. 404.
138. Raymond Léopold Bruckberger, *Si grande peine, op. cit.*, p. 140.
139. André Le Troquer, *La parole est à André Le Troquer, op. cit.*, p. 143.
140. Georges Gorse, *Je n'irai pas à mon enterrement, op. cit.*, p. 112.
141. Raymond Léopold Bruckberger, *Si grande peine, op. cit.*, p. 140.
142. *Le Figaro*, 27 août 1944.
143. Charles de Gaulle, *Mémoires de guerre, op. cit.*, p. 587.
144. André Le Troquer, *La parole est à André Le Troquer, op. cit.*, p. 143.
145. *Ibid.*
146. Alphonse Juin, *Mémoires, op. cit.*, p. 40.
147. *Ibid.*, p. 39.
148. Georges Gorse, *Je n'irai pas à mon enterrement, op. cit.*, p. 113.
149. Charles de Gaulle, *Lettres, notes et carnets, op. cit.*, p. 297-299.
150. Louis Joxe, *Victoires sur la nuit, op. cit.*, p. 239.
151. Edgard Pisani, *Le Général indivis, op. cit.*, p. 19.
152. Raymond Léopold Bruckberger, *Si grande peine, op. cit.*, p. 140.
153. Henri Amouroux, *Joies et douleurs du peuple libéré, op. cit.*, p. 737.
154. Christian Girard, *Journal de guerre, op. cit.*, p. 274.
155. Christian Chevandier, *Été 44. L'insurrection des policiers de Paris, op. cit.*, p. 166.
156. Raymond Bruckberger, *Si grande peine. op. cit.*, p. 140.
157. Charles de Gaulle, *Mémoires de guerre, op. cit.*, p. 587-588.
158. Gaston Palewski, *Mémoires d'action, op. cit.*, p. 223.
159. Alain de Boissieu, *Pour combattre avec de Gaulle, op. cit.*, p. 259.
160. Alphonse Juin, *Mémoires, op. cit.*, p. 40.
161. Christian Chevandier, *Été 44. L'insurrection des policiers de Paris, op. cit.*, p. 167.
162. *Ibid.*, p. 169.
163. Pierre Villon, *Résistant de la première heure*, Éditions Sociales, 1983, p. 115.

164. Martin Blumenson, *La Libération, op. cit.*, p. 165. Lettre transmise par radio et par le secrétariat du SHAEF à 19 h 15.
165. Christiane Rimbaud, *Maurice Schumann, op. cit.*, p. 120.
166. *Ibid.*
167. Georges Gorse, *Je n'irai pas à mon enterrement, op. cit.*, p. 113.
168. Élisabeth de Miribel, *La liberté souffre violence, op. cit.*, p. 162.

Épilogue parisien

1. Charles de Gaulle, *Lettres, notes et carnets, op. cit.*, p. 299.
2. Dwight Eisenhower, *Croisade en Europe, op. cit.*, p. 392.
3. Stephen E. Ambrose, *Eisenhower, op. cit.*, p. 194.
4. Dwight Eisenhower, *Croisade en Europe, op. cit.*, p. 392.
5. Douglas Johnson, « La Grande-Bretagne et la libération de Paris », art. cit., p. 58. IS, 6 septembre, Major Yonger à M. Mack, FO 37141863.
6. Dwight Eisenhower, *Croisade en Europe, op. cit.*, p. 394.
7. *Ibid.*
8. *Ibid.*, p. 392.
9. *Combat*, 28 août 1944.
10. Stephen E. Ambrose, *Eisenhower, op. cit.*, p. 194.
11. *Le Figaro*, 28 août 1944.
12. *Combat*, 28 août 1944.
13. *Le Figaro*, 28 août 1944.
14. Dwight Eisenhower, *Croisade en Europe, op. cit.*, p. 393.
15. *Ibid.*
16. *Ibid.*
17. *Ibid.*
18. Stephen E. Ambrose, *Eisenhower, op. cit.*, p. 194.
19. Charles de Gaulle, *Mémoires de guerre, op. cit.*, p. 591.
20. Stephen E. Ambrose, *Eisenhower, op. cit.*, p. 195.
21. *Ibid.*
22. Martin Blumenson, *La Libération, op. cit.*, p. 866. SHAEF, dossier 014.1, France.
23. *Ibid.*, p. 867.
24. Charles de Gaulle, *Mémoires de guerre, op. cit.*, p. 591.
25. Stephen E. Ambrose, *Eisenhower, op. cit., p.* 205.
26. *Ibid.*
27. Charles de Gaulle, *Mémoires de guerre, op. cit.*, p. 591.
28. Martin Blumenson, *La libération, op. cit.*, p. 865. *Journal de Sylvan*, 27 août 1944.
29. *Le Figaro*, 28 août 1944.
30. Charles de Gaulle, *Mémoires de guerre, op. cit.*, p. 591.
31. Adrien Dansette, *Histoire de la Libérarion de Paris, op. cit.*, p. 395.
32. *Le Figaro*, 28 mai 1944.
33. *Ibid.*
34. *Ibid.*
35. *Combat*, 28 août 1944.
36. *Ibid.*
37. *Ibid.*
38. Charles de Gaulle, *Mémoires de guerre, op. cit.*, p. 590.
39. André Martel, *Leclerc, op. cit.*, p. 294.
40. *Le Figaro*, 28 août 1944.
41. *Franc-Tireur*, 28 mai 1944.
42. Charles de Gaulle, *Mémoires de guerre, op. cit* p. 590.
43. *Ibid.*

44. *Ibid.*
45. Pierre Villon, *Résistant de la première heure*, *op. cit.*, p. 116.
46. Roger Bourderon, *Rol-Tanguy*, *op. cit.*, p. 460.
47. *Ibid.*, p. 461.
48. Pierre Villon, *Résistant de la première heure*, *op. cit.*, p. 116.
49. Charles de Gaulle, *Mémoires de guerre*, *op. cit.*, p. 590.
50. *Ibid.*
51. Martin Blumenson, *La Libération*, *op. cit.*, p. 863. État-major spécial des Forces françaises en Grande-Bretagne.
52. *Le Figaro*, 29 août 1944.
53. André Martel, *Leclerc*, *op. cit.*, p. 295.
54. *Le Figaro*, 29 août 1944.
55. Charles de Gaulle, *Lettres, notes et carnets*, *op. cit.*, p. 299.
56. Georges Bidault, *D'une Résistance à l'autre*, *op. cit.*, p. 70.
57. Thomas Vaisset, *L'Amiral d'Argenlieu. Le moine-soldat du gaullisme*, Belin, 2017, p. 326.
58. André Le Troquer, *La parole est à André Le Troquer*, *op. cit.*, p. 144.
59. Emmanuel d'Astier de La Vigerie, *Sept fois sept jours*, *op. cit.*, p. 200.
60. Noël Leclercq, *Détachement spécial, commandos de France*, Éditions Saint-Just, 1966, p. 78.
61. *Ibid.*
62. Pierre Billotte, *Le Temps des armes*, *op. cit.*, p. 329 ; Charles de Gaulle, *Lettres, notes et carnets*, *op. cit.*, p. 299.
63. Pierre Billotte, *Le Temps des armes*, *op. cit.*, p. 329.
64. *Ibid.*, p. 332.
65. *Le Figaro*, 29 mai 1944.
66. *Ibid.*
67. *Ibid.*
68. Martin Blumenson, *La Libération*, *op. cit.*, p. 860.
69. Christian Girard, *Journal de guerre*, *op. cit.*, p. 277.
70. *Ibid.*
71. Martin Blumenson, *La Libération*, *op. cit.*, p. 865.
72. Charles de Gaulle, *Mémoires de guerre*, *op. cit.*, p. 589.
73. Alphonse Juin, *Mémoires*, *op. cit.*, p. 41.
74. Charles de Gaulle, *Lettres, notes et carnets*, *op. cit.*, p. 297-298.
75. Alphonse Juin, *Mémoires*, *op. cit.*, p. 41.
76. Pierre Bourget, *Paris 44*, *op. cit.*, p. 234.
77. Gabriel Auphan, *Les Grimaces de l'histoire*, Les Îles d'or, 1951.
78. Alphonse Juin, *Mémoires*, *op. cit.*, p. 42.
79. Charles de Gaulle, *Mémoires de guerre*, *op. cit.*, p. 592.
80. *Ibid.*, p. 593.
81. *Ibid.*
82. Martin Blumenson, *La Libération*, *op. cit.*, p. 862. *Journal de Sylvan*, 29 août.
83. Christian Chevandier, *Été 44. L'insurrection des policiers de Paris*, *op. cit.*, p. 169.
84. Christian Girard, *Journal de guerre*, *op. cit.*, p. 276.
85. Louis Joxe, *Victoires sur la nuit*, *op. cit.*, p. 233.
86. *Ibid.*, p. 234.
87. Geneviève Moll, *Yvonne de Gaulle*, Ramsay, 1999, p. 183.
88. Louis Joxe, *Victoires sur la nuit*, *op. cit.*, p. 238.
89. Raymond Léopold Bruckberger, *Si grande peine*, *op. cit.*, p. 143.
90. Charles de Gaulle, *Lettres, notes et carnets*, *op. cit.*, p. 301.
91. Martin Blumenson, *La Libération*, *op. cit.*, p. 868.

Bibliographie indicative

MÉMOIRES DE TÉMOINS

Astier de La Vigerie Emmanuel d', *Sept fois sept jours*, Éditions de Minuit, 1947.

Aubrac Lucie, *Cette exigeante liberté. Entretiens avec Corinne Bouchoux*, L'Archipel, 1996.

Bidault Georges, *D'une Résistance à l'autre*, Les Presses du siècle, 1965.

Billotte Pierre, *Le Temps des armes*, Plon, 1972.

Bloch-Lainé François (avec Françoise Carrière), *Profession fonctionnaire*, Seuil, 1976.

Boissieu Alain de, *Pour combattre avec de Gaulle (1940-1945)*, Plon, 1984.

Bourdan Pierre, *Carnet de retour avec la division Leclerc*, Éditions P. Tremois, 1945.

Bradley Omar, *A Soldier's Story*, New York, Holt, 1957.

Bruckberger Raymond, *Si grande peine. Chronique des années (1940-1948)*, Grasset, 1967.

Chaban-Delmas Jacques, *L'Ardeur*, Stock, 1975.

Choltitz Dietrich von, *Mémoires*, préface de Jean-Charles Foucrier, Perrin, 2020 (*Soldat unter Soldaten*, Konstanz Europa-Verlag, 1951).

Closon Francis-Louis, *Le Temps des passions. De Jean Moulin à la Libération, 1943-1944*, Famot, 1976.

Coulet François, *Vertu des temps difficiles*, Plon, 1967.

Crémieux Francis, *La Vérité sur la libération de Paris. Témoignages*, Messidor, 1984.

Debré Michel, *Trois Républiques pour une France. Mémoires*, vol. 1 : *Combattre*, Albin Michel, 1984.

Dronne Raymond, *La Libération de Paris*, Presses de la Cité, 1970.

Dronne Raymond, *Carnets de route d'un Français de la France libre*, Éditions France-Empire, 1984.

Eisenhower Dwight, *Croisade en Europe*, Nouveau Monde Éditions, 2015 (1re édition 1949).

Gaulle Charles de, *Lettres, notes et carnets*, vol. 5 : *juin 1943-mai 1945*, Plon, 1983.

Gaulle Charles de, *Mémoires de guerre*, Plon-Omnibus, 1994.

Gaulle Philippe de, *De Gaulle mon père. Entretiens avec Michel Tauriac*, Plon, 2003, vol. 1.

Gaulle Philippe de, *Mémoires accessoires*, vol. 1 : *1921-1946*, Plon, 1997.

Girard Christian, *Journal de guerre 1939-1945. Témoignage de l'aide de camp du général Leclerc de Hauteclocque*, L'Harmattan, 2000.
Gorse Georges, *Je n'irai pas à mon enterrement*, Plon, 1992.
Gribius André, *Une vie d'officier*, France-Empire, 1971.
Hamon Léo, *Vivre ses choix*, Robert Laffont, 1991.
Hettier de Boislambert Claude, *Les Fers de l'espoir*, Plon, 1978.
Joxe Louis, *Victoires sur la nuit*, Flammarion, 1981.
Juin Alphonse, *Mémoires*, vol. 1 : *Alger, Tunis, Rome*, Fayard, 1959.
Langlade Paul de, *En suivant Leclerc*, Au Fil d'Ariane, 1964.
Laniel Joseph, *Jours de gloire et jours cruels (1908-1958)*, Presses de la Cité, 1971.
Le Troquer André, *La parole est à André Le Troquer*, La Table ronde, 1961.
Marin Jean, *Petit bois pour un grand feu*, Fayard, 1994.
Massu Jacques, *Sept ans avec Leclerc*, Plon, 1974.
Miribel Élisabeth de, *La liberté souffre violence*, Plon, 1981.
Palewski Gaston, *Mémoires d'action, 1924-1974*, Plon, 1988.
Pisani Edgard, *Le Général indivis*, Albin Michel, 1974.
Paul Repiton-Préneuf, *2e DB. La campagne de France*, Imprimerie nationale, 1994.
Tollet André (avec Claude Lecomte), *Ma traversée du siècle. Mémoires d'un syndicaliste révolutionnaire*, Éditions de La Vie ouvrière, 2002.

HISTORIOGRAPHIE

Albertelli Sébastien, *Le Colonel Passy. Le maître espion du général de Gaulle*, Tallandier, 2023.
Ambrose Stephen E., *Eisenhower*, Flammarion, 1994.
Amouroux Henri, *La Grande Histoire des Français sous l'Occupation*, vol. 8 : *Joies et douleurs du peuple libéré*, Robert Laffont, 1993.
Argyle Ray, *The Paris Game : Charles De Gaulle, the Liberation of Paris, and the Gamble That Won France*, Dundurn Group Ltd, 2014.
Bantigny Ludivine, *La Plus Belle Avenue du monde. Une histoire sociale et politique des Champs-Élysées*, La Découverte, 2020.
Bernot Jacques, *Gaston Palewski*, François-Xavier de Guibert, 2010.
Blumenson Martin, *La Libération. L'histoire officielle américaine*, Éditions Charles Corlet, 1993.
Bourderon Roger, *Rol-Tanguy. Des brigades internationales à la libération de Paris*, Tallandier, 2013.
Bourget Pierre, *Paris 1940-1944*, Plon, 1979.
Bourget Pierre, *Paris 44. Occupation, libération, épuration*, Plon, 1984.
Broche François, Muracciole Jean-François (dir.), *Dictionnaire de la France libre*, Robert Laffont, « Bouquins », 2010.
Chevandier Christian, *Été 44. L'insurrection des policiers de Paris*, Vendémaire, 2014.
Crémieux-Brilhac Jean-Louis, *La France libre : de l'appel du 18 juin à la Libération*, Gallimard, 1996.
Dansette Adrien, *Histoire de la libération de Paris*, Perrin, 1946.
Lacouture Jean, *De Gaulle*, vol. 1 : *Le Rebelle*, Seuil, 1984.

Le Bihan Adrien, *Autopsie d'une rancœur. Hemingway alias Argo contre général Leclerc*, Cherche Bruit, 2022.

Levisse-Touzé Christine (dir.), *Paris 1944 : les enjeux de la libération*, Albin Michel, 1994.

Levisse-Touzé Christine, *L'Afrique du Nord dans la guerre, 1939-1945*, Albin Michel, 1998.

Levisse-Touzé, Julien Toureille, *Philippe Leclerc de Hauteclocque. Écrits de combat*, Sorbonne Université Presses, 2023.

Martel André, *Leclerc. Le soldat et le politique*, Albin Michel, 1998.

Mesquida Evelyn, *La Nueve, 24 août 1944. Ces républicains espagnols qui ont libéré Paris*, Le Cherche Midi, 2011.

Michel Henri, *La Libération de Paris*, Bruxelles, Complexe, 1980.

Muracciole Jean-François, *La Libération de Paris, 19-26 août 1944*, Tallandier, 2013.

Neiberg Michael, *The Blood of Free Men. The Liberation of Paris*, 1944, Basic Books, 2002.

Notin Jean-Christophe, *Le Maréchal Juin*, Tallandier, 2015.

Piketty Guillaume, *Français libre. Pierre de Chevigné*, Tallandier, 2022.

Ranvoisy Emmanuel, *Le Régiment des sapeurs-pompiers de Paris, 1938-1944*, vol. 1 : *Mairie de Paris*, 2013.

Rimbaud Christiane, *Maurice Schumann, sa voix, son visage*, Odile Jacob, 2000.

Riondet Charles, *Le Comité parisien de la Libération, 1943-1945*, PUR, 2017.

Roussel Éric, *Charles de Gaulle*, Gallimard, 2002.

Vaisset Thomas, *L'Amiral d'Argenlieu. Le moine-soldat du gaullisme*, Belin, 2017.

Wieviorka Olivier, *Histoire du débarquement en Normandie*, Seuil, 2007.

Index

Crédits photos

p. 19 : Collection Fondation de la France Libre
p. 30 : © Keystone-France/GAMMA RAPHO
p. 33 : Source : INA (DR)
p. 38 : DR
p. 42 : Archives du Calvados, 2Fi/389/Photo Jules Leprunier
p. 46 : © akg-images/TT News Agency/SVT
p. 90 : Wikimedia Commons/Nehrams2020/CC BY-SA 3.0 Deed
p. 108 : DR
p. 121 : Source : Wikimanche.fr/GNU Free Documentation License 1.3
p. 124 : DR
p. 142 : Source : Wiki-rennes.fr – CC BY-SA 3.0 Deed
p. 155 : DR
p. 176 : Source : Archives de la Sarthe
p. 179 : Wikimedia Commons/domaine public
p. 199 : 2Fi/1801 Archives ville de Chartres
p. 200 : 2Fi/1802 Archives ville de Chartres
p. 208 : © Usis-Dite/Bridgeman Images
p. 234 : Source : ouvrage collectif *Le Général Leclerc 1902-1947*, édité par Revue française, 1962, p. 21
p. 244 : DR
p. 264 © Musée de l'Ordre de la Libération (DR)
p. 304 : Wikimedia Commons/Malindine E G (Capt), N° 5 Army Film & Photographic Unit/collections de l'Imperial War Museums
p. 321 : Source : Paris Musées/Musée Carnavalet, Histoire de Paris/domaine public

p. 330 : DR
p. 360 : © Georges Melamed/AFP
p. 371 : Wikimedia Commons CC BY SA 4.0 Deed
p. 377 : © Serge de Sazo/GAMMA RAPHO
p. 380 : © Keystone-France/GAMMA RAPHO
p. 384 : © Leonard de Selva/Bridgeman Image
p. 399 : © Keystone-France/GAMMA RAPHO
p. 414 : Wikimedia Commons/domaine public
p. 441 : Wikimedia Commons/Pointsett/Signa Corps/domaine public

Table

DU MÊME AUTEUR
CHEZ ODILE JACOB

Le Dernier Compagnon (avec Lucie Muracciole), 2018.

Cet ouvrage a été composé
en Adobe Garamond Pro
par Nord Compo
à Villeneuve-d'Ascq (Nord).

Aubin
IMPRIMEUR

N° d'édition : 7381-5066-X – N° d'impression : 2403.0181
Dépôt légal : mai 2024

Imprimé en France